徹底解説 VECTORWORKS 2017-2018

the thorough explanation of VECTORWORKS 2017-2018

基本編
（2次元作図）

鳥谷部 真…著

練習用データは
ダウンロードできます！

X-Knowledge

本書について

本書は汎用2次元／3次元CAD「Vectorworks 2017」および「Vectorworks 2018」を使った2次元製図の基本を学ぶための解説書です。WindowsとMac、どちらのOSでも学習していただけます。本書はVectorworks 2017の画面をベースに説明していますが、Vectorworks 2018で操作がちがう部分については別途解説をしています。
パソコンやWindowsまたはMacの基本操作に不安のある方は、本書を読む前に市販の解説書などを利用して学習しておいてください。

※本書ではVECTORWORKSのFUNDAMENTALSを元に作成しています。VECTORWORKS FUNDAMENTALSに含まれる機能は、他のVECTORWORKSシリーズ（以下参照）にも含まれています。

Vectorworksについて

「Vectorworks（ベクターワークス）」はパソコン用汎用CADで、アメリカのNemetschek North America Inc.が開発し、日本語版はエーアンドエー株式会社が開発・販売をしています。Vectorworksには以下の5種類の製品があります。そして以前は別売りモジュールだった3Dレンダリングエンジンの「Cinema 4Dフィジカルレンダリングエンジン（CineRender）」を全製品に搭載しています。

- VECTORWORKS FUNDAMENTALS（本書の対象製品）
- VECTORWORKS SPOTLIGHT
- VECTORWORKS LANDMARK
- VECTORWORKS ARCHITECT
- VECTORWORKS DESIGNER

エーアンドエー株式会社のWebサイト

http://www.aanda.co.jp/

はじめに

本書はパソコン用汎用CAD「Vectorworks」(ベクターワークス)を習得するための参考書です。本書が対象としているバージョンはVectorworks 2017および2018で「FUNDAMENTALS」という一番基本的な製品です。本書は『徹底解説Vectorworks 2015 基本編』の改訂版です。

Vectorworksは多機能なCADとして知られています。2D-CAD機能、3D-CAD機能、図形データベース機能などの機能がありますが、このうち本書は2D-CAD機能だけを取り上げています。これは大多数のユーザーがVectorworksを2D製図に用いていると思われるからです。そこで本書は2D-CAD機能をマスターするための情報を与えられたページ数の中に可能な限り詰め込んでいます。

本書で取り上げた課題は建築設計に関するものです。これは著者の得意分野であることと建築関連のユーザーが多いためですが、本書で練習するのに建築の知識は必要ありません。

本書が対象としている方はVectorworksのユーザーですが、体験版でも練習できます。体験版はエーアンドエー株式会社のサイトで入手できます。

VectorworksはWindows版とMacintosh版(以下、Mac版)がありますが、本書は両版に対応しています。どちらの版も画面と操作方法がまったく同じと言ってよいほど似ています。使用OSはWondows 10の最新版(Creators Update)とMac OS X Sierra(10.12.5)の両方で動作を確認していますが、本書はほとんどの図版でWindows版のものを使用しています。しかしMac版ユーザーにも支障がないように工夫をしています。

Vectorworksはプロ用の汎用CADです。つまみ食い的な勉強では仕事に使うには危険です。本書はVectorworksを系統立てて勉強しようという方を想定して書いています。Vectorworksの2D製図に必要な機能のほぼ全部を本書だけで練習できるようにしているので、この本によってVectorworksを自信を持って使える方が続々と生まれるであろうと期待しております。

鳥谷部 真

Contents

Chapter 2 住宅の平面図を描く

Chapter 3 2D製図 Part1

Chapter 4 2D製図 Part2

Chapter 5 | 2D製図 Part3

Chapter 6 Supplement

デザイン KINDS ART ASSOCIATES
DTP リブロワークス

練習用データについて

本書の操作練習で使用するデータは、以下のエクスナレッジのサポートページからダウンロードできます。下記ページの記載事項を必ずお読みになり、ご了承いただいたうえで練習用データをダウンロードしてください。

http://xknowledge-books.jp/support/9784767824253

※または、「エクスナレッジの本を検索」ページ(http://xknowledge-books.jp/)から、「徹底解説VECTORWORKS 2017-2018」を検索して書誌ページを開き、左側にある「サポート&ダウンロードページ」のリンクをクリックしても、サポートページを開けます。

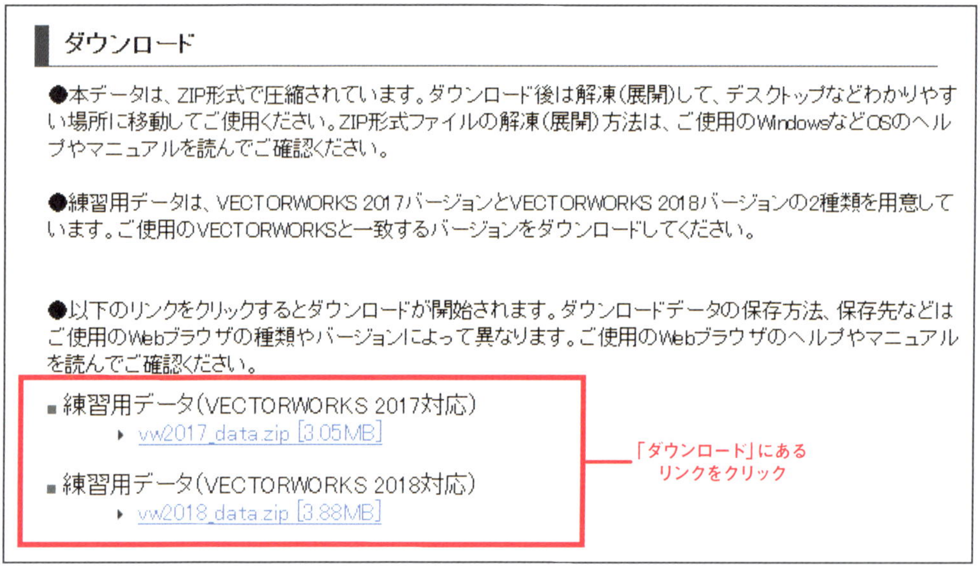

ダウンロード

●本データは、ZIP形式で圧縮されています。ダウンロード後は解凍(展開)して、デスクトップなどわかりやすい場所に移動してご使用ください。ZIP形式ファイルの解凍(展開)方法は、ご使用のWindowsなどOSのヘルプやマニュアルを読んでご確認ください。

●練習用データは、VECTORWORKS 2017バージョンとVECTORWORKS 2018バージョンの2種類を用意しています。ご使用のVECTORWORKSと一致するバージョンをダウンロードしてください。

●以下のリンクをクリックするとダウンロードが開始されます。ダウンロードデータの保存方法、保存先などはご使用のWebブラウザの種類やバージョンによって異なります。ご使用のWebブラウザのヘルプやマニュアルを読んでご確認ください。

■練習用データ(VECTORWORKS 2017対応)
▸ vw2017_data.zip [3.05MB]

■練習用データ(VECTORWORKS 2018対応)
▸ vw2018_data.zip [3.88MB]

「ダウンロード」にある
リンクをクリック

練習用データは、VECTORWORKS 2017バージョンとVECTORWORKS 2018バージョンの2種類を用意しています。ご使用のVECTORWORKSと一致するバージョンをダウンロードしてください。練習用データはWindowsとMacの両方で使用していただけますが、データに含まれる文字がMacでは文字化けすることがあります。あらかじめご了承ください。

・「vw2017_data.zip」

VECTORWORKS 2017をお使いの方は、こちらをダウンロードしてください。

・「vw2018_data.zip」

VECTORWORKS 2018をお使いの方は、こちらをダウンロードしてください。

なお、VECTORWORKS体験版は、エクスナレッジサポートページでは配布しておりません。体験版(評価版)については、エーアンドエー株式会社(http://www.aanda.co.jp/)のホームページでご確認ください。

Chapter

1

本書で練習するための準備

この章では最初にVectorworksとはどんなソフト（アプリ）かを説明します。
そのあと本書で練習をするための準備をします。
パソコンやCADに慣れている人もひととおり目を通してください。

1.1 Vectorworksの概要

「Vectorworks（ベクターワークス）」はパソコン用汎用CADでアメリカのNemetschek North America Inc.（前 Diehl Graphsoft Inc.）が開発を続けており、日本語版はエーアンドエー株式会社が開発・販売をしています。
Vectorworksは30年近い歴史を持っています。当初は「MiniCAD」という名で日本語版は1989年に登場しています。1999年2月に名をVectorworksに変え、オブジェクト指向型の性格を明確に打ち出したCADとして再出発しました。その後もバージョンアップを重ね最新版はVectorworks 2018です（2018年2月現在）。
冒頭にVectorworksは汎用CADと書きました。この汎用とは特定の業種向けの専用CADではないという意味で、実際に建築設計・土木設計・機械設計・舞台装置デザイン・都市計画・インダストリアルデザインなど多くの分野で使われています。
Vectorworksの前身のMiniCADは、Macintosh（以後、Macと略す）用CADとして開発され、最良のMac用ユーザーインターフェースとして評価の高いマックドローのコンセプトを継承しているCADでした。この特徴は現在のVectorworksにも残されており、Windows版にもそのまま引き継がれています。さらに以前は性格がまったく異なるCADと思われていたAutoCADに接近しており、いくつかの機能を積極的に取り入れています。このため数え切れないほどあるパソコンCADのなかでVectorworksはユニークな特徴をもったCADとして際立っています。

1.1.1 Vectorworksの種類

Vectorworksは以下の5種類の製品に分かれています。それぞれの製品にどんな特徴があるかを説明します。

(1) VECTORWORKS FUNDAMENTALS

『VECTORWORKS FUNDAMENTALS（ファンダメンタルズ）』は2D製図機能、3Dモデリング機能、表計算機能 、図形データベース機能、マクロなどのカスタマイズ機能と一般の2D／3D CADとして必要な機能が揃っています。また2017から高品位レンダリング機能を標準搭載しているので3D-CGソフトとしても使えます。

(2) VECTORWORKS SPOTLIGHT

『VECTORWORKS SPOTLIGHT（スポットライト）』は『VECTORWORKS FUNDAMENTALS』にステージ計画とライティング計画に必要な機能を加えた製品です。

(3) VECTORWORKS LANDMARK

『VECTORWORKS LANDMARK（ランドマーク）』は『VECTORWORKS FUNDAMENTALS』に土木造園設計を支援する機能を付け加えた製品でランドスケープデザインに用います。

(4) VECTORWORKS ARCHITECT

『VECTORWORKS ARCHITECT(アーキテクト)』は『VECTORWORKS FUNDAMENTALS』にBIMデザインや建築設計を支援する機能を付け加えた製品です。

(5) VECTORWORKS DESIGNER

『VECTORWORKS DESIGNER(デザイナー)』は『VECTORWORKS FUNDAMENTALS』に建築/インテリア、土木/造園、舞台/照明の専用機能及び豊富なデータを搭載した製品です。

1.1.2 Vectorworksの2D-CAD機能

本書のテーマの2D-CAD機能(2次元製図機能)は本格的なもので、ばりばり図面を描かねばならない人にとっても頼りになる内容を持っています。また基本設計に威力を発揮する面図形機能もあります。

かってこの面図形機能を強調するあまりVectorworksは基本設計に強いが実施設計には向かないと受け取られることもありました。しかしこれは間違いで、汎用CADである以上実施設計にも強いのは当たり前のことです。

Vectorworksは実施設計の製図や詳細図でも他の2D-CADと同等以上の機能と能力があります。また基本設計にも使えるということは、強力な製図能力を持っていることを前提としています。なぜならば非力なCADを用いると設計をCADに合わせるといったことになりがちで、このため何のためにCADを使っているのかわからないことになります。

本書は「面」による製図より、「線」による製図に重点を置いています。これは線による製図が基本であることと、他のCADとの協同作業では面による製図法を使わないほうがよいためです。AutoCAD/AutoCAD LTでも10年以上前のバージョン2004から面による製図を可能にする「ワイプアウト」機能が搭載されていますが、実際に使う人は稀です。しかし面による製図も知っているにこしたことがないので本書で取り上げることにします(312ページ)。

1.1.3 本書の読み方

本書はVectorworksを実際に操作しながら読むことを前提に書いていますので、読むだけではほとんど役にたたない本です。必ずVectorworksを起動させて、本書の手順に従って操作して内容を確認してください。練習のために予備入力が必要な場合には、練習用データを用意していますので説明に従ってファイルを開き練習してください。

練習のとき各操作の意味を考えることも重要です。汎用CADは決まった入力方法などありません。これも汎用の意味のひとつで、たいていは他の方法がありケースによっては他の方法のほうが適している場合があります。このためなぜこのような操作をするのか考えながら練習することが重要です。たまにCAD操作を丸暗記しようとする人がいますが、CADは丸暗記して使えるものではなく意味を理解してはじめて使えるようになるソフトです。

本書の読者の多くはVectorworksをパソコンにインストールしていると思います。しかし、そうでない方はVectorworksの体験版をインストールしてください。

Vectorworksのユーザーの方も含めて、本書の操作手順と結果に合わせるため、後述する「Vectorworksの初期設定」(024ページ)に記載されている初期設定をしてから練習を開始してください。

1.2 本書で使用している用語と表記

本書の用語と表記方法は一般に使われているものになるべく合わせていますが、一部、本書独特のものがありますのでパソコンに慣れている方もひととおり目を通してください。

1.2.1 Vectorworksの画面

Vectorworksの画面の各部の名前を示します。ここですべてを記憶する必要はありませんが、本書の説明でどこのことを言っているのか分からない場合の参照用として使ってください。画面構成や各部の名称は2017および2018で同じですが、2018のWindows版ではファイルタブが追加されました。なおここで示す画面は024ページから説明する初期設定が終わった状態の画面です。

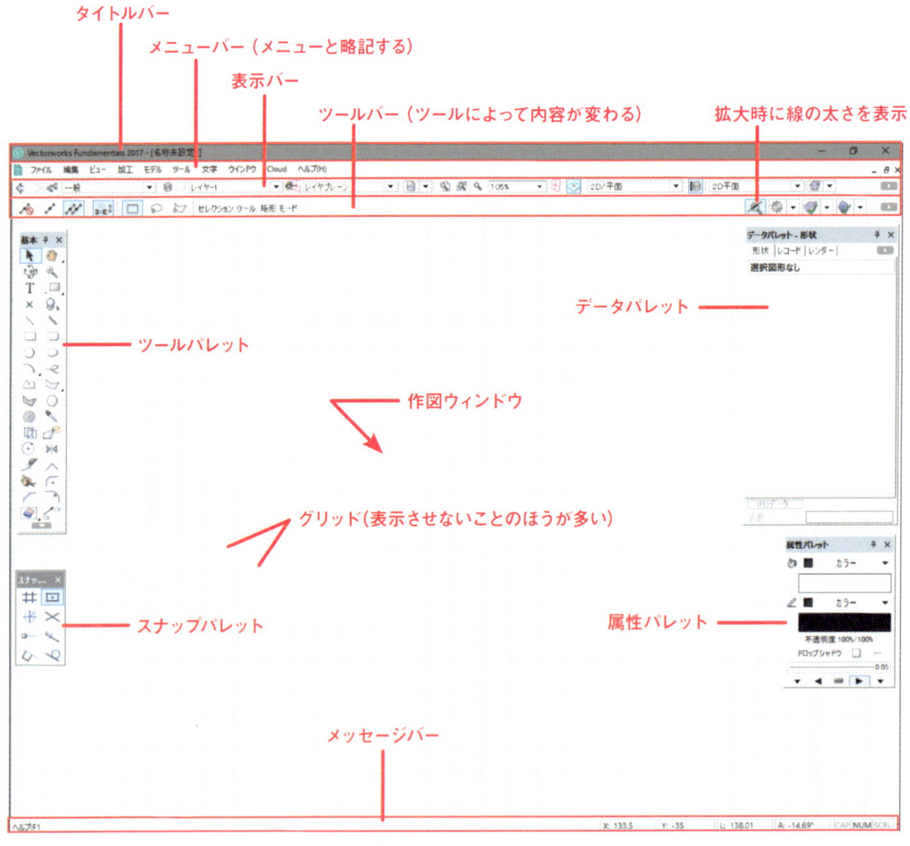

Windows版Vectorworks 2017の画面

Note

Windows版Vectorworks 2018ではメニューバーと表示バーの間にファイルタブがあります。

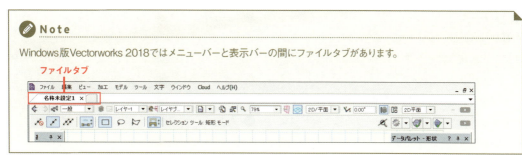

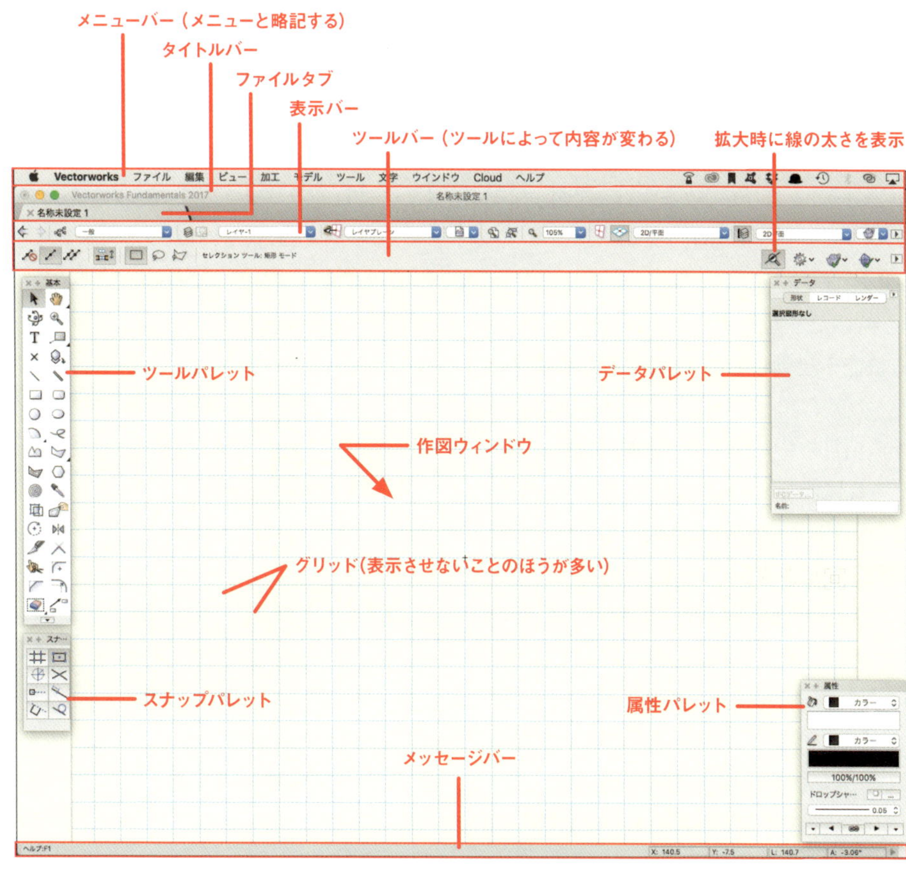

Mac版Vectorworks 2017の画面

1.2.2 用語

本書で使用している用語をマウス関連の用語から説明します。CADはマウス操作が重要なので、マウスに関する用語は厳密に定義しています。

本書は3ボタンマウス（2ボタン＋ホイールボタン）を使用しているものとして説明します。もしパッド、たとえばノートパソコンのPadやMacのMagic Trackpad 2を用いるなら、そのパッドに合わせて用語を読み替えてください。

● ボタン

単に「ボタン」と記したときは左のマウスボタンを意味します。右のマウスボタンを示す場合は「右ボタン」と記します。

● プレス

プレスとはマウスのボタンを押したまま離さない状態のこと。この操作をクリック（後述）と呼ぶ人もいますが、クリックとプレスはまったく違う操作です。

● リリース

リリースとはプレスしている指の力を抜いてボタンを元に戻すことです。

● ドラッグ&ドロップ

ドラッグとはプレスしたままマウスを動かすことです。ドラッグのあとリリースすることをドロップといいます。ドラッグ&ドロップは図形を移動させるときなどに使います。

● クリック

クリックとはプレスしてすぐにリリースすること。このとき「カチッ」と音がします。

● ダブルクリック

ダブルクリックとはクリックをすばやく2回行うこと。「カチッカチッ」と音がします。

● ツールとコマンド

図形を描いたり編集するときVectorworksの該当する機能を起動します。起動する方法はツールパレットのアイコンをクリックするか、メニューバーにある項目をクリックします。本書はツールパレットにある機能を「ツール」、メニューバーにある機能を「コマンド」と呼んで区別します。

● ダイアログとボタン

ダイアログとは作図ウィンドウに現れる小型のウィンドウです。ダイアログは各種の設定を行うときに使います。正式にはダイアログボックスと呼びますが本書では「ダイアログ」と略して記します。そしてダイアログの中にある「OK」とか「キャンセル」などと書いてある四角いものを「ボタン」と呼びます。

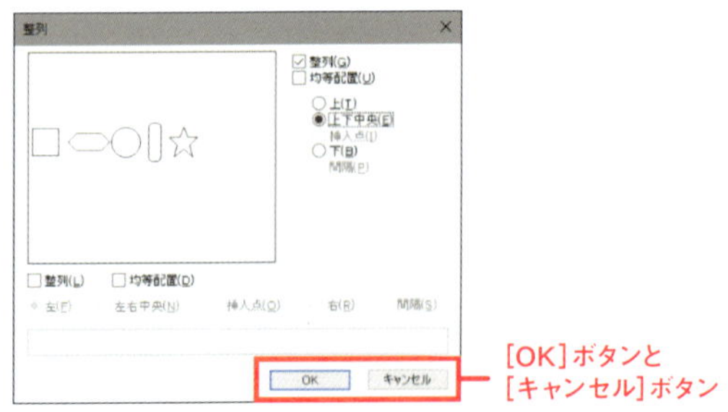

「整列」ダイアログ

※図の[OK]ボタンには強調表示の枠が付いています。このようなボタンはクリックの代わりに[Enter]キー(Mac:[return]キー)を押しても同じ結果になります。

● キーイン

キーボードの文字や数字のキーを押すことを「キーイン」と記します。たとえば「<**2000**>をキーインする」とあれば2000と4つのキーを押します。

● 入力

キーインしてから[Enter]キー([return]キー)を押すという一連の動作を「入力」と記します。キーインと異なることに注意してください。

● チェックを入れる、オンとオフ

ダイアログなどでの設定に使用するものに□型のチェックボックスと○型のラジオボタンがありますが、これをクリックしてマークを入れることを「チェックを入れる」または「オン」にすると記します。そしてマークを外すことを「チェックを外す」または「オフ」と記します。

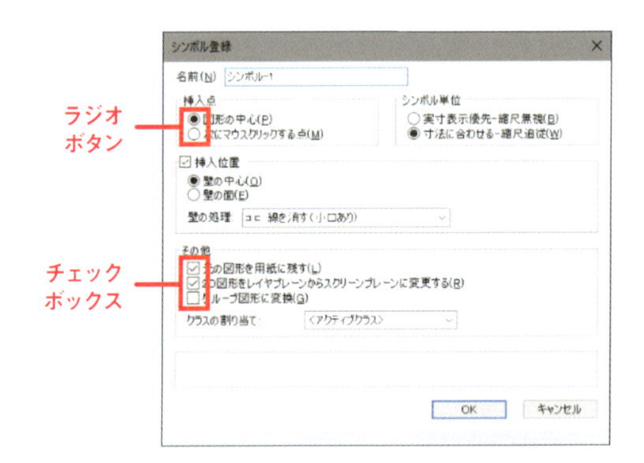

● スナップをオンにする

またスナップパレットのツールをアクティブ(有効)にすることを「○○スナップをオンにする」と記します。

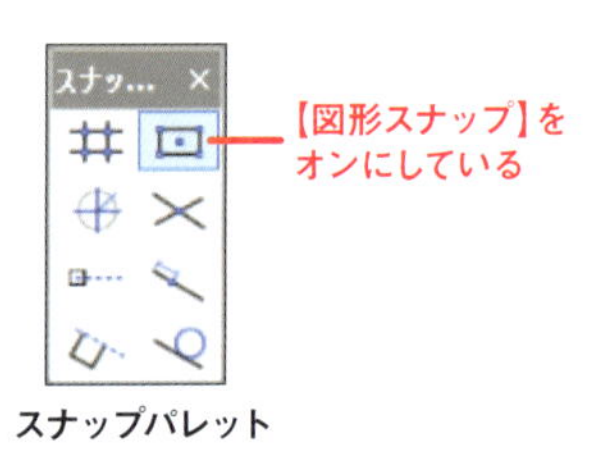

スナップパレット

● 空クリック

作図ウィンドウで図形も何も無い場所にカーソルをおいてクリックすることを「空（から）クリック」と記します。空クリックは選択を解除するときなどに用います。

● デフォルト

ダイアログなどであらかじめ設定しているものを「デフォルト」あるいは「デフォルト設定」といいます。デフォルト（default）は「不履行」とか「怠慢」という意味ですが、コンピュータの世界ではプログラマーが設定したものという意味になります。

1.2.3 本書で用いている表記方法

● コマンド名

コマンド名は【　】で挟んで表し、“→” でサブメニューを表します。

例　：メニューの【加工】→【回転】→【水平反転】

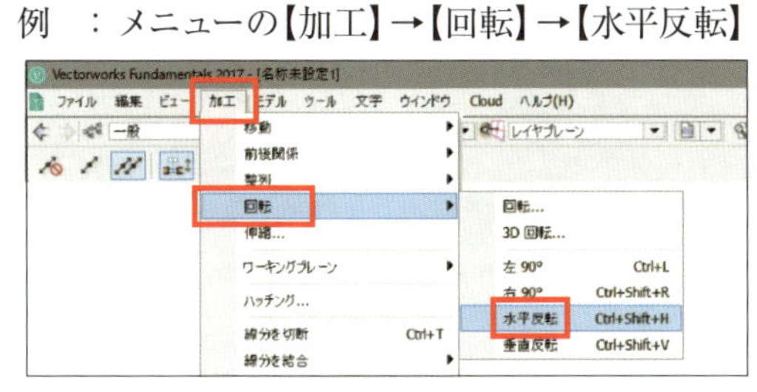

【加工】→【回転】→【水平反転】を順にクリックする

● タブ名

ダイアログに複数ページがあるときの見出しを「タブ」と呼びます。タブの名前を《　》で挟んで表します。

例　：「ファイル設定」ダイアログの《寸法》タブ

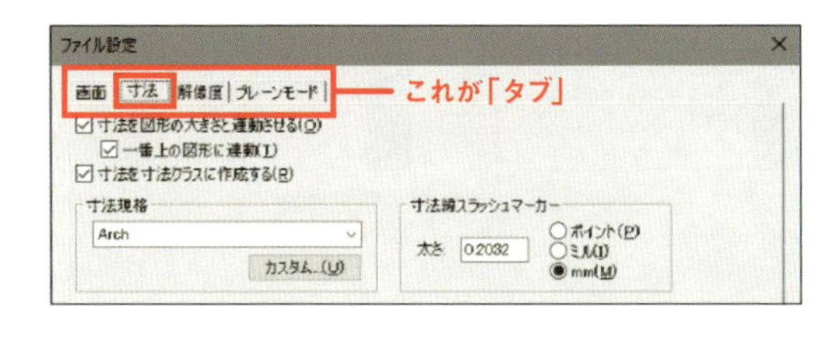

● ツール名

ツール名は【　】で挟んで示します。

例　：【文字】ツール

● キー入力

キーボードからキーインする数字や文字を<　>で挟んで表します。

例　：　<**-500**>mm

<-500>mmとはキーボードから「－（マイナス）500」をキーインすることを表します。見やすくするために<　>を付けていますし、分かりやすくするために単位（mm）をつけることがありますが、キーインするのは< >の中身だけです。

● ショートカットキー

ショートカットキーはキー入力と同じですがWindows版とMac版で異なるときは以下のように表します。ただし大文字と小文字の違いだけなら区別しません（“Delete” と” delete” など）。

例　：　[Ctrl]＋[V]キー（Mac：[⌘]＋[V]キー）

Windows版は[Ctrl]（コントロール）キーを押しながら[V]キーを押すこと、Mac版は[⌘（コマンド）]キーを押しながら[V]キーを押すことを表しています。

1.3 Vectorworksの起動と終了

Vectorwoksの起動と終了の方法は一般のソフトと変わりありません。

1.3.1 Windows版Vectorworksの起動

Windows版のソフトウェア（アプリ）の起動方法はいくつかありますが、ショートカットを使うのが基本的な方法です。

[1] ショートカットを使って起動する

Vectorworksをインストールするとデスクトップにショートカットができます。

❶デスクトップにあるVectorworksのショートカットをダブルクリックする

これでVectorworksが起動します。

2017のショートカット

2018のショートカット

[2] Windows 10の[検索ボックス]から起動する

何らかの理由でVectorworksのショートカットを消してしまった場合はタスクバーにある[検索ボックス]を使って起動します。

❶タスクバーの[検索ボックス]をクリックする

❷図に示すフィールドに<vw>とキーインする

❸[最も一致する検索結果]に「VW2017」または「VW2018」が表示されるのでこれをクリックする

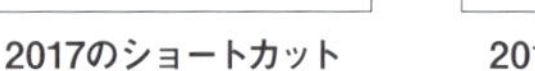

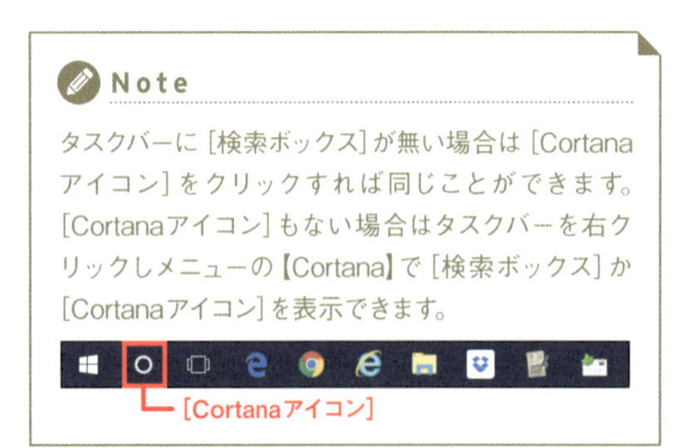

Note

タスクバーに[検索ボックス]が無い場合は[Cortanaアイコン]をクリックすれば同じことができます。[Cortanaアイコン]もない場合はタスクバーを右クリックしメニューの【Cortana】で[検索ボックス]か[Cortanaアイコン]を表示できます。

Note

Vectorworksを起動するとタスクバーにVectorworksのアイコンが表示されるので、これを右クリックしメニューの【タスクバーにピン留めする】をクリックすればタスクバーにVectorworksのアイコンが常時表示されます。そのあとはこのアイコンをクリックするだけでVectorworksを起動できるようになります。

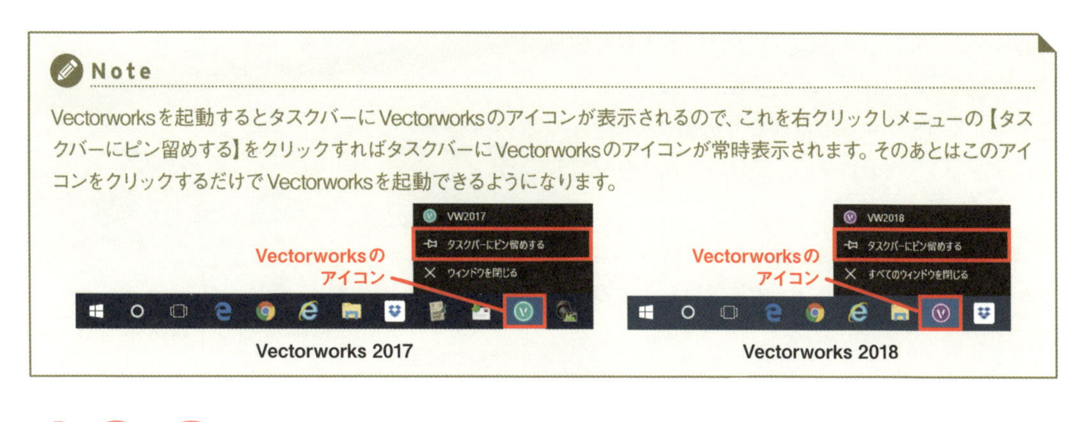

Vectorworks 2017　　Vectorworks 2018

1.3.2 Mac版Vectorworksの起動

Mac版のソフトウェア（アプリ）の起動方法も何種類もありますが、基本的な方法は デスクトップのエイリアスを使う方法です。

[1] エイリアスを使って起動する

Vectorworksをインストールするとデスクトップにエイリアス（ショートカット）ができます。

❶デスクトップにあるVectorworksのエイリアス（ショートカット）をダブルクリックする

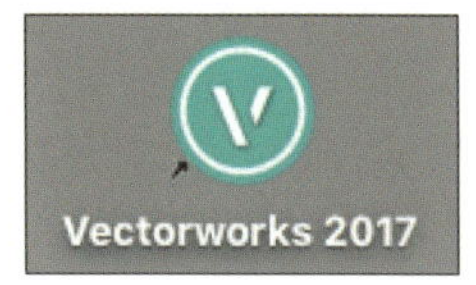

2017のエイリアス

2018のエイリアス

これでVectorworksが起動します。

[2] プログラムアイコンから起動する

何らかの理由でVectorworksのエイリアスを消してしまったときは、プログラムアイコンをダブルクリックする方法を使います。

❶Macのハードディスクのアイコンをダブルクリックする

❷「アプリケーション」フォルダの中の「VW2017（または2018）」フォルダを開く

❸「VW2017（または2018）」フォルダの中のプログラムアイコン「Vectorworks 2017（または2018）.app」を探し、見つけたらダブルクリックする

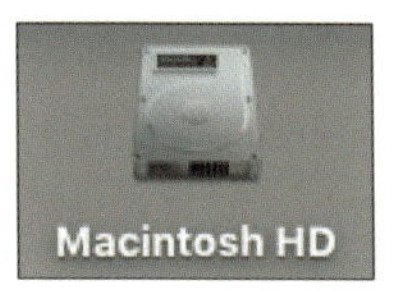

Macのハードディスクのアイコン

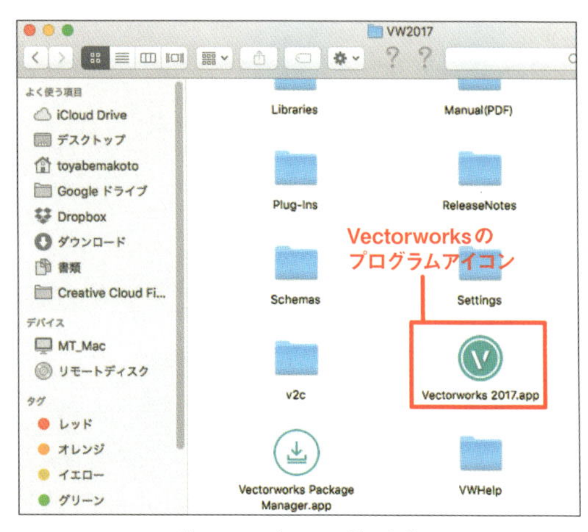

「VW2017」フォルダの内容

以上でVectorworksが起動します。しかし毎回「アプリケーション」フォルダのプログラムアイコンをダブルクリックするのはかなり面倒なので、普通はデスクトップのDockにVectorworksを配置し、これをクリックして起動します。

DockにVectorworksを配置する方法はプログラムアイコンをDockにドラッグ&ドロップするだけです。

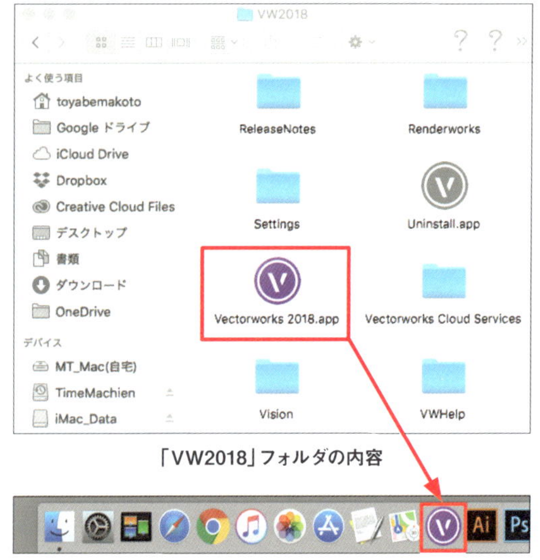

「VW2018」フォルダの内容

ドラッグ&ドロップでDockにプログラムアイコンを配置

1.3.3 Windows版Vectorworksの終了

Vectorworksを終了させる方法も一般のソフトと同じで、いくつかの方法がありますが、ここでは2つの方法を紹介します。

[1] メニューの【終了】コマンド

メニューの【終了】コマンドで終了する方法です。

❶ メニューの【ファイル】→【終了】をクリックする

保存していないデータがある場合はファイルを保存するかのメッセージが出ます。これを処理をすると(普通はデータを保存する) Vectorworksが終了します。

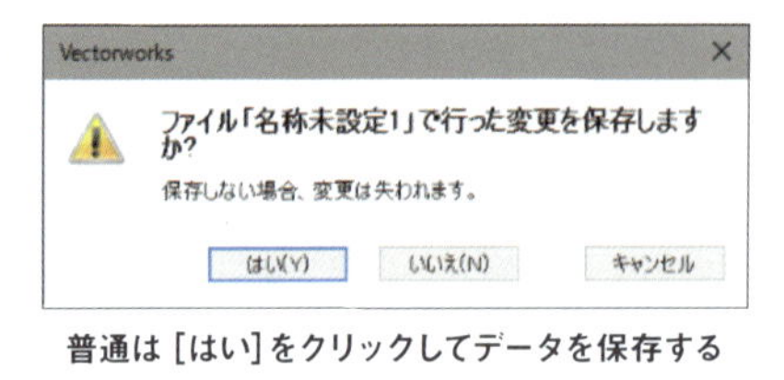

普通は［はい］をクリックしてデータを保存する

[2] [閉じる]ボタンで終了する

❶ Vectorworksのウィンドウの[閉じる]ボタンをクリックする

この方法でも【終了】コマンドを使う方法とまったく同じ結果になります。

1.3.4 Mac版Vectorworksの終了

Mac版の2種類の終了方法を紹介します。

[1] コマンドで終了する

❶ メニューの【Vectorworks】→【Vectorworksを終了】をクリックする

保存していないデータがある場合はファイルを保存するかどうかのメッセージが出ます。これに対し処理をすると（普通はデータを保存する）Vectorworksが終了します。

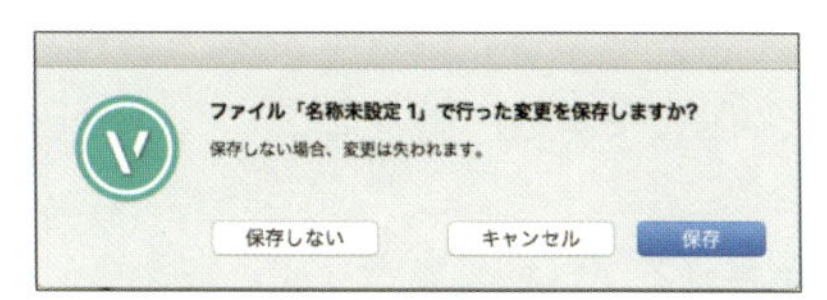

普通は［保存］をクリックしてデータを保存する

[2] ショートカットキーで終了する

❶ キーボードで[⌘]キーを押しながら[Q]キーを押す

この方法でも【終了】コマンドを使う方法とまったく同じ結果になります。

Note

以前のMac版のVectorworksには［閉じる］ボタン(赤色の●）がありましたがVectorworks 2017および2018にはありません。［閉じる］ボタンはウィンドウを閉じるためのものですがファイルタブに［×］ボタンがあるので［閉じる］ボタンは不要になったと思われます。

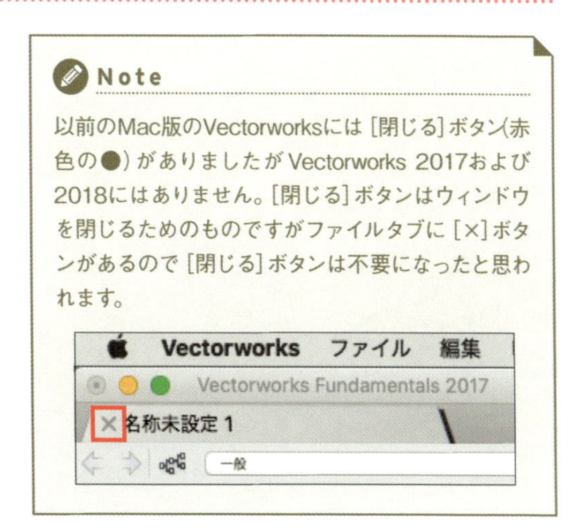

1.4 Vectorworksの初期設定

Vectorworksは設定のしかたで、違うCADになったのかと思うぐらい変わってしまいます。本書と異なる設定で操作すると、本書の説明と違う結果になることがあります。
このため少なくとも本書で練習するときは、設定をこのあと説明する内容にしてください。
設定でわけのわからない用語が続出するかもしれませんが、第2章以降で詳しく説明しますので今は分からなくても心配することはありません。以降、002ページで記したように、Vectorworks 2017の画面で解説していきます。Vectorworks 2018で操作が変わっている場合はその都度付記します。

1.4.1 設定をリセットする

まずすべての設定をVectorworksをインストールしたときの状態に戻します。

❶メニューの【ツール】→【オプション】→【環境設定】をクリックする
❷「環境設定」ダイアログの［リセット］ボタンをクリックする
❸警告メッセージが表示されるが［はい］をクリックする

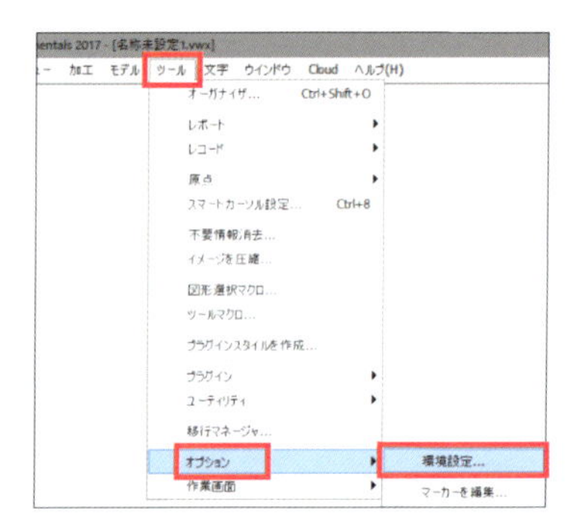

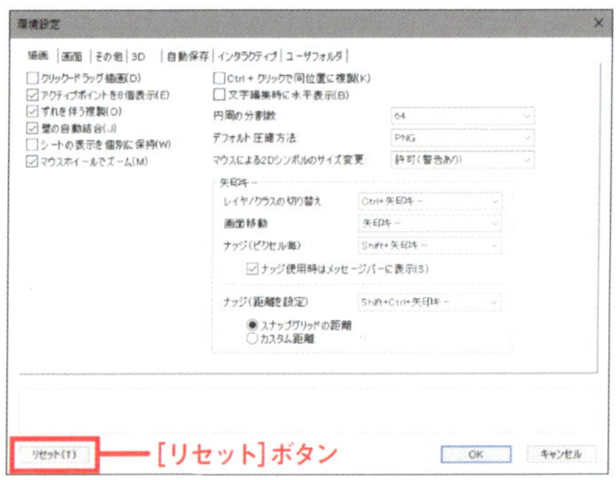

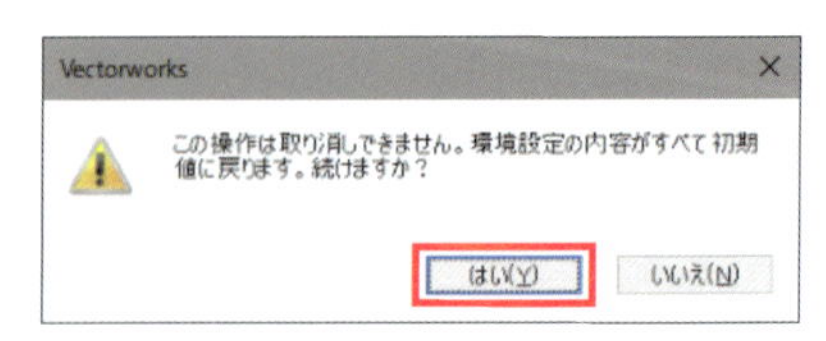

❹メニューの【ツール】→【作業画面】→【VW2017 Fundamentals】をクリックする

※Vectorworks 2018では【VW2018 Fundamentals】をクリックします。

以上で各設定値がインストール時（出荷時）の状態に戻り図のような画面になります。ただしパレットの表示/非表示、サイズ、位置はインストール時の状態に戻りません。図と違っていても気にしないでください。

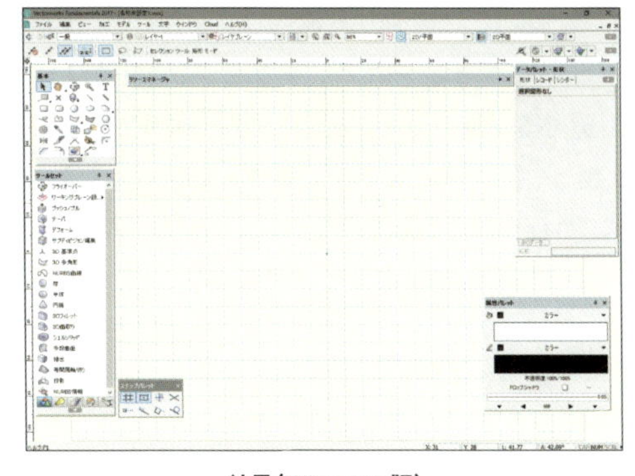

結果（Windows版）

1.4.2 画面構成

パレットのレイアウトはWindows版とMac版では少し違うところがありますが、本書ではWindows版とMac版のどちらの版でも同じような画面構成とするため次のような方針で画面を構成します。

◆Windows版ではパレットを作図ウィンドウのエッジにドッキングできるが、これをしない

◆画面に常時表示させるパレットの数は最小限にする

なおVectorworksに慣れてきたら、使いやすくするためにパレットを自由に配置してもちろんかまいません。

それではパレットを本書用に配置します。

❶メニューの【ツール】→【オプション】→【環境設定】をクリックする

❷「環境設定」ダイアログの《その他》タブで次のように操作する

◆Windows版は「ドッキング」のチェックを外す

◆Mac版は「パレットの配置」で「指定なし」にチェックを入れる

❸［OK］をクリックしてダイアログを閉じる

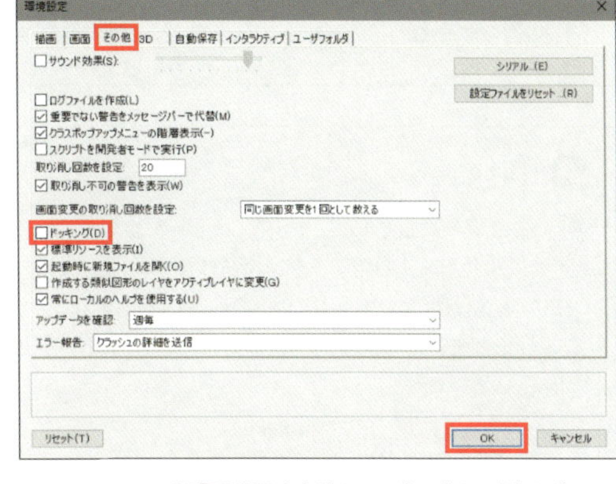

Windows版「環境設定」ダイアログの《その他》タブ

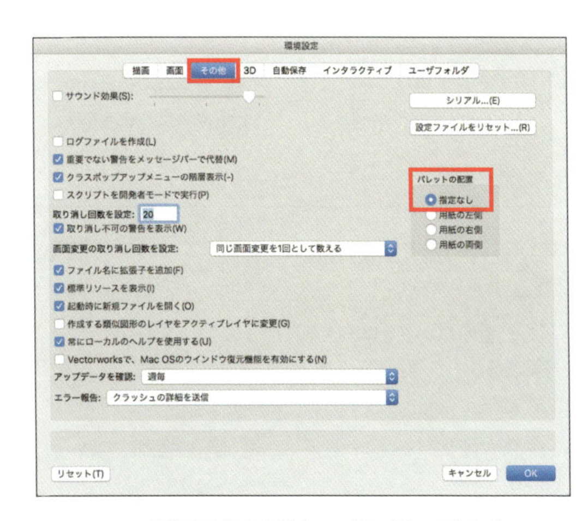

Mac版「環境設定」ダイアログの《その他》タブ

❹「ツールセットパレット」と「リソースマネージャパレット」が表示されているならパレットの［閉じる］ボタンをクリックして画面から消す

❺残った「ツールパレット」(基本パレット)、「スナップパレット」、「属性パレット」、「データパレット」の4パレットを図のように配置する

このあとの設定でルーラーを非表示にするのでルーラーが隠れてもかまいません。

Note

画面から消したパレットを表示させたいときは次のように操作します。

❶メニューの【ウィンドウ】→【パレット】をクリックしてパレットリストを出し、表示させたいパレットの名前をクリックする

Note

Windows版のパレット(スナップパレットを除く)には［自動最小化ON／OFF］ボタンがあります。これをオンにすると使わないときには小さく折りたたまれます。画面が狭いとき(＝解像度が小さいとき)に役立つ機能です。

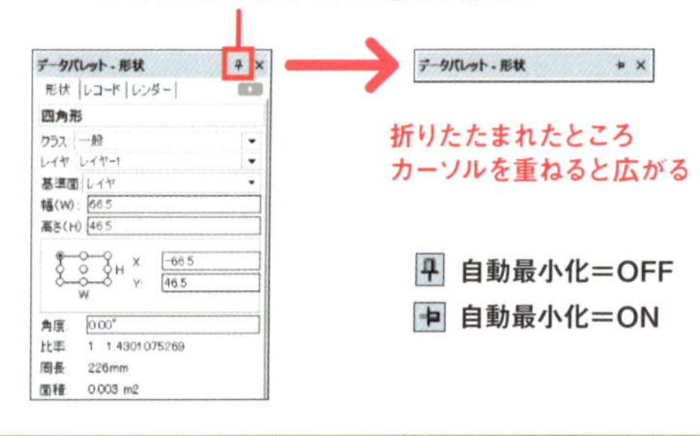

Note

Mac版のパレットはタイトルバーの［+］をクリックすると最小化します。そして［-］をクリックすると元に戻ります。

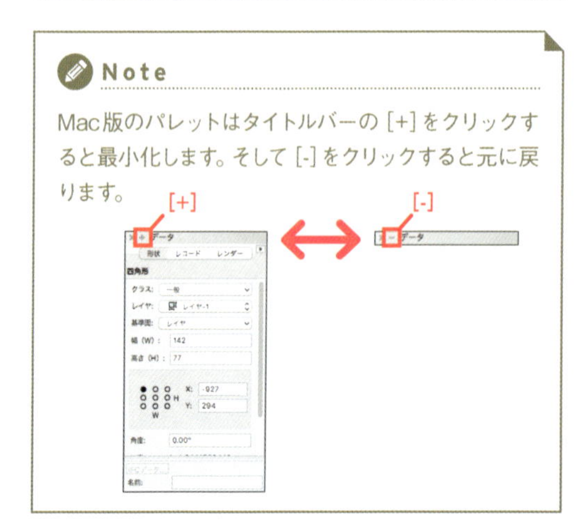

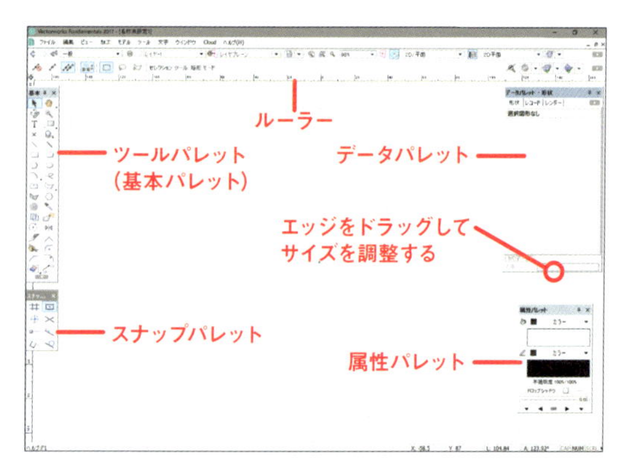

本書のパレット配置

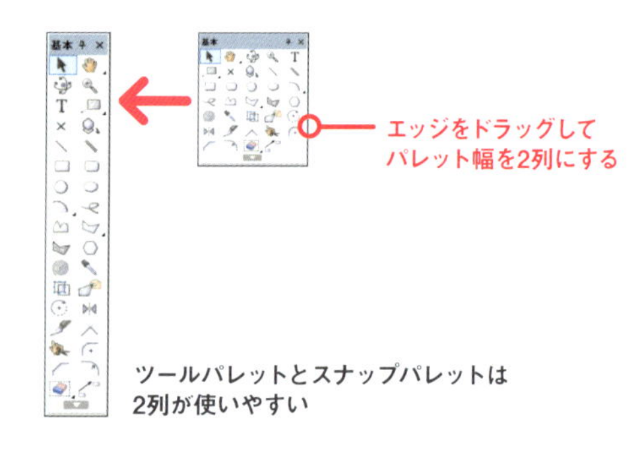

ツールパレットとスナップパレットは
2列が使いやすい

Note

Windows版では慣れてきたら図のようにパレットをドッキングさせることをお勧めします。

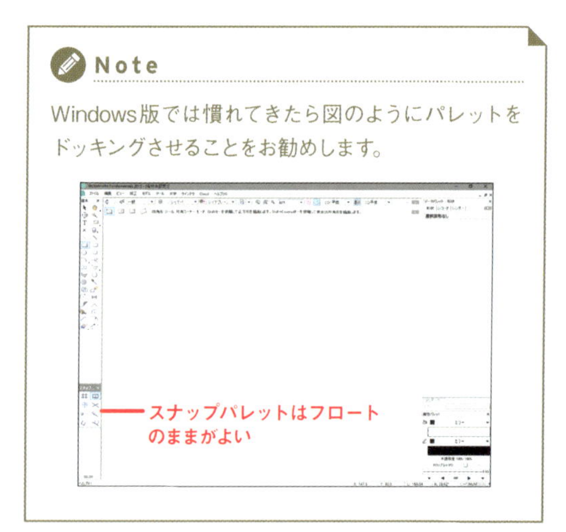

1.4.3 環境設定

環境設定はVectorworksに保存される項目と図面ファイルごとに設定する項目の2種類あります。まずはVectorworksに保存する項目から設定します。また「環境設定」ダイアログの重要な項目について補足説明をします。

❶【ツール】→【オプション】→【環境設定】をクリックする

❷「環境設定」ダイアログで《描画》タブ、《画面》タブ、《その他》タブ、《自動保存》タブの内容を027～029ページの図のように設定する

※残りの3タブ(《3D》・《インタラクティブ》・《ユーザフォルダ》)はデフォルトのままにします。

❸[OK]をクリックしてダイアログを閉じる

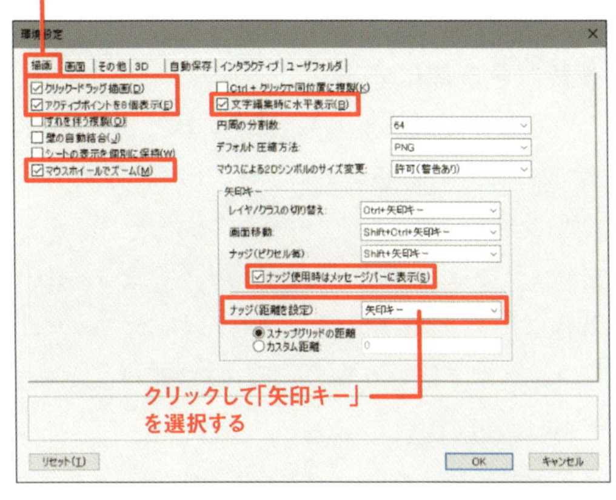

Windows版「環境設定」ダイアログの《描画》タブ

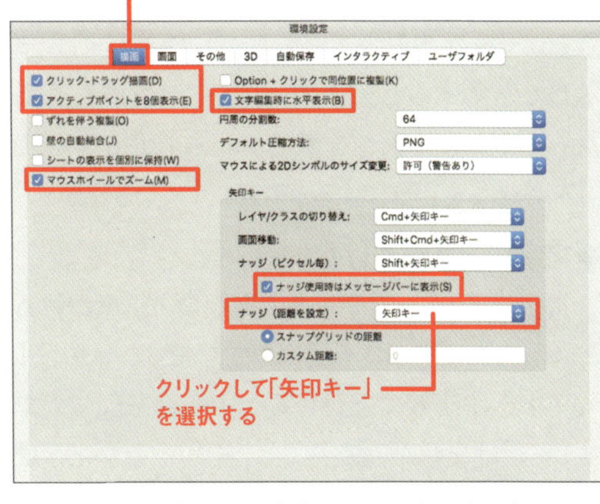

Mac版「環境設定」ダイアログの《描画》タブ

《描画》タブの項目

◆「クリックードラッグ描画」

「クリックードラッグ描画」は、本書の用語を使うと「プレスードラッグ描画」になります。プレス→ドラッグ→リリースという一連の操作で図形を描く方法でMacの従来のユーザーインターフェースです。ここにチェックを入れないと「クリックークリック描画」になります。

※どうしても「クリックードラッグ描画」が難しいという場合には[クリックークリック描画]でもかまいません。

◆アクティブポイントを8個表示

アクティブポイントとはハンドルのことです(右下図)。四角形を選択したときハンドルを8個表示させるか、4個にするかの設定ですが、8個のほうが細かな操作ができるので8個にします。

※【セレクション】ツールのモードによってハンドルの表示が異なります(267ページ参照)。

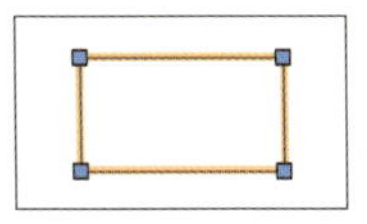

アクティブポイント＝4個

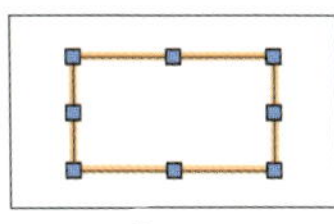

アクティブポイント＝8個

◆ずれを伴う複製

Vectorworksをドローソフトとして使うとき、「ずれを伴う複製」にチェックを入れておけば、複製のとき同位置に図形を重ねるミスを防げます。しかし本書はVectorworksをCADとして使います。この場合図形の複製を作ると位置がずれるのは、とても困ることなのでチェックを外します。

◆壁の自動結合

「壁の自動結合」は3Dの[壁]ツール用です。

《画面》タブの項目

◆ルーラー

CADでは図形サイズや位置を数値で指定するものなのでルーラー（物差し）は不要です。

◆スクロールバー

ホイールマウスのホイールボタンでスクロールできますので、スクロールバーも不要です。

◆背景色を黒にする

Vectorworksは「白い紙に黒い線で描く」が基本ですので「背景色を黒にする」のチェックを外して背景色を白にします（白バックという）。しかし白バックでは目が疲れるという人もいます。この場合は黒バックもやむをえませんが、黒バックは写真をネガで見ているようなものでデザインスタディには不向きです。

※Vectorworksの白バックは純白ではなく淡い黄色です（RGB=249,249,240）。

◆拡大時に線の太さを表示

線の太さを画面で直接確認できるのがVectorworksの特長です。しかし極端に拡大表示して作業するときはツールバーの右端にある［拡大時に線の太さを表示］ボタン（016ページ、017ページ）をオフにするとやりやすくなります。

◆文字にアミをかけない

文字にアミ（ここでは不透明な背景）をかけると図形の上に書いても読みやすいです。しかし寸法文字を寸法線に近付けると寸法線を隠すのでアミをかけません。文字にアミをかけたいときは属性パレットで個別にかけます。

◆拘束マークを表示

拘束機能を使うことは稀なので「拘束マーク」をオフにします。拘束機能を使ったかもしれない図面を受け取るときにはオンにします。

◆2D描画でキャッシュを使用（VectorCaching）

これをオンにすると曲線やハッチングをキャッシュに保存して描画を高速化できます。

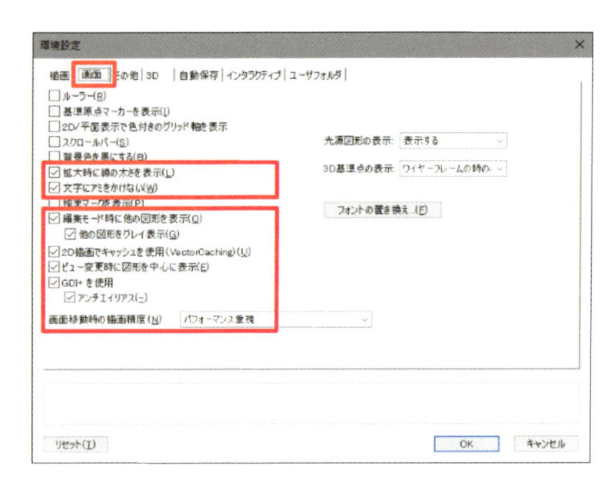

Windows版「環境設定」ダイアログの《画面》タブ

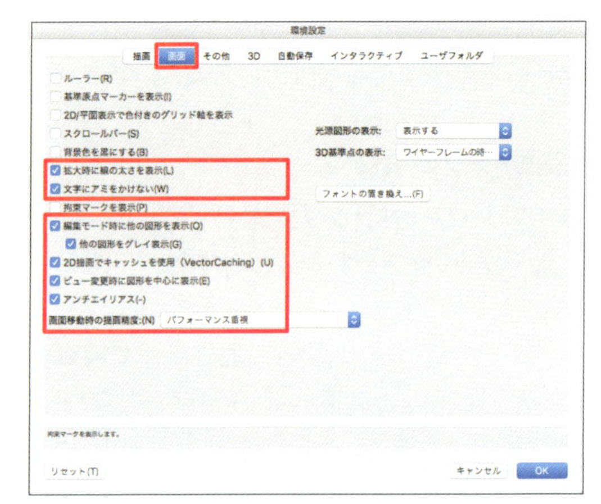

Mac版「環境設定」ダイアログの《画面》タブ

◆GDI＋を使用（Windows版）

「GDI＋を使用」は線の端部と斜め線の表示に関するものです。

◆アンチエイリアス

斜め線を画面で見るとギザギザ（エイリアスという）が見えます。これを低減するのがアンチエイリアスです。普通はアンチエイリアスをオンにしますが表示が遅くなったと感じたらオフにしてください。

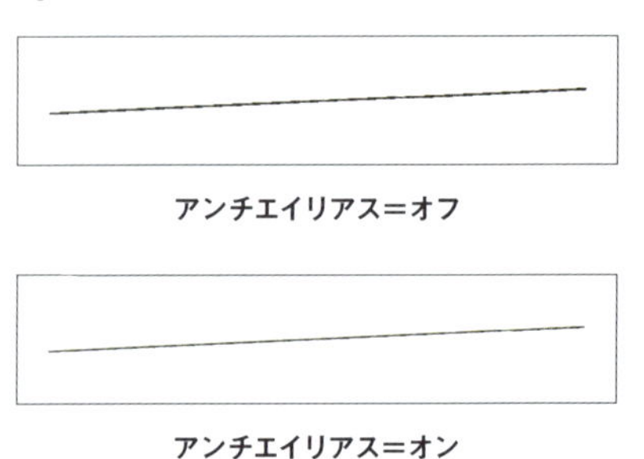

アンチエイリアス＝オフ

アンチエイリアス＝オン

《その他》タブ

《その他》タブにある項目は本書で使う操作に影響しませんが、ひとまず図のように設定します。

◆サウンド効果

「サウンド効果」は面白い機能ですがこれをオンにするとスナップ点にヒットするたびに音がして落ち着かないのでオフにしています。

◆取り消し回数を設定

「取り消し」(UNDO) とは間違って図形を消してしまったというとき元に戻すことで、Vectorworksでは何段階もの操作を遡って取り消すことができます。この回数(操作数) をここで設定します。

◆画面変更の取り消し回数を設定

画面変更(画面コントロール) は頻繁に使うので取り消し回数を1回にするか、含めないほうがよいです。「回数に含めない」を選択しても[取り消し]の対象から外れるということはありません。

◆ファイル名に拡張子を追加(Mac版)

CADではデータ変換などをするので拡張子が大事です。そこでWindows版と同じようにMac版でも拡張子(vwx) を自動的に付加します。

◆パレットの配置(Mac版)

「指定なし」以外にチェックを入れると新規作図ウィンドウがパレットと重ならないように自動的に小さくなります。作図ウィンドウは大きいほどよいので「指定なし」にします。

《自動保存》タブ

自動保存はぜひ使ってください。バックアップファイルのファイル名は「元のファイル名+バックアップ+年月日時間.vwx」です。

例:Plan01−バックアップ−20170729183828.vwx

◆確認ダイアログボックスを表示

「確認ダイアログボックスを表示」をオンにすると頻繁に確認メッセージが表示されるのでオフにしています。

◆任意の場所に設定

バックアップデータを保存するフォルダはバックアップ専用フォルダにしたほうが管理しやすいです。

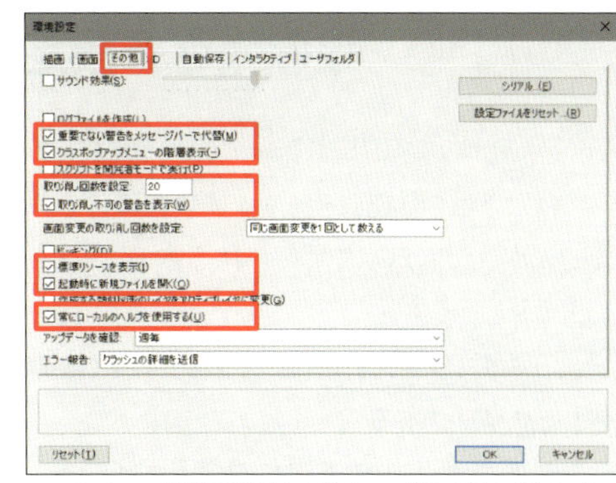

Windows版「環境設定」ダイアログの《その他》タブ

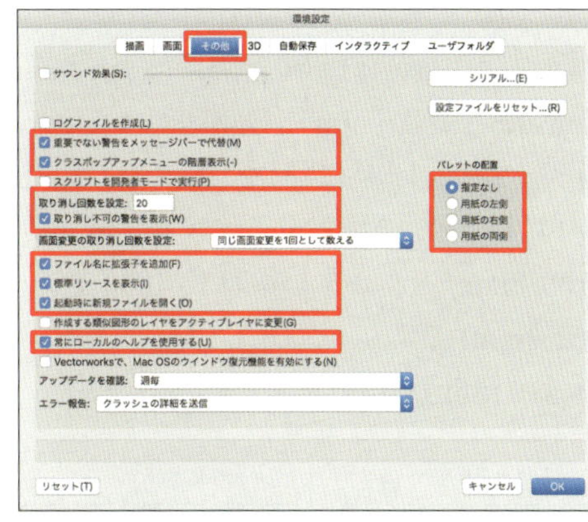

Mac版「環境設定」ダイアログの《その他》タブ

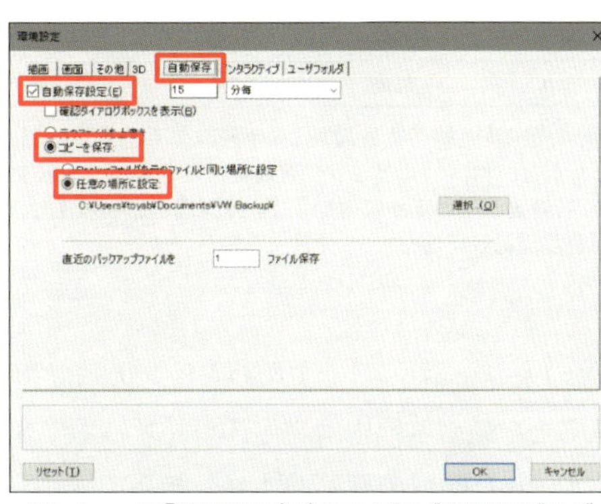

Windows版「環境設定」ダイアログの《自動保存》タブ

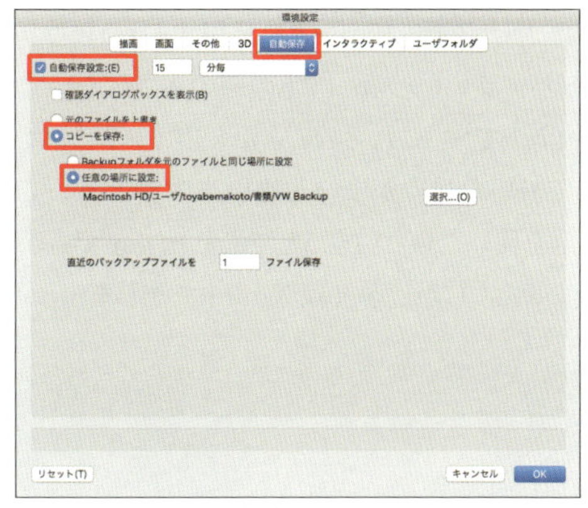

Mac版「環境設定」ダイアログの《自動保存》タブ

1.4.4 線の太さを設定

Vectorworksで使用する線の太さを設定します。線の太さは「環境設定」ダイアログに含まれていませんが、システムに保存される内容なので設定します。

❶ メニューの【ツール】→【オプション】→【線の太さ】をクリックする

❷「線の太さ設定」ダイアログで「ポイント」にチェックを入れてから、図のように設定する

この4種類の太さだけを設定する

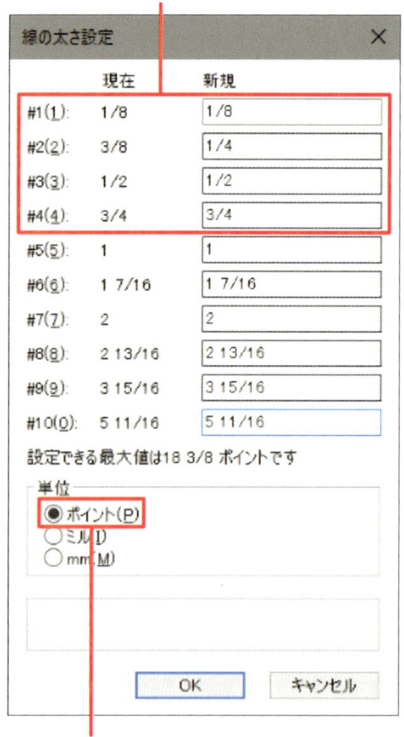

最初に「ポイント」にチェックを入れる

線の太さの単位は「ポイント」、「ミル」、「mm」の3種類あります。「mm」が分かりやすいと思いますが、ここでは「ポイント」をお勧めします。1ポイントは1/72インチで0.35mmです(25.4mm÷72＝0.3528mm)。なお1ミルは1/1000インチ(0.0254mm)です。

本書で使用する線の太さを表で示します。

No	線	ポイント	mm
#1	極細線	1/8	0.05
#2	細線	1/4	0.08
#3	中線	1/2	0.18
#4	太線	3/4	0.25

※mmの数値は「線の太さ設定」ダイアログでポイントで指定したあとに「mm」にチェックを入れたとき表示される数値で、計算値とはわずかに違います。計算値と違いはありますが問題はありません。

線の太さをポイント、すなわちインチ系で指定することを勧める理由は文字のサイズの単位もポイント、出力機器の解像度もインチ系です。それにVectorworksに慣れてきたとき他のグラフィックソフトと連携してデータを活用するようになりますが、グラフィック系ソフトの線の太さはたいていポイントです。これらのことからポイントに早く慣れておいたほうがよいと思いますがどうしてもmmを使いたいということであればmmでもかまいません。しかし本書はポイントで記します。

Note

筆者はVectorworksで1/8ポイント～3/4ポイントの4種類の線の太さを用いていますが、AutoCADでは極細線＝0.05mm、細線＝0.09mm、中線＝0.18mm、太線＝0.25mmの太さを用いています。細線の太さだけがわずかに違いますが印刷すると同じ太さになります。

1.4.5 マーカーの設定

マーカーとは線の端部の矢印や黒丸のことです。マーカーは寸法などに用い、線の太さと同じようにあらかじめ形やサイズを設定しておきます。

❶メニューの【ツール】→【オプション】→【マーカーを編集】をクリックする

❷「マーカーを編集」ダイアログで#1の塗り潰し矢印を選択してから[編集]をクリックする

❸「マーカー編集」ダイアログで「長さ」を<2>mmに変える

※単位がインチなら0.079インチに変えます。

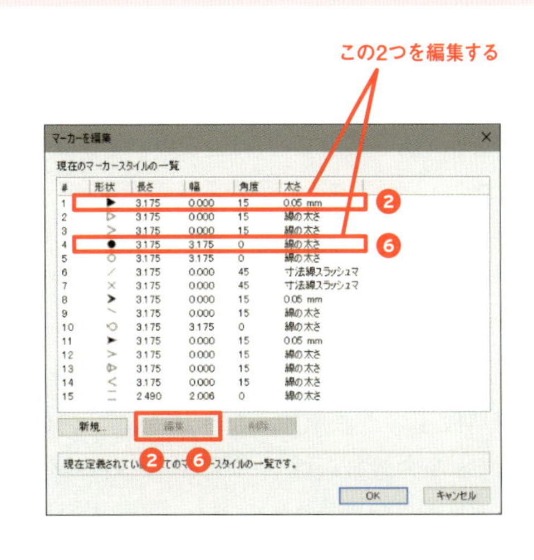

❹太さで「線の太さを使う」をオンにする

❺[OK]をクリックする

❻「マーカーを編集」ダイアログに戻るので#4の●(黒丸)を選択してから[編集]をクリックする

❼「長さ」を<0.8>mmに変える

※単位がインチなら0.031インチに変えます。

❽「幅」を<0.8>mmに変える

※単位がインチなら0.031インチに変えます。

❾太さの「線の太さを使う」がオンになっているのを確認してから[OK]をクリックする

❿「マーカーを編集」ダイアログで内容を確認してから[OK]をクリックする

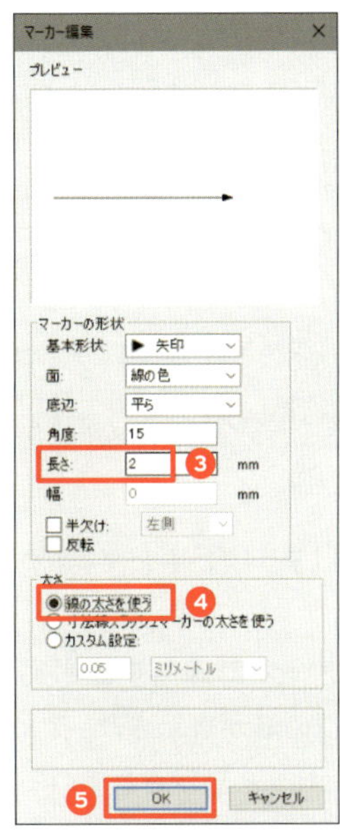

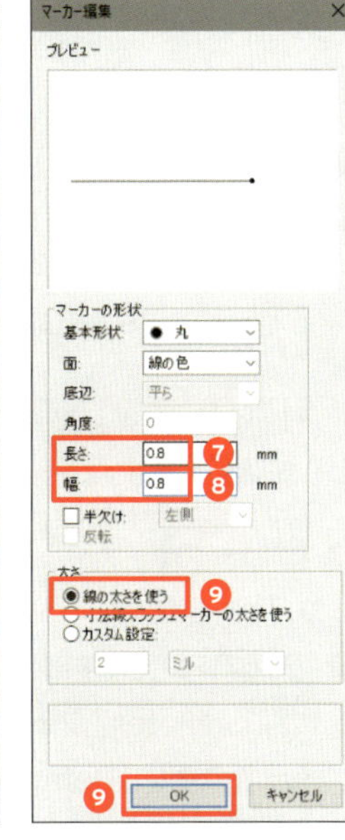

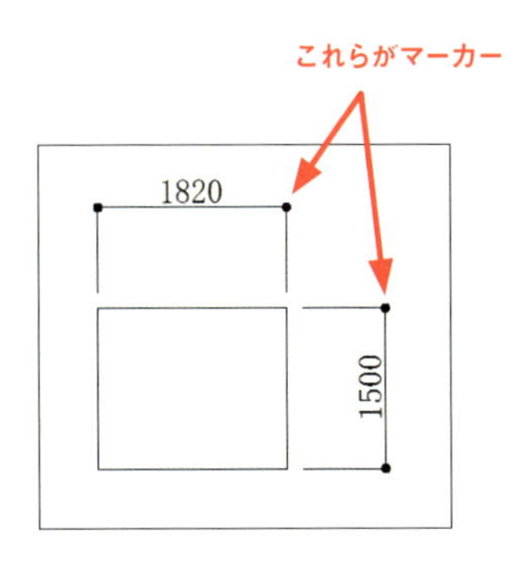

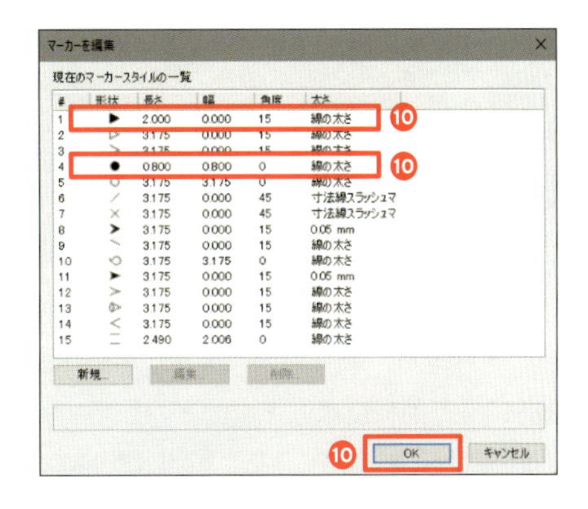

Chapter 1 本書で練習するための準備
Chapter 2
Chapter 3
Chapter 4
Chapter 5
Chapter 6

1.4.6 ファイルの初期設定

Vectorworksの初期設定は「システムの初期設定」の他に「ファイルの初期設定」があります。Vectorworksを仕事で使うときファイルの初期設定はプロジェクトごとに異なるものです。そこで本書で練習するための「ファイルの初期設定」を済ませたデータファイル「Start.vwx」を用意しました。

しかしVectorworksを実務で使うにはファイルの初期設定の方法を知らなければなりません。そこで本章の最後（次ページ）で「Start.vwx」の作成方法を説明しますので、必要になった段階で読んでください。

本書付録の練習用データの中に「Start.vwx」があるので、このファイルを読み込みます。

❶ メニューの【ファイル】→【開く】をクリックする
❷「開く」ダイアログで「VW2017_Data」（または「VW2018_Data」）フォルダの中の「Ch1」フォルダにある「Start.vwx」を開く

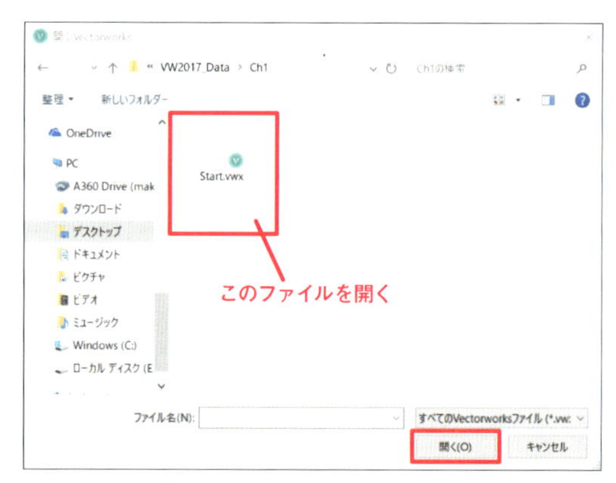

「開く」ダイアログ（Windows版）

今開いた「Start.vwx」をテンプレートファイルとして保存します。

❸ メニューの【ファイル】→【テンプレート保存】をクリックする
❹「テンプレート保存」ダイアログで「保存する場所」に「Templates」フォルダの名が表示され、ファイル名の欄に「Default.sta」と表示されているのを確認してから［保存］ボタンをクリックする

※「Default.sta」がすでにある場合は置き換えてよいかというメッセージが表示されますが、かまわずに［置き換え］をクリックしてください。

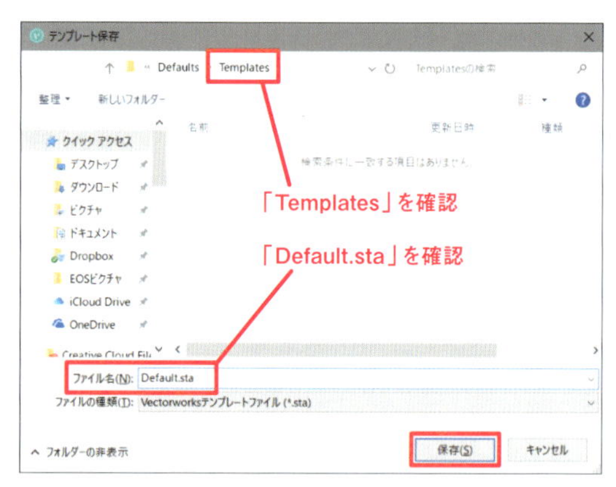

「テンプレート保存」ダイアログ（Windows版）

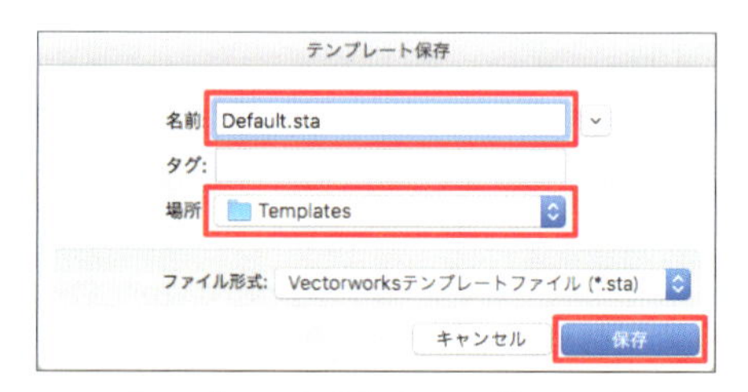

「テンプレート保存」ダイアログ（Mac版）

「Default.sta」が保存されていると、Vectorworksを起動したときに「Default.sta」と同じ内容の「名称未設定1.vwx」が開きます。「Start.vwx」で用紙サイズ、縮尺、レイヤ、寸法の規格を設定しているので、これらの設定が「名称未設定1.vwx」に自動的に反映します。

Note

テンプレートファイルを保存するフォルダはWindows版ではCドライブの「ユーザー¥（ユーザー名）¥AppData¥Roaming¥Nemetschek¥Vectorworks¥2017（または2018）¥Libraries¥Defaults」フォルダの中にある「Tamplates」フォルダです。
Mac版はプログラムがある「VW2017」（または「VW2018」）フォルダの中の「Libraries¥Defaults」フォルダにある「Templates」フォルダです。
どちらにしても奥深い場所にあるので❹のように何も変えずに保存してください。

1.5 Start.vwxの作成方法

ファイルの初期設定に使用した「Start.vwx」の作り方をここで説明します。この項は第2章以降の練習に直接関係しないので飛ばしてもかまいませんが、Vectorworksを実務で使用するときに必要になる知識がたくさん含まれています。本書を読み終わるまでの間に実際に操作をして内容を把握してください。

1.5.1 用紙設定

Vectorworksは手描き製図と同じように用紙サイズを決めてから製図を始めます。ここではA3判用紙の横置きを想定して設定してみます。

用紙設定には次の2種類の方法があります。

① プリンタやプロッタに固有の用紙設定をする

② 一般的な用紙サイズで設定する

ふつうは①の方法で設定します。プリンタやプロッタは機種により出力できる範囲が異なるし位置も微妙に違うからです。しかし出力機が決まっていない場合は②の一般的な用紙サイズで設定します。用紙設定の前に何も設定をしていない新規ファイルを開いておきます。

❶ メニューの【ファイル】→【新規】をクリックする

❷「用紙の作成」ダイアログで「新規に作成」にチェックを入れて[OK]をクリックする

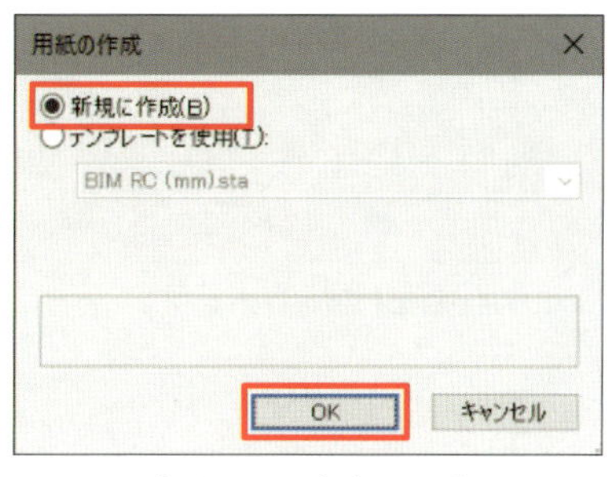

「用紙の作成」ダイアログ

[1] プリンタ／プロッタに固有の用紙設定をする場合

❶ メニューの【ファイル】→【用紙設定】をクリックする

❷「用紙設定」ダイアログで「サイズを選択」をオンにする

❸「サイズ」で「単用紙」を選択する

❹ [プリンタ設定]をクリックする

※左側の[用紙の枚数]はたとえばA4プリンタでA2判の図面を印刷したいといったときに意味があります。

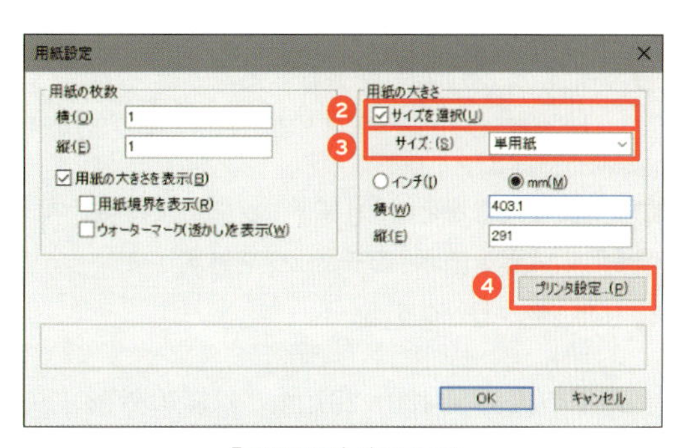

「用紙設定」ダイアログ

❺「印刷」ダイアログの「プリンタ名」で使用したいプリンタを選択する

※Mac版は「ページ設定」ダイアログの「対象プリンタ」。
※図では筆者の「EPSON EP-976A3」、Mac版は「CANON PRO-10S」を選択している。

❻「サイズ」／「用紙サイズ」(Mac) でA3判の用紙を選択する

※機種によっては「給紙方法」を設定。

❼「印刷の向き」で「横」にチェックを入れる

※Mac版は「方向」で「横」を選択する。

❽ [OK] をクリックする

❾「用紙設定」ダイアログに戻るので「横」と「縦」の数値を確認する

❿「用紙の大きさを表示」にチェックを入れる

⓫「用紙境界を表示」のチェックを外す

⓬ [OK] をクリックする

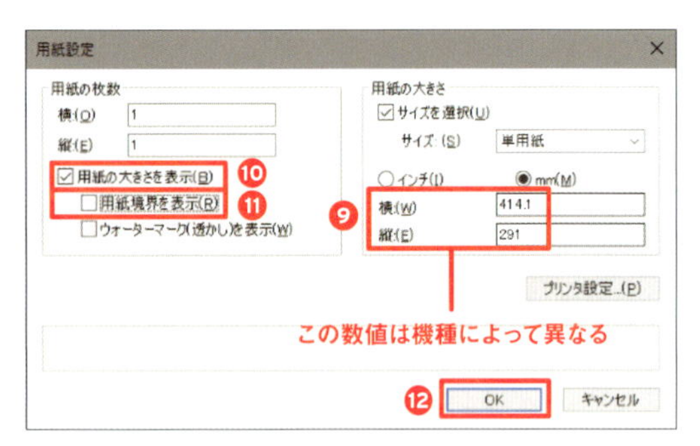

「用紙設定」ダイアログ

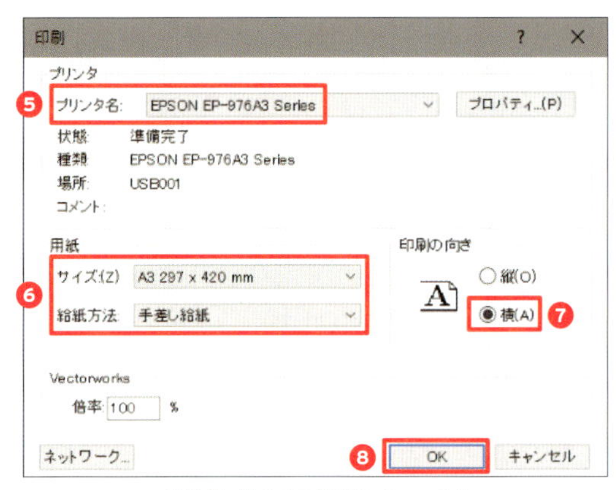

「印刷」ダイアログ(Windows版)

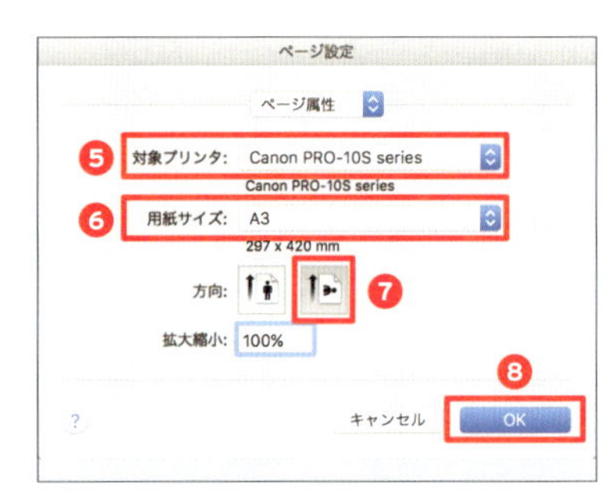

「ページ設定」ダイアログ(Mac版)

［2］一般的な用紙サイズで設定する場合

プリンタ機種を特定できない場合です。

❶ メニューの【ファイル】→【用紙設定】をクリックする

❷「用紙設定」ダイアログで「サイズを選択」にチェックを入れる

❸ サイズで「ISO A3」を選択する

※ISO (国際標準) の用紙サイズとJIS (日本工業規格) の用紙サイズは同じ。

❹「用紙の大きさを表示」にチェックを入れる

❺「用紙境界を表示」のチェックを外す

❻ [OK] をクリックする

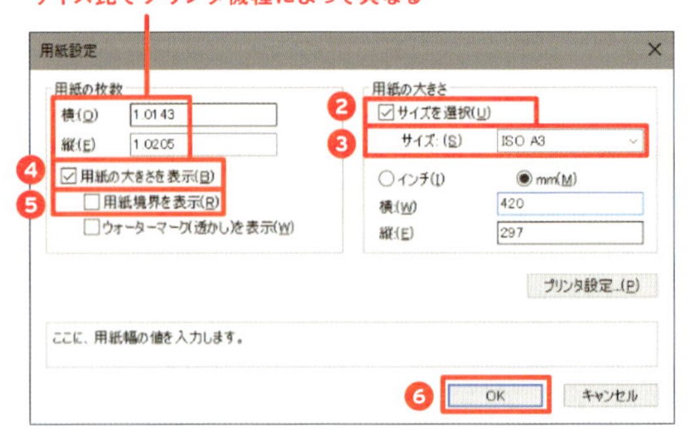

用紙の大きさ (420×297mm) は紙の外形寸法です。印刷できない範囲 (マージン) を含んでいますので注意してください。マージンの大きさはプリンタの機種によって異なりますが周囲10mm程度と考えておけばよいでしょう。

1.5.2 書類設定

初期設定(024ページ)はシステム(Vectorworks)に対する設定ですが、メニューの【ファイル】→【書類設定】にある3コマンドによる設定はファイルごとに保存される項目で「Start.vwx」でも設定しています。ただし3コマンドのうち【単位】コマンドと【模様】コマンドはデフォルトのままで何も変えていません。

これから【ファイル設定】コマンドを使って設定をします。

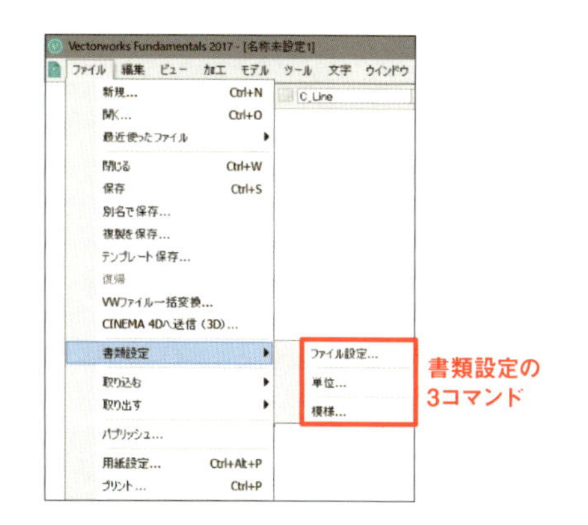

[1]《寸法》タブ

1. メニューの【ファイル】→【書類設定】→【ファイル設定】をクリックする
2. 「ファイル設定」ダイアログで《寸法》タブをクリックする
3. 「寸法を図形の大きさと連動させる」のチェックを外す
4. 「寸法を寸法クラスに作成する」にチェックを入れる
5. [カスタム]をクリックする
6. 「寸法のカスタマイズ」ダイアログの[新規]をクリックする
7. 「名前を付ける」ダイアログで適当な名前、たとえば「My_Dim」とキーインしてから[OK]をクリックする
8. 「寸法のカスタマイズ」ダイアログで「My_Dim」が選択されているのを確認してから[編集]をクリックする
9. 「カスタム寸法規格の編集」ダイアログで各部のサイズを図のように設定する
10. 「直線のマーカー」で「●0.031"×0.031"0˚」を選択する(0.031"=0.8mm)
11. 「その他のマーカー」で「▶0.079"×0.000"15˚」を選択する(0.079"=2.0mm)
12. [OK]をクリックする
13. 「寸法のカスタマイズ」ダイアログで[OK]をクリックする

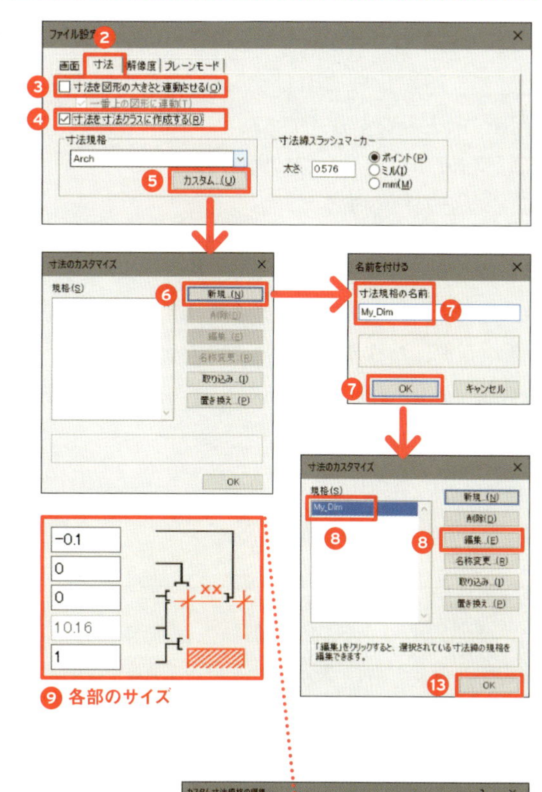

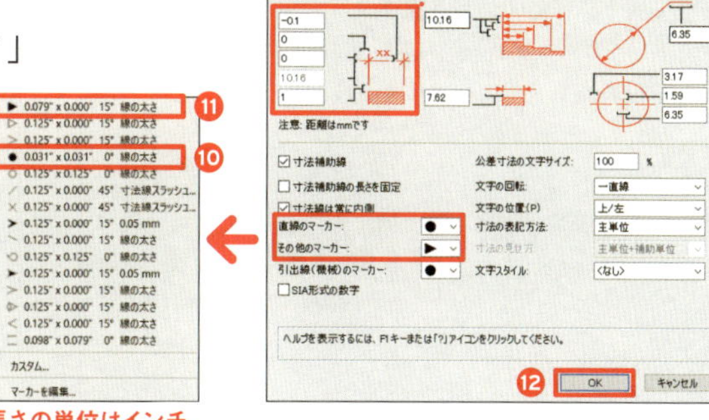

⓮「ファイル設定」ダイアログの《寸法》タブの「寸法規格」で「My_Dim」を選択する

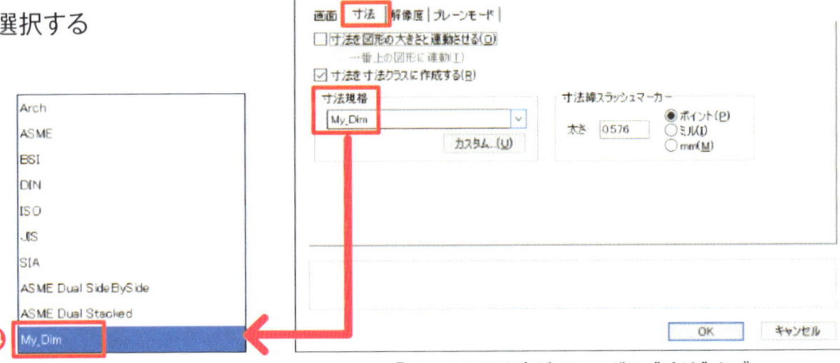

「ファイル設定」ダイアログの《寸法》タブ

[2]《プレーンモード》タブ

プレーンモードとは図形を描く「基準面」の方式のことで3Dで意味があります。本書は2D製図の参考書なので昔からの方式の「スクリーンモード」で作図します。これはディスプレーの画面を用紙の面とみなす方式です。

❶「ファイル設定」ダイアログの《プレーンモード》タブをクリックする

❷「スクリーンプレーンのみ」にチェックを入れる

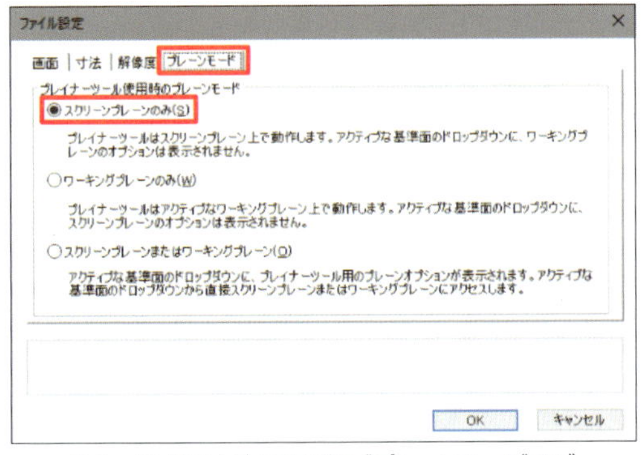

「ファイル設定」ダイアログの《プレーンモード》タブ

以上で「ファイル設定」ダイアログでの設定が終わりましたがデフォルト設定のままにした《画面》タブと《解像度》タブの内容を参考のために図示します。

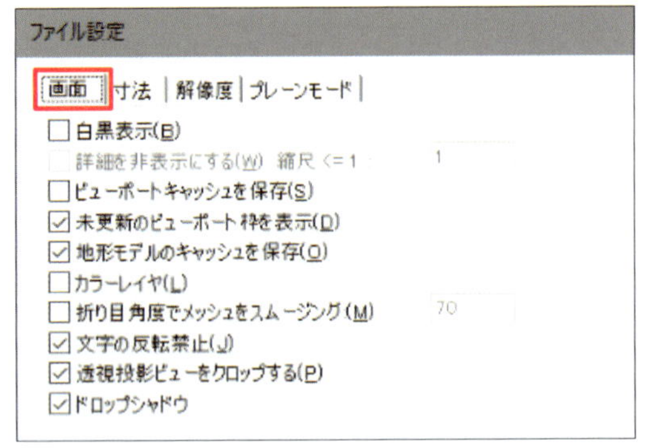

「ファイル設定」ダイアログの《画面》タブ

プレーンモードはやや分かりにくいので簡単に説明します。プレーンモードの「ワーキングプレーン」は3D空間にある作業面(基準面)のことで、ここに図形を描いたり3D図形を配置したりします。これを真上から見るとスクリーンプレーンと変わりませんが、視点を変えると立体的に見えます。

なおスクリーンプレーンに描いた図形は視点を変えても常に真上から見ているように表示されます。

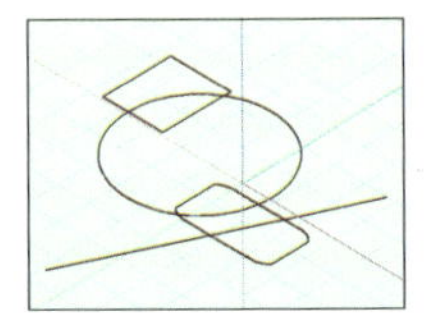

ワーキングプレーンの一種である「レイヤプレーン」に2D図形を描き、斜め右からの視点(ビュー)にしてみた

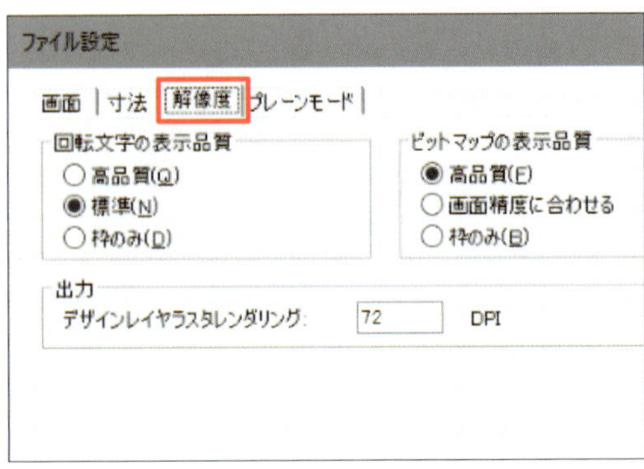

「ファイル設定」ダイアログの《解像度》タブ

1.5.3 レイヤと縮尺

Vectorworksには「レイヤ」と「クラス」という2つのレイヤ機能があります。どちらを使うか迷うところですがビギナーにはレイヤのほうが理解しやすいので本書はレイヤを使用します。しかし「クラス」にもメリットが多いので慣れてきたら「クラス」をレイヤの代わりに使ってもよいでしょう。特にAutoCADユーザーとチーム作業をするなら、AutoCADの画層（レイヤのこと）とそっくりの「クラス」のほうが適しています。

「Start」に用意したレイヤは下から「C－Line」、「Body」、「Finish」、「Window」、「Misc」、「Dim」、「Text」で、全部で7レイヤあります。2Dなので「高さ」と「壁の高さ」はすべて「0」です。縮尺はどのレイヤも1/50に設定しています。なおレイヤと縮尺の設定は193ページで説明します。

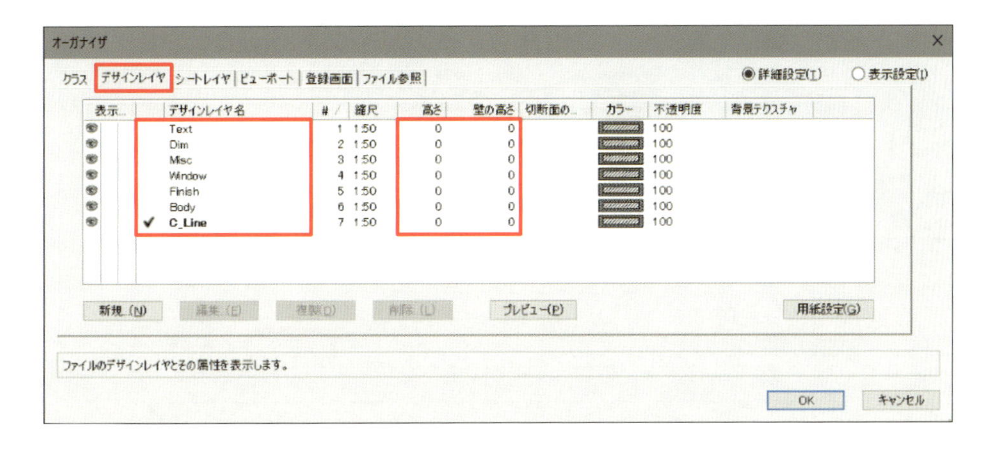

1.5.4 属性パレット

属性パレットの面属性を「なし」にします。面図形（直線以外の図形）は面属性の違いにより透明になったり不透明になったりします。CADでは透明が普通なので最初は面属性を「なし」すなわち透明にします。

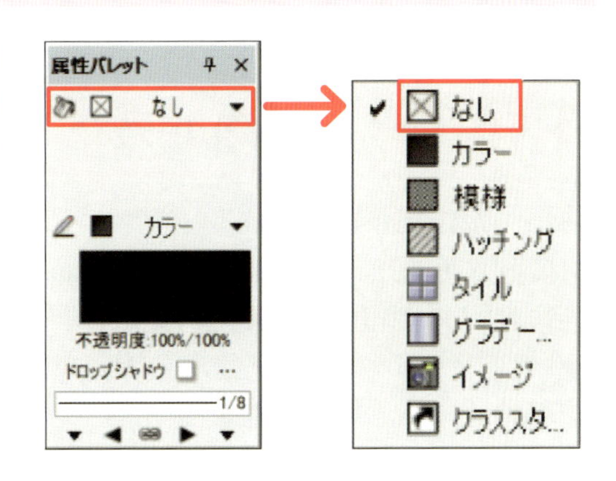

1.5.5 グリッド設定

グリッドは方眼紙のようなものです。この方眼紙のマス目のサイズを設定します。

❶メニューの【ツール】→【スマートカーソル設定】をクリックする

※スナップパレットの【グリッドスナップ】をダブルクリックしてもOKです。結果は同じです。

❷「スマートカーソル設定」ダイアログのカテゴリで「グリッド」を選択する

❸スナップグリッドのX：＝<500>mm

❹レファレンスグリッドのX：＝<1000>mm

❺「グリッドを表示」にチェックを入れる

❻[OK]をクリックする

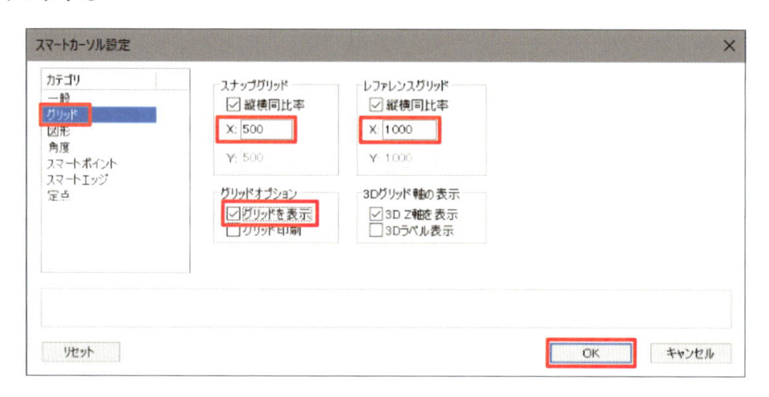

「グリッドを表示」のオン／オフをここで設定していますがシステムに保存されます。しかしグリッドの間隔はファイルに保存されます。

1.5.6 ファイル保存

以上の作業（024ページ～038ページ）でファイル用の初期設定が終わりました。このデータを保存すれば、「VW2017_Data」（または「VW2018_Data」）フォルダの中の「Ch1」フォルダにある「Start.vwx」と同じになるので保存する必要はありません。

今後、設定を変えたときはすぐにテンプレート保存（032ページ。上書きでもよい）しておくとあとで役立ちます。

Chapter

2

住宅の平面図を描く

住宅の平面図の最初から最後までの作成過程を
チュートリアル課題（自習課題）として紹介します。
使用する機能は第3章以降で解説していますが、
これらを練習し理解したあとでなければ、
本章の練習ができないというわけではありません。
読者の多くは解説より先に図面を描いてみたい、
そのあとで解説を読みたいと思っているのではないでしょうか。
そのような人のためにチュートリアル課題を解説より前に置いています。
しかし第3章以降を練習してから、
本章で総合練習をするという順序でもかまいません。

2.0 課題の建築について

本章の題材は2階建ての住宅で、木造と鉄骨の混構造を想定しています。本章では1階平面図を描きます。
この建物は円弧壁を特徴としています。練習用の課題なので円弧壁以外はやや単純なプランですが、そのまま建てても成立するように設計しました。A3判の用紙に、縮尺1/50で図面を作成しています。一般に縮尺が1/50なら壁は躯体と仕上げを別々に表現しますが、ここではプレゼンテーション用の図面として躯体線を省略してシンプルに表現しています。

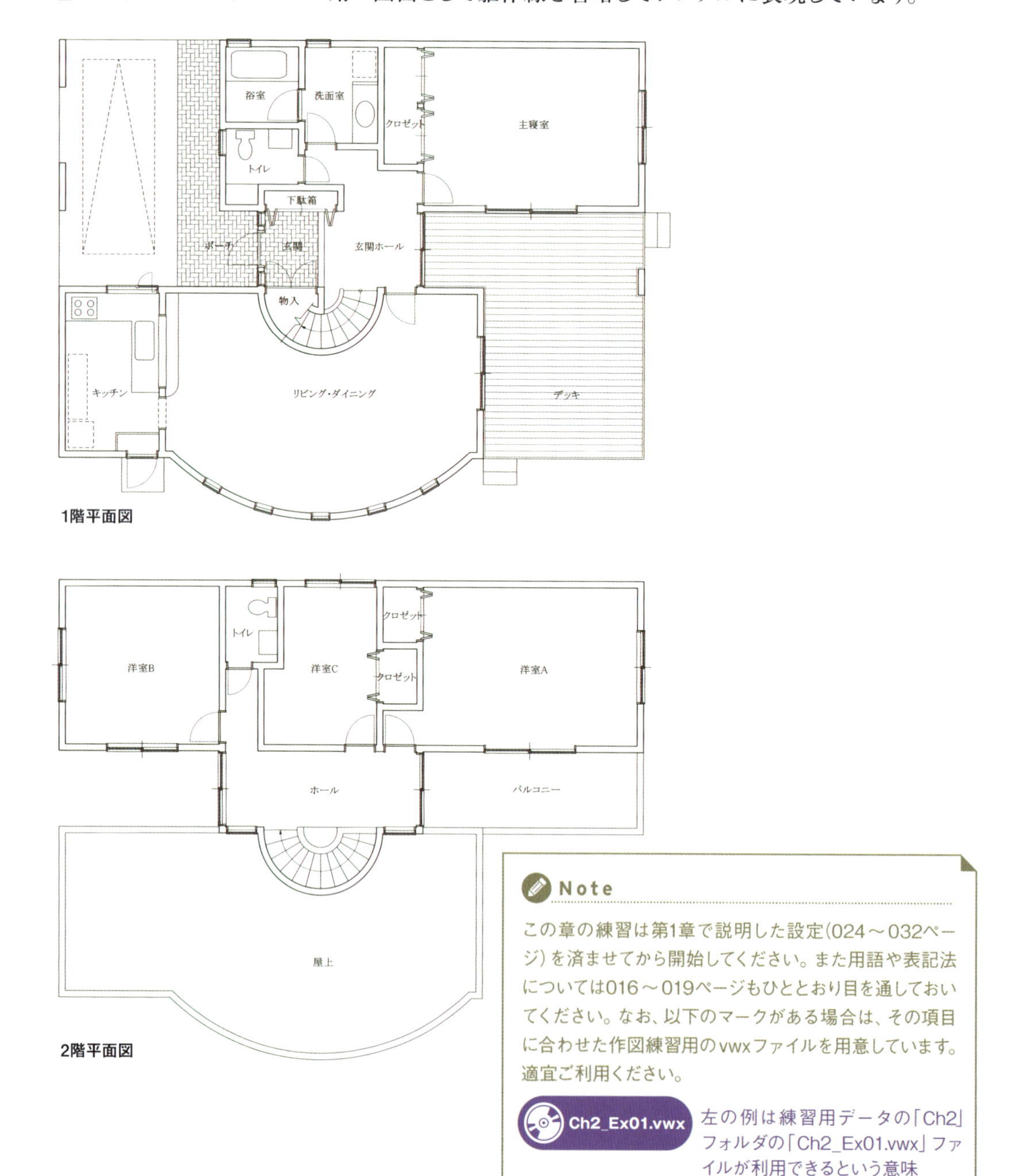

1階平面図

2階平面図

Note

この章の練習は第1章で説明した設定(024～032ページ)を済ませてから開始してください。また用語や表記法については016～019ページもひととおり目を通しておいてください。なお、以下のマークがある場合は、その項目に合わせた作図練習用のvwxファイルを用意しています。適宜ご利用ください。

Ch2_Ex01.vwx 左の例は練習用データの「Ch2」フォルダの「Ch2_Ex01.vwx」ファイルが利用できるという意味

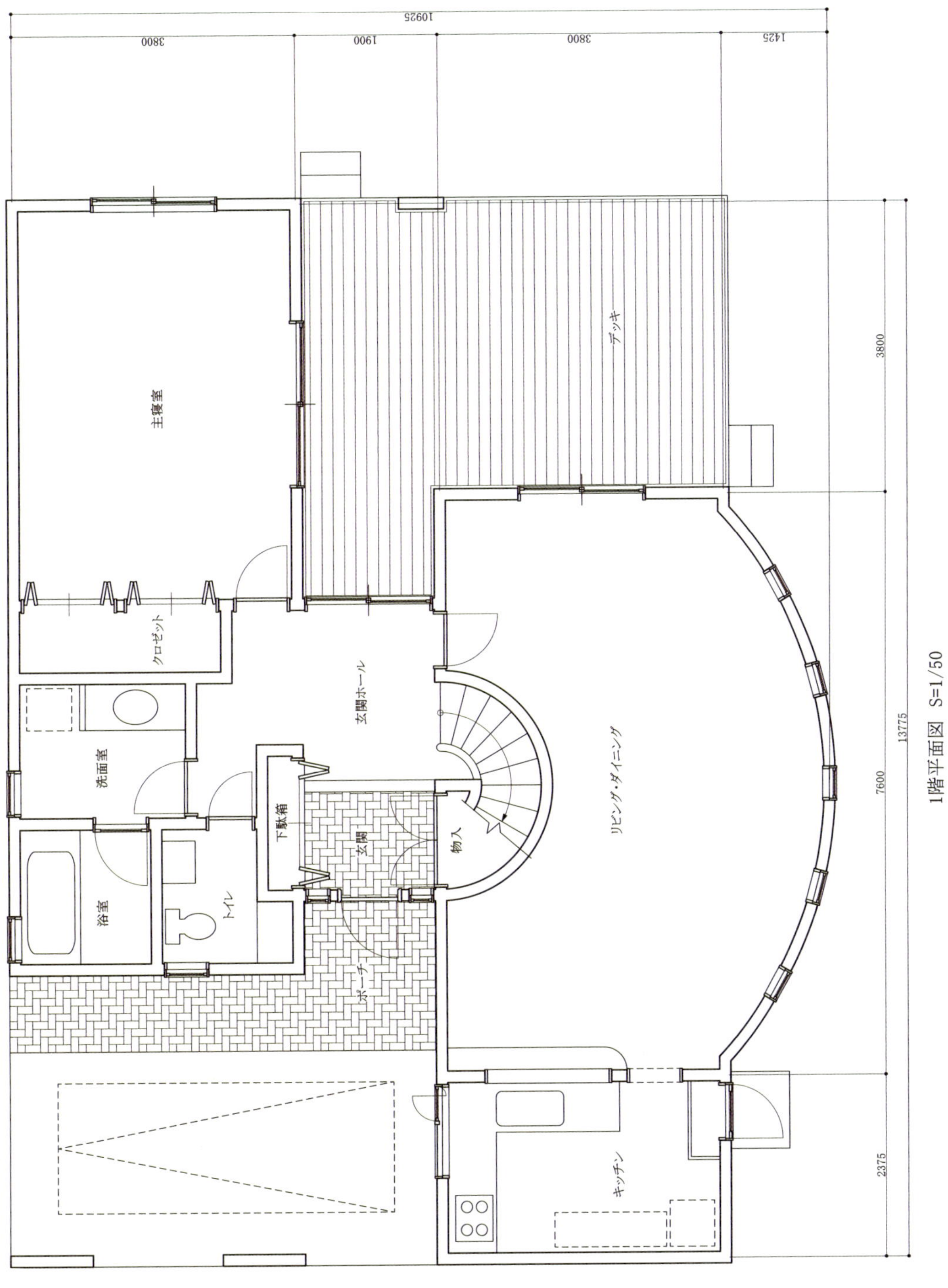
10925
3800
1900
3800
1425
主寝室
デッキ
クロゼット
玄関ホール
洗面室
下駄箱
玄関
物入
リビング・ダイニング
浴室
トイレ
ポーチ
キッチン
3800
7600
2375
13775
1階平面図 S=1/50

本章で作成する図面

2.1 通り芯線を描く

一般建築では通り芯線（建築の基準線）は図面に必要な要素ですが、住宅では通り芯線は必須とはいえず描く場合と描かない場合があります。プレゼンテーション用図面では通り芯線は邪魔になるので描かないことが多いです。しかし作図中は通り芯線があるといろいろと便利なので、ここでは通り芯線を描きます。

この節で描く通り芯線

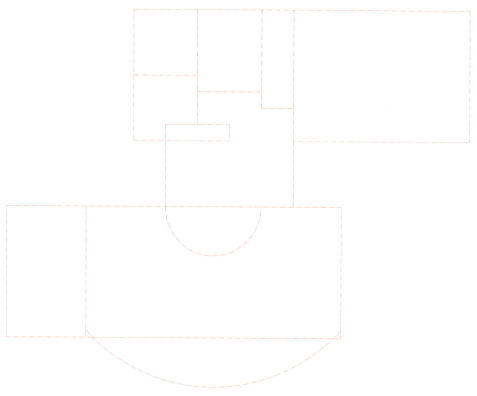

Step 001 ファイルを開く

設定済みのファイルを開きます。

❶ メニューの【ファイル】→【開く】をクリックして「VW20xx_Data」フォルダの中の「Ch2」フォルダにある「Ch2_Ex01.vwx」を開く

※「VW20xx_Data」フォルダとは「VW2017_Data」フォルダあるいは「VW2018_Data」フォルダのことです。使用しているVectorworks（VW）のバージョンと一致するフォルダのファイルを開いてください。なおこの説明は以後省略します。

❷ [Ctrl]＋[4]キー（Mac：[⌘]＋[4]キー）を押す

※メニューの【ビュー】→【ズーム】→【用紙全体を見る】をクリックしても同じです。

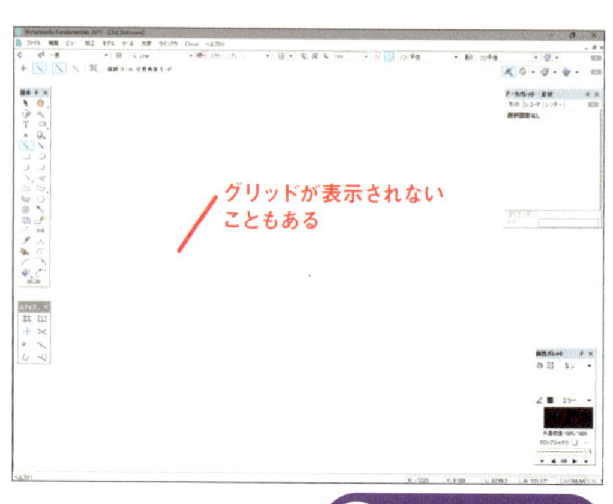
グリッドが表示されない
こともある

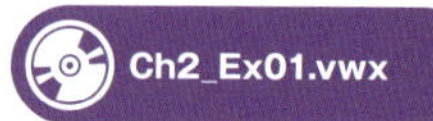
Ch2_Ex01.vwx

Step 002 準備(1)

通り芯線を描く準備をします。まず属性パレットで設定をします。

❶属性パレットで線属性の「ラインタイプ」を選択する

※「カラー」を選ぶと線種が「実線」になります。実線以外の時に「ラインタイプ」を選択します。

❷線の色を赤に変える

❸ラインタイプ(線種)の左の欄で「Default Line Types.vwx」を選択し、右の欄で「ISO-10 一点短鎖線」をダブルクリックする

❹線の太さで「1/4」ポイントを選択する

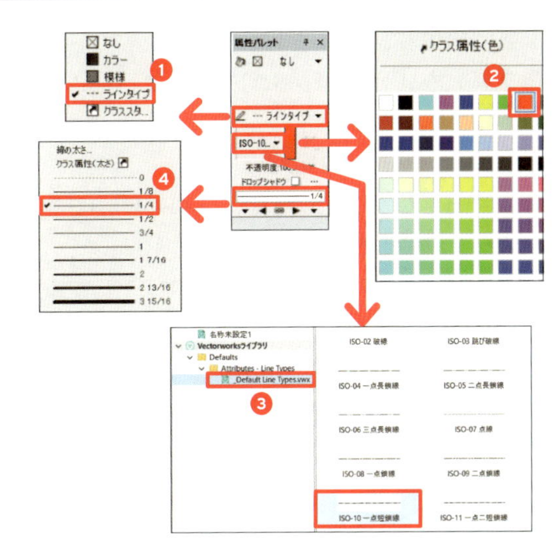

Step 003 準備(2)

レイヤを確認します。

❶「アクティブレイヤ」の窓に「C_Line」と表示されているのを確認する

※違っていれば窓をクリックしてレイヤリストを表示させて「C_Line」をクリックする。

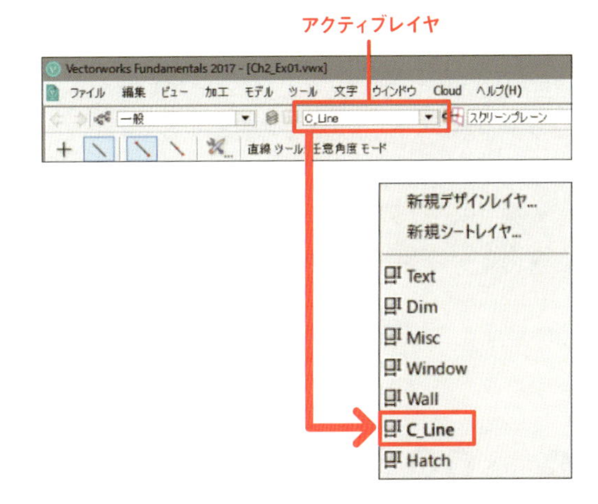

Step 004 準備(3)

グリッドを確認します。

❶スナップパレットで【グリッドスナップ】をダブルクリックする

❷「スマートカーソル設定」ダイアログでスナップグリッド(の間隔)が475mmになっているのを確認する

❸レファレンスグリッド(の間隔)が950mmになっているのを確認する

❹「グリッドを表示」にチェックを入れる

❺[OK]をクリックする

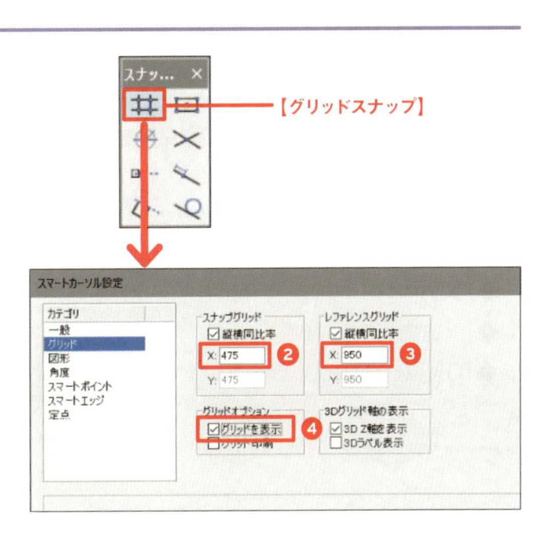

Step 005　四角形を描く（1）

通り芯線を描きはじめます。

❶ スナップパレットで【グリッドスナップ】をクリックしてオンにする

❷【四角形】ツールをクリックする

❸ A点（任意のグリッド点）でプレスし、B点（任意のグリッド点）でリリースする

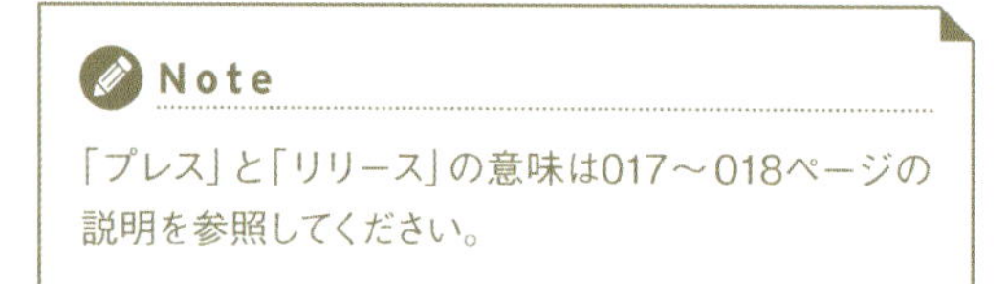
Note

「プレス」と「リリース」の意味は017～018ページの説明を参照してください。

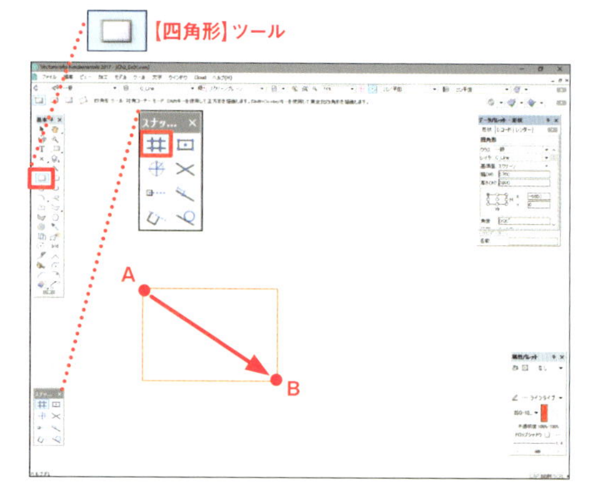
【四角形】ツール
A
B

Step 006　四角形を描く（2）

前ステップで描いた四角形のサイズを変えます。

❶ 前ステップで描いた四角形が選択されているのを確認する

※四角形が選択されているときはオレンジ色で表示されます。

❷ データパレットで次のように設定する

◆基準点を左下に設定する

◆幅＝<9975>mm

◆高さ＝<3800>mm

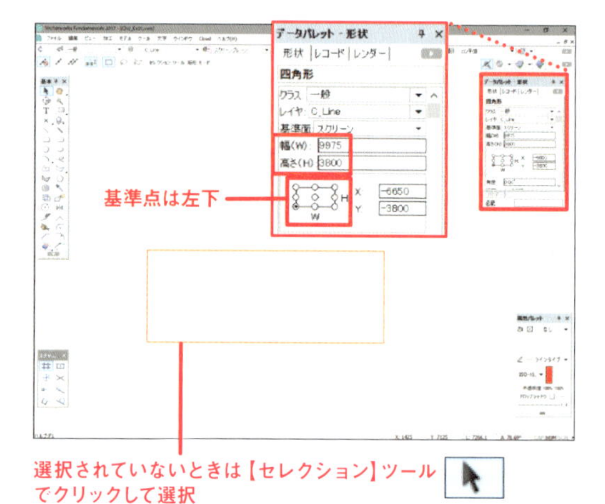
基準点は左下
選択されていないときは【セレクション】ツールでクリックして選択

Step 007　四角形を複写する

四角形を複写します。

❶ 四角形が選択されているのを確認する

❷ [Ctrl]＋[D]キー（Mac ：[⌘]＋[D]キー）を押す

※メニューの【編集】→【複製】をクリックしても同じ。

❸ [Ctrl]＋[M]キー（Mac ：[⌘]＋[M]キー）を押す

※メニューの【加工】→【移動】→【移動】をクリックしても同じ。

❹「図形を移動」ダイアログで次のように操作する

◆「X方向」に<3800>mmをキーインする

◆「Y方向」に<5700>mm

◆[OK]をクリックする

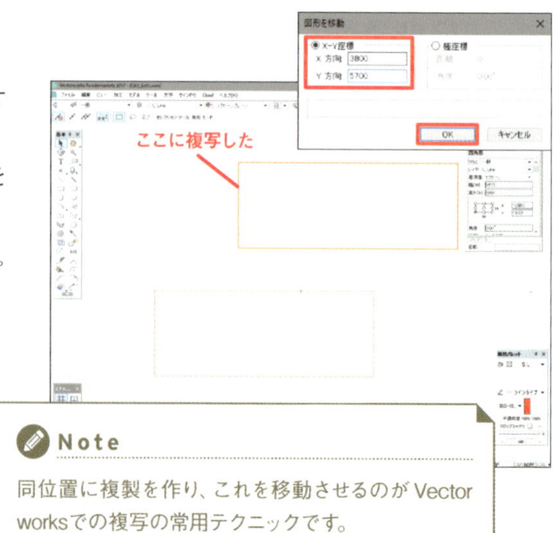
ここに複写した

Note

同位置に複製を作り、これを移動させるのがVectorworksでの複写の常用テクニックです。

Step 008 レイアウトを調整する

このあたりで建物の位置を調整します。

❶マウスホイールを手前に少し回して縮小表示する（図参照）

❷【セレクション】ツールをクリックする

❸ツールバーで［変形禁止］モードをオンにする

❹選択されていない四角形の任意の辺を［Shift］キーを押しながらクリックして選択する

※この結果2つの四角形が選択されます。

❺カーソルをどちらかの四角形の任意の辺に重ね、そこでプレスする

※カーソルがくさび形に変わります。

❻そのままドラッグして図に示すグリッド数の位置に図形を移動したらリリースする

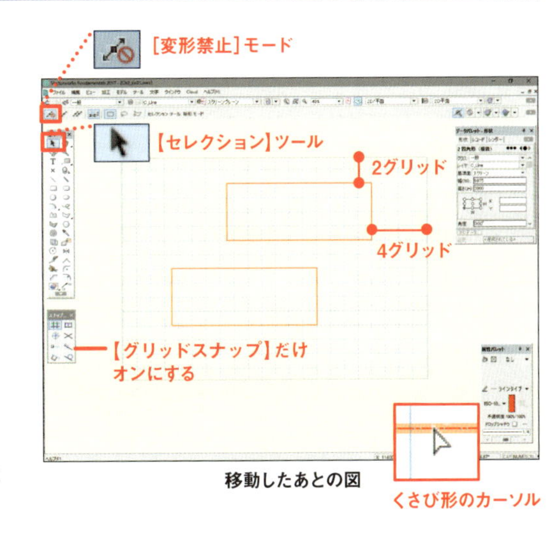

移動したあとの図

Step 009 線分に分解する

四角形を4本の線分に分解します。

❶［Ctrl］＋［4］キー（Mac：［⌘］＋［4］キー）を押す

※メニューの【ビュー】→【ズーム】→【用紙全体を見る】をクリックしても同じです。

❷2つの四角形が選択されているのを確認する

※選択解除されていたら【セレクション】ツールで［Shift］キーを押しながら2つの四角形をクリックします。

❸メニューの【加工】→【図形を分解】をクリックする

❹【セレクション】ツールで空クリックして選択解除する

※空（から）クリックとは図形の無いところにカーソルを置いてクリックすることです（019ページ）。

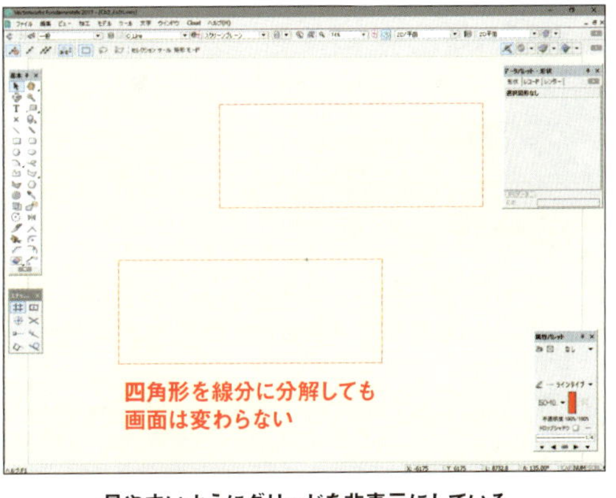

見やすいようにグリッドを非表示にしている

Step 010 通り芯線を複写する（1）

通り芯線を【オフセット】ツールで複写します。まず【オフセット】ツールの準備をします。

❶【オフセット】ツールをクリックする

❷ツールバーの［数値入力］モードをオンにする

❸ツールバーの［距離］に<2375>mmを入力する

❹ツールバーの［複製とオフセット］モードをオンにする

次ステップに続きます。

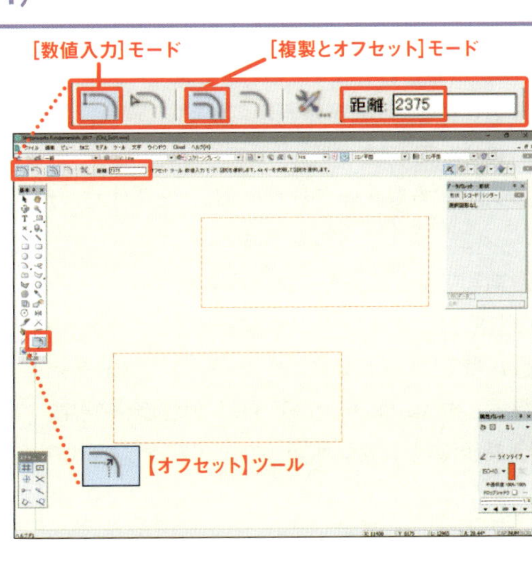

Step 011　通り芯線を複写する（2）

前ステップの続きです。

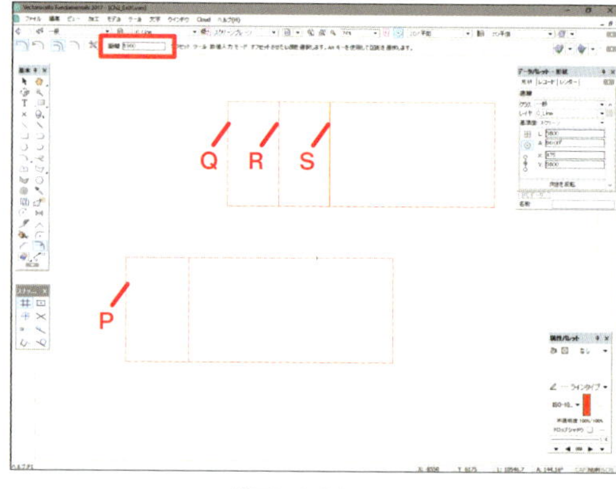

複写したあとの図

❶ キーボードの[Alt]キー（Mac：[⌘]キー）を押しながらP線をクリックし、キーから指を離してP線の右側をクリックする

※「Alt」は「オルト」と読みます。

❷ ツールバーの[距離]に<1900>mmを入力する

❸ [Alt]キー（Mac：[⌘]キー）を押しながらQ線をクリックし、Q線の右側をクリックしてR線を生成する

❹ そのままR線の右側をクリックしてS線を生成する

S線が選択されたまま次ステップに続きます。

Step 012　通り芯線を複写する（3）

前ステップの続きです。

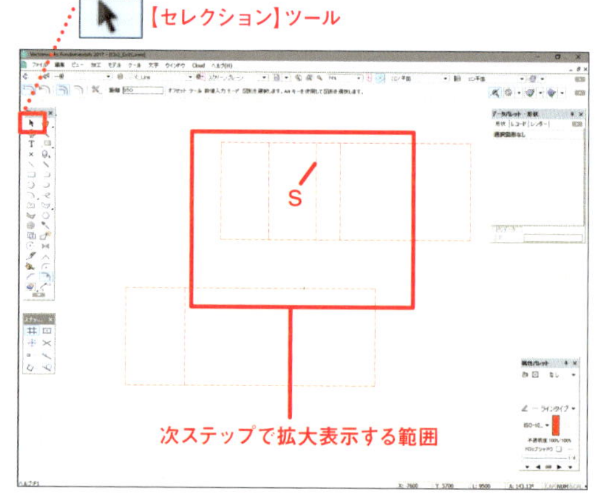

選択解除したあとの図

❶ ツールバーの[距離]に<950>mmを入力する

❷ S線の右側をクリックする

❸ 【セレクション】ツールをクリックし、空クリックして選択解除する

Note

選択解除するとき【セレクション】ツールで空クリックするのが標準操作ですが、多くの場合[Esc]キーを押すだけでも選択解除できます。本章では標準操作で説明しますが[Esc]キーで選択解除してもかまいません。

Step 013　通り芯線を追加する

通り芯線を【直線】ツールで描き加えます。

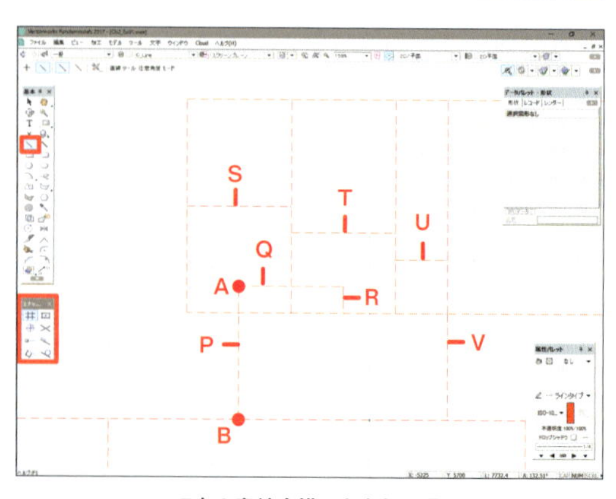

7本の直線を描いたあとの図

❶ もしグリッド線を非表示にしている場合は表示させる（043ページ）

❷ スナップパレットで【グリッドスナップ】だけがオンになっているのを確認する

❸ 前図に示す範囲を拡大表示する

❹ 【直線】ツールをクリックする

❺ A点でプレスしB点でリリースして直線Pを描く

❻ 同じようにQ、R、S、T、U、Vの各直線を描く

❼ 最後に【セレクション】ツールで空クリックして選択解除する

Step 014 通り芯線の不要部を切り取る(1)

通り芯線の不要部を切り取ります。

❶【トリミング】ツールをクリックする

❷ 図で●を付けたあたりをクリックする（2ケ所）

❸ 図で○を付けたあたりをクリックする（1ケ所）

結果を次図で示します。

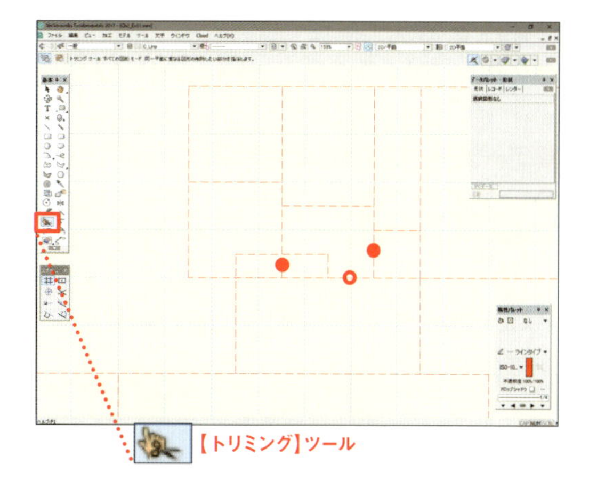

Step 015 通り芯線の不要部を切り取る(2)

前ステップの結果です。

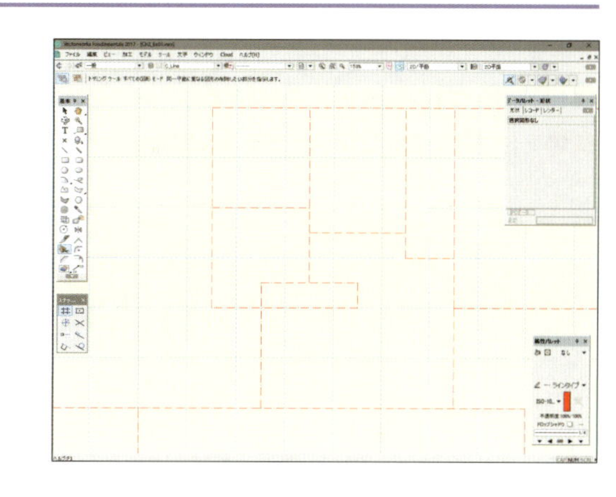

Step 016 円弧の通り芯線を描く(1)

通り芯線の最後は円弧の通り芯線です。

❶ [Ctrl] ＋[6] キー（Mac：[⌘] ＋[6] キー）を押す

※メニューの【ビュー】→【ズーム】→【図形全体を見る】をクリックしても同じ。

❷【円弧】ツールをクリックする

❸ ツールバーで［半径］モードをオンする

❹ A点（中心）でプレスしB点でリリースし、下方にカーソルを動かしてからC点でクリックする

※A点、B点、C点はいずれもグリッド点です。

円弧を選択したまま次ステップに続きます。

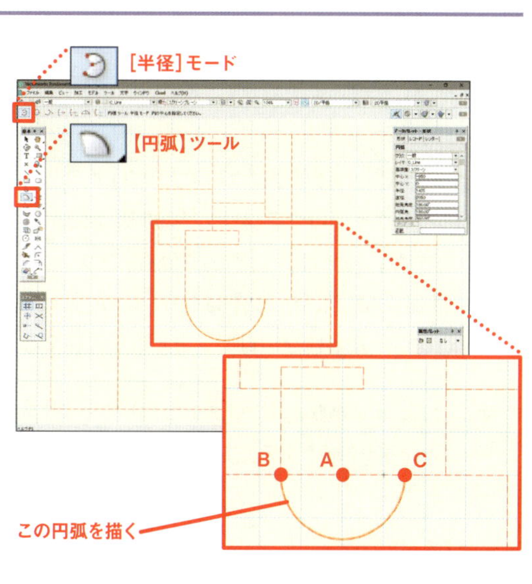

Step 017 円弧の通り芯線を描く(2)

通り芯線を複写します。

❶ [Ctrl]＋[D]キー（Mac：[⌘]＋[D]キー）を押す

※メニューの【編集】→【複製】をクリックしても同じ。

❷ データパレットで半径を<5225>mmに変える

❸【セレクション】ツールで空クリックして選択解除する

❹ [Ctrl]＋[6]キー（Mac：[⌘]＋[6]キー）を押す

※メニューの【ビュー】→【ズーム】→【図形全体を見る】をクリックしても同じ。

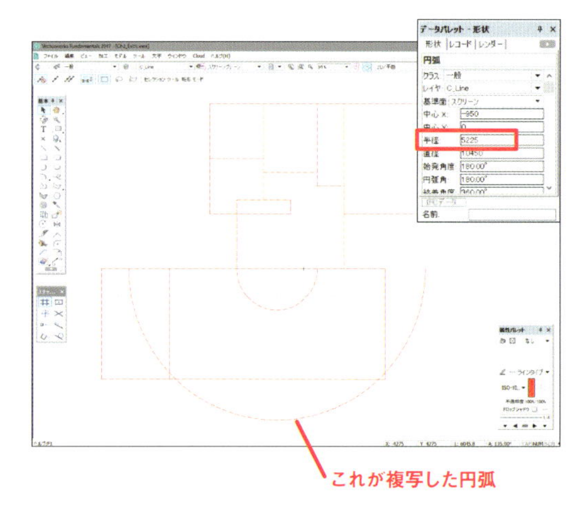

Step 018 円弧の通り芯線を描く(3)

不要部を切り取ります。

❶【トリミング】ツールをクリックする

❷ ●を付けたあたりをクリックする（2ケ所）

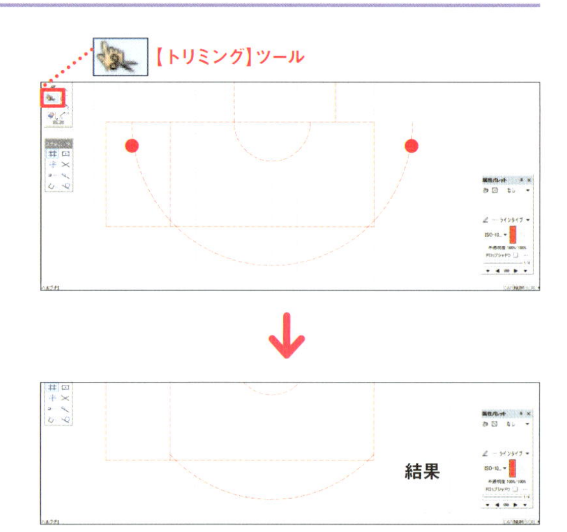

Step 019 データを保存する

以上で通り芯線の入力が終わりましたのでファイルを保存します。

❶ スナップパレットの【グリッドスナップ】をダブルクリックしダイアログでグリッドを非表示にする

❷ メニューの【ファイル】→【別名で保存】をクリックし、適当な名前、たとえば「my_Ch2_Ex01.vwx」といった名前を付けてファイルを保存する

なお次ステップから使うデータを用意していますのでVectorworksを終了してかまいません。

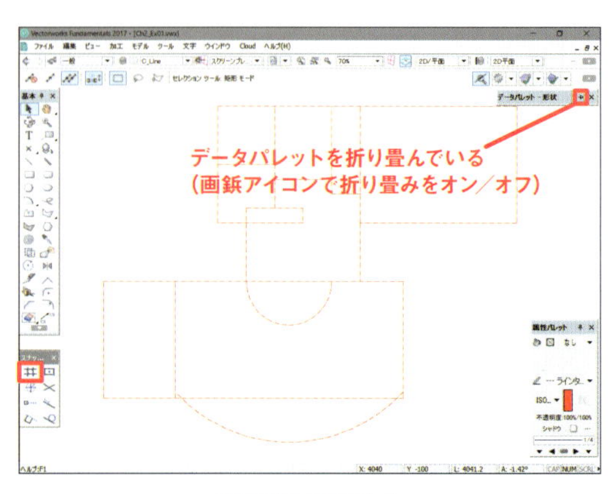

通り芯線が完成した

2.2 壁を描く

通り芯線を基準にして壁を描きます。壁の仕上げ厚さは150mmとし、通り芯線を壁の中心とします。

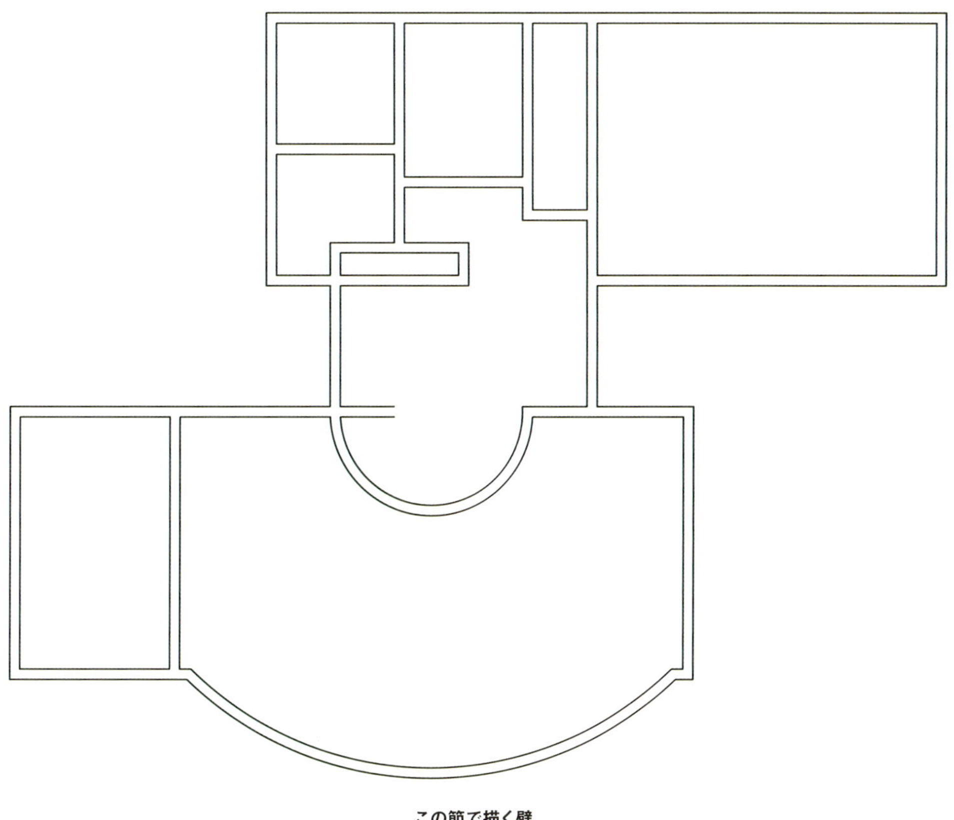

この節で描く壁

Step 001 ファイルを開く

通り芯線を描いたファイルを開きます。

❶ メニューの【ファイル】→【開く】をクリックして「VW20xx_Data」フォルダの中の「Ch2」フォルダにある「Ch2_Ex02.vwx」を開く

❷ [Ctrl]＋[4]キー（Mac：[⌘]＋[4]キー）を押す

※メニューの【ビュー】→【ズーム】→【用紙全体を見る】をクリックしても同じです。

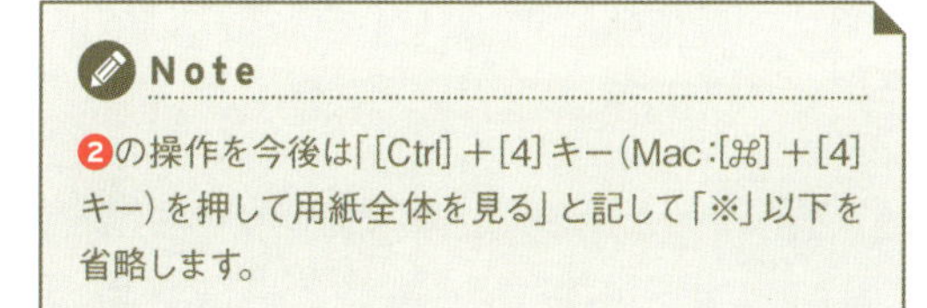

Note

❷の操作を今後は「[Ctrl]＋[4]キー（Mac：[⌘]＋[4]キー）を押して用紙全体を見る」と記して「※」以下を省略します。

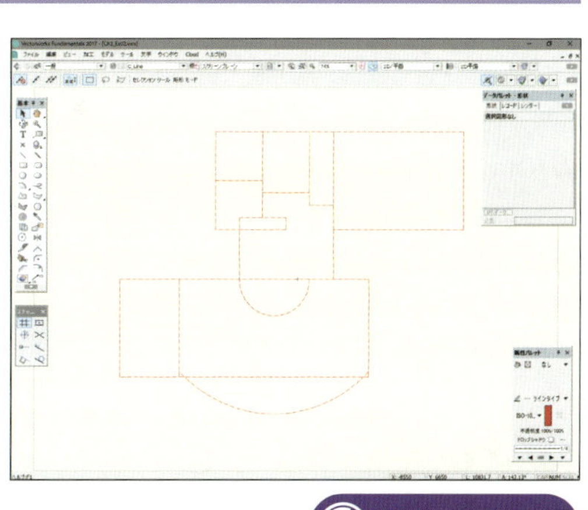

Step 002 準備(1)

壁を描く準備をします。

❶「アクティブレイヤ」の窓をクリックしてレイヤリストを表示させ、「Wall」をクリックする

❷メニューの【ビュー】→【他のレイヤを】→【表示+スナップ】をクリックする

❸属性パレットの「線の属性」で「カラー」を選択する

※これで線種が実線になります。

❹線の色を黒に変える

❺線の太さを3/4ポイントにする

Step 003 準備(2)

壁の直線部分は【ダブルライン多角形】ツールと【ダブルライン】ツールで描きますので、これらのツールの準備をします。

❶【ダブルライン多角形】ツールをクリックする

❷ツールバーの[幅]に<150>mmを入力する

❸スナップパレットで【図形スナップ】だけをオンにする

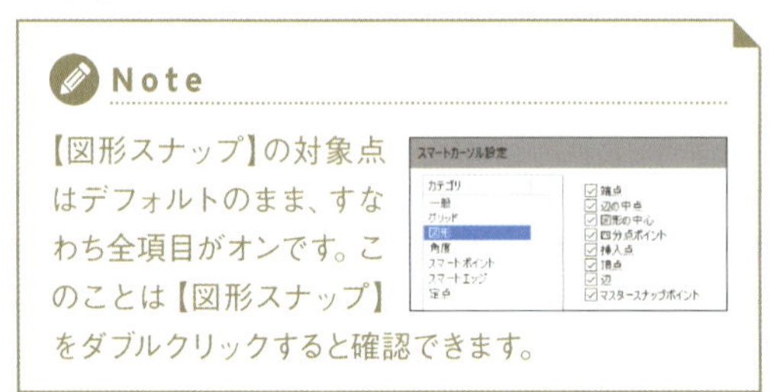

Note

【図形スナップ】の対象点はデフォルトのまま、すなわち全項目がオンです。このことは【図形スナップ】をダブルクリックすると確認できます。

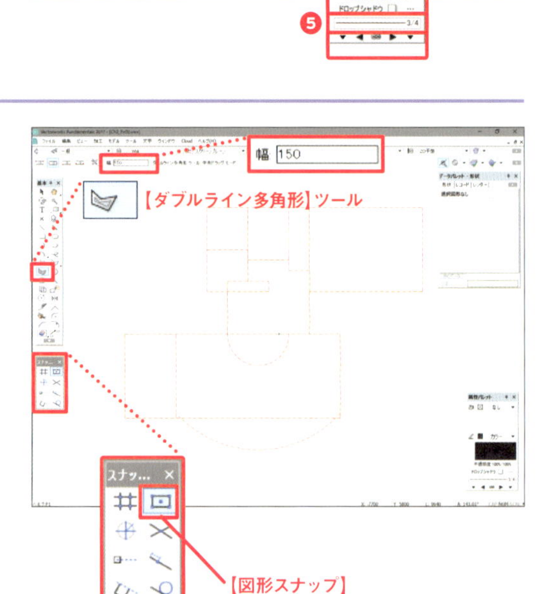

Step 004 壁を描く(1)

壁を描きます。

❶[Ctrl]+[6]キー(Mac:[⌘]+[6]キー)を押して図形全体を見る

❷【ダブルライン多角形】ツールをクリックする

❸ツールバーで[中央ドラッグ]モードをクリックして選択する

❹A点(端点)→B点(端点)→C点(端点)→D点(端点)をクリックしてからE点(端点・図参照)をクリックする

※E点はA点のすぐそばにある描きかけのダブルラインの端点。

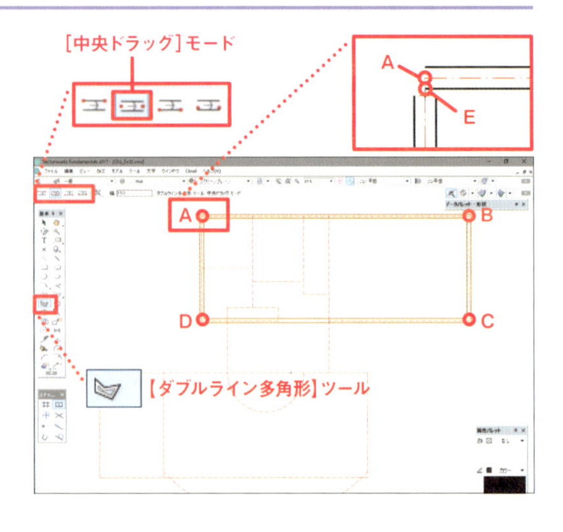

Step 005 壁を描く（2）

引き続き壁を描きます。

❶ 図のように拡大表示して建物の上半分を表示させる
❷【ダブルライン多角形】ツールをクリックする
❸ A点（端点）→B点（端点）→C点（端点）をクリックしてから、D点（端点）を2回クリックする

※2回クリックはゆっくり2回クリックすることでダブルクリックと異なります。

❹ E点（端点）→F点（端点）をクリックしてから、G点（端点）を2回クリックする

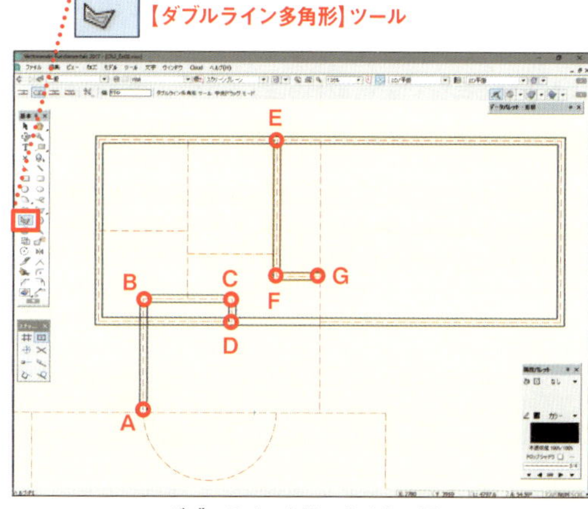

ダブルラインを描いたあとの図

Step 006 壁を描く（3）

ツールを【ダブルライン】ツールに変えて壁を描きます。最初に幅とモードを設定します。

❶【ダブルライン】ツールをクリックする
❷ ツールバーの［幅］に<150>mmを入力する
❸ ツールバーで［固定角度］モードと［中央ドラッグ］モードをオンにする

そのまま次ステップに続きます。

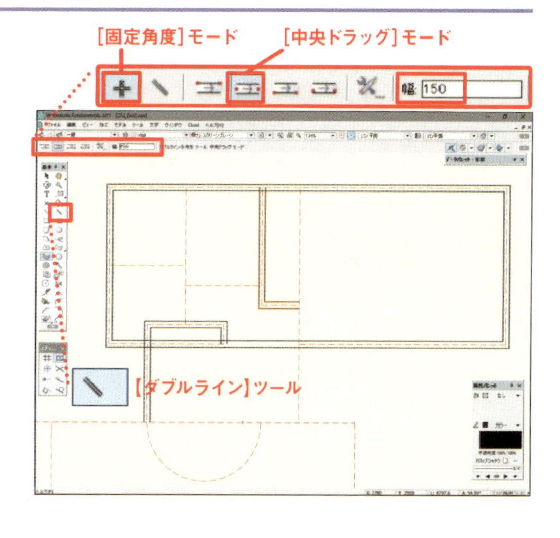

Step 007 壁を描く（4）

【ダブルライン】ツールで壁を描きます。

❶ A点（端点）でプレスし、B点（端点）でリリースする
❷ C点（端点）でプレスし、D点（端点）でリリースする
❸ E点（端点）でプレスし、F点（端点）でリリースする
❹ G点（端点）でプレスし、H点（端点）でリリースする

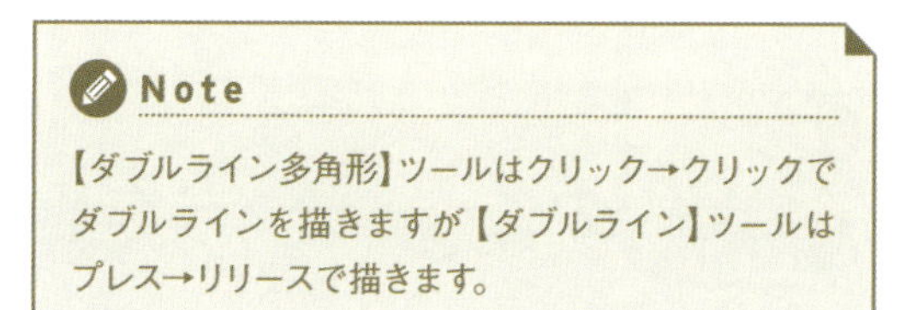

Note

【ダブルライン多角形】ツールはクリック→クリックでダブルラインを描きますが【ダブルライン】ツールはプレス→リリースで描きます。

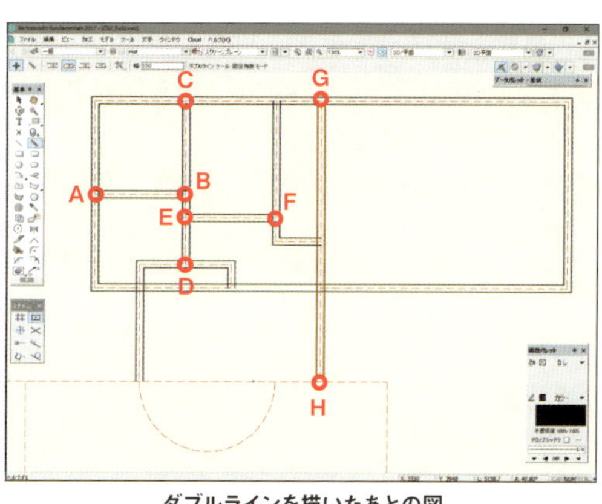

ダブルラインを描いたあとの図

Step 008 壁を描く（5）

再び【ダブルライン多角形】ツールで壁を描きます。

❶図のように建物の下半分を表示させる

❷【ダブルライン多角形】ツールをクリックする

❸A点（端点）→B点（端点）→C点（端点）→D点（端点）をクリックしてからE点（端点）をクリックする

※E点は描きかけのダブルラインの端点で、050ページのステップ004と同じ操作です。

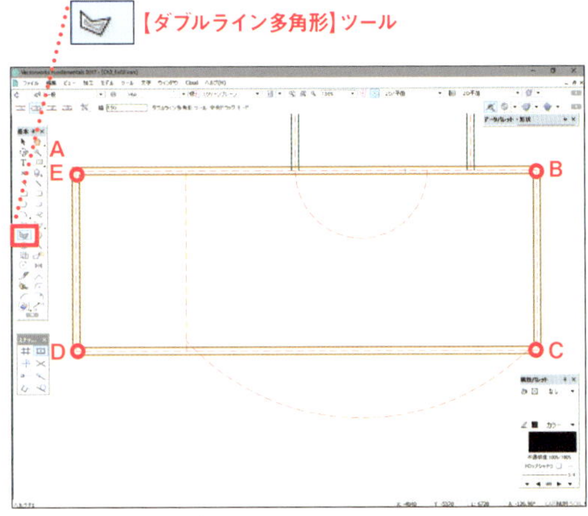

ダブルラインを描いたあとの図

Step 009 壁を描く（6）

【ダブルライン】ツールで壁を描きます。

❶【ダブルライン】ツールをクリックする

❷A点（端点）でプレスし、B点（端点）でリリースする

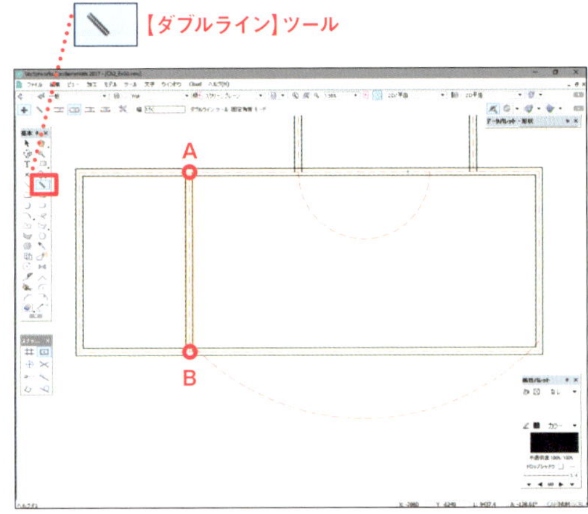

ダブルラインを描いたあとの図

Step 010 円弧壁を生成する（1）

円弧壁は通り芯線を複写して生成します。

❶メニューの【ビュー】→【他のレイヤを】→【表示＋スナップ＋編集】をクリックする

❷【セレクション】ツールで空クリックして選択解除する

❸【オフセット】ツールをクリックする

❹ツールバーの［距離］に<75>mmを入力する

次ステップに続きます。

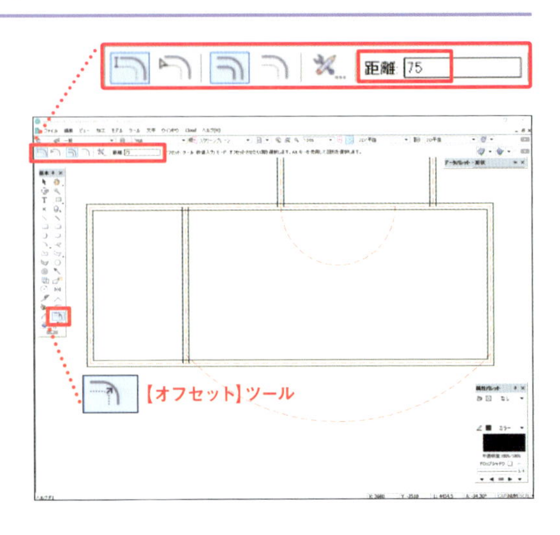

Step 011 円弧壁を生成する（2）

前ステップの続きです。

❶ [Alt] キー（Mac：[⌘] キー）を押しながらP（円弧）をクリックし、キーから指を離してからPの上側をクリックする
❷ [Alt] キー（Mac：[⌘] キー）を押しながらP（円弧）をクリックし、キーから指を離してからPの下側をクリックする
❸ ❶～❷と同じ操作をしてQ（円弧）の両側に円弧を生成する

結果は次図を参照してください。

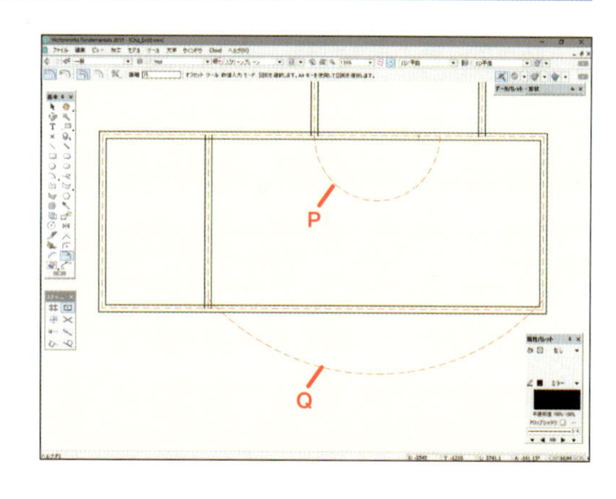

Step 012 円弧壁を生成する（3）

生成した円弧をレイヤ移動します。

❶【セレクション】ツールをクリックする
❷ [Shift] キーを押しながら生成した円弧をクリックする（計4本の円弧を選択する）
❸ データパレットの「レイヤ」をクリックし、レイヤリストで「Wall」をクリックする
❹ 空クリックして選択解除する

Note

「図形のレイヤ移動」の通常の方法は、このステップで行った方法です。

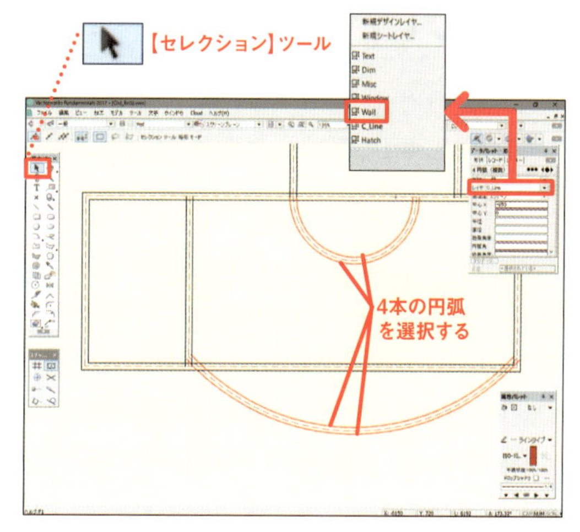

Step 013 円弧壁を生成する（4）

円弧の属性を直線壁の属性と揃えます。

❶ メニューの【ビュー】→【他のレイヤを】→【非表示】をクリックする
❷【アイドロッパ】ツールをクリックする
❸ ツールバーで［属性のコピー］モードをオンにする
❹ 任意の壁の線（黒い線）をクリックする

※この操作で属性を吸い取ります（コピーする）。

❺ ツールバーで［属性のペースト］モードをオンにする
❻ 円弧をクリックして属性をペーストする（4本）

結果は次図を参照してください。

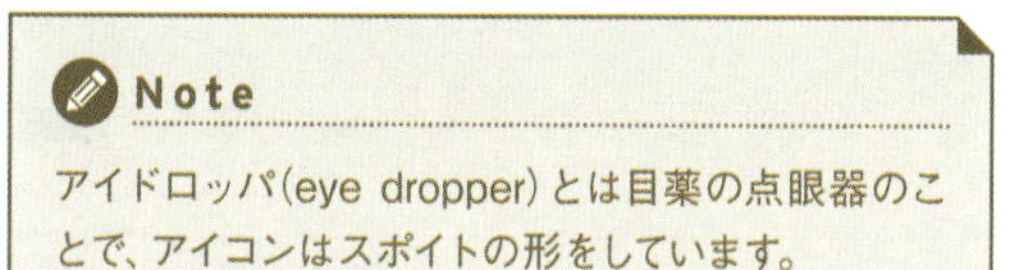
Note

アイドロッパ（eye dropper）とは目薬の点眼器のことで、アイコンはスポイトの形をしています。

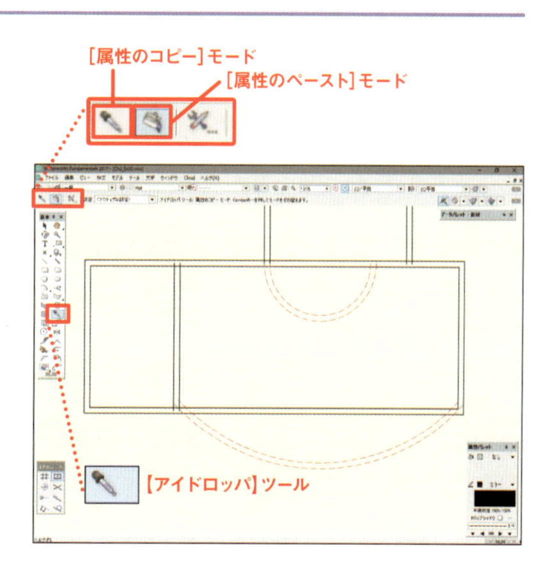

Step 014 壁を確認する

以上で壁が揃ったので確認します。

階段回りの壁がまだ残っていますがこれはあとで描きます。

❶【セレクション】ツールをクリックする

※これはアイドリング状態にするためです。

❷[Ctrl]＋[6]キーを押して全図形表示する

【セレクション】ツールを起動したまま次ステップに続きます。

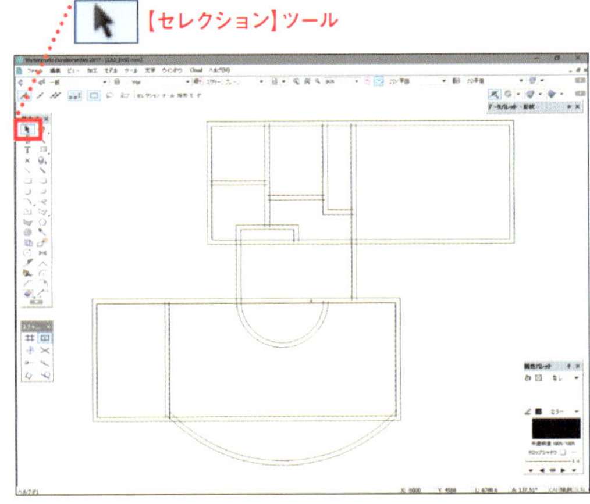

抜けている壁がないかを確認する

Step 015 壁を部分削除する(1)

このあと壁の線を編集機能を使って整理します。この編集をしやすくするために壁の一部を切り取ります。

❶[Shift]キーを押しながら図に示す2本の線をクリックして選択する

❷【消しゴム】ツールをクリックする

❸ツールバーで[消しゴム]モードをオンにする

❹プレス→ドラッグ→リリースして図に示す範囲を指定する

結果は次図を参照してください。

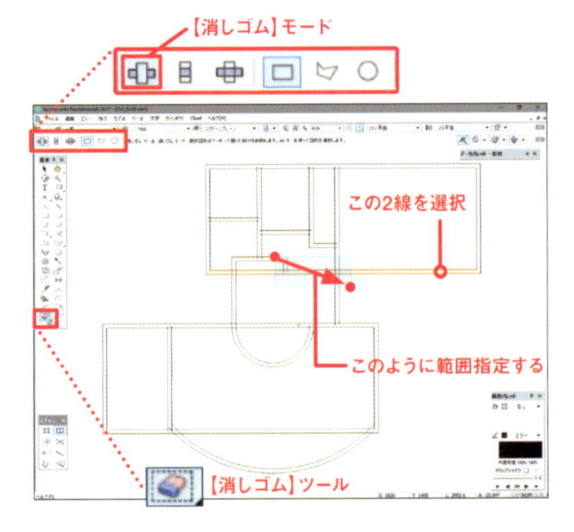

Step 016 壁を部分削除する(2)

前ステップの続きです。

❶【セレクション】ツールで空クリックして選択解除をする

❷[Shift]キーを押しながら図に示す4本の線をクリックして選択する

❸【消しゴム】ツールをクリックする

❹プレス→ドラッグ→リリースで図のような範囲を指定する

❺【セレクション】ツールをクリックする

❻空クリックして選択解除をする

結果を次ステップで示します。

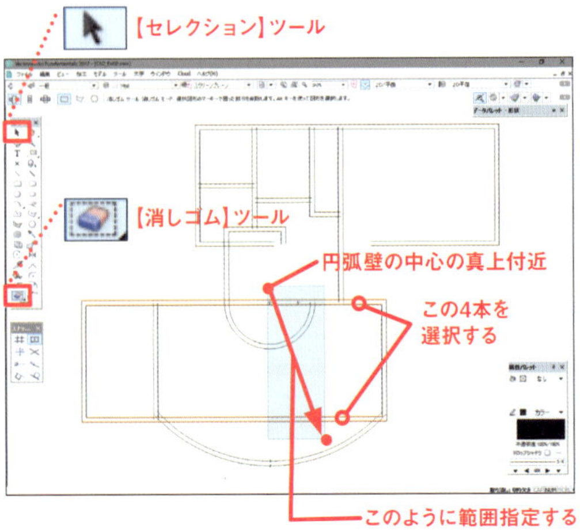

【セレクション】ツール

【消しゴム】ツール

円弧壁の中心の真上付近

この4本を選択する

このように範囲指定する

Step 017 壁を部分削除する(3)

前ステップの結果です。

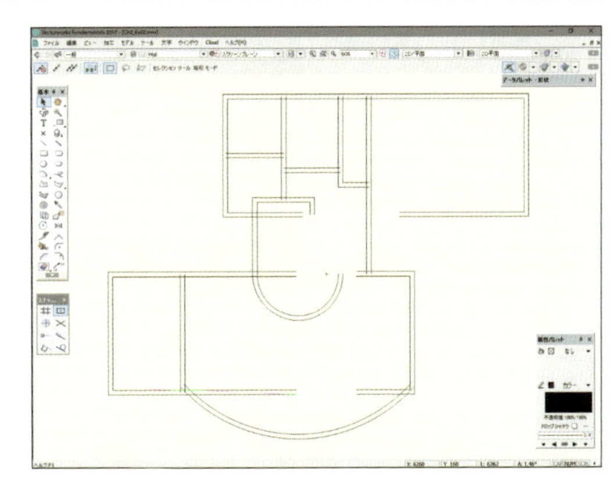

Step 018 壁の線を整理する(1)

壁の線を整理します。

❶ 図のような範囲を表示させる
❷【セレクション】ツールをクリックする
❸ [Alt] キー (Mac :[option] キー) を押しながら図のように範囲指定して4本の線を選択する
❹ [Ctrl] + [J] キー (Mac :[⌘] + [J] キー) を押す

※メニューの【加工】→【線分を結合】→【結合(直)】をクリックしても同じです。

[Ctrl] + [J] キー (Mac :[⌘] + [J] キー) は【結合(直)】コマンドのショートカットキーです。
【結合(直)】コマンドはVectorworksの線の編集コマンドの代表ともいえる重要なコマンドです。

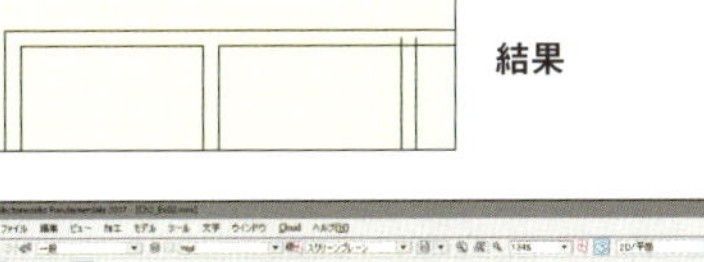

結果

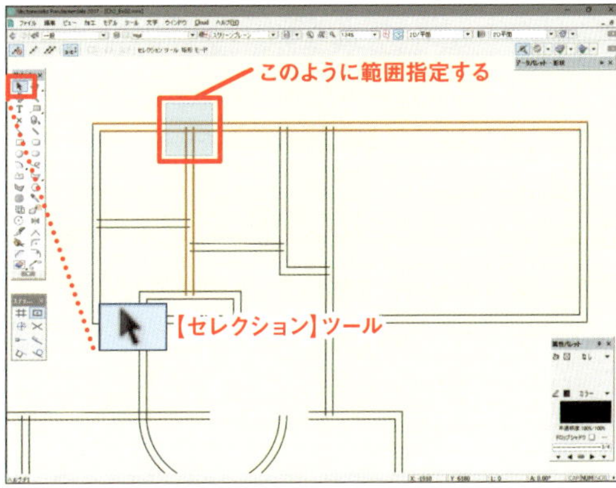

Step 019 壁の線を整理する(2)

引き続き、壁の線を整理します。

❶ □で囲んだ部分の1つを[Alt] キー (Mac:[option] キー) を押しながら範囲指定して4本の線を選択する
❷ [Ctrl] + [J] キー (Mac :[⌘] + [J] キー) を押す
❸ ❶と❷を繰り返して残りの8ケ所を処理する
❹ 空クリックして選択解除する

※範囲指定による線の選択の前に選択解除する必要はありません。

結果は次図を参照してください。

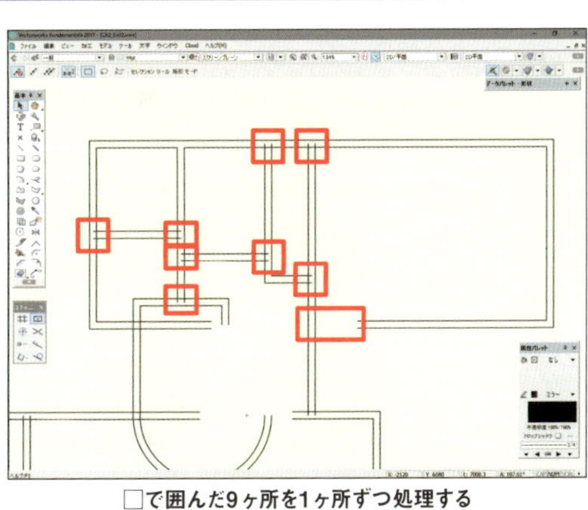

□で囲んだ9ヶ所を1ヶ所ずつ処理する

Step 020 壁の線を整理する(3)

前ステップの結果です。

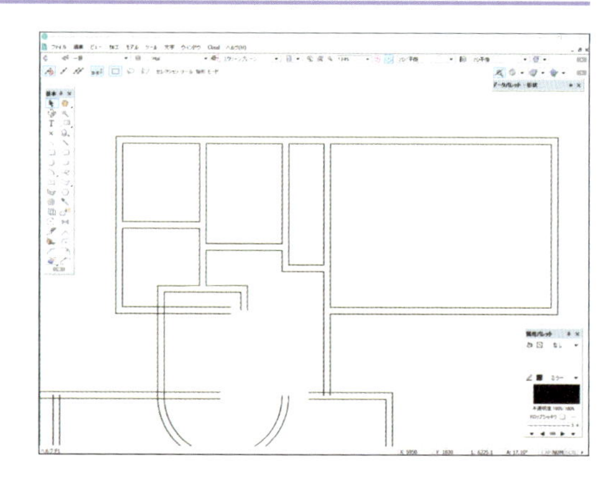

Step 021 壁の線を整理する(4)

引き続き、壁の線を整理します。

❶ 図のような範囲を表示させる
❷【セレクション】ツールをクリックする
❸ 図示した部分の1つを[Alt]キー(Mac:[option]キー)を押しながら範囲指定して4本の線を選択する
❹ [Ctrl]+[J]キー(Mac:[⌘]+[J]キー)を押す
❺ ❸と❹を繰り返して残りの2ケ所を処理する
❻ 空クリックして選択解除する

結果は次図を参照してください。

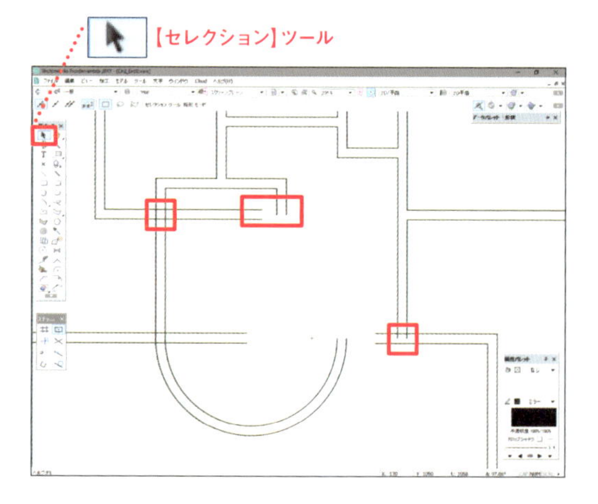

Step 022 壁の線を整理する(5)

前ステップの結果です。

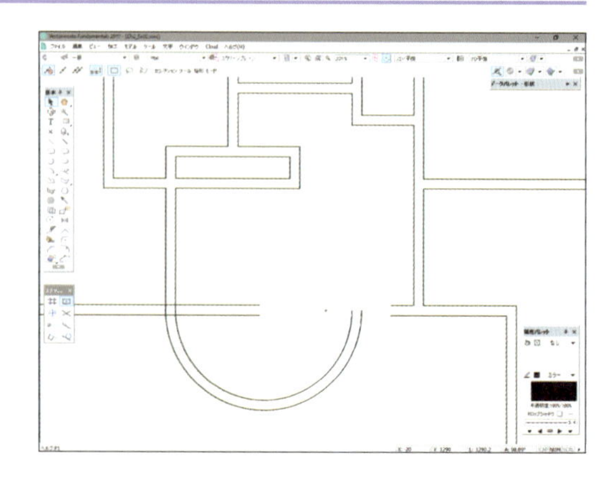

Step 023 壁の線を整理する(6)

引き続き、壁の線を整理します。

❶図のような範囲を表示させる
❷【セレクション】ツールをクリックする
❸図示した4本の線を[Shift]キーを押しながらクリックして選択する
❹[Ctrl]+[J]キー(Mac:[⌘]+[J]キー)を押す
❺空クリックして選択解除する

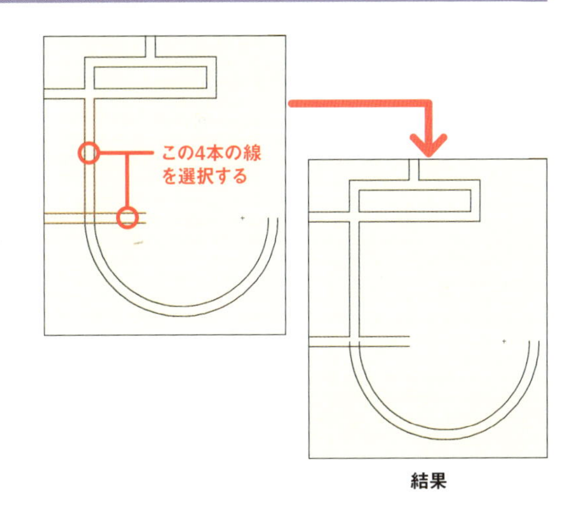

Step 024 円弧壁の線を整理する(1)

【結合(直)】コマンドは直線にしか使えません。そこで円弧に使えるコマンドを用いて線の整理を続けます。最初に不要部を削除します。

❶【トリミング】ツールをクリックする
❷図で○を付けたところをクリックする(3ケ所)

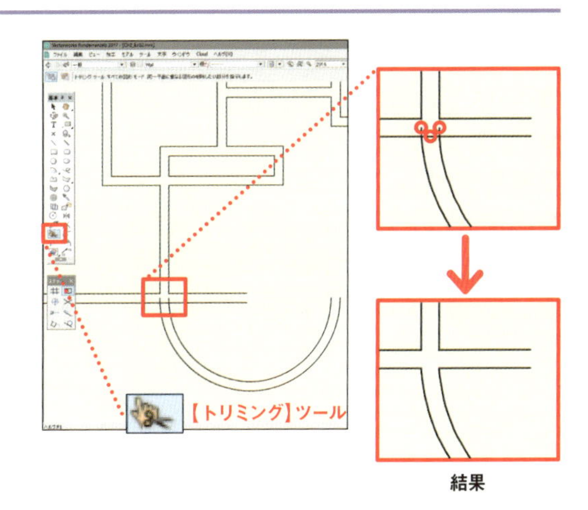

Step 025 円弧壁の線を整理する(2)

【結合/合成】ツールで円弧と直線の端部を揃えます。

❶【結合/合成】ツールをクリックする
❷ツールバーで[結合]モードをオンにする
❸●を付けた2ケ所をプレス→リリースする
❹○を付けた2ケ所をプレス→リリースする

結果を次ステップで示します。

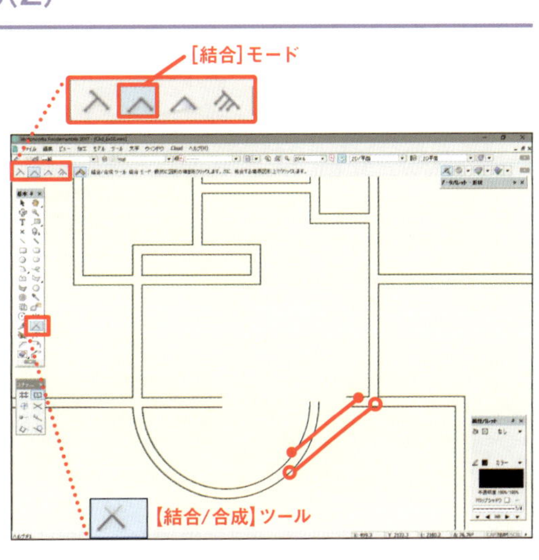

Step 026 円弧壁の線を整理する(3)

前ステップの結果です。

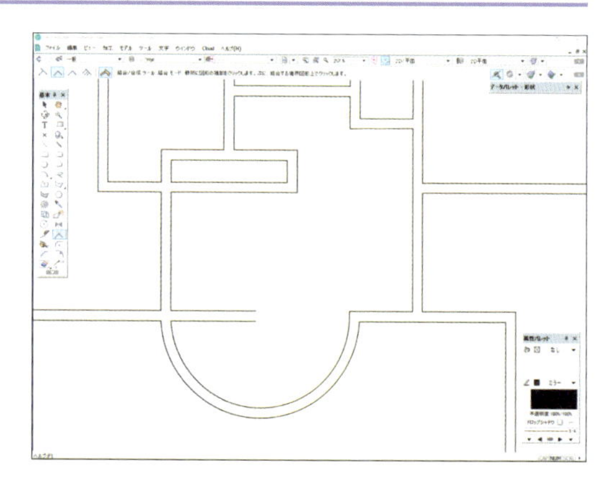

Step 027 円弧壁の線を整理する(4)

下方にある円弧壁も処理します。

1. 図のような範囲を表示させる
2. 【結合/合成】ツールをクリックする
3. ●を付けた2ケ所をプレス→リリースする
4. ○を付けた2ケ所をプレス→リリースする
5. ■を付けた2ケ所をプレス→リリースする
6. □を付けた2ケ所をプレス→リリースする

結果を次ステップで示します。

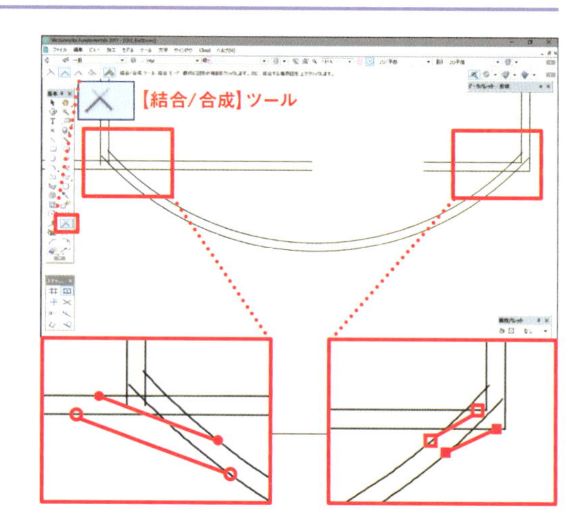

Step 028 円弧壁の線を整理する(5)

前ステップの結果です。

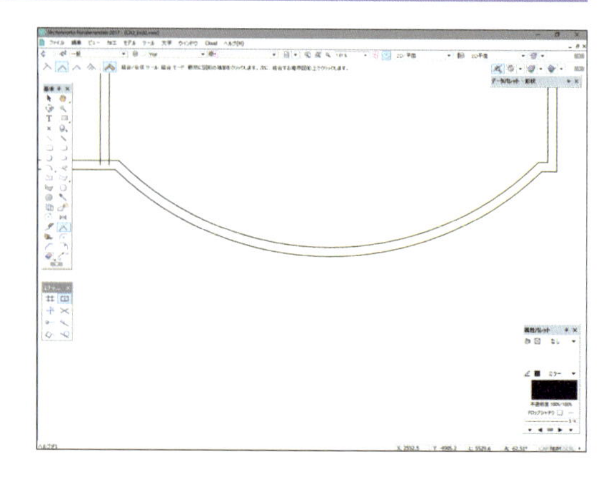

Step 029 残りの壁の線を整理する(1)

残った箇所を処理します。

❶図のような範囲を表示させる

❷【セレクション】ツールをクリックする

❸図示した部分の1つを[Alt]キー(Mac:[option]キー)を押しながら範囲指定して4本の線を選択する

❹[Ctrl]+[J]キー(Mac:[⌘]+[J]キー)を押す

❺❸と❹を繰り返して残りの1ケ所を処理する

❻空クリックして選択解除する

結果は次図を参照してください。

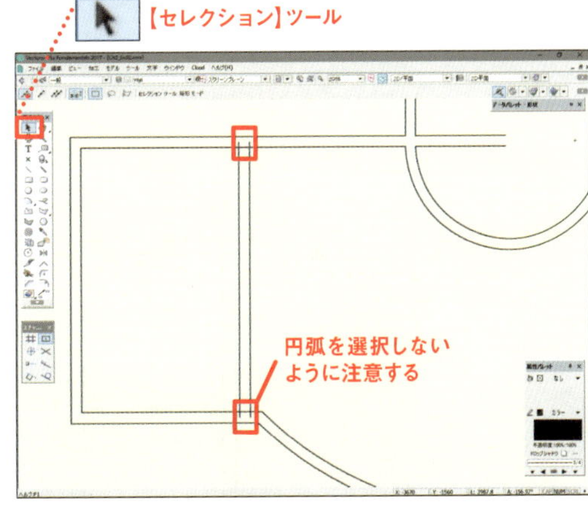

Step 030 残りの壁の線を整理する(2)

前ステップの結果です。

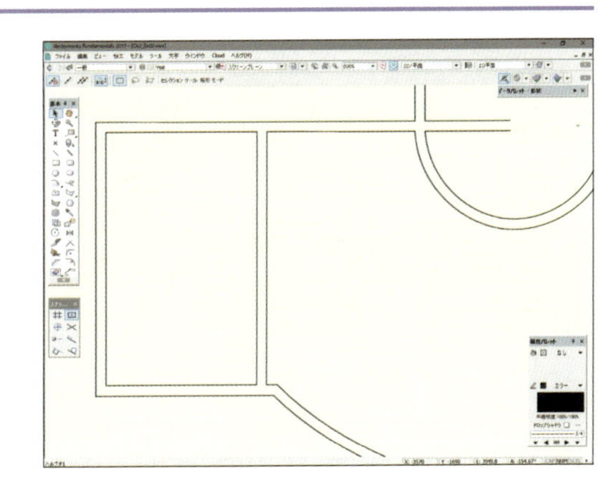

Step 031 データを保存する

以上で壁ができたのでファイルを保存します。

❶[Ctrl]+[6]キー(Mac:[⌘]+[6]キー)を押して図形全体を見る

❷メニューの【ファイル】→【別名で保存】を指示し、適当な名前、たとえば「my_Ch2_Ex02.vwx」といった名前を付けてファイルを保存する

なお次ステップから使うデータを用意していますのでVectorworksを終了してかまいません。

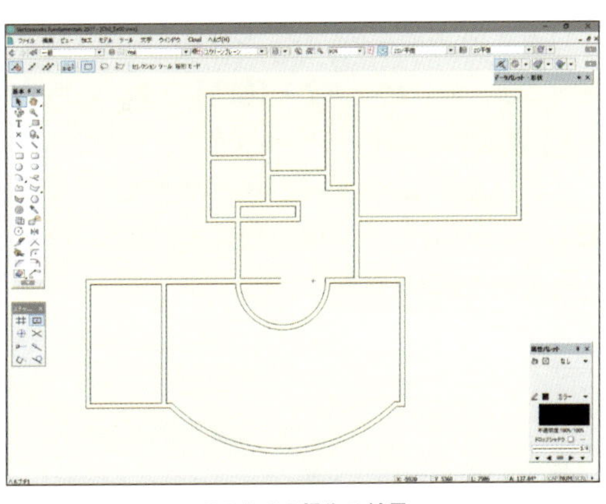

ここまでの操作の結果

2.3 階段を描く

階段を描きます。

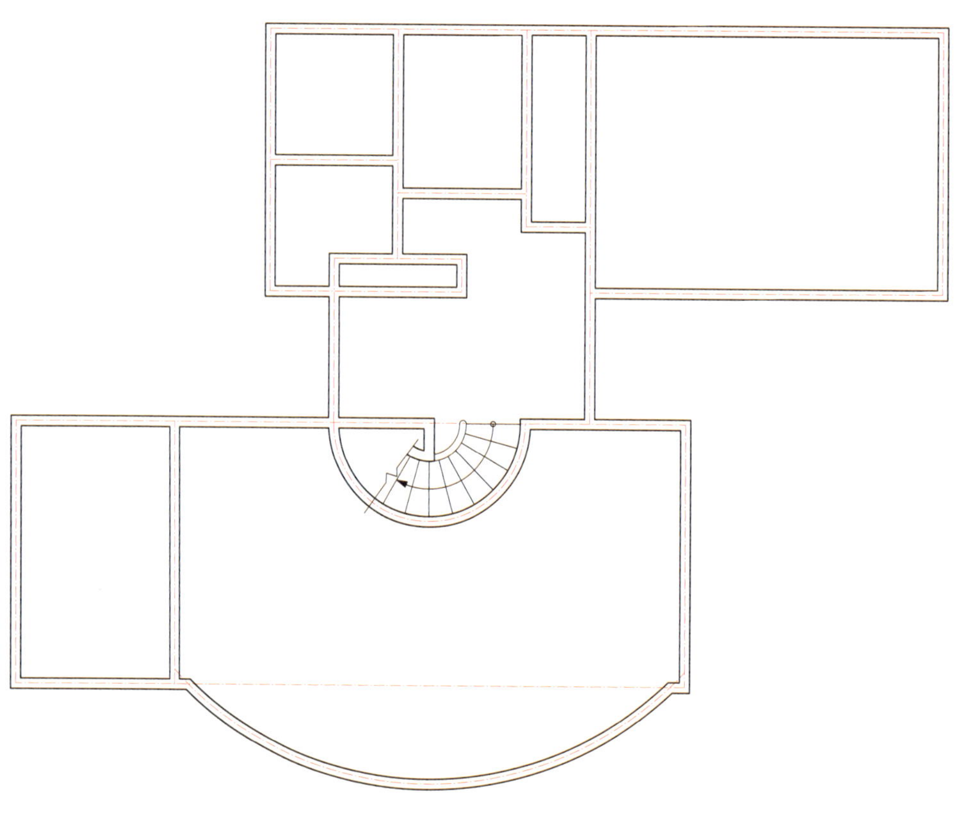

この節の完成図

Step 001 ファイルを開く

壁を入力したデータファイルを開きます。

❶ メニューの【ファイル】→【開く】をクリックして「VW20xx_Data」フォルダの中の「Ch2」フォルダにある「Ch2_Ex03.vwx」を開く

❷ [Ctrl]＋[4] キー（Mac：[⌘]＋[4] キー）を押して用紙全体を見る

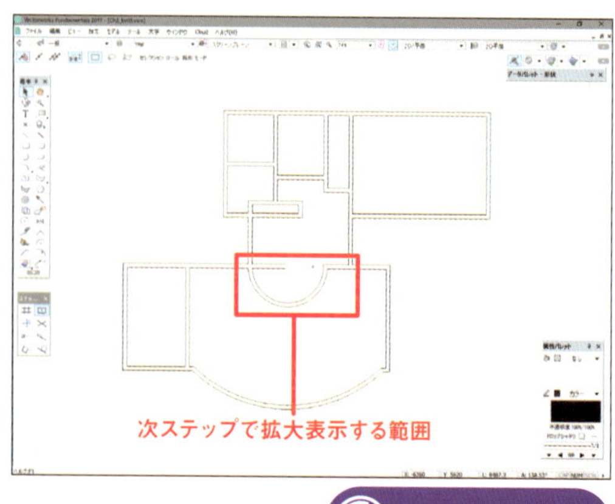

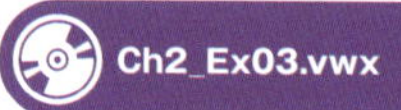

Step 002 準備

階段の壁を描く準備をします。

❶ 前図に示す範囲を拡大表示する
❷「アクティブレイヤ」の窓に「Wall」と表示されているのを確認する
❸ 属性パレットで次のようになっているのを確認する
　◆線の属性＝カラー（＝実線）
　◆線の色＝黒
　◆線の太さ＝3/4ポイント
❹ スナップパレットで【図形スナップ】だけをオンにする

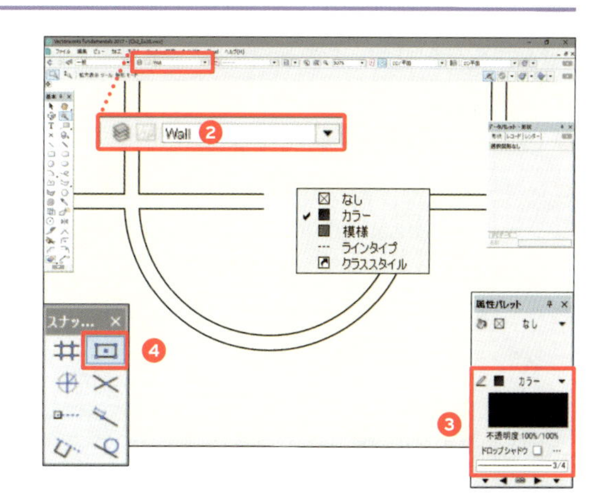

Step 003 円弧壁を生成する

階段の内側の円弧壁を生成します。

❶【オフセット】ツールをクリックする
❷ ツールバーの［距離］に<950>mmを入力する
❸［Alt］キー（Mac：［⌘］キー）を押しながらP（円弧）をクリックし、キーから指を離してからPの内側（中心側）をクリックする
❹［Alt］キー（Mac：［⌘］キー）を押しながらQ（円弧）をクリックし、キーから指を離してからQの内側（中心側）をクリックする

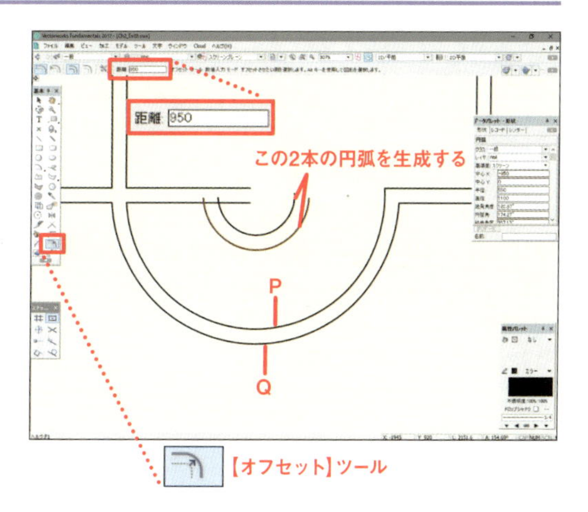

Step 004 壁を描く（1）

このあと直線壁を描きますが、描きやすいように基準点（補助点）を描きます。

❶【2D基準点】ツールをクリックする
❷ 円弧の中心あたりをカーソルでさぐり「円弧中心」と表示される位置をさがす
❸「円弧中心」と表示されたらクリックして基準点を描く

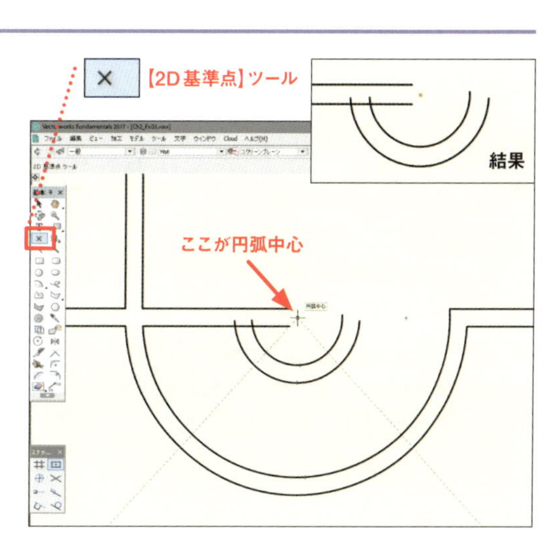

Step 005 壁を描く（2）

【ダブルライン】ツールの設定をしてから壁を描きます。

❶【ダブルライン】ツールをクリックする

❷ツールバーの［幅］に<150>mmを入力する

❸ツールバーで［固定角度ダブルライン］モードと［中央ドラッグ］モードをオンにする

❹A点（基準点）→B点（任意点）にダブルラインを描く

ダブルラインが選択されたまま次ステップに続きます。

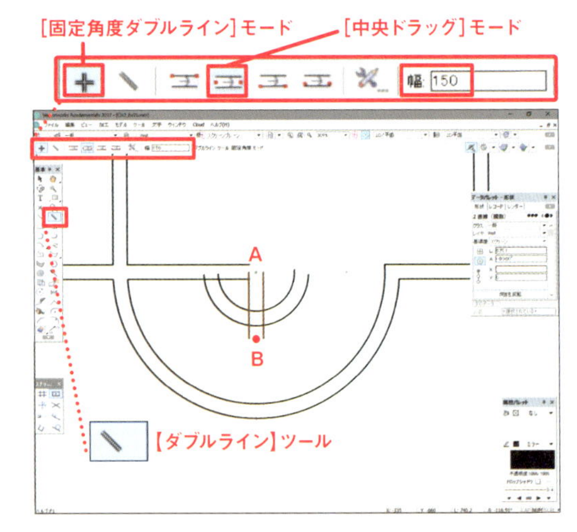

Step 006 壁の線を整理する（1）

前ステップの続きです。

❶【セレクション】ツールをクリックする

❷［Shift］キーを押しながら図に示す2本の線をクリックして追加選択する

※計4本選択したことになります。

❸［Ctrl］＋［J］キー（Mac：［⌘］＋［J］キー）を押す

※メニューの【加工】→【線分を結合】→【結合（直）】をクリックするのと同じ。

❹空クリックして選択解除する

Note

❸のようにショートカットキーとメニューのコマンドを併記している場合は、ショートカットキーの使用を勧めます。

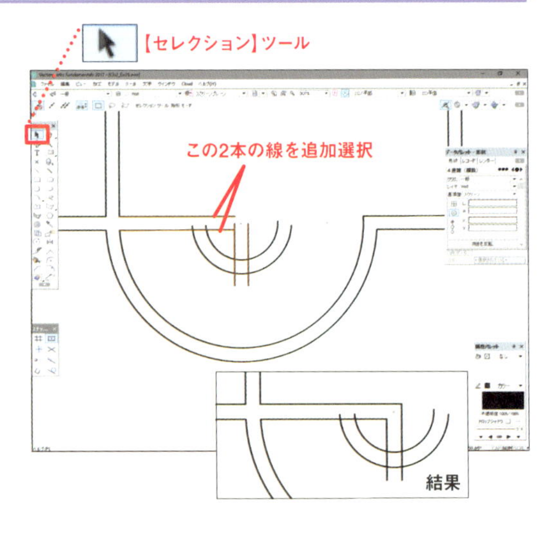

Step 007 壁の線を整理する（2）

円弧壁を切断します。

❶P線をクリックして選択する

❷［Ctrl］＋［T］キー（Mac：［⌘］＋［T］キー）を押す

※メニューの【加工】→【線分を切断】をクリックしても同じ。

❸Q円弧をクリックして選択する

❹［Delete］キーを押してQ円弧を削除する

※［Delete］キーが無いキーボードの場合は［Backspace］キーを押してください。

次ステップに続きます。結果は次図を参照してください。

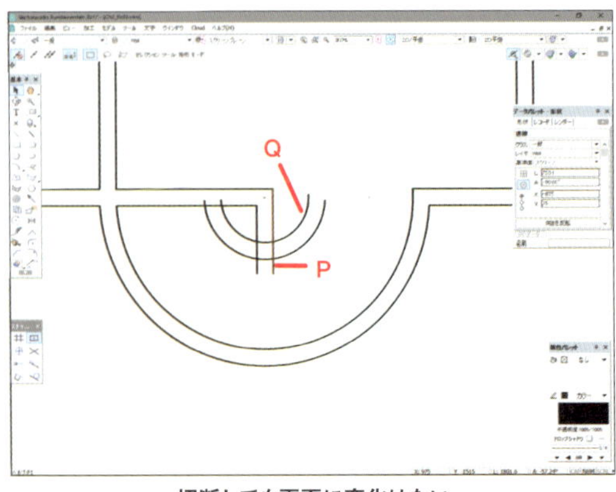

切断しても画面に変化はない

Step 008 壁の線を整理する(3)

残った円弧の内1本は手すりの線です。そこで太さを変えてからレイヤ移動します。

❶ P円弧をクリックして選択する

❷ 属性パレットで「1/4」ポイントを選択する

※この操作で選択図形の線の太さが1/4ポイントに変わります。

❸ データパレットのレイヤの欄をクリックして「Misc」レイヤを選択する

※P円弧は「Misc」レイヤに移動します。他のレイヤを非表示にしているのでP円弧は見えなくなります。

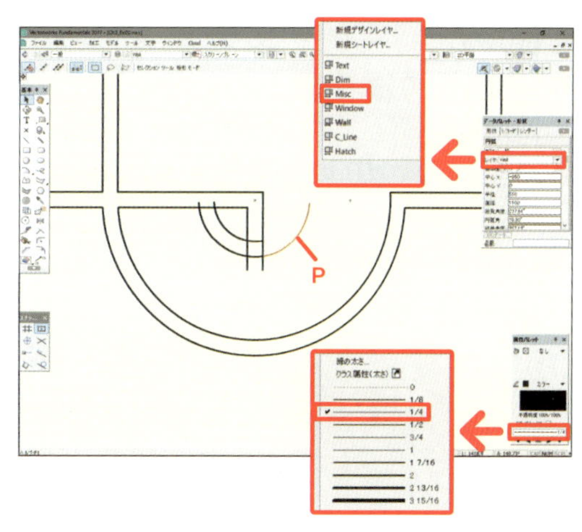

Step 009 壁の線を整理する(4)

引き続き壁の線を整理します。

❶【結合/合成】ツールをクリックする

❷ ツールバーで［結合］モードをオンにする

❸ A1点あたりでプレスし、A2点あたりでリリースする

❹ B1点あたりでプレスし、B2点あたりでリリースする

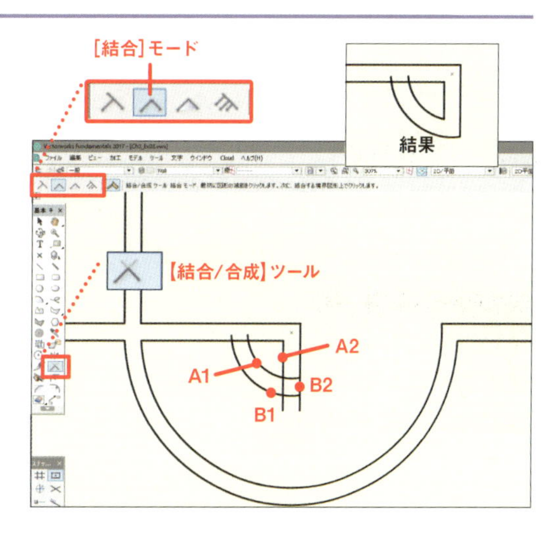

Step 010 手すりを描く (1)

手すりを描くための準備をします。

❶ メニューの【ビュー】→【他のレイヤを】→【表示+スナップ+編集】をクリックする

❷「アクティブレイヤ」の窓をクリックしてレイヤリストを表示させ、「Misc」をクリックする

❸【セレクション】ツールをクリックする

❹ 空クリックして選択解除する

❺ 属性パレットの線の太さで「1/4」ポイントを選択する

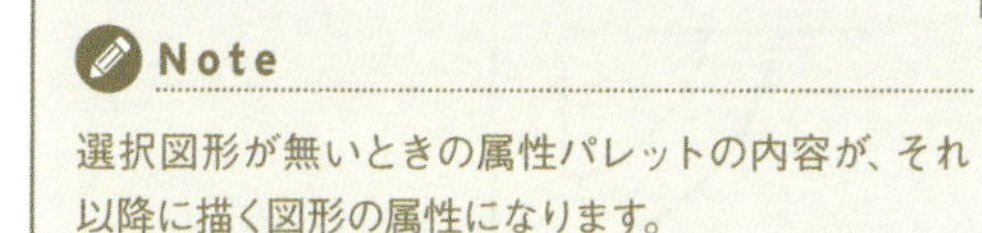

Note

選択図形が無いときの属性パレットの内容が、それ以降に描く図形の属性になります。

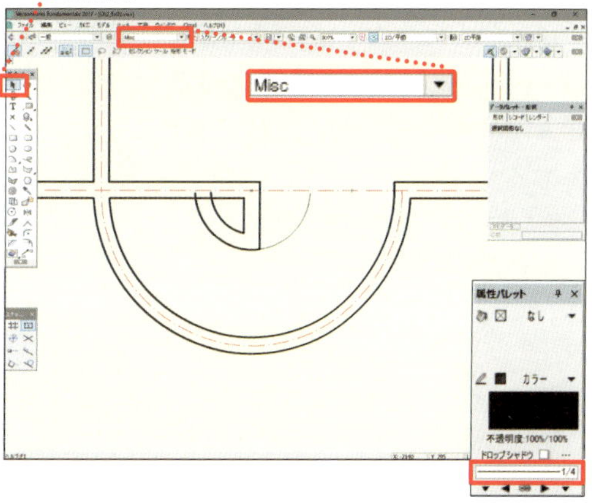

Step 011 手すりを描く（2）

手すりの線を調整します。

❶【結合/合成】ツールをクリックする

❷ツールバーの［基準図形への結合］モードをオンにする

❸A1点あたりでプレスし、A2点あたりでリリースする

※通り芯に接するまで円弧が延長します。

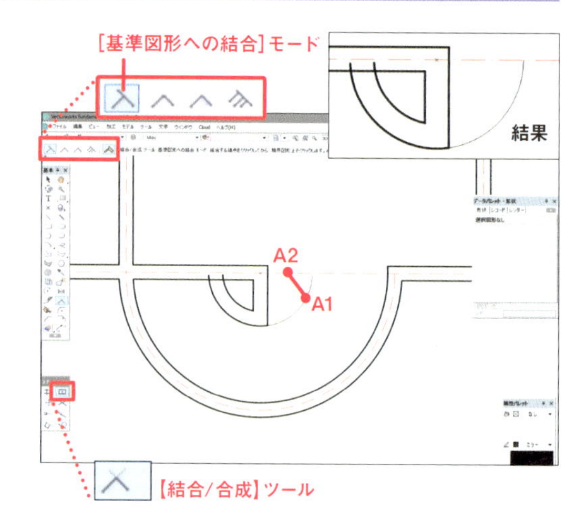

Step 012 手すりを描く（3）

手すりの線を2重にします。

❶【オフセット】ツールをクリックする

❷ツールバーの［距離］に<100>mmを入力する

❸［Alt］キー（Mac：［⌘］キー）を押しながらP円弧をクリックしてから、P円弧の内側をクリックする

❹【セレクション】ツールをクリックする

❺空クリックして選択を解除する

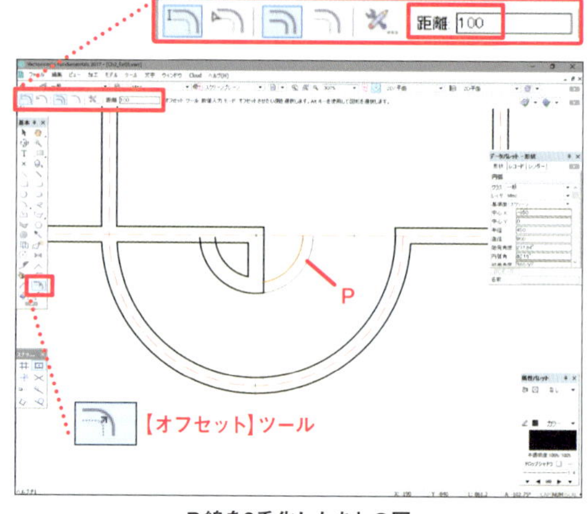

P線を2重化したあとの図

Step 013 手すりを描く（4）

前ステップで生成した円弧を調整します。

❶【結合/合成】ツールをクリックする

❷A1点あたりでプレスし、A2点あたりでリリースする

※壁に接するまで円弧を短縮します。

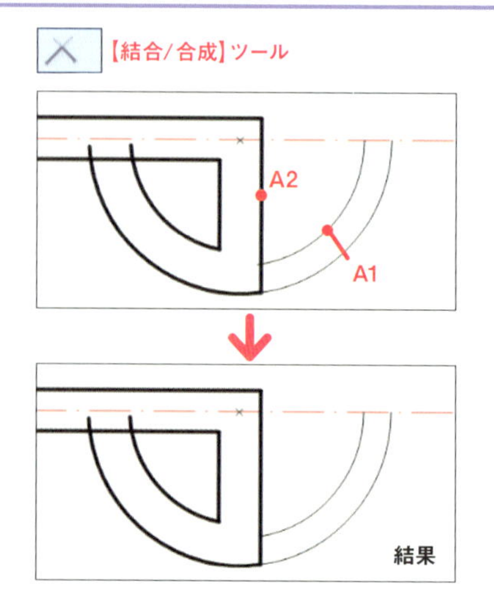

Step 014 手すりを描く（5）

手すりの端部を描きます。

❶【円】ツールをクリックする

❷ツールバーの［直径］モードをオンにする

❸A点（端点）でプレスし、B点（端点）でリリースして円を描く

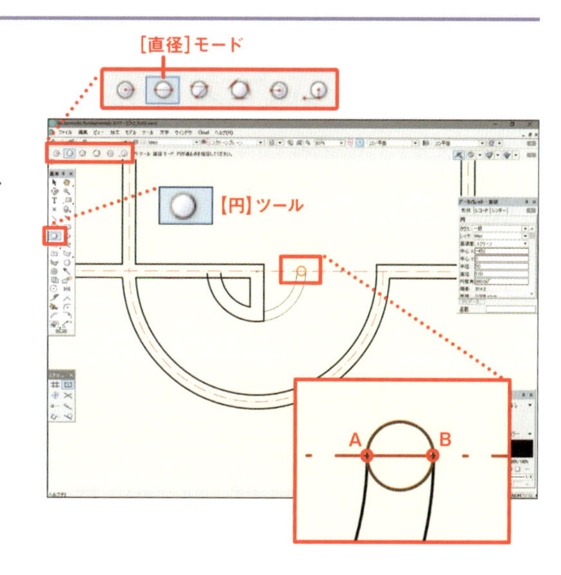

Step 015 手すりを描く（6）

手すりの端部の処理をします。

❶【トリミング】ツールをクリックする

❷●を付けたあたり（円の下半分）をクリックする

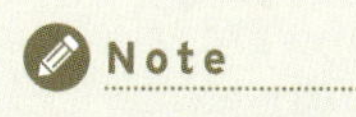

Note

図では円が選択されていますが、選択解除していても同じ結果になります。

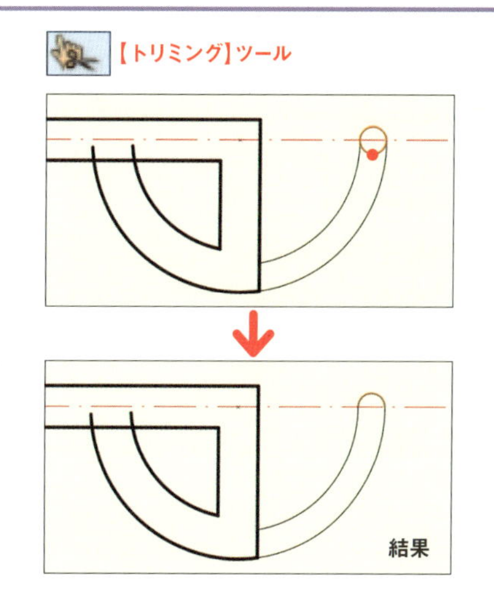

Step 016 段板の線を描く（1）

段板の線を描きます。

❶スナップパレットで【交点スナップ】をオンにする

❷【直線】ツールをクリックする

❸A点（弧端点）でプレスし、B点（交点）でリリースする

※交点でのスクリーンヒントは「図形／図形」です。

❹忘れないうちにスナップパレットで【交点スナップ】をオフにする

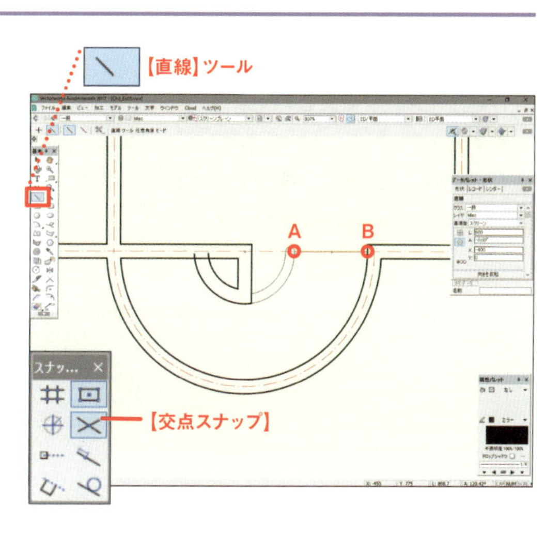

Chapter 1
Chapter 2 住宅の平面図を描く
Chapter 3
Chapter 4
Chapter 5
Chapter 6

Step 017 段板の線を描く（2）

段板の線を回転複写します。

❶メニューの【ビュー】→【他のレイヤを】→【表示＋スナップ】をクリックする

※画面に変化はありませんが、アクティブレイヤの「Misc」レイヤの図形だけが編集の対象になります。

❷前ステップで描いた線（P）が選択されているのを確認する

※選択されていないときは【セレクション】ツールでクリックして選択する。

❸メニューの【編集】→【配列複製】をクリックする

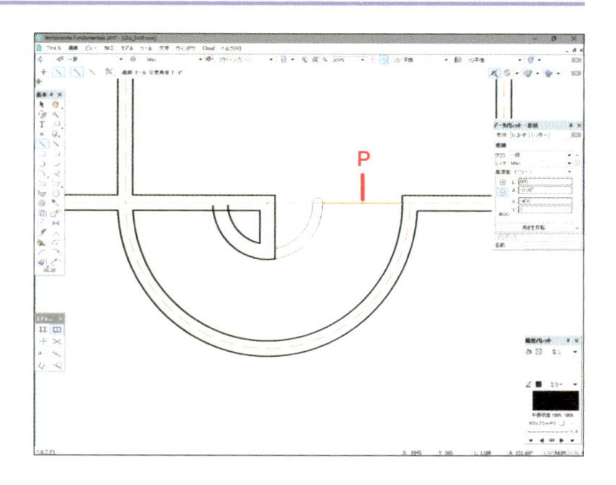

次ステップに続きます。

Step 018 段板の線を描く（3）

前ステップの続きです。

❶「配列複製」ダイアログで「複製の形式」で「円弧状に並べる」を選択する

❷複製の数＝<8>

❸複製の角度＝<-15>

❹円の中心点で「次にマウスクリックする点」にチェックを入れる

❺「回転しながら複製」と「複製の角度を使用」にチェックを入れる

❻［OK］をクリックする

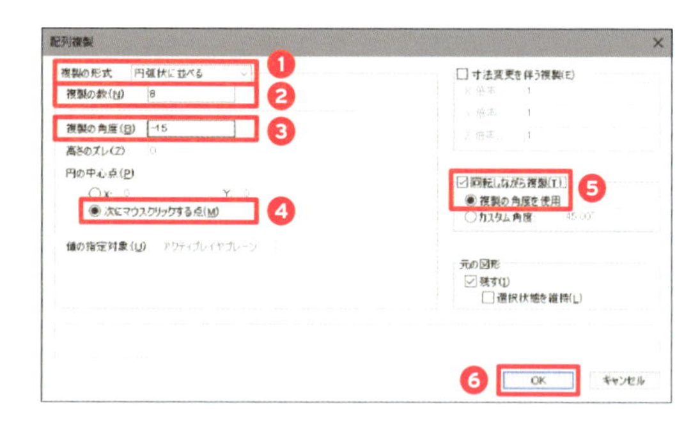

次ステップに続きます。

Step 019 段板の線を描く（4）

前ステップの続きです。

❶作図ウィンドウに戻るのでA点（基準点）をクリックする

❷【セレクション】ツールをクリックする

❸空クリックして選択を解除する

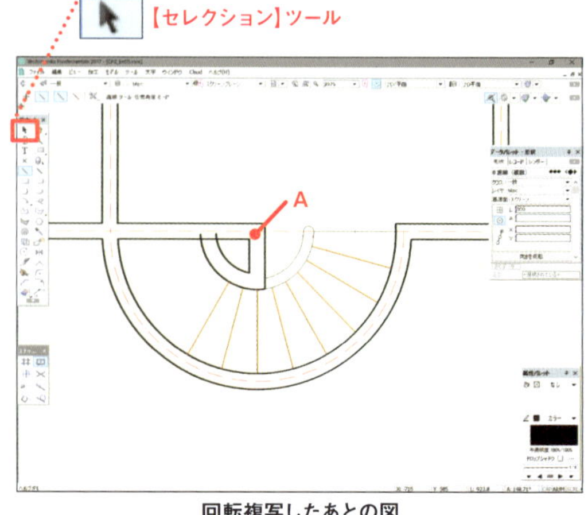

回転複写したあとの図

Step 020 破断線を描く（1）

階段の破断線を描きます。

❶【直線】ツールをクリックする
❷ツールバーで[任意角度]モードがオンになっているのを確認する
❸図のようにA点（任意点）→B点（任意点）に線を描く

線を選択したまま次ステップに続きます。

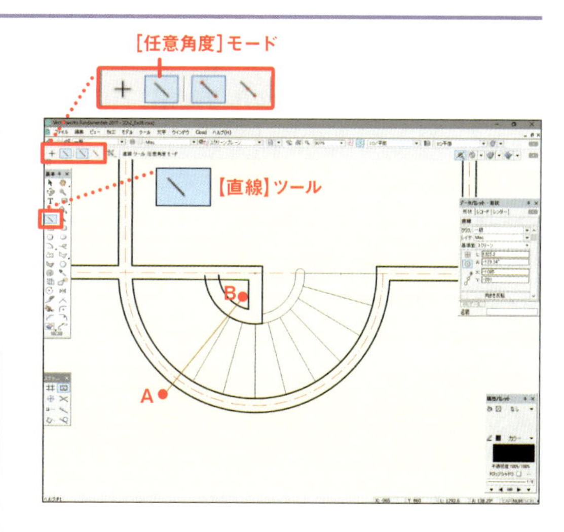

Note

【直線】ツールのモードは常に[任意角度]モードにしておくことをお勧めします。自由度が高く気が楽だからです。なおこのモードのまま固定角度で直線を描きたいときは[Shift]キーを押しながら描きます。

Step 021 破断線を描く（2）

引き続き、破断線を描きます。

❶【消しゴム】ツールをクリックする
❷ツールバーで[消しゴム]モードがオンになっているのを確認する
❸図のように範囲指定する

※このとき[@]キーを押すと、その間スナップが無効になり範囲指定をしやすくなります。

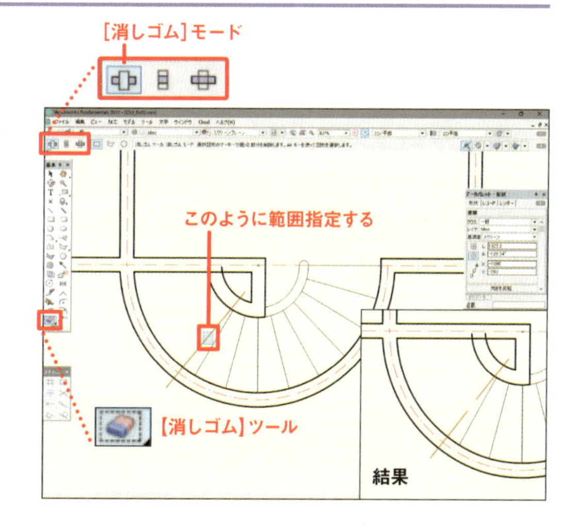

Step 022 破断線を描く（3）

引き続き、破断線を描きます。

❶【多角形】ツールをクリックする
❷A点（端点）とB点（端点）の間に折れ線を描く

※B点では2回クリックして折れ線描画を終了させます。

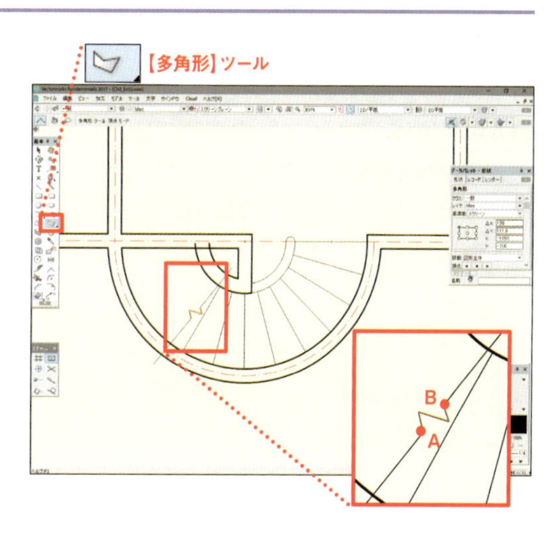

▶ Step 023 円弧壁を調整する

円弧壁を破断線まで短縮します。

❶ メニューの【ビュー】→【他のレイヤを】→【表示+スナップ+編集】をクリックする
❷【セレクション】ツールをクリックする
❸ P線をクリックして選択する
❹ [Ctrl]+[T]キー(Mac:[⌘]+[T]キー)を押す
※メニューの【加工】→【線分を切断】と同じ。
❺ Q円弧をクリックして選択し、[Delete]キーを押して削除する
❻ R円弧をクリックして選択し、[Delete]キーを押して削除する

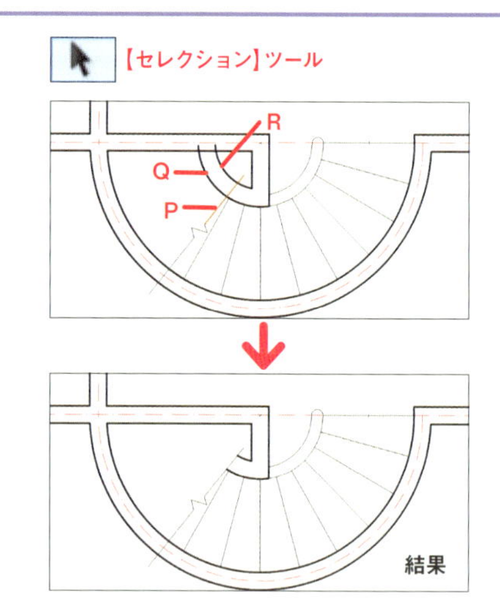

▶ Step 024 昇り記号を描く(1)

階段の最後は昇り記号です。

❶ 属性パレットの線の太さで「1/8」ポイントを選択する
❷【円弧】ツールをクリックする
❸ ツールバーで[半径]モードをオンにする
❹ A点(基準点)でプレスし、B点(中点)でリリースし、C点(中点)をクリックする

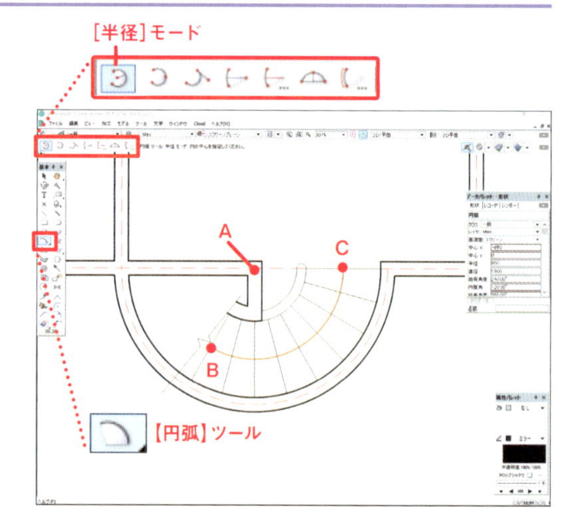

▶ Step 025 昇り記号を描く(2)

引き続き昇り記号を描きます。

❶【円】ツールをクリックする
❷ ツールバーで[半径]モードをオンにする
❸ A点(弧端点)でプレスし、任意点でリリースして適当な円を描く
❹ データパレットで直径を<75>mmに変える
※縮尺が1/50ですので直径75mmの円は印刷すると直径1.5mmの円になります。

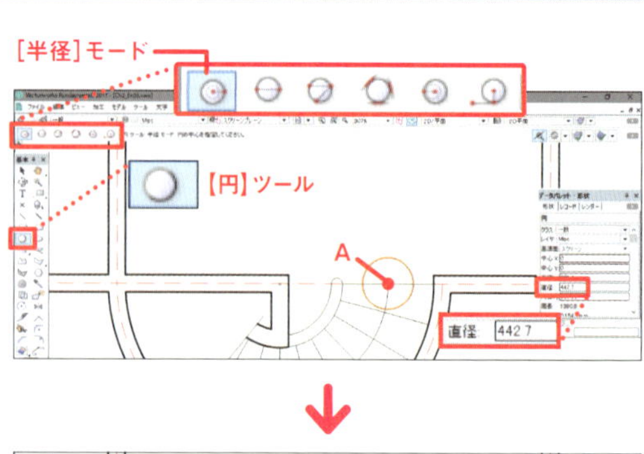

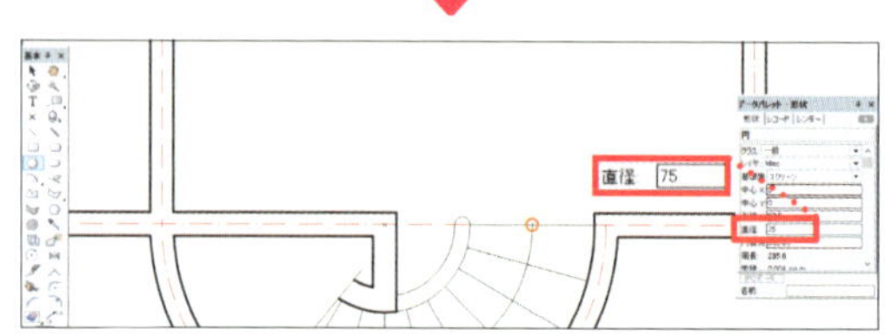

結果

Step 026 昇り記号を描く（3）

昇り記号の最後は矢印です。矢印を【直線】ツールで描いてもよいのですが、ここではマーカーを利用します。

❶【セレクション】ツールをクリックする
❷P円弧をクリックして選択する
❸属性パレットで終点マーカーのアイコンをクリックする
❹空クリックして選択を解除する

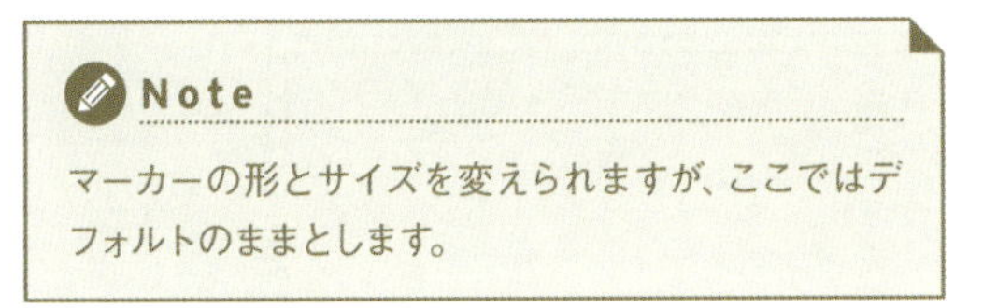
Note

マーカーの形とサイズを変えられますが、ここではデフォルトのままとします。

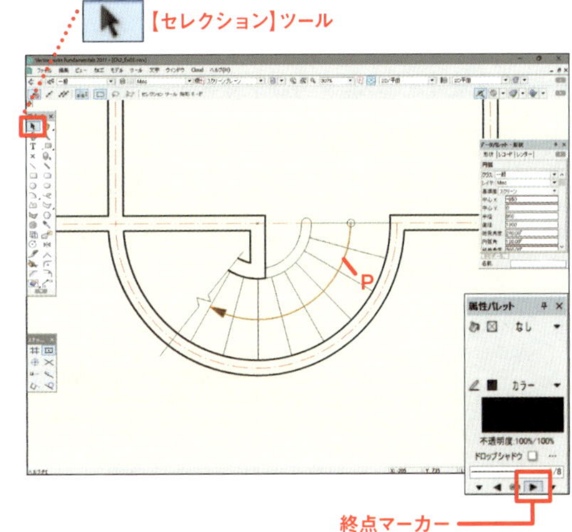

Step 027 データを保存する

以上で階段ができたのでファイルを保存します。

❶[Ctrl]＋[6]キー（Mac：[⌘]＋[6]キー）を押して図形全体を見る
❷メニューの【ファイル】→【別名で保存】を指示し、適当な名前、たとえば「my_Ch2_Ex03.vwx」といった名前を付けてファイルを保存する

なお次ステップから使うデータを用意していますのでVectorworksを終了してかまいません。

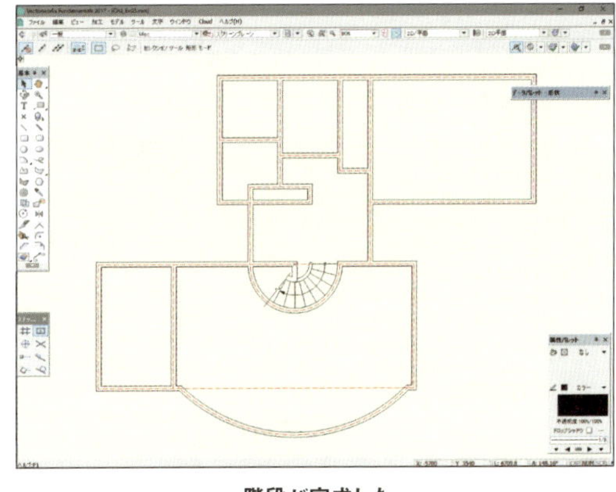

階段が完成した

2.4 壁に穴をあける

壁に建具用の穴をあけます。壁に穴をあける方法には2つの方法があります。あらかじめ壁に穴をあけておく方法と、建具を壁に配置してから穴をあける方法です。ここではあらかじめ穴をあける方法を使います。

VectorworksやAutoCADには建具で壁をマスクする方法があります。この方法を使えば壁に穴をあける必要がなくなります。ただこの方法はあまり一般的でなくデータを他のCADで利用したい、3Dで利用したいといったときは検討が必要です。しかし基本設計では大変に有効な方法なので315ページで説明します。

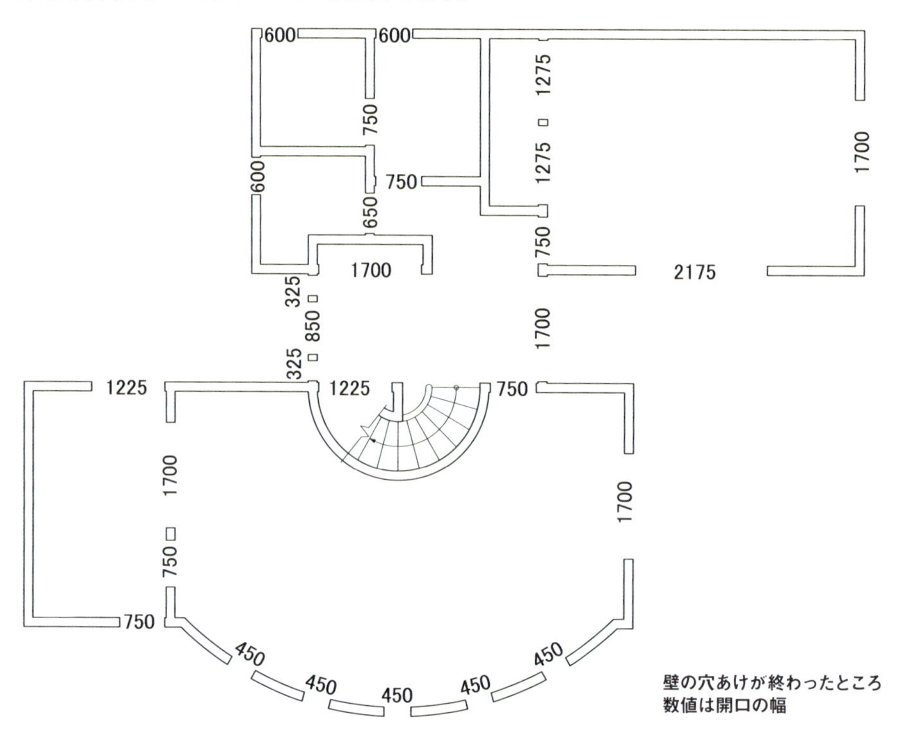

壁の穴あけが終わったところ
数値は開口の幅

Step 001 ファイルを開く

階段を描いたあとのデータファイルを開きます。

❶ メニューの【ファイル】→【開く】をクリックして「VW20xx_Data」フォルダの中の「Ch2」フォルダにある「Ch2_Ex04.vwx」を開く

❷ [Ctrl]＋[4]キー（Mac：[⌘]＋[4]キー）を押して用紙全体を見る

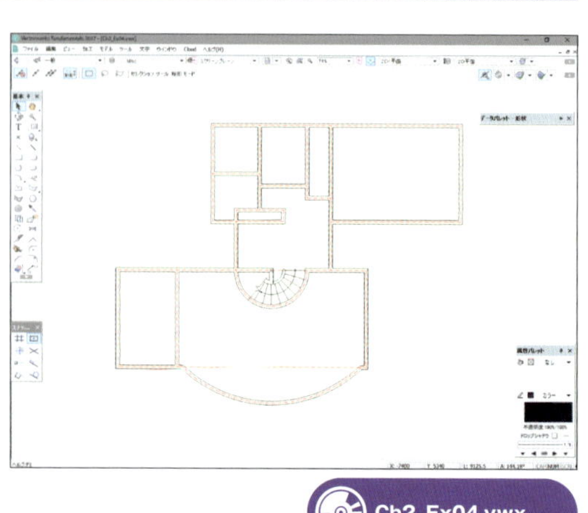

Ch2_Ex04.vwx

Step 002 準備(1)

壁に穴をあける前に準備をします。

❶表示バーの【レイヤ】をクリックする

❷「オーガナイザ」ダイアログで次のように操作する

◆「C_Line」レイヤの非表示欄をクリックする

◆[OK]をクリックする

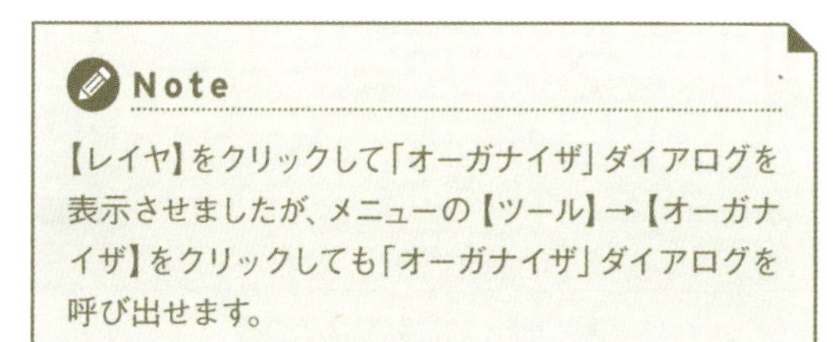

Note

【レイヤ】をクリックして「オーガナイザ」ダイアログを表示させましたが、メニューの【ツール】→【オーガナイザ】をクリックしても「オーガナイザ」ダイアログを呼び出せます。

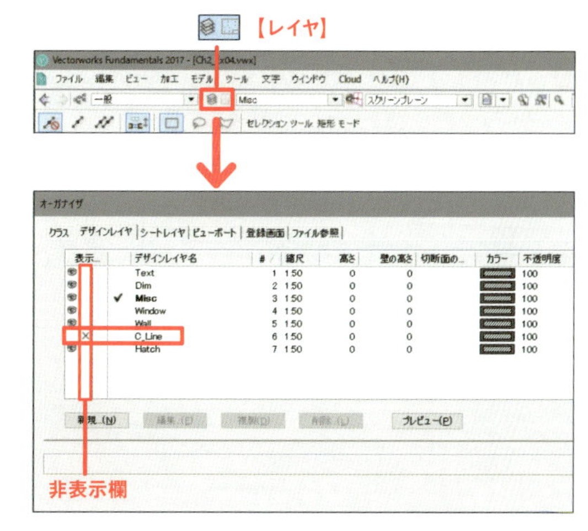

Step 003 準備(2)

アクティブレイヤと線の太さを設定します。

❶「Wall」レイヤをアクティブレイヤにする

❷メニューの【ビュー】→【他のレイヤを】→【表示+スナップ】をクリックする

❸属性パレットの線の太さで「3/4」ポイントを選択する

❹スナップパレットで【図形スナップ】だけオンにする

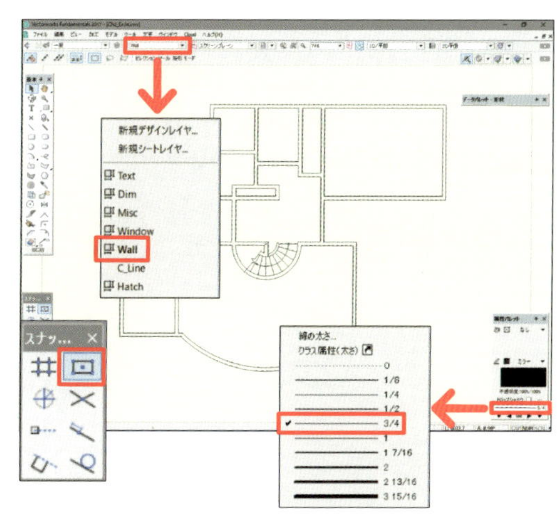

Step 004 開口の両側の線を描く(1)

壁に穴をあけるために開口の位置に線を描きます。

❶図のような範囲を表示させる

❷【ダブルライン】ツールをクリックする

❸ツールバーの[幅]に<1700>mmを入力する

❹ツールバーの[固定角度]モードと[中央ドラッグ]モードをオンにする

そのまま次ステップに続きます。

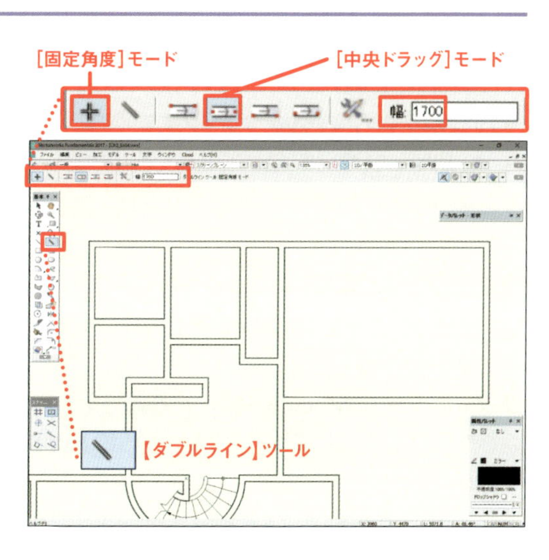

▶ Step 005 開口の両側の線を描く(2)

前ステップの続きです。

❶ A点(中点)でプレスしてから、左水平方向に壁厚分ドラッグして線上点でリリースする

❷ B点(中点)でプレスしてから、左水平方向に壁厚分ドラッグして線上点でリリースする

❸ C点(中点)でプレスしてから、真下方向に壁厚分ドラッグして線上点でリリースする

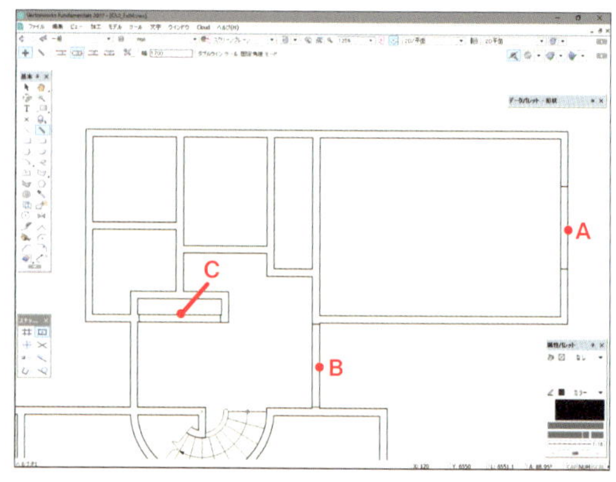

ダブルラインを描いたあとの図

▶ Step 006 壁に穴をあける

前ステップでダブルラインを描いた3ケ所で穴あけします。

❶【トリミング】ツールをクリックする

❷ ●印を付けたあたりをクリックする(6ケ所)

結果は次図を参照してください。

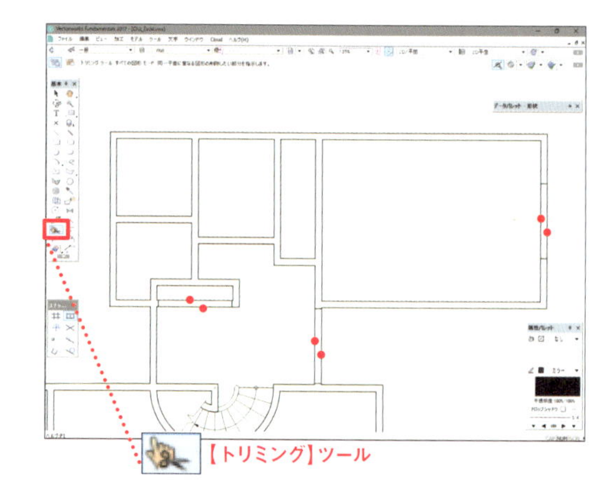

▶ Step 007 開口の両側の線を描く

再び開口の位置に線を描きます。

❶【ダブルライン】ツールをクリックする

❷ ツールバーの[幅]に<2175>mmを入力する

❸ A点(中点)でプレスしてから、真下方向の線上点でリリースする

❹ ツールバーの[幅]に<1225>mmを入力する

❺ B点(中点)でプレスしてから、真上方向の線上点でリリースする

❻ ツールバーの[幅]に<850>mmを入力する

❼ C点(中点)でプレスしてから、右方向の線上点でリリースする

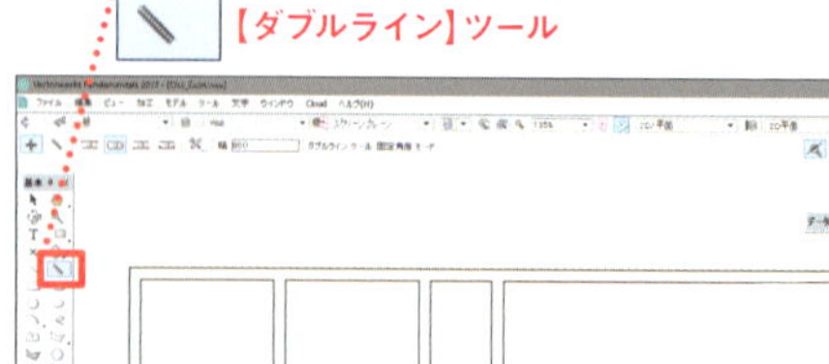

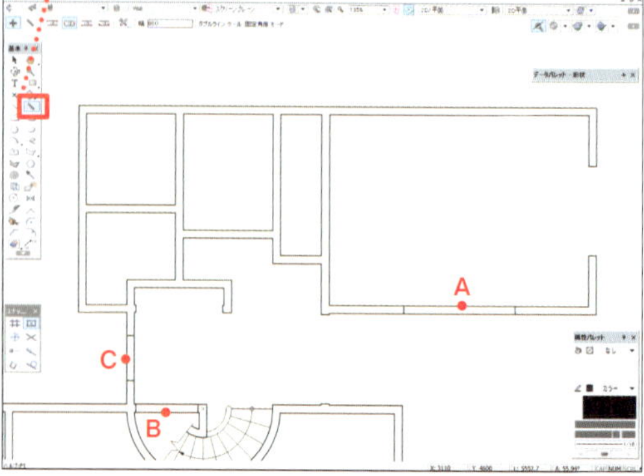

ダブルラインを描いたあとの図

Step 008 壁に穴をあける

前ステップでダブルラインを描いた3ケ所で穴あけします。

❶【トリミング】ツールをクリックする

❷●印を付けたあたりをクリックする(6ケ所)

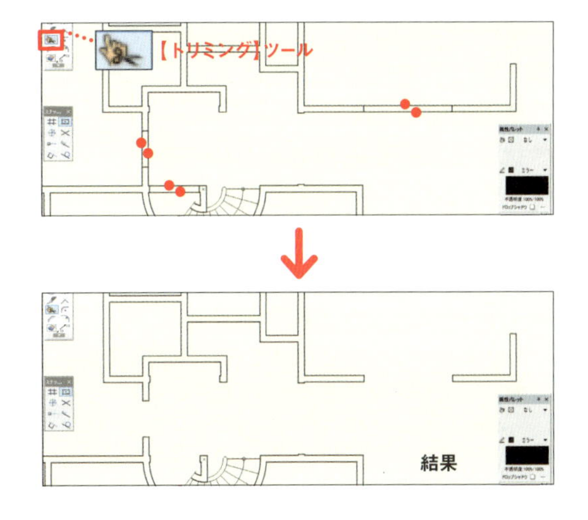

Step 009 開口の端の線を描く(1)

これまで処理した開口は中点が使えましたが、これから中点が使えない開口を処理します。課題住宅の壁際の開口は壁の端点から25mmの位置にあるのでこれを利用して線を描きます。

❶スナップパレットで【図形スナップ】をオフにし、【交点スナップ】をオンにする

❷【定点スナップ】をダブルクリックする

❸「スマートカーソル設定」ダイアログで「長さで」にチェックを入れる

❹「長さで」の欄に<25>mmをキーインする

❺[OK]をクリックする

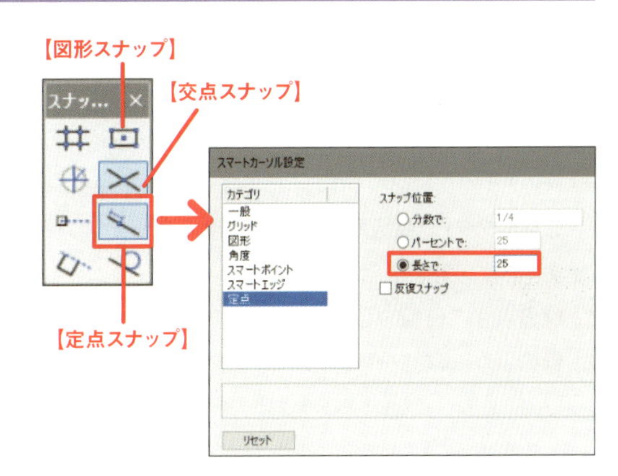

Step 010 開口の端の線を描く(2)

壁際の線を描きます。

❶図のような範囲を表示させる

❷【直線】ツールをクリックする

❸ツールバーで[固定角度]モードを選択する

❹A点(定点)でプレスしてから、右水平方向の交点でリリースする

※交点では「図形/水平」や「図形/垂直」と表示されます。

❺B点(定点)でプレスしてから、左水平方向の交点でリリースする

そのまま次ステップに続きます。

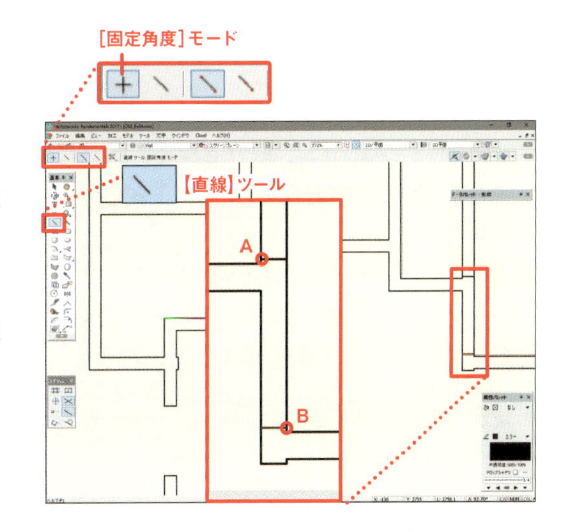

Step 011 開口の端の線を描く(3)

前ステップの続きです。

❶前ステップと同じような操作をして○で囲んだ位置に線を描く(8本)

❷【セレクション】ツールをクリックする

❸空クリックして選択を解除する

Note

【直線】ツールは［任意角度］モードで使うのが普通ですが(067ページ)、ここでのように狭い場所で確実に水平／垂直線を描きたいときは［固定角度］モードを使います。

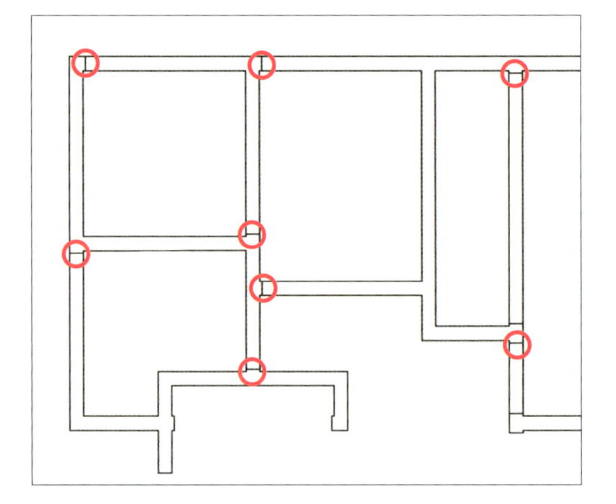

Step 012 開口の端の線を複写する(1)

開口の線を【オフセット】ツールで複写します。

❶【オフセット】ツールをクリックする

❷ツールバーの［距離］に<600>mmを入力する

❸［Alt］キー（Mac：［⌘］キー）を押しながらP線をクリックし、指を離してからP線の右側をクリックする

❹❸のようにQ線→Q線の右側をクリックする

❺❸のようにR線→R線の下側をクリックする

次ステップに続きます。結果は次図を参照してください。

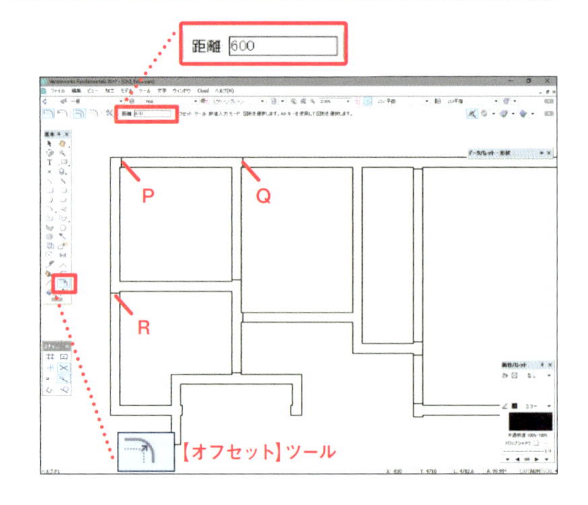

Step 013 開口の端の線を複写する(2)

前ステップの続きです。

❶ツールバーの［距離］に<750>mmを入力する

❷［Alt］キー（Mac：［⌘］キー）を押しながらP線をクリックし、指を離してからP線の上側をクリックする

❸❷のようにQ線→Q線の右側をクリックする

❹ツールバーの［距離］に<650>mmを入力する

❺❷のようにR線→R線の上側をクリックする

次ステップに続きます。結果は次図を参照してください。

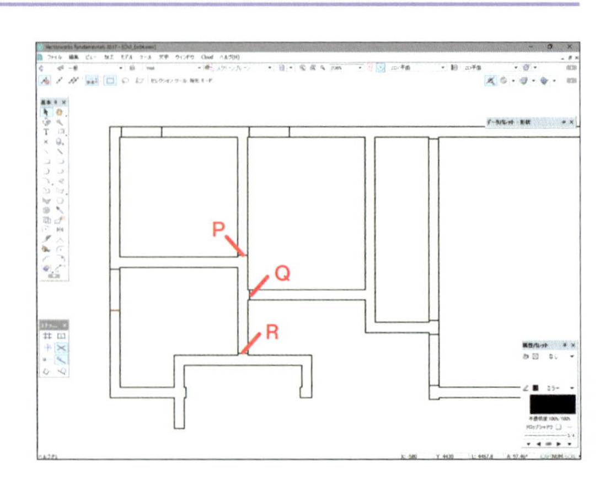

Step 014 開口の端の線を複写する(3)

前ステップの続きです。

❶ツールバーの[距離]に<1275>を入力する

❷[Alt]キー(Mac:[⌘]キー)を押しながらP線をクリックし、指を離してからP線の下側をクリックする

❸❷のようにQ線→Q線の上側をクリックする

❹【セレクション】ツールをクリックする

❺空クリックして選択を解除する

結果は次図を参照してください。

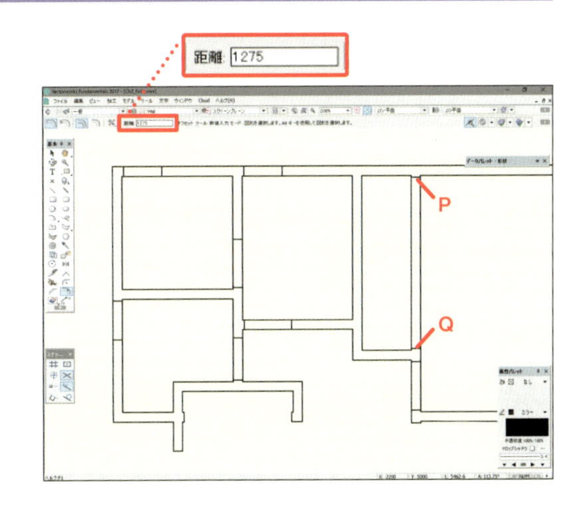

Step 015 壁に穴をあける(1)

壁に穴をあけます。

❶【トリミング】ツールをクリックする

❷●を付けたあたりをクリックする(18ケ所)

結果は次図を参照してください。

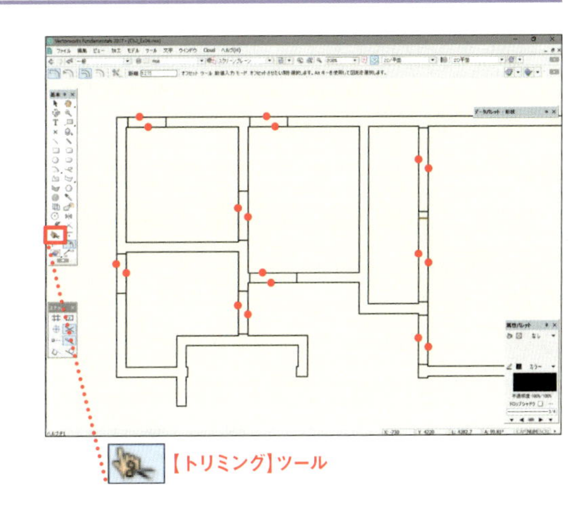

Step 016 壁に穴をあける(2)

前ステップの結果です。

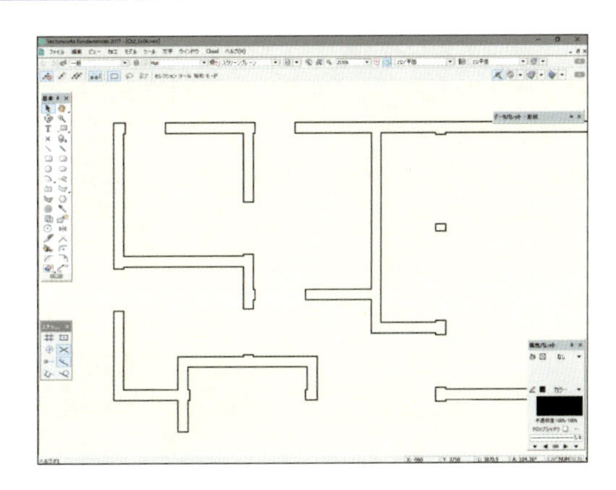

Step 017 玄関の壁に穴をあける(1)

玄関の壁に穴をあけます。

❶図のような範囲を表示させる
❷【オフセット】ツールをクリックする
❸ツールバーの[距離]に<100>mmを入力する
❹[Alt]キー(Mac:[⌘]キー)を押しながらP線をクリックし、指を離してからP線の上側をクリックする
❺❹のようにQ線→Q線の下側をクリックする

次ステップに続きます。結果は次図を参照してください。

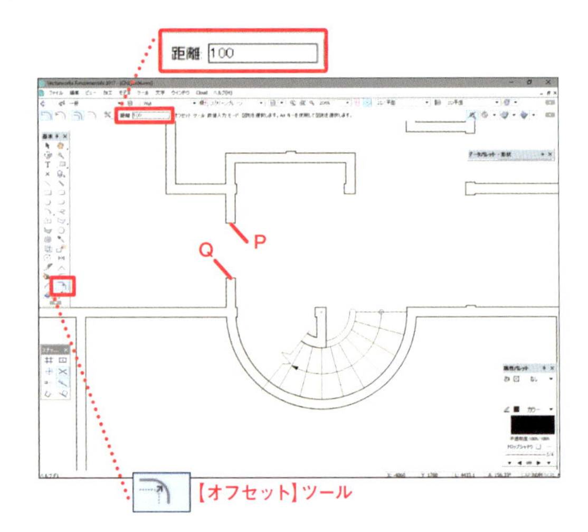

Step 018 玄関の壁に穴をあける(2)

前ステップの続きです。

❶ツールバーの[距離]に<325>mmを入力する
❷R線の下側をクリックする
❸[Alt]キー(Mac:[⌘]キー)を押しながらS線をクリックし、指を離してからS線の上側をクリックする
❹【トリミング】ツールをクリックする
❺●を付けたあたりをクリックする(4ケ所)
❻【セレクション】ツールで空クリックする

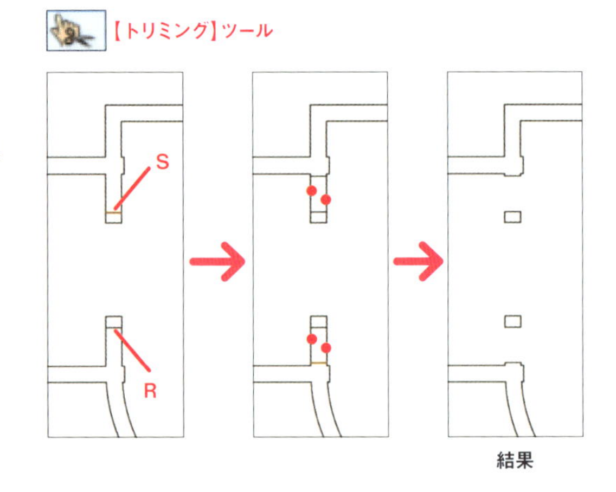

Step 019 キッチンの壁に穴をあける(1)

キッチンの壁に穴をあけるための準備をします。

❶スナップパレットで【定点スナップ】をダブルクリックする
❷「スマートカーソル設定」ダイアログの「長さで」の数値欄に<500>mmをキーインする
※500=25+950÷2
❸[OK]をクリックする

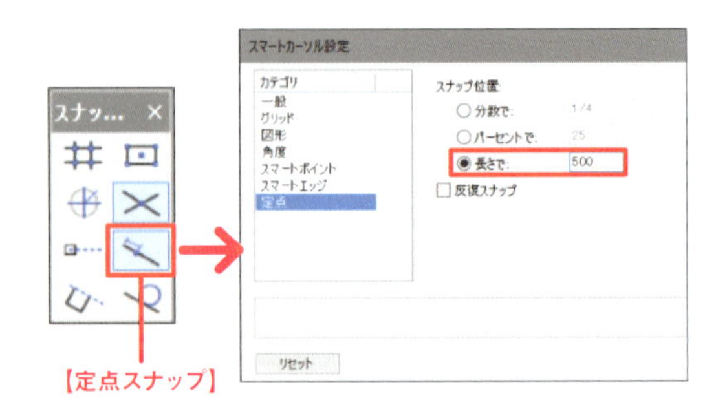

Step 020 キッチンの壁に穴をあける(2)

キッチンの壁に開口の端部の線を描きます。

❶図のような範囲を表示させる
❷【直線】ツールをクリックする
❸A点（定点）でプレスしてから、右水平方向の線上点でリリースする
❹B点（定点）でプレスしてから、右水平方向の線上点でリリースする

そのまま次ステップに続きます。

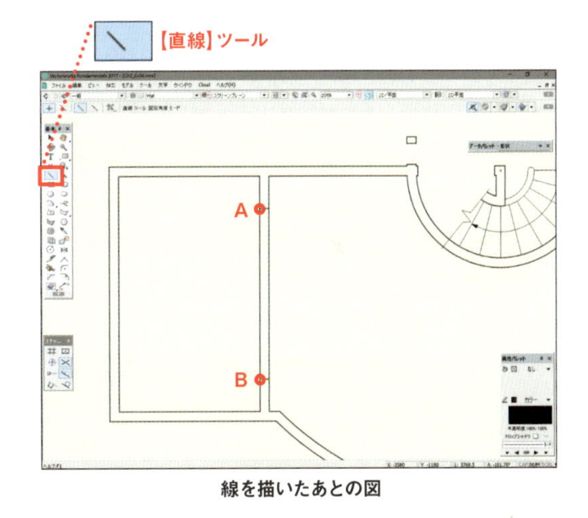

線を描いたあとの図

Step 021 キッチンの壁に穴をあける(3)

開口の端部の線を複写します。

❶【オフセット】ツールをクリックする
❷ツールバーの[距離]に<750>を入力する
❸P線の上側をクリックする
❹ツールバーの[距離]に<1700>を入力する
❺[Alt]キー（Mac：[⌘]キー）を押しながらQ線をクリックし、指を離してからQ線の下側をクリックする

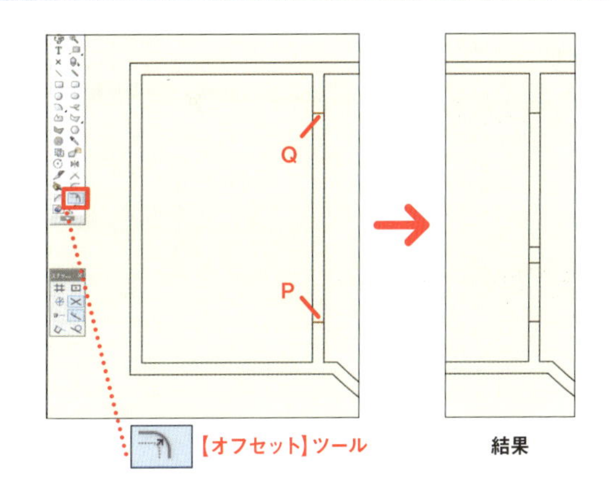

結果

Step 022 キッチンの壁に穴をあける(4)

壁に穴をあけます。

❶【トリミング】ツールをクリックする
❷●を付けたあたりをクリックする（4ケ所）
❸【セレクション】ツールで空クリックして選択解除をする

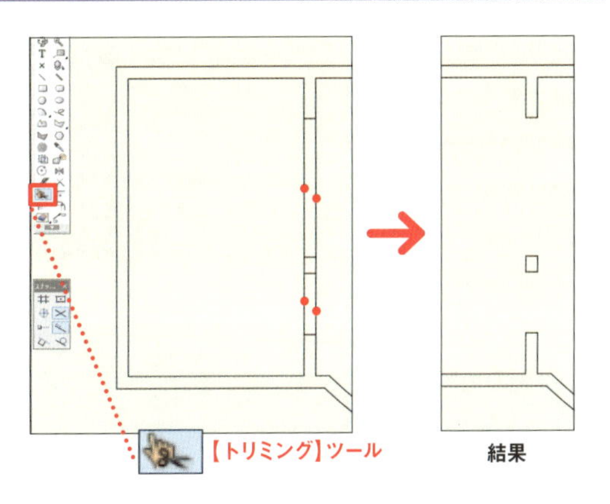

結果

Step 023 円弧壁の開口の線を描く(1)

円弧壁に穴をあけます。まず準備です。

❶ 次ステップの図のような範囲を表示させる
❷ スナップパレットで【定点スナップ】をオフにする
❸【グリッドスナップ】をオンにしてからダブルクリックする
❹「スマートカーソル設定」ダイアログで「グリッドを表示」をオンにしてから[OK]をクリックする
❺【ダブルライン】ツールをクリックする
❻ ツールバーの[幅]に<450>mmを入力する

そのまま次ステップに続きます。

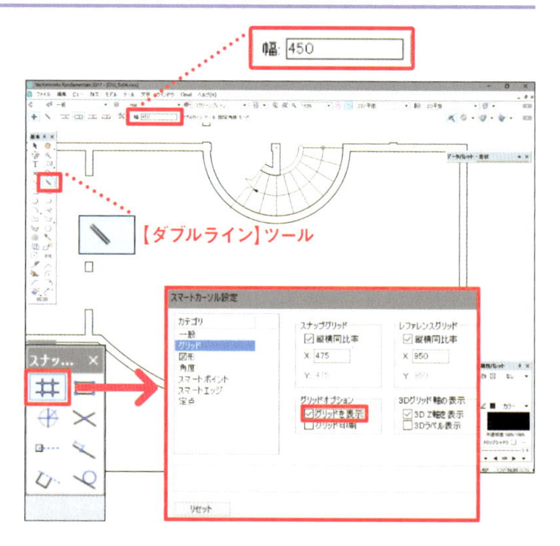

Step 024 円弧壁の開口の線を描く(2)

前ステップの続きです。

❶ A点(グリッド点)でプレスし、B点(グリッド点)でリリースする

ダブルラインが選択されたまま次ステップに続きます。

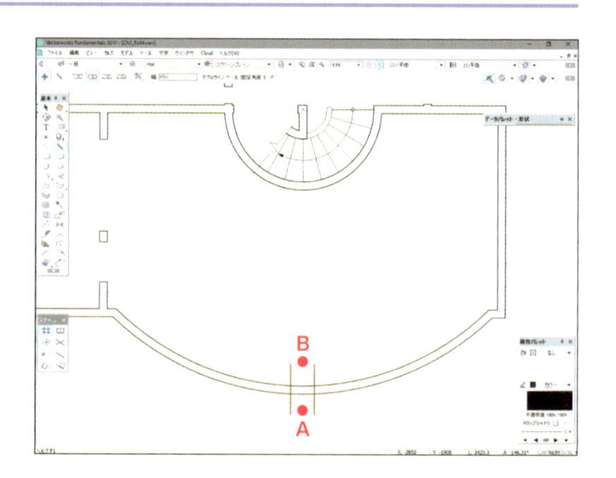

Step 025 円弧壁の開口の線を描く(3)

ダブルラインを回転複写します。

❶ メニューの【編集】→【配列複製】をクリックする
❷「配列複製」ダイアログで「円弧状に並べる」を選択する
❸ 複製の数=<2>
❹ 複製の角度=<15>
❺「円の中心点」で「次にマウスクリックする点」をオンにする
❻「回転しながら複製」にチェックを入れる
❼「複製の角度を使用」をオンにする
❽ [OK]をクリックする

次ステップに続きます。

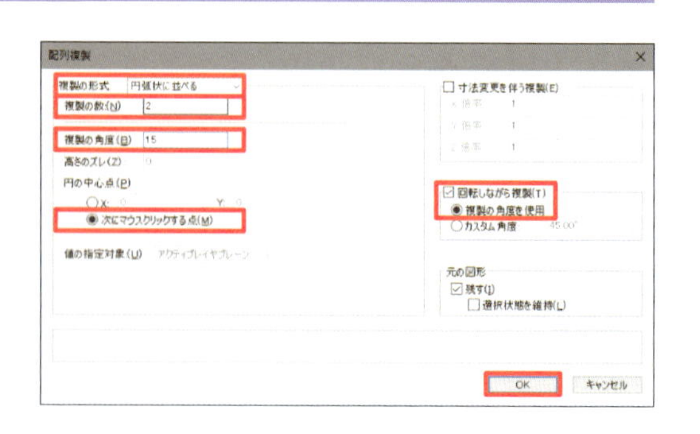

Step 026 円弧壁の開口の線を描く(4)

前ステップの続きです。

❶ A点(グリッド点)をクリックする

配列複写したダブルラインを選択したまま、次ステップに続きます。

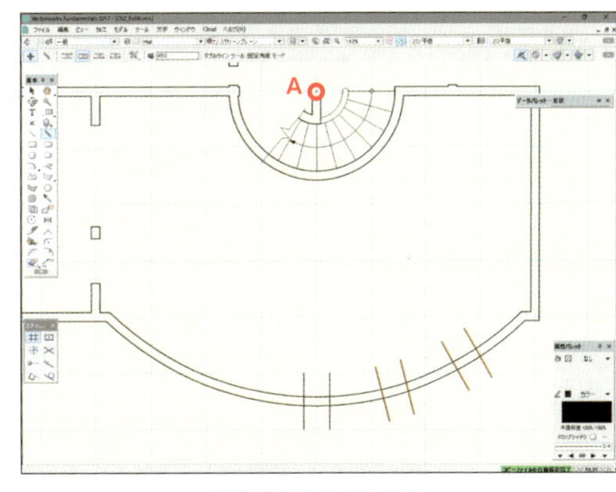

回転複写したあとの図

Step 027 円弧壁の開口の線を描く(5)

さらにダブルラインを複写します。

❶【ミラー反転】ツールをクリックする

❷ツールバーで[複製]モードをオンにする

❸A点(グリッド点)でプレスし、B点(グリッド点)でリリースする

結果は次図を参照してください。

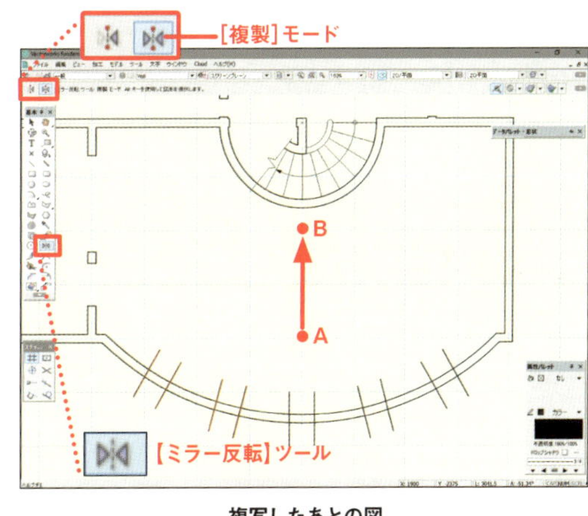

複写したあとの図

Step 028 円弧壁の開口の線を描く(6)

ダブルラインを壁の線で切断します。

❶【セレクション】ツールをクリックする

❷P円弧をクリックして選択する

❸[Ctrl]+[T]キー(Mac:[⌘]+[T]キー)を押す

※メニューの【加工】→【線分を切断】と同じ。

❹Q円弧をクリックして選択する

❺再び[Ctrl]+[T]キー(Mac:[⌘]+[T]キー)を押す

【セレクション】ツールを起動したまま次ステップに続きます。

【セレクション】ツール
P
Q

切断しても画面は変わらない

Step 029 円弧壁の開口の線を描く(7)

切断して不要になった部分を削除します。

❶ [なげなわ] モードを選択する

❷ [Alt] キー (Mac :[option] キー) を押したまま、A点(任意点) あたりから、壁からはみ出した線と交差するようにドラッグして、B点(任意点) あたりでリリースする

❸ [Delete] キーを押して選択した線を削除する

❹ 円弧壁の下側についても❷~❸の操作をしてはみ出した線を削除する

結果は次図を参照してください。

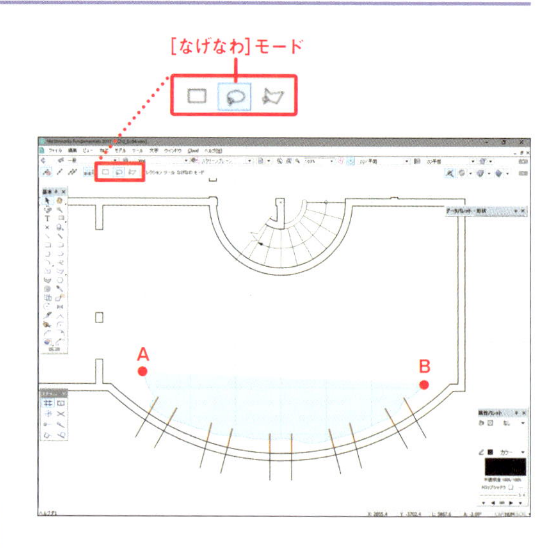

Note

[なげなわ] モードで余計な線を選択したり、選択もれがあったときは [Shift] キーを押しながら図形をクリックして選択/選択解除をしてください。

Step 030 円弧壁に穴あけをする(1)

円弧壁に穴あけをします。

❶【トリミング】ツールをクリックする

❷●を付けたあたりをクリックする(10ケ所)

結果は次図を参照してください。

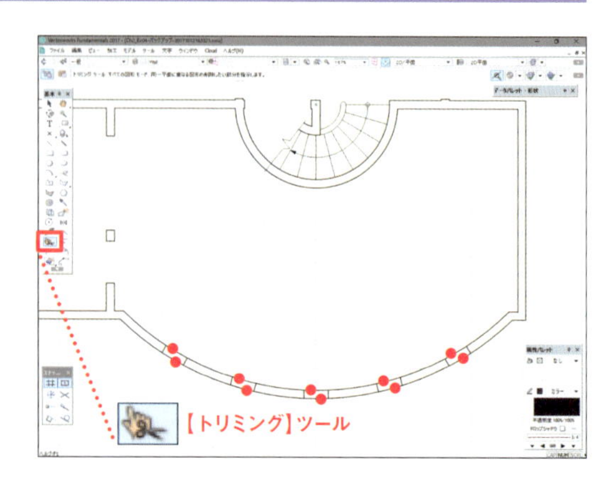

Step 031　円弧壁に穴あけをする(2)

前ステップの結果です。結果を確認したら、【セレクション】ツールのモードを元に戻し、グリッドを非表示にします。

1. 【セレクション】ツールをクリックする
2. ツールバーで[矩形]モードをオンにする
3. スナップパレットで【グリッドスナップ】をダブルクリックし、ダイアログで「グリッドを表示」のチェックを外してから[OK]をクリックする

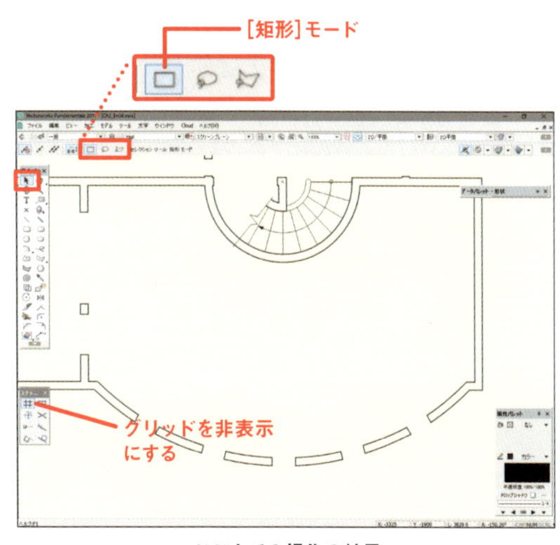

ここまでの操作の結果

Step 032　残りの穴あけをする

以上で壁の穴あけの説明を終わりますが、穴あけが4ケ所残っています。この4ケ所はここまでに説明した操作方法で簡単に処理できるはずです。図に穴の幅を記しますのでこれを参考に4ケ所の穴あけをしてください。

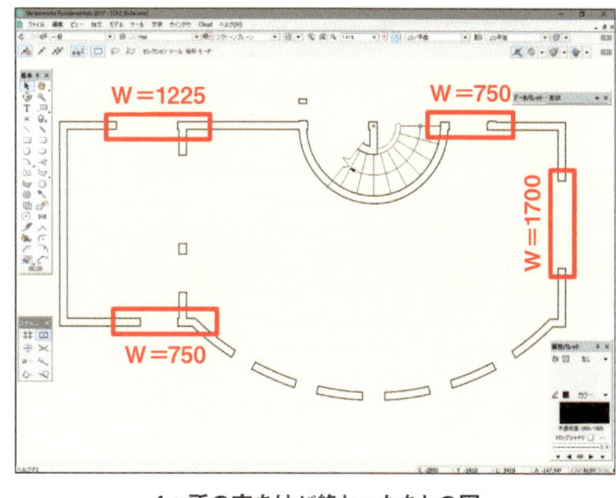

4ヶ所の穴あけが終わったあとの図

Step 033　データを保存する

以上で壁の穴あけが終わったのでファイルを保存します。

1. [Ctrl]＋[6]キー(Mac：[⌘]＋[6]キー)を押して図形全体を見る
2. メニューの【ファイル】→【別名で保存】を指示し、適当な名前、たとえば「my_Ch2_Ex04.vwx」といった名前を付けてファイルを保存する

なお次ステップから使うデータを用意していますのでVectorworksを終了してかまいません。

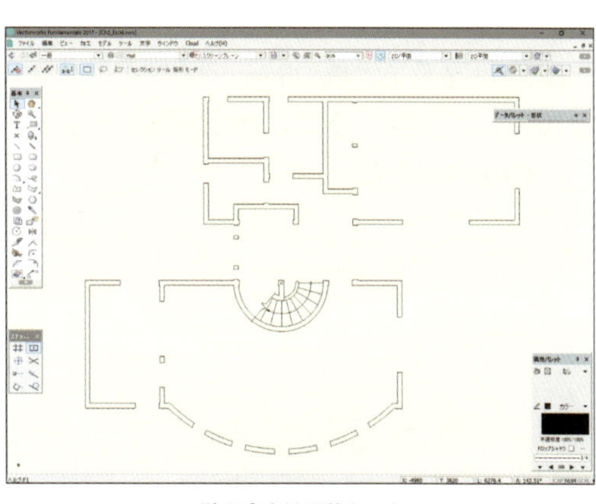
壁の穴あけが終わった

2.5 サッシュを描く

壁に穴をあけたので次は建具です。建具はサッシュ（sash）、ドア、クロゼットドアなどがありますが、最初に引き違い掃き出しサッシュを描きます。サッシュはアルミ製サッシュを想定しています。アルミサッシュの枠や框（かまち）は複雑な形状をしていますが、建築平面図はサッシュの製作図ではないので単純化して描きます。具体的には枠や框を長方形で描きます。

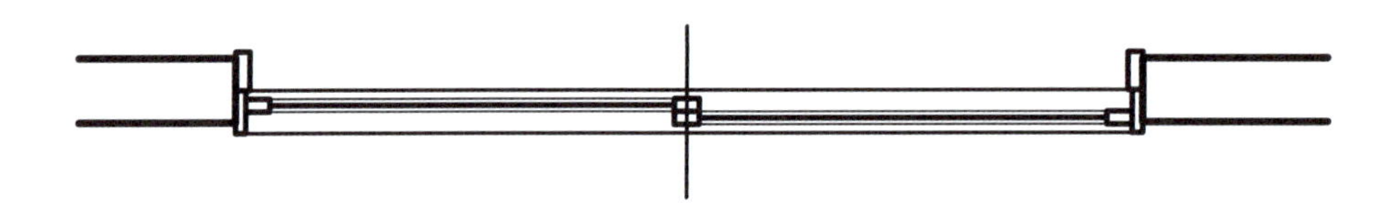

ここで作成するサッシュ

Step 001 ファイルを開く

開口部の穴あけをしたデータファイルを開きます。

❶ メニューの【ファイル】→【開く】をクリックして「VW20xx_Data」フォルダの中の「Ch2」フォルダにある「Ch2_Ex05.vwx」を開く

❷ [Ctrl]＋[4]キー（Mac：[⌘]＋[4]キー）を押して用紙全体を見る

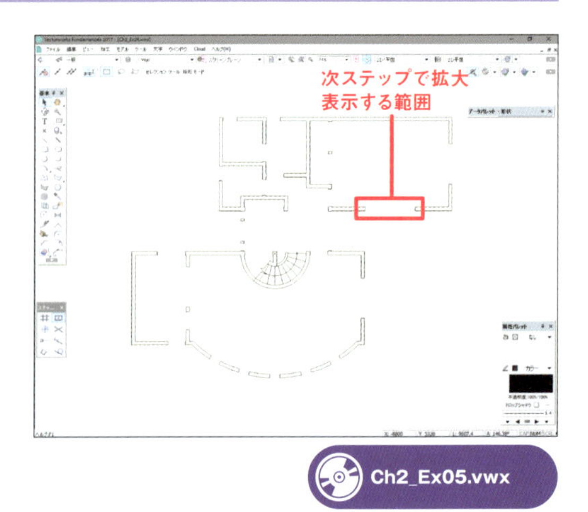

Ch2_Ex05.vwx

Step 002 準備(1)

サッシュを描く準備をします。

1. 前図に示す範囲を拡大表示する
2. アクティブレイヤで「Window」レイヤを選択する
3. 属性パレットの線の太さで「1/2」ポイントを選択する
4. スナップパレットで【図形スナップ】だけをオンにする
5. メニューの【ビュー】→【他のレイヤを】→【表示+スナップ】をクリックする

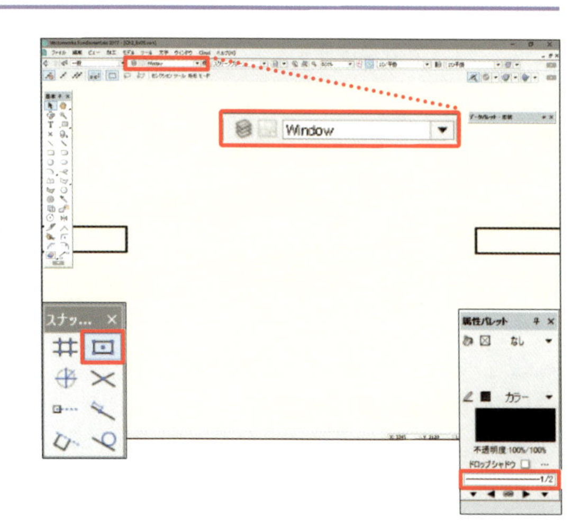

Step 003 準備(2)

開口の中央に基準点を描きます。

1. 【直線】ツールをクリックする
2. ツールバーで[任意角度]モードをオンにする
3. A点(端点)→B点(端点)に線を描く
4. メニューの【加工】→【作図補助】→【線分を等分割】をクリックする
5. 「線分を等分割」ダイアログで「分割位置に基準点を配置」のみにチェックを入れる
6. 分割数=<2>
7. [OK]をクリックする

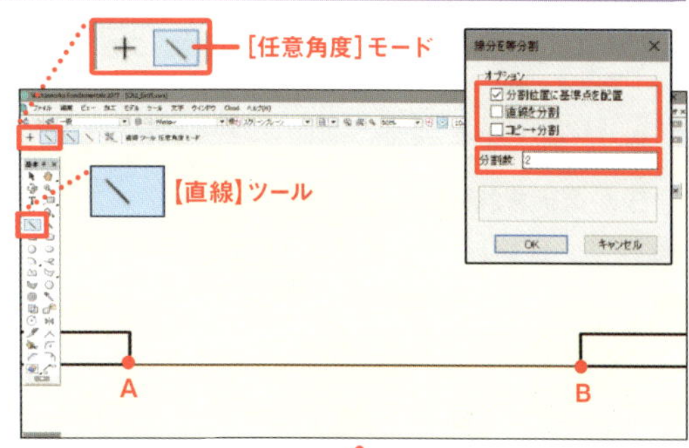

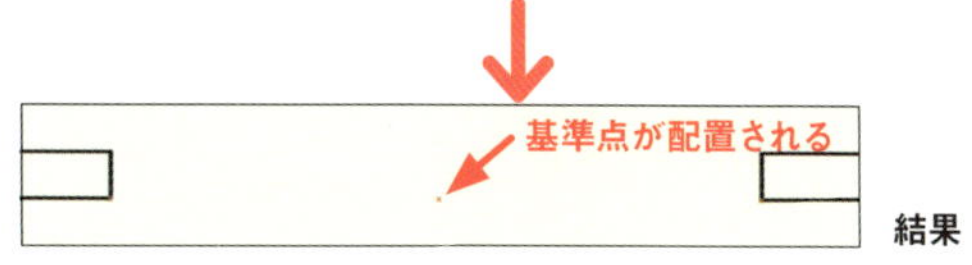

結果

Step 004 サッシュ枠を描く(1)

サッシュ枠(見付け25mm×見込み100mm)を描きます。

1. 【四角形】ツールをクリックする
2. A点(端点)でプレスし、右上方向にドラッグして適当な位置でリリースする
3. データパレットで基準点を左下にする
4. 幅に<25>をキーインし、[Tab]キーを押す
5. 高さに<100>を入力する

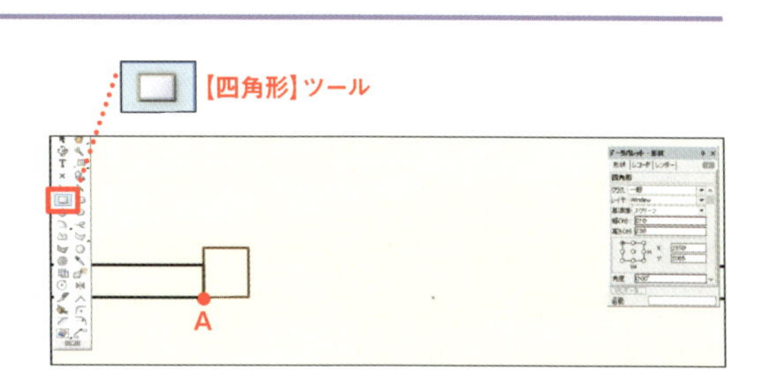

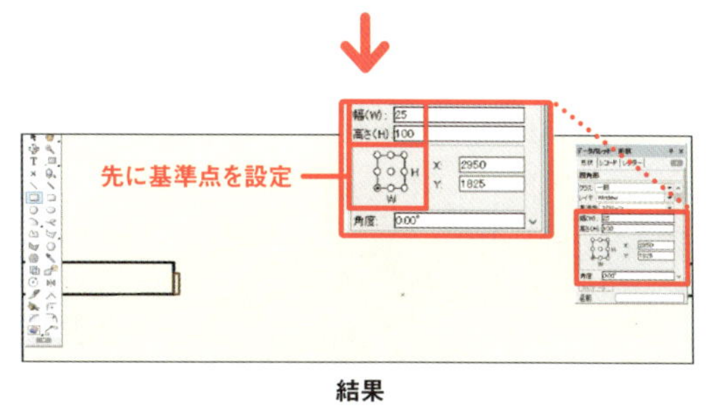

結果

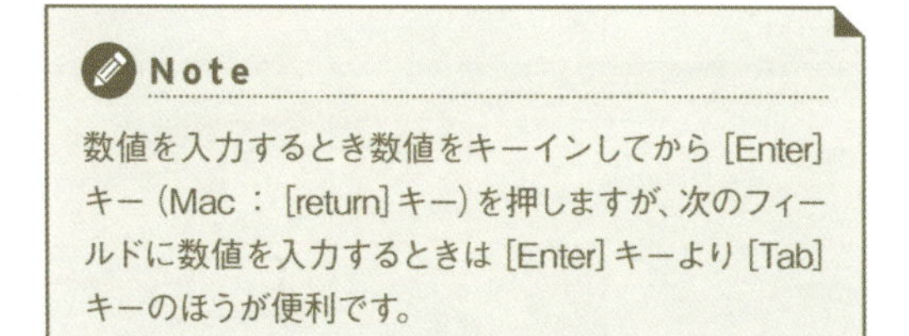

Note

数値を入力するとき数値をキーインしてから[Enter]キー(Mac:[return]キー)を押しますが、次のフィールドに数値を入力するときは[Enter]キーより[Tab]キーのほうが便利です。

Step 005 サッシュ枠を描く(2)

サッシュは半外付けサッシュとするので、枠を移動します。

❶前ステップで描いた枠が選択されているのを確認する

※選択されていないときは【セレクション】ツールでクリックする。

❷[Ctrl]＋[M]キー(Mac：[⌘]＋[M]キー)を押す

※メニューの【加工】→【移動】→【移動】と同じ。

❸「図形を移動」ダイアログで「X方向」に<0>をキーインする

❹Y方向＝<-25>

❺[OK]をクリックする

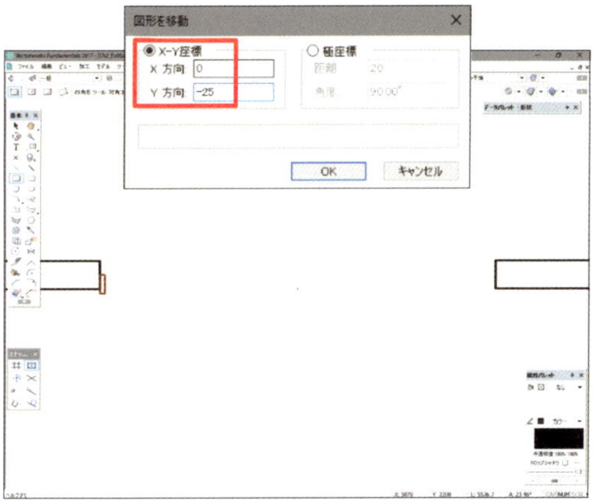

枠を移動したあとの図

Step 006 サッシュ枠を描く(3)

枠を右側に複写します。

❶枠が選択されているのを確認する

❷【ミラー反転】ツールをクリックする

❸ツールバーで[複製]モードがオンになっているのを確認する

❹A点(基準点)でプレスし、[Shift]キーを押しながら真上方向にドラッグし、適当な位置でリリースする

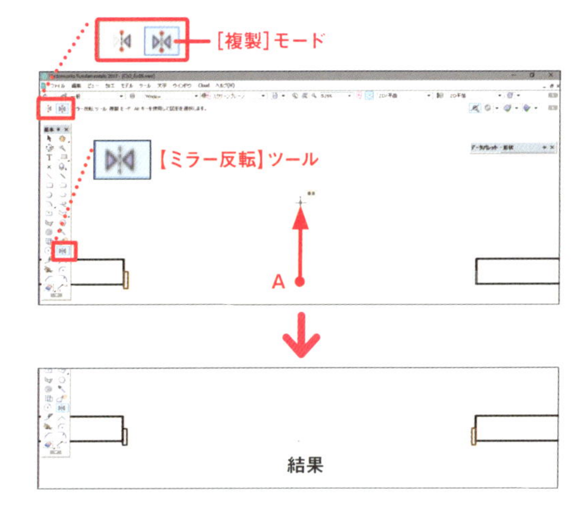

Step 007 サッシュの框を描く(1)

框(かまち)を描きます。

❶図のようにサッシュの右半分を拡大表示する(中央の基準点が見えるようにする)

❷【四角形】ツールをクリックする

❸A点(端点)でプレスし、左上方向にドラッグし、適当な位置でリリースする

❹データパレットで基準点を右下にする

❺幅＝<60>

❻高さ＝<30>

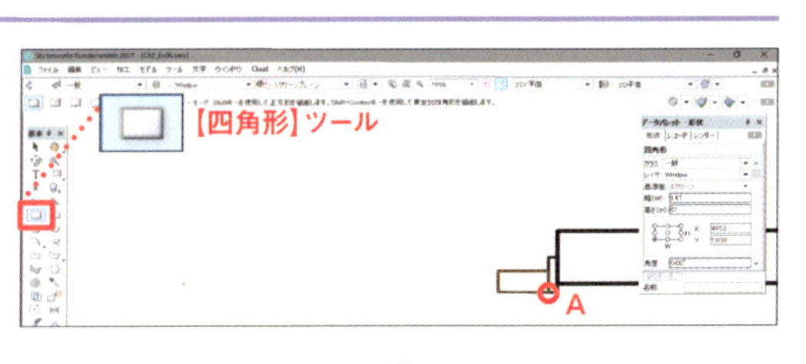

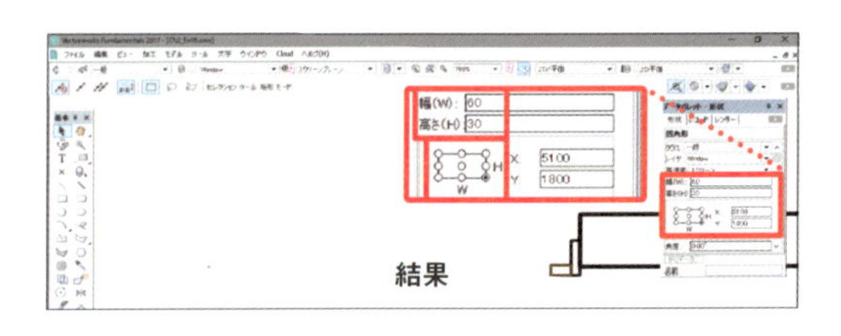

Step 008 サッシュの框を描く(2)

框を移動します。

❶ 前ステップで描いた框が選択されているのを確認する

❷ [Ctrl] +[M] キー(Mac : [⌘] +[M] キー) を押す

※メニューの【ツール】→【移動】→【移動】と同じ。

❸「図形を移動」ダイアログで「X方向」に<0>をキーインする

❹ Y方向=<20>mm

❺ [OK] をクリックする

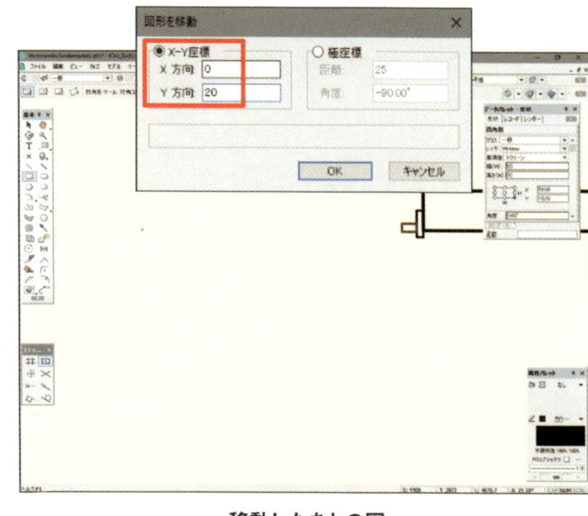

移動したあとの図

Step 009 サッシュの框を描く(3)

框を複写します。

❶ 前ステップで移動した框が選択されているのを確認する

❷ [Ctrl] +[D] キー(Mac : [⌘] +[D] キー) を押す

※メニューの【編集】→【複製】と同じ。

❸【セレクション】ツールをクリックする

❹ [Shift] キーを押しながら中央の基準点をクリックして追加選択する

※框と基準点の計2図形を選択したことになります。

そのまま次ステップに続きます。

【セレクション】ツール

[Shift] キーを押しながら
クリックして選択

基準点を追加選択したあとの図

Step 010 サッシュの框を描く(4)

前ステップの続きです。

❶ メニューの【加工】→【整列】→【整列】をクリックする

※[Ctrl] +[@] キー(Mac : [⌘] +[@] キー) を押しても同じ。

❷「整列」ダイアログで上下方向の「整列」と「均等配置」をオフにする

❸ 左右方向の「整列」にチェックを入れる

❹ 左右方向の「左右中央」をオンにする

❺ [OK] をクリックする

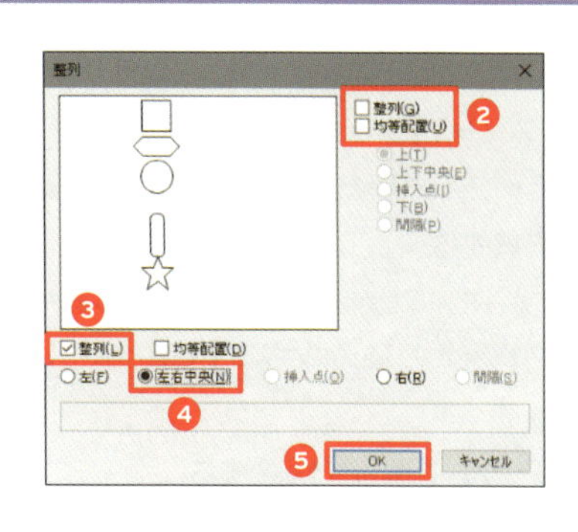

Step 011 サッシュの框を描く(5)

前ステップの結果です。

Note

【整列】コマンドは図形どうしの位置を揃えるときに使います。CADでは文字列を揃えるときなどに使いますが、Vectorwoksの【整列】コマンドは位置揃えに加え、位置合わせにも使えます。
位置合わせは基準点を用います。選択図形の中に基準点が含まれているときは、その基準点が固定点となり、この固定点を基準にして他の図形の位置が合わせられます。Vectorwoksの【整列】コマンドは大変に有用な機能なので289ページで詳しく解説しています。

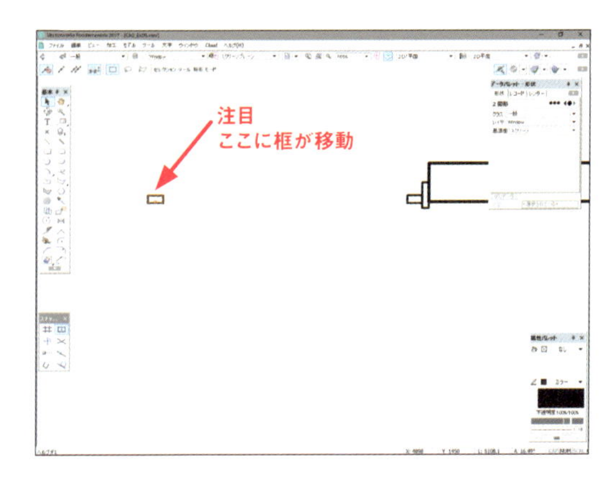

Step 012 サッシュの障子を描く(1)

框が描けましたので障子(可動部)を完成させます。

❶【直線】ツールをクリックする
❷図のように框の内側の端点どうしを結ぶ線、中点どうしを結ぶ線、端点どうしを結ぶ線の計3本の線を描く

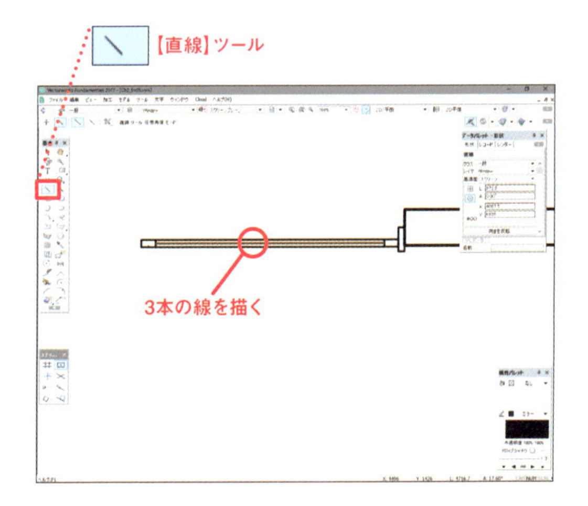

Step 013 サッシュの障子を描く(2)

前ステップで描いた線の太さを変えます。

❶【セレクション】ツールをクリックする
❷前ステップで描いた3本の線のうち両側の2本の線を選択する
※[Shift]キーを押しながらクリックして選択します。
❸属性パレットの線の太さで「1/8」ポイントを選択する
❹空クリックして選択を解除する

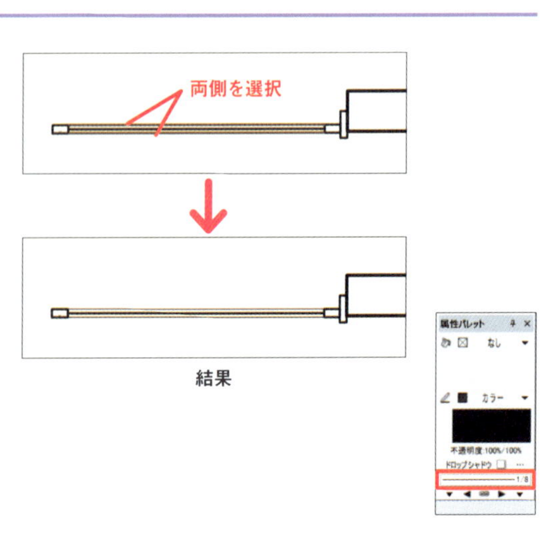

結果

Step 014 サッシュの障子を描く(3)

以上で障子が完成しました。このあとの操作で基準点が邪魔になるので削除します。基準点は複数あるのでまとめて選択します。

❶ メニューの【ツール】→【図形選択マクロ】をクリックする
❷「図形選択マクロ」ダイアログで[検索条件]をクリックする
❸「検索条件」ダイアログで左端の欄をクリックして「タイプが」を選択する
❹ 右端の欄で「2D基準点」を選択する
❺ [OK]をクリックする

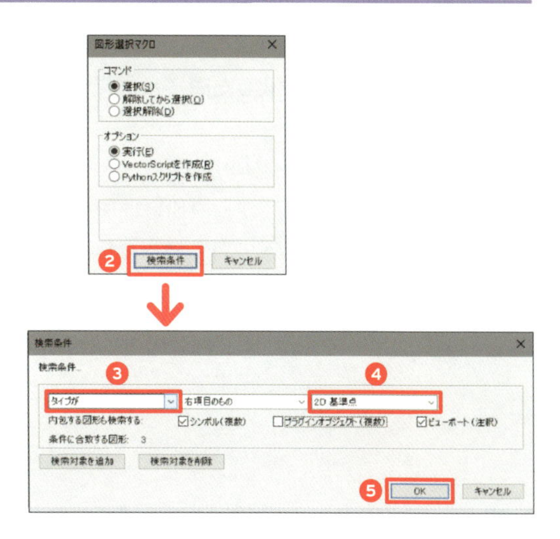

次ステップに続きます。

Step 015 サッシュの障子を描く(4)

前ステップの操作の結果、「Window」レイヤにある基準点がすべて選択されました。これを確認してから削除します。

❶ データパレットで2D基準点が3ケ選択されているのを確認する
※2D基準点が4ケ以上選択されてもOKです。
❷ [Delete]キーを押して基準点を削除する

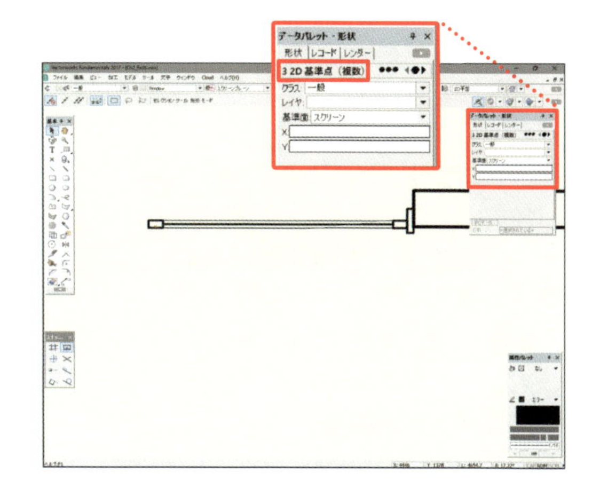

Step 016 サッシュの障子を描く(5)

障子をグループ化します。

❶【セレクション】ツールが起動しているのを確認する
❷ 図のようにプレス→ドラッグ→リリースで範囲指定して、障子部の図形(5図形)を選択する
※枠を選択しないように注意してください。
❸ [Ctrl]+[G]キー(Mac:[⌘]+[G]キー)を押す
※メニューの【加工】→【グループ】と同じ。

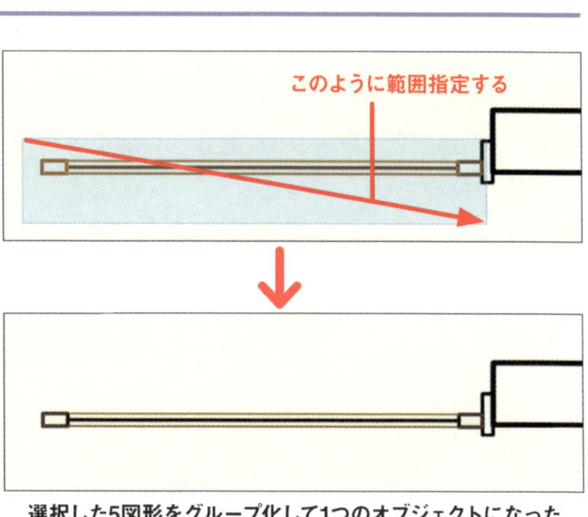

選択した5図形をグループ化して1つのオブジェクトになった

Step 017 障子を複写する(1)

障子を複写します。

❶ 前ステップでグループ化した障子が選択されているのを確認する

❷【ミラー反転】ツールをクリックする

❸ A点(中点)でプレスしてから、[Shift]キーを押しながら真下方向にドラッグし、適当な位置でリリースする

そのまま次ステップに続きます。

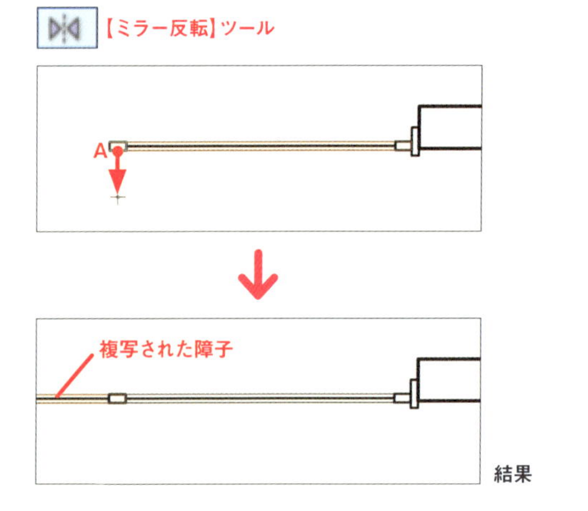

結果

Step 018 障子を複写する(2)

複写した障子を移動します。

❶ サッシュ全体が見えるようにする(図参照)

❷ 前ステップで複写した障子が選択されているのを確認する

❸ [Ctrl]+[M]キー(Mac：[⌘]+[M]キー)を押す

※メニューの【加工】→【移動】→【移動】と同じ。

❹「図形を移動」ダイアログで「X方向」に<0>mmをキーインする

❺ Y方向=<30>mm

❻ [OK]をクリックする

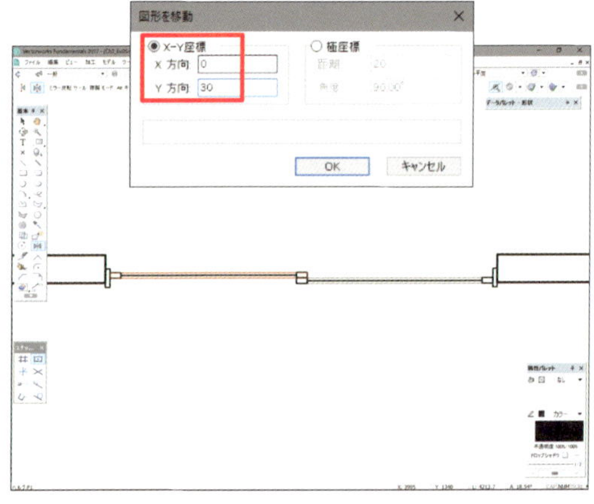

移動したあとの図

Step 019 内枠を描く(1)

内枠(木製)を描きます。

❶【四角形】ツールをクリックする

❷ A点(端点)でプレスし、右上方向にドラッグし、適当な位置でリリースする

❸ B点(端点)でプレスし、左上方向にドラッグし、適当な位置でリリースする

そのまま次ステップに続きます。

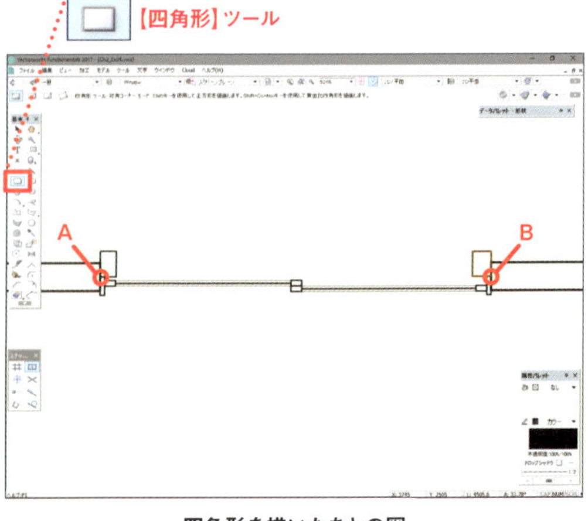

四角形を描いたあとの図

Step 020 内枠を描く(2)

内枠（木製）のサイズを調整します。

❶ 右側の内枠が選択されているのを確認する
❷ データパレットで基準点を右下にする
❸ 幅に<35>mmを入力し、高さに<90>mmを入力する
❹【セレクション】ツールをクリックする
❺ 左側の内枠をクリックして選択する
❻ データパレットで基準点を左下にする
❼ 幅に<35>mmを入力し、高さに<90>mmを入力する
❽ 空クリックして選択を解除する

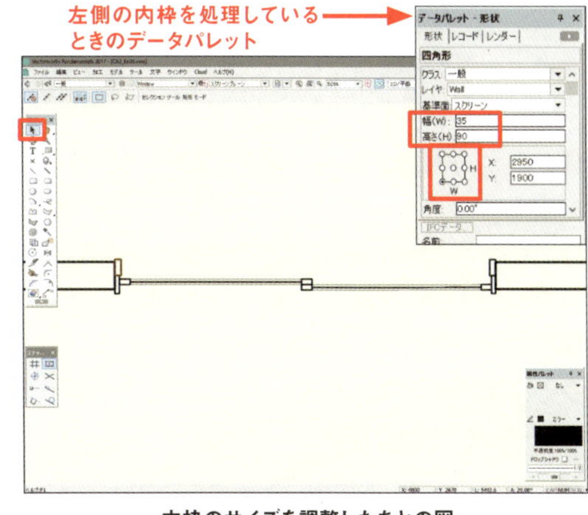

内枠のサイズを調整したあとの図

Step 021 サッシュを仕上げる(1)

サッシュに線を加えて仕上げます。

❶ 属性パレットの線の太さで「1/4」ポイントを選択する
❷【直線】ツールをクリックする
❸ 内枠の内側の端点どうしを結ぶP線を描く
❹ サッシュ枠の内側の端点どうしを結ぶQ線を描く

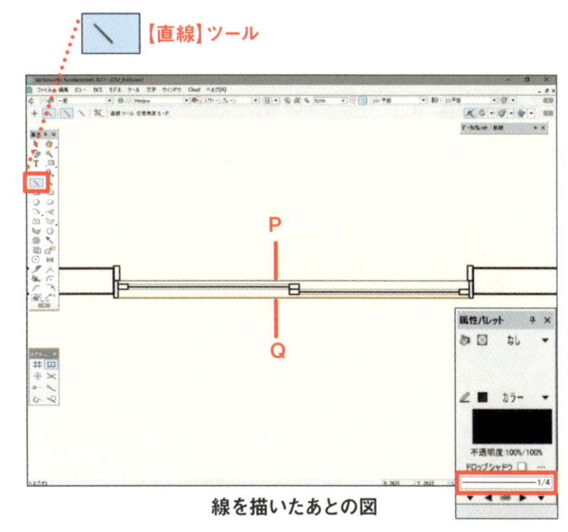

線を描いたあとの図

Step 022 サッシュを仕上げる(2)

最後に召し合わせ部に縦線を描きます。

❶【直線】ツールをダブルクリックする
❷「生成」ダイアログで△Yに<400>mmをキーインする

※△Xより先に△Yにキーインします。△Xと△Yが表示されないときは[X-Y座標系]をクリックしてください。

❸ △Xに<0>mmをキーインする
❹ 基準点を中央にする
❺ [OK]をクリックする
❻ A点（中点）をクリックする
❼【セレクション】ツールで空クリックする

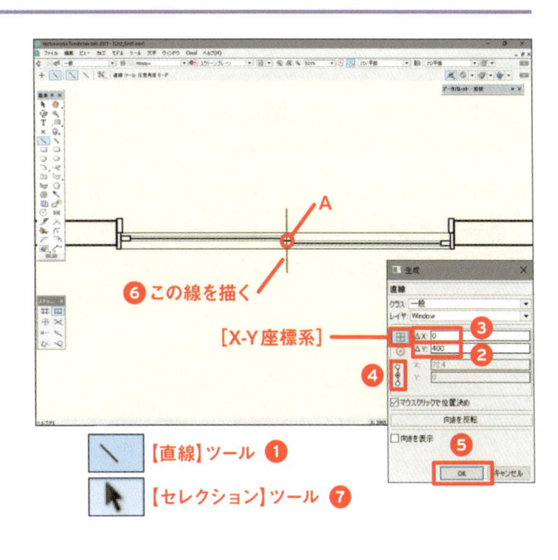

Step 023 サッシュをシンボルに登録(1)

サッシュをシンボルに登録します。

❶図のように範囲指定してサッシュと内枠を選択する

❷メニューの【加工】→【シンボル登録】をクリックする

❸「シンボル登録」ダイアログで名称に適当な名前たとえば<AW-21>とキーインする

❹「次にマウスクリックする点」をオンにする

❺「元の図形を用紙に残す」にチェックを入れる

❻[OK]をクリックする

次ステップに続きます。

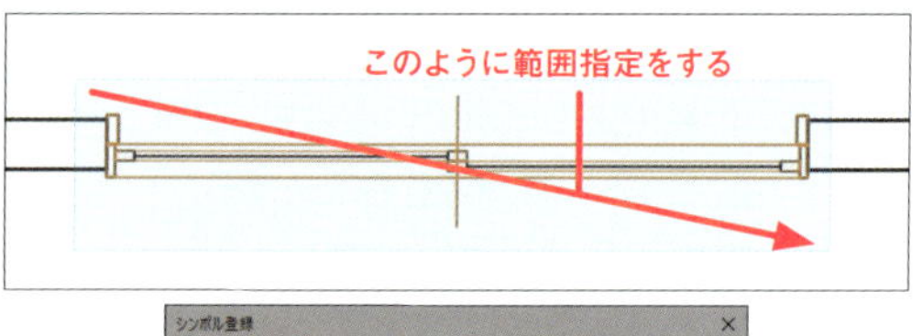

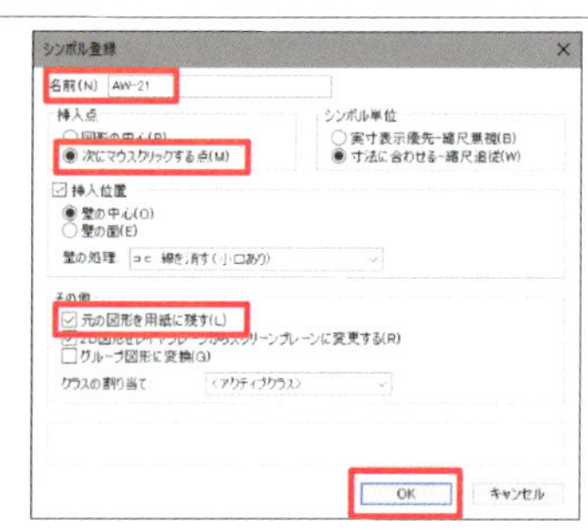

Step 024 サッシュをシンボルに登録(2)

前ステップの続きです。

❶A点(内枠の左下の端点)をクリックする

❷「シンボル登録」ダイアログが表示されるのでそのまま[OK]をクリックする

※大量のシンボルを登録するときは整理のために複数のフォルダを作って分類します。

❸【セレクション】ツールで空クリックする

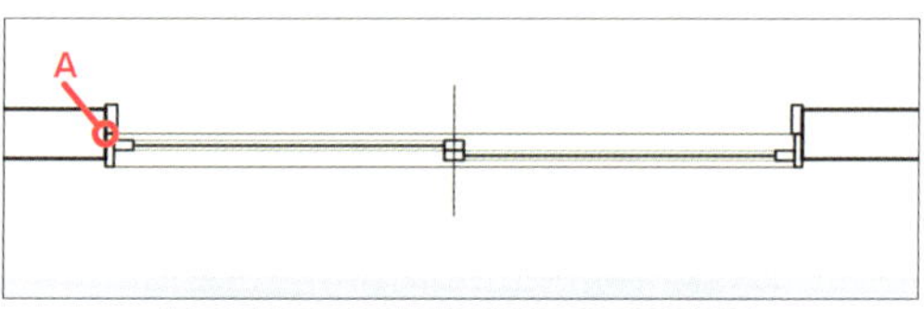

Step 025 データを保存する

以上でサッシュが1つ完成したのでファイルを保存します。

❶メニューの【ファイル】→【別名で保存】を指示し、適当な名前、たとえば「my_Ch2_Ex05.vwx」といった名前を付けてファイルを保存する

なお次ステップから使うデータを用意していますのでVectorworksを終了してかまいません。

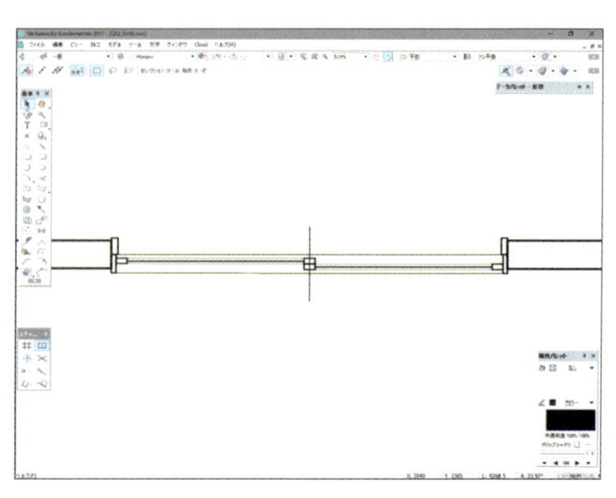

サッシュが完成した

2.6 内部建具を描く

内部建具のうちドアとクロゼットドアを描きます。

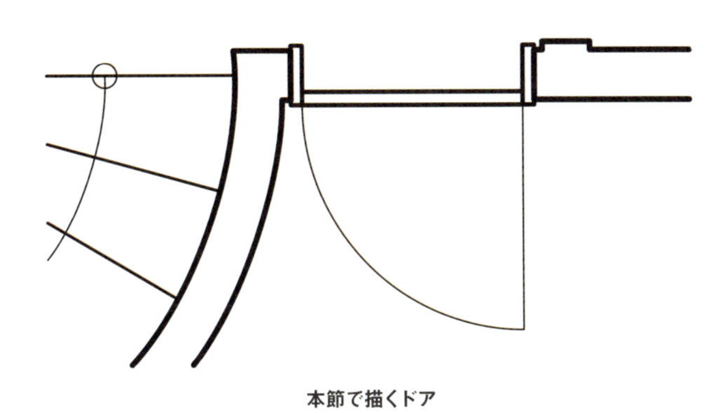

本節で描くドア

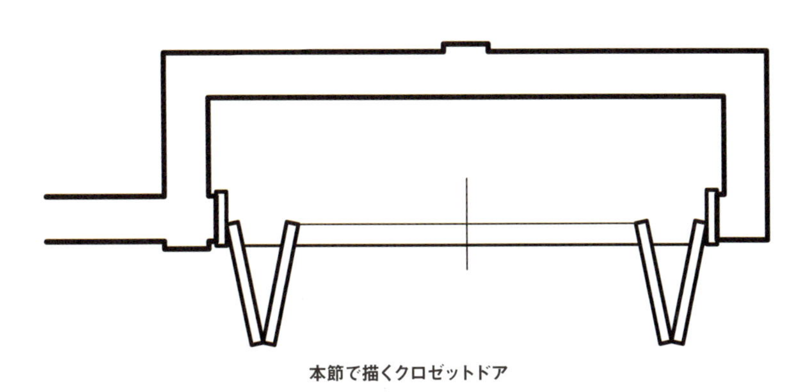

本節で描くクロゼットドア

Step 001 ファイルを開く

サッシュを作成したデータファイルを開きます。

❶ メニューの【ファイル】→【開く】をクリックして「VW20xx_Data」フォルダの中の「Ch2」フォルダにある「Ch2_Ex06.vwx」を開く

❷ [Ctrl]＋[4] キー（Mac：[⌘]＋[4] キー）を押して用紙全体を表示させる

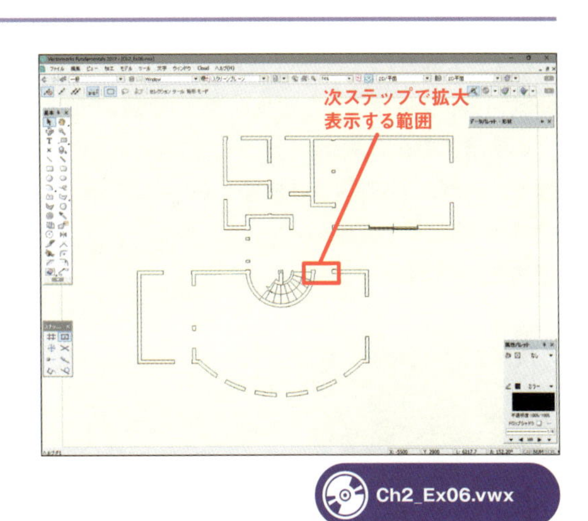

Ch2_Ex06.vwx

Step 002 準備

ドアを描く準備をします。レイヤはサッシュのときと同じなので、確認を兼ねて次の操作をします。

❶ アクティブレイヤで「Window」レイヤを選択する
❷ 属性パレットの線の太さで「1/2」ポイントを選択する
❸ スナップパレットで【図形スナップ】だけをオンにする
❹ メニューの【ビュー】→【他のレイヤを】→【表示+スナップ】をクリックする
❺ 前図に示す範囲を表示する

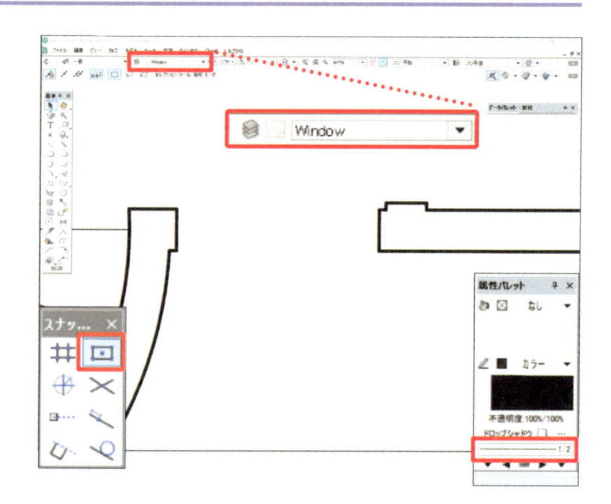

Step 003 ドアの枠を描く(1)

ドアの枠を描きます。サッシュ枠のときに使った方法でも描けますが、ここでは素早く描ける方法を紹介します。一見分かりにくい方法ですが、よく考えていただければデータパレットを生かした方法ということが理解できます。

❶【四角形】ツールをクリックする
❷ A点(端点)→B点(端点)に四角形を描く
❸ [Ctrl]+[D]キー(Mac:[⌘]+[D]キー)を押す

※メニューの【編集】→【複製】と同じ。四角形を同位置に複写しました。

そのまま次ステップに続きます。

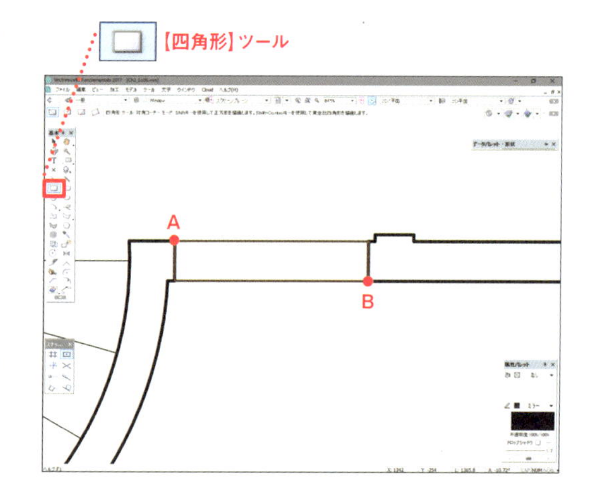

Step 004 ドアの枠を描く(2)

前ステップの続きです。

❶ 前ステップで複製した四角形が選択されているのを確認する
❷ データパレットで基準点を左中央の点にする
❸ 幅=<35>
❹ 高さ=<180>

次ステップに続きます。

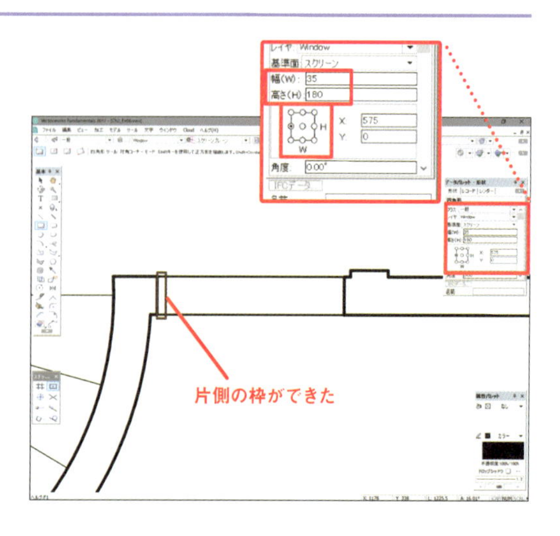

Step 005 ドアの枠を描く(3)

前ステップの続きです。

1.【セレクション】ツールをクリックする
2. P四角形をクリックして選択する
3. データパレットで基準点を右中央の点にする
4. 幅=<35>
5. 高さ=<180>

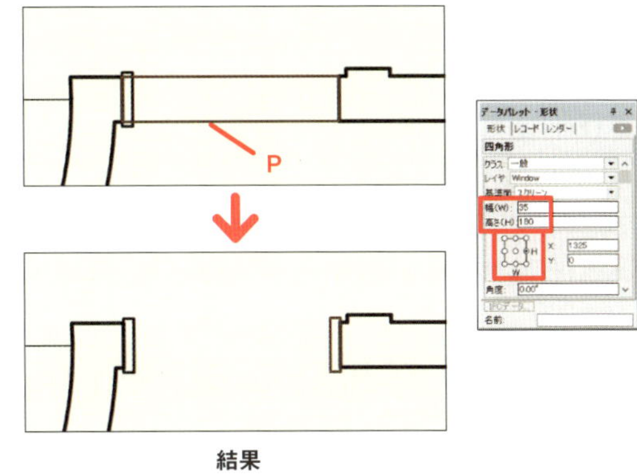

結果

Step 006 ドアの本体を描く

ドアの本体を描きます。

1.【四角形】ツールをクリックする
2. A点(端点)→B点(端点)に四角形を描く
3. データパレットで基準点を左下の点にする
4. 高さ=<40>

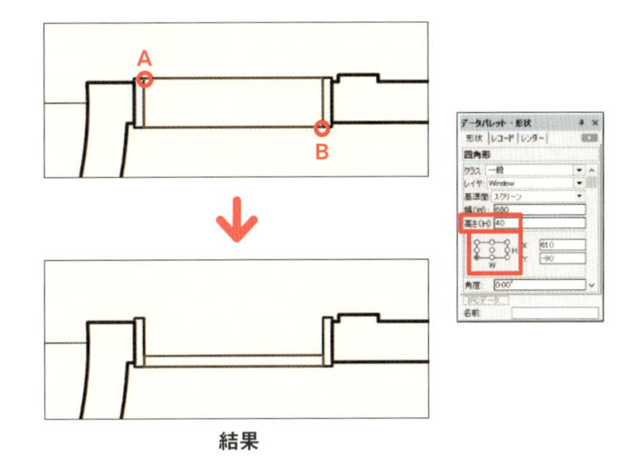

結果

Step 007 ドアを仕上げる(1)

ドアの開閉軌跡線を描きます。

1.【円弧】ツールをクリックする
2. ツールバーで[半径]モードをオンにする
3. A点(端点)でプレスし、B点(端点)でリリースする
4. [Shift]キーを押しながら、A点の真下あたり(C点)をクリックする

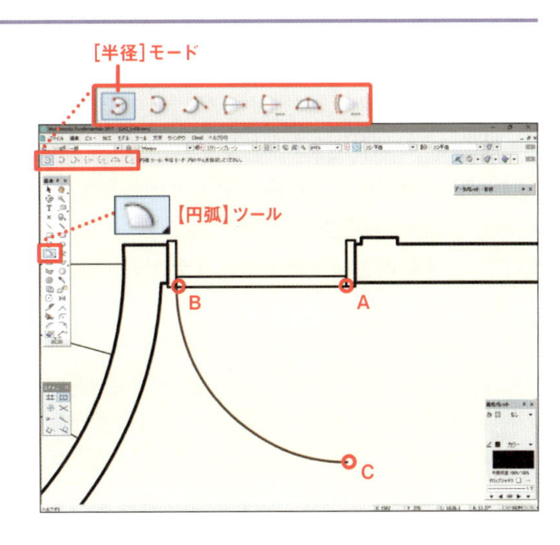

Step 008 ドアを仕上げる(2)

引き続き、ドアの開閉軌跡を描きます。

❶【直線】ツールをクリックする
❷ A点(端点)→B点(弧端点)に線を描く
❸【セレクション】ツールをクリックする
❹ [Shift] キーを押しながらP円弧をクリックして選択する

※この結果、2図形を選択しています。

❺ 属性パレットの線属性で「1/8」ポイントを選択する
❻ 空クリックして選択解除する

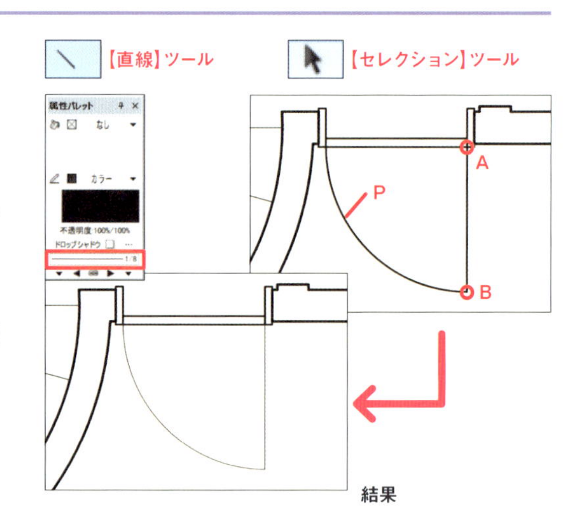

Step 009 ドアをシンボル登録

ドアをシンボルとして登録します。

❶ ドアの全図形(5図形)を選択する
❷ メニューの【加工】→【シンボル登録】をクリックする
❸「シンボル登録」ダイアログで適当な名称、たとえば<DW-07>とキーインする
❹「次にマウスクリックする点」をオンにする
❺「元の図形を用紙に残す」にチェックを入れる
❻ [OK] をクリックする
❼ A点(中点)をクリックする
❽「フォルダの指定」ダイアログで [OK] をクリックする
❾ 空クリックして選択解除する

Step 010 クロゼットドアを描く準備

これから、玄関の下駄箱のクロゼットドアを描きます。最初に下駄箱付近を表示させます。

❶ [Ctrl] + [4] キー (Mac :[⌘] + [4] キー) を押して用紙全体を表示させる
❷ 図に示す範囲を拡大表示する (次ステップの図参照)

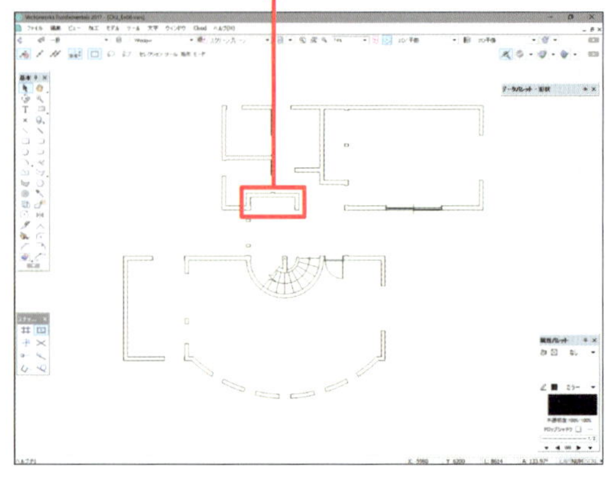

Step 011 クロゼットドアの枠を描く(1)

クロゼットドアの枠を描きます。方法はドアのときと同じです。

❶【四角形】ツールをクリックする
❷ A点(端点)→B点(端点)に四角形を描く
❸ [Ctrl]＋[D]キー(Mac:[⌘]＋[D]キー)を押す

※メニューの【編集】→【複製】と同じ。四角形を同位置に複写しました。

そのまま次ステップに続きます。

Note

[Ctrl]＋[D]キー(Mac:[⌘]＋[D]キー)を押しても画面に変化はありません。このため何回も押す人がいますがそのたびに複製されてしまいます。キーを押すのは1回だけです。

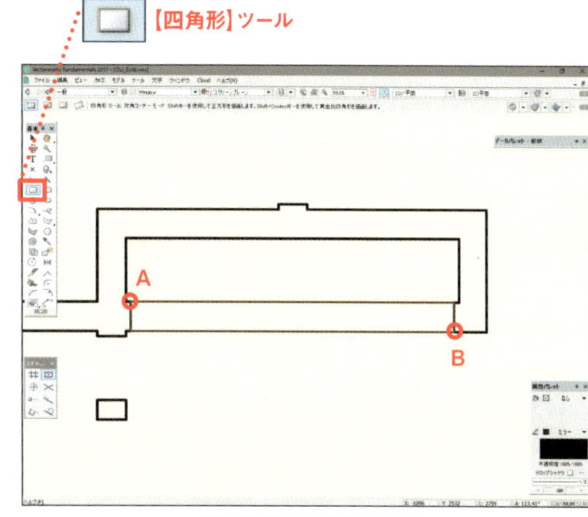

四角形を描いたあとの図

Step 012 クロゼットドアの枠を描く(2)

前ステップの続きです。

❶ 前ステップで複製した四角形が選択されているのを確認する
❷ データパレットで基準点を左中央の点にする
❸ 幅=<35>
❹ 高さ=<180>

次ステップに続きます。

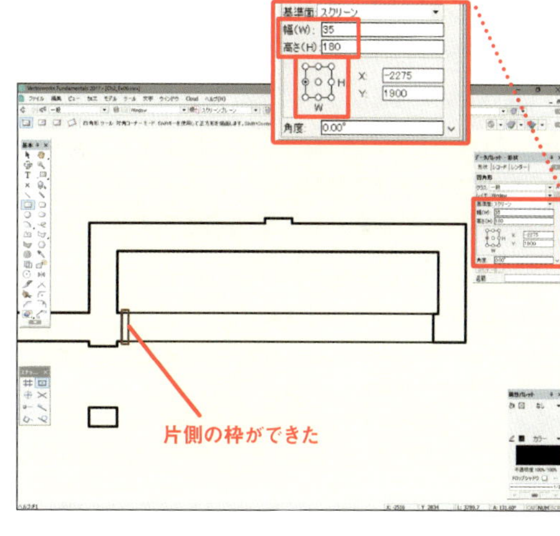

Step 013 クロゼットドアの枠を描く(3)

前ステップの続きです。

❶【セレクション】ツールをクリックする
❷ P四角形をクリックして選択する
❸ データパレットで基準点を右中央の点にする
❹ 幅=<35>
❺ 高さ=<180>

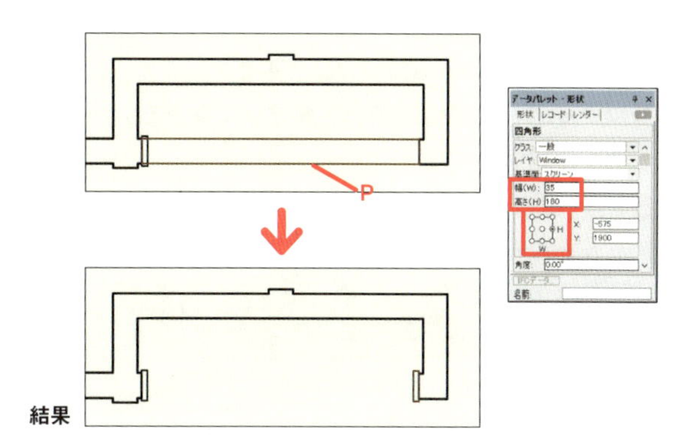

結果

Step 014 クロゼットドアの本体を描く(1)

クロゼットドア本体を描きます。

❶【四角形】ツールをクリックする

❷A点(端点)→B点(端点)に四角形を描く

❸データパレットで基準点を左中央の点にする

❹高さ=<40>

❺幅に「1630」と表示されているのを確認してから<1630/4>とうしろに「/4」を追加する

※1630÷4=407.5の「407.5」が表示されます。

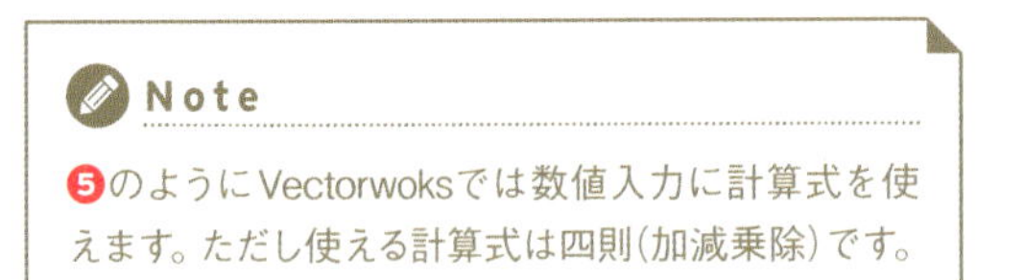

Note

❺のようにVectorworksでは数値入力に計算式を使えます。ただし使える計算式は四則(加減乗除)です。

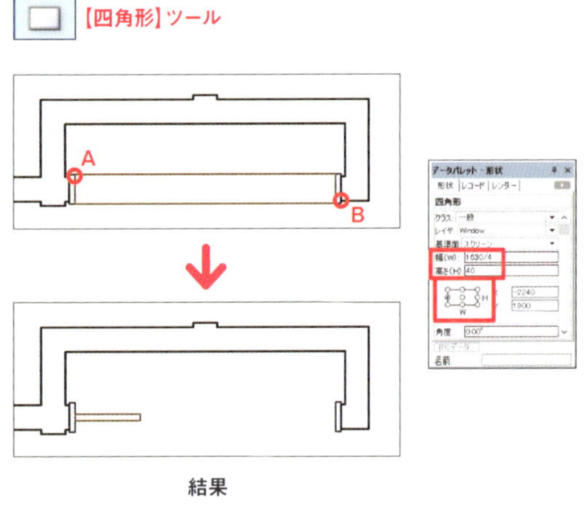

Step 015 クロゼットドアの本体を描く(2)

クロゼットドア本体を回転させます。

❶前ステップで描いたドアが選択されているのを確認する

❷【回転】ツールをクリックする

❸A点(端点)をクリックする(回転中心)

※A点はドア本体の左下端点です。

❹カーソルを動かすとドアが回転するので、適当な位置でクリックする(図参照)

❺[Esc]キーを押す(回転終了)

※分度器のアイコンが気になるので[Esc]キーを押しましたが、この操作を省略してもかまいません。

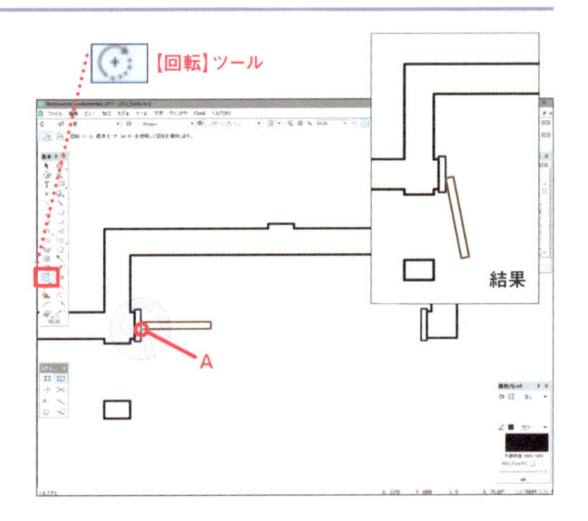

Step 016 クロゼットドアの本体を描く(3)

クロゼットドア本体を複写します。

❶前ステップで回転したドアを【セレクション】ツールで選択する

❷【ミラー反転】ツールをクリックする

❸ツールバーで[複製]モードがオンになっているのを確認する

❹A点(端点)でプレスしてから、[Shift]キーを押しながらカーソルを真上方向に動かし、任意位置でリリースする

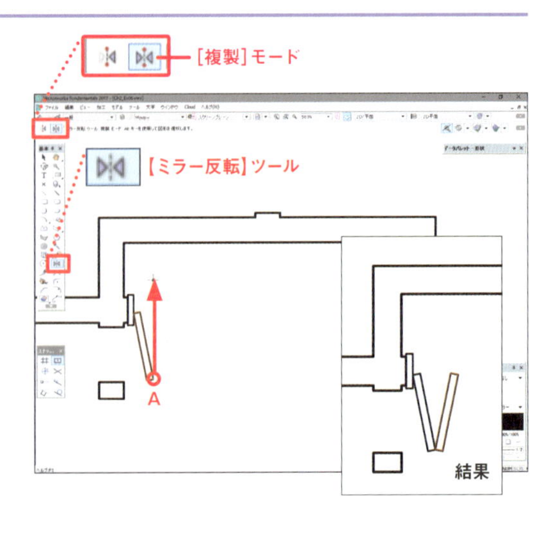

Step 017 クロゼットドアの本体を描く(4)

ドア本体をさらに複写します。

❶【セレクション】ツールで2つのドア本体を選択する
❷【ミラー反転】ツールをクリックする
❸A点(中点)でプレスしてから、[Shift]キーを押しながらカーソルを真下方向に動かし、任意位置でリリースする
❹[Esc]キーを押して選択解除をする

ここまで選択解除は【セレクション】ツールの空クリックでしたが、[Esc]キーを押しても選択解除ができます。今後は2つの方法のうちその場でふさわしい方法を記します。

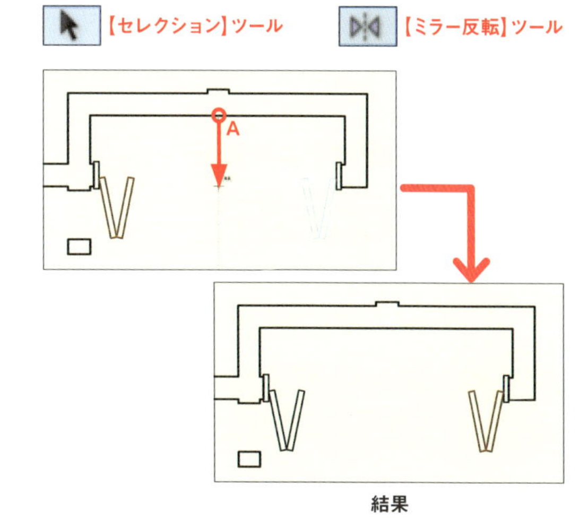

結果

Step 018 クロゼットドアを仕上げる(1)

クロゼットドアに線を加えて仕上げます。

❶属性パレットの線属性で「1/4」ポイントを選択する
❷【直線】ツールをクリックする
❸ツールバーで[任意角度]モードをオンにする
※[固定角度]モードだとスナップが分かりにくいことがあるため。
❹A点(端点)→B点(端点)に線を描く
❺C点(端点)→D点(端点)に線を描く

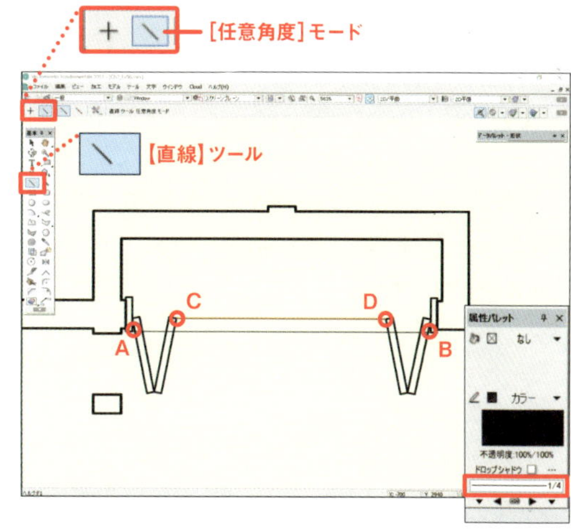

Step 019 クロゼットドアを仕上げる(2)

線の不要部を切り取ります。

❶[Esc]キーを押して選択解除をする
❷【トリミング】ツールをクリックする
❸○を付けたところをクリックする(4ケ所)

【トリミング】ツール

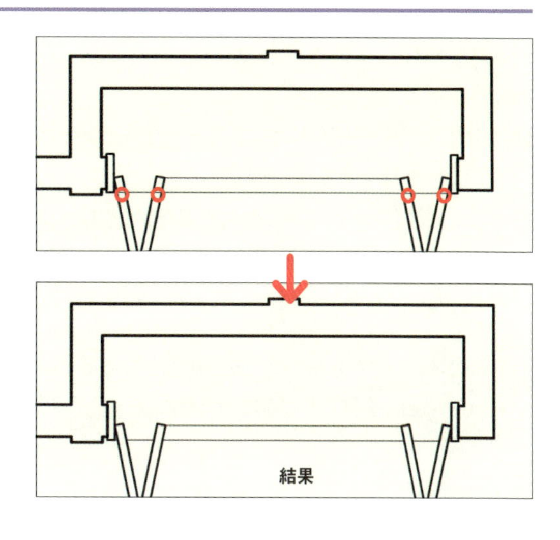

結果

Step 020 クロゼットドアを仕上げる(3)

中央の線を生成します。

❶【セレクション】ツールをクリックする

❷P線をクリックして選択する

❸属性パレットで線の太さを「1/8」ポイントに変える

❹[Ctrl]＋[D]キー（Mac：[⌘]＋[D]キー）を押す

※メニューの【編集】→【複製】と同じ。

❺[Ctrl]＋[L]キー（Mac：[⌘]＋[L]キー）を押す

※メニューの【加工】→【回転】→【左90°】と同じ。

そのまま次ステップに続きます。

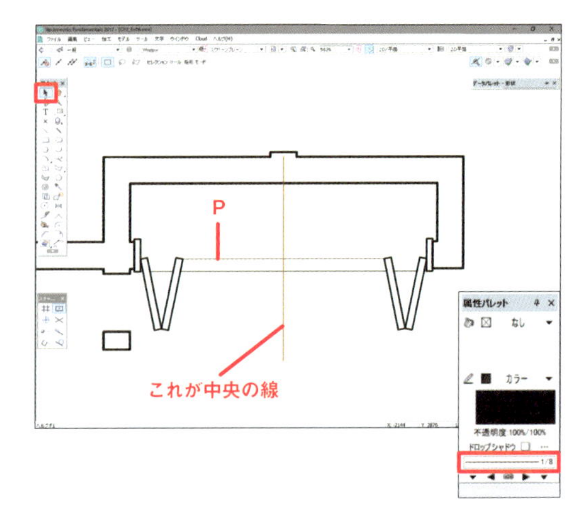

Step 021 クロゼットドアを仕上げる(4)

中央線の長さを調整します。

❶データパレットで基準点を中央にする

❷△Y＝<300>

❸[Esc]キーを押して選択解除する

以上でクロゼットドアが完成しました。なおここで描いたクロゼットドアは他の場所に使わないので、シンボル登録をしません。

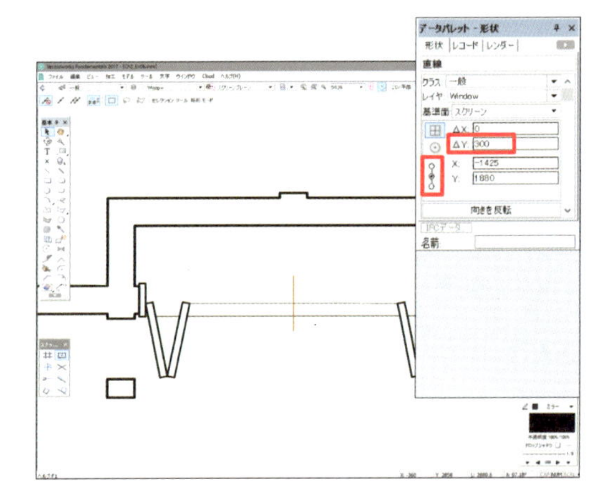

Step 022 データを保存する

ドアとクロゼットドアを描いたのでファイルを保存します。

❶[Ctrl]＋[6]キー（Mac：[⌘]＋[6]キー）を押して図形全体を見る

❷メニューの【ファイル】→【別名で保存】をクリックし、適当な名前、たとえば「my_Ch2_Ex06.vwx」といった名前を付けてファイルを保存する

なお次ステップから使うデータを用意していますのでVectorworksを終了してかまいません。

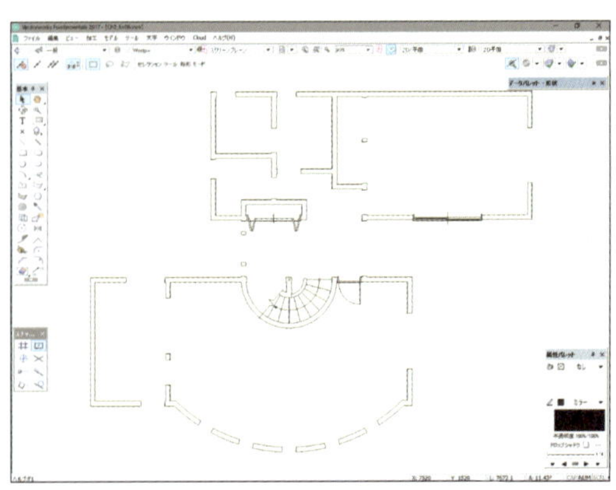

ここまでの操作の結果

2.7 建具を配置する

ここまでに3つの建具を描きました。他にも多数の形式の建具がありますが、描く方法はこれまでの建具の作成で使った方法ばかりです。そこで繰り返しを避けるために説明を省略しますが、練習のために他の形式の建具を別途作成してください。ここでは建具を描いてシンボル化したファイルを用意しましたので、このファイルを用いて建具を配置します。

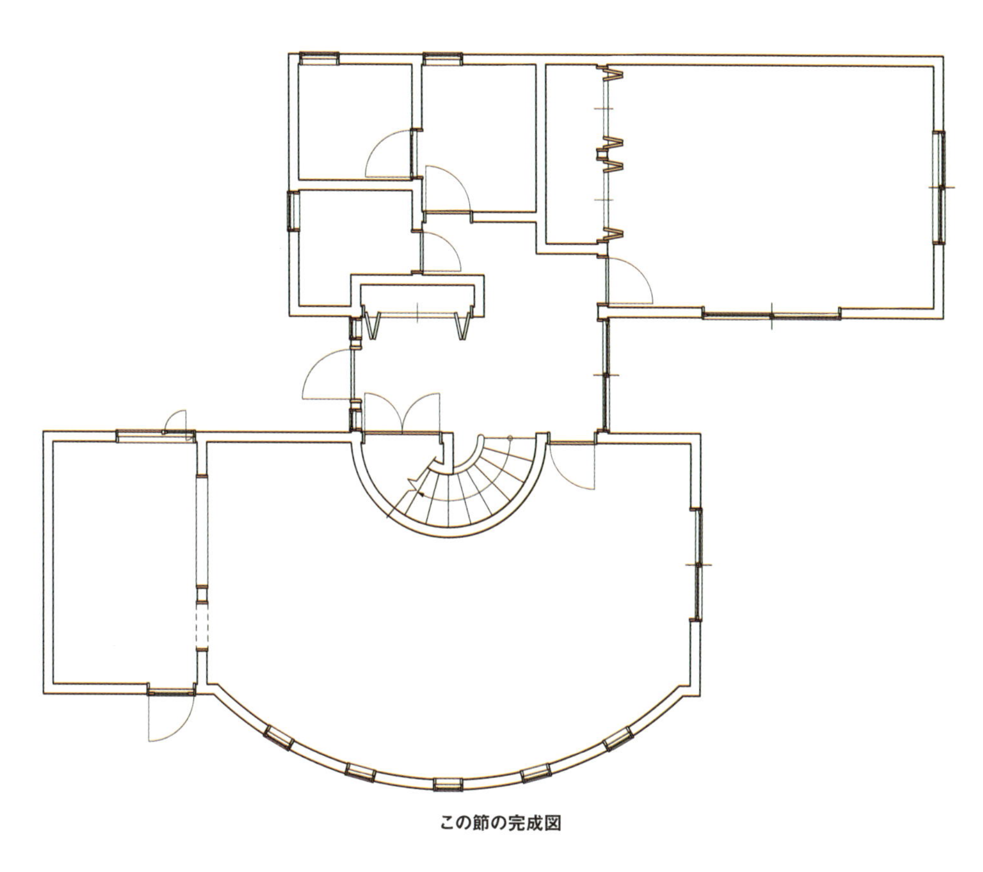

この節の完成図

Step 001 ファイルを開く

3つの建具を描いたデータファイルを開きます。

❶ メニューの【ファイル】→【開く】をクリックして「VW20xx_Data」フォルダの中の「Ch2」フォルダにある「Ch2_Ex07.vwx」を開く

❷ [Ctrl]＋[4] キー（Mac：[⌘]＋[4] キー）を押して用紙全体を表示させる

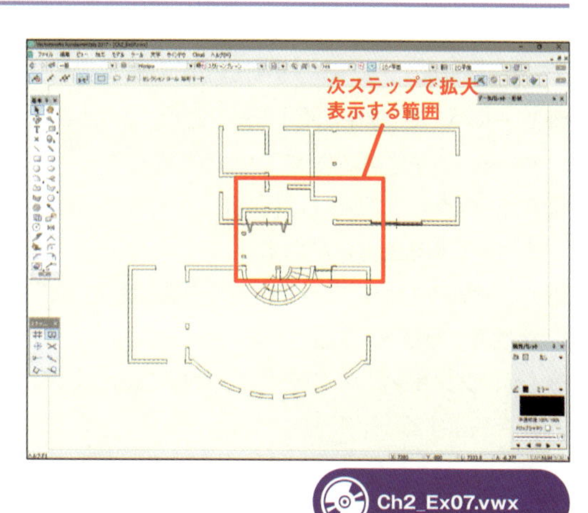

Ch2_Ex07.vwx

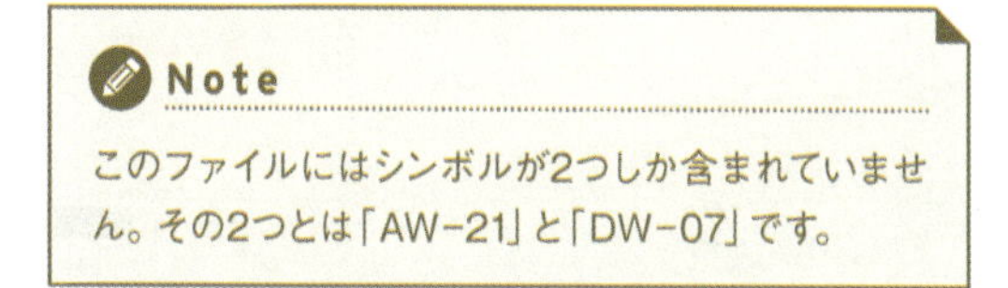

Note

このファイルにはシンボルが2つしか含まれていません。その2つとは「AW-21」と「DW-07」です。

Step 002 準備

建具を配置する準備をします。レイヤや設定は建具を描いたときとほぼ同じですが、確認を兼ねて次の操作をします。

❶「Window」レイヤをアクティブレイヤにする
❷スナップパレットで【図形スナップ】だけをオンにする
❸メニューの【ビュー】→【他のレイヤを】→【表示+スナップ】をクリックする
❹前図に示す範囲を拡大表示する

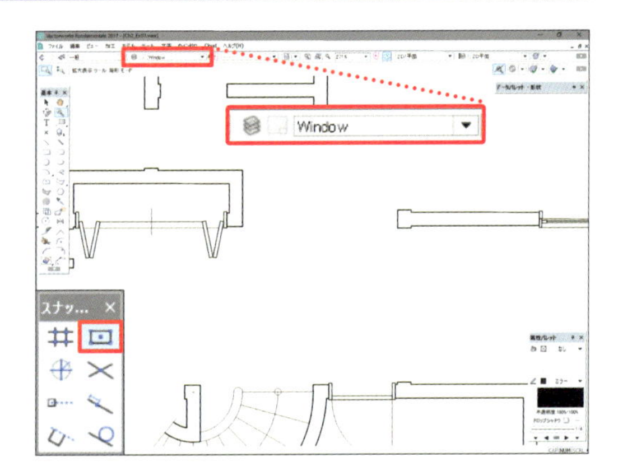

Step 003 リソースマネージャを開く

シンボルの配置にはリソースマネージャを使います。

❶メニューの【ウインドウ】→【パレット】→【リソースマネージャ】をクリックする
❷リソースマネージャの左欄の[開いているファイル]の「Ch2_Ex07.vwx」をクリックして選択する
❸[リソースの表示方法]で「サムネイル」をクリックする
❹[リソースタイプ]で「シンボル/プラグインオブジェクト」を選ぶ
❺シンボルの「AW-21」をダブルクリックする

【シンボル】ツール(次図参照)が起動するのでそのまま次ステップに続きます。

リソースの表示方法＝サムネイル

開いているファイル
Ch2_Ex07.vwx

すべてのリソース
グラデーション
ハッチング
イメージ
ラインタイプ
レコードフォーマット
背景テクスチャ
Renderworksスタイル
テクスチャ
スクリプト
シンボル/プラグインオブジェクト
文字スタイル

リソースタイプ

Step 004 サッシュを配置する

前ステップの続きです。カーソルを動かすとサッシュのシンボル(グレー色)が付いてきます。

❶ツールバーで[標準配置]モードと[シンボル挿入点]モードがオンになっているのを確認する
❷A点(中点)でプレスし、[Shift]キーを押しながらカーソルを上方に動かす
❸シンボルが垂直になっているのを確認して、適当な位置でリリースする
❹【セレクション】ツールをクリックしてシンボル配置を終了する

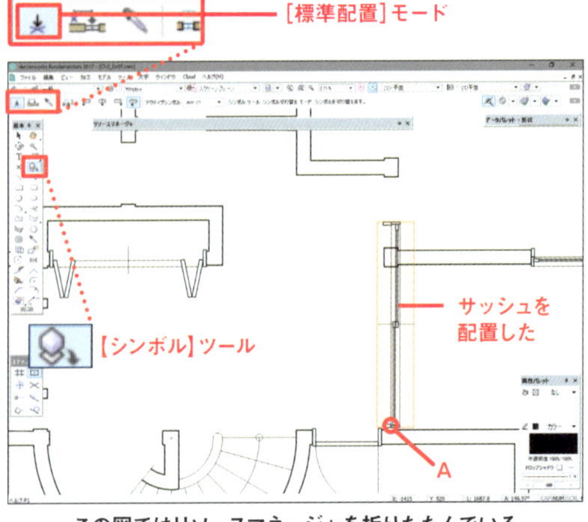

この図ではリソースマネージャを折りたたんでいる

Step 005 サッシュを縮める(1)

配置したサッシュの幅(長さ)が合いません。そこでサッシュを縮めますが、シンボルのまま縮めると既存のシンボルも縮まってしまいます。そこでシンボルを解除します。

❶ 前ステップで配置したシンボルが選択されているのを確認する

❷ メニューの【加工】→【変換】→【グループに変換】をクリックする

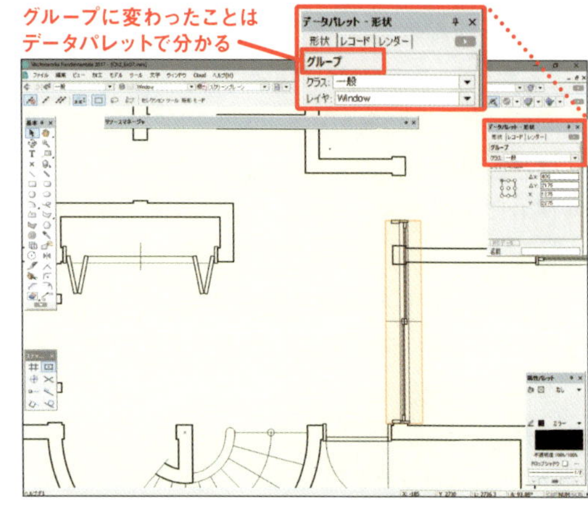

シンボルをグループに変換しても画面に変化はない

Step 006 サッシュを縮める(2)

何ミリ縮めればよいかを計測します。計測用のツールもありますが(ツールセットにある【キルビメータ】ツール)、一番簡単なのは測りたいところに線を描き、データパレットで線の幾何属性を読み取る方法です。

❶【直線】ツールでA点(端点)→B点(端点)に線を描く

❷ データパレットで△Yを読み取る(垂直方向の距離)

※「−475」と表示されるので「475mm」縮めればよいと分かります。

❸ ❶で描いた線を削除する

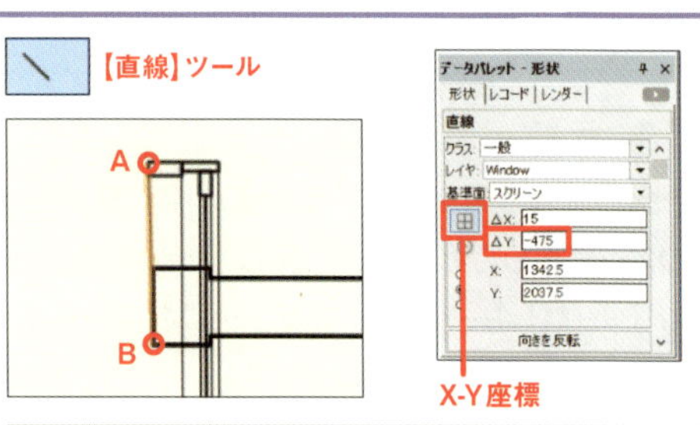

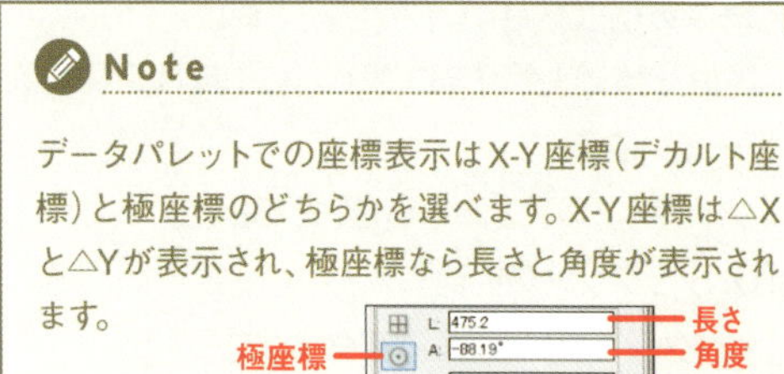

Note

データパレットでの座標表示はX-Y座標(デカルト座標)と極座標のどちらかを選べます。X-Y座標は△Xと△Yが表示され、極座標なら長さと角度が表示されます。

Step 007 サッシュを縮める(3)

グループの中に入り、入れ子状態を解消します。

❶【セレクション】ツールをクリックする

❷ ステップ005でグループ化したサッシュをダブルクリックする

※グループ図形以外の図形がグレー表示されるのでグループの中に入ったことが分かります。

❸ [Ctrl]+[U]キー(Mac:[⌘]+[U]キー)を2、3回押す

※メニューの【加工】→【グループ解除】と同じ。

そのまま次ステップに続きます。

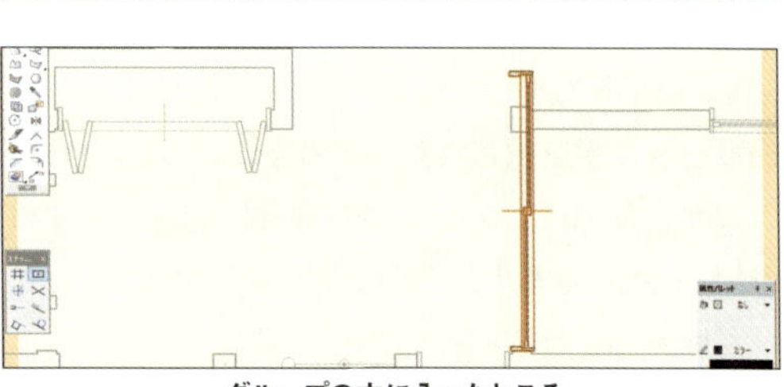

グループの中に入ったところ

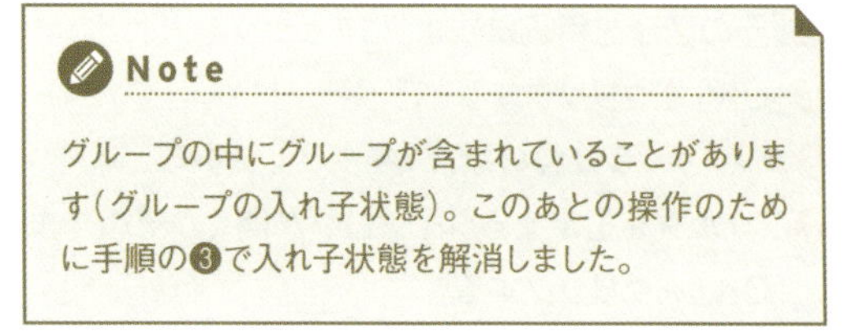

Note

グループの中にグループが含まれていることがあります(グループの入れ子状態)。このあとの操作のために手順の❸で入れ子状態を解消しました。

Step 008 サッシュを縮める(4)

サッシュを縮めます。

❶【変形】ツールをクリックする
❷図のように範囲指定する(サッシュの上部の1/4ほどを囲む)
❸[Ctrl]+[M]キー(Mac:[⌘]+[M]キー)を押す
※メニューの【加工】→【移動】→【移動】と同じ。
❹「図形を移動」ダイアログで「X方向」に<0>をキーインする
❺Y方向=<-475>
❻[OK]をクリックする

そのまま次ステップに続きます。

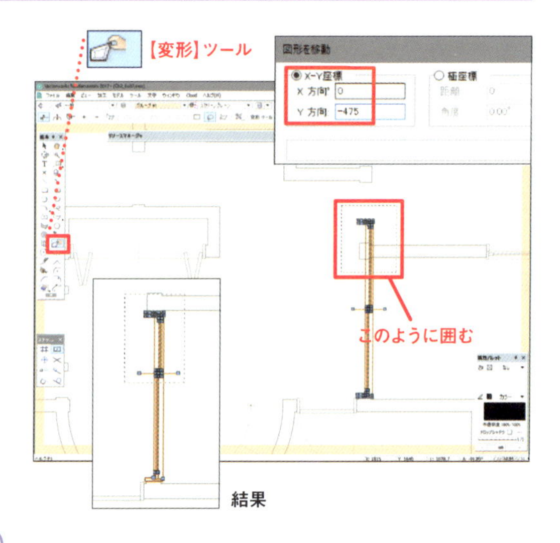

Step 009 サッシュを縮める(5)

召し合わせ部分を移動します。

❶【変形】ツールが起動しているのを確認する
❷図のように召し合わせ部分を囲む
❸[Ctrl]+[M]キー(Mac:[⌘]+[M]キー)を押す
※メニューの【加工】→【移動】→【移動】と同じ。
❹「図形を移動」ダイアログで「X方向」に<0>をキーインする
❺Y方向=<-475/2>(計算式で指定)
❻[OK]をクリックする
❼【セレクション】ツールで空クリックをする
❽【グループを出る】ボタンをクリックしてグループの外に出る

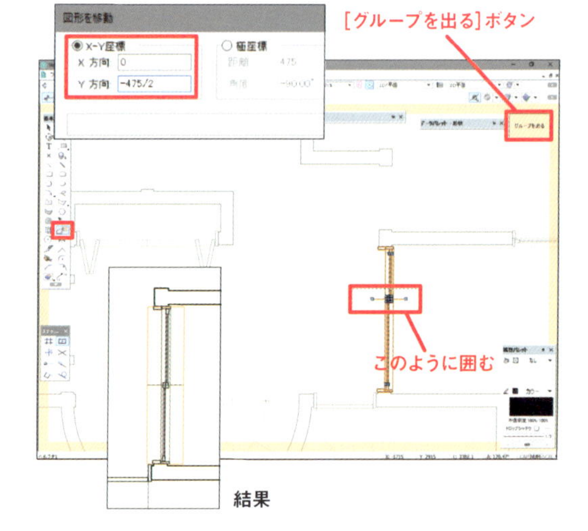

Step 010 サッシュを縮める(6)

シンボル登録をします。

❶サッシュが選択されているのを確認してから、メニューの【加工】→【シンボル登録】をクリックする
❷「シンボル登録」ダイアログで適当な名称、たとえば<AW-17>をキーインする
❸「次にマウスクリックする点」をオンにする
❹「元の図形を用紙に残す」にチェックを入れる
❺[OK]をクリックする
❻A点(サッシュ枠の端点)をクリックする
❼フォルダを指定するダイアログが開くがそのまま[OK]をクリックする

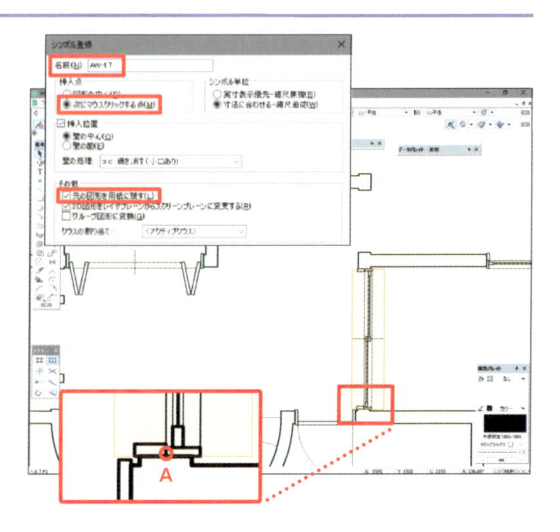

Step 011 サッシュを配置する(1)

前ステップでシンボル登録したサッシュを配置します。

❶ 図のような範囲を表示させる
❷【シンボル】ツールをクリックする
❸ A点(中点)をクリックする
❹ B点(中点)をクリックする
❺【セレクション】ツールで空クリックする

結果は次図を参照してください。

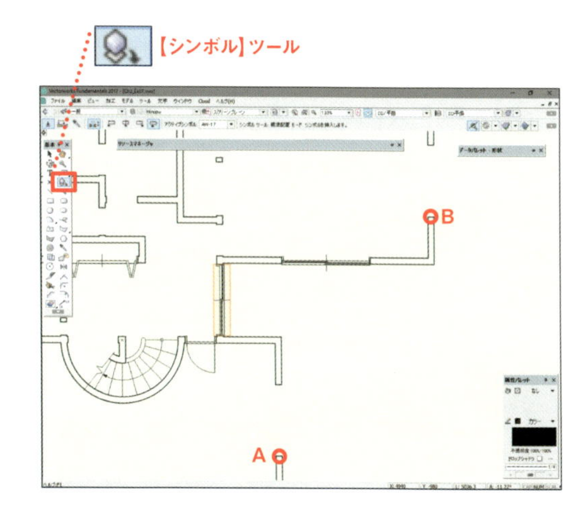

Step 012 サッシュを配置する(2)

前ステップの結果です。

> **Note**
>
> 一般にシンボルはリソースマネージャで選択してから配置します。しかし直前にシンボルを登録すると、そのシンボルが選択されています。このためリソースマネージャでの選択を省略しました。

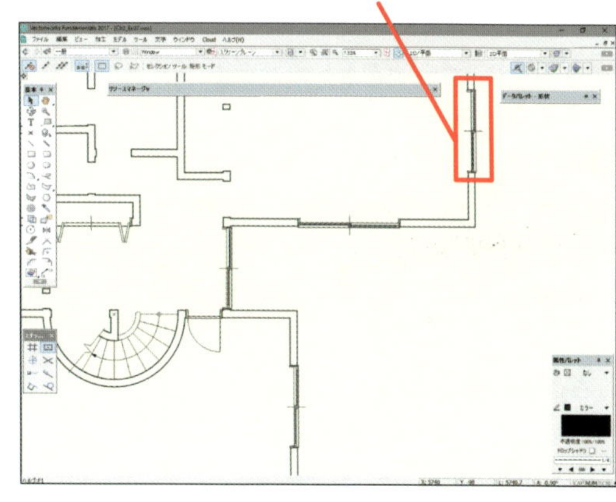

Step 013 サッシュを修正する

ステップ011でB点に配置したサッシュは掃き出しサッシュではなく腰窓です。そこで窓台の線を加えます。

❶ 属性パレットで線の太さを「1/4」ポイントにする
❷ 前図に示す範囲を拡大表示する
❸【直線】ツールをクリックする
❹ A点(端点)→B点(端点)に線を描く

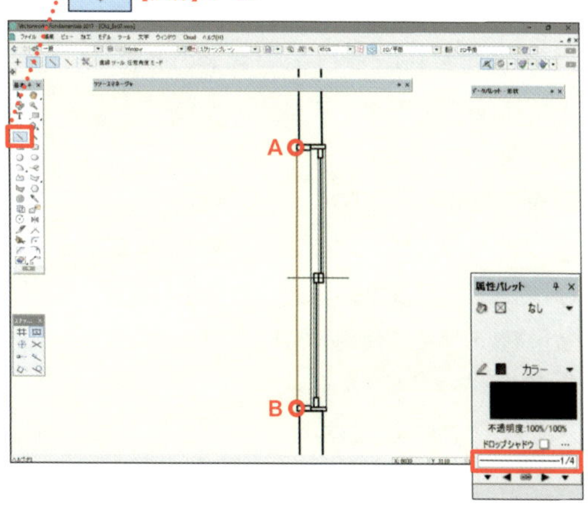

Step 014　円弧壁にサッシュを配置する(1)

円弧壁にサッシュを配置しますが、配置するサッシュは別ファイルに用意していますので、リソースマネージャでこのファイルを開きます。

❶ リソースマネージャの［アクション］をクリックしメニューの【ファイルを閲覧】をクリックする

❷「Ch2」フォルダの「Parts.vwx」を開く

※リソースマネージャの左の欄の［閲覧中のファイル］に「Parts.vwx」が表示されます。Vectorworks 2018で①の［アクション］が表示されていない場合は下図に示す［>>］をクリックしメニューの【アクション】→【ファイルを閲覧】をクリックしてください。

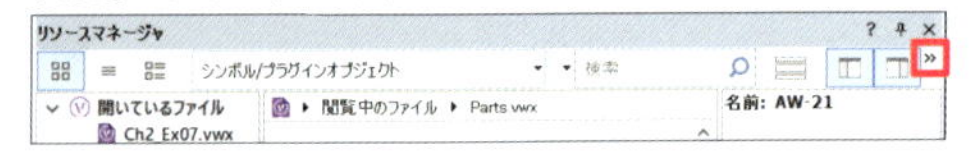

Step 015　円弧壁にサッシュを配置する(2)

円弧壁にサッシュを配置します。

❶ 図のような範囲を表示させる

❷ リソースマネージャで「AW-04」をダブルクリックする

❸ A点（中点）をクリックする

❹【セレクション】ツールをクリックする

配置したサッシュを選択したまま、次ステップに続きます。

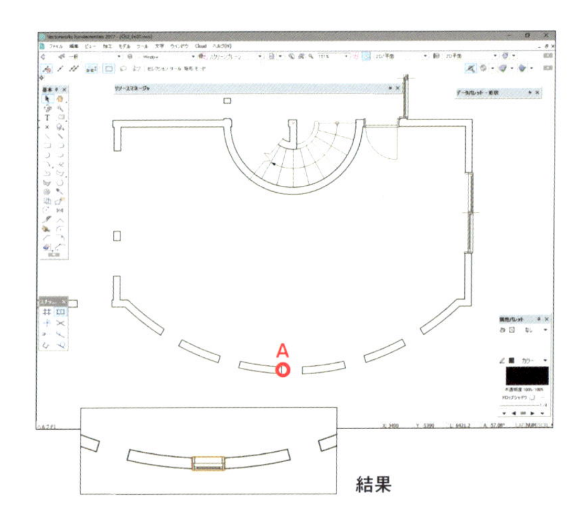

Step 016　円弧壁のサッシュを複写する(1)

円弧壁にサッシュを複写します。

❶ メニューの【編集】→【配列複製】をクリックする

❷「配列複製」ダイアログの「複製の形式」で「円弧状に並べる」を選択する

❸ 複製の数＝<2>

❹ 複製の角度＝<15>°

❺「次にマウスクリックする点」をオンにする

❻「回転しながら複製」にチェックを入れる

❼「複製の角度を使用」をオンにする

❽［OK］をクリックする

次ステップに続きます。

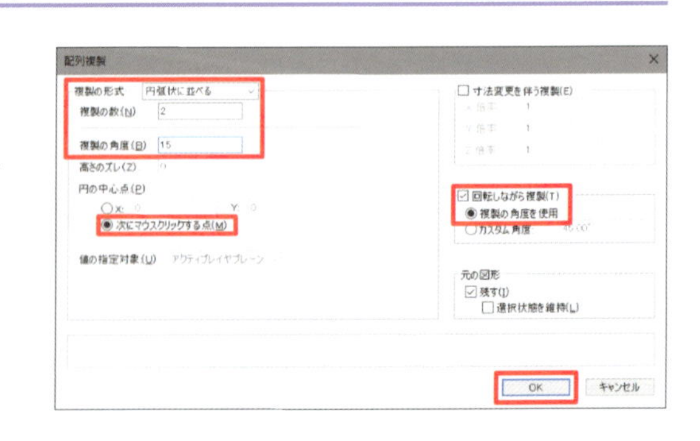

Step 017 円弧壁のサッシュを複写する(2)

前ステップの続きです。

❶A点(基準点)をクリックする
❷【セレクション】ツールで空クリックして選択解除する
❸Pサッシュをクリックして選択する
❹メニューの【編集】→【配列複製】をクリックする

次ステップに続きます。

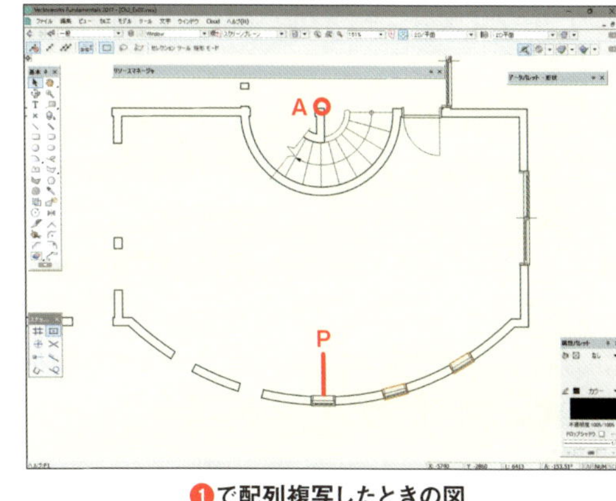

❶で配列複写したときの図

Note

❸でPをクリックして単独選択しています。既選択があれば解除されます。このため❷の空クリックによる選択解除の操作は不要ですが、確実を期すために入れています。慣れてきたら❷を省略してください。

Step 018 円弧壁のサッシュを複写する(3)

前ステップの続きです。

❶「配列複製」ダイアログで「複製の角度」に<-15>°をキーインする
❷他の設定はステップ016と同じ(ステップ016の図を参照)
❸[OK]をクリックする
❹A点(基準点)をクリックする
❺[Esc]キーを押して選択解除する

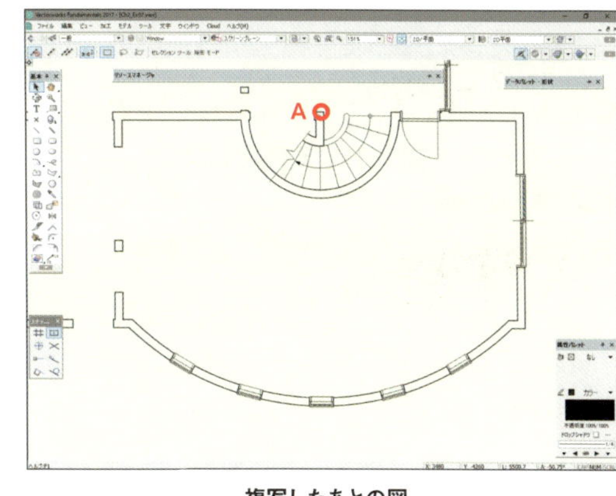

複写したあとの図

Note

A点にある基準点は以後不要ですので消去してもよいのですが、残して支障ないのでこのままにしておきます。なお基準点は印刷されません。

Step 019 キッチンの建具を配置する(1)

キッチンの建具を配置します。

❶図のような範囲を表示させる
❷リソースマネージャで「KD-07」をダブルクリックする
❸A点(中点)をクリックする
❹リソースマネージャで「AW-12」をダブルクリックする
❺B点(中点)でプレスし、[Shift]キーを押しながら左水平方向にドラッグし、任意の位置でリリースする

結果は次図を参照してください。

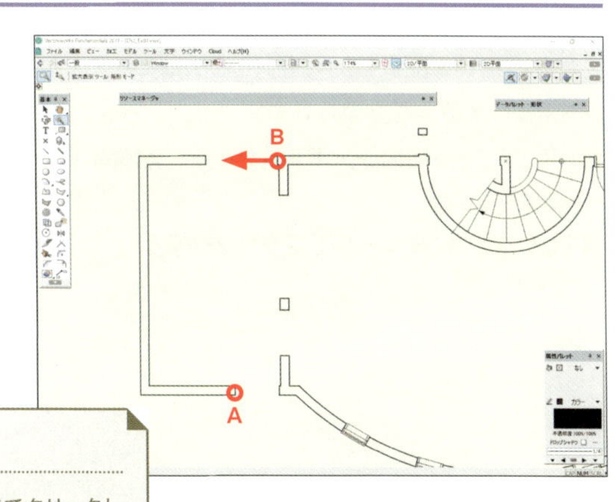

Note

シンボルを登録したときと同じ向きで配置するときは挿入点でクリックしますが、回転配置するときはプレス→ドラッグ→リリースで配置します。

Step 020 キッチンの建具を配置する（2）

前ステップの続きです。

❶ リソースマネージャで「OP-07」をダブルクリックする

❷ C点（中点）でプレスし、[Shift]キーを押しながら真上方向にドラッグし、任意の位置でリリースする

❸ リソースマネージャで「OP-17」をダブルクリックする

❹ D点（中点）でプレスし、[Shift]キーを押しながら真上方向にドラッグし、任意の位置でリリースする

❺【セレクション】ツールで空クリックする

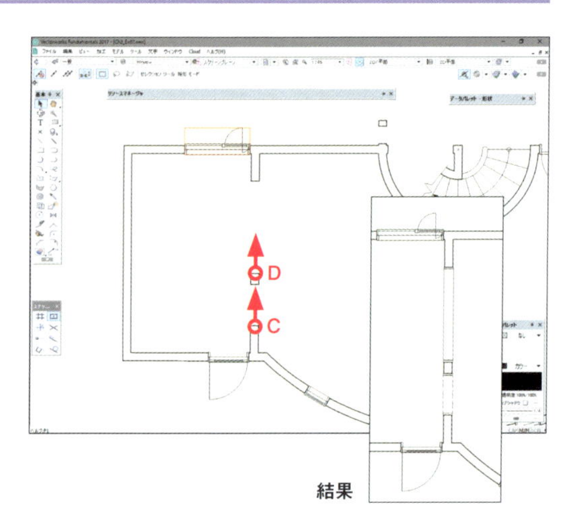

Step 021 玄関の建具を配置する

玄関の建具を配置します。

❶ 前ステップと同じように操作して「AW-03」、「GD-09」、「RD-12」を配置する

※●は挿入点です。

❷【セレクション】ツールで空クリックする

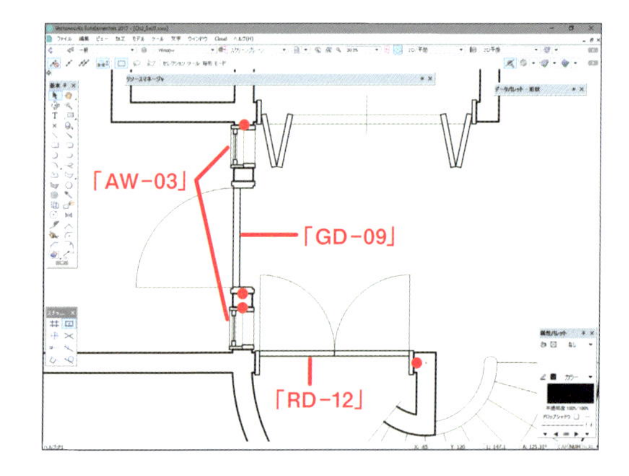

Step 022 他の建具を配置する

残りの建具を配置します。操作方法はこれまでのシンボルの配置方法と同じです。

❶ 図に示す5種類のシンボルを9ケ所に配置する

※●は挿入点です。

❷【セレクション】ツールで空クリックする

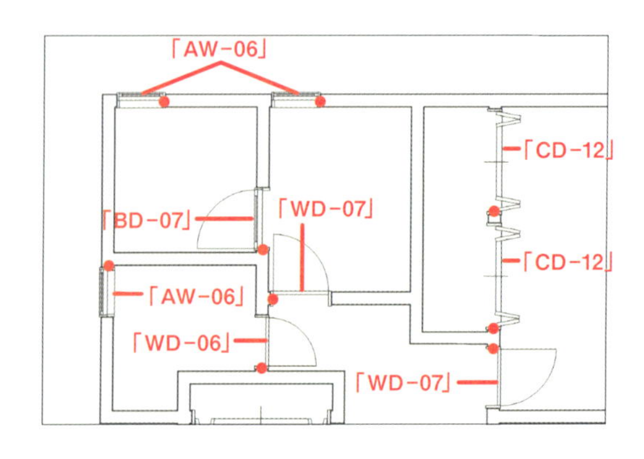

Step 023 シンボルを修正する

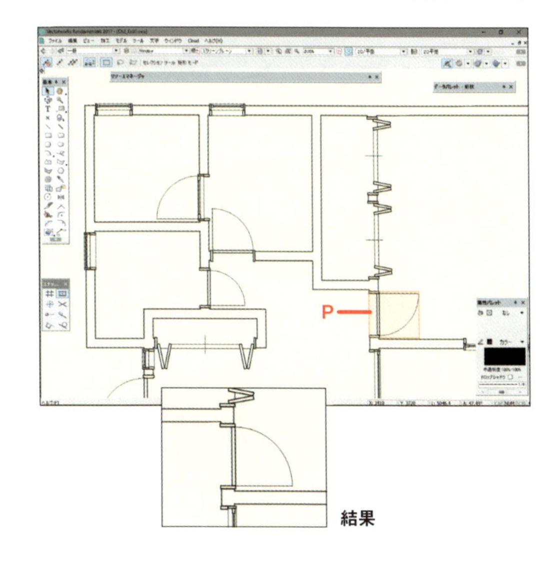

前ステップで配置したドアの1つの吊り元が逆になっています。これを修正します。

❶ Pシンボルをクリックして選択する

❷ メニューの【加工】→【回転】→【垂直反転】をクリックする

❸ 空クリックして選択解除する

Step 024 データを保存する

以上で建具シンボルを配置したのでファイルを保存します。

❶ [Ctrl]＋[6]キー（Mac：[⌘]＋[6]キー）を押して図形全体を見る

❷ メニューの【ファイル】→【別名で保存】を指示し、適当な名前、たとえば「my_Ch2_Ex07.vwx」といった名前を付けてファイルを保存する

なお次ステップから使うデータを用意していますのでVectorworksを終了してかまいません。

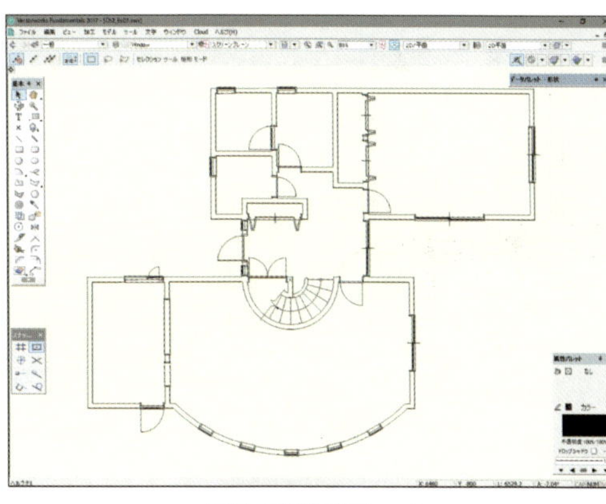

建具の配置が終わった

2.8 造作線を描く

キッチンや水周りなどの造作線を描きます。また造作線ではありませんが独立壁や外構の線もここで描きます。

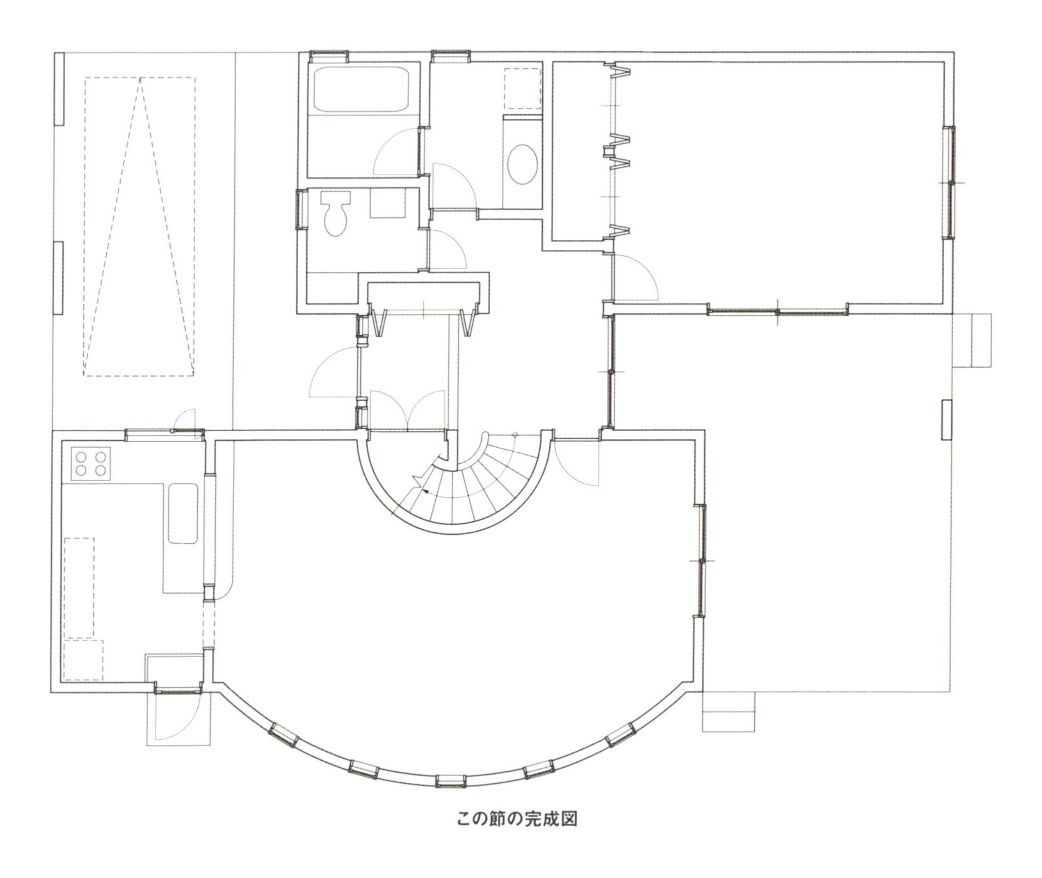

この節の完成図

Step 001 ファイルを開く

建具の配置が終わったデータファイルを開きます。

❶ メニューの【ファイル】→【開く】をクリックして「VW20xx_Data」フォルダの中の「Ch2」フォルダにある「Ch2_Ex08.vwx」を開く

❷ [Ctrl] +[4] キー (Mac :[⌘] +[4] キー) を押して用紙全体を表示させる

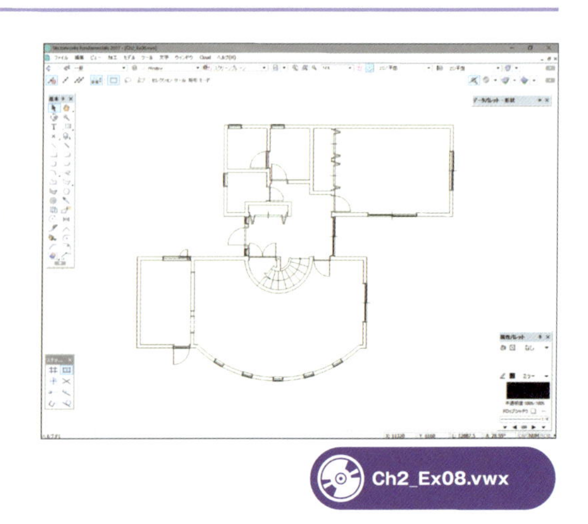

Ch2_Ex08.vwx

Step 002 準備

造作線を描く前に独立壁を描きます。この準備をします。

❶「Wall」レイヤをアクティブレイヤにする

❷属性パレットの線の太さの「3/4」ポイントを選択する

❸スナップパレットで【図形スナップ】だけをオンにする

❹メニューの【ビュー】→【他のレイヤを】→【表示+スナップ】をクリックする

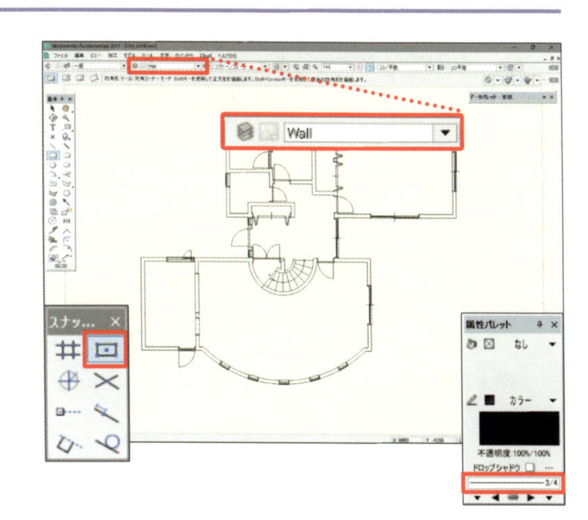

Step 003 独立壁を描く(1)

バルコニーを受ける独立壁を描きます。

❶【四角形】ツールをクリックする

❷A点(端点)から左上方向に適当な四角形を描く

❸データパレットで基準点を右下にする

❹幅=<150>

❺高さ=<600>

そのまま次ステップに続きます。

【四角形】ツール

A

このような四角形を描く

結果

Step 004 独立壁を描く(2)

独立壁を移動します。

❶[Ctrl]+[M]キー(Mac:[⌘]+[M]キー)を押す

※メニューの【加工】→【移動】→【移動】と同じ。

❷「図形を移動」ダイアログで「X方向」に<0>をキーインする

❸Y方向=<-950*2>

※2グリッド分移動という意味。グリッド間隔=950mm

❹[OK]をクリックする

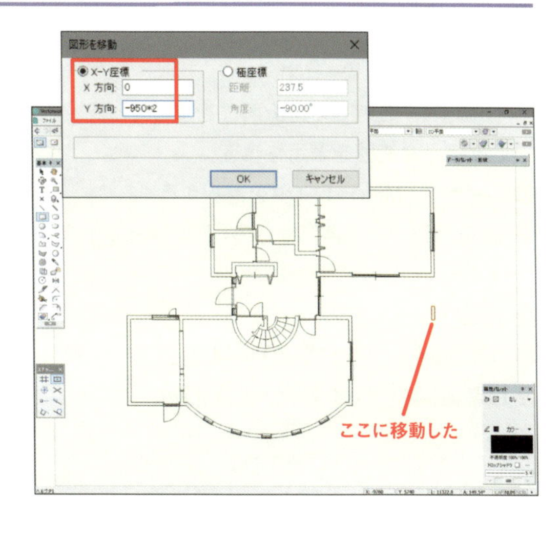

Step 005 独立壁を描く(3)

ガレージの独立壁を描きます。

❶【四角形】ツールをクリックする
❷A点(端点)でプレスしてから、右下方向に適当な四角形を描く
❸データパレットで基準点を左上にする
❹幅=<150>
❺高さ=<1100>

そのまま次ステップに続きます。

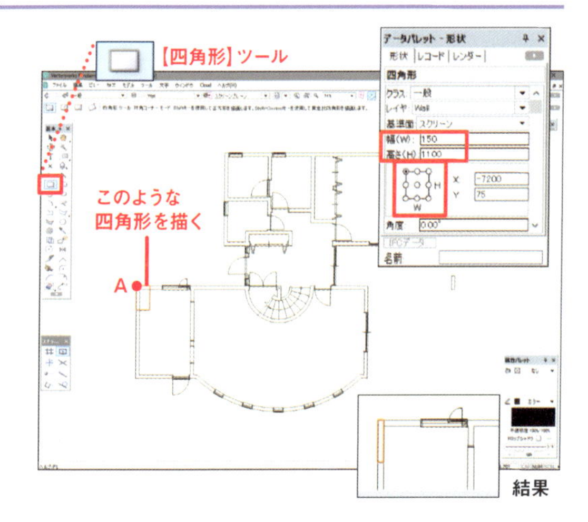

Step 006 独立壁を描く(4)

独立壁を移動させ、さらに複写し移動します。

❶[Ctrl]+[M]キー(Mac:[⌘]+[M]キー)を押す

※メニューの【加工】→【移動】→【移動】と同じ。

❷「図形を移動」ダイアログで「X方向」に<0>をキーインする
❸Y方向=<950*3>
❹[OK]をクリックする
❺[Ctrl]+[D]キー(Mac:[⌘]+[D]キー)を押す

※メニューの【編集】→【複製】と同じ。

❻[Ctrl]+[M]キー(Mac:[⌘]+[M]キー)を押す
❼「図形を移動」ダイアログが開いたらそのまま[OK]をクリックする(移動量が❷~❸と同じ)

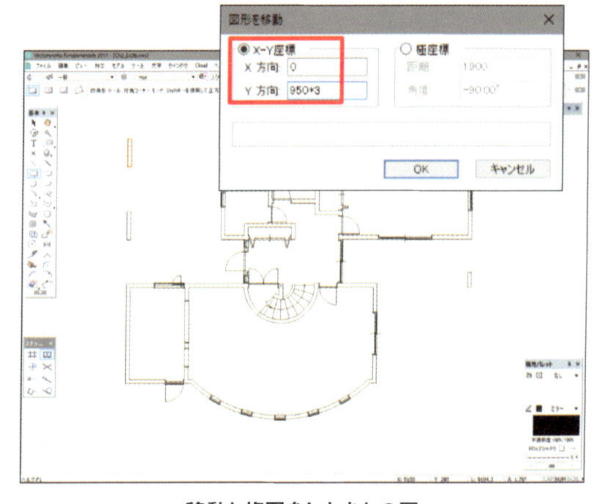

移動と複写をしたあとの図

Step 007 ガレージ部の線を描く(1)

ガレージの線を描きます。

❶[Esc]キーを押して選択解除をする
❷図のような範囲を表示させる
❸レイヤで「Misc」レイヤを選択する
❹属性パレットの線の太さの「1/4」ポイントを選択する
❺【直線】ツールをクリックする
❻A点(端点)→B点(端点)に線を描く
❼C点(端点)→D点(端点)に線を描く

そのまま次ステップに続きます。

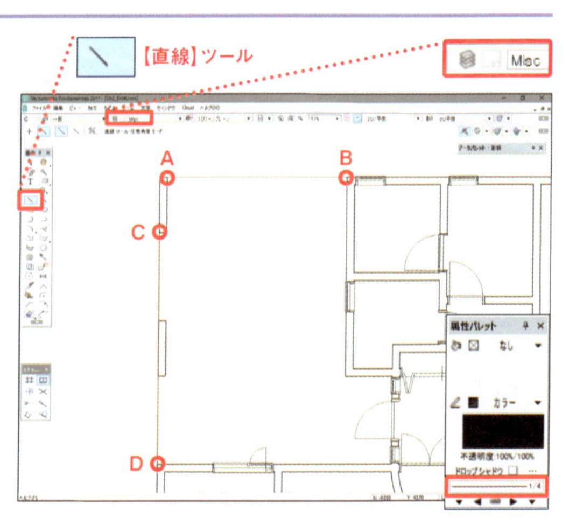

Step 008 ガレージ部の線を描く(2)

前ステップの続きです。

❶ E点(端点)でプレスし、[Shift]キーを押しながら真下方向にドラッグし、F点(図形/垂直)でリリースする

❷ [Ctrl]+[M]キー (Mac :[⌘]+[M]キー)を押す

※メニューの【加工】→【移動】→【移動】と同じ。

❸「図形を移動」ダイアログで「X方向」に<−1000>をキーインする

❹ Y方向=<0>

❺ [OK]をクリックする

❻ [Esc]キーを押して選択解除する

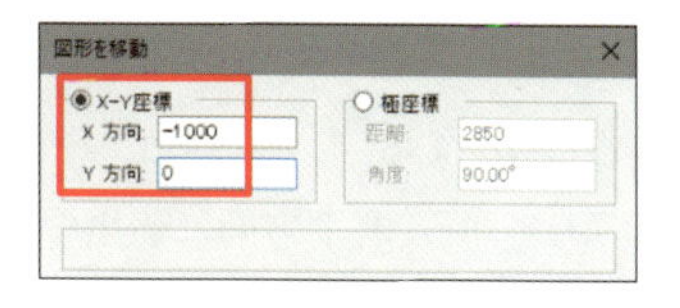

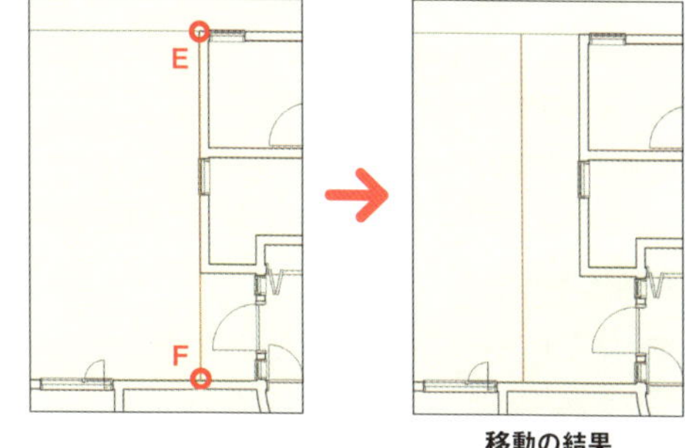

移動の結果

Step 009 デッキを描く(1)

デッキを描きます。

❶ 図のような範囲を表示させる

❷【直線】ツールをクリックする

❸ [Shift]キーを押しながらA点(端点)から適当な長さの水平線を描く

❹ [Shift]キーを押しながらB点(端点)から適当な長さの垂直線を描く

【直線】ツール

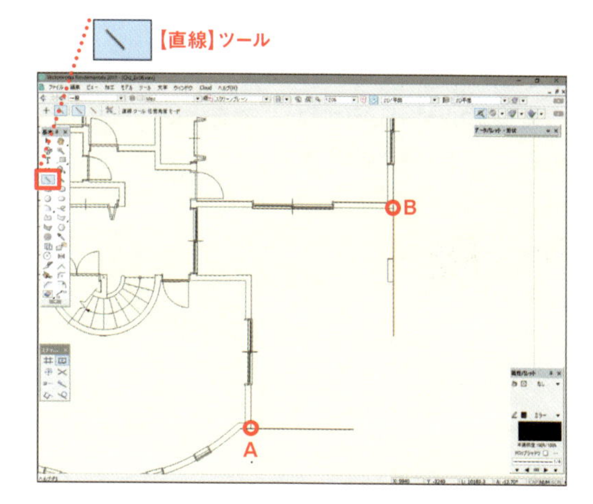

Step 010 デッキを描く(2)

2本の線の端部を揃えます。

❶【セレクション】ツールをクリックする

❷ [Shift]キーを押しながらP線をクリックする

※これで前ステップで描いた2本の線を選択したことになる。

❸ [Ctrl]+[J]キー (Mac :[⌘]+[J]キー)を押す

※メニューの【加工】→【線分を結合】→【結合(直)】と同じ。

結果は次図を参照してください。

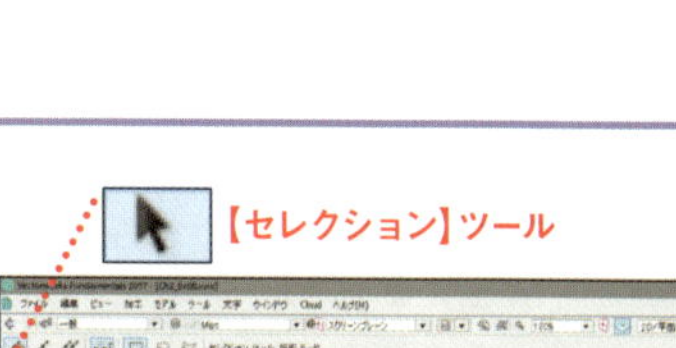

【セレクション】ツール

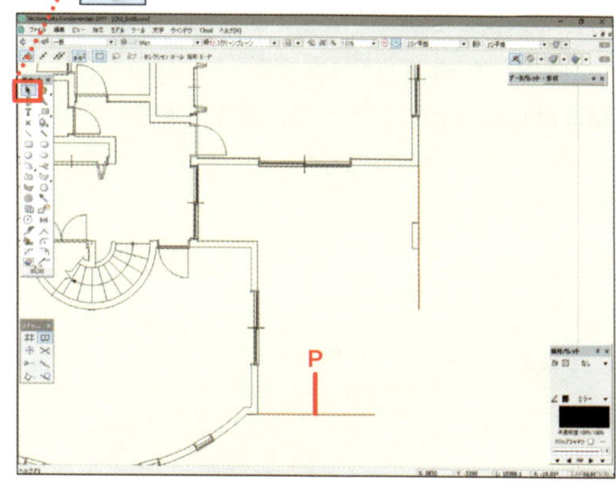

2本の直線を選択したところ

Step 011 デッキの階段を描く(1)

デッキの階段を描きます。

❶【四角形】ツールをクリックする
❷A点(端点)でプレスしてから、右下方向に適当な四角形を描く
❸データパレットで基準点を左上にする
❹幅=<600>
❺高さ=<800>
❻B点(端点)でプレスしてから、右下方向に適当な四角形を描く
❼データパレットで基準点を左上にする
❽幅=<800>
❾高さ=<600>

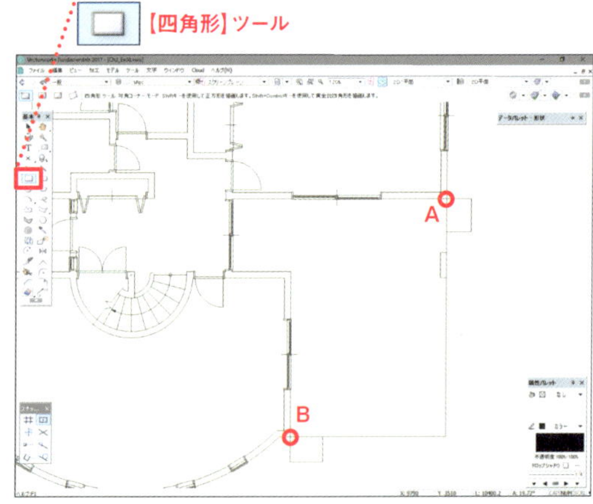

四角形を描きデータパレットでサイズ調整したあとの図

Step 012 デッキの階段を描く(2)

引き続きデッキの階段を描きます。

❶【直線】ツールをクリックする
❷A点(中点)→B点(中点)に線を描く
❸C点(中点)→D点(中点)に線を描く

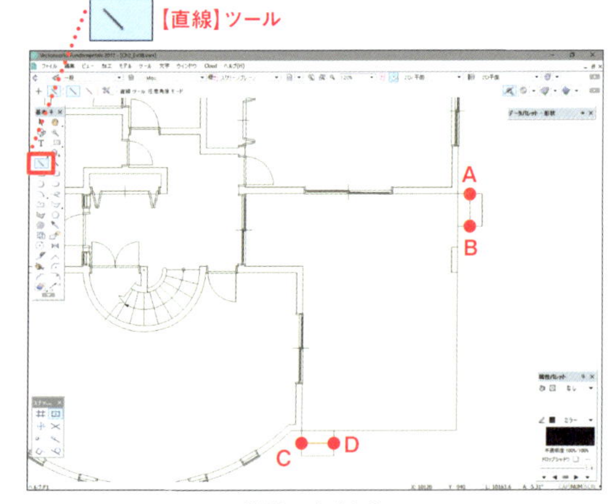

階段が完成した

Step 013 勝手口の土間を描く(1)

勝手口の土間を描きます。

❶図のような範囲を表示させる
❷【直線】ツールをクリックする
❸A点(中点)から真下方向に垂直線を描く
❹データパレットで基準点を上にする
❺△X=<0>
❻△Y=<-800>

そのまま次ステップに続きます。

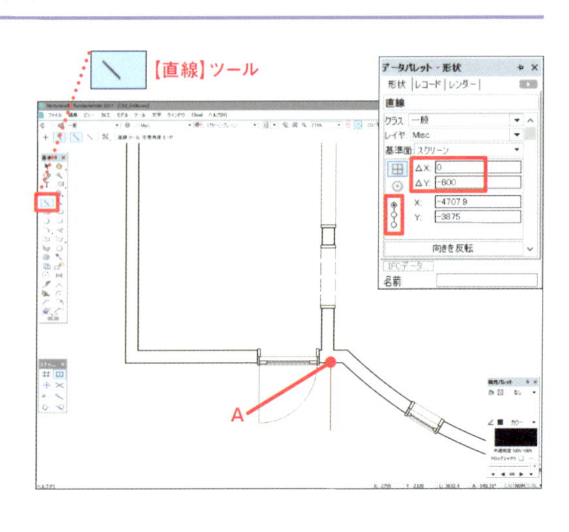

Step 014 勝手口の土間を描く(2)

線を複写したあと線を描き加えます。

❶ [Ctrl] + [D] キー (Mac :[⌘] + [D] キー) を押す

※メニューの【編集】→【複製】と同じ。

❷ [Ctrl] + [M] キー (Mac :[⌘] + [M] キー) を押す

※メニューの【加工】→【移動】→【移動】と同じ。

❸「図形を移動」ダイアログで「X方向」に<-1000>をキーインする

❹ Y方向=<0>

❺ [OK] をクリックする

❻【直線】ツールをクリックする

❼ A点(端点)→B点(端点)に線を描く

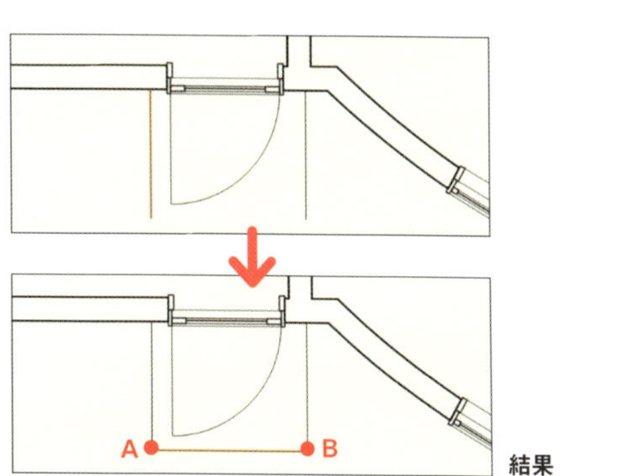

結果

Step 015 キッチンの踏み込みを描く

キッチン内部の造作線を描きます。まず踏み込みの上がり框(かまち)から描きます。

❶【ダブルライン多角形】ツールをクリックする

❷ ツールバーの[幅]に<40>を入力する

❸ ツールバーの[中央ドラッグ]モードをオンにする

❹ [Shift] キーを押しながらA点(任意の線上点)→B点(任意点)をクリックし、C点(図形/水平)で2回クリックする

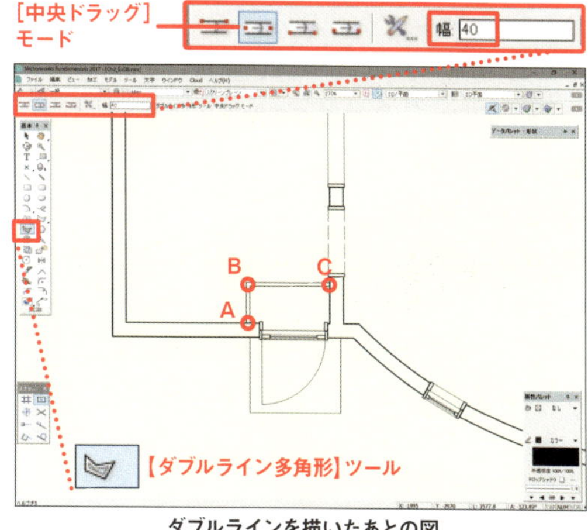

ダブルラインを描いたあとの図

Step 016 キッチンセットを描く(1)

キッチンセットを描きます。

❶ 図のような範囲を表示させる

❷【ダブルライン多角形】ツールをクリックする

❸ ツールバーの[幅]に<650>を入力する

❹ ツールバーの[上側ドラッグ]モードをオンにする

❺ A点(端点)→B点(壁の隅の端点)をクリックし、C点(中点)で2回クリックする

❻【セレクション】ツールで空クリックする

❼ ❺で描いた線のうちP線とQ線を削除する

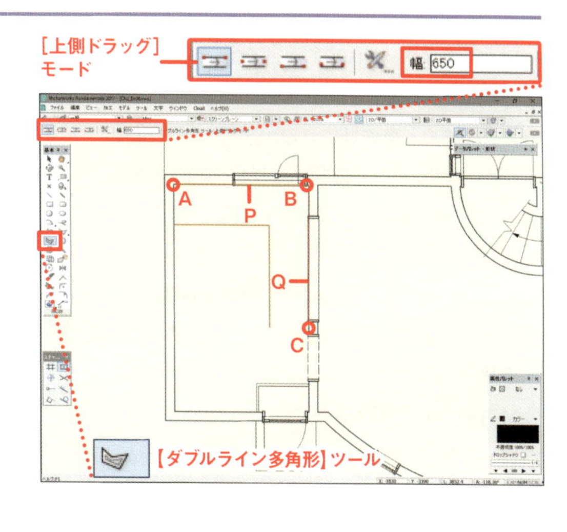

Step 017 キッチンセットを描く(2)

引き続きキッチンセットを描きます。

❶【直線】ツールをクリックする

❷A点(端点)→B点(中点)に線を描く

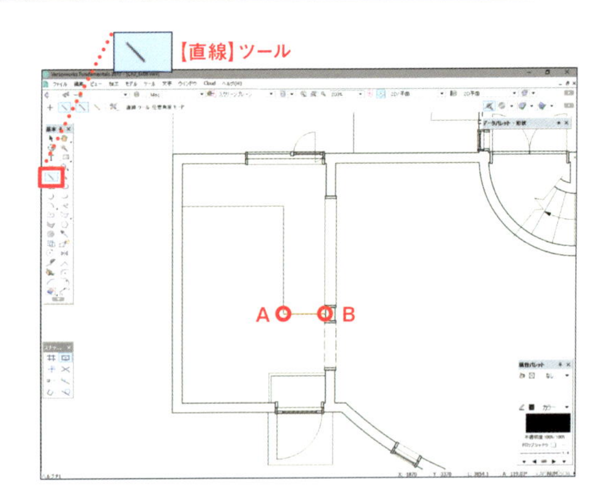

Step 018 クックトップを描く(1)

クックトップを描きます。

❶【四角形】ツールをクリックする

❷A点(端点)から右上方向に適当な四角形を描く

❸データパレットで基準点を左下にする

❹幅=<600>

❺高さ=<500>

❻[Ctrl]+[M]キー(Mac:[⌘]+[M]キー)を押す

※メニューの【加工】→【移動】→【移動】と同じ。

❼「図形を移動」ダイアログの「X方向」に<150>をキーインする

❽Y方向=<50>

❾[OK]をクリックする

Step 019 クックトップを描く(2)

引き続きクックトップを描きます。

❶【円】ツールをクリックする

❷A点(端点)をクリックし、適当な円を描く

❸データパレットで直径を<150>に変える

❹[Ctrl]+[M]キー(Mac:[⌘]+[M]キー)を押す

※メニューの【加工】→【移動】→【移動】と同じ。

❺「図形を移動」ダイアログで「X方向」に<150>をキーインする

❻Y方向=<150>

❼[OK]をクリックする

そのまま次ステップに続きます。

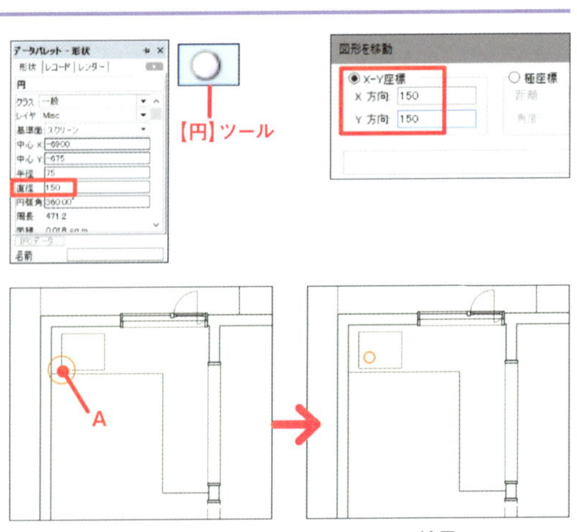

Step 020 クックトップを描く(3)

引き続きクックトップを描きます。

❶【ミラー反転】ツールをクリックする
❷ A点(中点)でプレスし、B点(中点)でリリースする
❸【セレクション】ツールをクリックする
❹ [Shift] キーを押しながら元の円をクリックして選択する
※これで2つの円を選択したことになります。
❺【ミラー反転】ツールをクリックする
❻ C点(中点)でプレスし、D点(中点)でリリースする

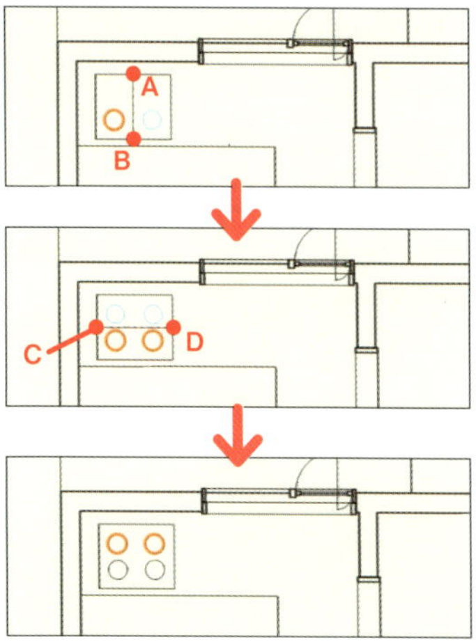

結果

Step 021 シンクを描く(1)

シンクを描きます。

❶【四角形】ツールをクリックする
❷ A点(端点)から右下方向に適当な四角形を描く
❸ データパレットで基準点を左上にする
❹ 幅=<450>、高さ=<900>
❺ [Ctrl]+[M]キー(Mac:[⌘]+[M]キー)を押す
※メニューの【加工】→【移動】→【移動】と同じ。
❻「図形を移動」ダイアログでX方向=<80>、Y方向=<0>、最後に[OK]をクリックする
❼【セレクション】ツールで空クリックする

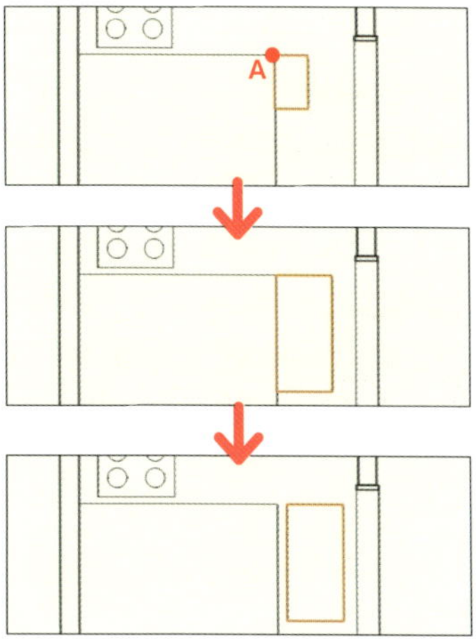

結果

Step 022 シンクを描く(2)

シンクの4隅を丸面取りします。

❶【フィレット】ツールをクリックする
❷ ツールバーの[フィレット半径]に<75>mmを入力する
❸ ツールバーで[トリミング]モードをオンにする
❹ P四角形(シンク)をクリックする
❺ [Esc]キーを押す

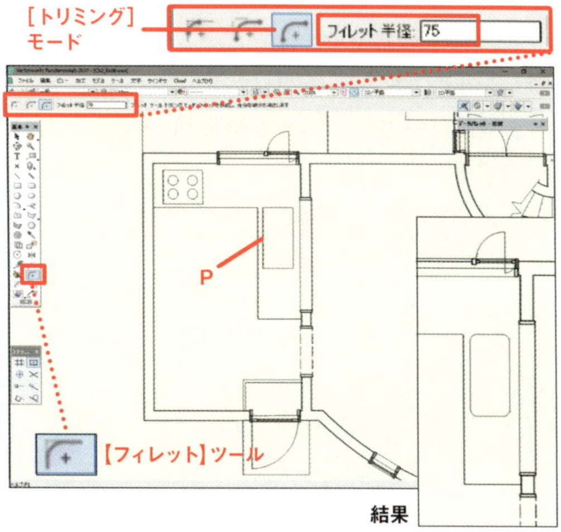

結果

Step 023 冷蔵庫と食器棚を描く

冷蔵庫と食器棚を描きます。

❶【セレクション】ツールで空クリックする

❷属性パレットで線属性を「ラインタイプ」に変え、線種で「ISO-02破線」を選択する

❸【四角形】ツールとデータパレットを用いて図に示す冷蔵庫と食器棚を描く

❹【セレクション】ツールで空クリックする

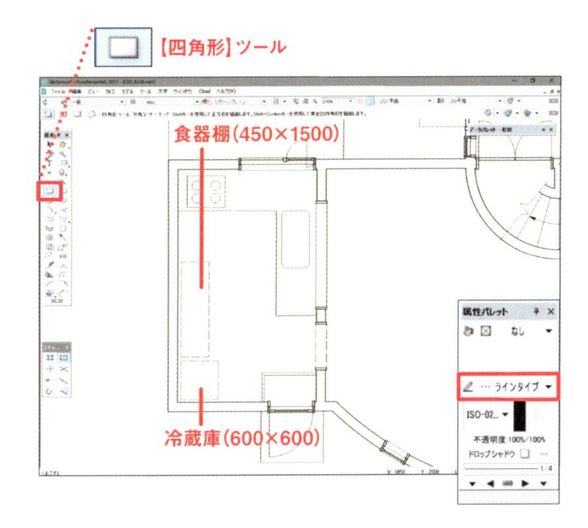

Step 024 カウンターを描く(1)

カウンターを描きます。

❶属性パレットで線属性を「カラー」に変える

※これで黒い実線に変わります。

❷【四角形】ツールとデータパレットを使ってA点(端点)から300×2400の四角形を描く

❸メニューの【加工】→【図形を分解】をクリックする

❹【セレクション】ツールで空クリックする

❺P線を削除する

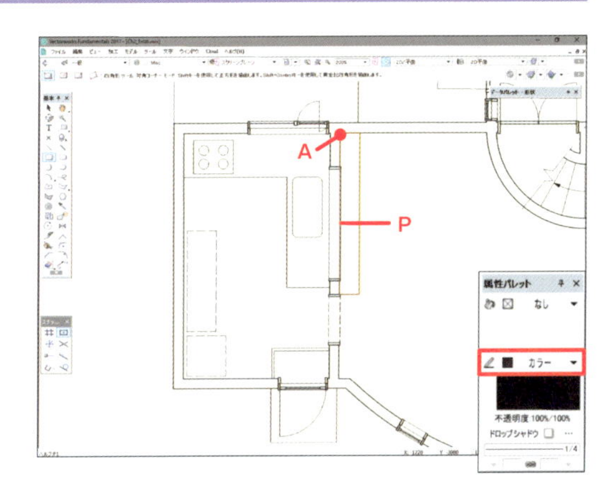

Step 025 カウンターを描く(2)

カウンターの角を丸面取りします。

❶【フィレット】ツールをクリックする

❷ツールバーの[フィレット半径]に<300>を入力する

❸P線でプレスし、Q線でリリースする

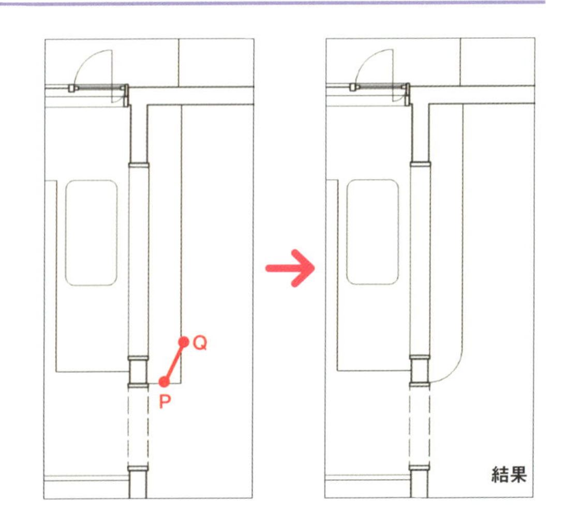

Step 026 玄関の上がり框を描く

玄関の上がり框を描きます。

❶図のような範囲を表示させる
❷【直線】ツールをクリックする
❸A点（端点）→B点（線上点）に垂直線を描く
❹[Ctrl]＋[D]キー（Mac：[⌘]＋[D]キー）を押す
※メニューの【編集】→【複製】と同じ。
❺[Ctrl]＋[M]キー（Mac：[⌘]＋[M]キー）を押す（【移動】コマンド）
❻「図形の移動」ダイアログでX方向＝<-150>、Y方向＝<0>をキーインする
❼[OK]をクリックする

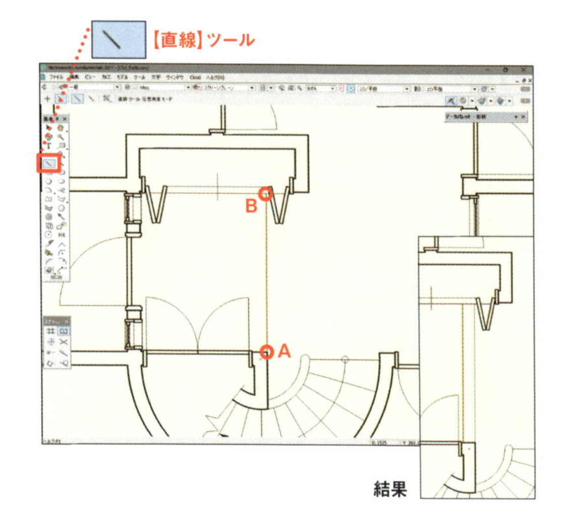

Step 027 浴槽を描く

浴室の浴槽を描きます。

❶図のような範囲を表示させる
❷【直線】ツールをクリックする
❸A点（端点）→B点（端点）に線を描く
❹[Ctrl]＋[M]キー（Mac：[⌘]＋[M]キー）を押す（【移動】コマンド）
❺「図形を移動」ダイアログでX方向＝<0>、Y方向＝<-800>をキーインし、[OK]をクリック
❻【隅の丸い四角形】ツールをクリックする
❼[@]キーを押しながら、C点（任意点）→D点（任意点）に四角形（隅丸）を描く
※[@]キーを押している間はスナップがオフになります。

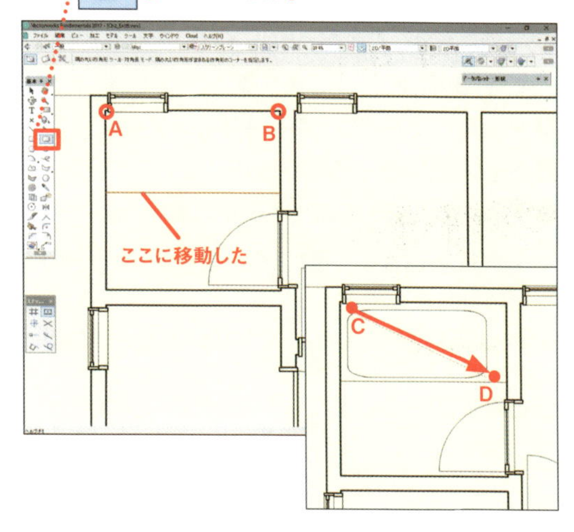

Step 028 洗面カウンターを描く（1）

洗面カウンターと洗面器を描きます。

❶【四角形】ツールとデータパレットを使ってA点（端点）から600×1350の四角形を描く
❷❶で描いた四角形にカーソルを合わせ、右クリックし、メニューの【ロック】をクリックする
❸【長円】ツールをクリックする
❹ツールバーの[四角形]モードをオンにする
❺適当な位置に適当な長円を描く
❻データパレットで450×600の長円にする

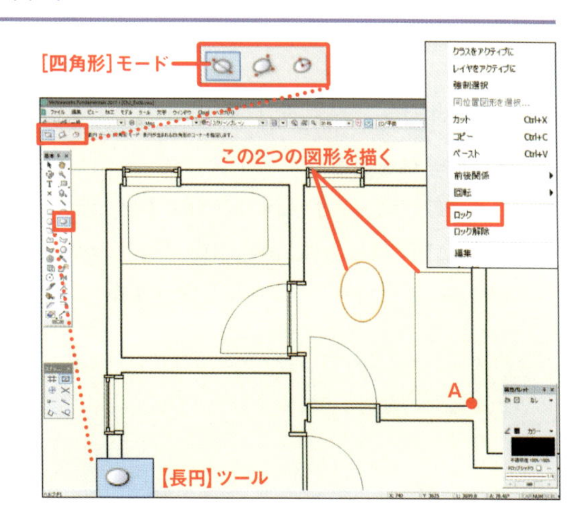

Step 029 洗面カウンターを描く(2)

洗面器を洗面カウンターの中央に移動します。

❶【セレクション】ツールをクリックする

❷[Shift]キーを押しながら前ステップで描いた四角形(カウンター)をクリックして選択する

※これでカウンターと洗面器(長円)を選択したことになります。

❸[Ctrl]+[@]キー(Mac:[⌘]+[@]キー)を押す

※メニューの【加工】→【整列】→【整列】と同じ。

❹「整列」ダイアログで縦方向と横方向とも「整列」にチェックを入れる

❺「上下中央」と「左右中央」にチェックを入れる

❻[OK]をクリックする

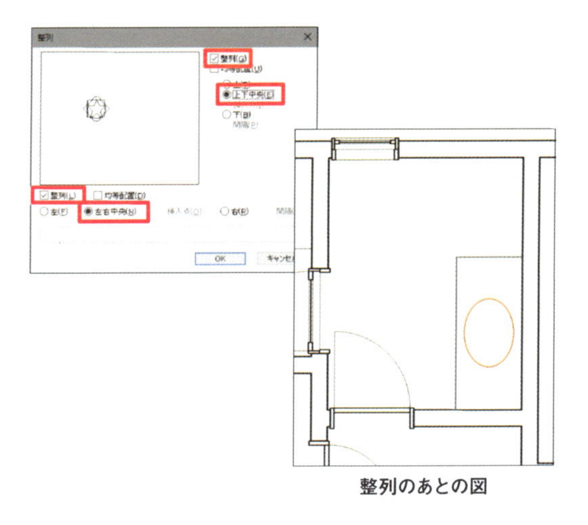

整列のあとの図

Step 030 残りの造作線を描く

残りの造作線や機器を描きます。

❶隔て壁(へだてかべ 600×75)を描き線の太さを「3/4」ポイントに変える

❷洗濯機(550×600)を描き線種を破線に変える

❸トイレカウンターの線(P線)を描く

❹トイレの手洗器(550×450)を描く

❺便器はリソースマネージャにあるシンボルの「Benki」を配置する

※「Benki」は104ページのステップ014で閲覧した「Parts.vwx」に含まれています。

❻自動車(1700×4500)を描き破線に変える

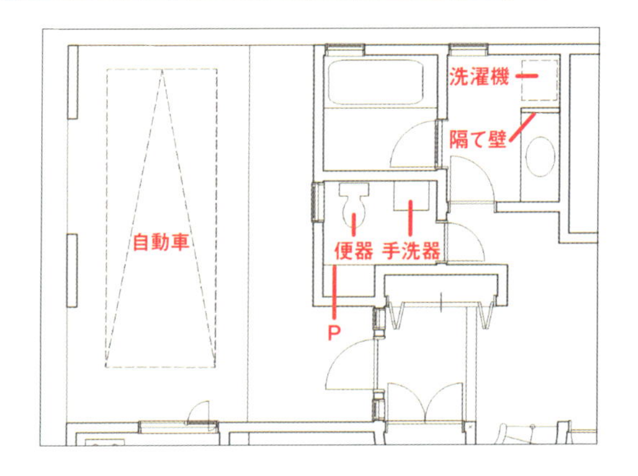

Step 031 データを保存する

以上で造作線が終わりましたのでファイルを保存します。

❶[Ctrl]+[6]キー(Mac:[⌘]+[6]キー)を押して図形全体を見る

❷メニューの【ファイル】→【別名で保存】を指示し、適当な名前、たとえば「my_Ch2_Ex08.vwx」といった名前を付けてファイルを保存する

なお次ステップから使うデータを用意していますのでVectorworksを終了してかまいません。

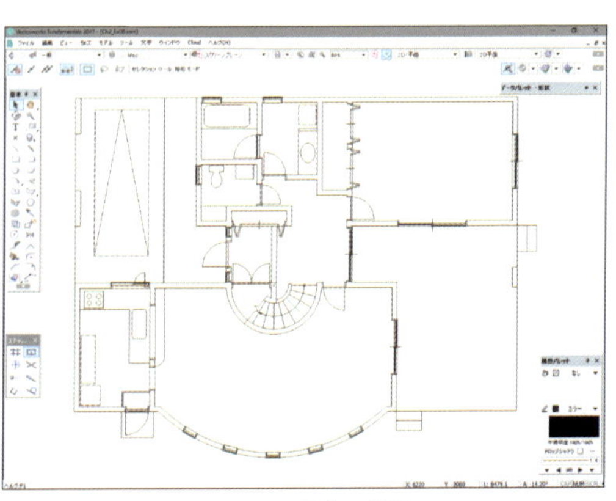

ここまでの操作の結果

2.9 平面図を仕上げる

ハッチング、寸法記入、そして文字記入をして平面図を仕上げます。この課題で寸法については「寸法の規格」(寸法のスタイル) をあらかじめ設定しています。Vectorworksを仕事で使うとき「寸法の規格」を自分で設定しなければなりません。そのときは243ページからの解説を参照してください。

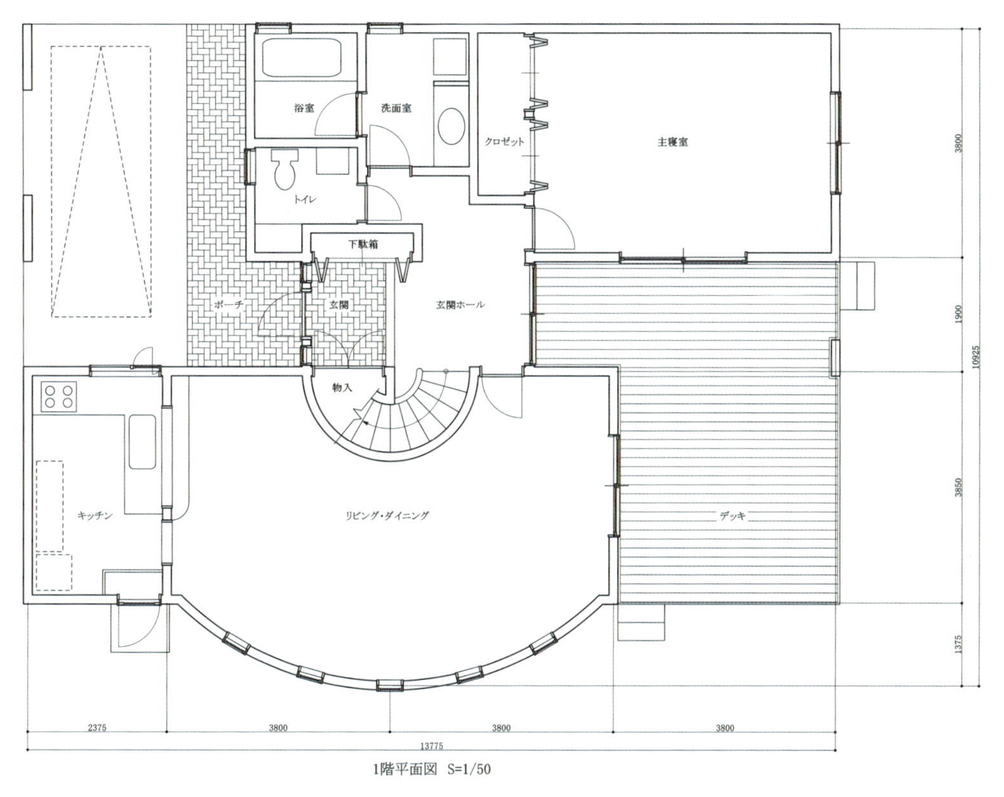

完成図

Step 001 ファイルを開く

造作線を描き終わったデータファイルを開きます。

❶ メニューの【ファイル】→【開く】をクリックして「VW20xx_Data」フォルダの中の「Ch2」フォルダにある「Ch2_Ex09」を開く

❷ [Ctrl] +[4] キー (Mac :[⌘] +[4] キー) を押して用紙全体を表示させる

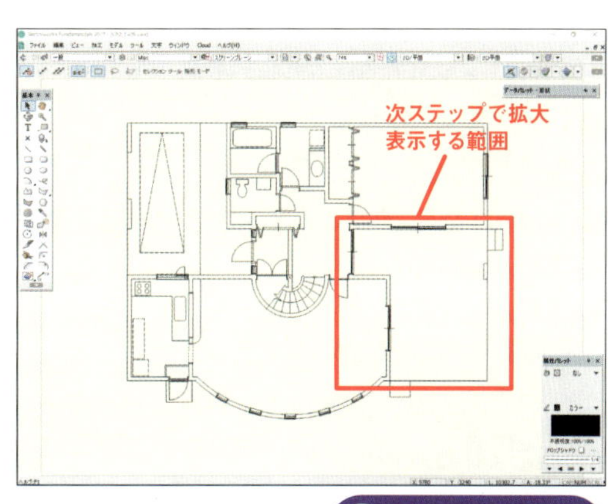

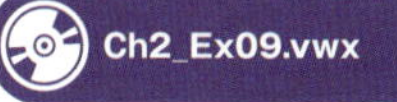

Step 002 準備

ハッチングの準備をします。

❶ 前図に示す範囲を拡大表示する
❷「Hatch」レイヤをアクティブレイヤにする
❸ 属性パレットの線の太さの「1/8」ポイントを選択する
❹ スナップパレットで【図形スナップ】だけをオンにする
❺ 表示バーで【レイヤ】をクリックする
❻「オーガナイザ」ダイアログで「Window」レイヤを「非表示」にしてから[OK]をクリックする
❼ メニューの【ビュー】→【他のレイヤを】→【表示+スナップ】をクリックする

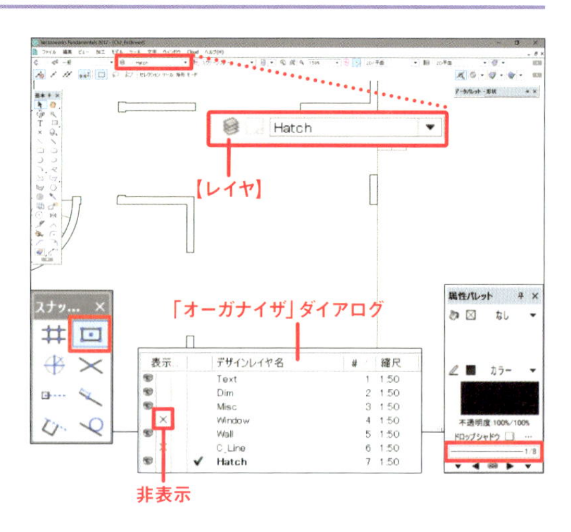

Step 003 デッキの縁を描く(1)

デッキ周囲の縁の線を描きます。

❶【ダブルライン多角形】ツールをクリックする
❷ ツールバーの[幅]に<80>を入力する
❸ ツールバーで「中央ドラッグ」モードをオンにする
❹ 図で○を付けた点をたとえばA点(端点)から順にクリックし、最後にA点近くのダブルラインの端点(拡大図のB点)をクリックする

結果は次図を参照してください。

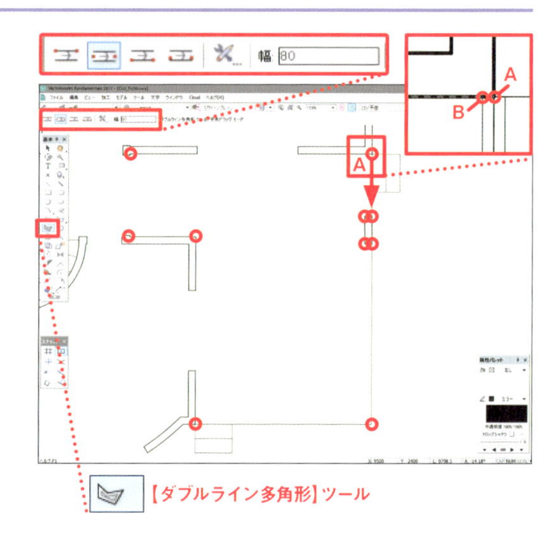

Step 004 デッキの縁を描く(2)

ダブルラインの不要部を削除します。

❶【セレクション】ツールをクリックする
❷ 空クリックして選択を解除する
❸ ×を付けた線、ダブルラインの外側の線を削除する(10本)

結果は次図を参照してください。

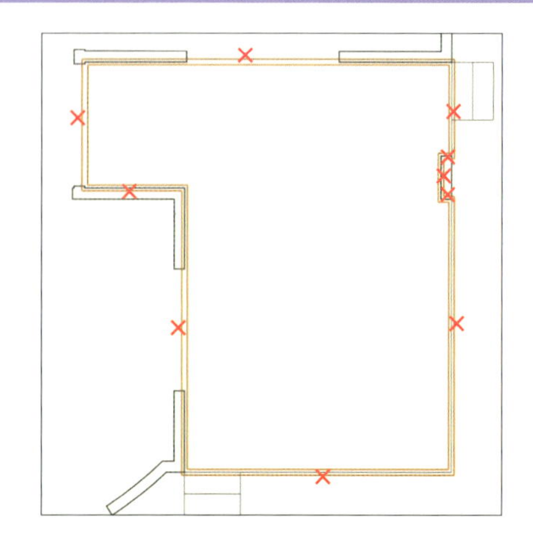

Step 005 デッキにハッチングを施す(1)

ハッチングを施す範囲を選択します。

❶【セレクション】ツールをクリックする

❷図のように範囲指定して、残った線をすべて選択する

※ダブルラインの内側の線を選択します。

❸メニューの【加工】→【図形を合成】をクリックする

※10本の線分は1つの多角形に変換されます。

❹メニューの【加工】→【ハッチング】をクリックする

そのまま次ステップに続きます。

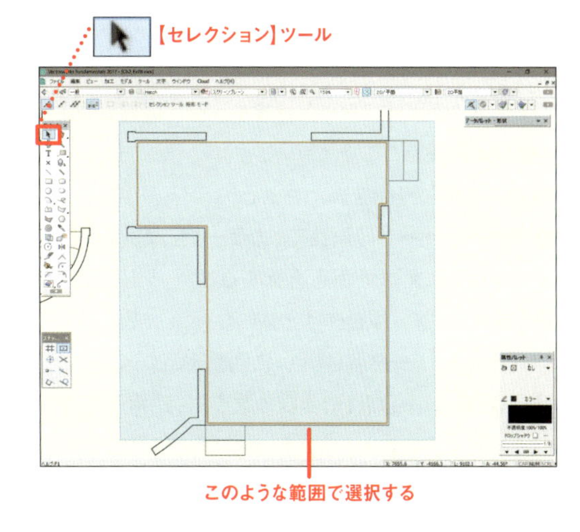
【セレクション】ツール
このような範囲で選択する

Step 006 デッキにハッチングを施す(2)

デッキのハッチングのパターンを作ります。

❶「ハッチング」ダイアログの[新規]をクリックする

❷「ハッチング編集」ダイアログで「名前」にたとえば「myデッキ」とキーインする

❸「縮尺追従」にチェックを入れる

❹第2基準点のA=<0>°

❺間隔のL=<150>mm、A=<90>°

❻[OK]をクリックする

❼「ハッチング」ダイアログに戻るので[OK]をクリックする

そのまま次ステップに続きます。

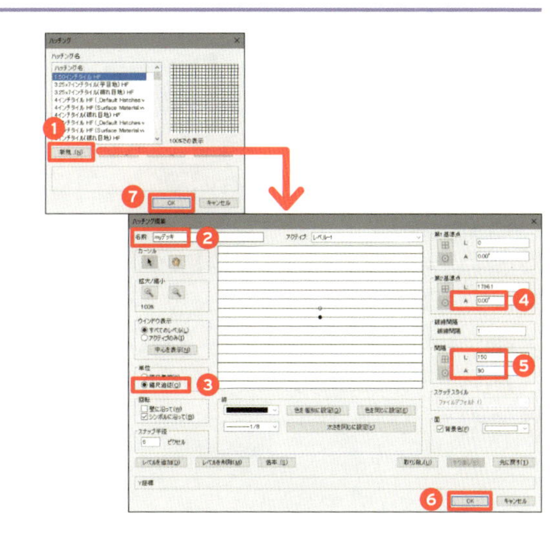

Step 007 デッキにハッチングを施す(3)

前ステップの続きです。

❶作図ウィンドウに戻るので、A点(多角形の端点)をクリックする

※A点がハッチングパターンの原点になります。

❷空クリックして選択を解除する

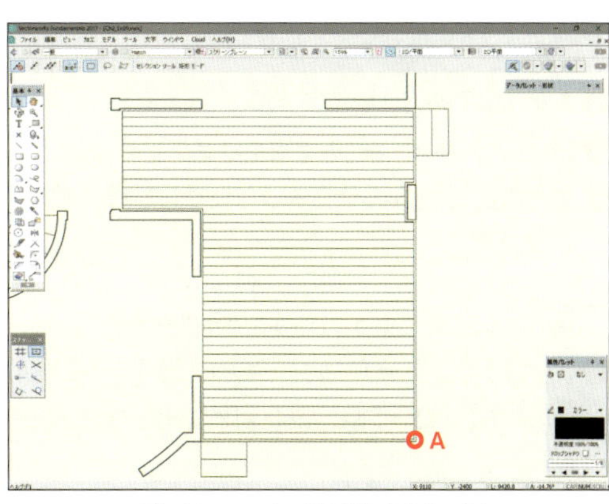
A
デッキにハッチングを施したあとの図

Step 008　ポーチと玄関のハッチング(1)

ポーチと玄関にハッチングを施します。ハッチングする範囲を自動検出する方法もありますが手間がかかるわりに確実性にやや欠けます。そこで理解しやすく確実な方法をここでは使います。

❶ 図のような範囲を表示させる
❷ 属性パレットで面属性で「カラー」を選択し、適当な色、たとえば黄色を選択する
❸【四角形】ツールをクリックする
❹ A点(端点)→B点(端点)に四角形を描く
❺ C点(端点)→D点(造作線の端点)に四角形を描く

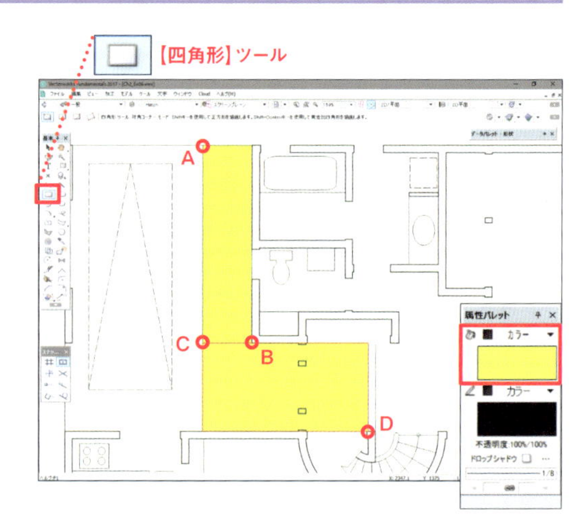

Step 009　ポーチと玄関のハッチング(2)

2つの四角形を合体させて1つの多角形にします。そしてハッチングパターンを選択します。

❶【セレクション】ツールをクリックする
❷ 前ステップで描いた2つの四角形を選択する
❸ メニューの【加工】→【貼り合わせ】をクリックして多角形に変える
❹ メニューの【加工】→【ハッチング】をクリックする
❺「ハッチング」ダイアログで「舗石-4×8_網代HF(_Default Hatches.vwx)」を探し、見つけたらクリックして選択する
❻ [OK]をクリックする

多角形に変わったところ

そのまま次ステップに続きます。

Step 010　ポーチと玄関のハッチング(3)

前ステップの続きです。

❶ A点(端点)をクリックする
❷【セレクション】ツールで空クリックする
❸ 黄色の面の任意の位置をクリックしてハッチングを選択する

※黄色の面ではハッチングと多角形が重なっていますが、クリックすると新しいほうのハッチングが選択されます。

❹ [Ctrl]+[B]キー(Mac:[⌘]+[B]キー)を押す

※メニューの【加工】→【前後関係】→【最後へ】と同じ。

次ステップに続きます。

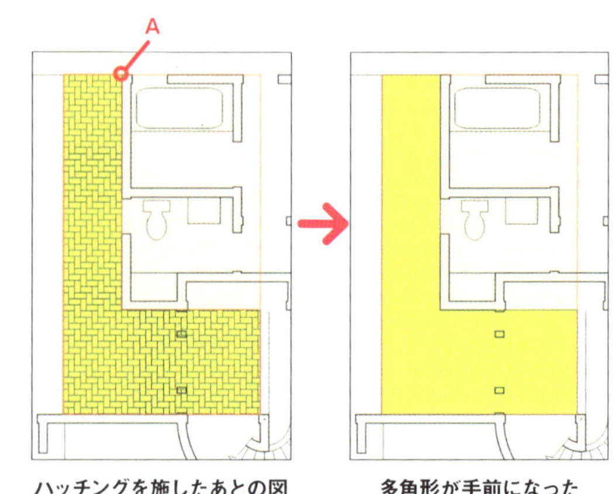

ハッチングを施したあとの図　　多角形が手前になった

Step 011 ポーチと玄関のハッチング(4)

前ステップの続きです。

❶【セレクション】ツールで空クリックする

❷黄色の面の任意の位置をクリックして多角形を選択し、削除する

Note

Vectorworksのハッチングは【ハッチング】コマンドによるものと、属性パレットによるものの2種類があります。どちらもハッチングの外観は同じですが、【ハッチング】コマンドによるもののほうが編集しやすいので、ここでは【ハッチング】コマンドを使いました。なお【ハッチング】コマンドによるハッチングはグループ図形になります。

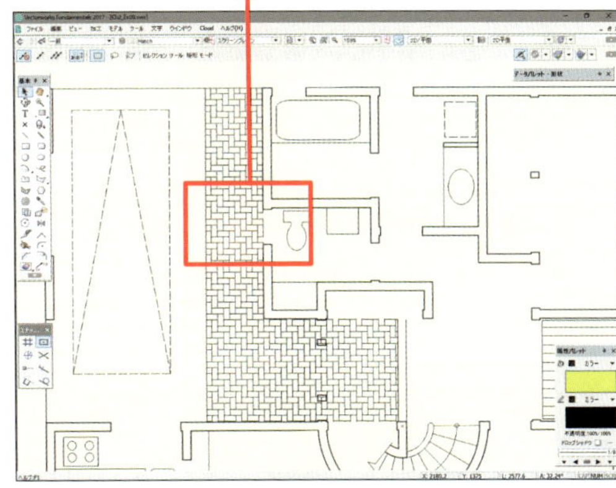

多角形を削除したあとの図

Step 012 ハッチングを修正する(1)

このあとハッチングの不要部を削除するので、準備をします。

❶前図に示す範囲を表示させる

❷【レイヤ】をクリックする

❸「オーガナイザ」ダイアログで「Window」レイヤを「表示」にしてから[OK]をクリックする

❹ハッチングの任意の線をダブルクリックしてグループの中に入る(次ステップの図を参照)

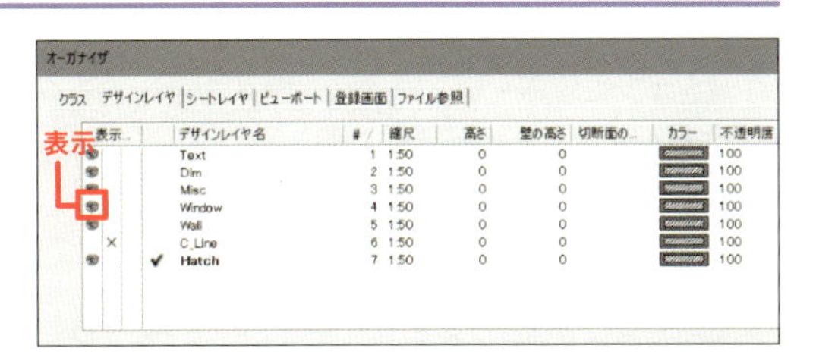

Note

グループの中で他の図形が表示されない場合はメニューの【ツール】→【オプション】→【環境設定】をクリックし、ダイアログの《画面》タブで「グループ編集時に他の図形を表示」をオンにしてください。

Step 013 ハッチングを修正する(2)

ハッチングの不要部を削除します。

❶ハッチングが選択されていないときは[Ctrl]+[A]キー(Mac:[⌘]+[A]キー)を押す

※メニューの【編集】→【すべてを選択】と同じ。

❷【消しゴム】ツールをクリックする

❸ツールバーで[消しゴム]モードをオンにする

❹A点(端点)でプレスし、B点(端点)でリリースする

そのまま次ステップに続きます。

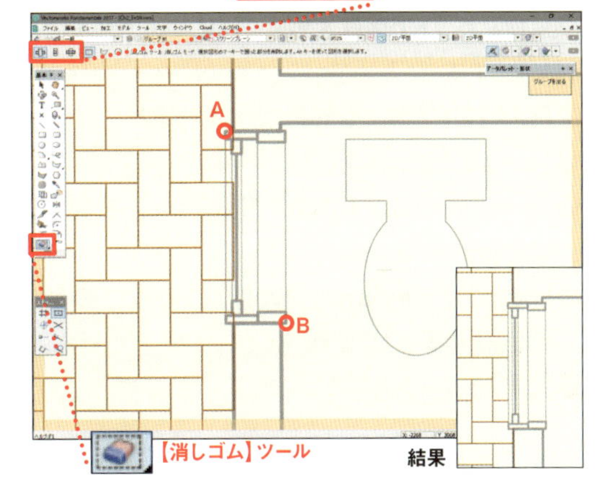

結果

Step 014 ハッチングを修正する(3)

玄関周りのハッチングの不要部を削除します。

❶ 玄関周りを表示させる

❷ 前ステップと同じように壁や建具と重なったハッチングを【消しゴム】ツールで削除する

※クロゼットドアの部分は次ステップで処理します。

そのまま次ステップに続きます。

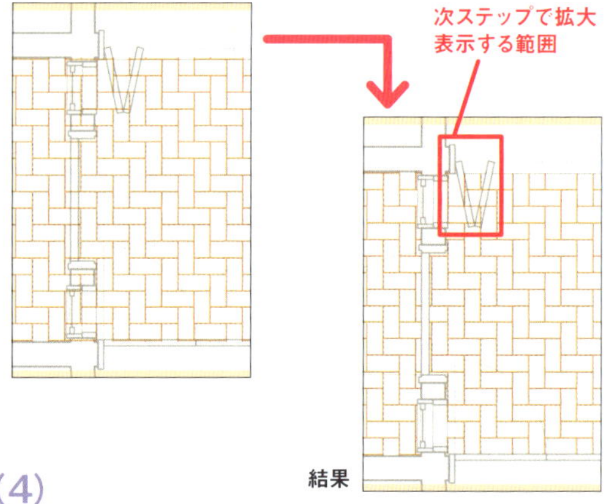

Step 015 ハッチングを修正する(4)

クロゼットドアのハッチングの不要部を削除します。

❶ 前図に示す範囲を表示させる

❷【消しゴム】ツールのツールバーで［多角形］モードをオンにする

❸ ドア本体の●で示す頂点を順にクリックし、最後の●を2回クリックする

❹ 左側のドア本体も同じように処理する

❺ 画面右上にある［グループを出る］ボタンをクリックする

❻【セレクション】ツールで空クリックする

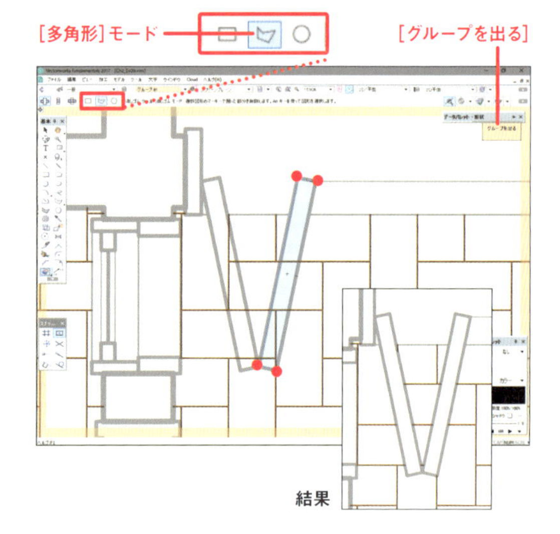

Step 016 寸法の準備をする(1)

寸法を記入するための準備をします。

❶［Ctrl］＋［4］キー（Mac：［⌘］＋［4］キー）を押して用紙全体を表示させる

❷ 属性パレットで面属性の色を白に変えてから「なし」にする

❸「Dim」レイヤをアクティブレイヤにする

❹【レイヤ】をクリックする

❺「オーガナイザ」ダイアログで「C_Line」を「表示」にする

❻「Misc」、「Window」、「Wall」、「Hatch」の4レイヤを「非表示」にする

❼［OK］をクリックする

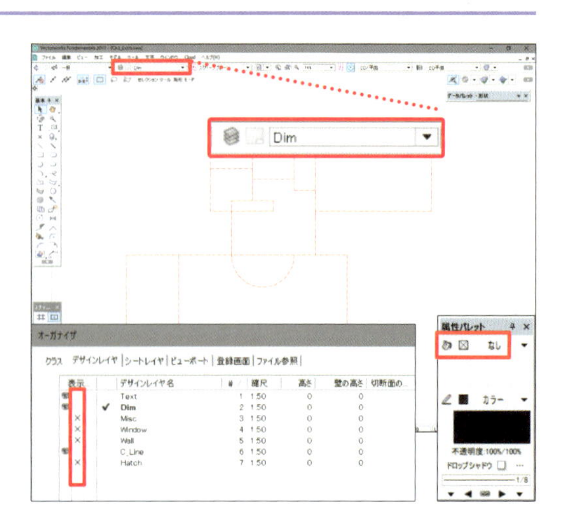

Step 017 寸法の準備をする(2)

引き続き、寸法を記入するための準備をします。

❶スナップパレットで【図形スナップ】と【交点スナップ】をオンにする

❷メニューの【文字】→【文字設定】をクリックする

❸「文字設定」ダイアログで使いたいフォント、たとえば「MS P明朝」(Macでは「ヒラギノ明朝 Pro W3」)を選択する

❹サイズで<9>ポイントを選択する

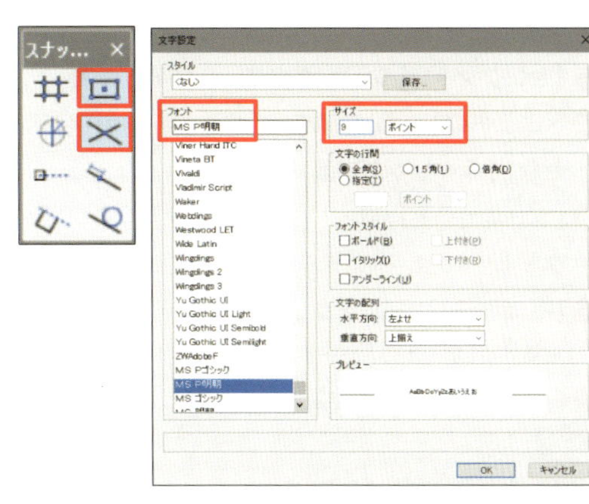

Step 018 寸法の準備をする(3)

補助のための線と基準点を描きます。

❶【直線】ツールをクリックする

❷A点(円弧の中心点)から真下方向に図のような適当な長さの線を描く

❸【2D基準点】ツールをクリックする

❹B点(交点)をクリックして基準点を描く

❺[Ctrl]+[M]キー(Mac:[⌘]+[M]キー)を押す(【移動】コマンド)

❻「図形を移動」ダイアログでX方向=<0>、Y方向=<-2200>をキーインする

❼[OK]をクリックする

そのまま次ステップに続きます。

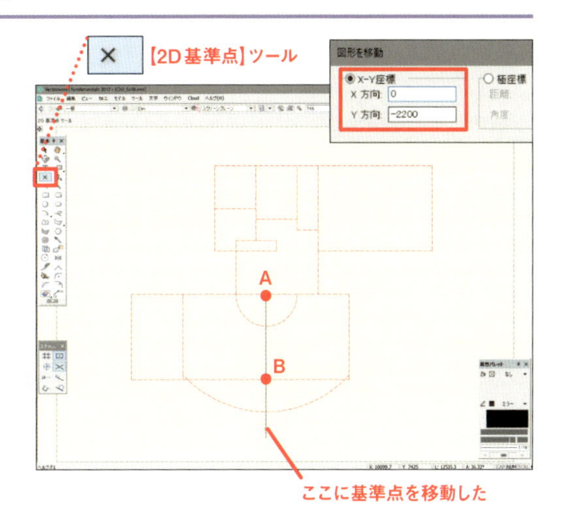

Step 019 寸法の準備をする(4)

基準点を複写し移動します。

❶[Ctrl]+[D]キー(Mac:[⌘]+[D]キー)を押す

※メニューの【編集】→【複製】と同じ。

❷[Ctrl]+[M]キー(Mac:[⌘]+[M]キー)を押す(【移動】コマンド)

❸「図形を移動」ダイアログでX方向=<0>、Y方向=<-300>をキーインする

❹[OK]をクリックする

❺【2D基準点】ツールでA点(端点)に点オブジェクトを描き、これを右方向に2200mm移動し、さらに300mm右方向に複写する

※操作方法は前ステップの❸～❼およびこのステップの❶～❹とほぼ同じです。

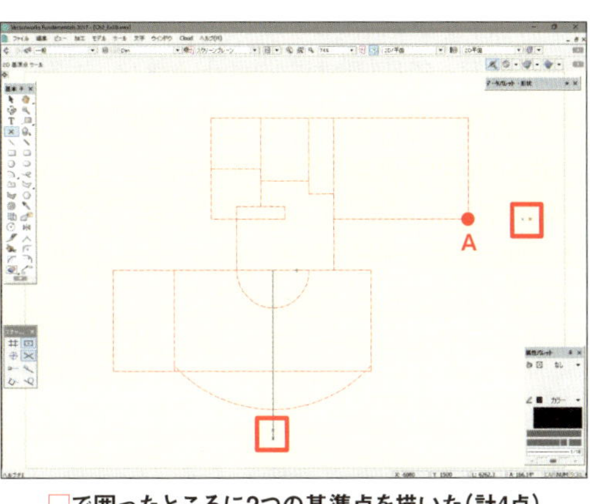

□で囲ったところに2つの基準点を描いた(計4点)

Step 020 寸法を記入する(1)

寸法を記入します。

❶【セレクション】ツールで空クリックする

❷ メニューの【ウインドウ】→【パレット】→【ツールセット】をクリックする

❸［ツールセット］パレットの「寸法/注釈」をクリックする

❹【縦横寸法】ツールをクリックする

※【縦横寸法】ツールのショートカットキーは［N］キーです。

❺ ツールバーで［全体寸法］モードをオンにする

そのまま次ステップに続きます。

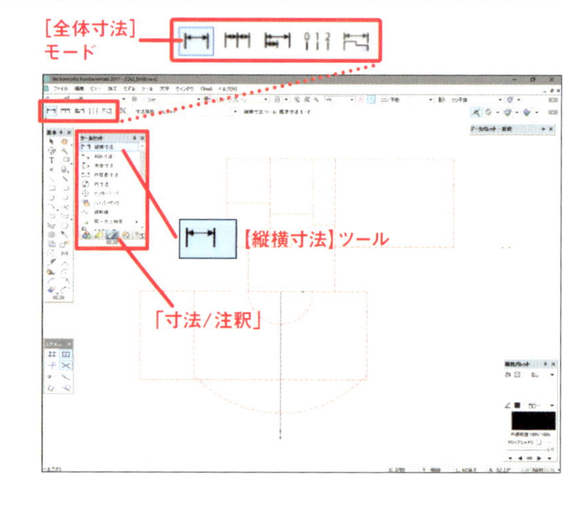

Step 021 寸法を記入する(2)

前ステップの続きです。

❶ X1点（端点）でプレスし、X5点（端点）でリリースし、A点（外側の基準点）をクリックする

❷ Y1点（中点）でプレスし、Y5点（端点）でリリースし、B点（外側の基準点）をクリックする

そのまま次ステップに続きます。

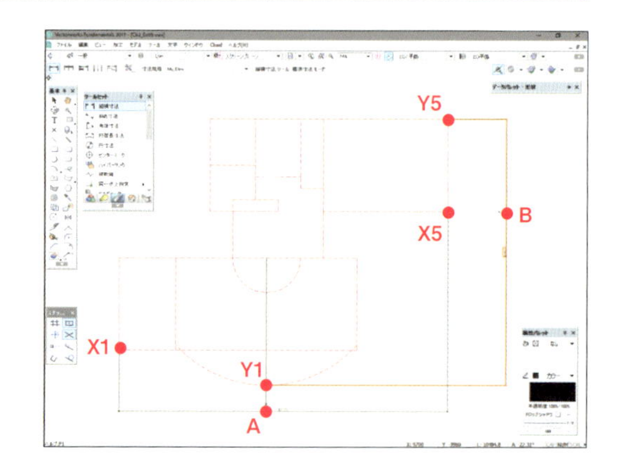

Step 022 寸法を記入する(3)

引き続き寸法を記入します。

❶ ツールバーで［直列寸法］モードをオンにする

❷ X1点（挿入点）でプレスし、X2点（端点）でリリースし、C点（基準点）をクリックする

※挿入点とは前に寸法のツールで指定した点のことです。

❸ X3点（交点）→X4（端点）をクリックし、X5点（挿入点）を2回クリックする

そのまま次ステップに続きます。

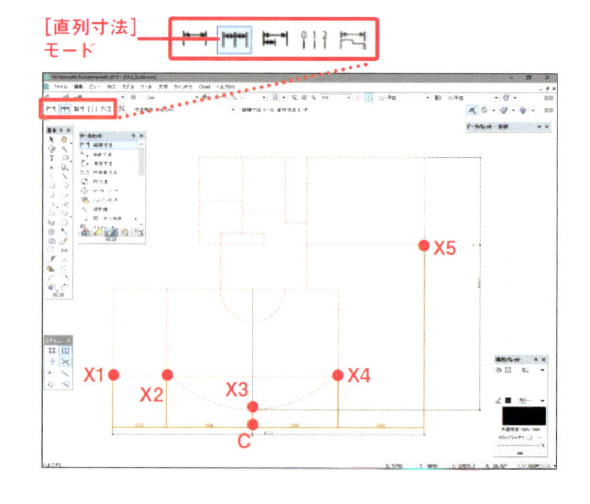

Step 023 寸法を記入する(4)

引き続き寸法を記入します。

❶ Y5点(挿入点)でプレスし、Y4点(挿入点)でリリースし、D点(基準点)をクリックする
❷ Y3点(端点)→Y2点(挿入点)をクリックし、Y1点(挿入点)を2回クリックする
❸【セレクション】ツールで空クリックする
❹ 最後にP線と4つの基準点を削除する
❺ [ツールセット]パレットを閉じる

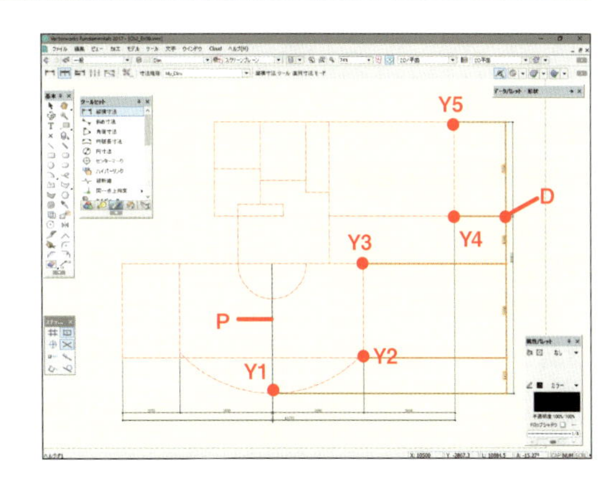

Step 024 文字の準備をする

文字を記入するための準備をします。

❶「Text」レイヤをアクティブレイヤにする
❷【レイヤ】をクリックする
❸「オーガナイザ」ダイアログで「C_Line」を「非表示」にする
❹「Misc」、「Window」、「Wall」、「Hatch」の4レイヤを「表示」にする
❺ [OK]をクリックする
❻ スナップパレットですべてのスナップをオフにする

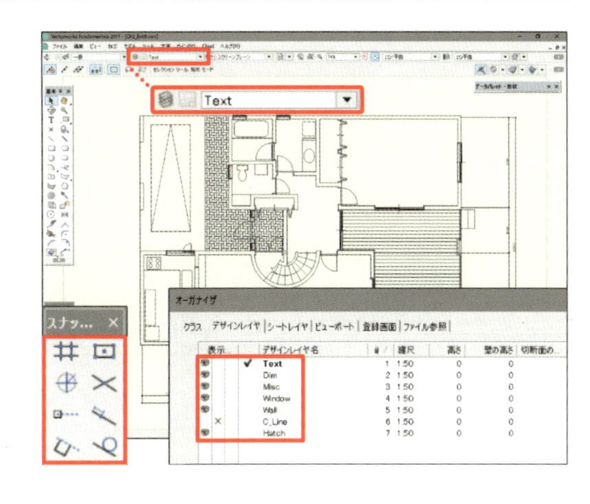

Step 025 文字を記入する(1)

室名を記入します。

❶ 図のように少し拡大表示する
❷ メニューの【文字】→【サイズ】→【10】をクリックする
❸【文字】ツールをクリックする
❹ A点あたりをクリックしてから＜**主寝室**＞をキーインする
※位置はアバウトでよいです(あとで調整します)。
❺ B点あたりをクリックしてから＜**玄関ホール**＞をキーインする
❻ C点あたりをクリックしてから＜**リビング・ダイニング**＞をキーインする

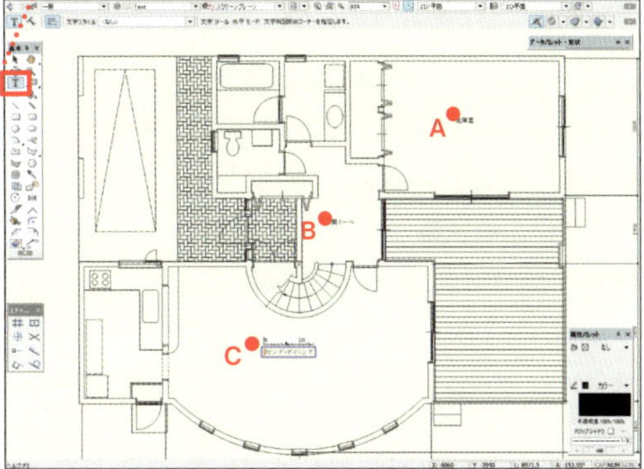

そのまま次ステップに続きます。

Step 026 文字を記入する(2)

室名を記入します。そして線と重なる室名の背景を不透明にします。

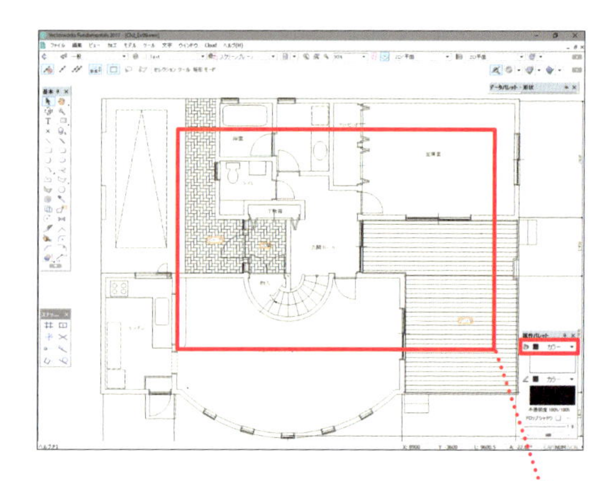

❶ 同じように＜**クロゼット**＞、＜**浴室**＞、＜**洗面室**＞、＜**トイレ**＞、＜**下駄箱**＞、＜**玄関**＞、＜**物入**＞、＜**ポーチ**＞、＜**キッチン**＞、＜**デッキ**＞を記入する

❷【セレクション】ツールで「ポーチ」、「玄関」、「デッキ」を選択する

❸ 属性パレットの面属性で「カラー」を選択する

Note

文字の記入時の面属性は「なし」です。これは「環境設定」ダイアログの《画面》タブで「文字にアミをかけない」をオンにしているからです。

「ポーチ」、「玄関」、「デッキ」の背景を不透明にしたところ

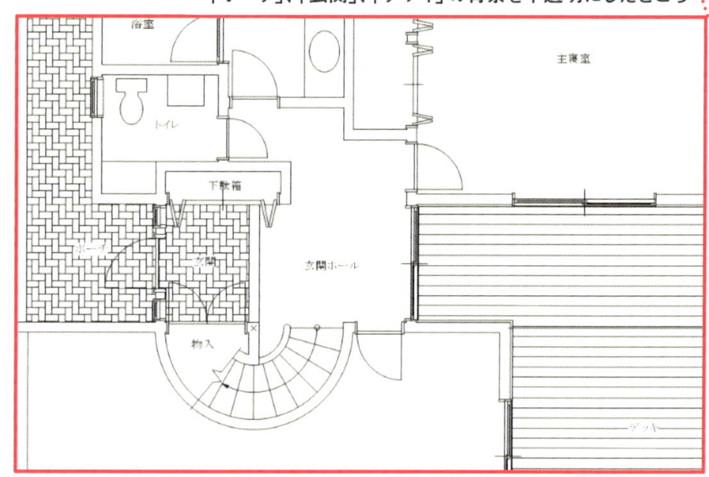

Step 027 文字を記入する(3)

室名の位置を調整します。個々の室名は【セレクション】ツールでドラッグすれば位置を変えられます。また複数の室名の位置揃えは【整列】コマンドを使います。

❶ 位置を変えたい室名はクリックしてからドラッグして位置を調整する

❷ 揃えたい室名、たとえば「ポーチ」、「玄関」、「玄関ホール」の3つの室名を選択する

❸ [Ctrl] ＋[@] キー (Mac ： [⌘] ＋[@] キー) を押す

※メニューの【加工】→【整列】→【整列】と同じ。

❹「整列」ダイアログで縦方向の「整列」と「上下中央」にチェックを入れてから[OK]をクリックする

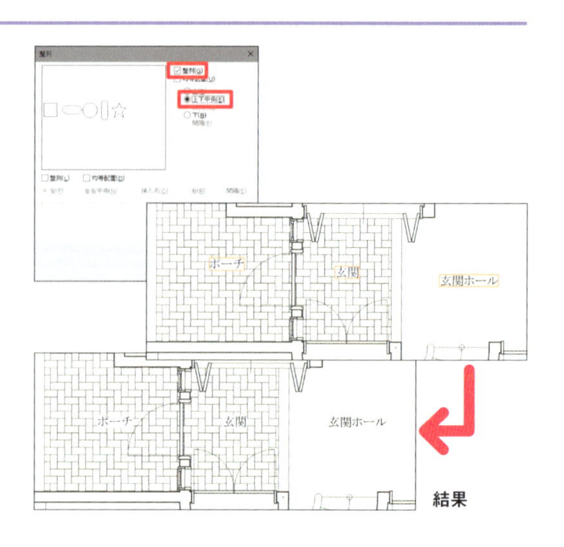

Step 028　文字を記入する(4)

最後に図面タイトルを記入して平面図が完成です。

❶ [Ctrl]＋[4] キー（Mac：[⌘]＋[4] キー）を押して用紙全体を表示させる
❷ メニューの【文字】→【サイズ】→【14】をクリックする
❸【文字】ツールをクリックする
❹ 図に示す位置に「1階平面図　S＝1/50」を記入する
❺【セレクション】ツールで空クリックする

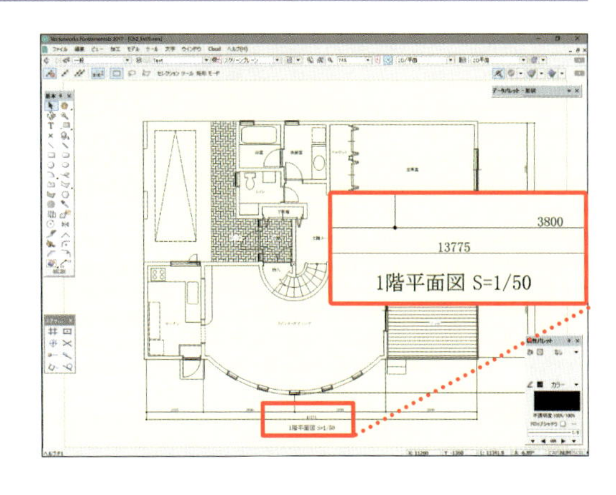

Step 029　データを保存する

以上で1階平面図が完成しましたのでファイルを保存します。

❶ メニューの【ファイル】→【別名で保存】を指示し、適当な名前、たとえば「my_Ch2_Ex09.vwx」といった名前を付けてファイルを保存する

完成ファイルとして「VW20xx_Data」フォルダの中の「Ch2」フォルダに「Ch2_Ex10.vwx」ファイルを用意しています。保存したデータと見比べて確認して下さい。

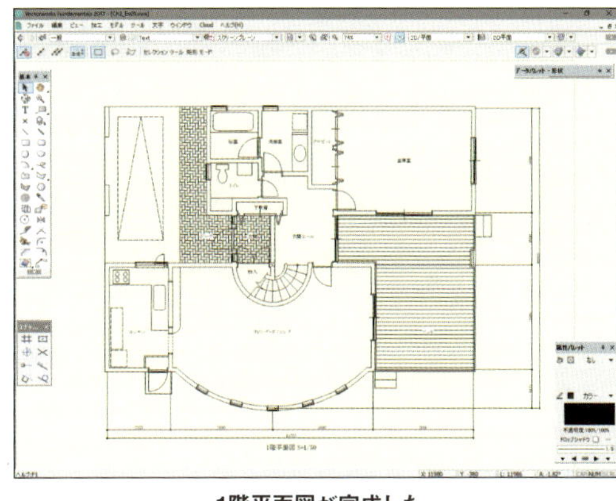

1階平面図が完成した

Chapter 1
Chapter 2 住宅の平面図を描く
Chapter 3
Chapter 4
Chapter 5
Chapter 6

Chapter

3

2D製図　Part 1

Vectorworksの機能のうち、2D製図に使う基本的な機能を解説します。
本章で取り上げる機能を理解すると、
たいていの建築図面を描けるようになります。
ただし文字と寸法は次章で解説します。
なお以降の図版はVectorworks 2017のものです。
Vectorworks 2018で大きく変わったところがあればその都度説明します。

3.1 画面コントロール

最初に画面コントロールの解説をします。画面コントロールとは作図ウィンドウを見やすくするために画面を拡大表示したり逆に縮小表示したり、あるいは表示部分をずらしたり（スクロール）することです。建築製図では壁や建具など細長い図形を多用しますので画面の切り替えを頻繁に行いながら作図を進めざるをえません。このため画面コントロールは建築製図用CADで重要な機能で、これが悪いCADはそれだけで使い物にならないCADといってよいほどです。さいわいVectorworks の画面コントロールは普通以上の水準にあります。
Vectorworks の画面コントロールには次の方法が用意されています。

◆ツール／コマンドで画面コントロールする
◆キーボードのキーを使って画面コントロールする
◆ホイールマウスのホイールを使って画面コントロールする

画面コントロールで多用するのは全体表示・拡大・縮小・スクロールの4機能です。他に補助機能として画面登録や前画面などがあります。
これから画面コントロールの目的ごとに操作方法を解説します。それぞれに複数の操作方法がありますが、よく使うと思われる方法から説明します。

3.1.1 用紙全体を見る

設定した用紙（A3判とかA1判など）を画面一杯に表示することを「用紙全体を見る」といいます。

[1] コマンドとショートカットキー

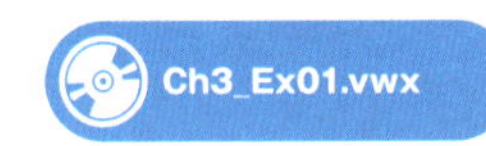

用紙全体を表示させる【用紙全体を見る】コマンドがあります。しかしこのコマンドをマウス操作でメニューをたどって指示するのは面倒なのでショートカットキーを使います。

❶ [Ctrl]＋[4] キー（Mac：[⌘]＋[4] キー）を押す

※メニューの【ビュー】→【ズーム】→【用紙全体を見る】をクリックするのと同じ。

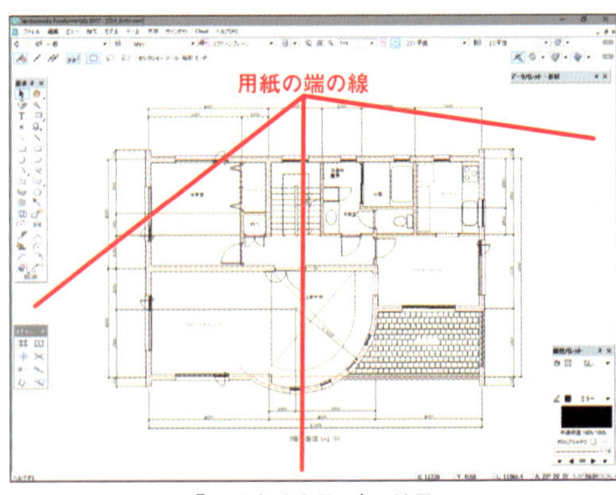

「用紙全体を見る」の結果
周囲に用紙の端の線（薄い色の線）が見える

ファイル 編集 ビュー 加工 モデル ツール 文字 ウインドウ Cloud ヘルプ(H)
ズーム ▸ 原寸で見る Ctrl+3 / 用紙全体を見る Ctrl+4 / 図形全体を見る Ctrl+6
他のクラスを
他のレイヤを
ビュー
投影の方法

画面コントロール用3コマンド
右側の「Ctrl＋3」などはショートカットキーを表している

> **Note** 【原寸で見る】コマンド
>
> メニューの【ビュー】→【ズーム】のサブコマンドに【原寸で見る】コマンドがあります。この「原寸」は印刷したときのサイズで表示する、すなわち印刷原寸で表示するという意味です。もし本当に印刷原寸なら画面にスケール（三角スケール）を当てれば寸法を読み取れるということになりますが、筆者のディスプレーで実際に試してみると印刷原寸よりかなり小さく表示されます。なお72dpiすなわち実寸1インチ（2.54cm）あたり72ドットのディスプレーなら印刷原寸で表示されるそうです。

［2］表示バーの［用紙全体を見る］ボタン

表示バーに［用紙全体を見る］ボタンがあります。ツールはショートカットキーよりは面倒ですが、メニューのコマンドよりは手間がかかりません。

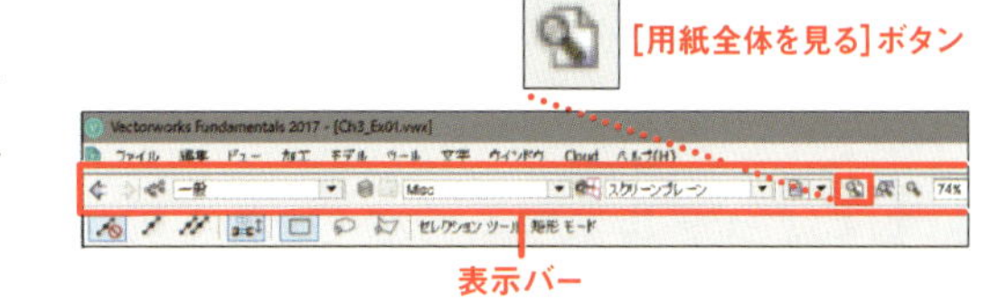

3.1.2 図形全体を見る

「図形全体を見る」は図面にある図形の全体を画面一杯に表示させるものです。用紙に比べて小さい図面を描いているときにとても便利です。逆に用紙の外側に参照用の図形を置いているときにそれらの図形を含めてすべてを見たいといったときにも役立ちます。

また選択図形があればその選択図形が画面一杯に表示されます。

［1］コマンドとショートカットキー

図形全体を表示させるコマンドがありますがこのコマンドもショートカットキーを使うのが普通です。

❶ [Ctrl]＋[6] キー（Mac：[⌘]＋[6] キー）を押す

※メニューの【ビュー】→【ズーム】→【図形全体を見る】をクリックするのと同じ。

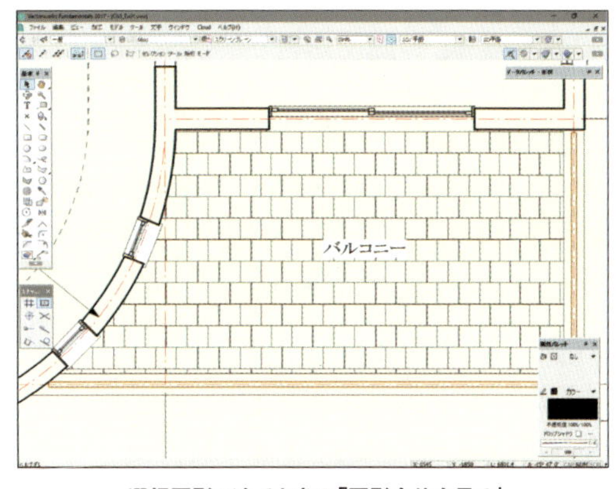

選択図形があるときの「図形全体を見る」

［2］表示バーの［図形全体を見る］ボタン

表示バーに［図形全体を見る］ボタンがあります。

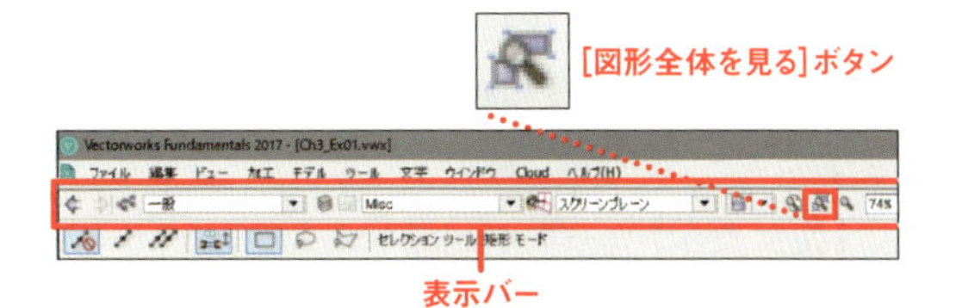

3.1.3 拡大表示と縮小表示

図面の部分を拡大して見たいときに使うのが「拡大表示」で、より広い範囲を表示させたいときに使うのが「縮小表示」です。

[1] ホイールマウスのホイールで拡大縮小

ホイールマウスのホイールボタンを奥方向に回すと画面が拡大し、手前に回すと縮小します。このときのマウスカーソルの位置が拡大・縮小の中心になります。

このホイールボタンによる拡大縮小はツール／コマンドでの作図中にも使えます（後述するスクロールも）。たとえば【直線】ツールでプレス→ドラッグ→リリースで線を描きますが、このドラッグの最中にホイールを回転して拡大縮小できます。

[2] ツールとショートカットキー

拡大・縮小に使うツールは【拡大表示】ツールでこのショートカットキーは[C] キーです。

❶【拡大表示】ツールをクリックする

※[C] キーを押しても同じ。

❷拡大したい部分をプレス→ドラッグ→リリースで範囲指定する

※[Alt] キー（Mac :[option] キー）を押しながら範囲指定をすると拡大ではなく縮小になります。

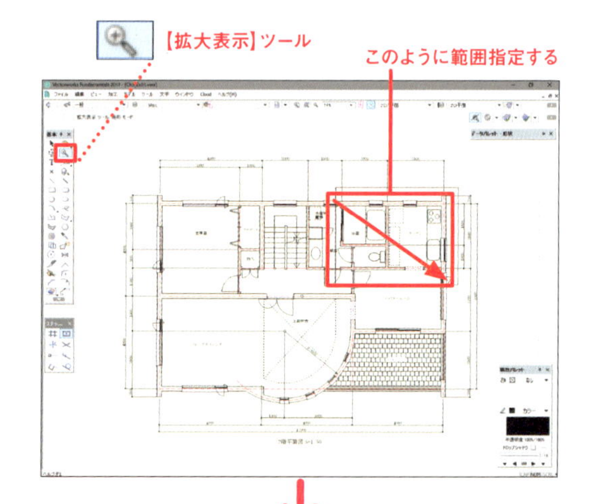

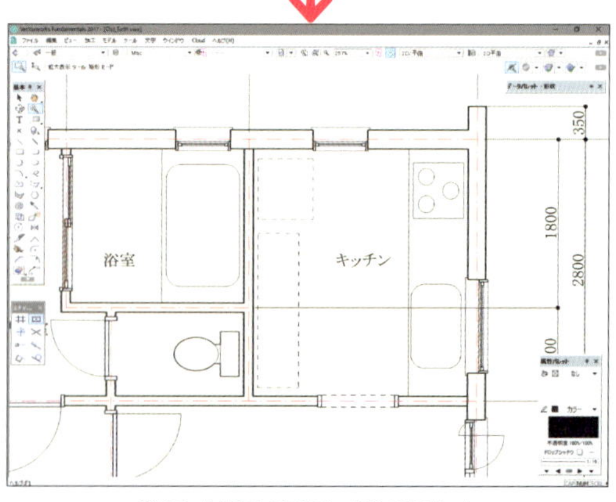

指定した範囲が画面一杯に広がった

[矩形]モード
[インタラクティブ]モード
ファイル 編集 ビュー 加工 モデル ツール 文字
一般
Misc
拡大表示 ツール: 矩形 モード

【拡大表示】ツールは範囲指定して使うのが普通ですが、クリックすることもあります。クリックするとそのクリックした位置を中心に拡大します。そして[Alt] キー（Mac :[option] キー）を押しながらクリックすると拡大ではなく縮小になります。

ツールパレットの【拡大表示】ツールをダブルクリックすると画面の中心を中心にして拡大します。これは[C] キーを2回押しても同じ結果になります。

【拡大表示】ツールが起動するとツールバーに2つのモードが現れます。左側が[矩形] モードで範囲指定による拡大縮小するモードです。右側は[インタラクティブ] モードでこのモードでは画面をドラッグして使います。上方向にドラッグするとスムーズに連続的に拡大し、下方向にドラッグすると縮小します。

[3] 表示バーの[拡大表示]ボタン

表示バーに[拡大表示]ボタンがあります。これをクリックすると前項の【拡大表示】ツールをダブルクリックしたときと同じ結果になりますが、他のツール/コマンドの起動中にも使えるところが違います。このボタンも[Alt]キー(Mac:[option]キー)を押しながら使うと縮小表示になります。

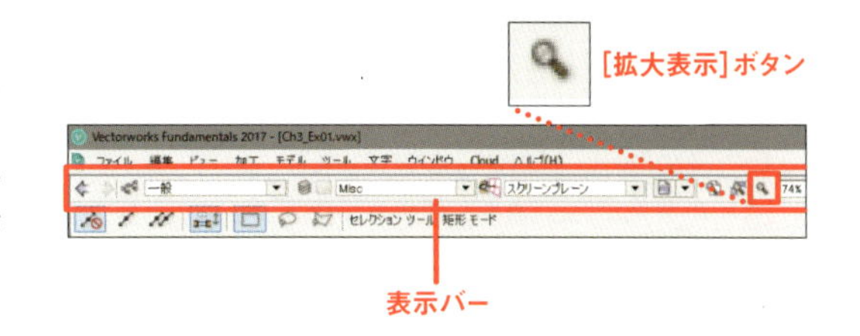

[4] ショートカットキーで拡大縮小

ツール/コマンドと関連していない画面コントロール用のショートカットキーがあります。

[Ctrl]+[1]キー(Mac:[⌘]+[1]キー)が拡大表示で、[Ctrl]+[2]キー(Mac:[⌘]+[2]キー)が縮小表示です。この2つのショートカットキーは何らかの理由でマウスを使えないときに有用です。

3.1.4 画面スクロール

画面をずらして画面の外にある部分を見えるようにすることを「画面スクロール」といいます。

画面スクロールもホイールマウスから説明します。

[1] ホイールマウスで画面スクロール

ホイールマウスのホイールボタンを押して(プレスして)ドラッグすると画面がスクロールします。これは他のツール/コマンド使用中でも使えます。

[2] ツールとショートカットキー

画面スクロール用のツールは【パン】ツールで、このツールのショートカットキーは[H]キーです。

❶【パン】ツールをクリックする

※[H]キーを押しても同じです。

❷任意の位置にカーソルを置き、ドラッグすると画面がスクロールする

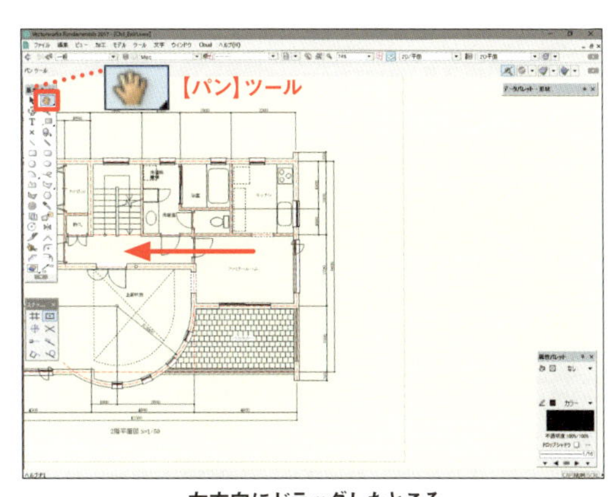

左方向にドラッグしたところ

Note　[スペース]キーでスクロール

【パン】ツールには特殊なショートカットキーがあります。それは［スペース］キーで、作図中に［スペース］キーを押すとその間だけ【パン】ツールに切り替わるというものです。これはドラッグ中でも使えます。その操作の一例を次に示します。

❶【四角形】ツールで1点目でプレスし2点目に向かってドラッグする
❷［スペース］キーを押したまま画面をドラッグしてスクロールする
❸［スペース］キーから手を離す
❹【四角形】ツールに戻るので2点目をクリックする

なお［スペース］キーを押してスクロールに切り替えられるのはAdobe PhotoshopやAdobe Illustratorと同じです。これらのソフトのユーザーには嬉しい機能だと思います。

以上で画面コントロールの主要4機能（全体表示・拡大・縮小・スクロール）の説明が終わりました。このあと画面登録など補助機能について説明しますが、その前に「ビュー」について注意点があるので説明します。

3.1.5 ビューの注意点

ビューは「視点」という意味で3D（3次元）で使います。本書は3D機能は取り上げないので2D以外のビューを使いません。しかし何らかの理由で3Dのビューになっている場合があります。3Dのビューになっていても2D図形しかないとバックの色が少し変わりますが気が付かないことがあります。しかし3Dのビューになっていると他のレイヤに対してスナップが利かないなど支障があります。いままでスナップが利いていたのに突然スナップが利かなくなったという場合は、まずはビューから調べてください。

そこで3Dビューになっているかを確認する方法から説明します。

［1］ビューの確認

2Dのビューか3Dのビューかはレイヤリストを見ると分かります。

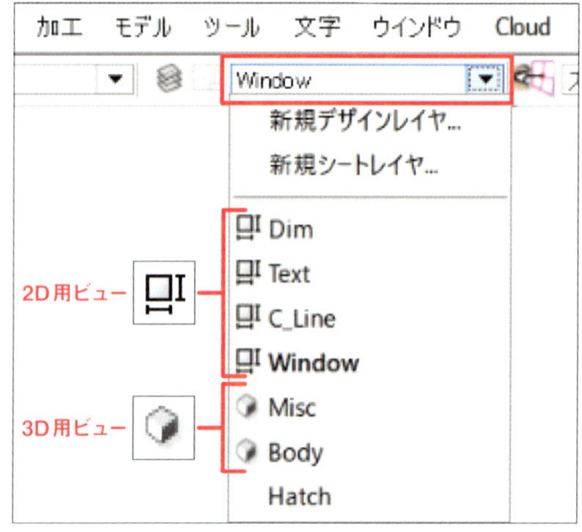

レイヤリスト

［2］ビューを2D用に揃える

上図のレイヤリストは2D用ビューと3D用ビューが入り混じっています。このままでは2D製図が難しくなりますのですべてを2D用に変えます。

❶アクティブレイヤが2D用ビューになっているのを確認する。もし3D用ビューになっていたら[Ctrl]＋[5]キー（Mac：[⌘]＋[5]キー）を押す

※メニューの【ビュー】→【ビュー】→【2D/平面】と同じ。

❷メニューの【ビュー】→【全レイヤの表示を揃える】をクリックする

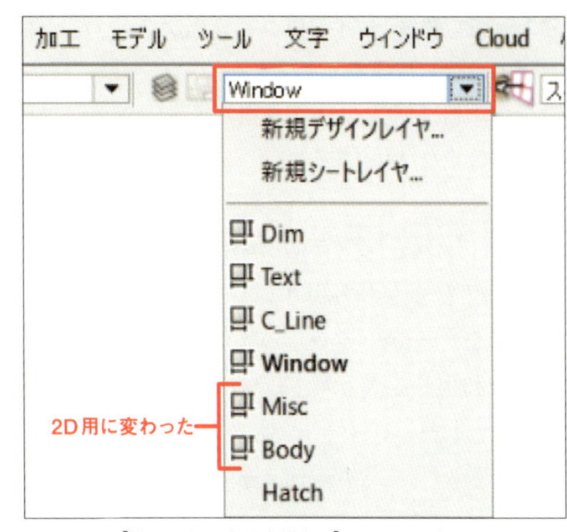

【全レイヤの表示を揃える】コマンドの結果

レイヤリストを見ると「Hatch」レイヤ以外のレイヤが2D用ビューに変わりました。「Hatch」レイヤは非表示レイヤでビューのマークが付いていませんが【全レイヤの表示を揃える】コマンドを実行したので2D用ビューになっています。

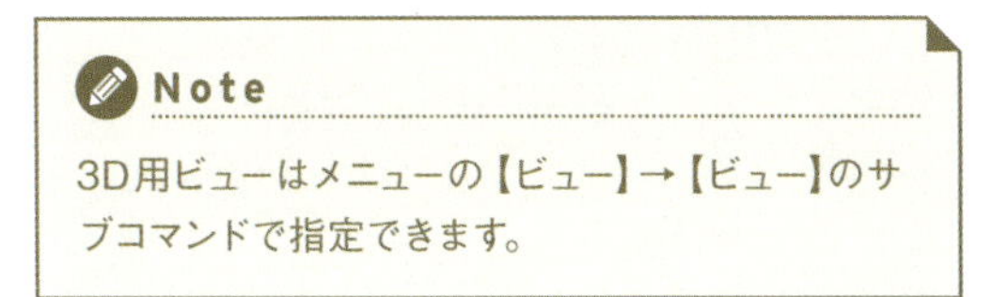

Note

3D用ビューはメニューの【ビュー】→【ビュー】のサブコマンドで指定できます。

表示バーでアクティブレイヤのビューの種類が分かります。本書が取り扱う範囲では常に「2D/平面」と表示されていなければなりません。

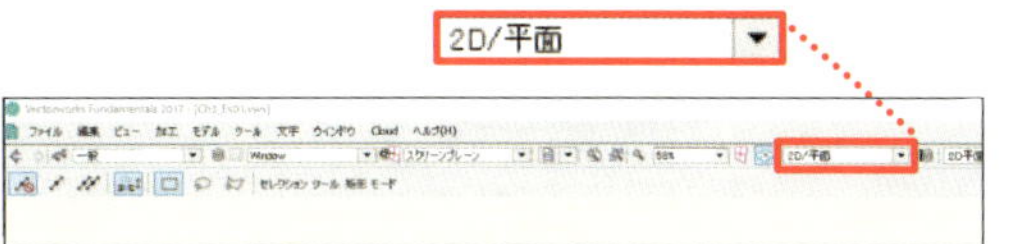

3.1.6 画面の登録と再現

画面登録はとても役に立つ機能です。たとえば平面図で水回りを拡大表示させたときに「水回り」という名前で画面登録をしておきます。次回、同じ画面の状態にしたいとき登録した「水回り」を呼び出すだけで再現できます。

[1] 画面を登録する手順

まず画面を登録する方法を説明します。

❶画面コントロールの機能を使って表示範囲を、たとえば水回りを表示させる

❷表示バーの[登録画面]ボタンをクリックし、メニューの【画面を登録】をクリックする

※メニューの【ビュー】→【画面を登録】と同じ。

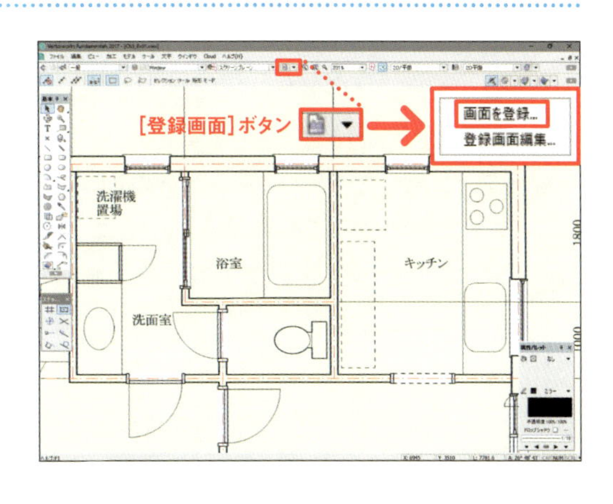

❸「画面を登録」ダイアログで適当な名前、たとえば<**水回り**>をキーインする
❹他の項目はデフォルトのままとする(図参照)
❺[OK]をクリックする

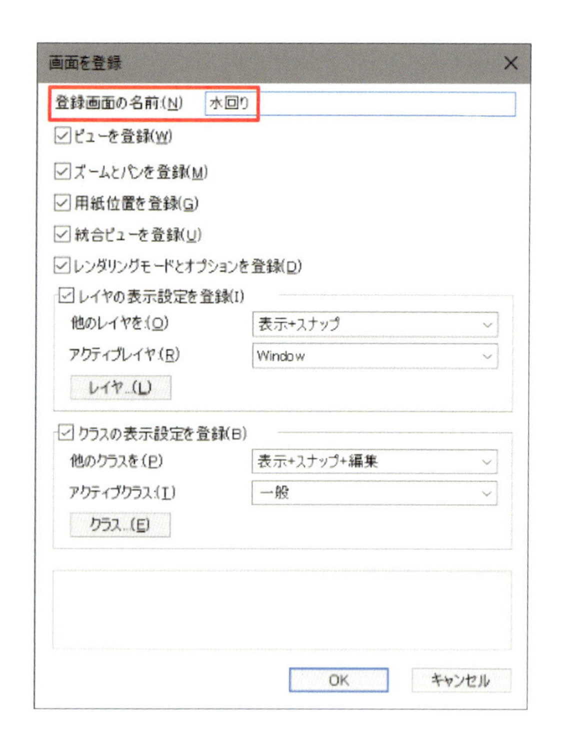

「画面を登録」ダイアログの内容を見ると表示範囲の登録すなわち現在「ズームとパンを登録」だけでなくレイヤ/クラスの状態も保存できます。これを利用して表示範囲ではなくレイヤの状態(表示/非表示のセット、他のレイヤ編集可能など)を保存することにも使えます。

[2] 登録した画面の再現

登録した画面の再現方法を説明します。

❶表示バーの[登録画面]ボタンをクリックし、メニューにある登録名(ここでは「水回り」)をクリックする

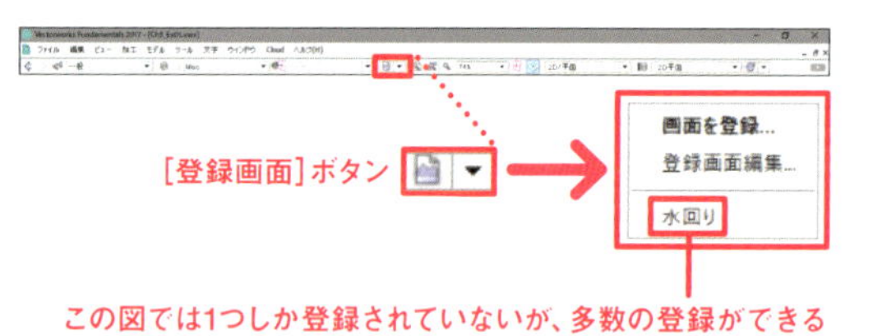

3.1.7 「前の画面」と「次の画面」

画面コントロール機能で画面の表示を変えたとき、作業のあとで元に戻したいときがあります。画面を登録すれば元に戻すことできますが、登録するほどではないというときに使います。

画面を元に戻したいときは表示バーの[前の画面]ボタンをクリックします。これを繰り返すと何段階も戻りますが、戻しすぎたときは[次の画面]ボタンをクリックします。

3.1.8 方向キーでナッジ(オブジェクト移動)

方向キー(←↑↓→の4キー。矢印キーともいう)で画面を矢印の方向にスクロールできます。矢印の方向は用紙の動く方向ではなく目が動く方向、たとえば下の隠れている部分を見たいときには下向きの方向キー(↓)を押します。

スクロールはホイールボタンでのドラッグなどもっと良い方法がありますので方向キーによるスクロールの出番はあまりありません。そこで方向キーには別の役目、たとえばオブジェクトの移動、少しずつ移動の「ナッジ」に使うほうが役立ちます。この設定方法を説明します。

1. メニューの【ツール】→【オプション】→【環境設定】をクリックする
2. 「環境設定」ダイアログで《描画》タブをクリックする
3. 「ナッジ(距離を設定)」で「矢印キー」を選択する
4. 「カスタム距離」にチェックを入れる
5. カスタム距離の欄に適当な距離、たとえば<100>mmをキーインする
6. [OK]をクリックする

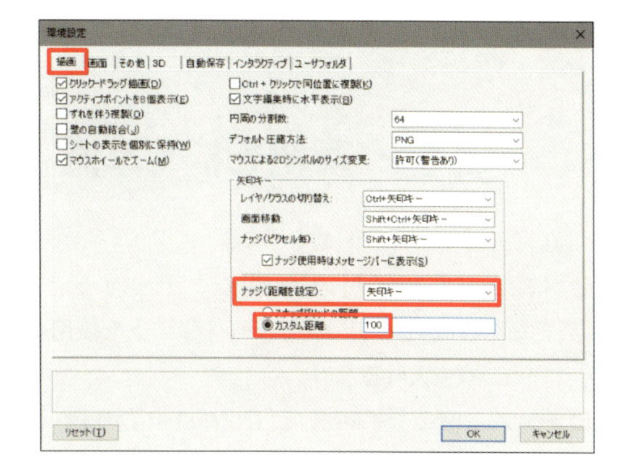

以上の設定で方向キーを1回押すたびに選択オブジェクトが矢印の方向に100mmずつ移動します。

なおデフォルトの設定(画面スクロール)に戻すには「環境設定」ダイアログの《描画》タブの「画面移動」で「矢印キー」を選択します。

Note スナップルーペ

[Z]キーを押すとカーソル近くの拡大図が別ウィンドウ(スナップルーペという)で表示されます。作図中に混み合った場所で正確にスナップさせたいときに用います。
間違ってスナップルーペを開いたときはスナップルーペの外側をクリックするか、[Esc]キーを押して閉じます。

Note ショートカットキー

画面コントロールの説明の中でいくつものショートカットキーを紹介しました。ここでそれらを表にまとめます。

内容	ショートカット	
	Windows	Mac
拡大表示	C	C
その場で拡大表示	Cを2回	Cを2回
	Ctrl+1	⌘+1
その場で縮小表示	Ctrl+2	⌘+2
原寸で見る	Ctrl+3	⌘+3
用紙全体を見る	Ctrl+4	⌘+4
ビュー→2D/平面	Ctrl+5	⌘+5
図形全体を見る	Ctrl+6	⌘+6
パン	H	H
パン(割り込み)	スペース	スペース

ショートカットキーを使うときは日本語入力をオフにしてください。

3.2 直線を描く

直線はもっとも基本的な図形ですので、直線の描きかたをマスターすれば他の図形の描きかたも自然に理解できるようになります。直線は「直線であること」を宣言し、「始点と終点の2点」を指定すれば確定します。直線であることは【直線】ツールを使うのが決まっているので、あとは2点をどう指定するかだけが操作の内容になります。

Vectorworksの直線を引く方法は何種類もあります。これらの方法に優劣はなく、そのときそのときの状況に一番適した方法を用います。このためすべての方法を使えるようにしてください。

3.2.1 直線を描く準備

直線を描く練習の準備をします。

❶ メニューの【ファイル】→【新規】をクリックする
❷「用紙の作成」ダイアログで「テンプレートを使用」にチェックを入れる
❸ テンプレートファイルとして「Default.sta」を選択する
❹ [OK] をクリックする
❺ グリッドが表示されていたらスナップパレットの【グリッドスナップ】をダブルクリックし、「グリッド設定」ダイアログの「グリッドを表示」をオフにする
❻ スナップパレットですべてをオフにする
❼ [Ctrl]＋[4] キー（Mac：[⌘]＋[4]）キーを押す

※メニューの【ビュー】→【ズーム】→【用紙全体を見る】と同じ。

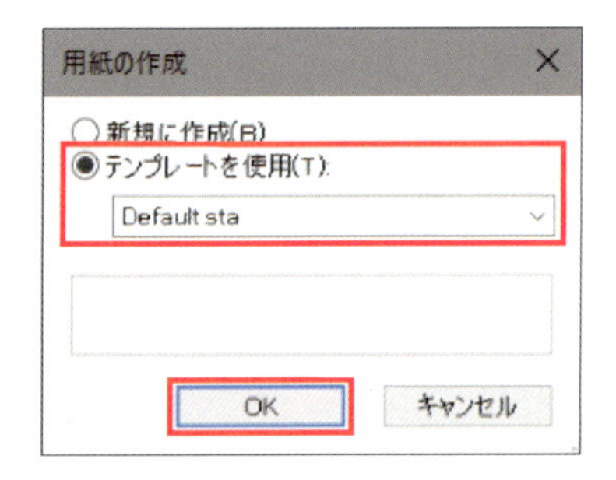

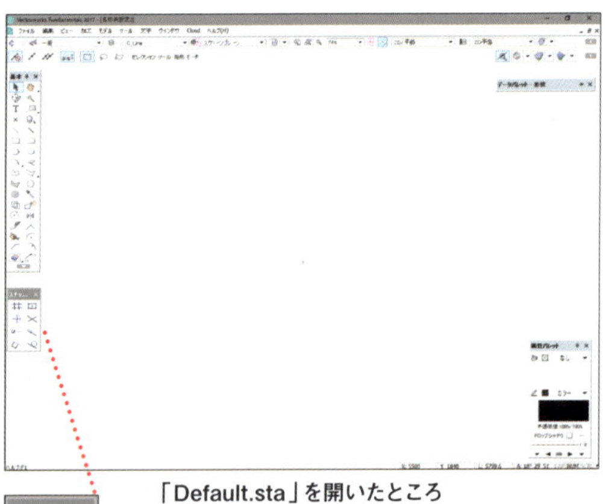
「Default.sta」を開いたところ

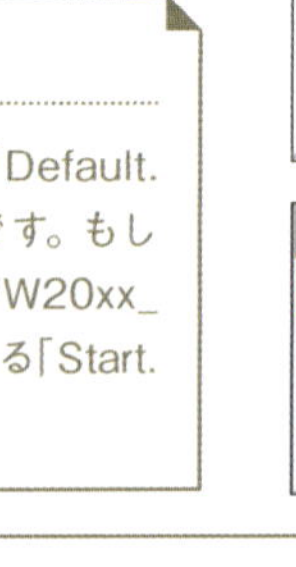

【グリッドスナップ】

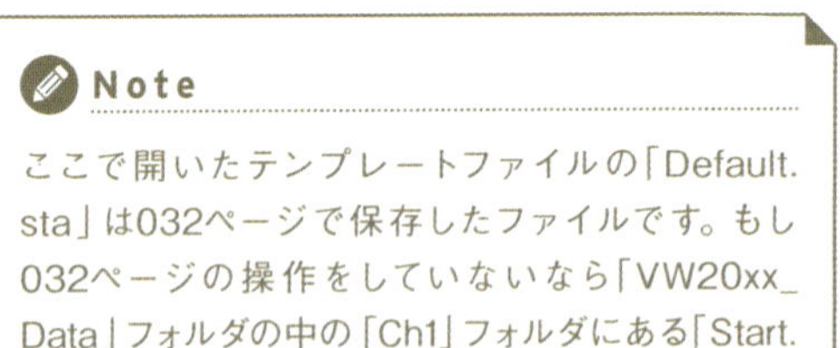
Note

ここで開いたテンプレートファイルの「Default.sta」は032ページで保存したファイルです。もし032ページの操作をしていないなら「VW20xx_Data」フォルダの中の「Ch1」フォルダにある「Start.vwx」を開いて練習してください。

Note

上のNoteに「VW20xx_Data」フォルダという用語があります。これは「VW2017_Data」フォルダあるいは「VW2018_Data」フォルダのことです。使用しているVectorworks(VW)のバージョンと一致するフォルダにあるファイルで練習するという意味です。この説明は以後省略します。

3.2.2 直線その1「2点指示法」

❶【直線】ツールをクリックする
❷ツールバーで[任意角度]モードと[頂点]モードをオンにする
❸作図ウィンドウの適当な位置(A点)でプレスし、ドラッグ→B点でリリースして線を描く
❹ツールバーで[中心]モードをオンにする
❺作図ウィンドウの適当な位置(C点)でプレスし、ドラッグ→D点でリリースして線を描く

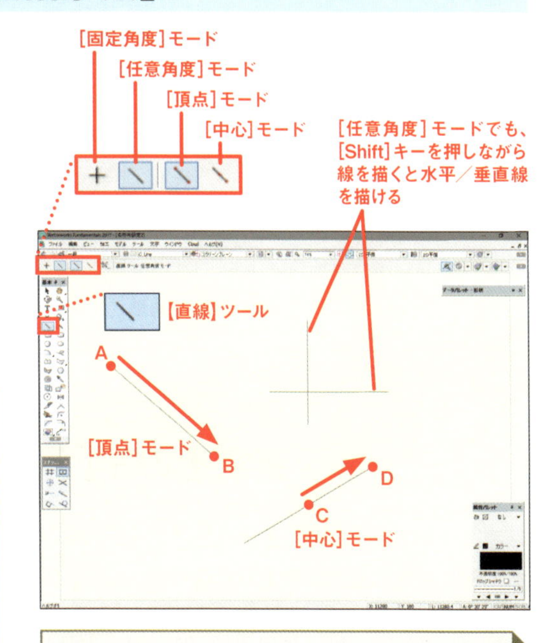

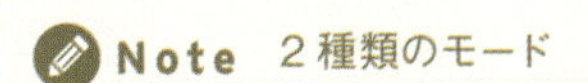

Note 2種類のモード

【直線】ツールには2種類のモードがあります。
◆[任意角度]モードは自由な角度の直線を描く
◆[固定角度]モードは描く直線が一定の角度に固定される。角度は水平・垂直の他に水平線に対し30°や45°がある。
[任意角度]モードで[Shift]キーを押しながら【直線】ツールを使うと[固定角度]モードと同じ結果になります。しかし[固定角度]モードで[Shift]キーを押しても変わりません。
ツールバーのボタンをクリックするより[Shift]キーでモードを切り替える方が簡単なので、【直線】ツールでは常に[任意角度]モードにしておくことをお勧めします。

Note 自動スクロール

図形を描くときマウスカーソルが画面の端にぶつかると、画面が自動的にスクロールします。この自動スクロールはVectorworksの特徴の一つです。マウス操作に慣れないうちは不安になるかもしれませんが、とても便利な機能なので積極的に利用してください。

3.2.3 直線その2「生成法」

直線を引く2番目の方法は直線のサイズ(長さ)をあらかじめ決めておいて、それを配置して直線を描く方法です。

❶【直線】ツールをダブルクリックする
❷「生成」ダイアログで描きたい直線のサイズを数値でキーインする
❸基点の位置を指定する
❹[OK]をクリックする
❺作図ウィンドウの任意の位置(A点)でクリックする

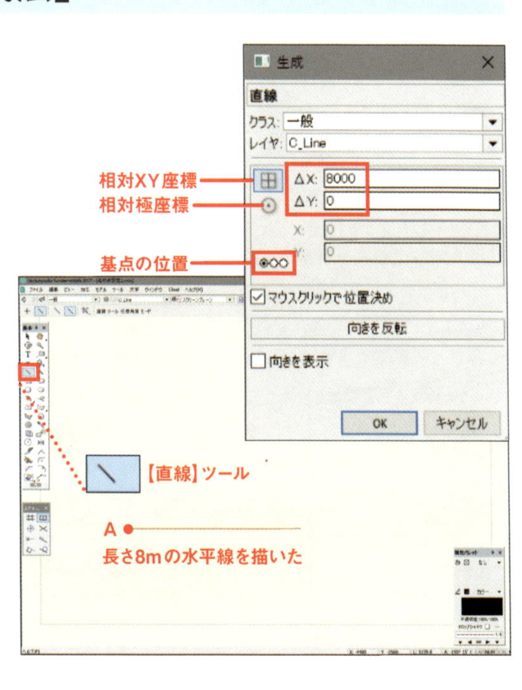

Note 線の長さと方向

生成法で描く直線はあらかじめ直線の長さ／方向を決めます。直線の長さ／方向を指定する方法は「相対XY座標」による方法と「相対極座標」による方法がありますが、たいていは「相対XY座標」を使います。なお「△X」は「デルタX」と読みます。

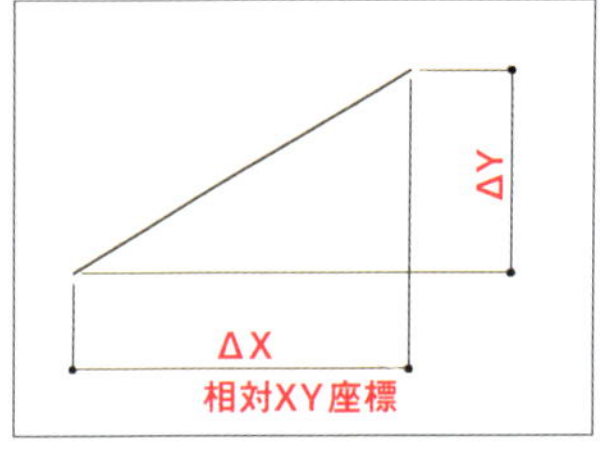

相対XY座標

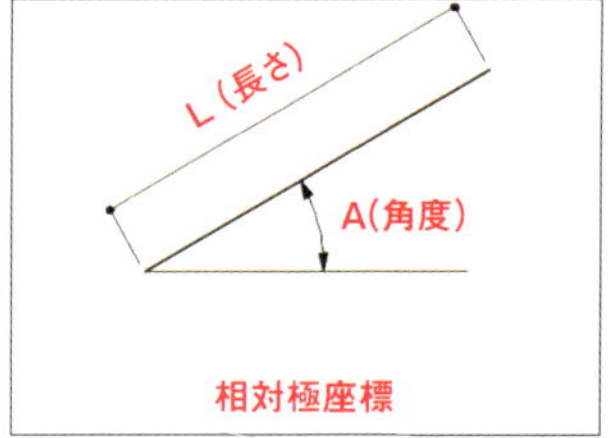

相対極座標

3.2.4 直線その3「データパレット法」

アバウトに描いた図形をデータパレットを用いて正確な長さ／方向に変える方法です。このテクニックにより「アバウトに描いてあとで正確な図面にする」というVectorworks独特の手法が可能になります。第2章でもこのテクニックを多用しています。

❶【直線】ツールで適当な直線を描く

❷直線が選択されているのを確認する

❸データパレットが画面に無いときはメニューの【ウインドウ】→【パレット】→【データパレット】をクリックする

❹図のようにデータパレットの《形状》タブで基点を設定してから△X、△Yをキーインする

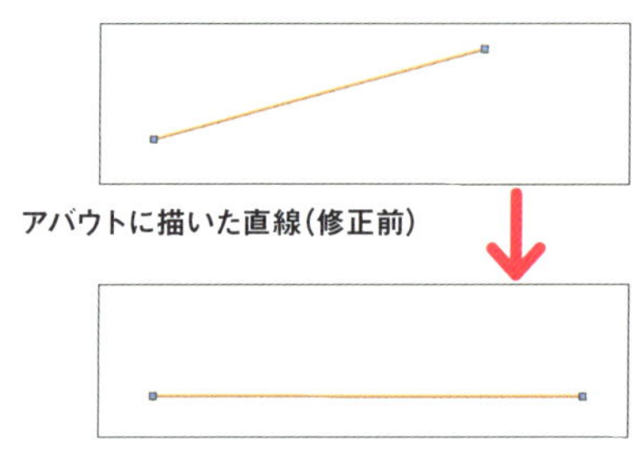
アバウトに描いた直線（修正前）

正確なサイズにした直線（修正後）

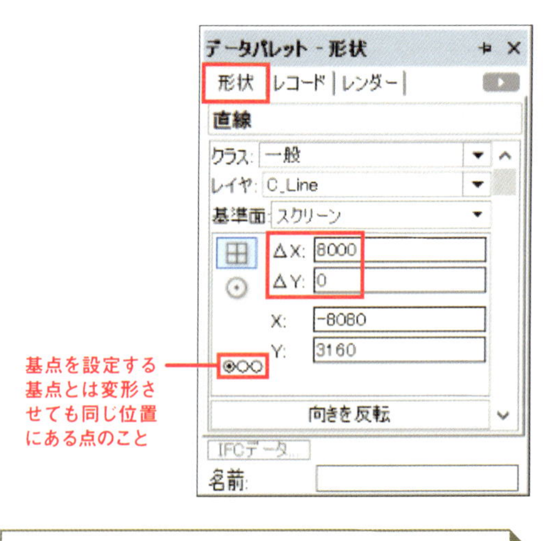

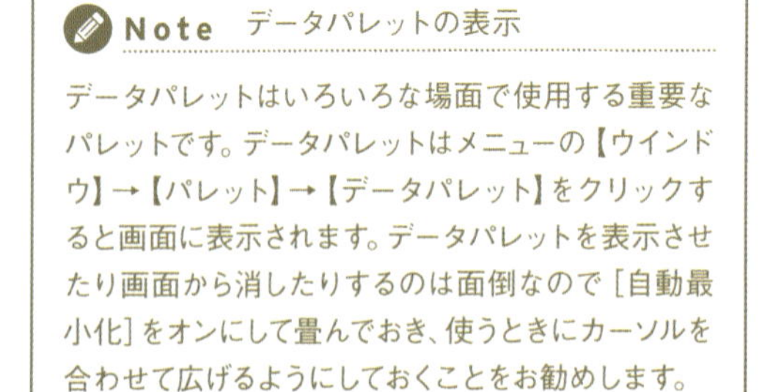

Note データパレットの表示

データパレットはいろいろな場面で使用する重要なパレットです。データパレットはメニューの【ウインドウ】→【パレット】→【データパレット】をクリックすると画面に表示されます。データパレットを表示させたり画面から消したりするのは面倒なので［自動最小化］をオンにして畳んでおき、使うときにカーソルを合わせて広げるようにしておくことをお勧めします。

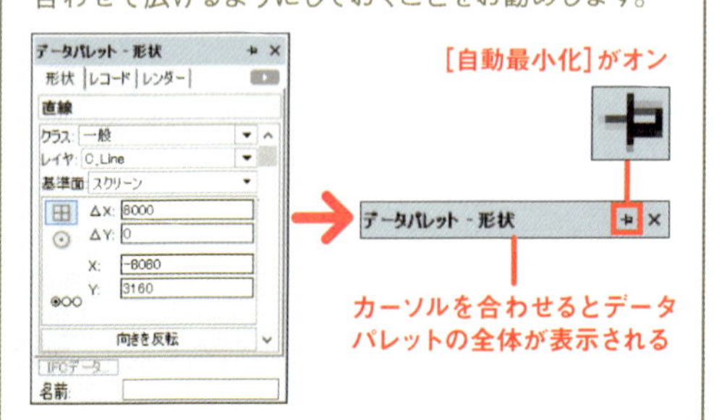

Note データパレットが空欄だったら

図形を描いた直後は、その図形が選択状態になっているのでデータパレットにその図形のデータが現われますが、なんらかの理由で選択が解除されると空欄になります。そのときは【セレクション】ツールで図形をクリックして選択します。
「選択」はとても重要な機能なので147ページで詳しく説明します。

3.2.5 直線その4「データバー法」

データバー法はもっとも効率の良い方法ですが、操作中にやや緊張します。前項のデータパレット法を使っても結果は同じなので、そのときの気分・体調で使い分けてください。

データバーはフローティングデータバーと固定2Dデータバーの2種類ありますので、どちらを使うかを選択するところからはじめます。

[1] フローティングデータバーの設定

フローティングデータバーとは作図中にカーソルのそばに表示される数値入力用のフィールド(数値入力ボックス)のことです。

❶ツールバーの右端にある[データバーとグループオプション]ボタンをクリックする

❷「フローティングデータバーを表示」をオンにする

以上の操作で図形を描くときカーソルのそばにフローティングデータバーが表示されます。データバーの内容は「主要な情報」から「すべての情報」まで3段階の項目を選べますが普通は「主要な情報」で十分です。

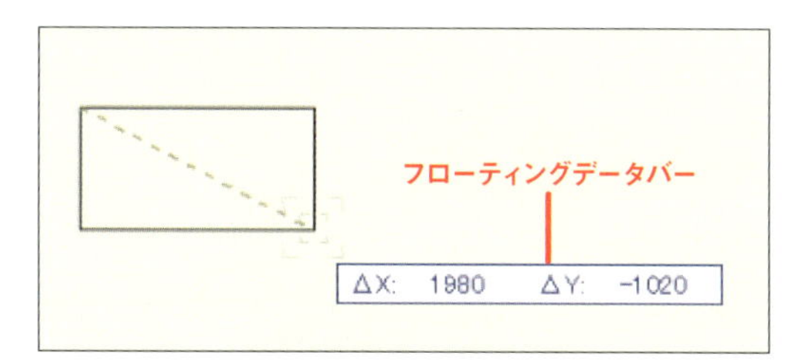

四角形を描いているところ
主要な情報のみ表示

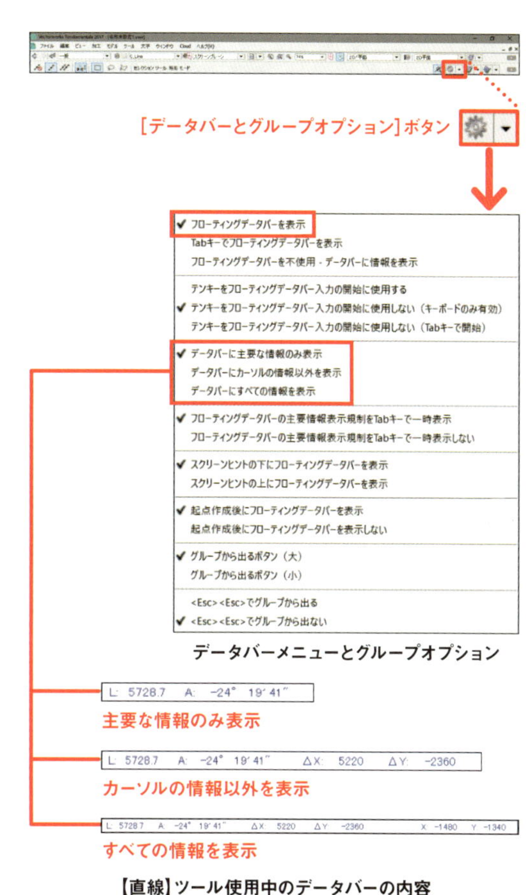

データバーメニューとグループオプション

【直線】ツール使用中のデータバーの内容

カーソルのそばにフローティングデータバーを表示させるとうるさく感じることがあります。そんなときはデータバーメニューの「Tabキーでフローティングデータバーを表示」を使います。これなら必要なときだけ[Tab]キーを押してフローティングデータバーを呼び出せます。

また「フローティングデータバーを不使用 - データバーに情報を表示」を選択するとフローティングデータバーは表示されなくなります。

これがデータバー

「フローティングデータバーを不使用 ― データバーに情報を表示」をオンにすると「データバー」が表示される。画面が狭くなるのでお勧めしない

[2] データバー法で直線を描く

直線をデータバー法で描きます。データバーの種類はフローティングデータバーで主要な情報のみ表示させる設定とします。

例として長さ4000mm、角度90°の直線を描いてみます。

❶【直線】ツールをクリックする

❷作図ウィンドウの適当な位置（A点）でプレスする

※このあとプレスしたまま❸～❺の操作をします。

❸[Tab]キーを押してデータバーの「L」の数値を反転させる

❹<4000>をキーインして[Tab]キーを押す

※[Tab]キーを押すと数値が確定し、次の項目（「A」）の数値が反転します。

❺「A」の欄に<90> をキーインし、[Enter]キーを押す

❻リリースする

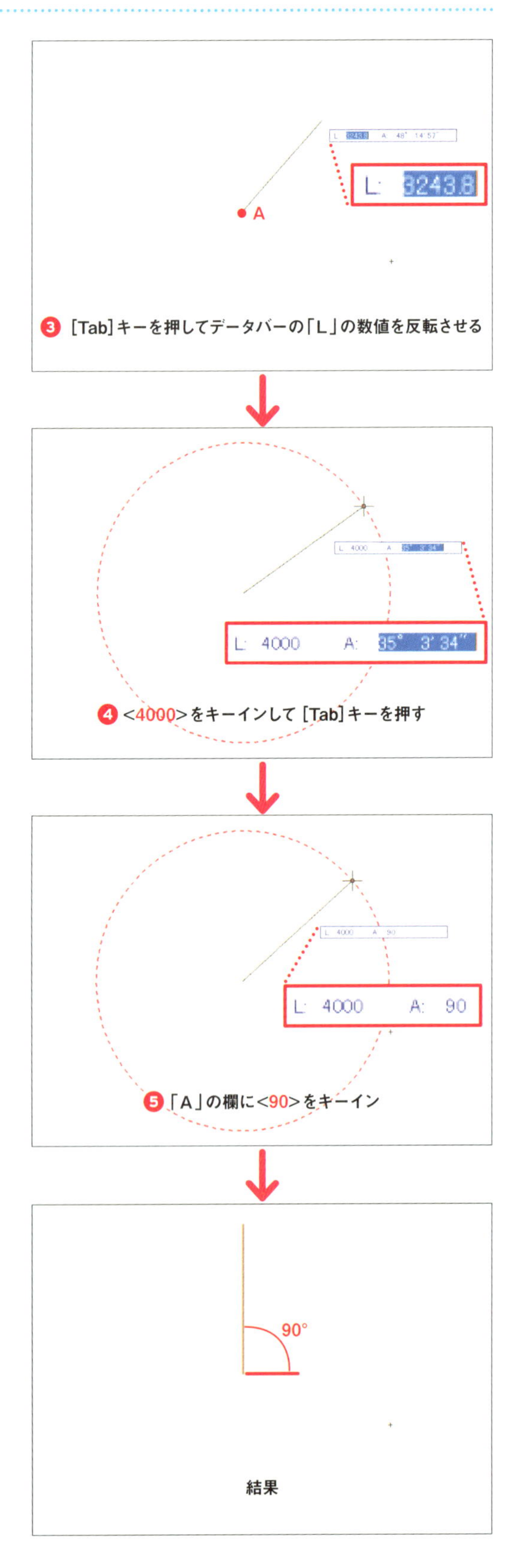

❸ [Tab]キーを押してデータバーの「L」の数値を反転させる

❹ <4000>をキーインして [Tab]キーを押す

❺「A」の欄に<90>をキーイン

結果

> **Note** データバーの記号の意味
>
> 描く図形によってデータバーの欄の内容が変わります。欄には略号が付いていますのでその意味を以下に記します。なお円弧のように「半径」、「始発角度」、「終着角度」、「円弧角」といった略号でない項目名もあります。
>
> L：図形の長さ
> A：図形の角度
> X：カーソル位置のX座標
> Y：カーソル位置のY座標
> △X：図形のX方向差分
> △Y：図形のY方向差分

3.3 図形を消去する

Vectorworksを修得するためには実際に図形を何回も描いて身体で覚えるのが近道です。図形をたくさん入力すると作図ウィンドウが図形で埋まってしまうので、図形の消去の方法を早めに覚えてください。

3.3.1 全図形を一気に消去する

全図形をいっぺんに消去するには全図形を選択してから消去コマンドを起動します。

❶ [Ctrl] + [A] キー (Mac : [⌘] + [A] キー) を押す

※メニューの【編集】→【すべてを選択】と同じ。

❷ [Delete] キーまたは [Backspace] キーを押す

※メニューの【編集】→【消去】と同じ。

[Delete] キー／ [Backspace] キーを使っていますが、これは【編集】→【消去】のショートカットキーです。【消去】コマンドのように頻繁に使うコマンドはふつうはショートカットキーを使います。また【すべてを選択】コマンドのショートカットキーは[Ctrl] + [A] キー (Mac :[⌘] + [A] キー) で、"A"は"All"の"A"と覚えます。

全図形を消去するつもりで操作したのに図形が残ることがあります。これは編集不可のレイヤ(196ページ)あるいは編集不可のクラスにある図形の場合です。編集不可のレイヤやクラスにある図形も消去したいときは次のように操作してから消去してください。

❶ メニューの【ビュー】→【他のレイヤを】→【表示+スナップ+編集】をクリックする

❷ メニューの【ビュー】→【他のクラスを】→【表示+スナップ+編集】をクリックする

※レイヤは「表示+スナップ」が、クラスは「表示+スナップ+編集」が普通の状態です。

選択方法については147ページで詳しく説明します。ここではとりあえず全図形の選択と、単独の図形を選択する方法を説明しました。

3.3.2 図形を一つ消去する

図形を一つだけ消去するには対象図形を選択してから【消去】コマンドをクリックします。

❶【セレクション】ツールをクリックする
❷消したい図形をクリックして選択する
❸[Delete]キーまたは[Backspace]キーを押す
※メニューの【編集】→【消去】と同じ。

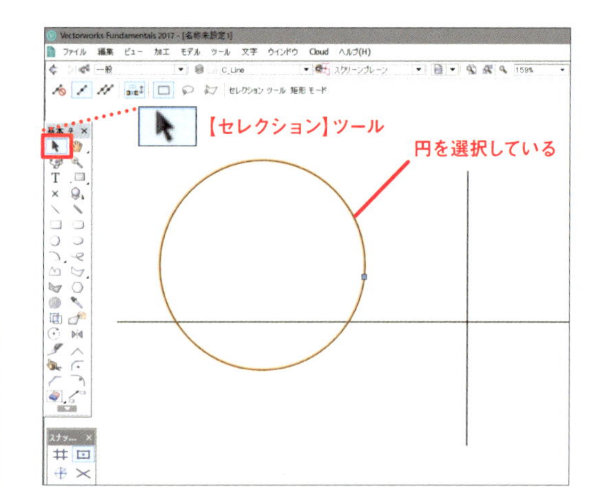

データパレットの数値欄にカーソルがあるときは[Delete]キーで図形を消去できません。この場合は[Esc]キーを押してから[Delete]キーを押します。

Note

【編集】メニューに【カット】と【消去】の2つのよく似た機能のコマンドがあります。どちらを使っても図形を消去できますが【カット】のほうは重要な用途が別にあります。詳しくは287ページのクリップボードのところで説明します。

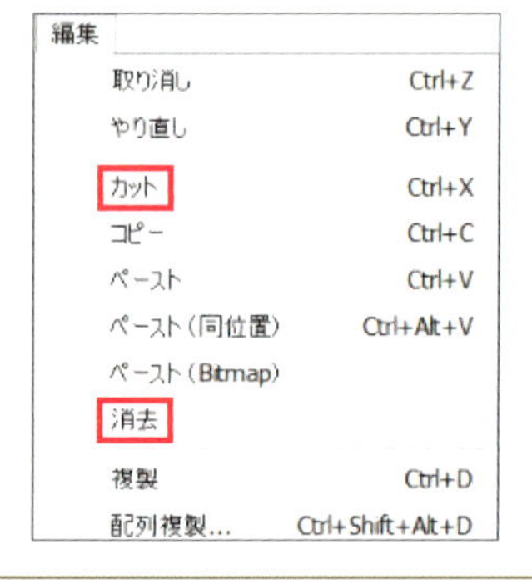

Column 身体の不思議「ショートカットキーについて」

本書のいたるところでショートカットキーを使うことを勧めてます。読者の中には、Vectorworksのショートカットキーをここで覚えたらこれまで使っていたソフトのショートカットキーを忘れてしまうと心配する人がいるかもしれません。しかしそんな心配は無用です。経験的に思いますが、人間の脳はたいへんに柔軟性がありソフトで使うショートカットキーのセットなど何組も吸い込んでくれます。筆者はCAD・CGや原稿執筆用ソフトなど10種類以上のソフトを毎日のように使っていますが、それぞれショートカットキーが異なります。しばらく使っていなかったソフトの場合は、最初の数分間は混乱することがありますが、すぐに身体が思い出してくれます。
楽器を演奏する人は何十曲もの曲を身体で記憶しますが、これに比べればソフトウェアのショートカットキーを数組覚えるぐらいは、身体にとって至極簡単なことです。
このことはショートカットキーばかりでなくソフトウェアのユーザーインターフェース全体にも言えます。ユーザーインターフェースはソフトの数だけありますが「このソフトを使ったら他のソフトを使えなくなる」とか「このユーザーインターフェースを他のソフトでも採用すべきである」といった意見を聞くと、人間ってそんなに融通の利かないものではないぞと言いたくなります。

3.4 図形の選択

Vectorworksは図形(オブジェクト)を選択してから編集/加工を行うのが基本です。これをオブジェクト型CADと呼びます。コマンドをクリックしてから対象図形を指定するコマンド型CADと対象的です。Vectorworksにはコマンド型のツール/コマンドもありますが、多くはオブジェクト型のツール/コマンドなので図形の選択方法が重要です。選択をおろそかにするといつまでたってもVectorworksを自由自在に使うことはできません。
図形選択は前項で2つの方法を説明していますが、ここで整理して説明します。

3.4.1 図形選択方法の種類

図形選択は選択したあとでなんらかの操作を図形に対して行うためにします。操作とは図形を消去したり移動したり、図形どうしで加工したりすることで、本書ではこれらをの操作を一括して「(図形)編集」と呼んでいます。

編集は一つの図形に対するものと二つ以上の図形に対するものがあります、そのため選択の方法も単独選択と複数選択があります。最初に、図形選択の練習のためにファイルを開きます。

❶ メニューの【ファイル】→【開く】をクリックし、「VW20xx_Data」フォルダの中の「Ch3」フォルダにある「Ch3_Ex02.vwx」を開く
❷ [Ctrl]+[4] キー(Mac:[⌘]+[4] キー)を押して用紙全体を見る

Ch3_Ex02.vwx

3.4.2 単独図形の選択

【セレクション】ツールで図形を一つだけ選択するには、その図形にカーソルを合わせてからクリックします。

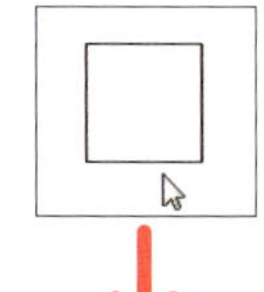

カーソルを近づける。矢印カーソルのときはVectorworksが図形を特定できていない

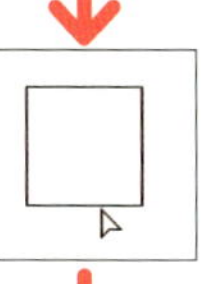

Vectorworksが対象図形を見つけると、カーソルが三角カーソルや十字形カーソルに変わる。このときクリックすると選択できる

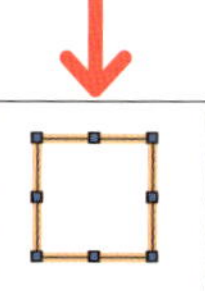

クリックすると図形のまわりにハンドル(青い■でアクティブポイントともいう)があらわれ、選択されていることがわかる

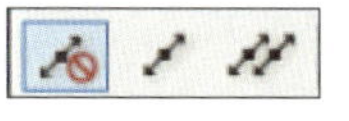

ツールバーで[変形禁止]モードを選択しているとハンドルは表示されません。詳しくは206ページ参照。

> **Note** アイドリング用ツール
>
> 図形選択には【セレクション】ツールを用います。図形をセレクト(選択)するという意味で文字どおり図形を選択するためにあります。
> 【セレクション】ツールはVectorworksのツールのホームポジションという役目もあります。自動車のアイドリングのようなもので、他のツールで作業したあとで一息つきたいときにクリックするツールです。

> **Note** スマートカーソル
>
> 場面によってカーソルの形を変え、ユーザーに合図を送ってくれる仕組みをスマートカーソル(賢いカーソル)といいます。

Note ハンドルの数

前ページの図ではハンドルの数が8つです。これが4つしか表示されない場合は【ツール】→【オプション】→【環境設定】の《描画》タブで「アクティブポイントを8個表示」にチェックを入れます。アクティブポイントとはハンドルのことです。ハンドルの4と8の違いは、8のほうが細かな図形操作ができますが、大容量の図面だと全選択したときなどに描画時間が長くなります。そんなときはハンドルを4にしますが、ふだんは8にしておきます。

3.4.3 透明図形と不透明図形

「Ch3_Ex02.vwx」に正方形が並んでいますが、この正方形の内部にカーソルを置くと、カーソルの形で透明か不透明かが分かります(面属性の透明については160ページ)。そして不透明なら図形内部をクリックしても選択できますが、透明ならエッジ(線)をクリックしないと選択できません。

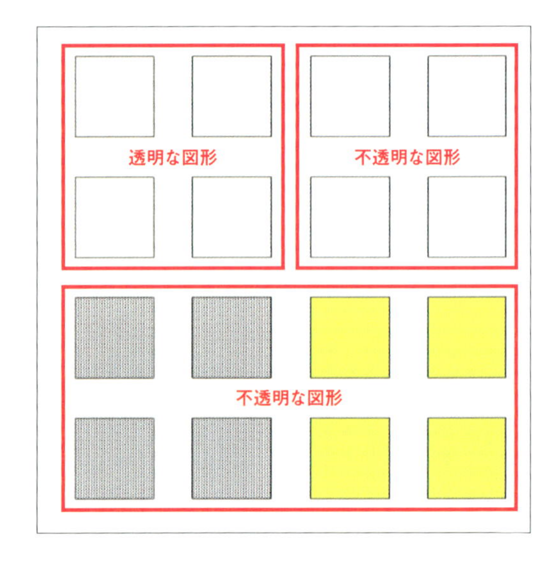

3.4.4 選択の解除と空クリック

【セレクション】ツールで一つの図形を選択したあと、別の図形をクリックすると、その図形があらたに選択され、以前の選択は解除されます。そして作図ウィンドウで図形が無い場所をクリックすると全部の選択が解除されます。図形の無い場所をクリックすることを本書では空(から)クリックと呼んでいます。

3.4.5 複数図形の選択

2つ以上の図形を選択するときにも【セレクション】ツールを使います。

[1] [Shift]キー併用でクリック

【セレクション】ツールで図形をクリックしてから他の図形をクリックすると前に選択した図形は選択解除になりますが、[Shift] キーを押しながらクリックすると前の選択が残ります。これを利用すると2つ以上の図形を選択できます。

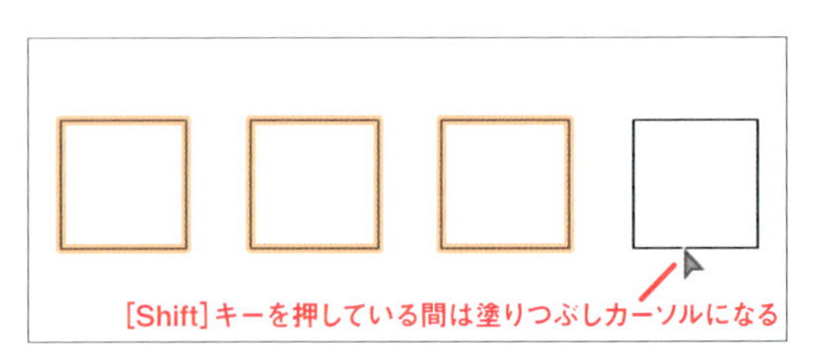

複数図形の選択

選択済みの図形を［Shift］キーを押しながらクリックすると、その図形だけ選択解除できます。これにより選択と非選択を細かくコントロールできます。

複数の図形を選択したときも空クリックにより全部の選択を解除できます。表示範囲の外にある図形が選択されているかもしれないので、確実に選択解除しなければならないときは【セレクション】ツールで空クリックする習慣を付けておくと失敗しません。

［2］範囲指定でまとめて選択(1)

【セレクション】ツールのカーソルで長方形を描くようにプレス→ドラッグ→リリースして範囲指定すると、その範囲に完全に含まれる図形を選択できます。

範囲指定で選択するときも［Shift］キーを併用すると、直前の選択が解除されません。

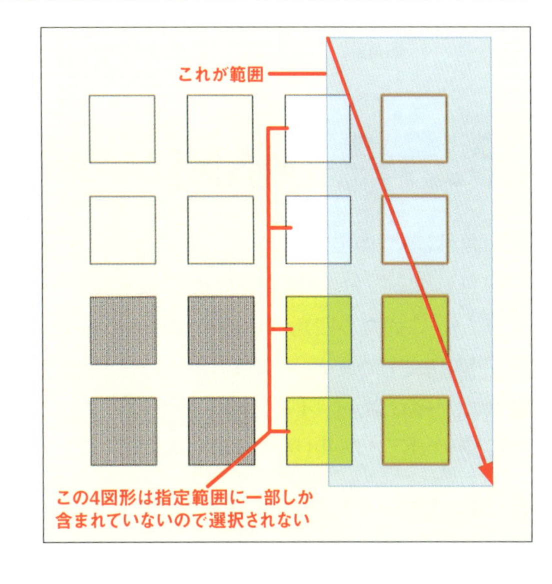

［3］範囲指定でまとめて選択(2)

［Alt］キー（Mac：［option］キー）を押しながら【セレクション】ツールで長方形を描くようにプレス→ドラッグ→リリースして範囲指定すると、その範囲に含まれる図形と、範囲と交差する図形の両方を選択できます。拡大表示していて図形の全体が見えないときなどにこの方法を用います。

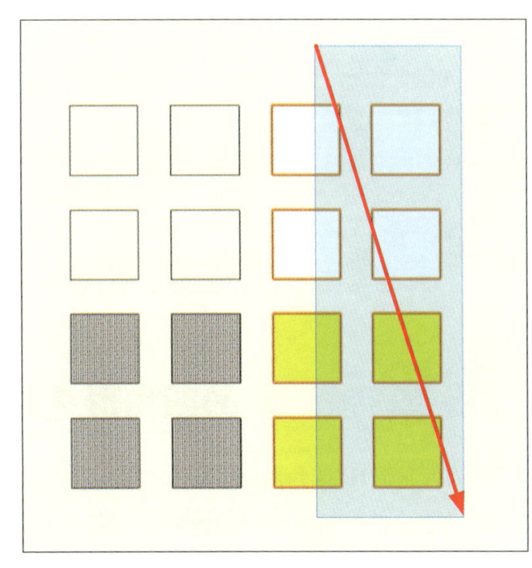

［Alt］キー（Mac：［option］キー）を押しながら範囲指定すると8個の正方形を選択できる

3.5 四角形を描く

四角形には四角形、斜め四角形、隅の丸い四角形、隅の丸い斜め四角形があります。四角形も描く方法が各種ありますが、直線と同じなので代表的な方法のみ記します。

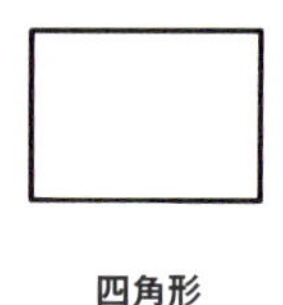
四角形

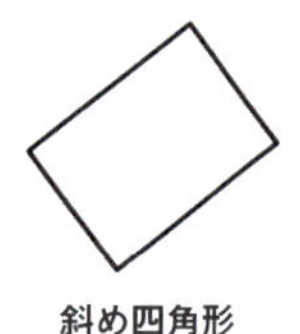
斜め四角形

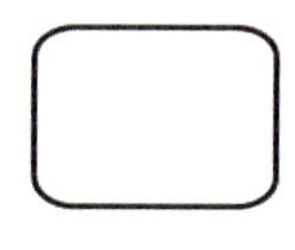
隅の丸い四角形

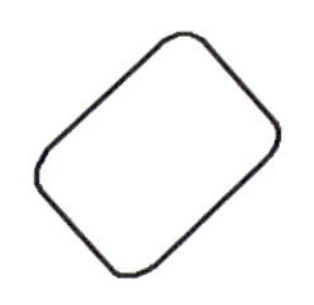
隅の丸い斜め四角形

3.5.1 【四角形】ツールの使い方

四角形に4つの頂点がありますが、水平／垂直の四角形なら対角の2頂点の位置が決まれば確定します。このため四角形は対角位置の2つの頂点を指定して描きます。

❶ メニューの【ファイル】→【新規】をクリックする

※テンプレートファイルの「Default.sta」を使う(032ページ)。

❷【四角形】ツールをクリックする

❸ ツールバーで[対角コーナー]モードをオンにする

❹ 作図ウィンドウの任意の位置(A点)でプレスし、ドラッグし、任意の位置(B点)でリリースする

※ [Shift] キーを押しながら描くと正方形になります。

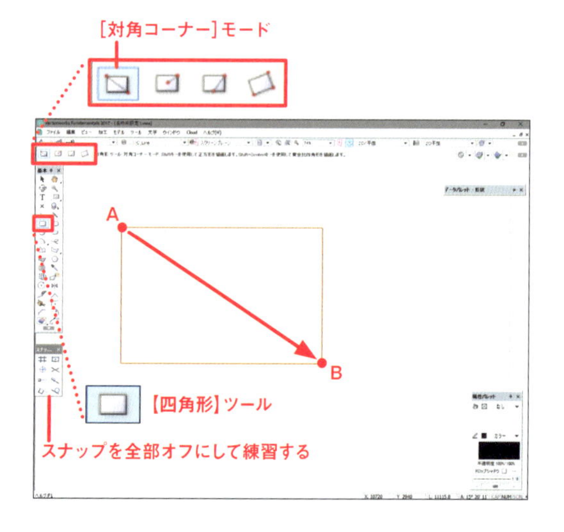

Note 四角形は1つのオブジェクト

四角形は4本の直線を組み合わせた図形ではなく四角形という1つのオブジェクトです。もし四角形を4本の直線に分解したいときには、選択してからメニューの [加工] → [図形を分解] をクリックします。

3.5.2 斜め四角形を描く

「斜め四角形」は四角形を回転させた図形です。四角形を描いたあとで回転させれば同じ結果を得られますが、数が多くなると斜め四角形を描いたほうが簡単になります。斜め四角形が威力を発揮するのは、たとえば住宅地図をトレースするときで、住宅地図にある建物で水平な四角形はほとんどありません。こんなとき斜め四角形を描けば楽々とトレースできます。

❶【四角形】ツールをクリックする
❷ツールバーで[3点指定回転]モードをオンにする
❸作図ウィンドウのA点(任意点)でプレスし、B点(任意点)でリリースする
※このA点とB点で斜め四角形の方向と1辺の長さが決まります。
❹C点(任意点)をクリックする

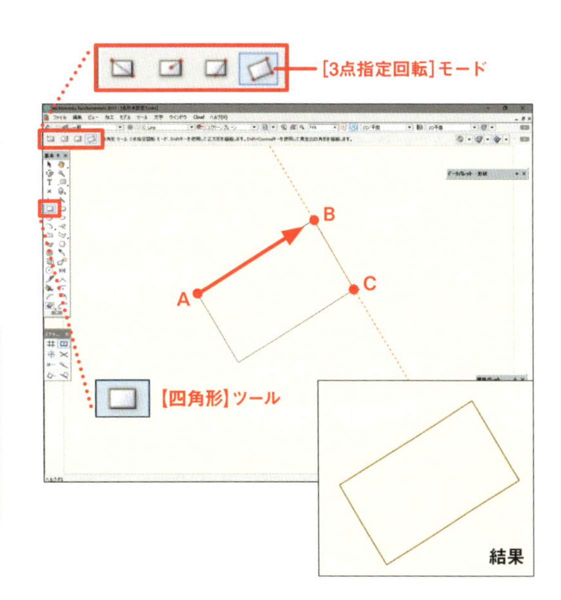

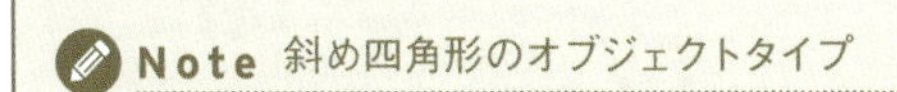

Note 斜め四角形のオブジェクトタイプ

昔のVectorworksの斜め四角形のオブジェクトタイプは「多角形」でしたが、Vectorworks 2008から「四角形」になりました。これにより斜め四角形で幅と高さおよび角度を直接修正できるようになりました。

3.5.3 隅の丸い四角形を描く

隅の丸い四角形は四角形の4隅に丸みを付けた四角形で、建築では浴槽やシンクなどを描くときに使います。【フィレット】ツール(296ページ)で同じように丸みを付けられますが隅の丸い四角形とはオブジェクトタイプが異なります。隅の丸い四角形なら描いたあとでも簡単に編集できます。

[1] 隅の丸い四角形の基本的な描き方

まず隅の丸い四角形の基本的な描き方を説明します。

❶【隅の丸い四角形】ツールをクリックする
❷ツールバーで[対角長]モードをオンにする
❸作図ウィンドウの任意の位置(A点)でプレスし、ドラッグしてから任意の位置(B点)でリリースする

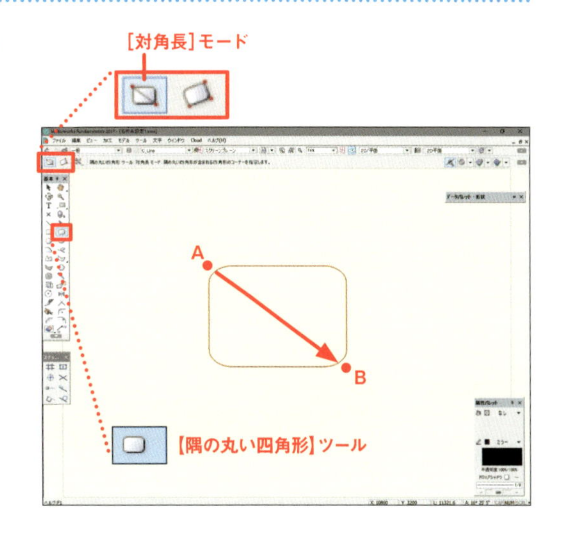

[2] 隅の丸みのスタイル

ツールバーの[隅の丸い四角形ツール設定]ボタンをクリックして隅の丸みのスタイルを設定できます。

◆「隅の丸い四角形の設定」ダイアログで「2辺の長さに比例して」にチェックを入れると、高さと幅の1/6がコーナーの曲率半径になります。「コーナーのスタイル」の両方にチェックを入れると短辺の長さの1/6がコーナーの曲率半径になります。

◆「コーナーのスタイル」の「正対称に」だけにチェックを入れるとコーナーの円弧の直径を数値で指定できますがXとYは同じ数値になります。この数値は直径で半径でないことに注意してください。

◆「コーナーのスタイル」の両方ともチェックを外すと円弧の直径を自由に設定できます。

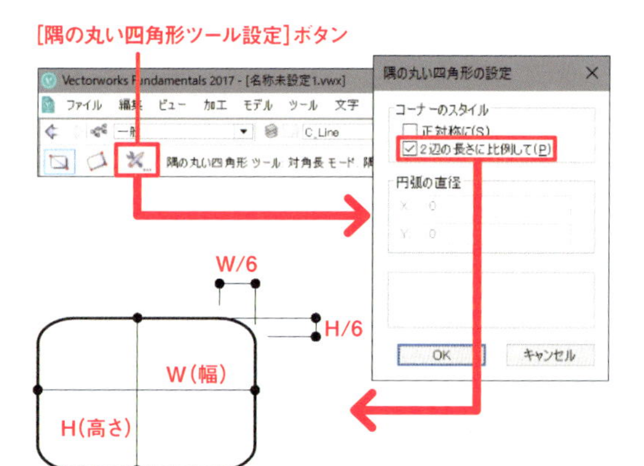

【隅の丸い四角形】ツールをダブルクリックすると各変数を指定して隅の丸い四角形を描けます。

◆【セレクション】ツールで隅の丸い四角形を選択し、データパレットで「四隅の形状」で「任意に設定」を選択すると図に示すハンドルをドラッグして四隅の曲率を自由に変えられます。

◆【隅の丸い四角形】ツールのツールバーに[回転]モードがありますが【四角形】ツールの「3点指定回転モード」と操作は同じですので説明を略します。

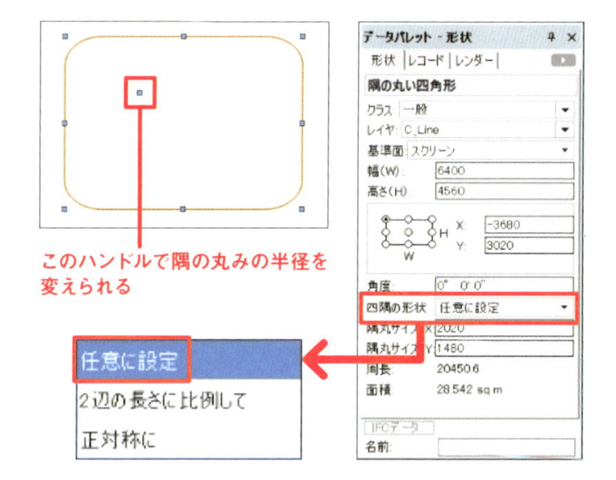

3.6 円と長円を描く

円のツールは【円】ツールと【長円】ツールの2 つのツールがあります。しかもオブジェクトタイプは円と長円は違うタイプに分類されています。そこで円と長円を別のタイプの図形として扱い、円から先に説明します。

3.6.1 円を描く

【円】ツールで円を描く方法が各種ありますが、直線と同じなので代表的な方法のみ記します。

円は直接描く方法だけでも6種類の描き方が用意されており、これをツールバーで切り替えます。

❶【円】ツールをクリックする
❷ ツールバーで描き方のモードを選択する
❸ 作図ウィンドウで円を描く

このあとそれぞれのモードでの円の描き方をモード別に図示します。

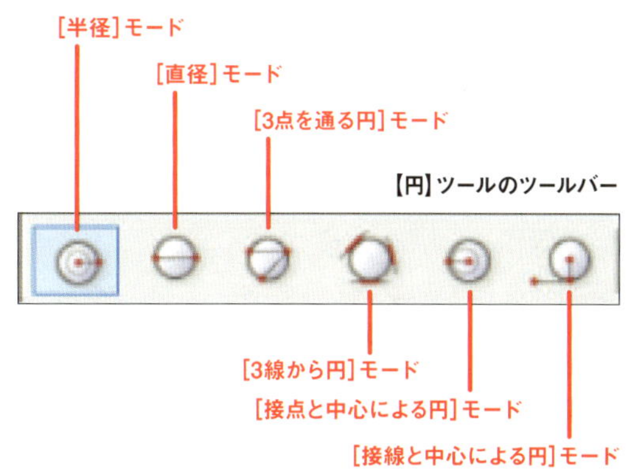

[半径]モード

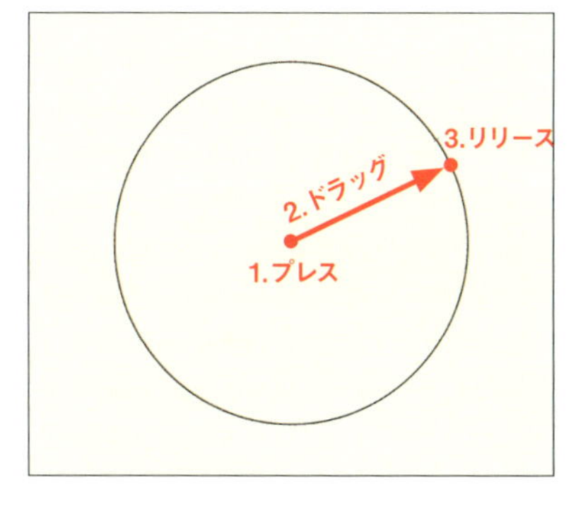

[直径]モード

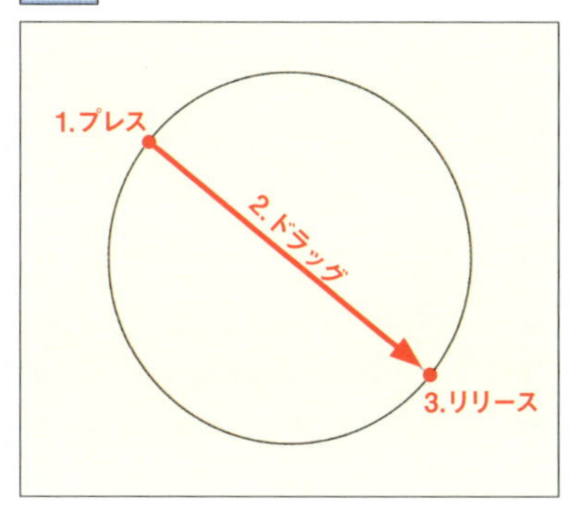

[3点を通る円]モード

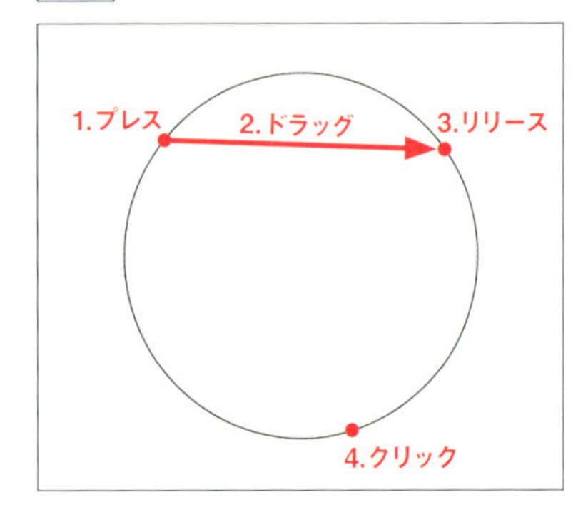

[接点と中心による円]モード

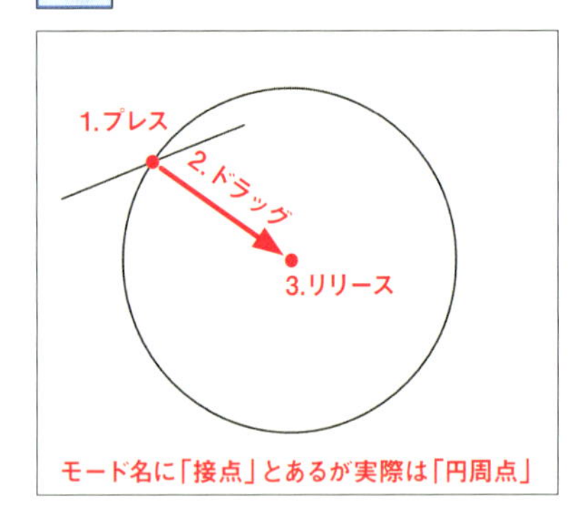

[接線と中心による円]モード

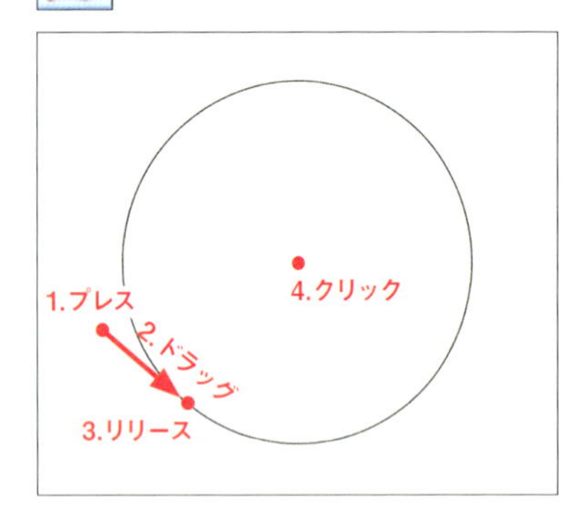

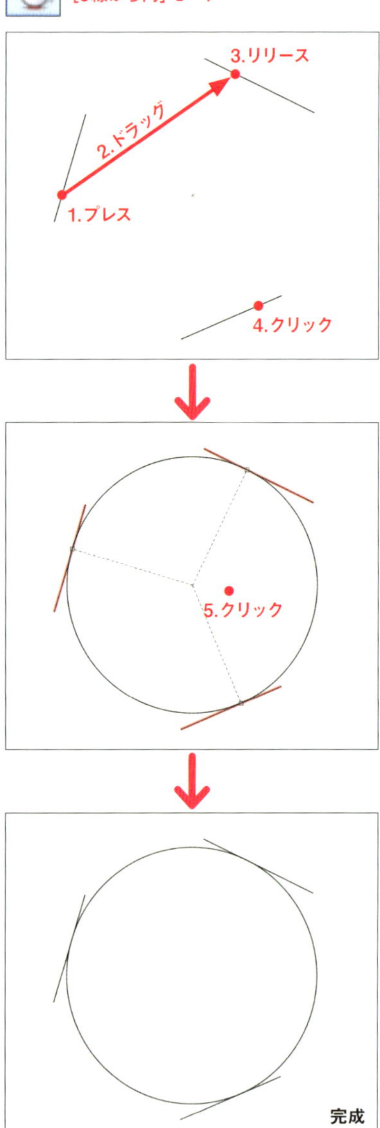

3.6.2 長円を描く

長円は【長円】ツールで描きます。【長円】ツールには3種類のモードがあります。

❶【長円】ツールをクリックする
❷ツールバーで描き方のモードを選択する
❸作図ウィンドウで長円を描く

このあとそれぞれのモードでの長円の描き方をモード別に図示します。

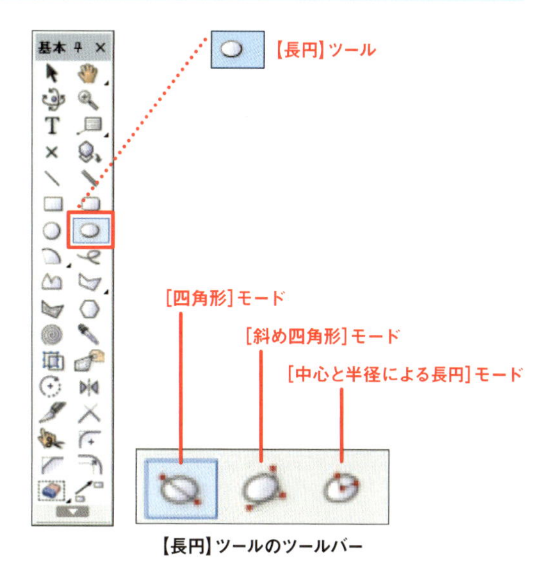

【長円】ツールのツールバー

[四角形]モード

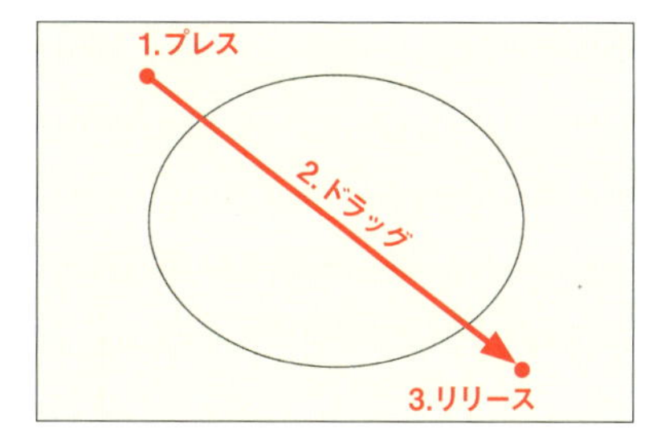

[斜め四角形]モード

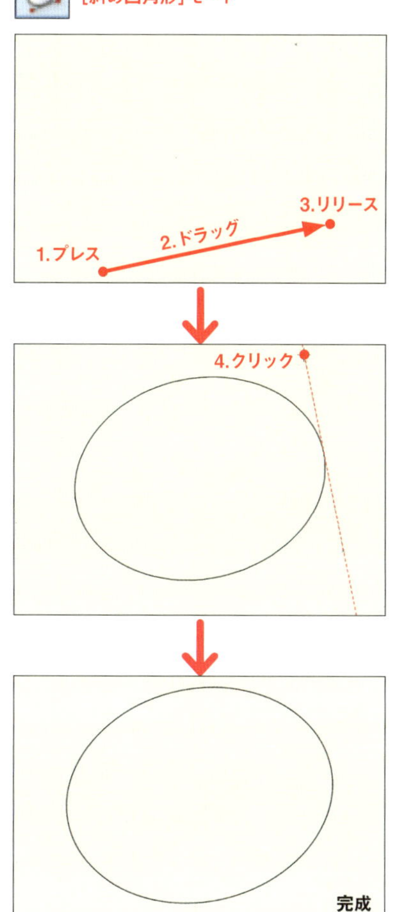

[中心と半径による長円]モード

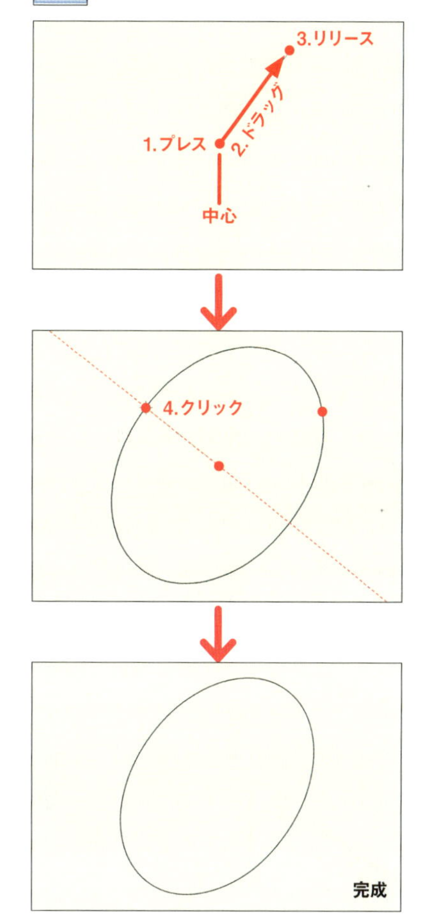

3.7 円弧を描く

円弧は【円弧】ツールで描きますが、【四分円】ツールを使うこともあります。

3.7.1 【円弧】ツールによる円弧

先に【円弧】ツールによる円弧を説明します。【円弧】ツールのツールバーを見ると円弧の描き方が7種類あることが分かります。

❶【円弧】ツールをクリックする
❷ツールバーで描き方のモードを選択する
❸作図ウィンドウで円弧を描く

このあとそれぞれのモードでの円弧の描き方をモード別に図示します。

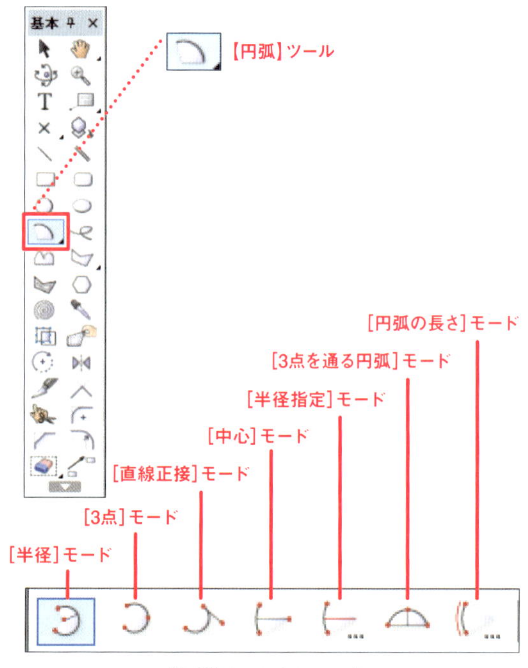

【円弧】ツールのツールバー

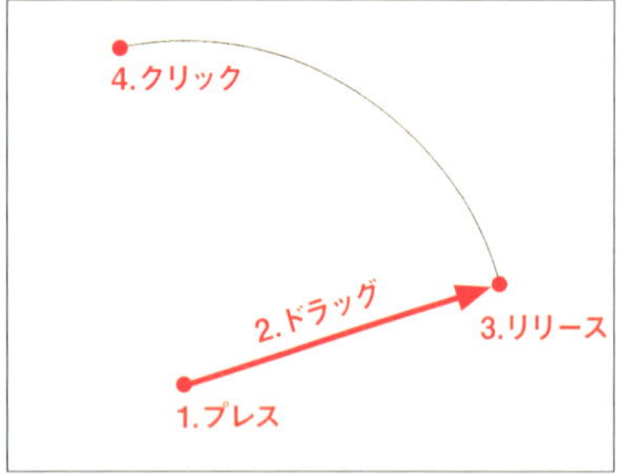

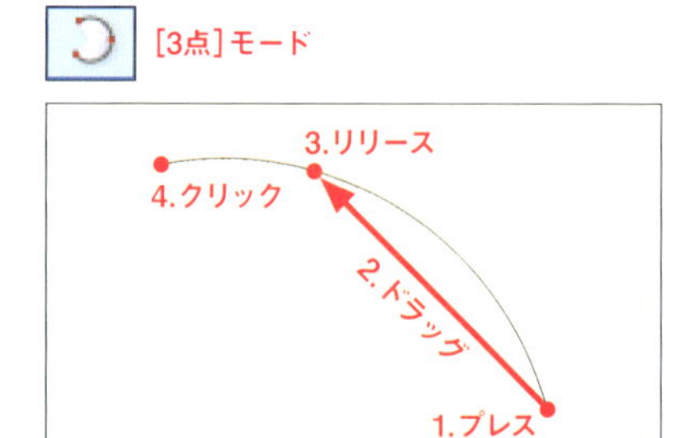

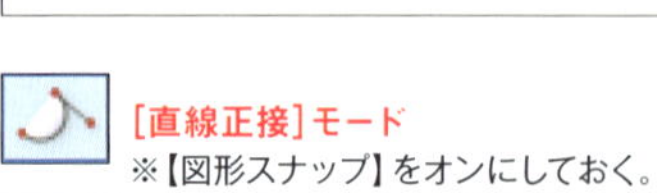

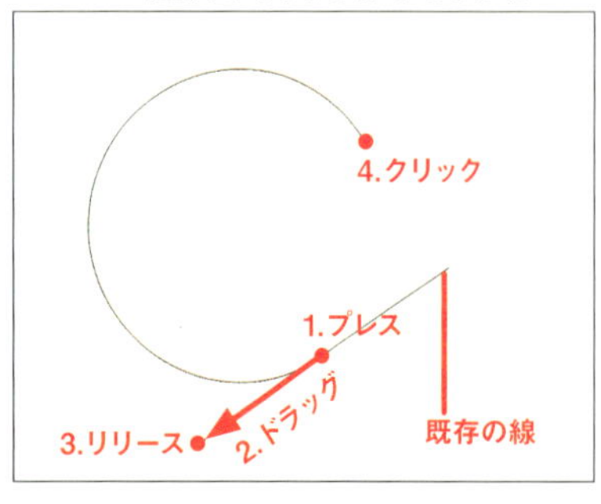

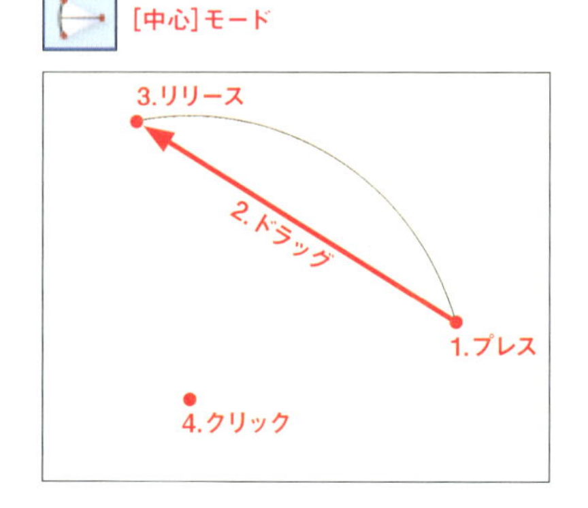

[半径指定]モード

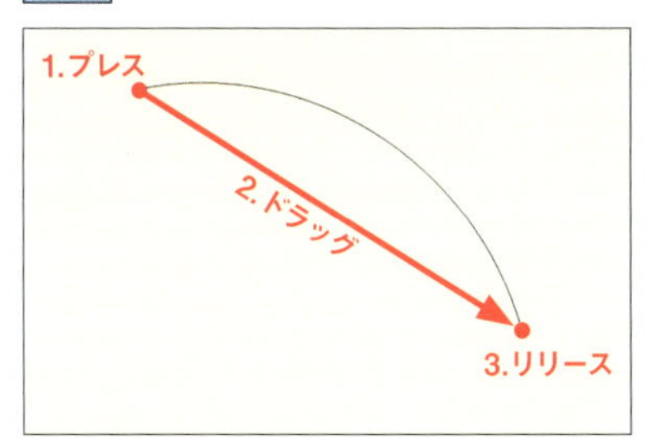

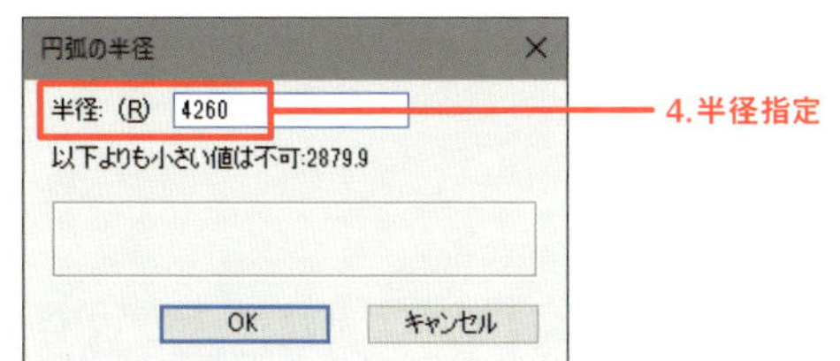

[3点を通る円弧]モード

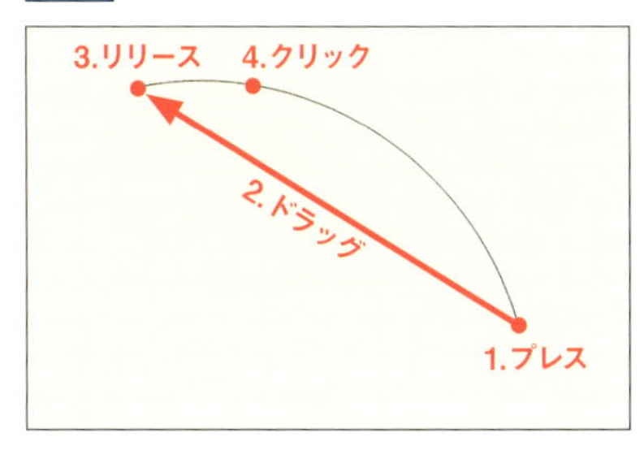

[円弧の長さ]モード

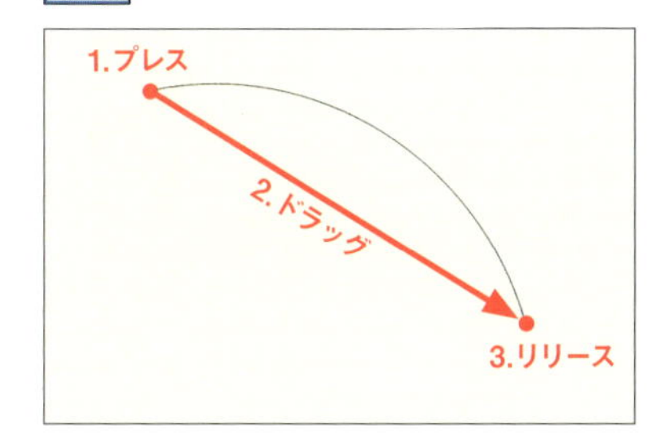

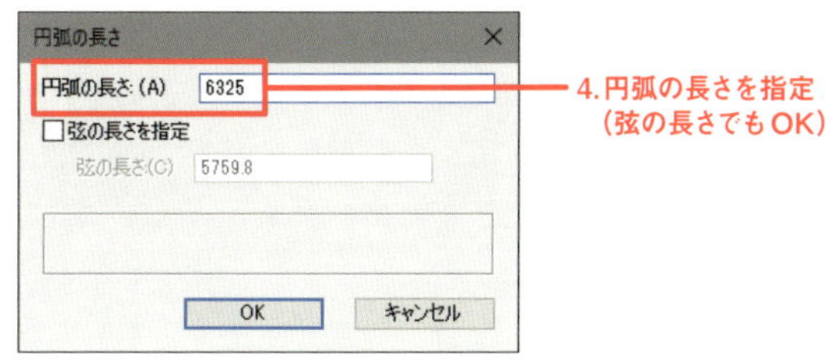

Note 数値入力で円弧

円弧はパラメータ(変数の項目)が多いのでデータバーによる方法すなわち数値入力で円弧を描くのは面倒です。このため円弧をアバウトに描いた後でデータパレットで修正する方法をお勧めします。

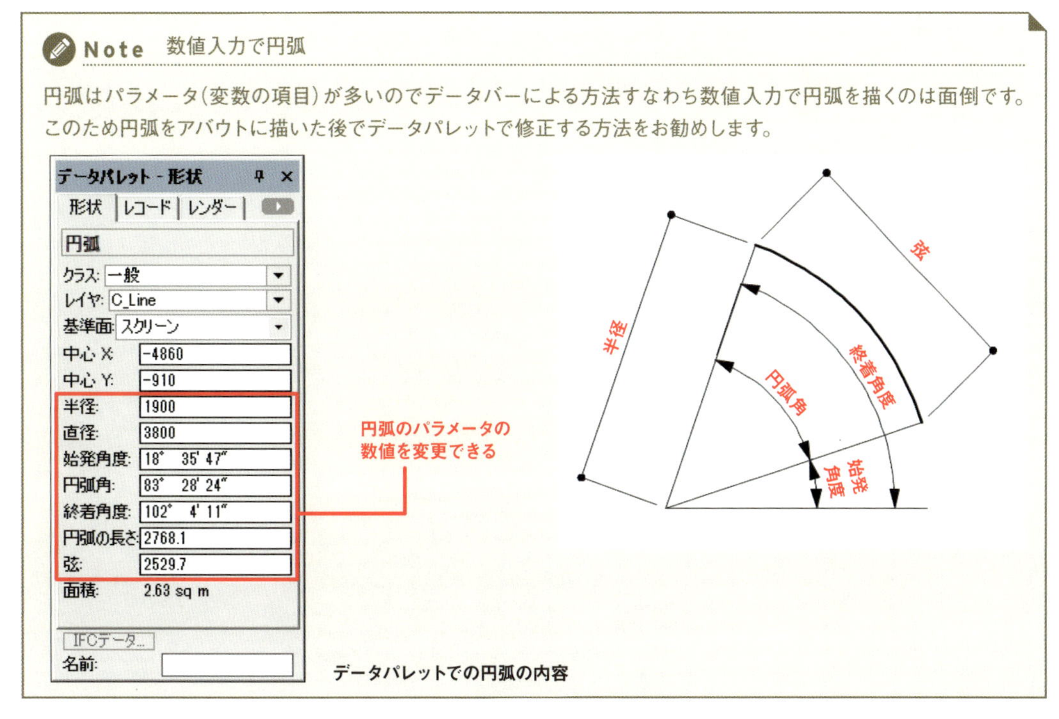

データパレットでの円弧の内容

3.8 四分円を描く

【円弧】ツールと似ているツールに【四分円】ツールがありますが、出番が少ないツールなので簡単に説明します。

3.8.1 【四分円】ツールによる四分円

【四分円】ツールは円または長円の1/4を描くときに用います。[Shift] キーを押しながら右図の操作をすると円の1/4を描けます。【円弧】ツールで描いたときと結果は同じで、図形のタイプも「円弧」になります。

下図のように円弧のタテヨコのサイズが違う、すなわち長円の1/4の場合は【円弧】ツールでは描けませんが、【四分円】ツールなら描けます。右図のように対角をプレス→ドラッグ→リリースします。そしてこの図形のタイプは「曲線」になります。

なお【四分円】ツールは【円弧】ツールを右クリックするか長押しすると表示されます。

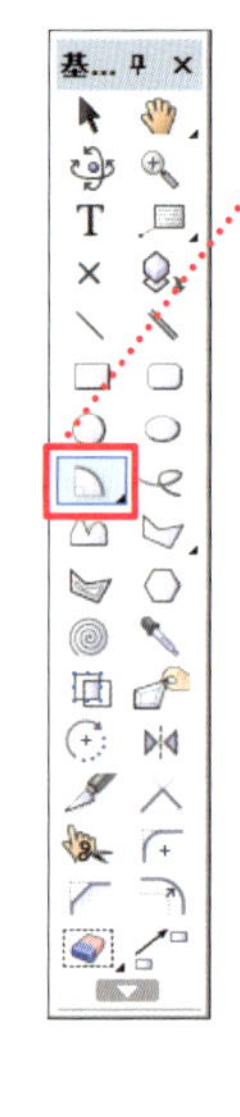

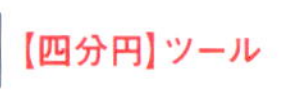

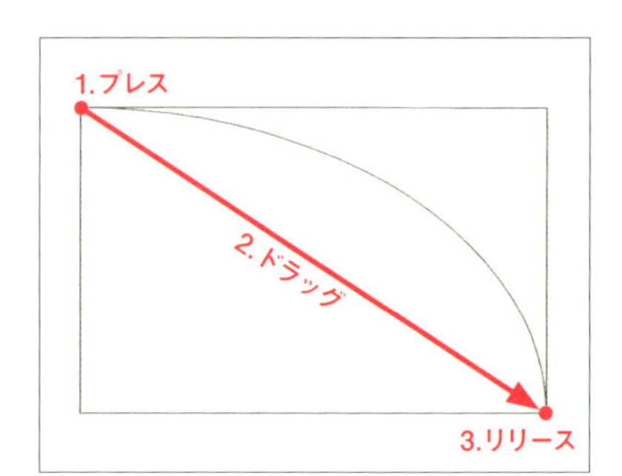

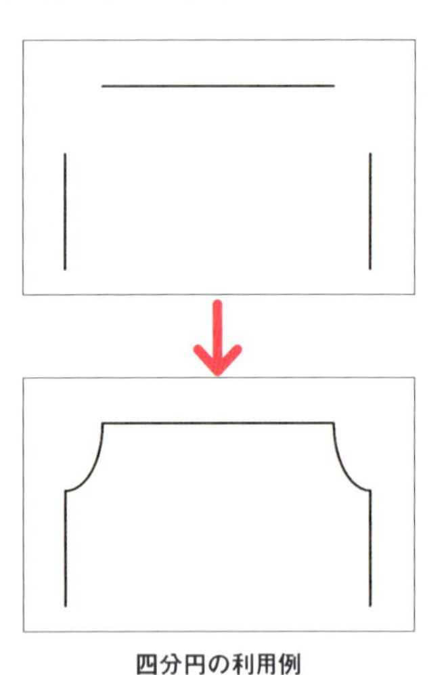

四分円の利用例

3.9 属性と属性パレット

Vectorworksで扱う図形は幾何学的な情報と属性と呼ばれる情報を持っています。それぞれの内容は次のとおりです。

◆ 幾何学的情報：図形の種類（タイプ）、サイズ（大きさ）、位置

◆ 属性情報　　：線の太さ、線種、カラー（色）、模様（塗りつぶしパターン）、マーカー（矢印）、ドロップシャドウ（図形の影）

3.9.1 属性のコントロール

属性は「属性パレット」でコントロールします。属性パレットには図のように6つの属性、すなわち「面属性」、「線属性」、「不透明度」、「ドロップシャドウ」、「線の太さ」、「マーカー」があります。

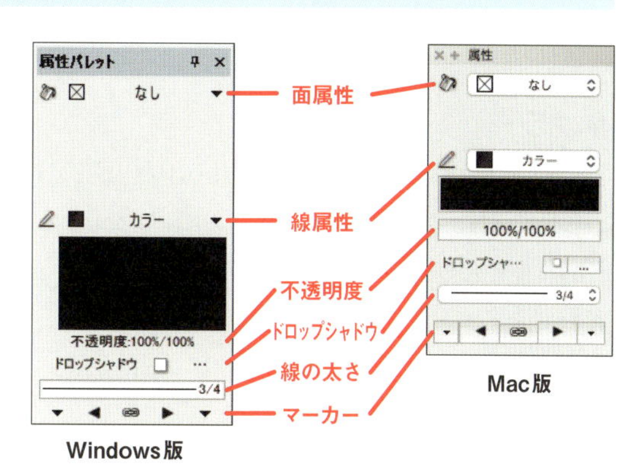

Windows版　Mac版

> **Note**
> もし属性パレットが画面に出ていないときはメニューの【ウインドウ】→【パレット】→【属性パレット】をクリックします。ドロップシャドウはプレゼンテーション用図面に用います。

Vectorworksには線と面の両方を持つ「面図形」と、直線のように線だけの「線図形」があります。そして属性パレットで面図形は面と線の設定と変更ができ、線図形は線の属性の設定と変更ができます。

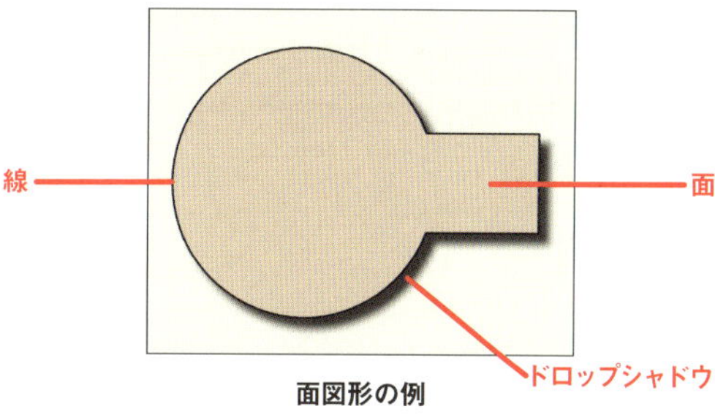

面図形の例

3.9.2 図形に属性を設定する方法

図形に属性を設定する方法は4種類あります。

◆ 方法1…図形を描く前に属性を設定する

図形が何も選択されていないときに属性パレットの属性を変えると、それ以降に描く図形はその属性を持つ図形になります。

◆ 方法2…既存の図形の属性を変える

作図ウィンドウ上の図形を選択してから属性パレットの属性を変えると、その図形だけ新しい属性に変わります。

◆ 方法3…あらかじめクラスに属性を設定する

クラスについてはクラスの項（270ページ）で詳しく解説します。

◆ 方法4…ツールに属性を設定する

【ツールマクロ】コマンドを使用して属性を自動的に設定する方法があります。しかしツールマクロを使うことは稀なので説明を省略します。

3.9.3 面属性

面属性には「なし」を含めて8つの項目があります。

◆ なし

色や模様が無いという意味ですが、同時に「透明」をも意味します。この透明な状態が一般のCADの図形と同じ状態なので、データ変換して他のCADでデータを使用する予定があるなら面属性を「なし」にして図形を描きます。

◆ カラー

Vectorworksはフルカラー（約1,670万色）に対応しています。標準のカラーパレットには256色しかありませんが、個々の色をフルカラーの中から選択できます。また複数のパレットがありますし、256色を超える色数のカラーをパレットに加えられます。

ここでは属性パレットの概要の説明をしていますので、カラーパレットのカラーの変更方法やカラーパレットの編集については項を改めて説明します（162ページ）。

◆ 模様

「模様」は一般にフィルパターン（塗り潰しパターン）と呼ばれるものでVectorworksには72種のパターンがあります。このうちの36種はユーザーが編集できます。模様の編集はメニューの【ファイル】→【書類設定】→【模様】で可能ですが、基本操作の範囲を超えるので説明を略します。

模様はドローソフト（イラスト作成ソフト）でよく使いますが、CADではほとんど使いません。

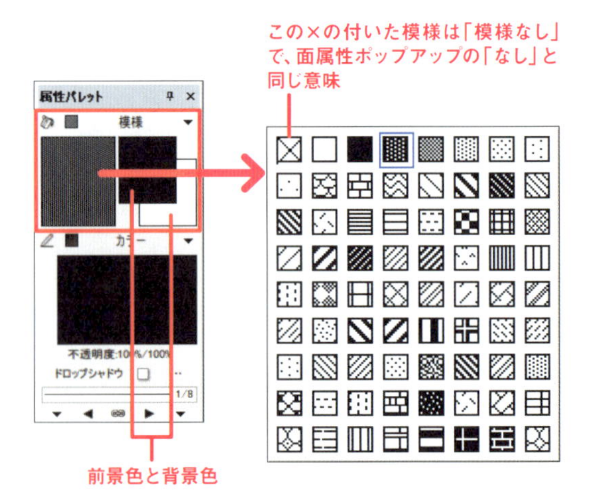

◆ ハッチング

ハッチングは、線パターンで面を埋めるのに用いる属性です。ハッチングにはメニューの【加工】→【ハッチング】コマンドによるものがあり、属性のハッチングより加工しやすいです。

模様との違いは「模様について」(164ページ) で解説します。またハッチのパターンについては165ページで詳しく解説します。

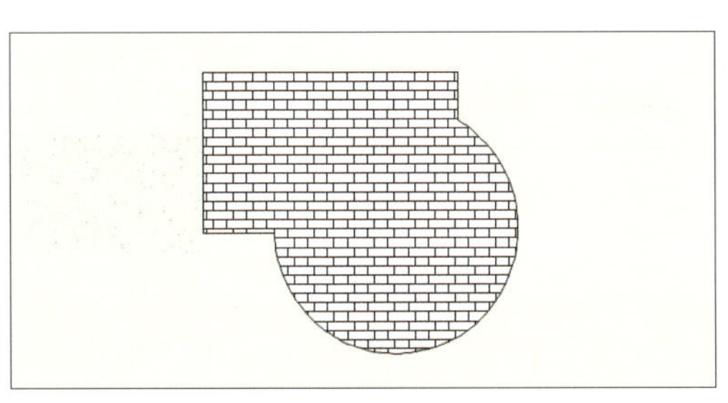

ハッチングの例

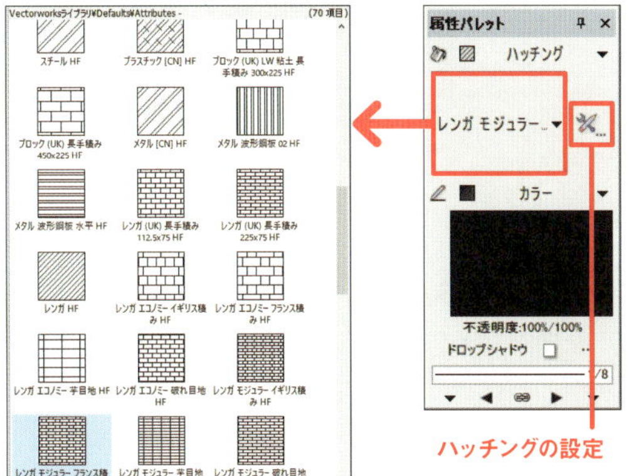

◆ タイル

タイルはハッチングと似ています。ハッチングは線パターンで面を埋めることですが、タイルは線だけでなく面もパターンに使えます。またハッチングの背景は「なし」ですがタイルではカラーを設定できます。

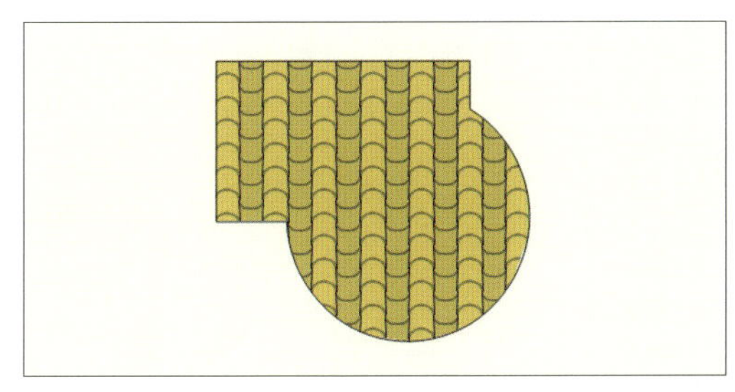

タイルの例

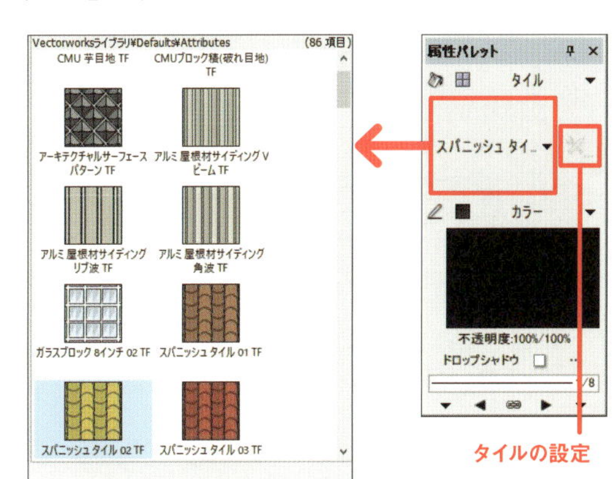

◆ グラデーション

グラデーションは滑らかに色が変化するものでプレゼンテーション用図面を作成するときに役立つ機能です。

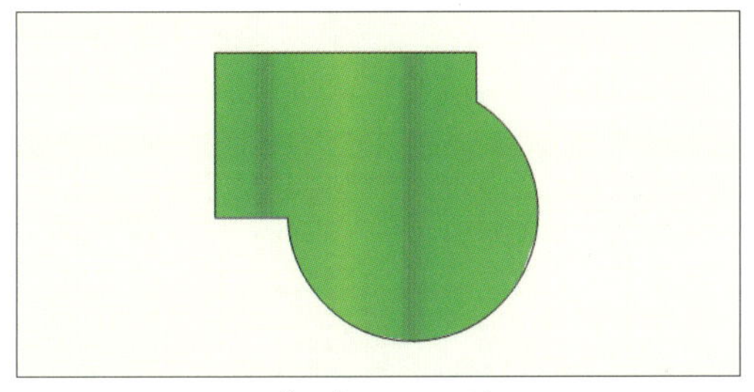

グラデーションの例

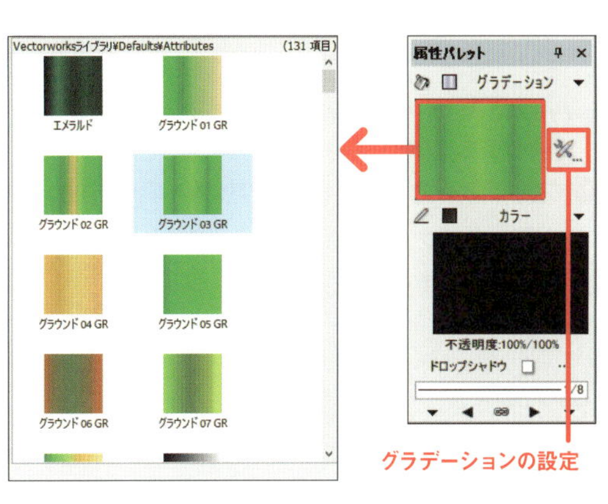

◆ イメージ

イメージは画像で面を塗り潰す属性です。3Dでテクスチャマッピングと呼んでいる機能の2D版と考えると理解しやすいです。

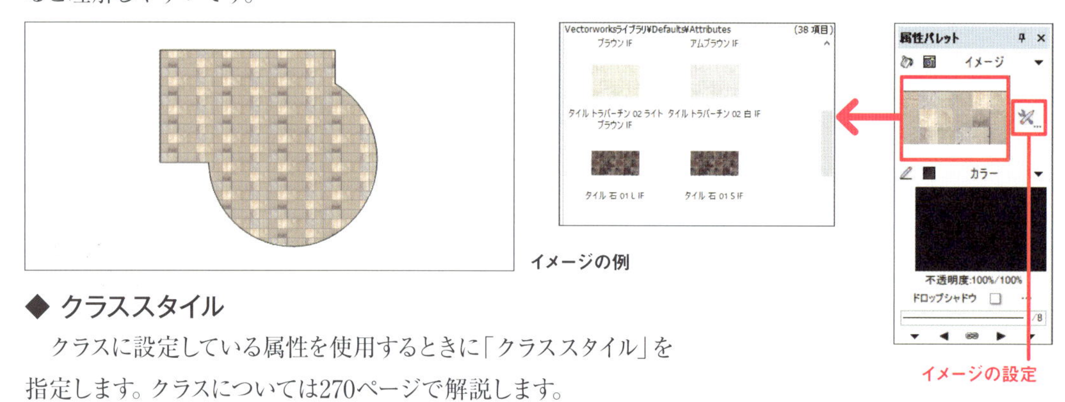

イメージの例

◆ クラススタイル

クラスに設定している属性を使用するときに「クラススタイル」を指定します。クラスについては270ページで解説します。

以上が8つの面属性の概要ですが、次に使い方や注意点を記します。

3.9.4 カラーパレットについて

カラーパレットは複数ありますし自分でカラーパレットを作ることもできます。いずれも簡単な操作ですので積極的に活用してください。

［1］ 複数のカラーパレットを使う

最初に複数のカラーパレットの使い方から説明します。

❶念のため【セレクション】ツールで空クリックして選択を解除する

❷属性パレットで面属性の「カラー」を選択する

❸面属性のカラーのボックスをクリックする

❹カラーパレットが開いたら右上にある[カラーパレット マネージャ]をクリックする

❺「カラーパレット マネージャ」ダイアログで右側上部にある《カラーグリッド》タブをクリックする

※《カラーリスト》タブより《カラーグリッド》タブのほうが全体の様子をつかみやすいです。

❻左側にあるカラーパレットのリストのうち使いたいもののアクティブ欄にチェックを入れる

❼[OK]をクリックする

[カラーパレット マネージャ]

カラーグリッド

選択したカラーパレットの内容がカラーグリッドに表示される

「カラーパレット マネージャ」ダイアログ

> **Note** 主なカラーパレット
>
> ◆「アクティブファイル」
> アクティブファイルは使用中の色だけを表示するものでしたが現在はなぜか「クラシック Vectorworks カラー」と同じ内容が表示されます。
> ◆「クラシック Vectorworks カラー」
> かつてのVectorworks（v12.5まで）で使っていたカラーパレットです。256色のカラーがあります。
> ◆「スタンダード Vectorworks カラー」
> 「スタンダード Vectorworks カラー」はVectorworks 2008から登場したカラーパレットで400色以上のカラーがあります。

[2] カラーパレットに無い色

カラーパレットに無い色を使いたいときは次のように操作します。

❶ 属性パレットで面属性の「カラー」を選択する
❷ 面属性のカラーボックスをクリックする
❸ カラーパレットが開いたら右上にある[カラーピッカー]をクリックする
❹ OS付属のカラーピッカー（カラー選択用ダイアログ）が開くので望みの色を選択する

カラーパレットに無い色をカラーピッカーで選択するとその色は「アクティブファイル」カラーパレットに追加されます。

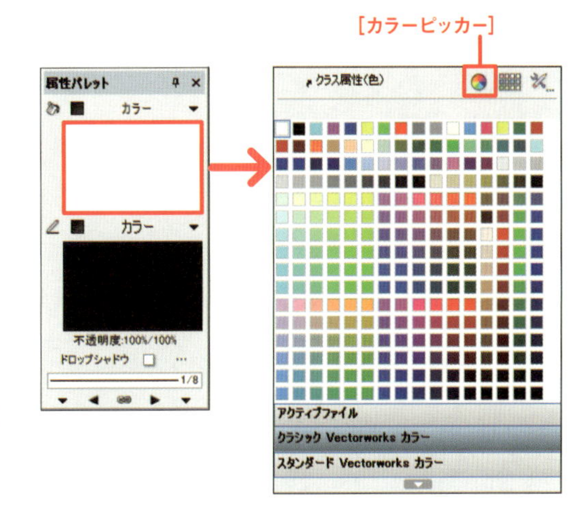

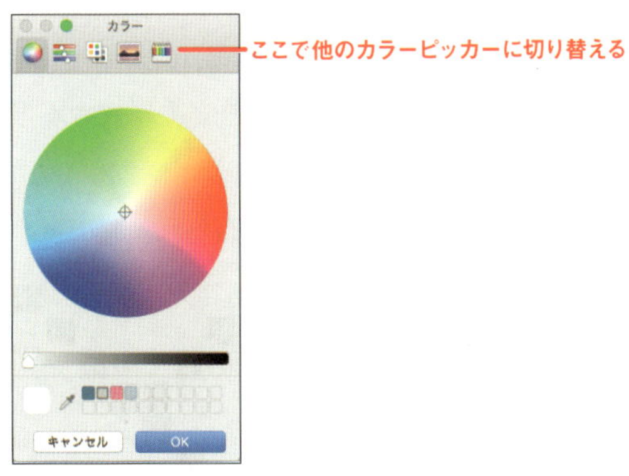

Macのカラーピッカー
（「カラー」ダイアログ）

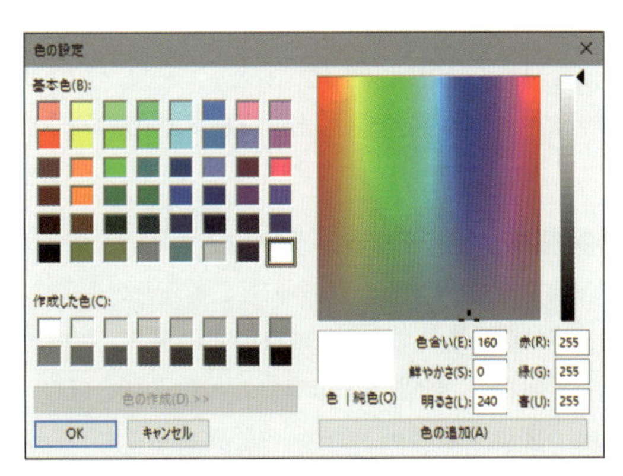

Windows のカラーピッカー
（「色の設定」ダイアログ）

[3] カラーパレットの印刷

カラーパレットを画面で見ても、印刷したときにどんな色になるかは分かりにくいものです。このためカラーパレットの内容を実際に印刷したくなります。そこでカラーパレットの内容を印刷する手順を解説します。

❶ Vectorworksを起動しなおすか、メニューの【ファイル】→【新規】をクリックして新規ファイルを開く
❷ メニューの【ツール】→【ユーティリティ】→【カラーパレット作成】をクリックする
❸「カラーパレット作成」ダイアログが開くがそのまま[OK]をクリックし、画面の中央あたりをクリックする
❹ カラーパレット画像の適当なハンドルをドラッグして大きさを調整する
❺ 印刷する

カラーパレットを印刷して手元に置いておくとカラー選択のときに迷うことが少なくなります。

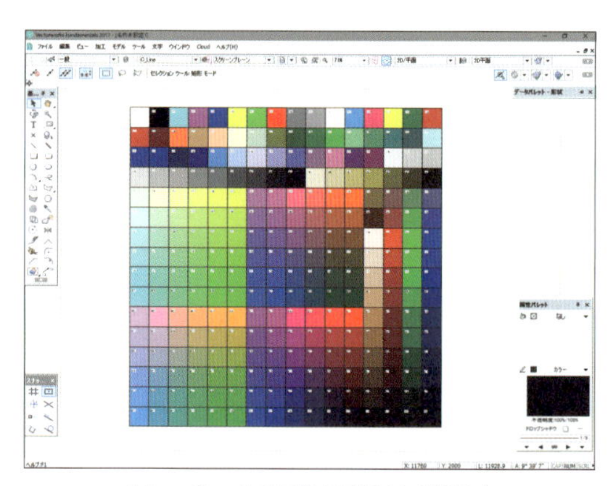

カラーパレットの画像を用紙上に配置した

Vectorworksには複数のカラーパレットがありますが【カラーパレット作成】コマンドで配置できるのは「アクティブファイル」のカラーパレットだけです。なお前項の「カラーパレットに無い色」で追加した色も印刷されます。

3.9.5 模様について

CADでは模様をほとんど使いません。これは図面では使わないという意味です。Vectorworksは図面だけでなく説明書や地図などドローソフトのような使い方もでき、模様を使う場面もありますので、注意すべきことなど解説します。模様は線属性にもあり、これから解説する内容は面属性と線属性の両方に共通です。

◆ 模様はビットマップデータ

模様を拡大すると点の並びで表現していることがわかります。このように点描式のデータをビットマップデータ（あるいはラスターデータ）と呼び、線で表現するベクターデータと異なります。なおハッチングは線で描くのでベクターデータです。

右図の拡大図の点の部分をVectorworksでは「前景」と呼びその他の部分を「背景」と呼びます。

拡大

■（黒点）が「前景」
明るい部分は「背景」

◆ プリンタ／プロッタ出力

模様はプリンターやラスタープロッタで出力できますが、ペンプロッタではきれいに出力できません。

◆ データ変換

ハッチングはDWGやDXFファイルに変換できますが、模様は変換できないので抜け落ちてしまいます。

◆ 模様のパターン

模様は画面を拡大／縮小表示してもパターンが常に同じ大きさに見えるようになっています。このためプリンタ出力でどのようなサイズで印刷されるかは印刷するまで分かりません。ハッチングはDWGやDXFファイルに変換できますが、模様は変換できないので抜け落ちてしまいます。

右の上図の2つの図形はまったく同じものですが右側は拡大表示しています。タイルのサイズが同じで、タイルの枚数が違うことに注目してください。

右の下図はハッチングの場合です。ハッチングは拡大表示しても線の数が変わりません。CADでは模様よりハッチングのほうが自然です。

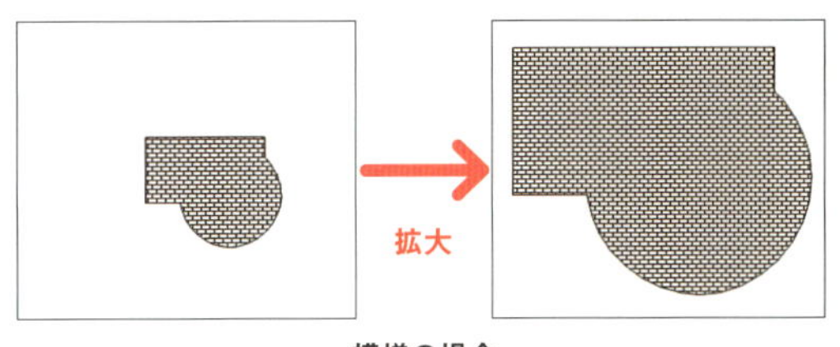

模様の場合

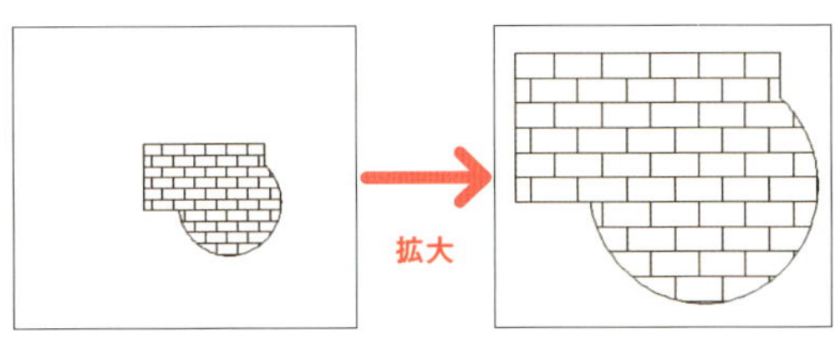

ハッチングの場合

◆ 模様の色

注意点ではなく模様の特徴ですが、模様の色は前景と背景を別々に設定できます。設定方法はプレビューボックスの右側にある小さなボックスをクリックして色を選択します。

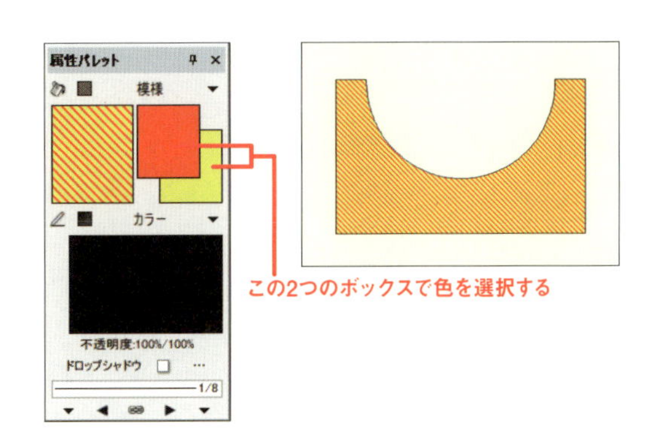

3.9.6 ハッチング

属性パレットのハッチングのパターンは複数のハッチングパターン用ファイルに納められています。以前のVectorworksでは特殊なパターンたとえば舗石用パターンを使いたいときは舗石用パターンファイルを読み込む操作が必要でしたが、現在は属性パレットでパターン用ファイルを選択できます。

❶ 属性パレットの面属性で「ハッチング」を選択しボックスをクリックする

❷ ハッチングパターンのウィンドウが開くので左側の欄でパターン用ファイルを選ぶ

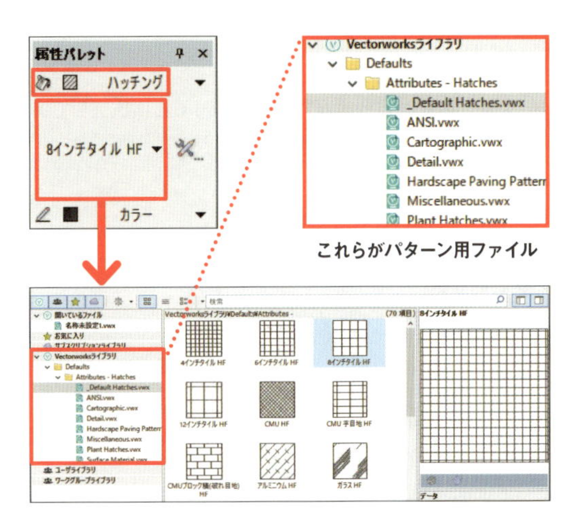

これらがパターン用ファイル

Note

パターン用ファイルの内容を簡単に説明します。

◆「_Default Hatches.vwx」 Vectorworksのデフォルトパターン
◆「ANSI.vwx」 ANSI（米国規格協会）のパターン
◆「Cartographic.vwx」 地図用パターン
◆「Detail.vwx」 詳細図用パターン
◆「Hardscape Paving Patterns.vwx」 舗石ブロックのパターン
◆「Miscellaneous.vwx」 種々のパターン
◆「Plant Hatches.vwx」 散らし線のパターン
◆「Surface Material.vwx」 仕上げ材のパターン

面図形にハッチングパターンを適用し、サイズを調整する方法を説明します。

❶面図形を選択する
❷属性パレットの面属性で「ハッチング」を選びボックスをクリックする
❸ウィンドウが開くのでパターン用ファイルでたとえば「Hardscape Paving Patterns.vwx」をクリックし、適当なパターンたとえば「舗石1連続1 HF」をダブルクリックする

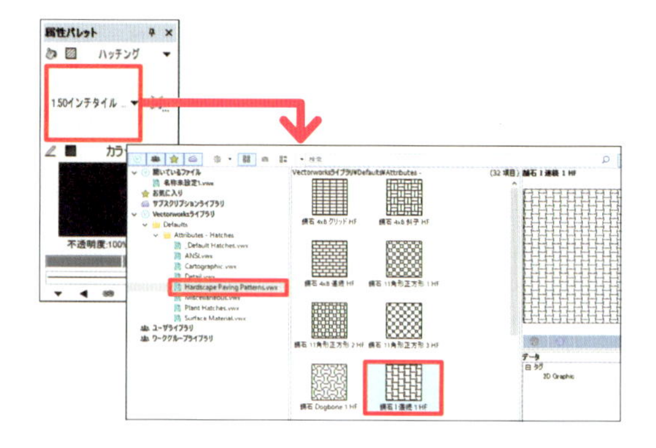

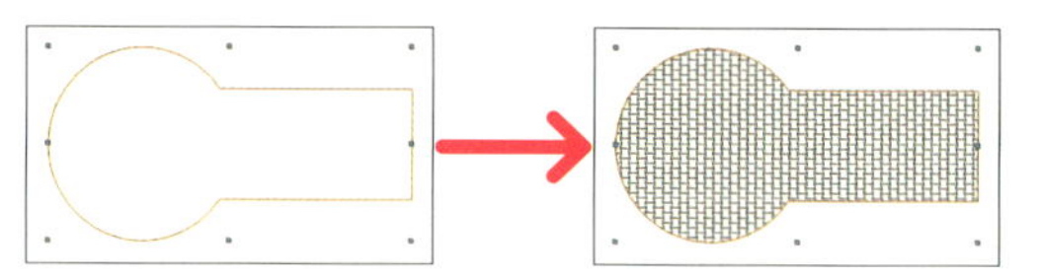

結果

結果を見るとパターンのサイズが小さい、それに方向が違うので調整します。

❹面図形が選択されているのを確認してから属性パレットの[ハッチング設定]ボタンをクリックする

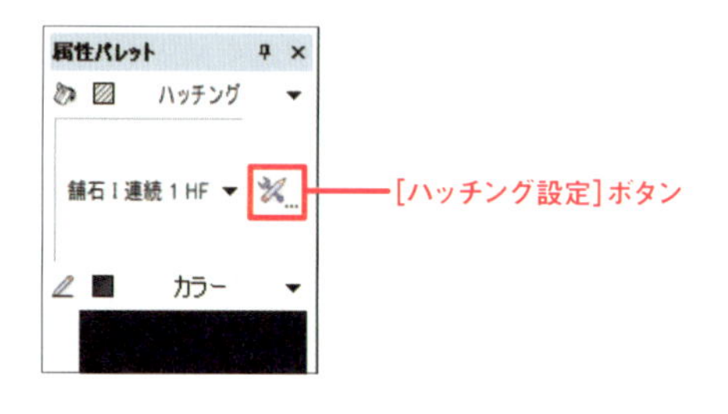

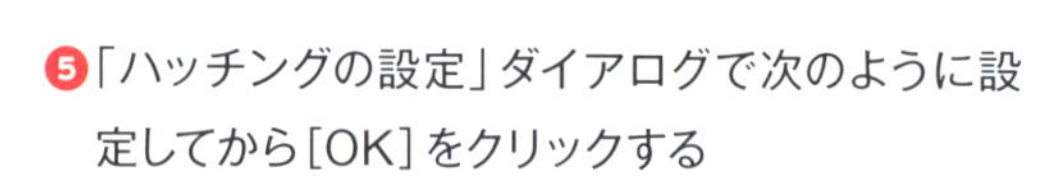

❺「ハッチングの設定」ダイアログで次のように設定してから[OK]をクリックする

◆「ローカルマッピングを使用」をオンにする
◆幅=<2000>
※このケースでは元の幅が1250なので1.6倍に拡大しています。
※「高さ」も2000に変わります。
◆回転=<90>°

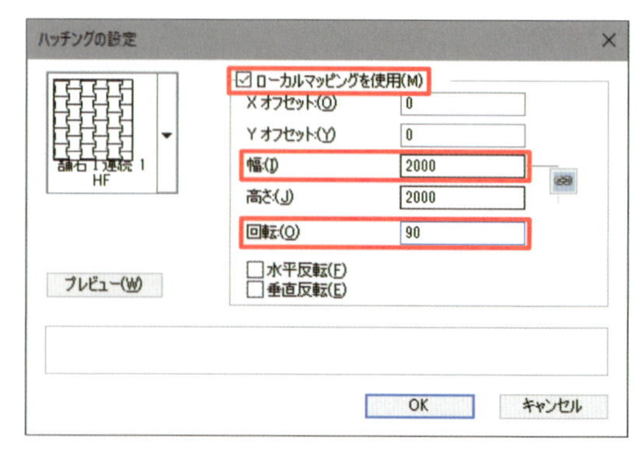

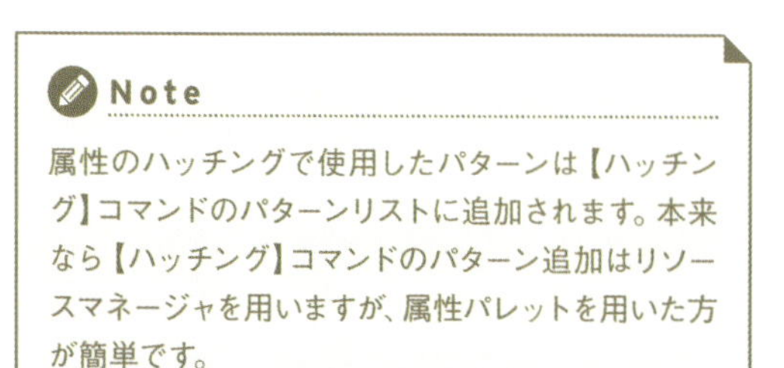

Note

属性のハッチングで使用したパターンは【ハッチング】コマンドのパターンリストに追加されます。本来なら【ハッチング】コマンドのパターン追加はリソースマネージャを用いますが、属性パレットを用いた方が簡単です。

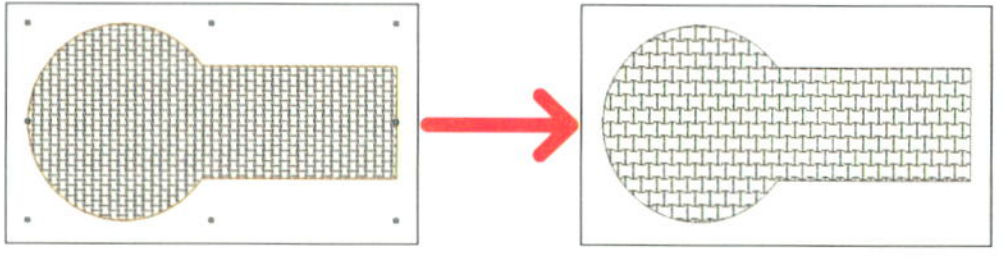

結果

3.9.7 タイル

属性パレットのタイルのパターンはハッチングと同じように複数のタイルパターン用ファイルに納められています。

❶属性パレットの面属性で「タイル」を選択しボックスをクリックする

❷タイルパターンのウィンドウが開くので左側の欄でタイル用ファイルを選ぶ

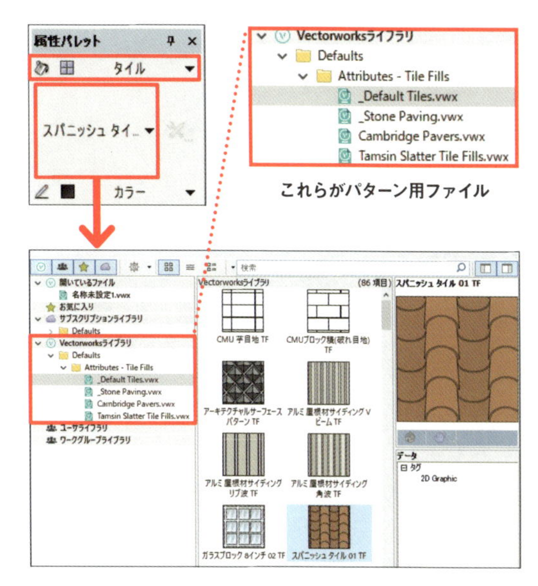

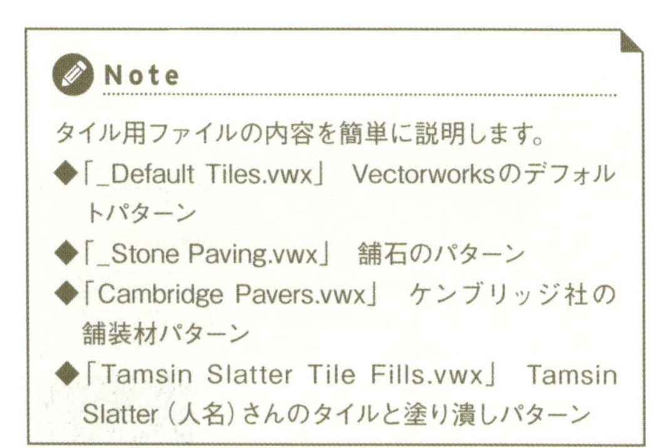

Note

タイル用ファイルの内容を簡単に説明します。

◆「_Default Tiles.vwx」 Vectorworksのデフォルトパターン

◆「_Stone Paving.vwx」 舗石のパターン

◆「Cambridge Pavers.vwx」 ケンブリッジ社の舗装材パターン

◆「Tamsin Slatter Tile Fills.vwx」 Tamsin Slatter（人名）さんのタイルと塗り潰しパターン

面図形にタイルパターンを適用し、サイズを調整する方法を説明します。

❶面図形を選択する

❷属性パレットの面属性で「タイル」を選びボックスをクリックする

❸ウィンドウが開くのでパターン用ファイルでたとえば「Tamian Slatter Tile Fills.vwx」をクリックし、適当なパターンたとえば「レンガ おなま TI」をダブルクリックする

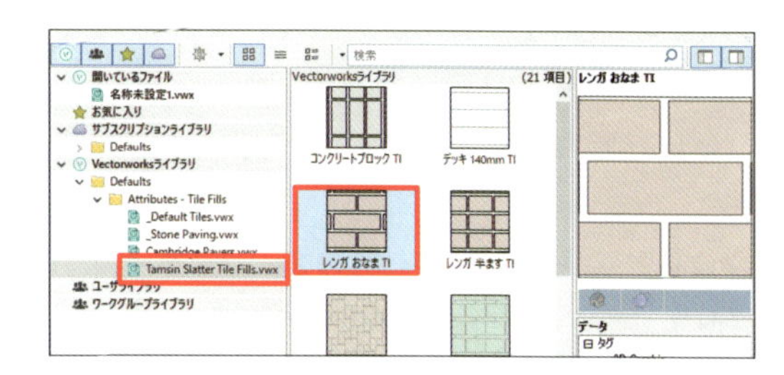

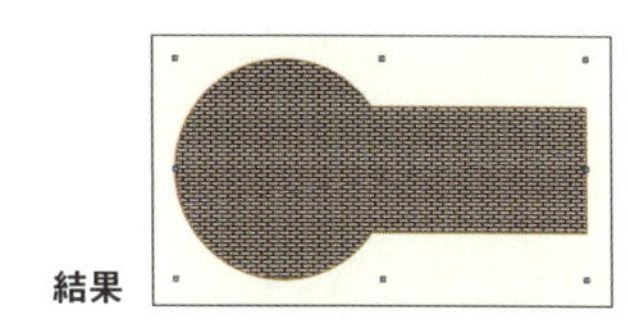

結果

結果を見るとパターンサイズが小さいので調整します。

❹面図形が選択されているのを確認してから属性パレットの［タイル設定］ボタンをクリックする

❺「タイルの設定」ダイアログで次のように設定してから［OK］をクリックする

◆「ローカルマッピングを使用」をオンにする

◆幅=<500>

※このケースでは元の幅が200なので2.5倍に拡大しています。「高さ」も2.5倍に変わります。

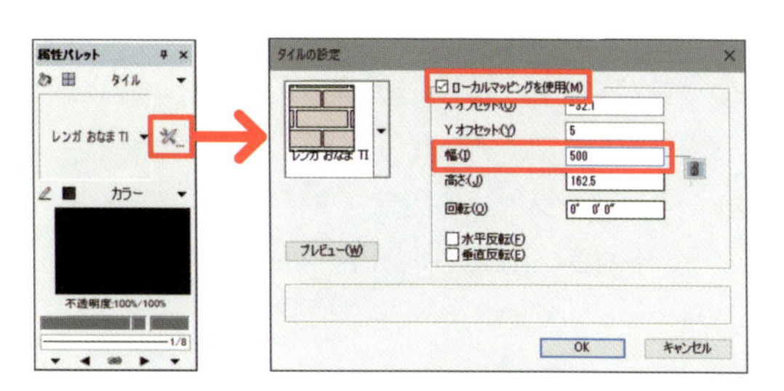

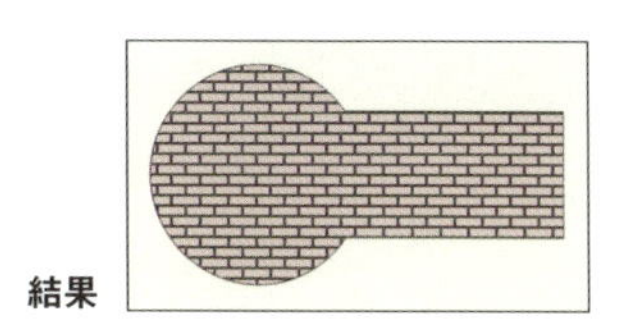

結果

3.9.8 グラデーション

グラデーションとは単色の塗りつぶしと異なり2つ以上のカラーを連続的に変化させながら塗りつぶすものです。最初に既存のグラデーションの使い方から説明します。

[1] 既存のグラデーションを使う

既存のグラデーションの使い方から解説します。

❶メニューの【ファイル】→【開く】をクリックし、「VW20xx_Data」フォルダの中の「Ch3」フォルダにある「Ch3_Ex03.vwx」を開く
❷【セレクション】ツールをクリックする
❸P長方形をクリックして選択する
❹属性パレットの面属性で「グラデーション」を選択する
❺グラデーションのプレビューの窓をクリックしてグラデーションのリストを出したとえば「空 夜明けGR」をクリックする
❻Q長方形をクリックしてから❹~と同じ操作をして「空 夜明けGR」グラデーションを割り当てる

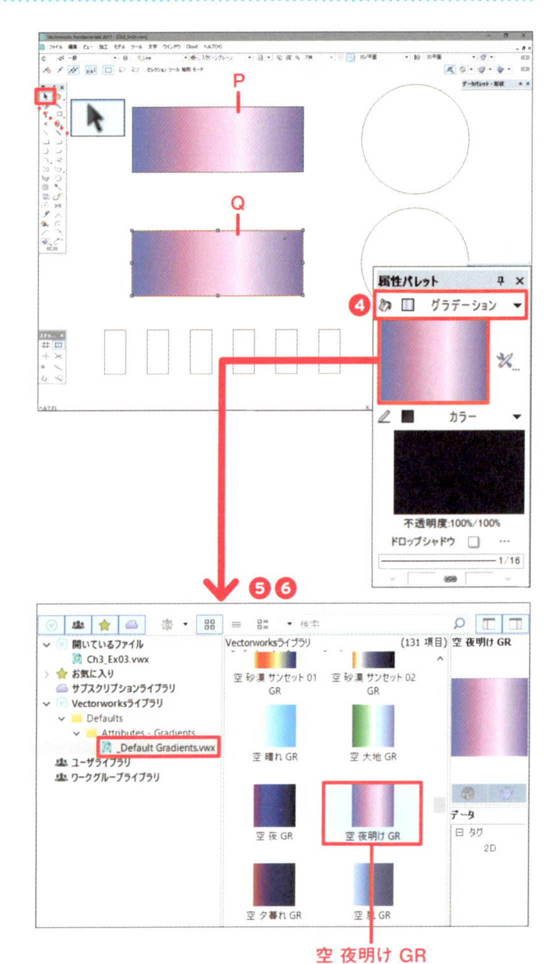

Q長方形のグラデーションの方向を変えてみます。

❼Q長方形が選択されているのを確認する

※ Q長方形のサイズは8000×3000mmです。

❽属性パレットの面属性の[グラデーションの設定]ボタンをクリックする
❾「グラデーションの設定」ダイアログで「Yオフセット」に<-1500>mmをキーインする
❿長さ=<3000>mm
⓫回転=<90>°
⓬[プレビュー]をクリックする
⓭[OK]をクリックする

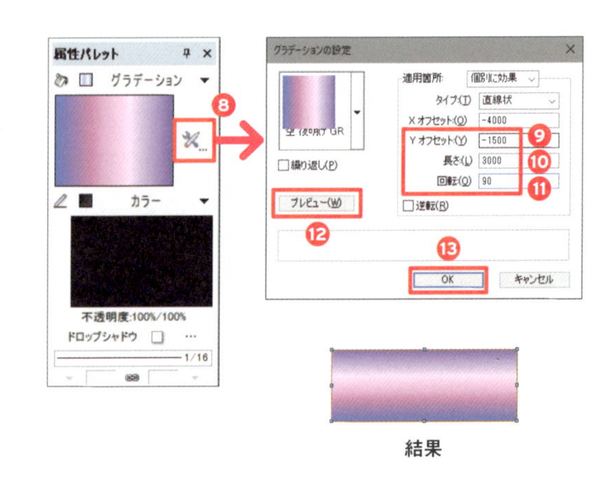

結果

[2] グラデーションの設定

「グラデーションの設定」ダイアログの各項目の意味を解説します。

◆「個別に効果」と「選択範囲全体に効果」

「個別に効果」と「選択範囲全体に効果」の違いを「Ch3_Ex03.vwx」の下部にある6個の長方形(1つのサイズ=500×1000mm)で示します。

6個の長方形を選択して属性パレットで「秋GR」グラデーションを割り当てた結果です。

※ どちらも「グラデーションの設定」ダイアログでオフセットと長さを調整しています。

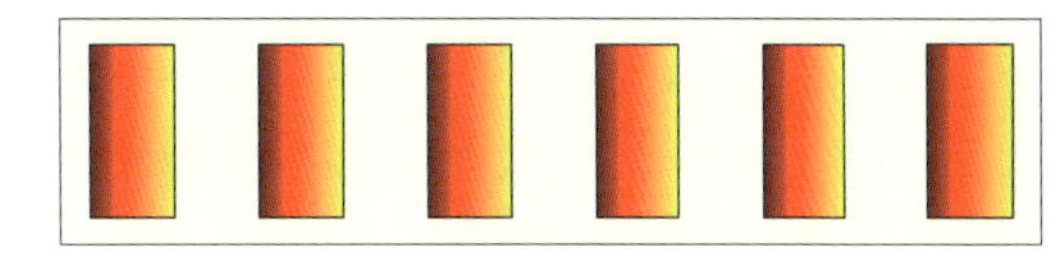

個別に効果
(Xオフセット=−250mm、長さ=500mm)

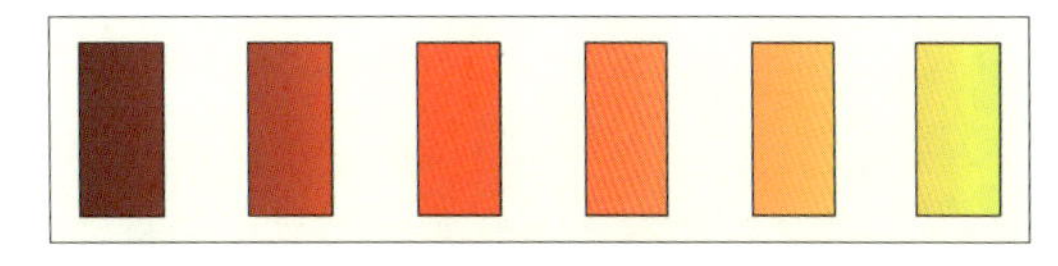

選択範囲全体に効果
(Xオフセット=−5500mm、長さ=11000mm)

◆ タイプ

グラデーションには4種類のタイプがあります。「Ch3_Ex03.vwx」にある円(直径=5000mm)で各タイプを図示します。使用しているグラデーションは「青−赤紫−黄GR」です。

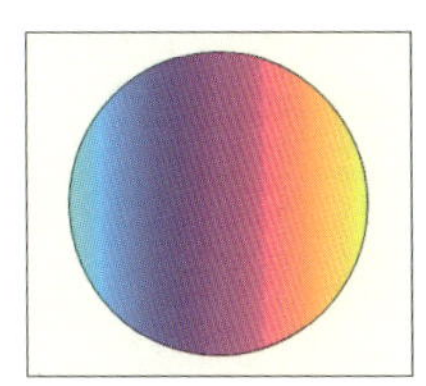

「直線状」タイプ
Xオフセット=−2500
Yオフセット=0
長さ=5000

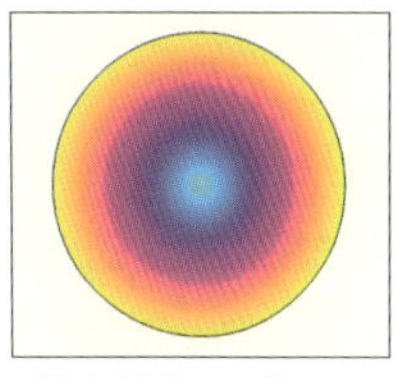

「放射状」タイプ
Xオフセット=0
Yオフセット=0
長さ=2500

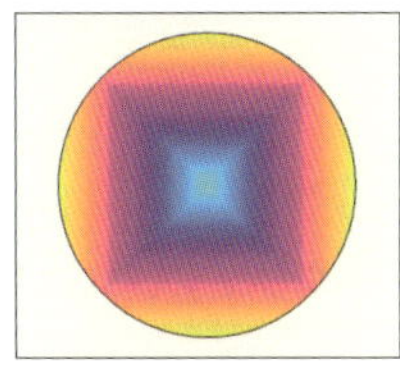

「四角形」タイプ
Xオフセット=0
Yオフセット=0
長さ=2500

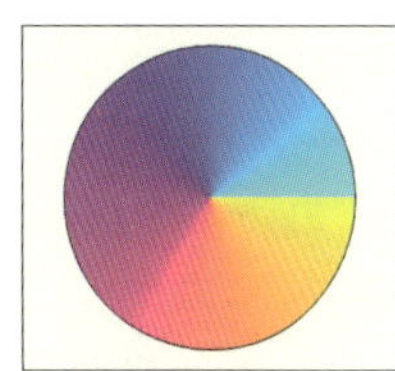

「扇状」タイプ
Xオフセット=0
Yオフセット=0
回転=0°

◆ 繰り返し

繰り返しのオン/オフによってどう違うかを図示します。

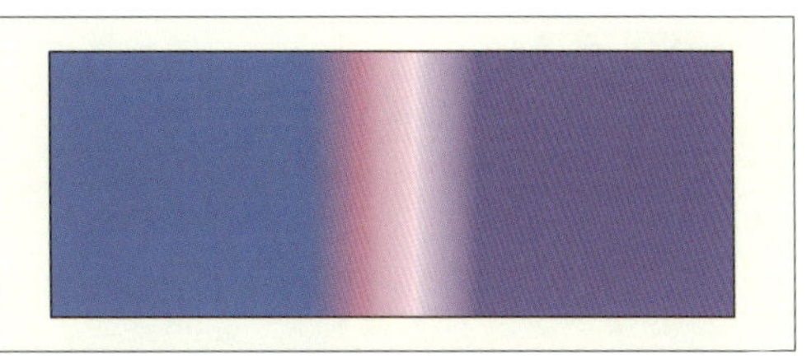

オフセット=−1000、長さ=2000mm、繰り返し= オフ

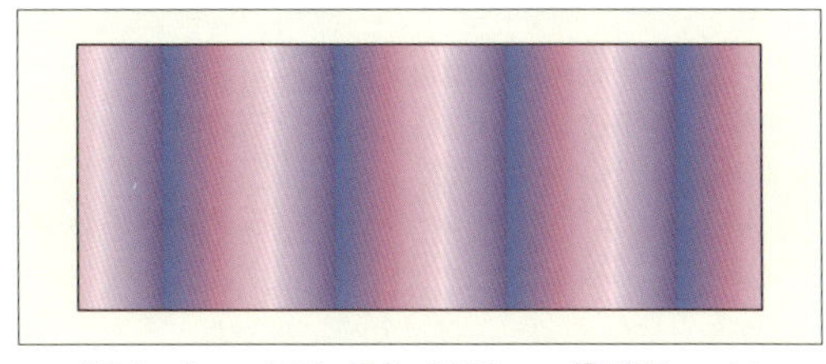

オフセット=−1000、長さ=2000mm、繰り返し= オン

[3] グラデーションを作る

グラデーションはリソースマネージャで簡単に作れます。またリソースマネージャで既存のグラデーションを編集して新しいグラデーションを作れます。練習用データはどんなファイルでもかまいませんが、ここでは前項で使った「Ch3_Ex03.vwx」が開いているものとして説明します。

グラデーションは2色から作れますが例として3色(緑−黄色−オレンジ)のグラデーションを作ってみます。

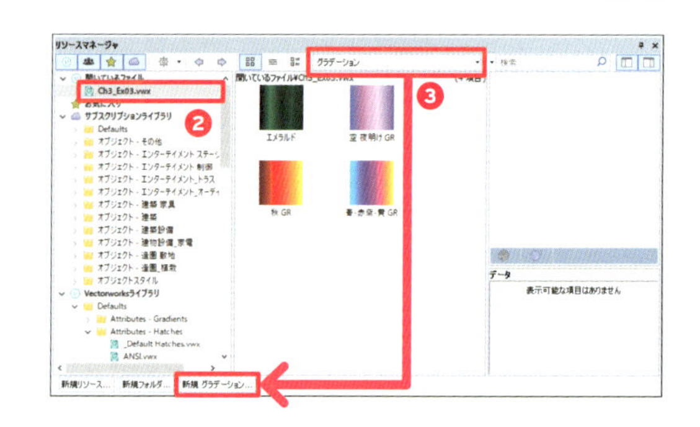

❶ リソースマネージャが表示されていないときは、メニューの【ウィンドウ】→【パレット】→【リソースマネージャ】をクリックする

❷ リソースマネージャの左欄の「開いているファイル」の「Ch3_Ex03.vwx」を選択する

❸ リソースマネージャの上端で「グラデーション」を選択してから、下端にある[新規 グラデーション]ボタンをクリックする

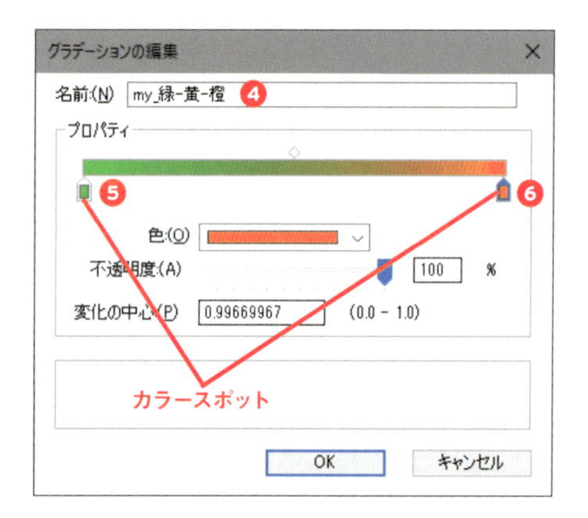

❹「グラデーションの編集」ダイアログの「名前」欄に適当な名前、たとえば＜my_緑ー黄ー橙＞をキーインする

❺ 左端のカラースポット(変化点ともいう)をダブルクリックし、「色の設定」ダイアログ(Mac:「カラー」ダイアログ)で緑色を選択する

❻ 右端のカラースポットをダブルクリックし、オレンジ色を選択する

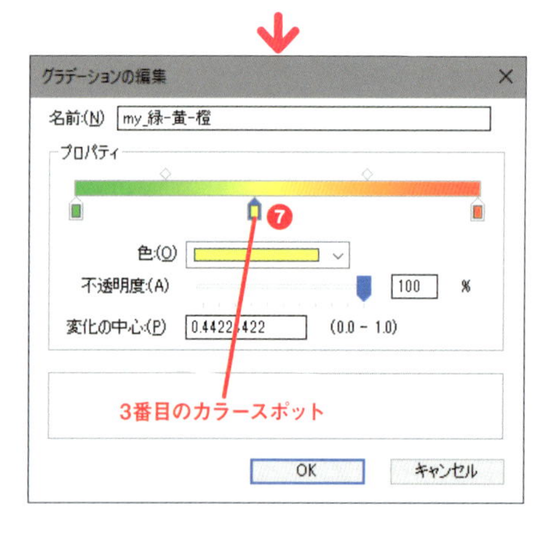

❼ 図に示すあたりをクリックして3番目のカラースポットを作る

❽ 3番目のカラースポットをダブルクリックし、黄色を選択する

❾ [OK]をクリックする

「カラースポット」はドラッグすると位置を変えられます。グラデーションのプレビューの下端をクリックすると「カラースポット」を追加でき、3色以上のグラデーションを作れます。加えた「カラースポット」を消したいときはドラッグしてグラデーションのプレビューから引き離します。

グラデーションを修正したいときはリソースマネージャでグラデーションを右クリックし、メニューの【編集】をクリックします。すると「グラデーションの編集」ダイアログが開くので修正できます。

[4]【属性マッピング】ツール

図形にグラデーションを割り当てたあと属性パレットの「グラデーションの設定」ダイアログを使ってスタイルやサイズなど修正できますが、【属性マッピング】ツールでも方向やサイズなどをインタラクティブに修正できます。使い方は次のように簡単です。

❶【属性マッピング】ツールをクリックする
❷グラデーションを施した図形をクリックする
❸ハンドル付きの線が表示されるので、これをドラッグしてグラデーションを修正する
※ハンドルがカラースポットに、線の長さと方向がグラデーションの長さと方向に相当します。
❹修正が終わったら【セレクション】ツールで空クリックする

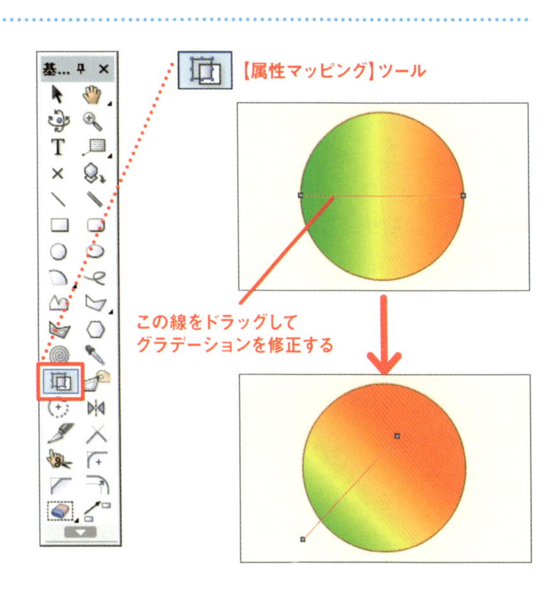

3.9.9 イメージ

属性の「イメージ」もリソースマネージャで作成します。練習用に画像データを用意していますので試してみます。練習用データは前項と同じく「Ch3_Ex03.vwx」で、リソースマネージャでも「Ch3_Ex03.vwx」が選択されているとします。

❶リソースマネージャが画面に表示されていないときはメニューの【ウインドウ】→【パレット】→【リソースマネージャ】をクリックする
❷リソースマネージャの上端で「イメージ」を選択してから、下端にある[新規 イメージ]ボタンをクリックする
❸「取り込む イメージファイル」ダイアログで「Ch3」フォルダにある「tile.png」を開く
❹「イメージファイルの情報」ダイアログの圧縮方法で「PNG」(ピングと読む)にチェックを入れてから[OK]をクリックする
❺長方形を1つ選択し属性パレットの面属性で「イメージ」を割り当てる

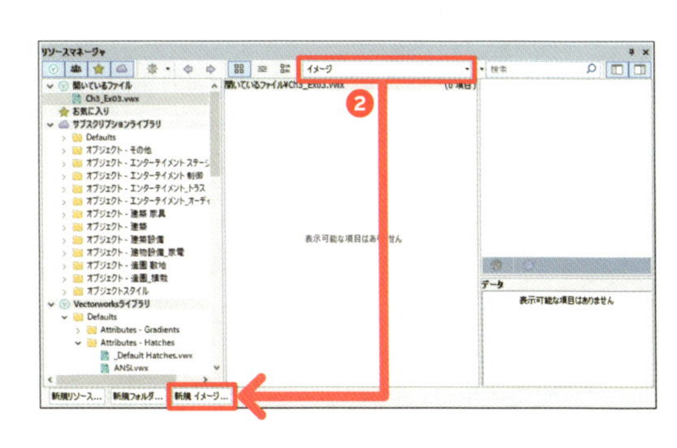

「JPEG」のほうがデータサイズが小さいが画質が低下する。ファイルサイズが大きくなってもよいなら「PNG」を選択する

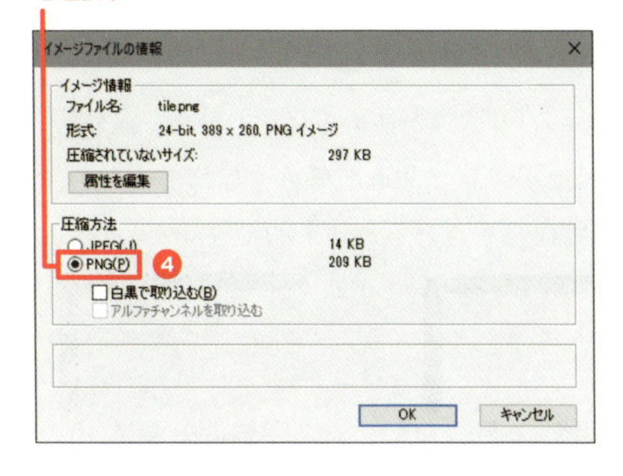

ここで作ったイメージを長方形に割り当てた

◆ イメージの修正

割り当てたイメージのサイズ・方向・位置を修正するには属性パレットの［イメージの設定］ボタンをクリックしてもできますが、グラデーションで使った【属性マッピング】ツールのほうが操作性がよいのでお勧めです。

❶ イメージを割り当てた図形が選択されているのを確認してから、【属性マッピング】ツールをクリックする

※ 選択していない場合は【属性マッピング】ツールでクリックします。

❷ すると図形の中に8つのハンドルを持つ編集用図形が表示される。これを図に示す操作をして修正する

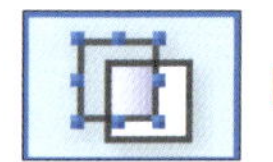

【属性マッピング】ツール

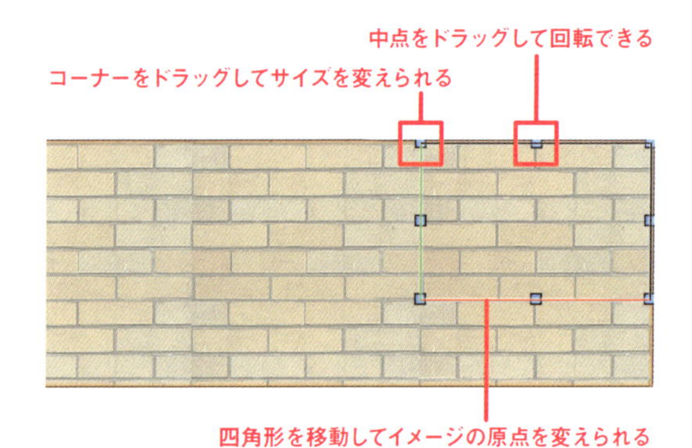

3.9.10 線属性

線属性には5つの項目があります。最後の「クラススタイル」はクラスの「属性の自動割当て」(273ページ) に関わる項目なのでここでは説明を略します。

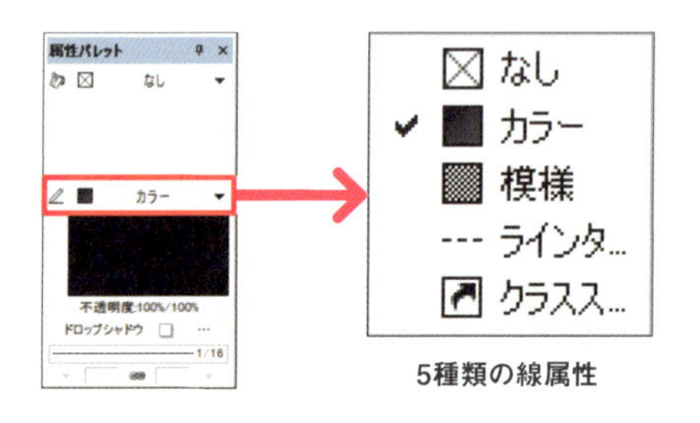

5種類の線属性

◆ なし

「なし」は"見えない線" で面だけ見せたいときに用います。また面を使った作図法(312ページ) でも活躍します。

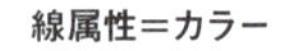

線属性＝カラー

線属性＝なし

◆ カラー

面属性の「カラー」と使い方は同じです。図面を描くときは黒い線を使うのが普通ですが、これは線属性を「カラー」にし、色を黒にします。

◆ 模様

面属性の「模様」と使い方は同じです。線の模様というと不思議に思われるかもしれませんが、太い線に模様を付けると効果的です。

線属性＝カラー　　線属性＝模様

◆ ラインタイプ

線属性のラインタイプを選択すると、実線以外の線種を使えます。

Note

「ラインタイプ−1」〜「ラインタイプ−2」は従来のVectorworksの線種です。線種名に「ISO」が頭に付いたタイプは国際標準の線種です。JIS（日本工業規格）の線種はISOと同じなので「ISO」の線種を使うことをお勧めします。なおAutoCADの線種もAutoCAD独自の線種とISOの線種が用意されていますがISOの線種を使うことが多いようです。

3.9.11 線の太さ

線の太さは属性パレットで設定します。

◆ 線の太さ

線の太さのリストに無い太さの線を使いたいときに［線の太さ］で指定します。

◆ クラス属性（太さ）

クラスで設定した線の太さを使用するときに使います。

◆ 線の太さのリスト

線の太さのリストはメニューの【ツール】→【オプション】→【線の太さ】で設定した内容（030ページ）がこの属性パレットにあらわれます。設定した10種類以外の太さを使いたいときは最上段の「線の太さ」で直接指定します。

◆ 太さ"0"の線

線の太さの2行目にある太さが"0"の線は、見えない線で線属性の「なし」と同じです。

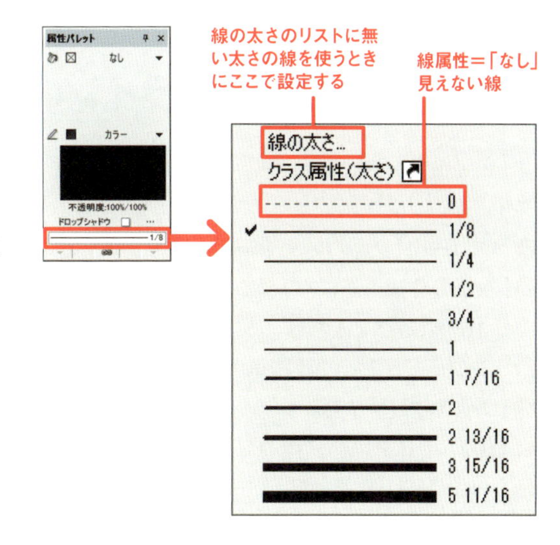

3.9.12 マーカー

マーカー（線端の形）は始点・終点に個別に付けたり付けなかったりできます。なお寸法線に使うマーカーは寸法線のほうで指定します（244ページ）。

マーカーは15種類あり［マーカーを編集］でサイズと形を変えられます。

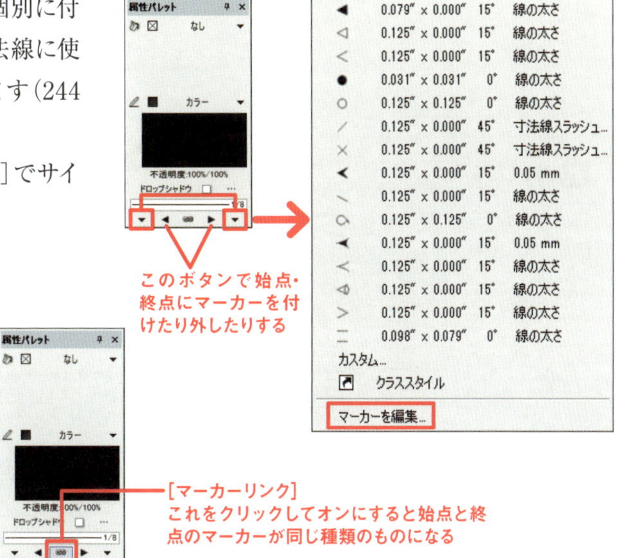

Note マーカーの単位

031ページでマーカーのサイズをmmで設定しましたが属性パレットではインチで表示されます。しかし設定は反映してます。

3.10 ダブルライン

Vectorworksでは2重の線をダブルラインと呼び、【ダブルライン】ツールか【ダブルライン多角形】ツールで描きます。建築製図ではダブルラインを壁など広い用途に使います。
ダブルラインは線どうしの間隔を指定する必要があります。間隔を指定するには図面の縮尺を決めないと用紙からはみ出たり、逆に線どうしがくっついてしまいますので、ここでは縮尺1/50として練習します。

3.10.1 ダブルラインの基本

【ダブルライン】ツールの基本操作から解説します。

❶メニューの【ファイル】→【新規】をクリックする
❷「用紙の作成」ダイアログで「テンプレートを使用」にチェックを入れる
❸テンプレートファイル「Default.sta」を選択する
❹[OK]をクリックする
❺【ダブルライン】ツールをクリックする
❻ツールバーで[任意角度]モードと[中央ドラッグ]モードをオンにする
❼ツールバーの[幅]に<500>mmを入力する
❽作図ウィンドウでプレス→ドラッグ→リリースしてダブルラインを描く

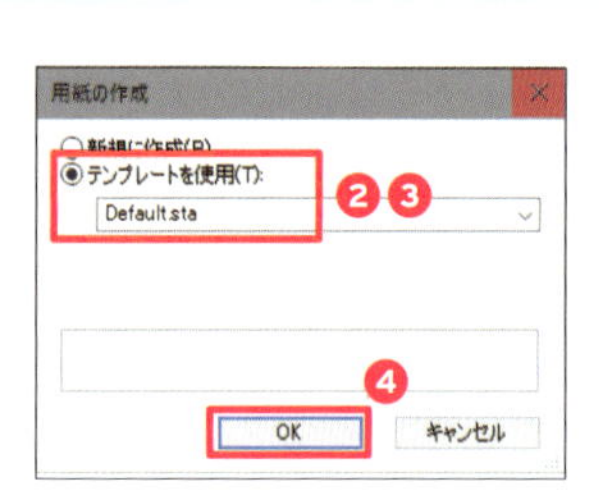

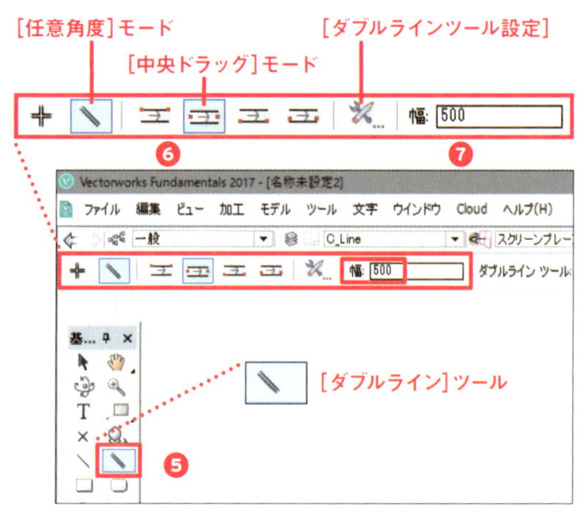

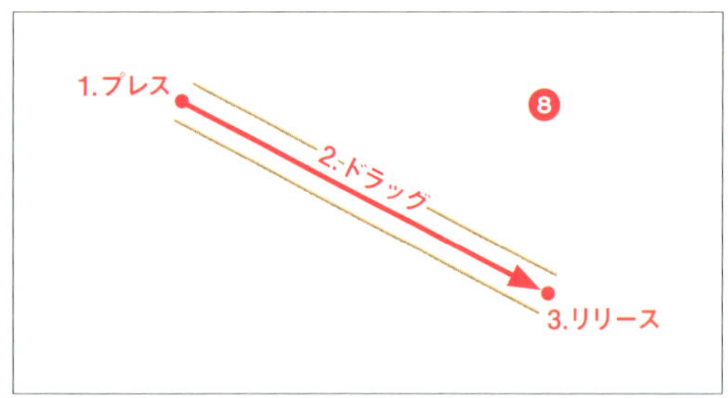

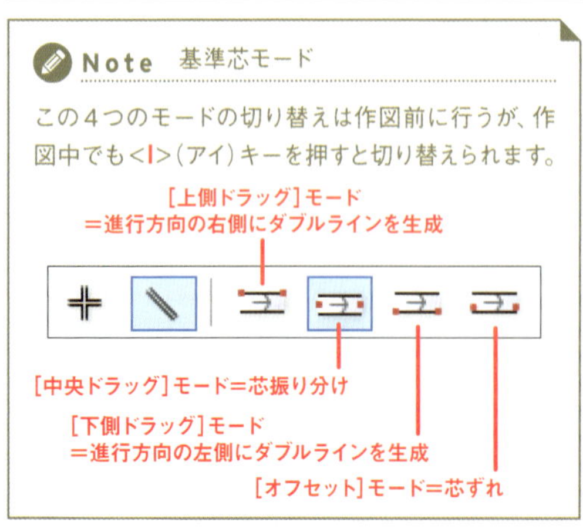

Note 基準芯モード

この4つのモードの切り替えは作図前に行うが、作図中でも<I>(アイ)キーを押すと切り替えられます。

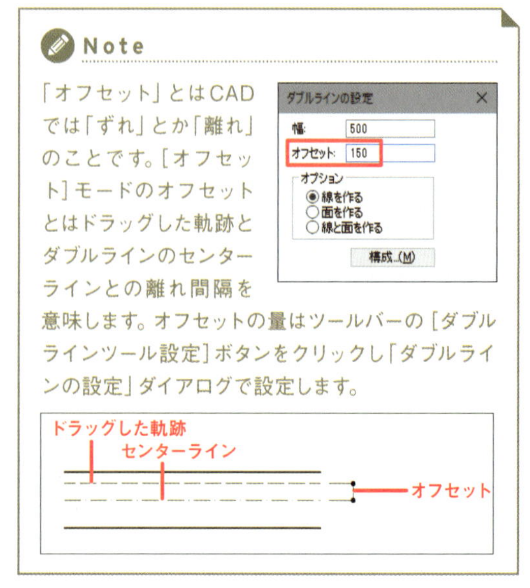

Note

「オフセット」とはCADでは「ずれ」とか「離れ」のことです。[オフセット]モードのオフセットとはドラッグした軌跡とダブルラインのセンターラインとの離れ間隔を意味します。オフセットの量はツールバーの[ダブルラインツール設定]ボタンをクリックし「ダブルラインの設定」ダイアログで設定します。

3.10.2 ダブルラインの構成

「ダブルラインの設定」ダイアログにある［構成］を用いると1本のダブルラインを描く操作で図のようなダブルラインを描けます。

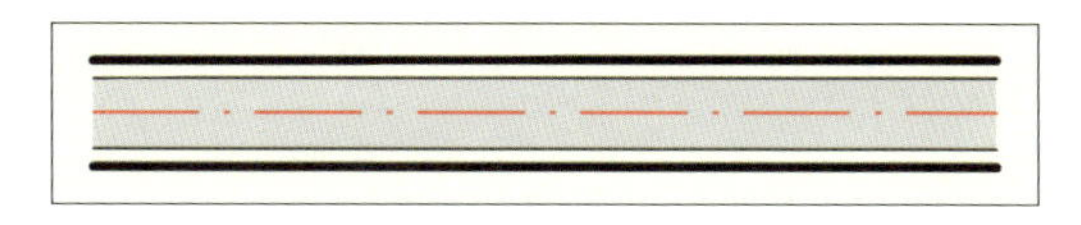

「構成」を使うと複数の線、たとえば壁芯線と躯体線2本と仕上げ線2本の計5本の線のダブルラインを定義できます。この「構成」は2D用というより3Dで使う【壁】ツールの「壁」との連携を重視したようです。このためか2Dでは分かりにくくなっているので一例を紹介するだけにします。

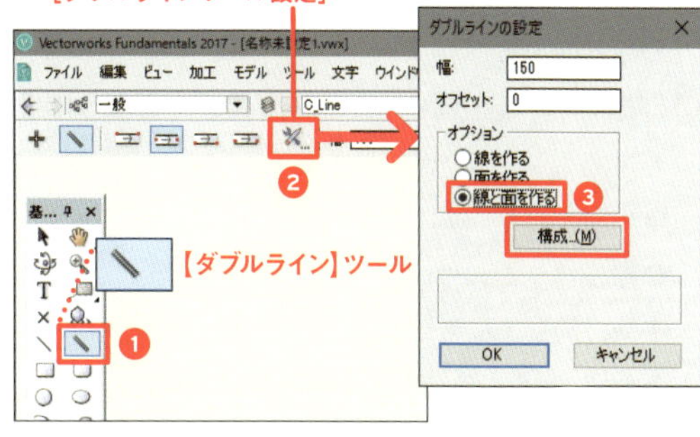

❶【ダブルライン】ツールをクリックする
❷ツールバーの［ダブルラインツール設定］をクリックする
❸「ダブルラインの設定」ダイアログで「線と面を作る」にチェックを入れてから［構成］をクリックする

※「構成」の設定は【ダブルライン多角形】ツールと共通です。

❹「壁の構成要素」ダイアログが表示されるので［新規］をクリックする

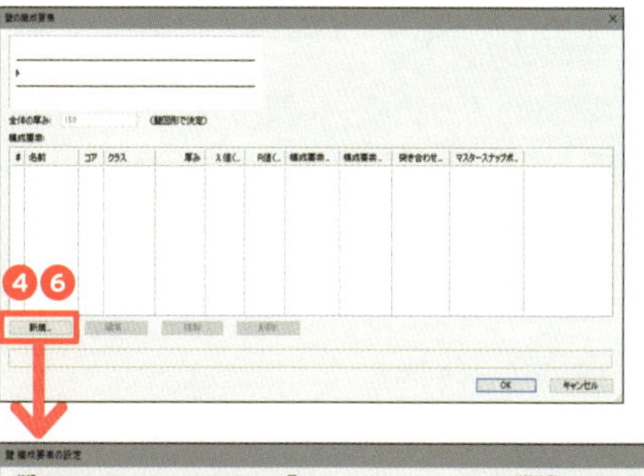

❺「壁構成要素の設定」ダイアログで次のように操作する
- ◆名前＝「仕上げ」
- ◆厚み＝<25>mm
- ◆面のスタイル＝「なし」
- ◆線種（左側）のスタイル＝「なし」
- ◆線種（右側）のスタイル＝「カラー」（色は黒）
- ◆太さ＝「1/4」ポイント
- ◆［OK］をクリックする

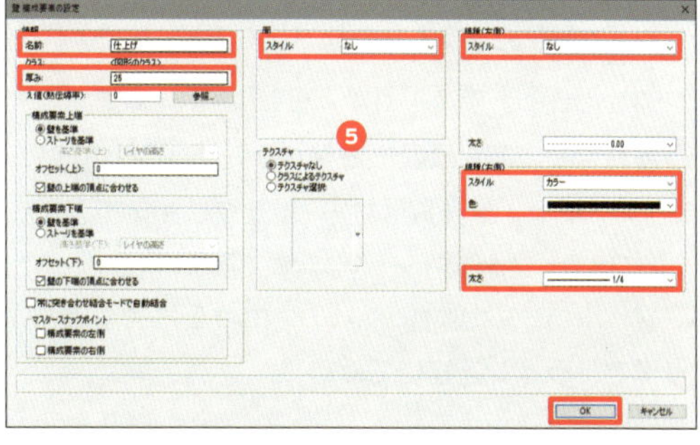

❻「壁の構成要素」ダイアログに戻るので［新規］をクリックする
❼「壁構成要素の設定」ダイアログで次のように操作する
- ◆名前＝「躯体」
- ◆厚み＝<50>mm
- ◆面のスタイル＝「カラー」（色はグレー）
- ◆線種（左側）のスタイル＝「なし」
- ◆線種（右側）のスタイル＝「ラインタイプ」（色は赤）
- ◆線種（右側）のラインタイプ＝「ISO－10－点短鎖線」
- ◆太さ＝「1/8」ポイント
- ◆［OK］をクリックする

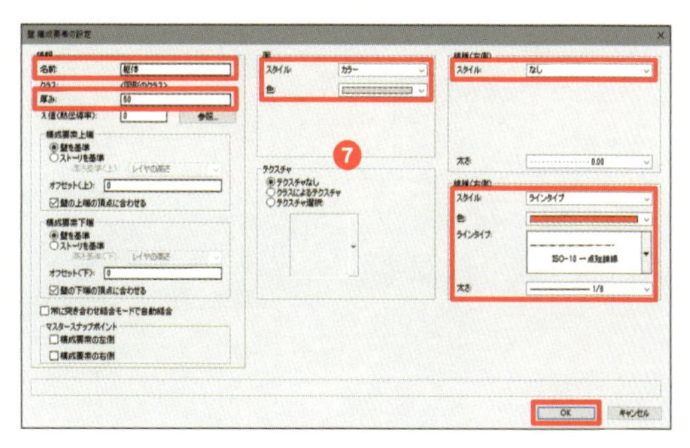

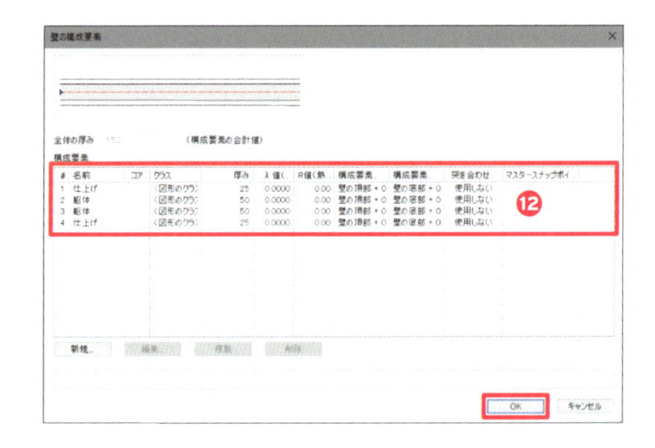

❽「壁の構成要素」ダイアログに戻るので［新規］をクリックする
❾「壁構成要素の設定」ダイアログで次のように操作する
◆名前＝「躯体」
◆厚み＝<50>mm
◆面のスタイル＝「カラー」(色はグレー)
◆線種(左側)のスタイル＝「なし」
◆線種(右側)のスタイル＝「カラー」 (色は黒)
◆太さ＝「1/4」ポイント
◆［OK］をクリックする
❿「壁の構成要素」ダイアログに戻るので［新規］をクリックする
⓫「壁構成要素の属性」ダイアログで次のように操作する
◆名前＝「仕上げ」
◆厚み＝<25>mm
◆面のスタイル＝「なし」
◆線種(左側)のスタイル＝「なし」
◆線種(右側)のスタイル＝「なし」
◆［OK］をクリックする
⓬「壁の構成要素」ダイアログに戻るので図のような内容になっているのを確認してから［OK］をクリックする
⓭「ダブルラインの設定」ダイアログで［OK］をクリックする

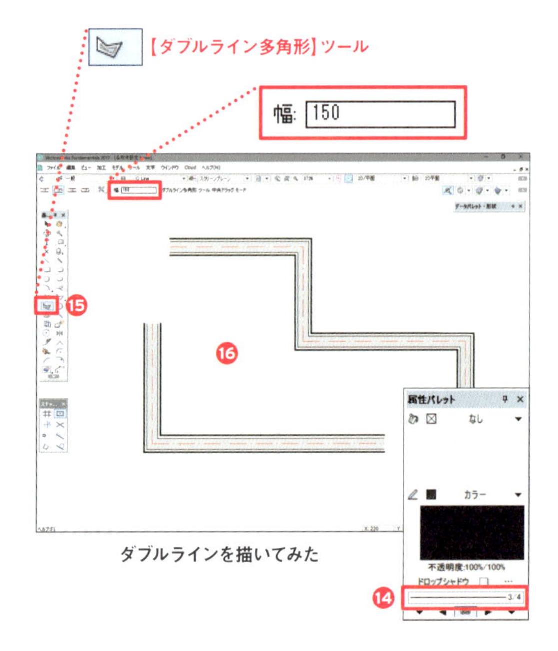

ダブルラインを描いてみた

以上でダブルラインの構成ができました(右上の図)。実際にダブルラインを描いてみます。
⓮属性パレットで線の太さを「3/4」ポイントにする
⓯【ダブルライン多角形】ツールをクリックする
※【ダブルライン多角形】ツールは次項で取り上げます。
⓰ツールバーの［幅］に<150>mmを入力する
⓱ダブルラインを描いてみる

3.10.3 【ダブルライン多角形】ツール

連続したダブルラインを描くときは【ダブルライン多角形】ツールを使います。これを用意したファイルを用いて練習します。

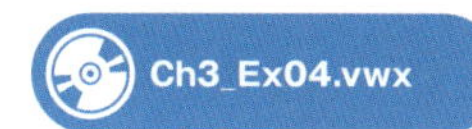

❶ メニューの【ファイル】→【開く】をクリックし、「VW20xx_Data」フォルダの中の「Ch3」フォルダにある「Ch3_Ex04.vwx」を開く

❷ スナップパレットで【図形スナップ】だけオンにして他をオフにする

※スナップについては180ページで解説します。

❸【ダブルライン多角形】ツールをクリックする

❹ ツールバーの[ダブルライン多角形ツール設定]ボタンをクリックする

❺「ダブルラインの設定」ダイアログで「幅」に<300>mmをキーインする

❻「線を作る」にチェックを入れる

❼[構成]をクリックする

❽「壁の構成要素」ダイアログでもし構成要素があればすべて削除してから[OK]をクリックする

❾「ダブルラインの設定」ダイアログの[OK]をクリックする

❿ 属性パレットで線の太さを「3/4」ポイントにする

⓫ ツールバーで[中央ドラッグ]モードをオンにする

⓬ A点(端点)→B点(端点)→ … →H点(端点)と順にクリックし最後にI点(端点)をクリックする

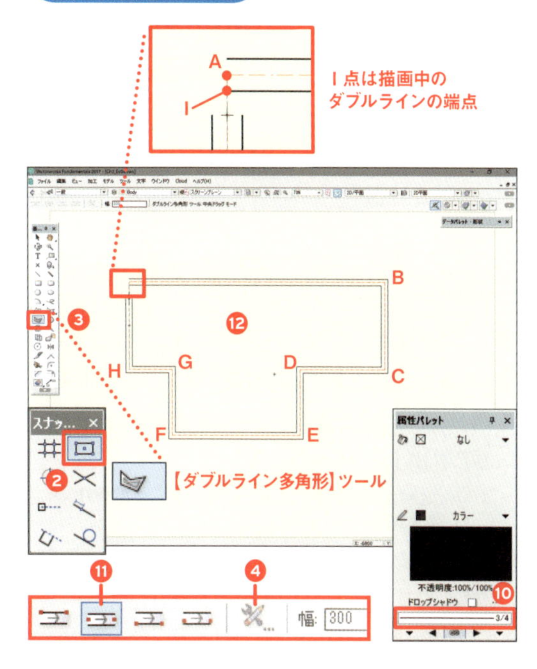

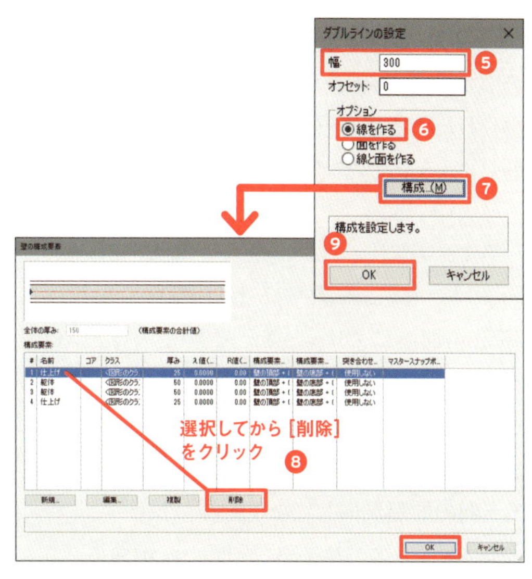

> **Note**
>
> 最後に始点近くのI点をクリックして図形を閉じましたが、始点に戻らないで終了させるには最後の点でダブルクリックします。

> **Note**
>
> 【ダブルライン多角形】ツールの名に「多角形」という言葉が入っていますが作成された図形はばらばらの直線で、多角形ではありません。

> **Note**
>
> 【ダブルライン】ツールと【ダブルライン多角形】ツールの「幅」などの設定は共通ではありませんが「構成」だけは共通です。

> **Note**
>
> ツールセットパレットに【壁】ツールという2D/3Dで壁を描くツールがあります。大変に高機能のツールですが主に3D用で、2Dで使うと修正に手間がかかるなど扱いが難しいので、設計図に使うのはあまりお勧めできません。

3.11 グリッド

「グリッド」は方眼紙と似ています。グリッドは一般建築ではあまり使いませんが木造住宅の設計でしばしば使われています。

Vectorworks のグリッドは水平／垂直のグリッドの他に斜めのグリッドと補助グリッドがありますが、ここでは基本的な水平／垂直のグリッドの使い方を説明します。例として木造住宅でよく使われる910mmモジュールのグリッド設定をします。

3.11.1 グリッドの使い方

❶メニューの【ファイル】→【新規】をクリックする

❷「用紙の作成」ダイアログで「テンプレートを使用」にチェックを入れ「Default.sta」を選択してから[OK]をクリックする

※「Default.sta」は縮尺=1/50、用紙サイズ=A3判に設定しています(032ページ)。

❸スナップパレットの【グリッドスナップ】をダブルクリックする

※メニューの【画面】→【グリッド設定】と同じ。

❹「スマートカーソル設定」ダイアログで「スナップグリッド」の「X」に<455>mmをキーインする

❺レファレンスグリッドのX=<910>mm

❻「グリッドを表示」にチェックを入れる

❼[OK]をクリックする

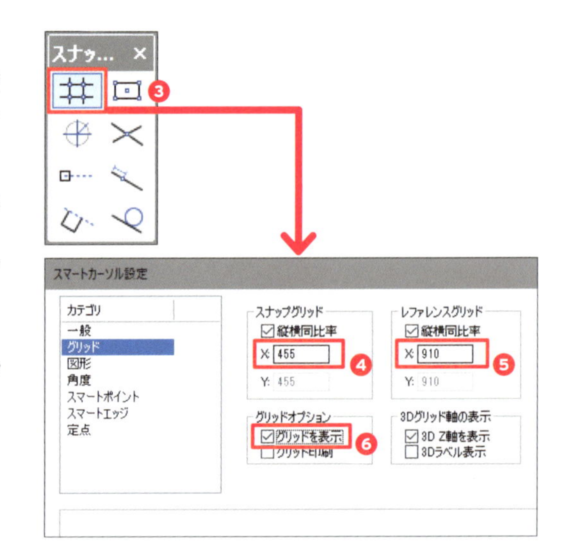

スナップグリッドはカーソルがヒットする点の間隔です。455と入力すると作図ウィンドウに455mm間隔にグリッド点ができ(グリッド点は見えない)、【グリッドスナップ】がオンになっていると作図中にカーソルがグリッド点に吸い寄せられます。「縦横同比率」にチェックを入れるとX方向、Y方向の間隔が同じになります。

レファレンスグリッドは画面に表示するグリッド線のことです。この間隔をスナップグリッドと同じ間隔にするか倍数にするとグリッド点とグリッド線の交点が一致します。

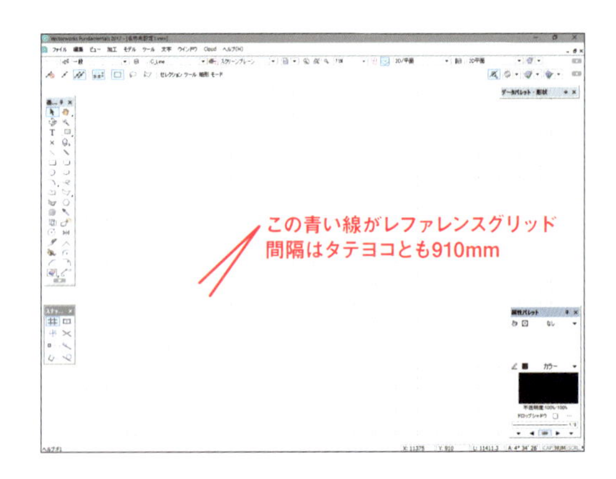

❽ スナップパレットで【グリッドスナップ】だけをオンにする
❾ 直線や四角形を描いてみる

スナップパレットで【グリッドスナップ】だけがオンになっている場合はグリッド点しか指定できなくなりますが、同時に他のスナップをオンにするとグリッド点に限らずカーソルに近い対象点にヒットします。スナップに関しては180ページで詳しく解説します。

Note グリッド表示とグリッドスナップ

スナップパレットの【グリッドスナップ】をオンにすればレファレンスグリッドを表示しなくてもグリッドスナップが有効になります。

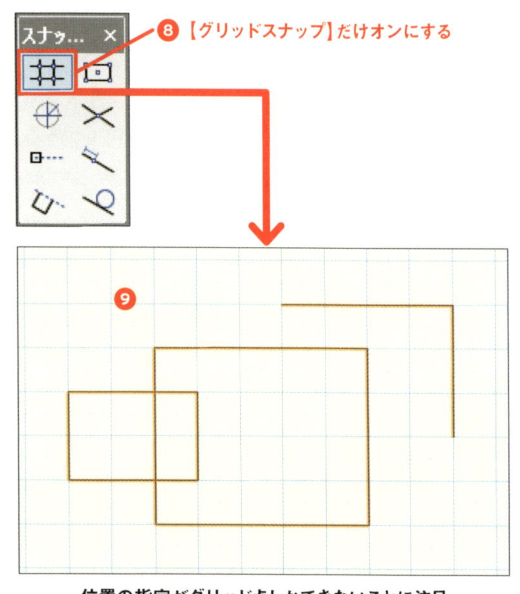

位置の指定がグリッド点しかできないことに注目

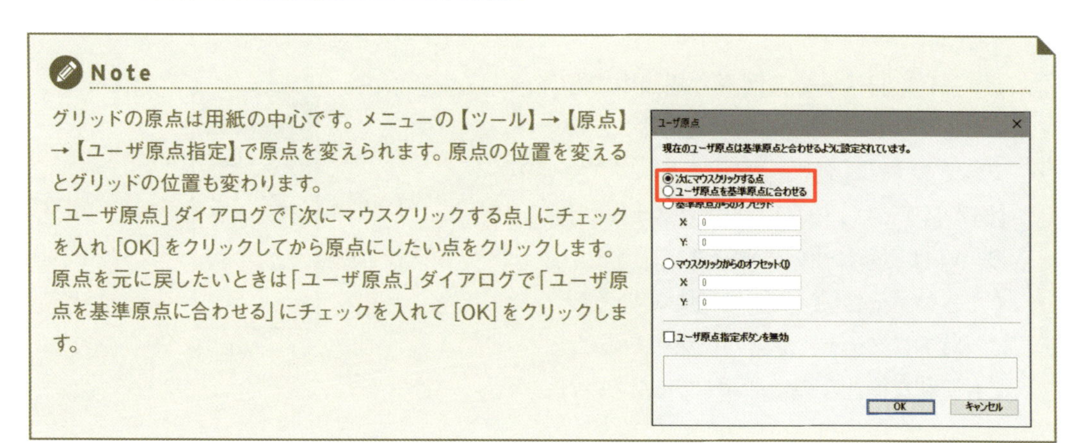
Note

グリッドの原点は用紙の中心です。メニューの【ツール】→【原点】→【ユーザ原点指定】で原点を変えられます。原点の位置を変えるとグリッドの位置も変わります。
「ユーザ原点」ダイアログで「次にマウスクリックする点」にチェックを入れ［OK］をクリックしてから原点にしたい点をクリックします。原点を元に戻したいときは「ユーザ原点」ダイアログで「ユーザ原点を基準原点に合わせる」にチェックを入れて［OK］をクリックします。

3.12 スナップ

スナップ(snap)の原意は「飛び付く」あるいは「噛み付く」という意味ですが、CADでは図形の特定の点(端点や中点など)にカーソルを吸い付けさせるもので、CADに必須の機能です。スナップと数値入力が無ければただのお絵描きソフトと言われるほど、スナップと数値入力はCADにとって重要です。数値入力については線を描くところで説明しましたが、スナップに関してはグリッドスナップしか説明していません(178ページ)。そこでグリッドスナップ以外の、本来のスナップについてここで説明します。

数値入力は数値を使って、図形のサイズと図形どうしの相対位置を正確に指定するために用います。これに対しスナップは既存図形を利用して位置とサイズを正確に指定するときに用いるもので、数値入力とスナップはどちらかが欠けても、正確な図面を作成できません。

スナップはスナップパレットでコントロールします。

スナップ名の右端にある英文字はショートカットキーです。すべてワンキーでしかも「ASDF」と「QWER」の8つのキーはキーボードの左上にあるキーで覚えやすいように配慮されています。

ショートカットキーなら図形の描画中でもスナップのオン/オフを切り替えることができます。特に【グリッドスナップ】の[A]、【図形スナップ】の[Q]、【交点スナップ】の[W]は頻繁に使いますのでぜひ覚えてください。なお[@]キーを押している間は一時的にスナップが無効になります。とても便利な機能なので活用してください。

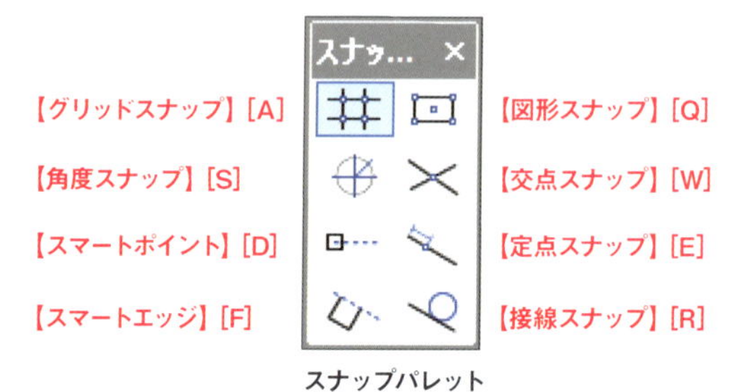

スナップパレット

3.12.1 スナップの体験

スナップとはどういうものかを体験するため、練習課題を用意しました。使用するスナップは【図形スナップ】で、これが最も有用なスナップです。

最初に【図形スナップ】の内容を確認します。

1. スナップパレットで【図形スナップ】をダブルクリックする
2. 「スマートカーソル設定」ダイアログの「図形」カテゴリで「マスタースナップポイント」以外の項目がオンになっているのを確認する
3. メニューの【ファイル】→【開く】をクリックし、「VW20xx_Data」フォルダの中の「Ch3」フォルダにある「Ch3_Ex05.vwx」を開く

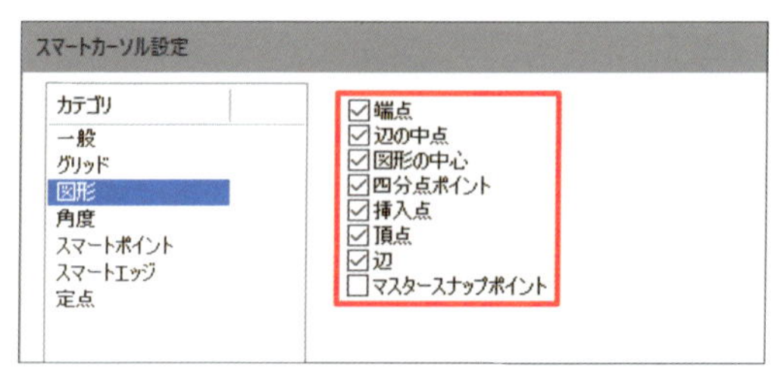

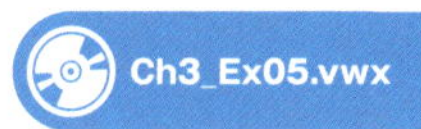

Note

マスタースナップポイントは点が密集しているところでの寸法記入などに使いますが慣れが必要なのでここではオフにします。

❹ [Ctrl] + [4] キー (Mac :[⌘] + [4] キー) を押して用紙全体を見る
❺ 属性パレットで面属性を「なし」にする
❻ スナップパレットで【図形スナップ】のみオンにする
❼ A、B、C の課題を完成させる

課題A :【直線】ツールを用いて線を引き、右下にある完成図と同じような図にする
課題B :【長方形】ツールを用いて、右下にある完成図と同じような図にする
課題C :【円】ツール用いて、右下にある完成図と同じような図にする

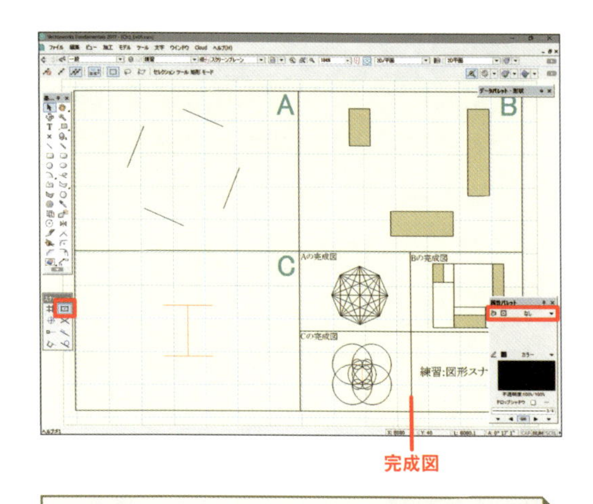

この練習は、ゆっくりとスナップの感触を確かめながら実施してください。図を完成するのが目的ではなく、スナップの意味を体験するのが目的です。

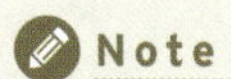

Note

スクリーンヒント(「端点」とか「図形」という文字)がうるさいときは [Y] キーを押します。[Y] キーはスクリーンヒントの表示と非表示を切り替えるショートカットキーです。

Note

【図形スナップ】などスナップをオンにするとカーソルのまわりに「スナップボックス」が表示されます。対象点がこのボックスの中に入ると十字形のカーソルが表示されるのでこのときにプレスやリリースをすると対象点にヒットします。
セレクションボックスも表示されますがこれは図形選択のときに意味があります。

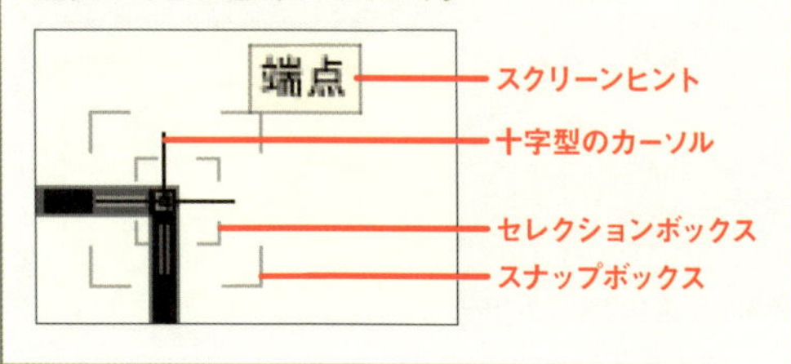

3.12.2 スナップの種類

Vectorworksのスナップパレットに8つのスナップがあります。これらはスナップの対象点が違うというだけでなく、働き方がかなり違います。そこで4グループに分類してから説明をはじめます。

◆ グリッドスナップグループ

グリッドスナップに分類されるのは【グリッドスナップ】だけです。他のスナップと異なり、図形に対してではなく用紙上に配置したグリッド点にスナップします。【グリッドスナップ】に関しては178ページで説明しています。

◆ 点スナップグループ

点スナップには【図形スナップ】、【交点スナップ】、【定点スナップ】の3スナップが含まれ、図形上の特定の点にスナップします。すなわち最も基本的なスナップです。

◆ ベクトル型スナップグループ

ベクトル型スナップは角度や方向を規制するもので【接線スナップ】と【角度スナップ】があります。

◆ 特殊スナップグループ

特殊スナップグループには【スマートポイント】と【スマートエッジ】があります。

3.12.3 点スナップグループ

点スナップグループを【図形スナップ】から解説します。

[1]【図形スナップ】

Vectorworks のスナップのうち最もよく使うのが【図形スナップ】で、端点・中点・中心・四分点・挿入点・頂点および線上点(辺)にヒットします。

主要な図形の【図形スナップ】の対象点(●)を図示します。

スナッ... ×
【図形スナップ】

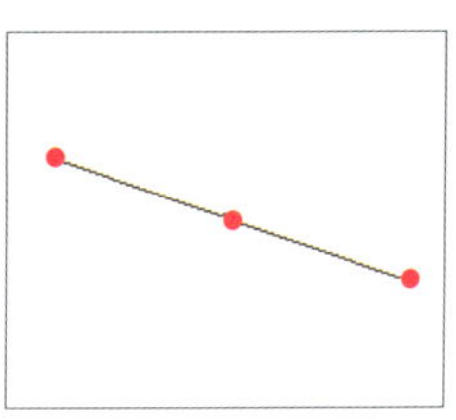

直線：端点と中点

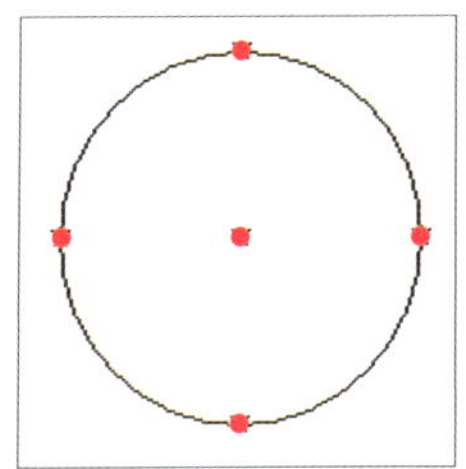

円：中心と四分円点

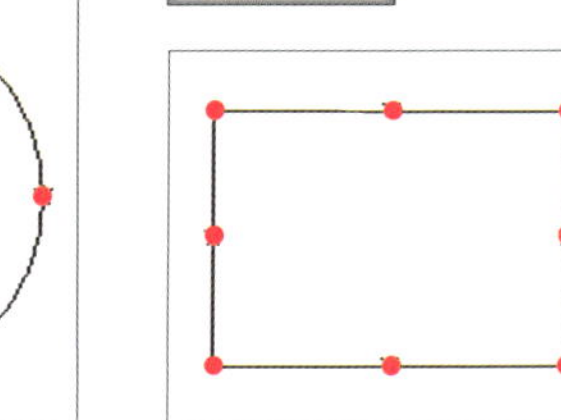

四角形：頂点と辺の中点

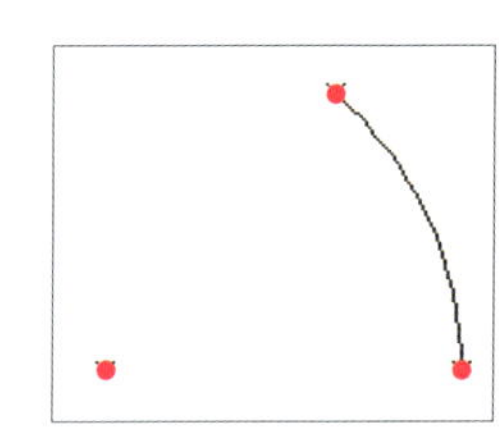

円弧：中心と弧端点

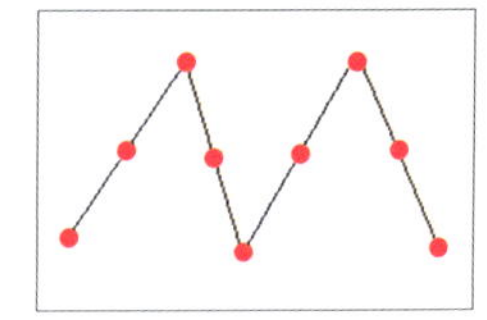

多角形：頂点と線分の中点

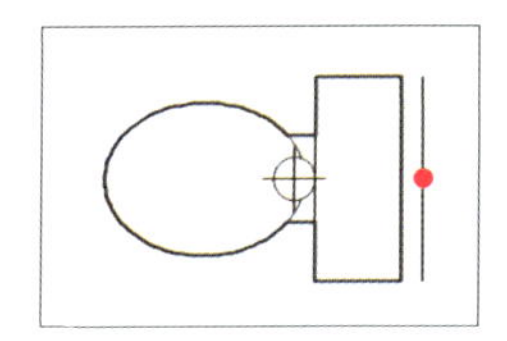

シンボル：挿入点

文字列：挿入点

【図形スナップ】は線上点(図形の表面点)にもスナップします。線上点は無数にありますので端点などの特異点とどうやって区別するのか心配になります。しかしカーソルの検索範囲内に特異点があれば特異点にヒットするし、検索範囲内に特異点はないが線上点ならあるという場合は、カーソルに最も近い線上点にヒットするので区別できます。ただ注意がそれると端点のつもりが近くの線上点にヒットさせるというミスが起こりがちなので気を抜けません。

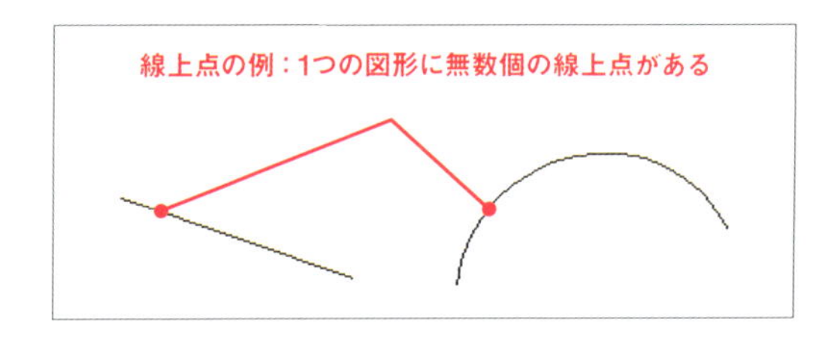

線上点の例：1つの図形に無数個の線上点がある

[2]【交点スナップ】

【交点スナップ】の使い方は【図形スナップ】と同じですが、対象点が違います。

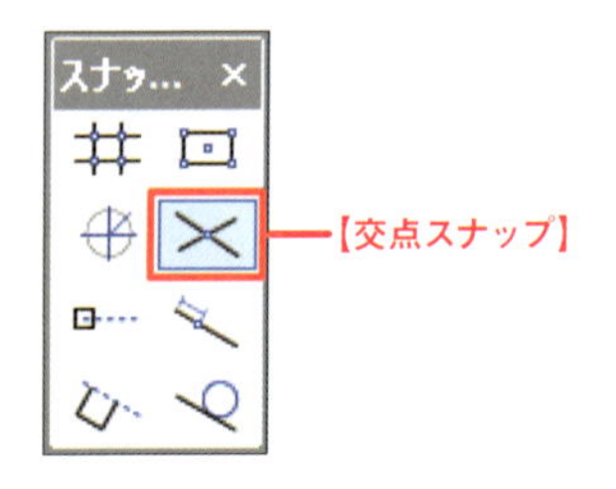

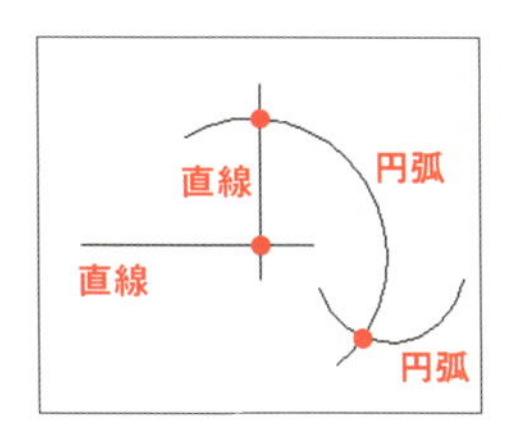

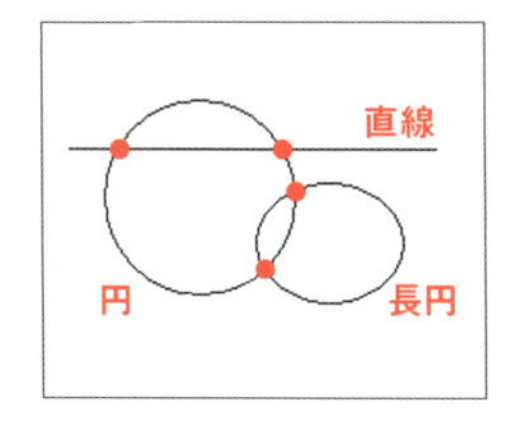

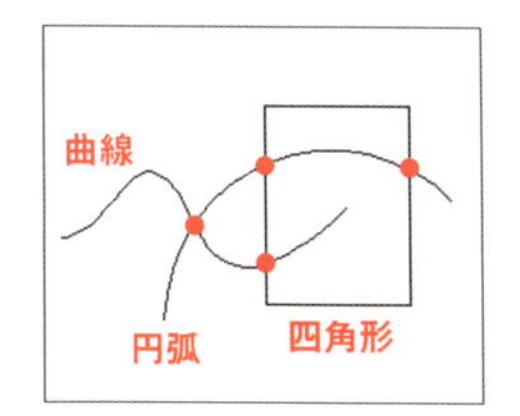

【交点スナップ】はたいていの図形の交点を対象としているので、図に示したもの以外にも多くの組み合わせがあります。

Vectorworksの以前のバージョンでは【交点スナップ】で頂点や線上点にもスナップしましたが現在は文字通り交点のみにヒットします。

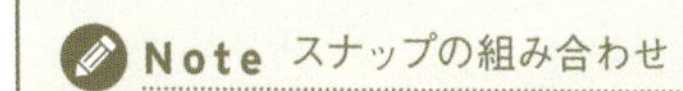

スナップは組み合わせて使えます。図は【図形スナップ】と【交点スナップ】がオンになっています。このときの対象点は【図形スナップ】と【交点スナップ】の両方の対象点で優先度は同じです。

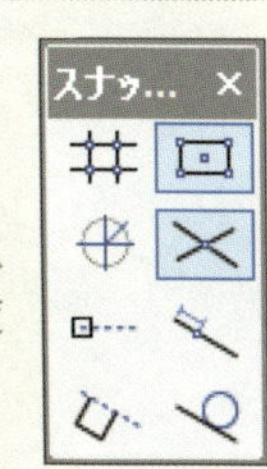

[3]【定点スナップ】

【定点スナップ】は直線や円弧の等分割点にスナップさせるときに使います。分割数は【定点スナップ】をダブルクリックして「スマートカーソル設定」ダイアログを表示させて設定します。

スナッ...
スマートカーソル設定
カテゴリ
一般
グリッド
図形
角度
スマートポイント
スマートエッジ
定点
スナップ位置:
分数で: 1/5
パーセントで: 20
長さで: 0
反復スナップ
ダブルクリック
【定点スナップ】
3つの項目のどれかでスナップさせる位置を指定する

たとえば「分数で」=<1/5>に指定したとすると両端から全体の長さの1/5の位置にスナップします。そして「反復スナップ」がオンになっていると中間の2/5、3/5の位置にもスナップします。

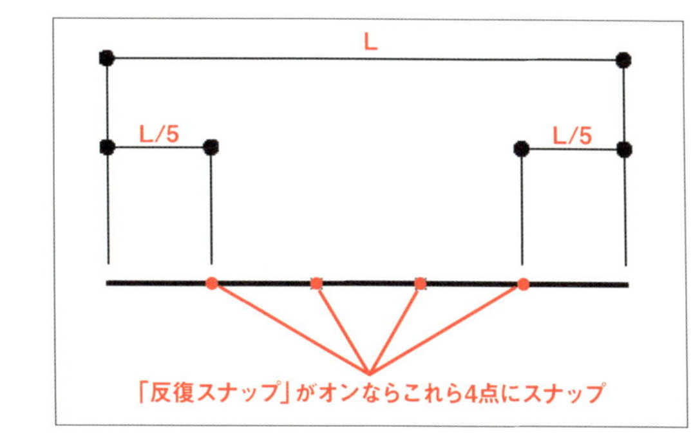

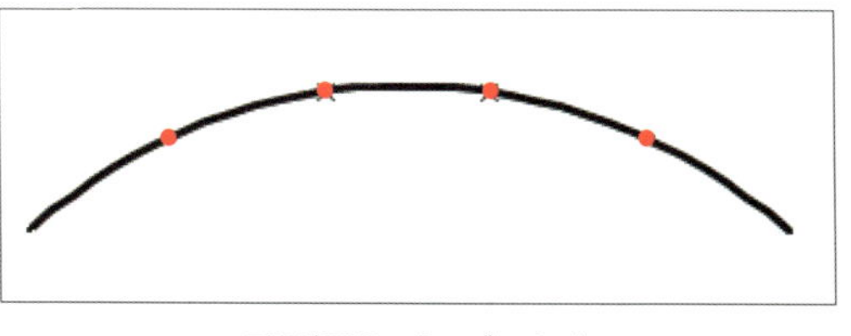

円弧（反復スナップ=オン）

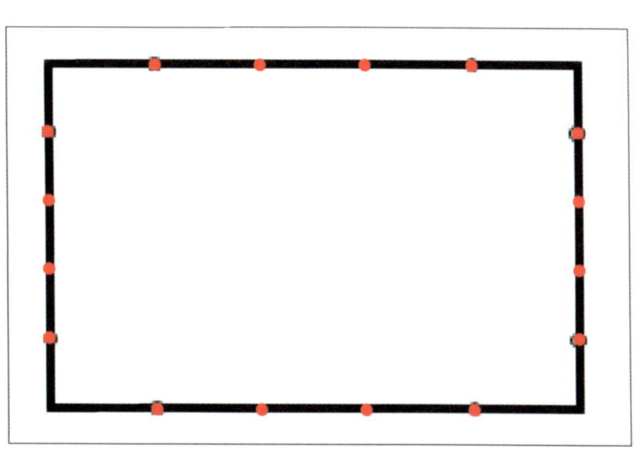

四角形（反復スナップ=オン）

3.12.4 ベクトル型スナップグループ

点スナップグループの3スナップはスナップ対象点が図形に対し明確な位置にありますが、ベクトル型スナップグループは方向を規制するスナップです。

[1]【接線スナップ】

【接線スナップ】は円・長円・円弧(以下、円など)に対して接線を描くときに用います。あるいは逆に円などから接線を描くこともできます。しかし接円(円に接する円)には使えません。

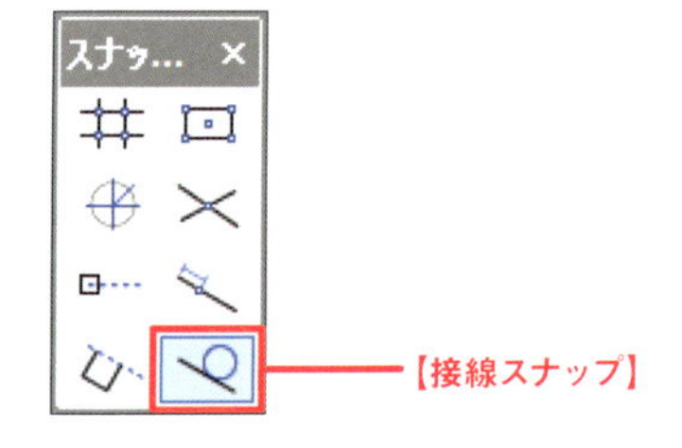

◆ 任意の位置から接線を描く

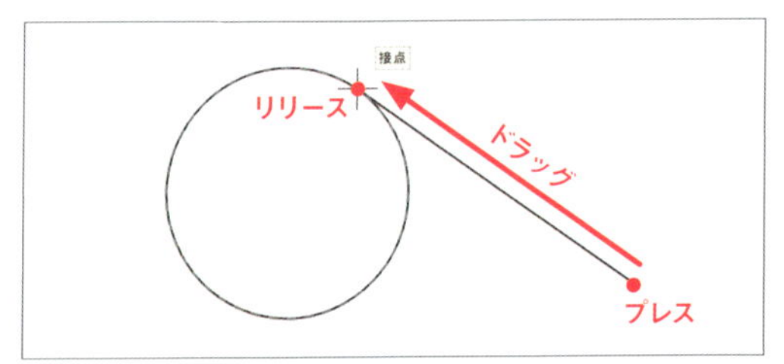

接線は【直線】ツールで描く
カーソルを円に近づけると接点の位置に
○が表示されるのでリリースする

◆ 円周上の点から接線を描く

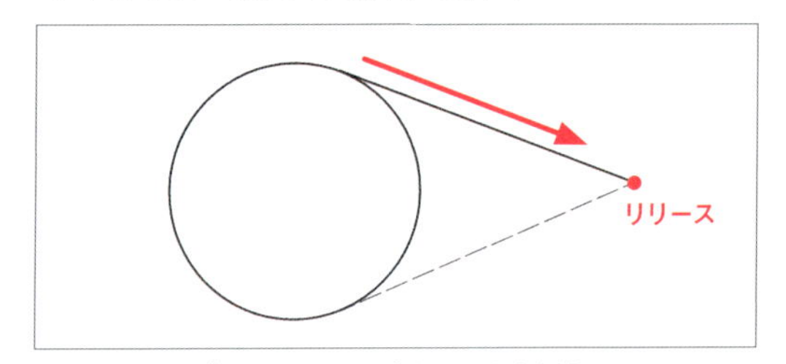

円周上でプレスし、ドラッグすると接線を描ける
ドラッグしているとき[Alt]キー(Mac:[option]キー)を押すと対称の位置にある接線に切り替わる

[2]【角度スナップ】

直線を描くとき[Shift]キーを押すと水平・垂直に角度を規制できますが、【角度スナップ】を使うと水平・垂直を含み他の角度(たとえば30°、45°)にも規制できます。

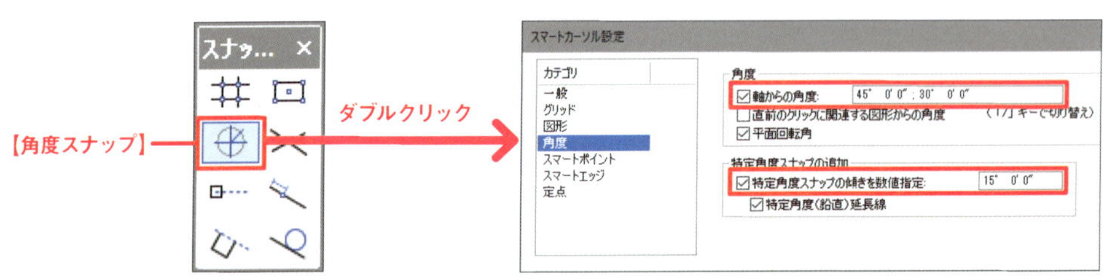

この図のように設定すると「0°、15°、30°、45°、60°、90°、105°、~」の角度にスナップする

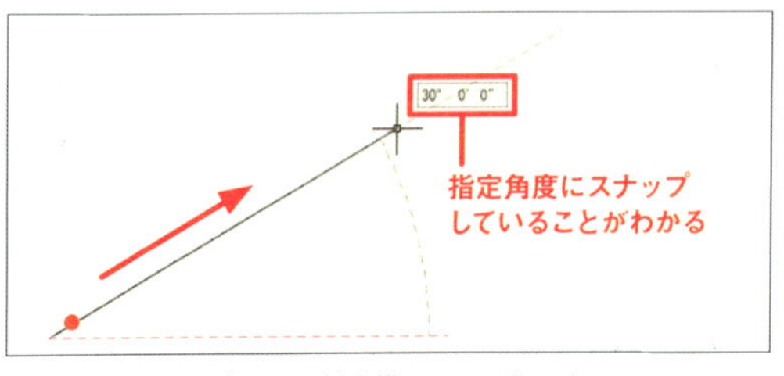

30°方向に線を描いているところ

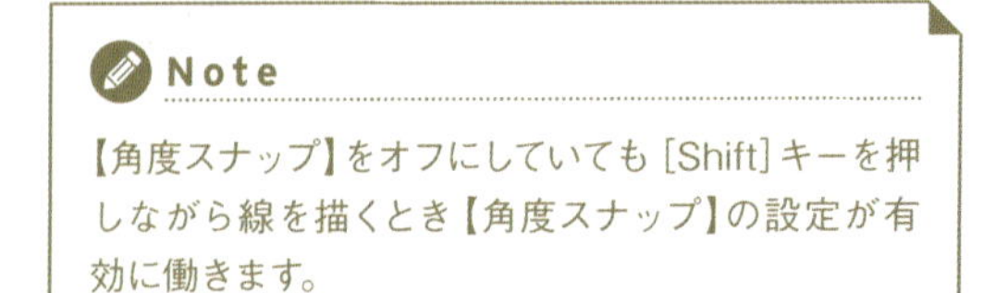

Note

【角度スナップ】をオフにしていても[Shift]キーを押しながら線を描くとき【角度スナップ】の設定が有効に働きます。

3.12.5 特殊スナップグループ

特殊スナップグループには【スマートポイント】と【スマートエッジ】の2つのスナップがあります。どちらのスナップにも「スクリーンヒント」が欠かせません。そこでスクリーンヒントから説明します。

[1] スクリーンヒント

スクリーンヒントとは画面にヒントとなる文字が表示される機能でスピーカーを使えるパソコンなら同時にサウンドも鳴らせます。これを確かめるために練習用データを用意しましたので、最初にこのファイルを開きます。

Ch3_Ex06.vwx

❶ メニューの【ファイル】→【開く】をクリックし、「VW20xx_Data」フォルダの中の「Ch3」フォルダにある「Ch3_Ex06.vwx」を開く

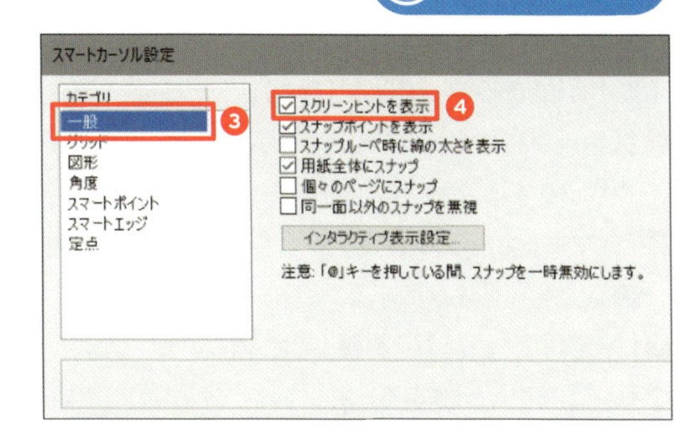

スクリーンヒントおよびサウンドの設定をします。

❷ メニューの【ツール】→【スマートカーソル設定】をクリックする

❸「スマートカーソル設定」ダイアログのカテゴリで「一般」を選択する

❹「スクリーンヒントを表示」をオンにしてから[OK]をクリックする

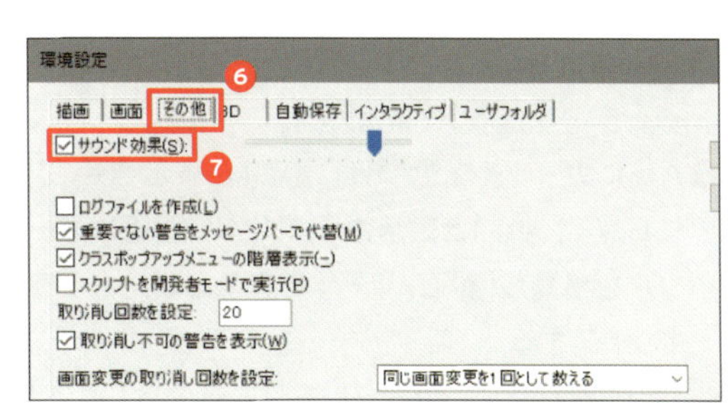

❺ メニューの【ツール】→【オプション】→【環境設定】をクリックする

❻「環境設定」ダイアログの《その他》タブをクリックする

❼「サウンド効果」をオンにしてから[OK]をクリックする

❽ スナップパレットで【図形スナップ】だけをオンにする

❾【セレクション】ツールをクリックする

❿ カーソルを図形の端点、中点あるいは頂点に近づけてみる

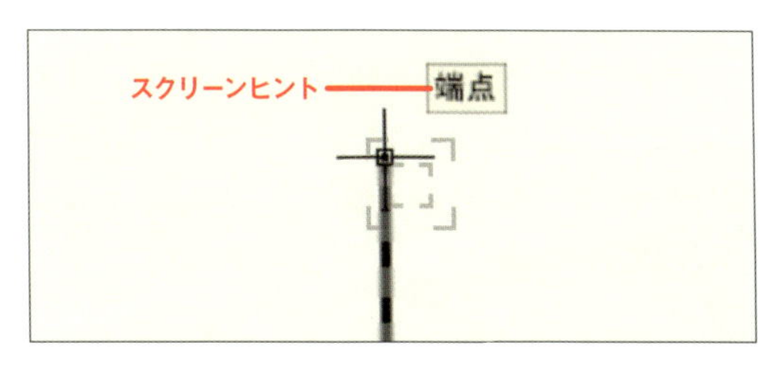

スクリーンヒントは多くのツールで表示されますが、ここでは【セレクション】ツールで確認します。

カーソルを図形のスナップ対象点に近づけるとその点の種類の名前（図では「端点」）が表示されます。これがスクリーンヒントです。

サウンド効果をオンにしていると、スクリーンヒントが表示されると同時に「チャッ」と音が鳴り、離すと「ツカ」と鳴ります。

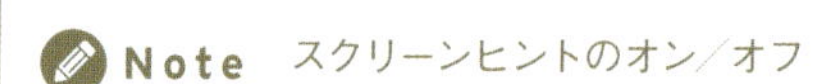

スクリーンヒントは有り難い機能ですが、カーソルが図形のそばを通るたびに文字が表示されてうっとおしいときがあります。かといってスクリーンヒントのオン／オフをするために【スマートカーソル設定】コマンドを起動するのは面倒です。こんなときに使用するのが［Y］キーを押す方法で、［Y］キーを押すたびにスクリーンヒントのオンとオフが切り替わります。

［2］スクリーンヒントと【スマートポイント】

スクリーンヒントはスナップ対象点の名を表示させるだけでなく、ヒント線と呼ぶ補助線を表示させることができます。補助線には【スマートポイント】を用います。

❶ スナップパレットの【スマートポイント】をダブルクリックする
❷「スマートカーソル設定」ダイアログで「水平／垂直延長線」をオンにする
❸「特定角度（鉛直）延長線」をオフにする
❹［OK］をクリックする
❺【図形スナップ】と【スマートポイント】をオンにする
❻【四角形】ツールをクリックする

※［対角コーナー］モードで使用します。

❼ A点にカーソルを近づけ「端点」と表示させ、次にB点で「端点」と表示させ、次にC点付近にカーソルを移動し「鉛直／平行」と表示されたところでプレスする
❽ ドラッグしたままカーソルをDに近づけ「端点」と表示させ、次にE点で「端点」と表示させ、次にF点付近にカーソルを移動し「鉛直／平行」と表示されたところでリリースする
❾ 四角形Xが描ける。❼～❽と同じような操作をして四角形Yを描く

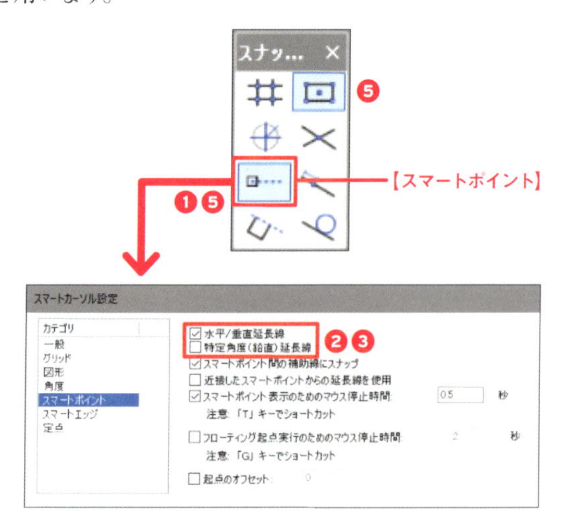

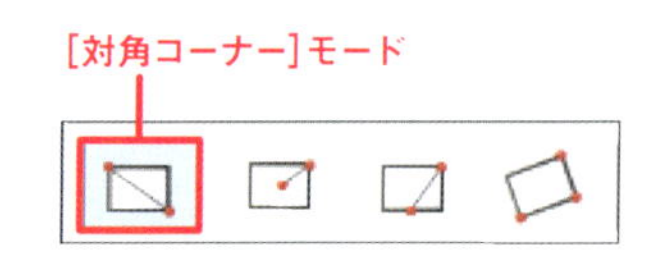

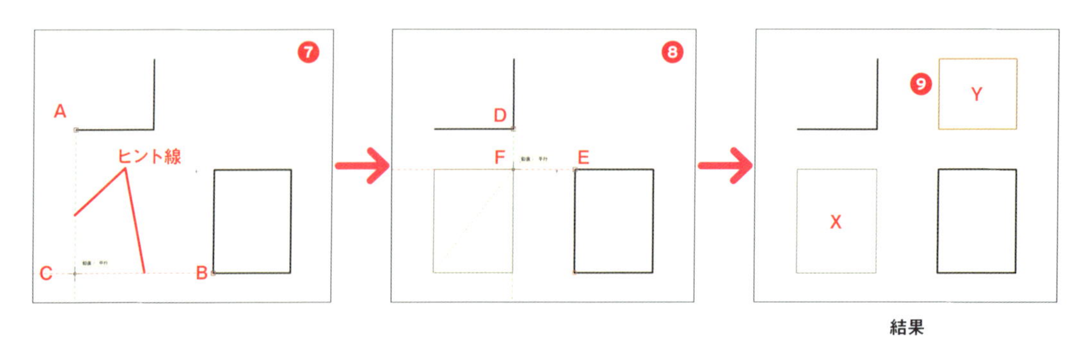

結果

以上のようにVectorworksはスナップ対象点をしばらく覚えていてヒント線を出してくれます。補助線を描かずに正確に位置を合わせられるこの機能をぜひ活用してください。

[3]【スマートポイント】の特定角度を使う

前項ではヒント線の方向を水平と垂直方向に限りましたが、ここでは特定の角度(30°や45°)のヒント線を用います。

❶ メニューの【ファイル】→【開く】をクリックし、「VW20xx_Data」フォルダの中の「Ch3」フォルダにある「Ch3_Ex07.vwx」を開く

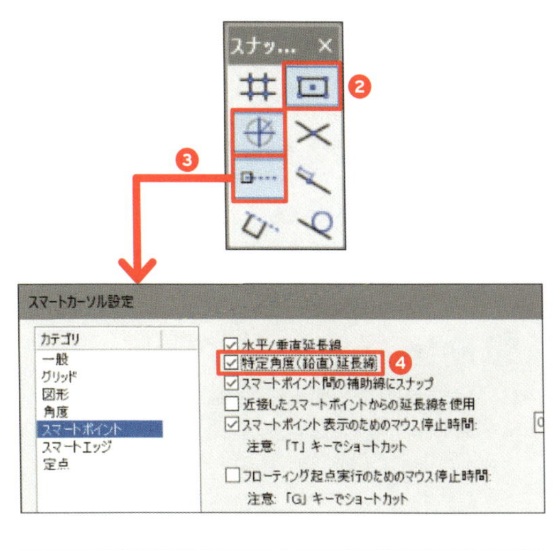

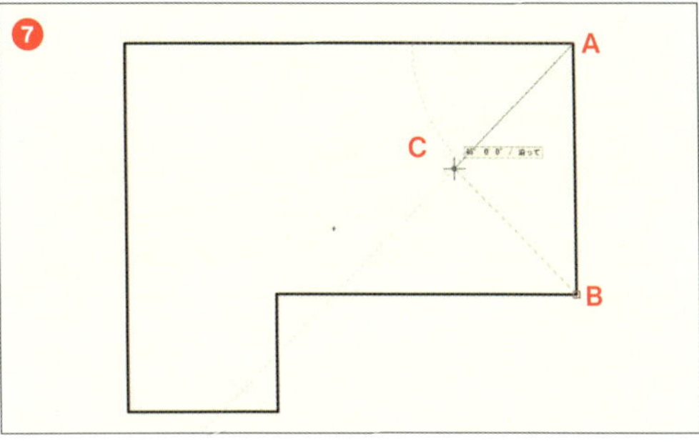

これから図のような屋根伏図を描きます。

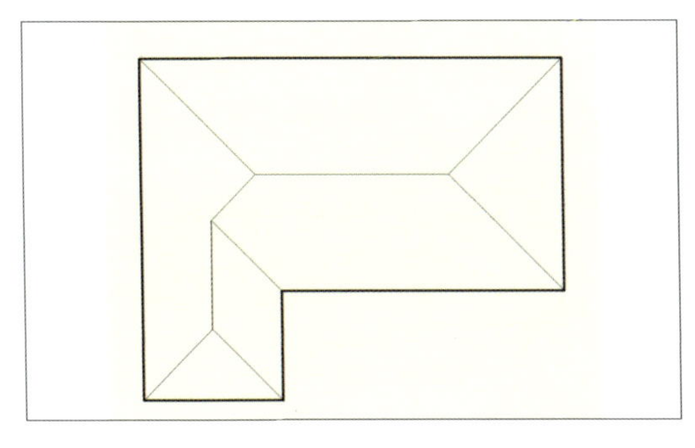

❷ スナップパレットで【図形スナップ】、【角度スナップ】、【スマートポイント】の3つのスナップをオンにする

❸【スマートポイント】をダブルクリックする

❹「スマートカーソル設定」ダイアログで「特定角度(鉛直)延長線」をオンにする

❺ [OK]をクリックする

❻【直線】ツールをクリックする

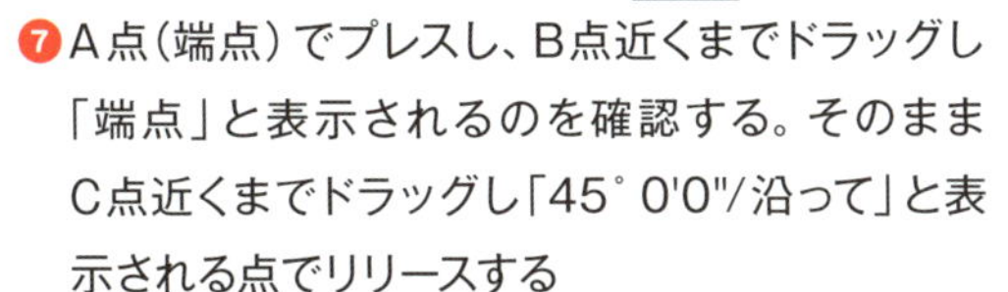

❼ A点(端点)でプレスし、B点近くまでドラッグし「端点」と表示されるのを確認する。そのままC点近くまでドラッグし「45° 0'0"/沿って」と表示される点でリリースする

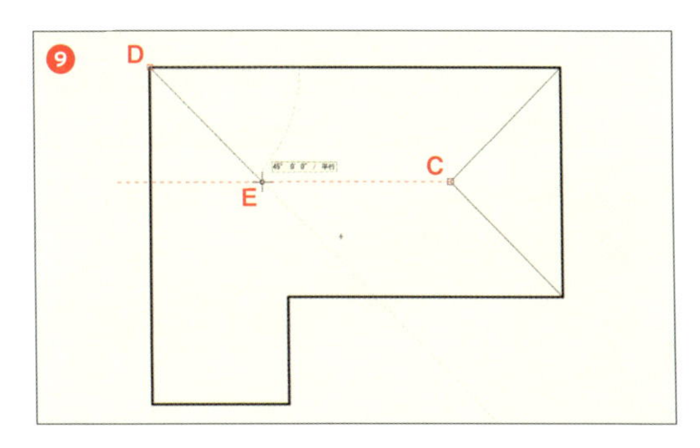

❽ C点→B点に直線を描く

❾ D点(端点)でプレスし、C点近くまでドラッグし「端点」と表示されるのを確認する。そのままE点近くまでドラッグし「45° 0'0"/平行」と表示される点でリリースする

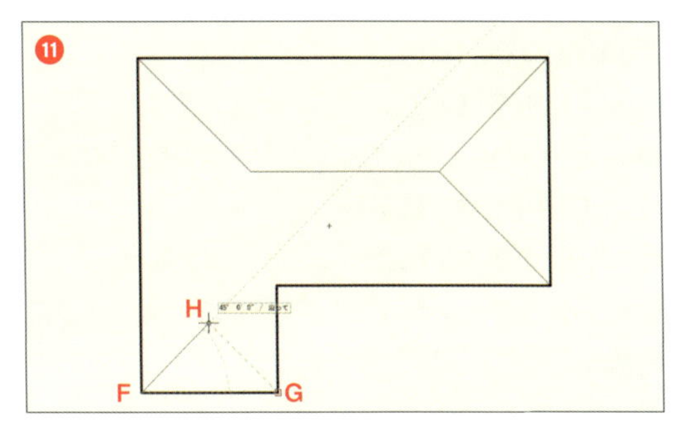

❿ C点→E点に直線を描く

⓫ ❼と同じように、F点(端点)でプレスし、G点(端点)→H点(45° 0'0"/沿って)でリリースして直線を描く

⓬ H点→G点に直線を描く

⓭E点（端点）でプレスし、H点（端点）→ I点（45°0'0"/鉛直）でリリースして直線を描く
⓮残りの直線を2本描いて完成させる

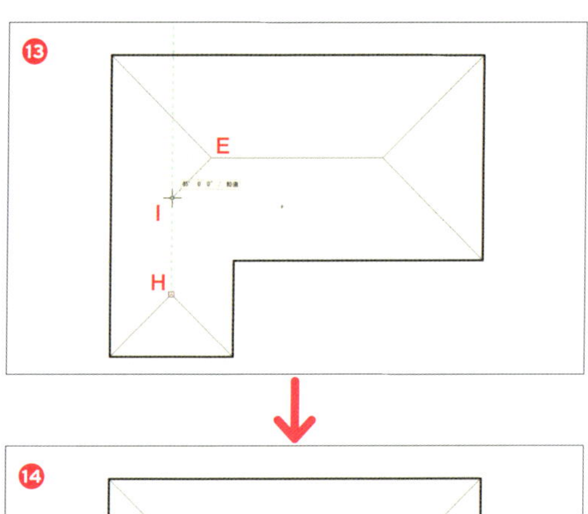

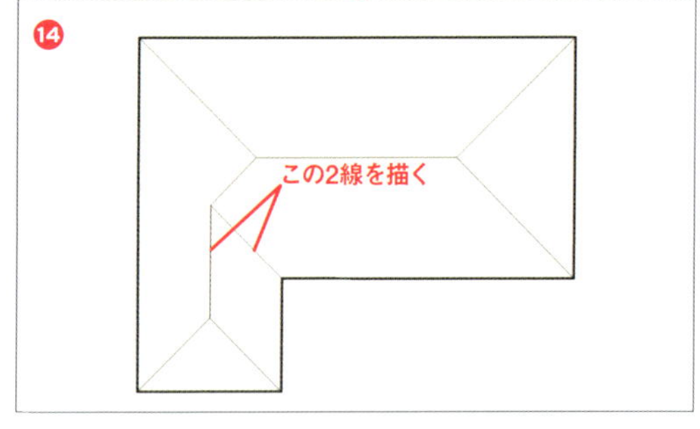

結果

Note 【角度スナップ】について

ここでの練習に【角度スナップ】を用いましたが、[Shift]キーを押しながら直線を描けば、【角度スナップ】をオンにする必要はありません。慣れてきたら[Shift]キーを併用する方法をお勧めします。

Note 汎用CADをマスターするには

【スマートポイント】の利用法を知ってもらうため屋根伏図の作成を課題にしましたが、後述する線編集の機能を用いても同じように素早く屋根伏図を作成できます。
汎用CADは同じ図面を描くのにいくつもの方法があるので、屋根伏図を描くときは必ず【スマートポイント】を使うものと暗記するのは間違っています。このことは他の練習にもいえることです。
汎用CADは理解すれば自然に覚えるという態度で接すると比較的短期間にマスターできます。すなわち覚えるのではなく理解することを目指します。

[4] フローティング起点

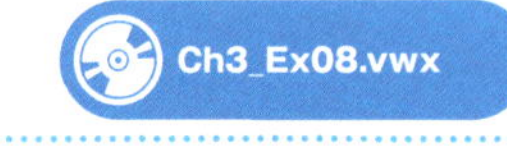

【スマートポイント】のフローティング起点は「浮動する仮の原点」といった意味です。ある点から離れた位置を指定したいときに利用します。この説明では何のことか分からないと思いますので具体的な例で説明します。

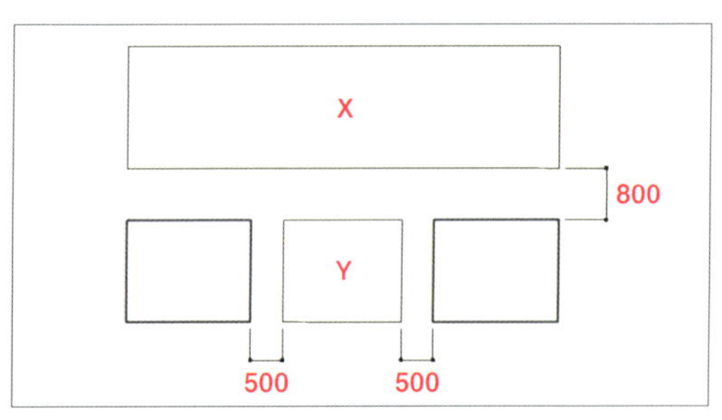

図に示す位置に2つの四角形（XとY）を描く

❶メニューの【ファイル】→【開く】をクリックし、「VW20xx_Data」フォルダの中の「Ch3」フォルダにある「Ch3_Ex08.vwx」を開く
❷スナップパレットで【図形スナップ】と【スマートポイント】をオンにする
❸【スマートポイント】をダブルクリックする
❹「スマートカーソル設定」ダイアログで図のように設定してから[OK]をクリックする

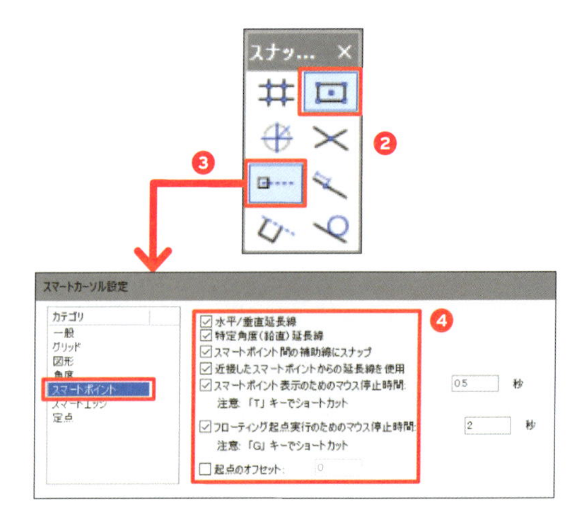

このあとの操作で「データバー」を用います。データバーの設定（スタイル）が何種類かありますので本書のスタイルを示します。

データバーのスタイルはツールバーの右端にある【データバーとグループ編集オプション】をクリックして設定します。図は本書の設定です。この図のように設定しなければならないということはありませんが、このように設定をしているものとして操作の説明をします。

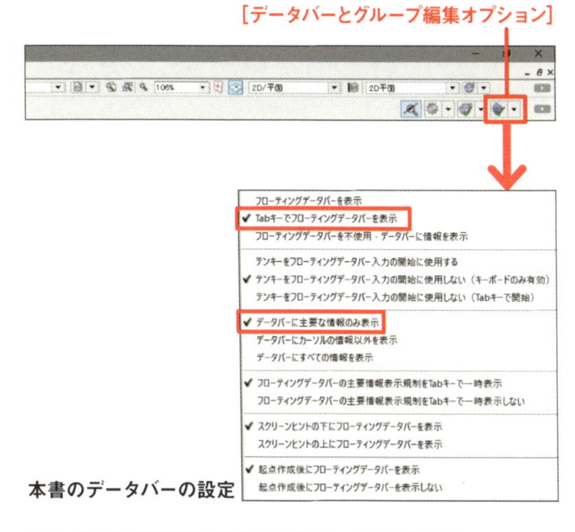

本書のデータバーの設定

❺【四角形】ツールをクリックする

❻A点（左側の四角形の左上の頂点）にカーソルを近づけ一呼吸待ってからカーソルを少し動かすと「起点」という文字が表示されるので確認する

❼[Tab]キーを押して（フローティング）データバーを呼び出す

❽[Tab]キーを2回押してデータバーの「Y」を反転させてから<800>を入力する

※これで800mm上方にヒント線が現れます。

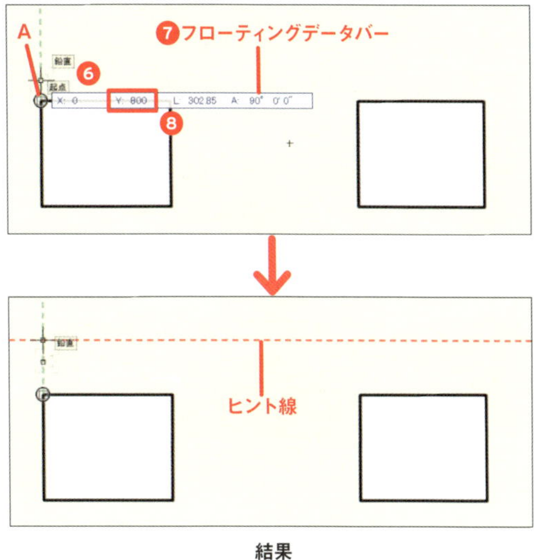

結果

❾カーソルをA点の上方に移動させ「鉛直」というスクリーンヒントが表示されたらプレスする（B点）

❿そのまま右方向にドラッグし、C点のすぐ近くを通過させてから上方向にドラッグする

⓫「鉛直」というスクリーンヒントが出るので、適当な高さのところ（D点）でリリースして四角形を描く

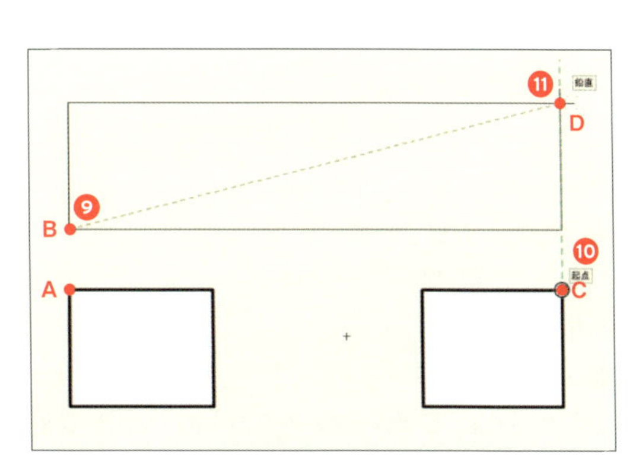

⓬スナップパレットで【スマートポイント】をダブルクリックする

⓭「スマートカーソル設定」ダイアログで「起点のオフセット」をオンし、<500>mmをキーインしてから[OK]をクリックする

⓮【四角形】ツールをクリックする 

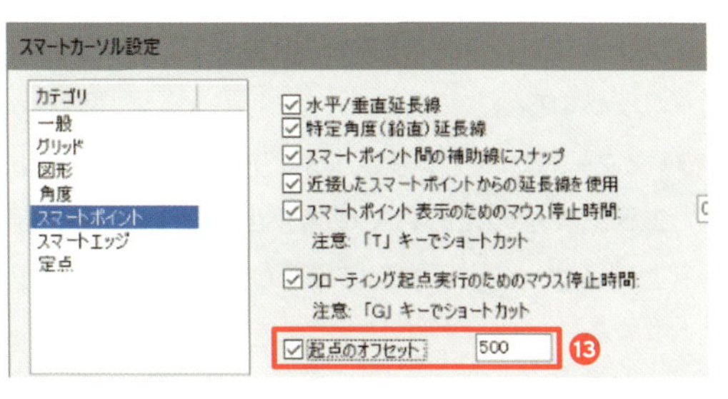

⑮E点にカーソルを近づけ一呼吸待ってからカーソルを少し動かすと「起点」という文字が表示されるので確認する

⑯右方向にカーソルを動かすと円が現れ「起点/平行」というスクリーンヒントが表示されるので、ここでプレスする(F点)

⑰G点までドラッグし、G点で一呼吸待つ

※これでG点が起点になります。

⑱左方向にドラッグすると、また円が表示され「起点/平行」という文字が出る(H点)。ここでリリースして四角形Yを描く

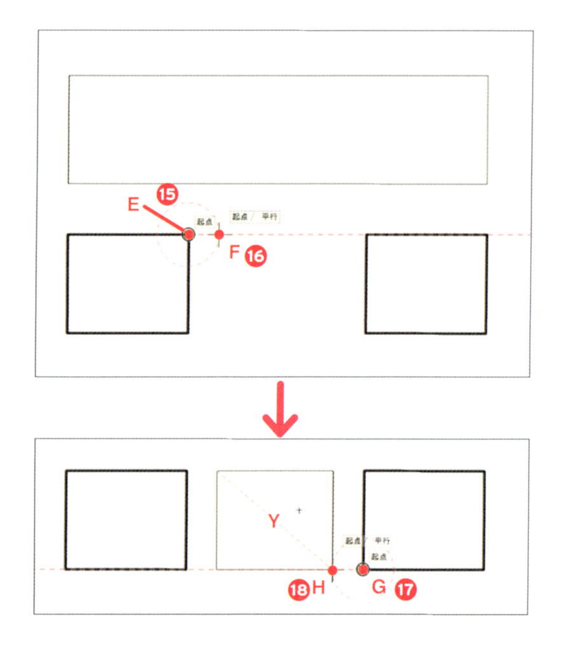

以上のように、スナップ対象点にカーソルを近づけて一呼吸おくと、その点がフローティング起点になります。しばらく待つかわりに[G]キーを押しても同じです。

Note フローティング起点の起動

フローティング起点を使うのに【スマートポイント】をダブルクリックして「フローティング起点実行のためのマウス停止時間」にチェックを入れました。これは【ツール】→【スマートカーソル設定】の「スマートポイント」カテゴリで設定するより簡単なので、ふだんも【スマートポイント】で切り替える方法をお勧めします。
なお「フローティング起点実行のためのマウス停止時間」がオフになっていてもカーソルを対象点に合わせてから[G]キーを押すとその対象点が起点になります。

[5]【スマートエッジ】

【スマートエッジ】は直交·平行·二等分線など図形の外形線(表面)との角度を規制するスナップですが、やや理解しにくいスナップです。スナップの機能はたくさんありますが、ここでは直交スナップと平行スナップおよび2等分線を説明します。

◆ 直交スナップ-1

最初に練習用のファイルを開き直交スナップから練習します。

❶メニューの【ファイル】→【開く】をクリックし、「VW20xx_Data」フォルダの中の「Ch3」フォルダにある「Ch3_Ex09.vwx」を開く

❷スナップパレットで【スマートエッジ】をダブルクリックする

❸「スマートカーソル設定」ダイアログで「スマートエッジ表示のためのマウス停止時間」と「平行線上にスナップ」をオンにしてから[OK]をクリックする

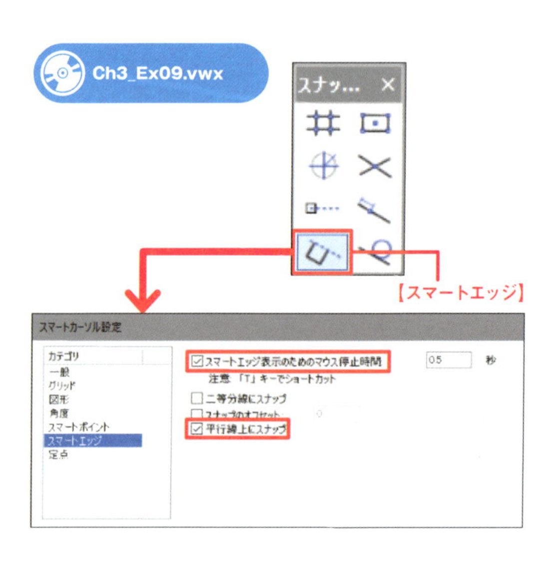

❹ スナップパレットで【スマートエッジ】だけオンにする
❺【直線】ツールをクリックする
❻ 適当な点（A点）でプレスし［Shift］キーを押したままP線に向かってドラッグする
❼「スマートエッジ/直交」というスクリーンヒントが出るところで（B点）リリースする
※以上の操作で直交線を描けます。

任意の角度の線に対する直交線は【図形スナップ】と［Shift］キーを併用すればできます。【スマートエッジ】はそれだけでなく直線の延長部にも直交線を描けます。方法は作図中に直線をカーソルでなぞるようにするとヒント線が現れます。このヒント線に対して直交線を描きます。

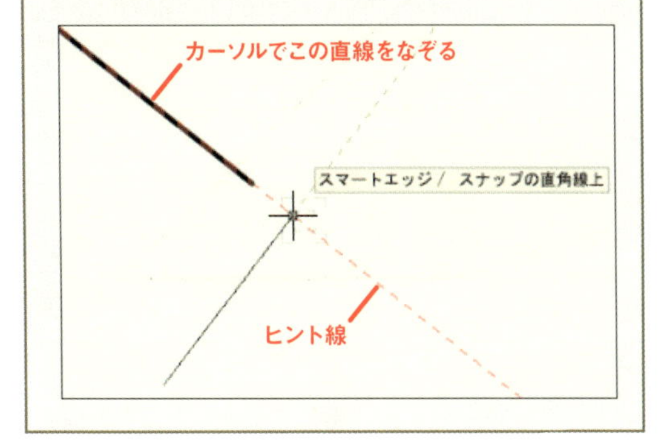

Note 角度規制の干渉

直交線の基準になる線の角度が30°とか45°に近いと角度規制の角度と近いため「直交」表示が出る方向を見つけにくくなります。そんなときは角度スナップの対象角度から、近い角度を一時的に外します。【角度スナップ】をダブルクリックし「角度」の項のチェックを外します。

◆ 直交スナップ−2

線の側からも直交線を描けます。これを画面右上の斜め四角形で練習します。

❶【直線】ツールをクリックする
❷ 四角形の辺をカーソルでなぞると「スマートエッジ」というスクリーンヒントが表示されるのでそこで（A点）プレスする
❸［Shift］キーを押しながらドラッグし「直交」というスクリーンヒントが表示される方向でリリースする（B点）

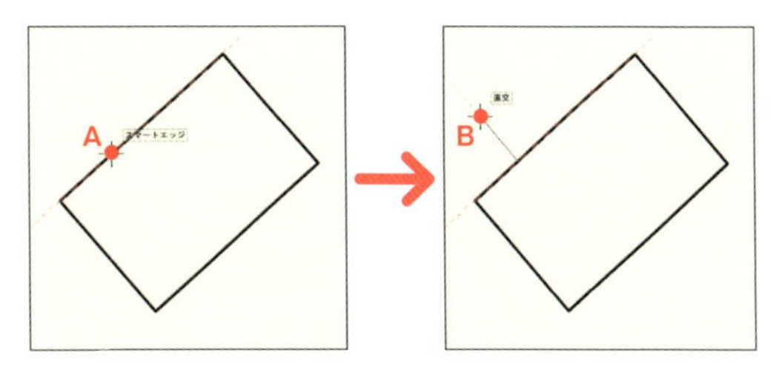

直交線の練習で［Shift］キーを併用しましたが【角度スナップ】をオンにすれば［Shift］キーを押す必要はありません。これは次項の平行線の場合も同じです。

Note 円に対する直交線

円に対する直交線は円の中心に向かう線のことで接線に対する直交線になります。【スマートエッジ】をオンにして［Shift］キーを押しながら線を引けば直交線を描けます。

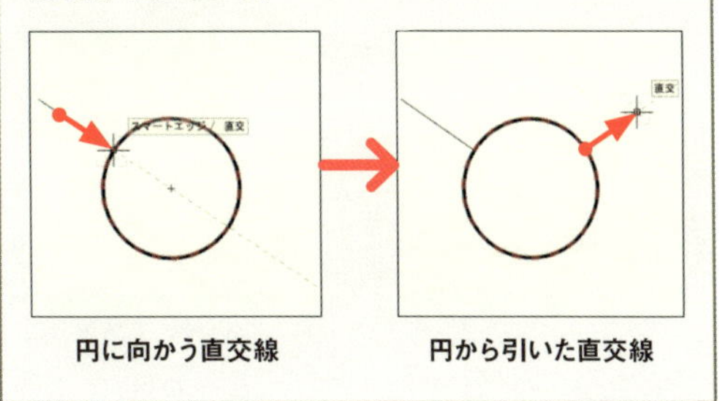

円に向かう直交線　　円から引いた直交線

◆ 平行スナップ

【スマートエッジ】を使うと直線に対する平行線を簡単に描けます。引き続き「Ch3_Ex09.vwx」で練習します。

❶【直線】ツールをクリックする

❷直線（P）をカーソルでなぞってヒント線を表示させる

❸適当な点（A点）でプレスし[Shift]キーを押したまま基準線と平行と思われる方向にドラッグする

❹「スナップ」という文字が出ているときに適当な位置でリリースする

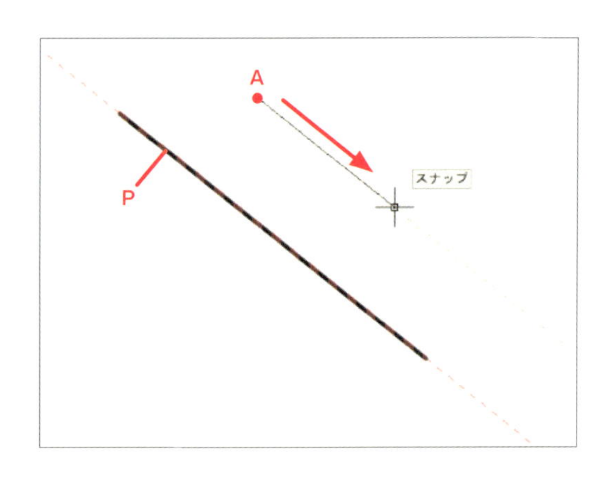

◆ 2等分線

2本の線の2等分線をCADで描くのは面倒ですがVectorworksでは【スマートエッジ】を用いて簡単に描けます。引き続き「Ch3_Ex09.vwx」で練習します。

❶【スマートエッジ】をダブルクリックする

❷「スマートカーソル設定」ダイアログで「二等分線にスナップ」をオンにしてから[OK]をクリックする

❸【直線】ツールをクリックする

❹カーソルで2本の線をなぞってヒント線を2本出す

❺カーソルを2本の線の中間あたりに移動する

※「2等分」という文字と二等分線のヒント線が現れます。

❻2等分線のヒント線にスナップさせて線を描く

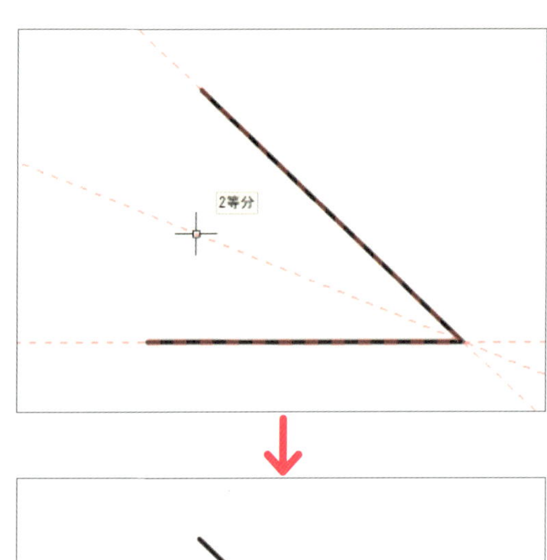

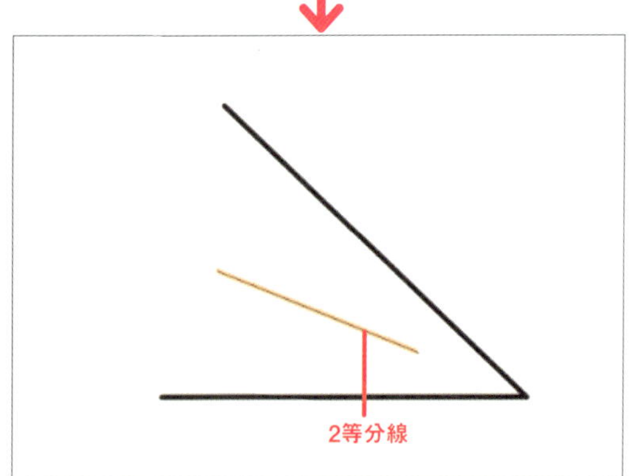

以上で【スマートエッジ】の説明を終わります。【スマートエッジ】には他にオフセットがありますが、オフセット（平行線など）は【オフセット】ツール（215ページ）を使うほうが普通なので説明を省略します。

3.13 レイヤ

レイヤとは画層と訳されるように、データを層に分ける機能です。「層」が分かりにくければ「用紙」と考えても間違いではありません。1枚の図面を何枚もの図面に分けておくことでCAD での作業(入力・編集・出力)がやりやすくなるし、ミスも減ります。レイヤの概念図はレイヤの間隔をあけて描いていますが、実際には隙間はありません。また各レイヤを不透明にしていますが実際は透明です。またVectorworksはレイヤの数に事実上制限がありません。

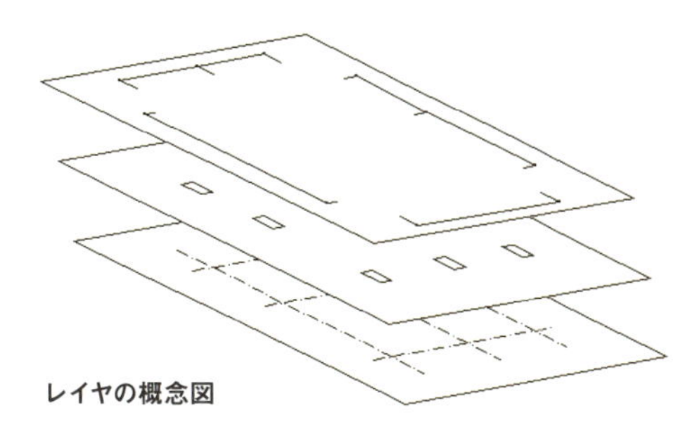
レイヤの概念図

3.13.1 レイヤとクラスのどちらを使うか

Vectorworksにはレイヤとよく似た機能にクラスがあります。クラスも図形を整理/分類する機能で、MiniCAD時代からありました。Vectorworksになってからクラス機能が大幅に拡張され、レイヤより使いやすくなりました。このためレイヤとクラスのどちらで図形を整理/分類するか迷うことになりました。レイヤとクラスを両方使ってもよいですが、他のCADのためにデータ変換するときは、レイヤとクラスの片方のみがデータ変換に反映します。データが無くなるわけではありませんが、せっかく両方で分類したのに片方しか反映されません。このためデータ変換を予定しているならレイヤかクラスのどちらかに決めたほうがよいです。そこで参考のためにレイヤとクラスの比較表を右に示します。表の中で※を付けた項目の解説をします。

	レイヤ	クラス
他の表示/非表示	○	○
他のグレー表示	○	○
他に対するスナップ	○	○
3D対応	×※1	○
面図形の前後関係 ※2	○	○
縮尺の混在	○	×
属性の自動割当て	×	○
特殊なカラーモード ※3	○	×
ショートカットキーによる切り替え ※4	○	○
データパレットで変更	○	○
グループ対応 ※5	×	○
階層 ※6	×	○
シートレイヤ対応	○	×

※1 3D対応

3Dでレイヤを使うと大変に面倒なことになります。3D視点で3D表示できるのは1レイヤだけで、光源も他のレイヤには無効なので「レイヤリンク」という特殊な操作が必要になります。このため3Dモデリングするときはクラスでデータの整理/分類することをお勧めします。

※2 面図形の前後関係

不透明な面図形を重ねたときどちらが手前にあるかで見え方が異なります。どちらの図形を手前にするかは簡単に設定できますが、レイヤ/クラスにも前後関係があり、手前にあるレイヤ/クラスの図形は常に奥のレイヤ/クラスにある図形より手前になります。

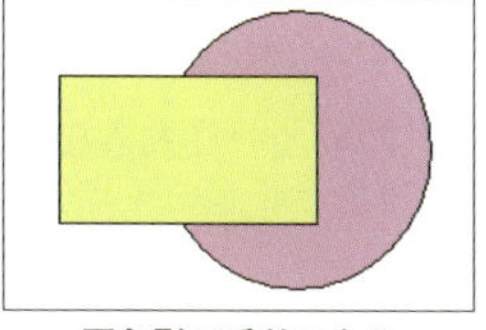
四角形が手前にある

円が手前にある

※3　特殊なカラーモード

レイヤにはレイヤごとに表示モードがあり図のような半透明表示もできます。

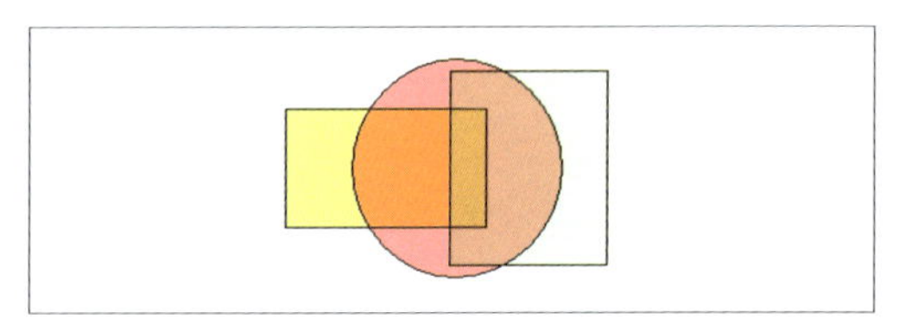

※4　ショートカットキーによる切り替え

現在のレイヤ／クラスを切り替えるのに、どちらもショートカットキーが使えます。レイヤは[Ctrl]＋[↑]または[Ctrl]＋[↓]キー、クラスは[Ctrl]＋[←]または[Ctrl]＋[→]キーで切り替えられます。なおMac版では[Ctrl]キーの代わりに[⌘]キーを使います。

※5　グループ対応

別レイヤにある図形どうしをグループ化するとそれらの図形は現在のレイヤに移動してグループ化されます。しかしクラスは変化しません。

※6　階層

多数のレイヤ／クラスを作ったとき、レイヤ／クラスをグループ化したくなりますが、レイヤはグループ化すなわち階層レイヤはできません。しかしクラスならできます。たとえば「躯体－柱」、「躯体－梁」、「躯体－壁」という名前にすれば、3つの子クラスを持つ「躯体」クラスができます。すなわち階層化されます。

以上のことから大容量の図面や3Dならクラスが、プレゼン用ならレイヤまたはレイヤ／クラスの併用がよいです。

また属性の自動割当てができるクラスの仕様はAutoCAD／AutoCAD LTの画層（レイヤ）とそっくりです。このためAutoCAD／AutCAD LTユーザーと協同して図面を描くならクラスを使用したほうがよいです。なお操作方法はどちらを使ってもほぼ同じです。

Vectorworksではレイヤのことを「デザインレイヤ」と呼びますが、ツール名やコマンド名で「レイヤ」という名が使われていることもあり、本書では一般的なCAD用語でもある「レイヤ」を用います。
Vectorworksには「シートレイヤ」（329ページ）という機能もあります。これはAutoCADの「レイアウト」に対応するものです。

3.13.2 なぜレイヤ／クラスを使うか

レイヤ／クラスを一切使わない人も多いと聞きますが、レイヤ／クラスは以下のようにさまざまなメリットがあるので、積極的に利用したほうがよいです。

◆ 設計の質の向上

データを通り芯・建物・寸法など種類ごとあるいはエレメントごとに分けられる。分けることにより設計者の頭の中を整理できます。これは効率も上げるだけでなく設計の質を上げるという大きなメリットがあります。

◆ レスポンスの改善

表示しておく必要のないデータを非表示にして描画レスポンスを向上させられます。この用途はパソコンが非力だった時代には、最大のメリットでした。

◆ 多用途の図面

1つの図面データから寸法無しの図面、家具無しの図面など用途別の図面を出力できます。

◆ ミスの防止

階段やエレベータあるいは吹き抜けなど上下階との位置とサイズのチェックができ、思わぬ設計ミスを防げます。

◆ **縮尺の混在**

縮尺の異なるレイヤを使用することで各種縮尺が混在する図面を作れます（これはレイヤのみ）。

主なメリットだけでもこれだけの項目をあげられます。レイヤ／クラスを使わないならば、Vectorworksを使う意味がないと言えるほどです。

3.13.3 レイヤ操作

レイヤとクラスは操作方法がほぼ同じですが、レイヤのほうから説明します（クラスは270ページ）。レイヤの操作を体験するため練習用データを用意しましたのでこれを開くところからスタートします。

❶ メニューの【ファイル】→【開く】をクリックし、「VW20xx_Data」フォルダの中の「Ch3」フォルダにある「Ch3_Ex10.vwx」を開く

❷ ［アクティブレイヤ］をクリックしてレイヤリストを確認する

「Ch3_Ex10.vwx」には7枚のレイヤが設定されています。「Body」というレイヤ名が太字で表示されていますが、これは「Body」レイヤが「アクティブレイヤ」であることを示しています。Mac版ではアクティブレイヤの名の左側にチェックマークが付きます。このリストで別のレイヤをクリックすればそのレイヤがアクティブレイヤに切り替わります。

アクティブレイヤの切り替えはレイヤリストでクリックする方法のほかにショートカットキーによる方法があります。[Ctrl]＋[↓]キーと[Ctrl]＋[↑]キー（Mac：[⌘]＋[↓]キーと[⌘]＋[↑]キー）で即座にアクティブレイヤが切り替わります。

アクティブレイヤだけ残して他のレイヤを隠す（非表示にする）とアクティブレイヤにどのような図形が描かれているかが分かります。

❸ メニューの【ビュー】→【他のレイヤを】→【非表示】をクリックする

❹ アクティブレイヤを変えてそれぞれのレイヤの内容を見てみる

Ch3_Ex10.vwx

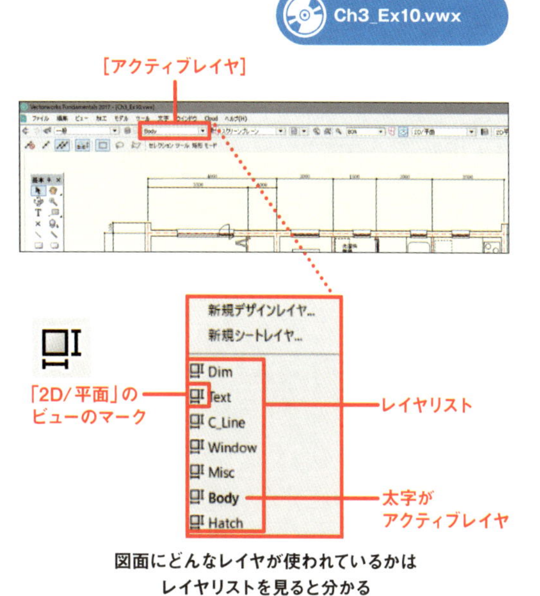

図面にどんなレイヤが使われているかはレイヤリストを見ると分かる

Note アクティブレイヤとは

「アクティブレイヤ」は一般に「書き込みレイヤ」、「カレントレイヤ」あるいは「現在のレイヤ」と呼ばれるレイヤです。入力した図形は必ずそのときのアクティブレイヤに描かれるので、入力中はどのレイヤがアクティブレイヤになっているかを意識しなければなりません。

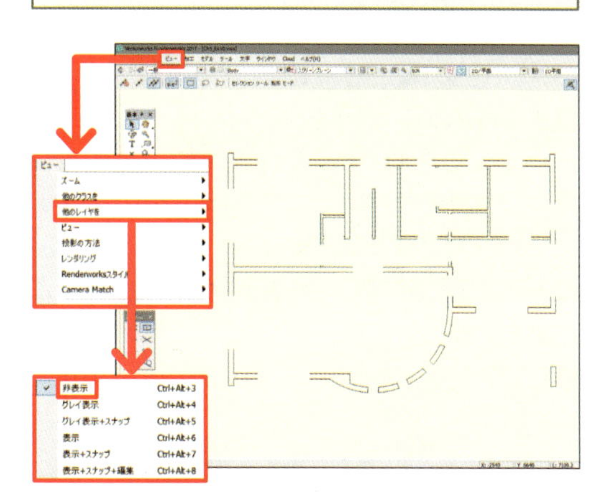

「Body」レイヤをアクティブレイヤにしてから他のレイヤを非表示にした

3.13.4 【他のレイヤを】メニュー

メニューの【ビュー】→【他のレイヤを】の各サブコマンドの違いを右の表で示します。

非表示	Ctrl+Alt+3
グレイ表示	Ctrl+Alt+4
グレイ表示+スナップ	Ctrl+Alt+5
表示	Ctrl+Alt+6
表示+スナップ	Ctrl+Alt+7
表示+スナップ+編集	Ctrl+Alt+8

【ビュー】→【他のレイヤを】のサブコマンド

サブコマンド	アクティブレイヤ以外のレイヤ		
	表示	スナップ	編集
【非表示】	×	×	×
【グレイ表示】	グレイで表示	×	×
【グレイ表示+スナップ】	グレイで表示	○	×
【表示】	通常表示	×	×
【表示+スナップ】	通常表示	○	×
【表示+スナップ+編集】	通常表示	○	○

6つの状態のうちレイヤの特徴を生かせるのは【表示+スナップ】ですので通常はこれを使い、特別な場合に他のコマンドを使います。

【表示+スナップ+編集】は他のレイヤの図形を編集できるのは一見便利そうですが、編集できるということは消去も移動もできるということで、危険な状態です。編集しなければならない場合以外はここを使うのはやめたほうがよいです。

以上の説明からも分かるように【他のレイヤを】メニューはアクティブレイヤ以外のレイヤの状態を一括してコントロールするもので、レイヤごとにこまめに設定する方法ではありません。そこで次にレイヤごとに設定する方法を説明します。

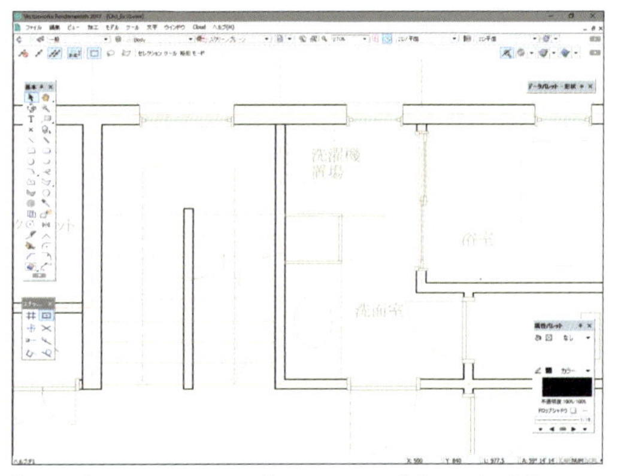

「Body」レイヤをアクティブレイヤにして【グレイ表示】をクリックしたところ。わかりやすいように拡大表示をしている

3.13.5 「オーガナイザ」ダイアログ

レイヤごとに表示/非表示の設定など、レイヤに関するさまざまの設定には「オーガナイザ」ダイアログを使います。引き続き「Ch3_Ex10vwx」を使って練習します。

❶ メニューの【ビュー】→【他のレイヤを】→【表示+スナップ】をクリックする
❷ 表示バーの【レイヤ】をクリックする
※メニューの【ツール】→【オーガナイザ】と同じ。
❸「オーガナイザ」ダイアログで《デザインレイヤ》タブが選択されているのを確認する
❹ 表示設定の欄で表示・非表示・グレイをレイヤごとに適当に設定する
❺ [OK]をクリックする

【レイヤ】 Body

「オーガナイザ」ダイアログで非表示とグレイにチェックを入れるとメニューの【ビュー】→【他のレイヤを】での設定より優先します。たとえば「非表示」に設定しているレイヤはメニューの【ビュー】→【他のレイヤを】→【表示】にしても見えません。アクティブレイヤにすると見えます。

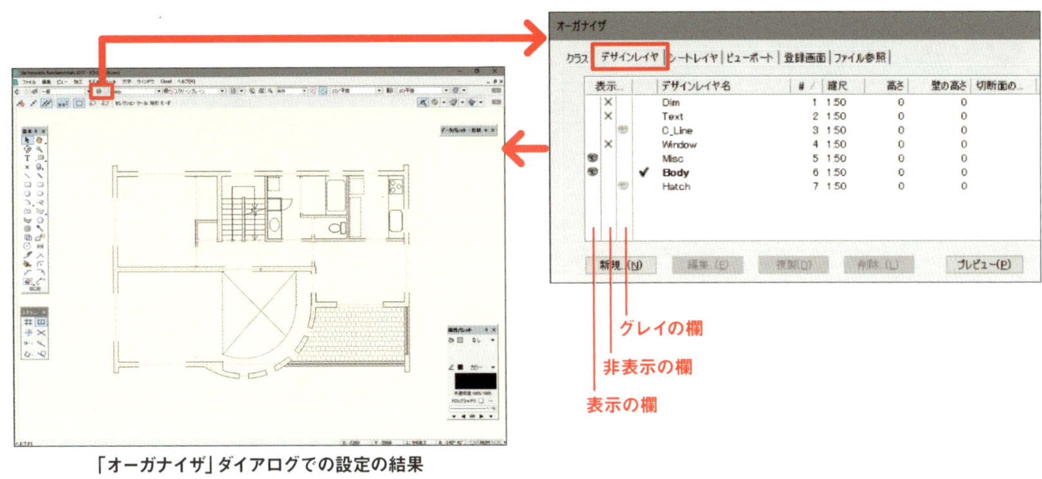

「オーガナイザ」ダイアログでの設定の結果

3.13.6 レイヤの新規作成と削除

レイヤの新規作成は「オーガナイザ」ダイアログの《デザインレイヤ》タブで行います。

[1] レイヤの新規作成

レイヤの新規に作成する手順を説明します。

❶表示バーの【レイヤ】をクリックする

※メニューの【ツール】→【オーガナイザ】をクリックし、「オーガナイザ」ダイアログで《デザインレイヤ》タブをクリックしても同じです(今後はこのメモを省略します)。

❷「オーガナイザ」ダイアログの《デザインレイヤ》タブで[新規]をクリックする

❸「デザインレイヤの作成」ダイアログが開くので適当なレイヤ名、たとえば<Site>をキーインしてから[OK]をクリックする

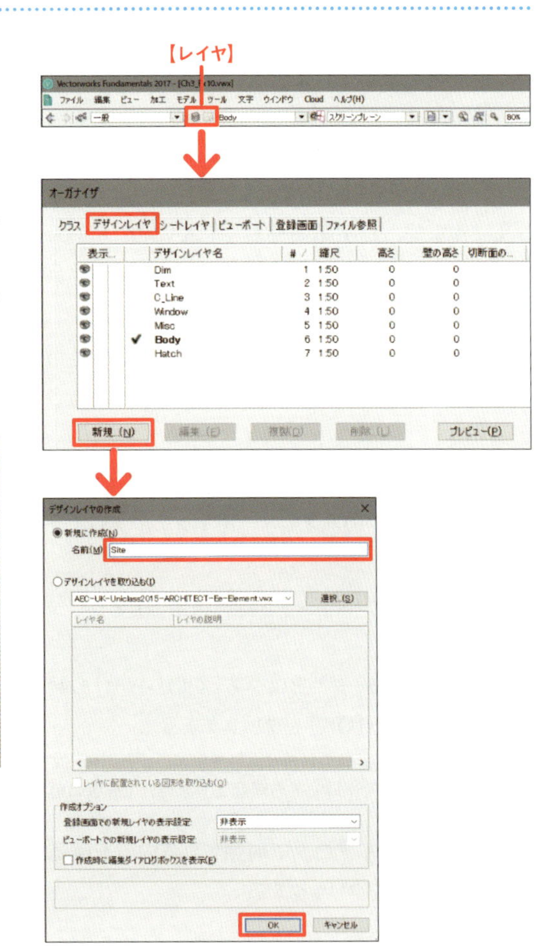

Note レイヤ名は原則として半角英数字

レイヤ名にかな漢字を使用できますが、もしVectorworksで入力したデータを他のCADで使用する可能性があるならレイヤ名にかな漢字を使わないのが原則です。かな漢字(2バイト文字)や半角カタカナがレイヤ名に入っていると受け付けてくれないCAD／CGがあるためです。レイヤ名には半角の英数字と半角の記号(- _ $の3記号)だけを使う習慣を付けたほうがよいです。

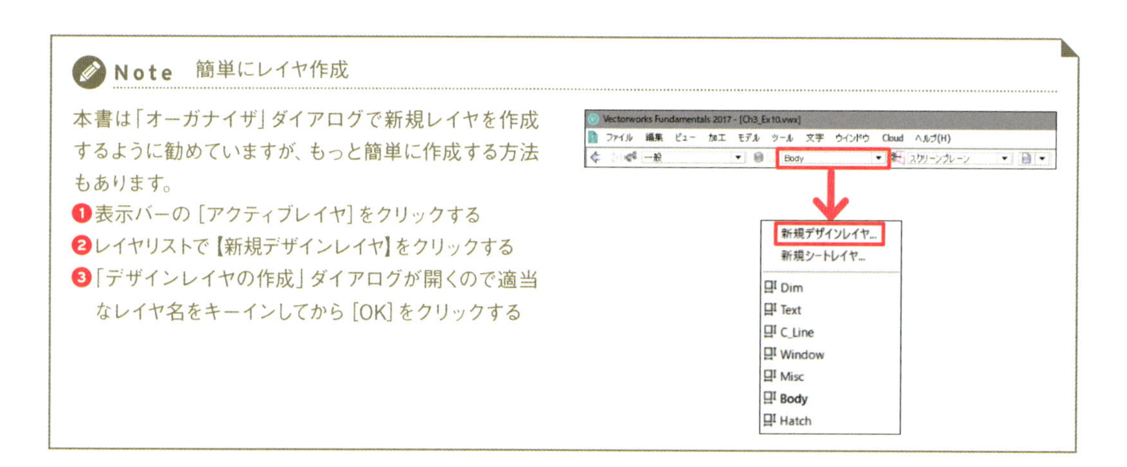

Note　簡単にレイヤ作成

本書は「オーガナイザ」ダイアログで新規レイヤを作成するように勧めていますが、もっと簡単に作成する方法もあります。

❶表示バーの［アクティブレイヤ］をクリックする

❷レイヤリストで【新規デザインレイヤ】をクリックする

❸「デザインレイヤの作成」ダイアログが開くので適当なレイヤ名をキーインしてから［OK］をクリックする

［2］レイヤの削除

レイヤの削除も「オーガナイザ」ダイアログでできます。レイヤリストで削除したいレイヤ名をクリックして選択し、［削除］をクリックします。

レイヤを削除するとそのレイヤに属する図形や文字列なども削除されます。レイヤの削除は【取り消し】コマンド（UNDO）が効かないので確認メッセージが表示されます。

確認メッセージの例

［3］空レイヤの削除

レイヤを作ったが結局使わずじまいのレイヤすなわち空（から）レイヤを「オーガナイザ」ダイアログで消すとき、事前にほんとうに空かを確認する必要がありますが【不要情報消去】コマンドなら空であることをプログラムが確認してくれるので安全です。

なおアクティブレイヤは空レイヤでも削除できないので、データのあるレイヤをアクティブレイヤにしておきます。

❶メニューの【ツール】→【不要情報消去】をクリックする

❷「不要情報消去」ダイアログで「空のレイヤ」の数を確認してから［OK］をクリックする

※空のレイヤの他に多数の項目がありますがいずれも使っていないものなので削除しても問題ありません（筆者の経験）。

❸「消去確認」ダイアログで削除される内容を確認したら［OK］をクリックする

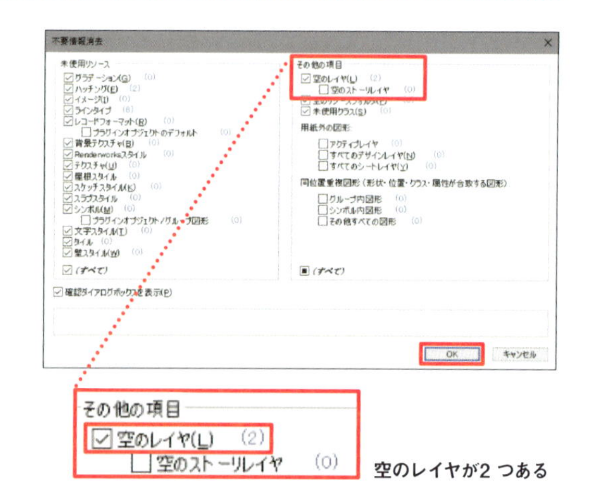
空のレイヤが2 つある

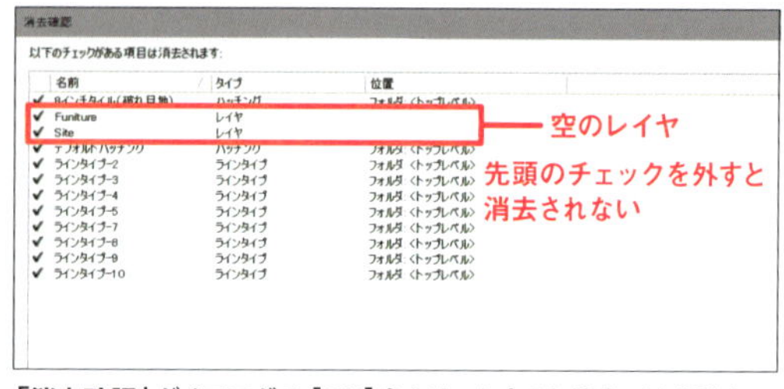
空のレイヤ
先頭のチェックを外すと消去されない

「消去確認」ダイアログで［OK］をクリックすると消去が実行される

3.13.7 レイヤと縮尺

Vectorworksはレイヤごとに縮尺を変えられます。これによりたとえば平面図と詳細図を1枚の図面の中に混在できます。縮尺は「オーガナイザ」ダイアログで設定します。

レイヤを新規作成したときに何らかの縮尺が設定されます。どのような縮尺が設定されているかは「オーガナイザ」ダイアログの《デザインレイヤ》タブで確認できます。確認したうえでもし変更する必要があるときは以下のように操作します。

❶表示バーの【レイヤ】をクリックする

❷「オーガナイザ」ダイアログで「縮尺」を確認する

※全てのレイヤの縮尺が期待通りなら[OK]をクリックしてダイアログを閉じます。

❸縮尺を変えたいレイヤがあったらクリックして選択する

※図では例として「Body」レイヤを選択していますがこれは練習のためなので、どのレイヤを選択してもかまいません。

❹[編集]をクリックする

❺「デザインレイヤの編集」ダイアログで[縮尺]をクリックする

❻「縮尺」ダイアログで目的の縮尺、たとえば「1:100」にチェックを入れる

❼「全レイヤ」にチェックが入っていたら外す

❽「スケールテキスト」にチェックが入っていたら外す

❾各ダイアログの[OK]をクリックして作図ウィンドウに戻る

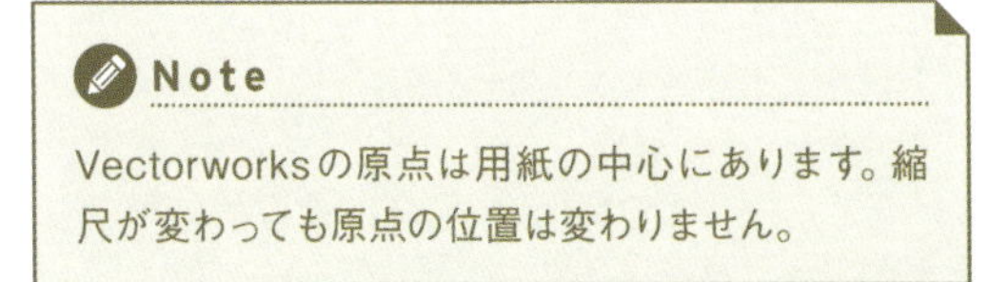

Note

Vectorworksの原点は用紙の中心にあります。縮尺が変わっても原点の位置は変わりません。

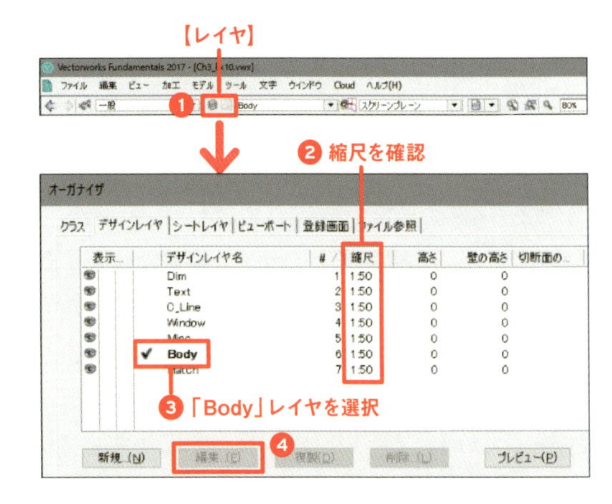

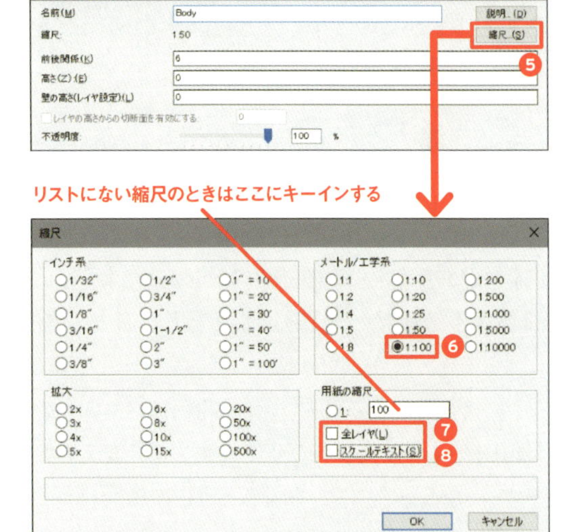

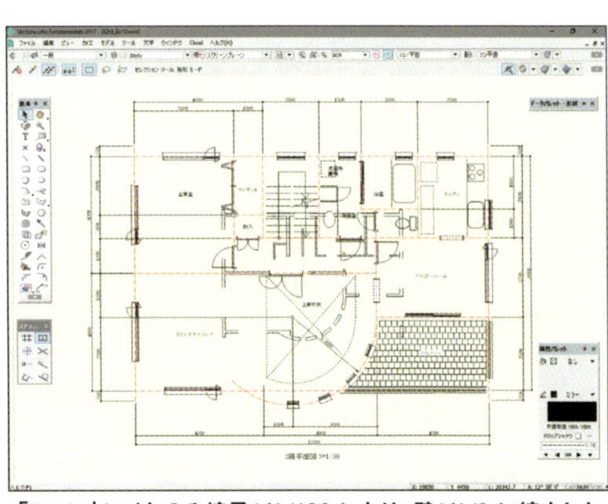

「Body」レイヤのみ縮尺が1/100 になり、壁が1/2 に縮小した(実際にはこのような使い方はしない)

「縮尺」ダイアログの「全レイヤ」にチェックを入れると選択したレイヤ以外のレイヤも指定した縮尺になってしまいます。

「スケールテキスト」は、縮尺を変えたときにすでに入力されているテキスト(文字)のサイズをどうするかを設定する項目です。ここにチェックを入れると「スケールテキスト」すなわち、図形が半分の大きさになれば文字のサイズも半分になります。文字のレイアウトが変わらないメリットがありますが、小さすぎて読みづらくなるかもしれません。「スケールテキスト」のチェックを外せば文字のサイズ(印刷時のサイズ)は変わりません。たとえば10ポイントで描いた文字は10ポイントのままです。普通は「スケールテキスト」のチェックを外しますがこのとき文字と線図形の関係が変わりますのでチェックしてください。たとえば文字を長方形の中に描いているとき長方形の大きさが変わりますが、文字の大きさは変わりません。この場合は長方形のサイズを変えます。

Note 縮尺混在のスナップ参照と編集

レイヤに異なる縮尺を設定したときメニューの【ビュー】→【他のレイヤを】→【表示+スナップ】をクリックしたときどうなるか?
【表示+スナップ】をクリックしてもアクティブレイヤから縮尺が異なるレイヤの図形を参照(スナップ参照)できません。これは参照する意味がないので当然ともいえます。同様に【表示+スナップ+編集】をクリックしても縮尺が異なるレイヤから図形の選択/編集はできません。

3.13.8 レイヤの前後関係

Vectorworksのレイヤの特徴に「レイヤの前後関係」があります。前記(193ページ)したように面図形は不透明にしたとき図形どうしの前後関係によって見え方が違います。

同一レイヤにある図形の前後関係はメニューの【加工】→【前後関係】のサブコマンドで変えられます。異なるレイヤにある図形どうしの場合はレイヤそのものの前後関係が反映します。すなわち上方(前、手前)のレイヤにある不透明図形は下方(後、奥)のレイヤにある図形を覆い隠します。そしてこの関係は【前後関係】のサブコマンドでも変えられません。たとえば文字用のレイヤを最上のレイヤにすれば図面中に不透明図形があっても文字が隠されることはありません。レイヤの前後関係を変えるときにも「オーガナイザ」ダイアログを使用します。

❶表示バーの【レイヤ】をクリックする

❷「オーガナイザ」ダイアログの「#」欄で前後関係を確認する

※全てのレイヤの前後関係が期待通りなら[OK]をクリックしてダイアログを閉じます。

❸前後関係を変えたいレイヤがあったら「#」欄の数字をドラッグしてリストでの位置を変える

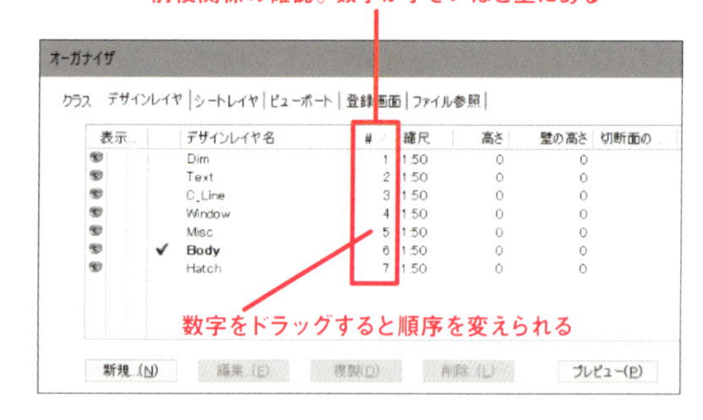

Note 前後関係の変更

レイヤの前後関係は「オーガナイザ」ダイアログの「#」欄の数字をドラッグして順序を変えますが「デザインレイヤの編集」ダイアログでも変えられます。「デザインレイヤの編集」ダイアログを表示させる方法はレイヤの縮尺変更で説明した手順と同じです(199ページ)。

Note レイヤリストの順序

レイヤリストでのレイヤの順序は前後関係の順序と同じです。
「オーガナイザ」ダイアログの「デザインレイヤ名」をクリックするとレイヤ名のアルファベット順に並び替えられます。しかしこれはこのダイアログが開いているときだけのことでダイアログを閉じれば前後関係での順序に戻ります。

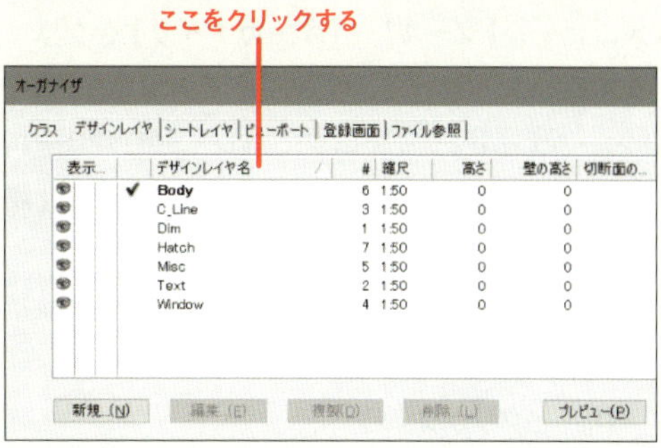

ここをクリックする

レイヤ名のアルファベット順に並び替えられた

3.13.9 カラーレイヤ

Vectorworksは属性パレットのところ（159ページ）で説明したように個々の図形や文字に個別のカラーを付けられます。Vectorworksでは図形ごとにカラーを付けるのが本来の仕様ですが、これとは別に「カラーレイヤ」というモードがあります。カラーレイヤとはあらかじめレイヤごとにカラーを決めておいて、たとえば赤のレイヤなら、そこに描かれた図形はすべて赤色で表示するというモードです。色だけでどのレイヤに描かれた図形かが分かるので、デザイン（意匠）と関係ない図面作成ならカラーレイヤを使うメリットが大きいです。

カラーレイヤを使うには、まず次のようにして準備をします。ここでも例として「Ch3_Ex10.vwx」を用います。

1. メニューの【ファイル】→【書類設定】→【ファイル設定】クリックする
2. 「ファイル設定」ダイアログで《画面》タブをクリックする
3. 「カラーレイヤ」にチェックを入れる
4. [OK] をクリックする

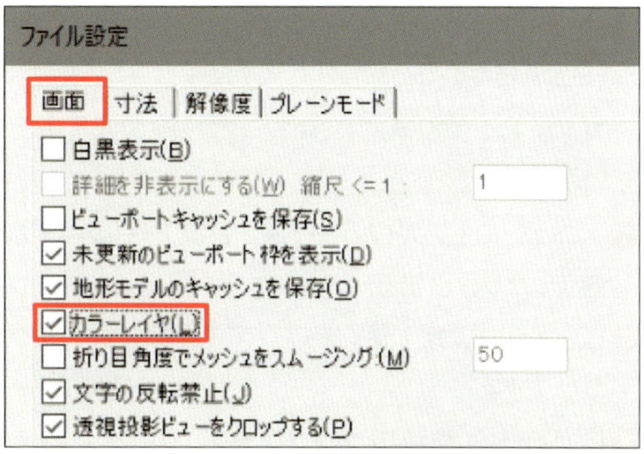

カラーレイヤを使うことに設定すると個々の図形に設定されているカラーは表示されなくなります。「Ch3_Ex10.vwx」では通り芯が赤色に設定されていますが黒色で表示されます。これは通り芯のある「C_Line」レイヤのカラー設定がデフォルトの設定だからです。なお通り芯の赤色は消えたわけではありません。「ファイル設定」ダイアログで「カラーレイヤ」のチェックを外せば復活します。

これから「オーガナイザ」ダイアログでレイヤごとのカラーを設定します。

❶メニューの【ツール】→【オーガナイザ】をクリックする
❷「オーガナイザ」ダイアログで全レイヤのカラーがデフォルト設定のままであることを「カラー」欄で確認する
❸カラーを変えたいレイヤ、たとえば「Body」レイヤをクリックして選択する
❹［編集］をクリックする
❺「デザインレイヤの編集」ダイアログで［カラー］をクリックする
❻「レイヤカラー/カラー」ダイアログの「線」の「前景色」をクリックする
❼カラーピッカー（色選択用ウィンドウ）が開くので適当な色、たとえば茶色を選択する
❽2つのダイアログの［OK］をクリックして「オーガナイザ」ダイアログに戻る
❾❸～❼と同じような操作をしていくつかのレイヤにカラーを設定する
❿「オーガナイザ」ダイアログの［OK］をクリックして作図ウィンドウに戻る

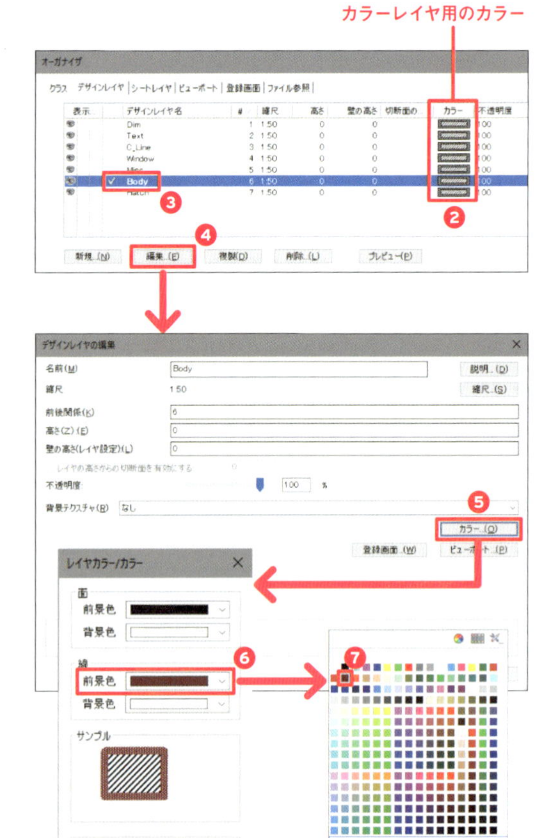

カラー設定したレイヤに何か図形を描いてください。属性パレットのカラー設定とは関係なく図形に色が付くことを確認してください。

カラーレイヤの確認が終わったら画面モードを元に戻します。

❶メニューの【ファイル】→【書類設定】→【ファイル設定】クリックする
❷「ファイル設定」ダイアログで《画面》タブをクリックする
❸「カラーレイヤ」のチェックを外す
❹［OK］をクリックする

Note

カラーレイヤでは面の属性が「カラー」のときに「背景色」が使われます。そして面の属性が「模様」のときに「前景色」と「背景色」が使われます。線の属性が「カラー」のときに「前景色」が使われます。そして線の属性が「模様」のときに「前景色」と「背景色」が使われます。
以上のことから線の色だけなら線の「前景色」を指定すれば十分です。

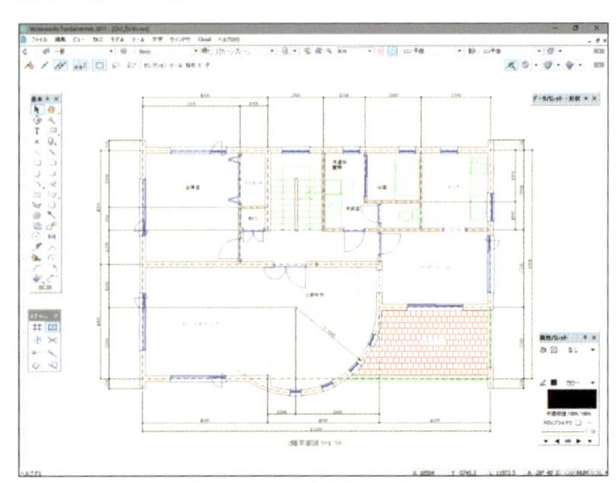

レイヤごとに色を変えてみた

> **Note** カラーレイヤ使用のリスク
>
> カラーレイヤは図面作成の効率を上げるメリットがあります。しかしVectorworksは線の太さなど図面の印刷イメージを画面で確認しながら作図できるという大きな特徴があります。ですからカラーも白い用紙に黒い線が基本です。図形と関係なく色をつけるカラーレイヤはたとえば画面でプロポーションを確認しながら製図するといったとき、色によって大きさが違ってみえるので目を狂わす危険があります。このことからデザインのチェックをしながら製図する場合はカラーレイヤはお勧めできません。

3.13.10 レイヤ間のデータ移動

図形を別レイヤに移動したいときはクリップボードを用いカット&ペースト（同位置）でもできますが、データパレットを用いるほうが簡単でしかも確実です。

図形を選択するとその図形の情報がデータパレットに表示されます。「レイヤ」の欄をクリックしてレイヤリストで移動先のレイヤをクリックすると、それだけでレイヤ移動できます。

移動先のレイヤをクリックする

移動させたい図形の数が多くてもデータパレットでレイヤ移動できます。右図は「115図形」を選択したときのデータパレットでクラスとレイヤを変えられます。

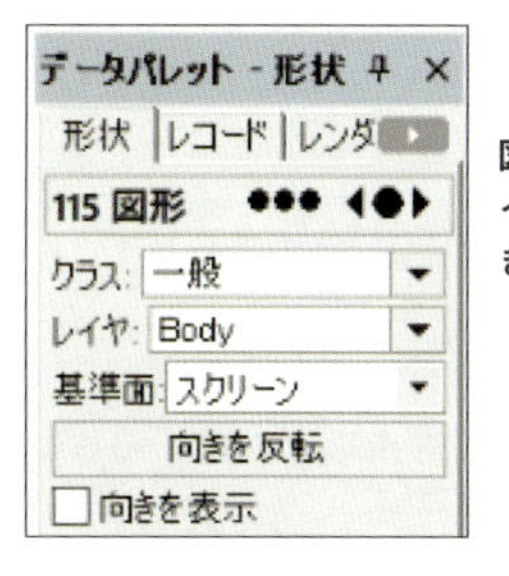

図形の数が多くても移動先のレイヤをクリックして一気に移動できる

図形を選択してからその図形にカーソルを合わせ、右クリックしてメニューを出し【プロパティ】をクリックすると「プロパティ」ダイアログが開きます。このダイアログでもレイヤ移動ができます。

※Vectorworks 2017はタイトルバーに「生成」と表示されますが、Vectorworks 2018で「プロパティ」と正しい名前に修正されています。

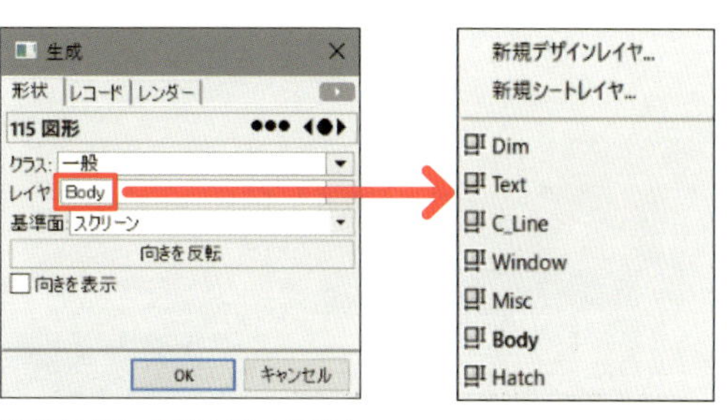

「プロパティ」ダイアログでもデータパレットと同じようにレイヤ移動できる

3.13.11 不透明度

レイヤにはカラーの表示に関して「不透明度」という効果があります。カラーレイヤと同じような操作でレイヤに不透明度を設定できますが、ここでは属性パレットで図形ごとに不透明度を設定してみます。不透明度とは何か、どんな用途があるかの説明に属性パレットを用いるのはその方が理解しやすいからです。ここでの練習のあとならレイヤでの設定も簡単にできるはずです。

❶ メニューの【ファイル】→【開く】をクリックし、「VW20xx_Data」フォルダの中の「Ch3」フォルダにある「Ch3_Ex11.vwx」を開く

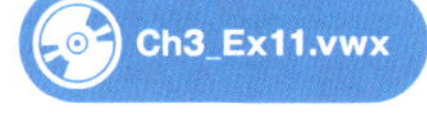

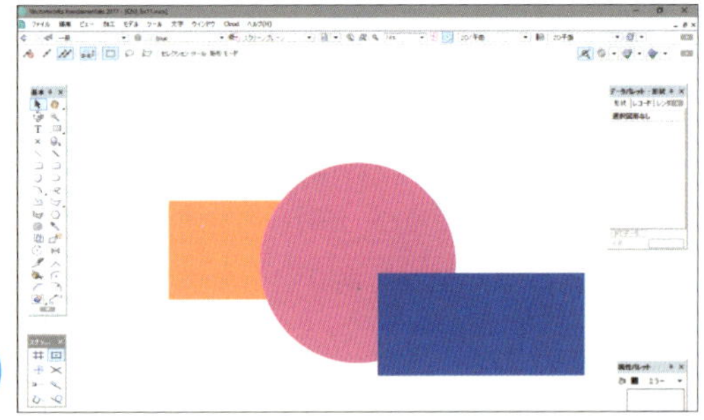

「Ch3_Ex11.vwx」に3つのレイヤがあり、色の名のレイヤ名が付いている。そして各レイヤに1つずつ面図形があり、レイヤ名と同じカラーが設定されている

❷【セレクション】ツールで青い四角形をクリックして選択する
❸ 属性パレットで[不透明度]をクリックする
❹「不透明度を設定」ダイアログで「面の不透明度」に<50>%を入力してから[OK]をクリックする
❺ ❷～❹と同じような操作をしてピンクの円の不透明度を50%にする

不透明度の応用例としてプレゼンテーション用立面図の影の表現での使用例を示します。

※図のデータ「Ch3_Ex12.vwx」を用意しました。操作は「Ch3_Ex11.vwx」の場合と同じです。

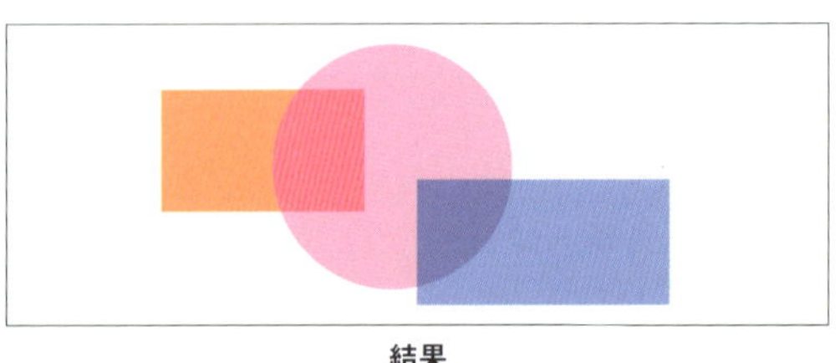

結果

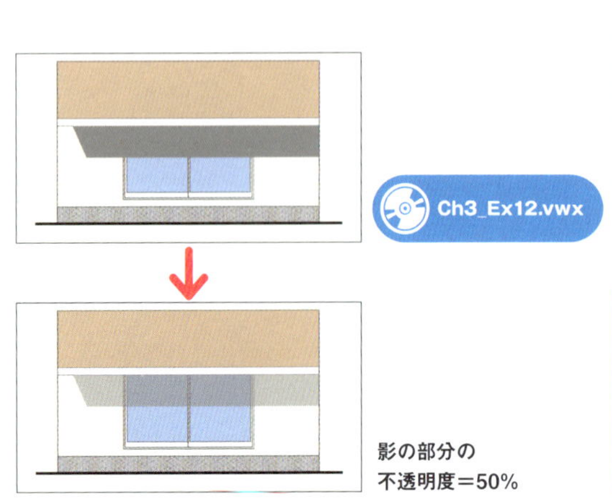

影の部分の
不透明度＝50%

Note 高さと壁の高さ

「デザインレイヤの編集」ダイアログには、説明していない項目が2つ残っています。それは「高さ」と「壁の高さ」ですがこれは3D用なので、本書では使いません。

3.14 図形の編集

図形を複写したり移動あるいは変形するなど、作図ウィンドウにある図形を元にして、新たな図形を生成したり、目的に合った図形に加工することを「図形を編集」するといいます。CADでは図形作成より図形編集のほうが重要で、編集に精通することがCAD のパワーユーザーになる必要条件です。
手描き製図で編集というと、切り貼りして第2原図を作成するぐらいしかなく一種の手抜きのように思われるかもしれませんが、CADでは編集が主役で、しようと思えば1本の線を元に残りの数万本の線を編集機能で生成して、図面にすることも不可能ではありません。逆に、CADで最初から最後まで図形を描き続ける方法も可能ですが、これではCADを使っている意味はありません。作図ウィンドウにある図形のうち使えるものをどんどん利用し、編集の機能をフルに利用して図面を組み立てて行くのが本来のCADの使い方です。
CADの使いはじめの頃は手描き製図の真似をして補助線だらけの図面を作成するのもやむを得ませんが、手描き製図をCADとして評価すると最低のCADです。そんな最低のCADを真似るのは愚かなことです。なるべく早くCADの製図法を身につけ、設計(デザイン)そのものにCADを参加させ、CAD·CGを個人でも使える時代に生まれた幸運を生かすほうがよいと思います。

3.14.1 マウスで編集

CADで図形を編集するには編集用ツール/コマンドを用いるのがふつうですが、Vectorworksには編集ツール/コマンドとは別に、マウスで直接編集できるという特徴があります。実際にマウスで編集するほうが適しているケースが多いので、ぜひこのテクニックをマスターしてください。

[1] マウスで移動

❶【セレクション】ツールをクリックする
❷ 図形のすぐそばにマウスカーソルを近づけプレスする
❸ ドラッグして適当な位置でリリースすると、リリースしたところに図形が移動する

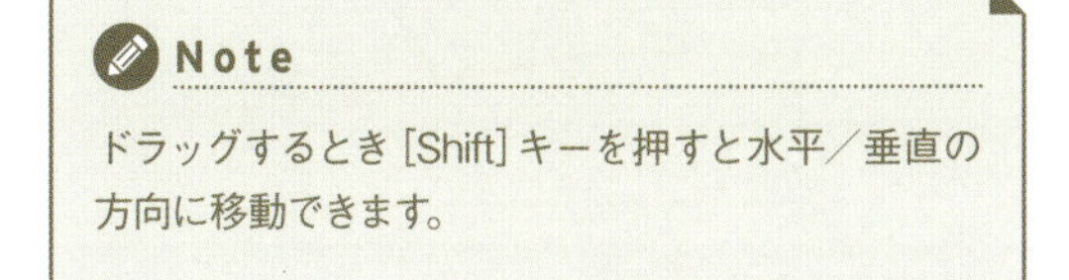

Note
ドラッグするとき [Shift] キーを押すと水平/垂直の方向に移動できます。

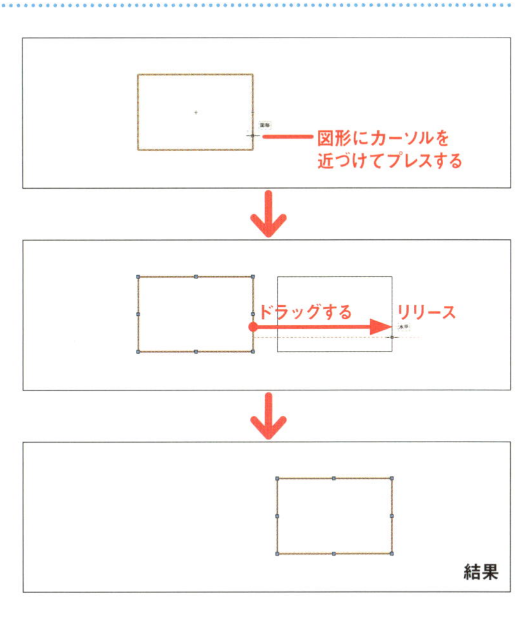

［2］マウスで複写

前項の❷のとき［Ctrl］キー（Mac：［option］キー）を押し、❸のリリースまで押しつづけると移動ではなく複写になります。

❶【セレクション】ツールをクリックする
❷図形のすぐそばにマウスカーソルを近づけプレスする
❸［Ctrl］キー（Mac：［option］キー）と［Shift］キーを押しながらドラッグして適当な位置でリリースすると、リリースしたところに図形が複写される

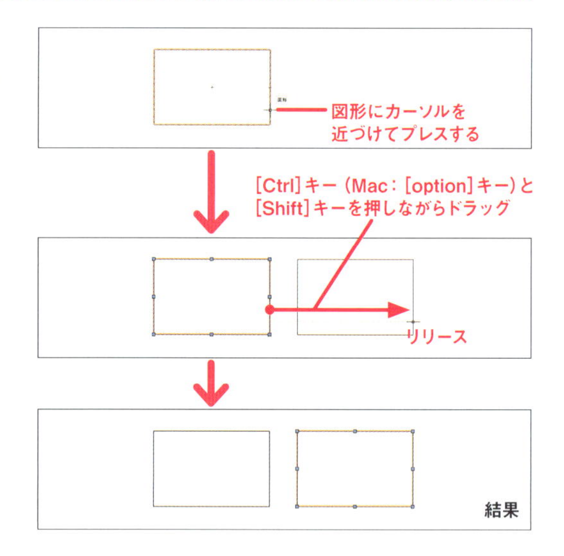

［3］マウスで変形

❶【セレクション】ツールをクリックする
❷ツールバーの［シングル変形］モードをオンにする
※［変形］モードでもよいです。
❸図形をクリックして選択する
❹任意のハンドルにカーソルを合わせてからプレスする
❺ドラッグ→リリースすると変形する

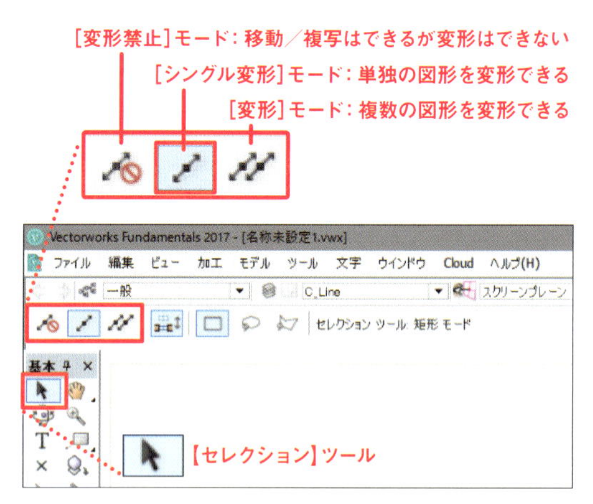

四角形や長円にはハンドルが8つあります。どのハンドルをドラッグするかで変形の結果が異なります。

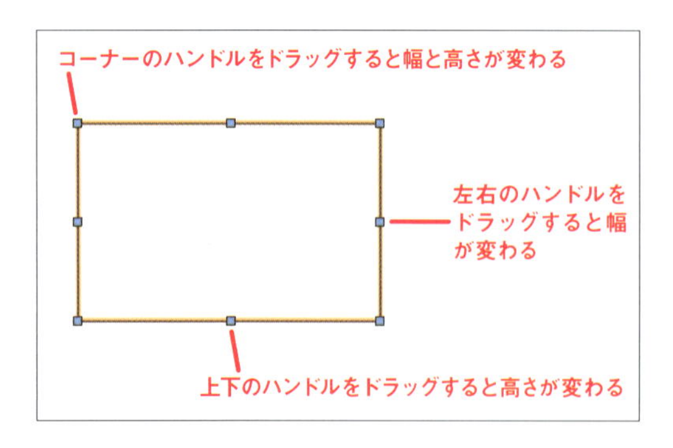

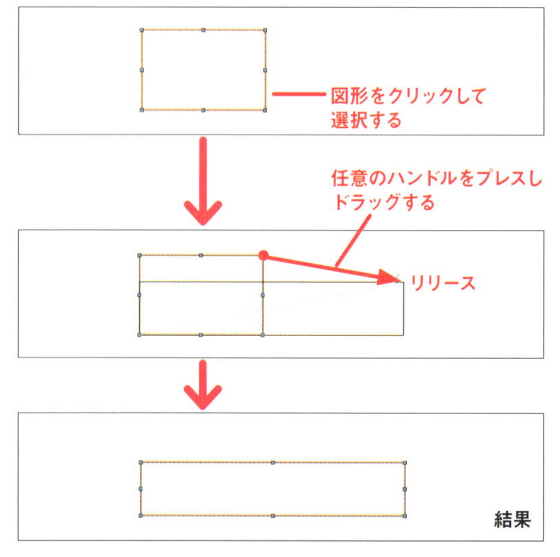

> **Note** 相似変形と中心固定変形
>
> 変形のためにハンドルをドラッグしているとき[Shift] キーを押すと元の図形の相似形に変形します。[Ctrl] キーを押しながらドラッグすると変形しても図形の中心の位置が変わりません。

> **Note** 浮いている図形
>
> 【セレクション】ツールだけで図形を移動したり複写できるのは最初は不安を感じるかもしれません。図形に触れただけで動いてしまうような不安です。紙の上に図形が貼りついているのではなくふわふわと浮いているような感じがします。しかしこのことは図形を移動したい、複写したいと思ったときにその図形に手を伸ばしてすぐに実行できることを意味します。この感覚に慣れると画面の中の図形がとても身近に感じられるはずです。

[4] 正確な移動(スナップを利かせた移動)

スナップを併用すると正確な位置に移動できます。

❶【セレクション】ツールをクリックする

❷目的に合ったスナップ、たとえば【図形スナップ】をオンにする

❸図形の近くにマウスカーソルを近づけカーソルの形がスナップ移動用に変わったところでプレスする

❹ドラッグし、移動先の点でスナップのマークが出たところでリリースする

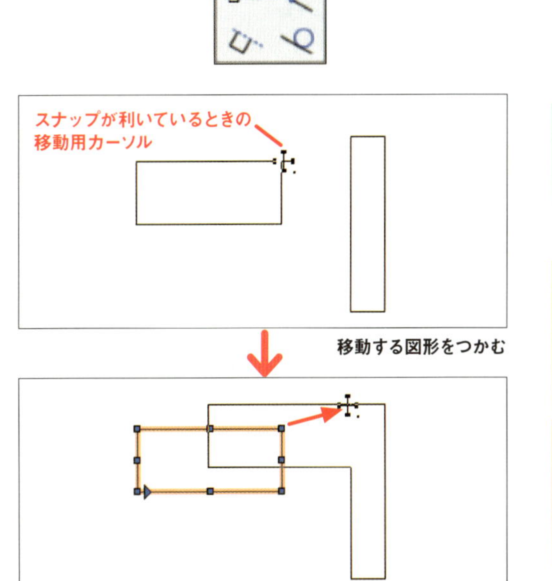

移動する図形をつかむ

移動中

結果

> **Note** コツは選択しないこと
>
> 移動する図形を選択してから移動させようとするとハンドルをドラッグして「変形」させてしまう危険があります。ツールバーの [変形禁止] モードを選択していれば変形になることはありませんが、ツールバーで切り替える手間がわずらわしいものです。
> このためスナップを利かせた移動をするときは、事前に選択しないで図形を掴むのがコツです。少し分かりにくいので実際に操作して違いを感じてください。

◆ 練習

練習用データの「Ch3」フォルダにある「Ch3_Ex13.vwx」（右図）を開き【図形】スナップを利かせた移動で、細線（木の枝）を太線（木の幹）の頂点に移動させて、完成図と同じにします。

完成図

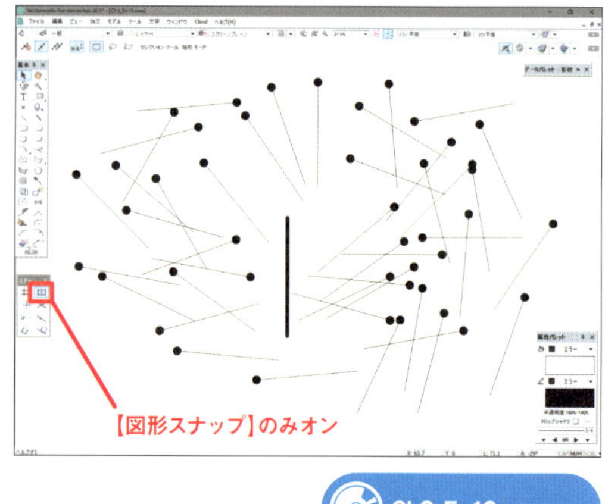

この練習はスナップを利かせた移動の感覚を養うのにたいへんに役立つ練習です。前ページのNote「コツは選択しないこと」の意味を理解し、絶対に変形させず、正確にスナップさせて、きれいな木を完成させてください。

3.14.2 図形の移動

図形の移動はマウスカーソルによる方法を含めて4つの方法があります。

●マウスで移動：【セレクション】ツール　●数値移動：【移動】コマンド
●ナッジ　：[Shift] キー＋方向キーで移動　●整列　：【整列】コマンド（289ページ）

[1] ナッジ（微小移動）

移動の方法でもっともよく使うのが数値移動ですが、方向キーで移動させる「ナッジ」もよく使います。ナッジの使い方を練習ファイルを用いて練習します。

❶ メニューの【ファイル】→【開く】をクリックし、「VW20xx_Data」フォルダの中の「Ch3」フォルダにある「Ch3_Ex14.vwx」を開く
❷ スナップパレットのスナップをすべてオフにする
❸【セレクション】ツールをクリックする
❹ 緑色の長方形を一つ選択する
❺ [Shift] キーを押しながら、動かしたい方向の方向キー（←↓↑→　矢印キーともいう）を押し続ける
※部屋の隅で、少し隙間をあけた位置に長方形を移動する。
❻ 他の長方形をクリックして選択する
❼ ❹～❺の操作を繰り返して残りの長方形も移動する
❽ 空クリックして選択解除する

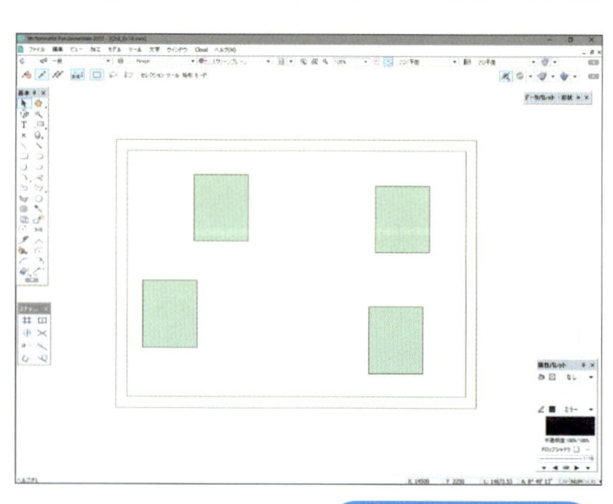

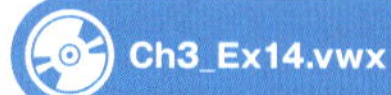

> **Note**
>
> ナッジに関しては139ページでも説明しています。もし「ナッジ（距離を設定）」に「方向キー」を設定しているなら、ここでの練習で「方向キー」と「Shift＋方向キー」を併用して移動させてください。すばやく移動できます。

ナッジの用途は図面にシンボルの配置後に微調整するとき、文字の位置の調整など、目で確認しながらオブジェクトを動かしたいときに用います。

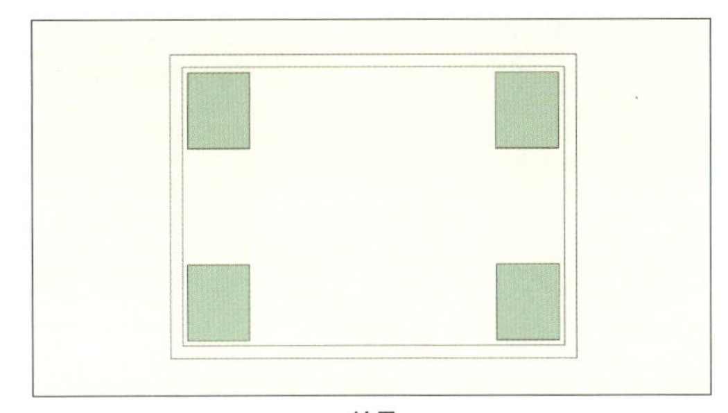

結果

[2] 図形を数値移動

図形移動の本命は数値(相対座標)を指定して正確に移動させる【移動】コマンドです。

緑色の四角形を部屋の4隅から内側に、X,Y方向ともに600mm離れた位置に配置するという練習をします。

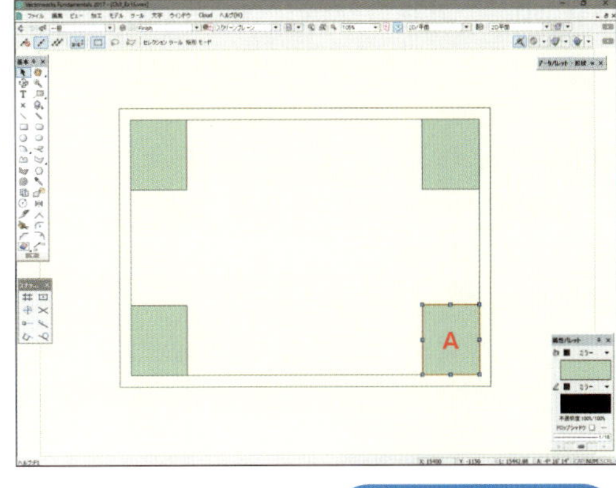

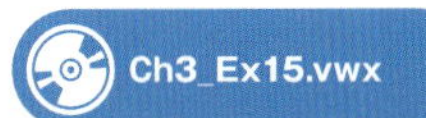

❶メニューの【ファイル】→【開く】をクリックし、「VW20xx_Data」フォルダの中の「Ch3」フォルダにある「Ch3_Ex15.vwx」を開く

❷【セレクション】ツールをクリックする

❸四角形の一つ(A)を選択する

❹[Ctrl]+[M]キー(Mac:[⌘]+[M]キー)を押す

※メニューの【加工】→【移動】→【移動】と同じ。[M]はMoveのMと覚える。

❺「図形を移動」ダイアログで「X方向」に<-600>mmをキーインする

❻Y方向=<600>mm

❼[OK]をクリックする

❽残りの3つの四角形も同じように移動する

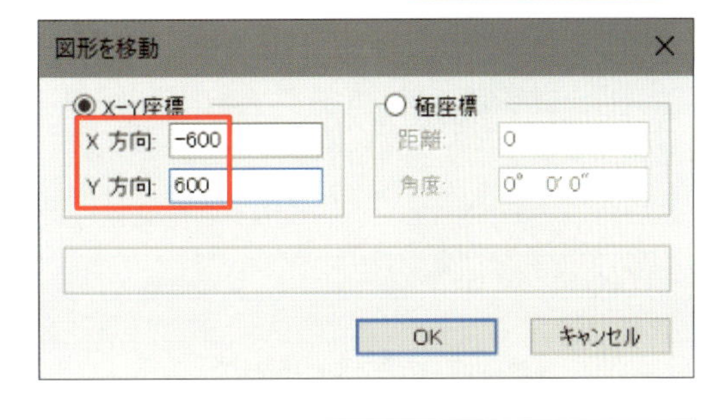

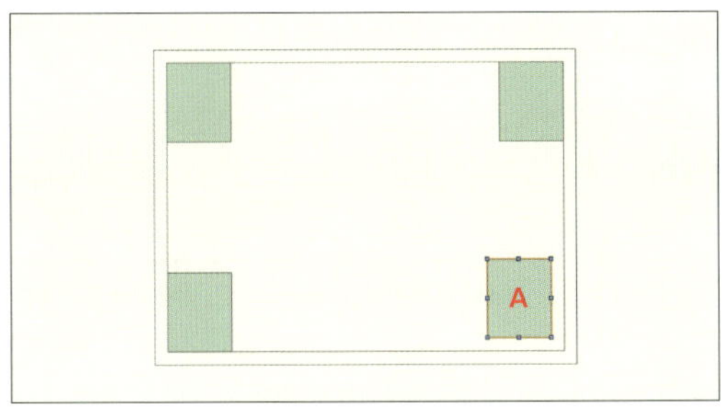

四角形(A)が移動した

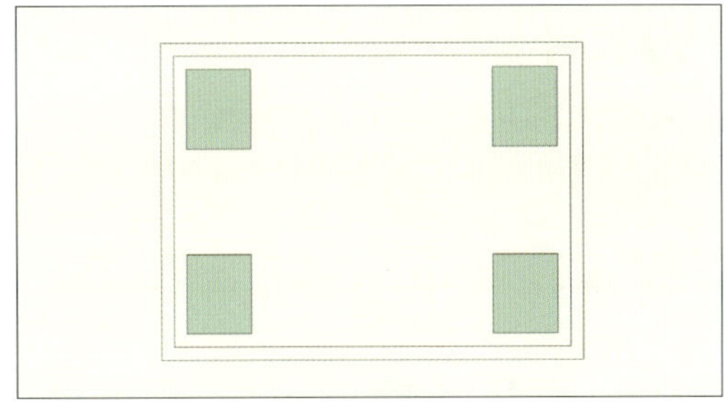

完成図
次項でこの状態から練習を始めるのでこのままにしておく

3.14.3 複写(複製と移動)

Vectorworksで図形を複写するときは、まず図形の複製を作りこれを数値移動させます。これはVectorworksの2D機能のなかでもっとも利用価値の高いテクニックの1つです。数値移動の練習で使ったデータ(Ch3_Ex15.vwx)で引き続き練習します。

❶左下の長方形Bを選択する

❷[Ctrl]+[D]キー(Mac:[⌘]+[D]キー)を押す

※メニューの【編集】→【複製】と同じ。[D]はDuplicateのDと覚える。

❸[Ctrl]+[M]キー(Mac:[⌘]+[M]キー)を押す

※メニューの【加工】→【移動】→【移動】と同じ。

❹「図形を移動」ダイアログで「X方向」に<3600>mmをキーインする

❺Y方向=<0>mm

❻[OK]をクリックする

❼長方形Cを選択して操作❷~❻を繰り返す

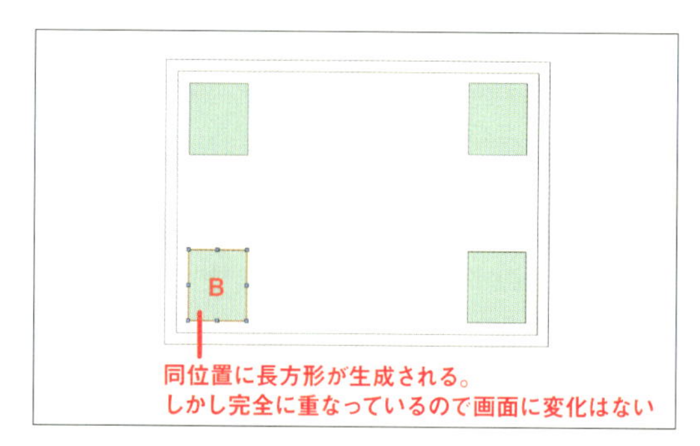

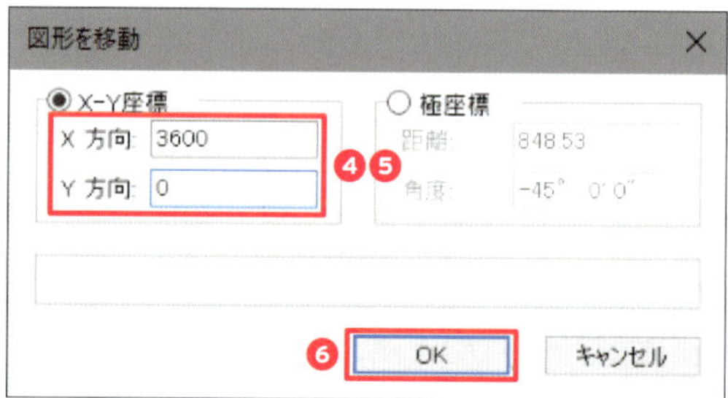

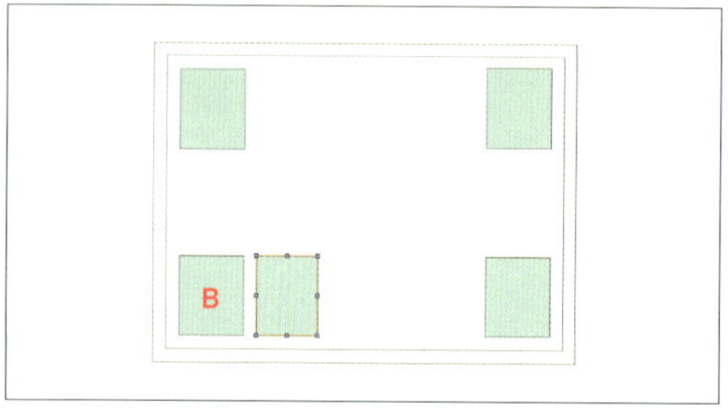

重なっていた長方形が移動した

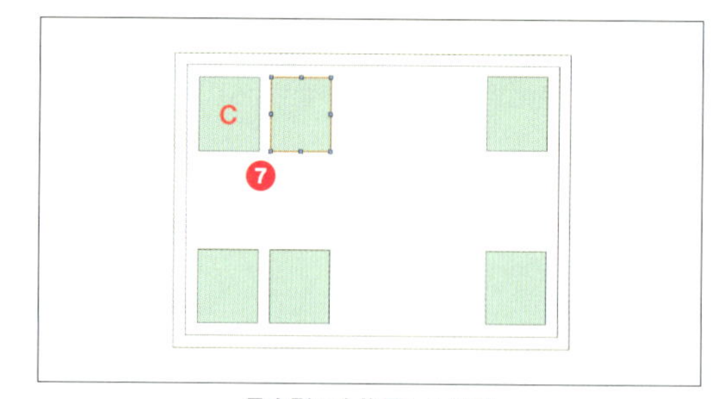

長方形Cを複写した結果

 **Note** 複製でずれたとき

【複製】コマンドをクリックしたとき複製図形がずれた位置に生成されたときは、メニューの【ツール】→【オプション】→【環境設定】をクリックし、「環境設定」ダイアログの《描画》タブの「ずれを伴う複製」のチェックを外してください。

3.14.4 ショートカットキーで複写

前項で書いたように【複製】コマンドのショートカットキーは[Ctrl]+[D]キー(Mac:[⌘]+[D]キー)です。複製してから移動する操作はショートカットキーなら[Ctrl]+[D]→[M]キー(Mac:[⌘]+[D]→[M]キー)と1動作に近い操作でできます。メニューをクリックする方法と比較すると雲泥の差です。この差を次の練習で体験します。

なお[Ctrl] + [D] → [M] キーの意味は[Ctrl] キーを押したまま[D]、続いて[M] キーを押す操作を意味します。右利きの人なら[Ctrl] キーは左手小指、[D] は左手中指、[M] は左手人差し指(または親指)を使うとスムースです。そして右手はマウスを掴んだままです。

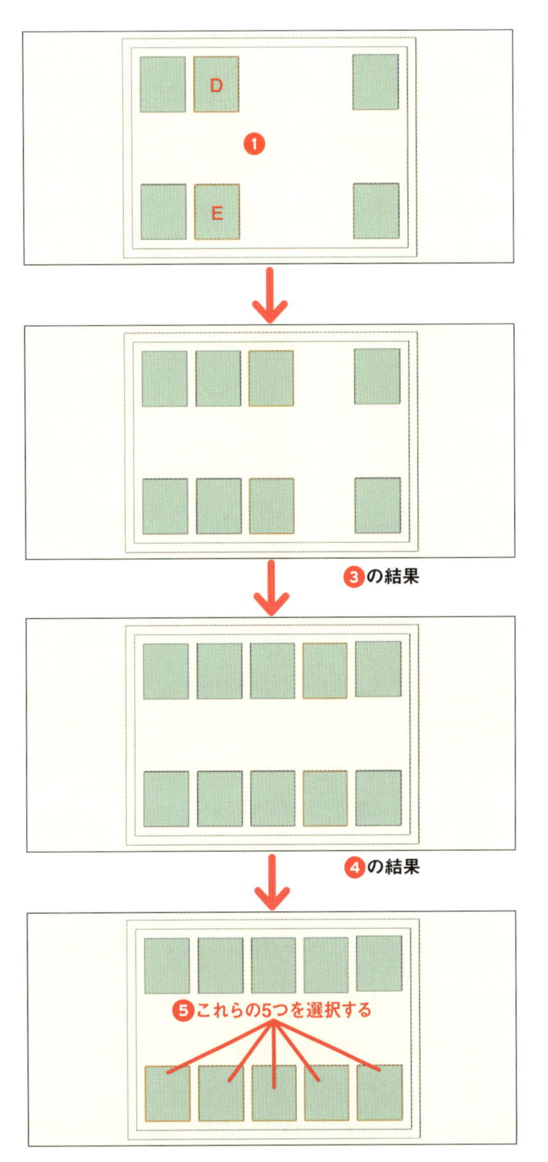

① 【セレクション】ツールで四角形を2つ選択する(DとE)
② [Ctrl] + [D] → [M] キー (Mac :[⌘] + [D] → [M] キー) を押す
③ 「図形を移動」ダイアログが開くので「X=3600,Y=0」を確認してから[Enter] キー (Mac :[return] キー) を押す
④ 選択解除しないで、②と③の操作を繰り返す
⑤ 選択解除してから下段の5つの長方形を選択する
⑥ [Ctrl] + [D] → [M] キー (Mac :[⌘] + [D] → [M] キー) を押す
⑦ 「図形を移動」ダイアログで「X方向」に<0>をキーインする
⑧ Y方向=<4200>
⑨ [OK] をクリックする

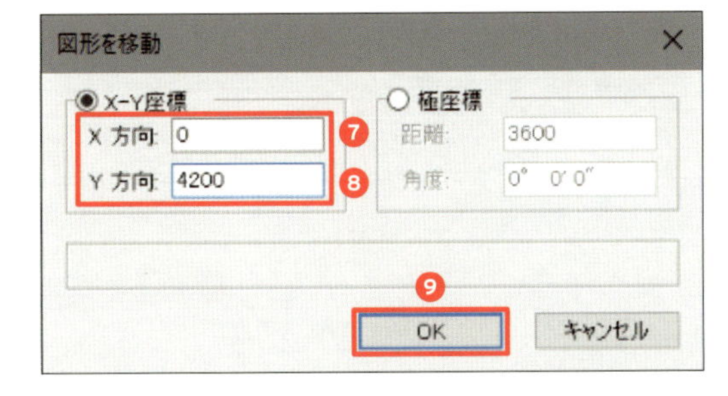

⑩ 【セレクション】ツールで空クリックして選択解除する

ショートカットキーの威力を分かっていただけたでしょうか。おそらく図形を手玉にとっているような感覚を味わっていただけたと思います。この感覚が Vectorworks など2D-CADの感覚です。

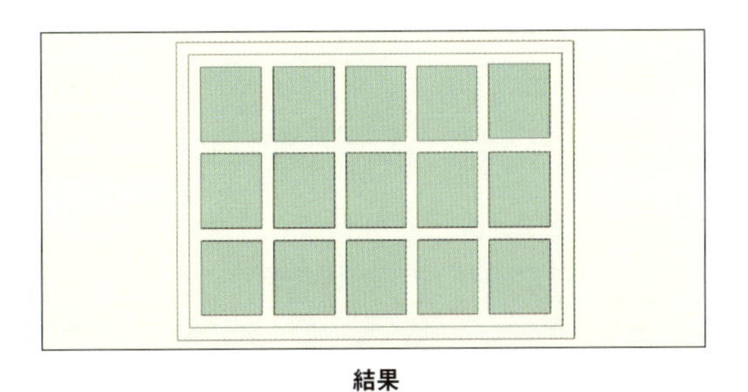

結果

「図形を移動」ダイアログが開いたとき「X方向」の数値が反転していますのでそのまま数値をキーインし、次に [Tab] キーを押して「Y方向」の数値を反転させてから数値をキーインし、最後に [Enter] キーを押します。このようにすれば一連の操作をすべてキーボードだけでできます。

3.14.5 配列複製

これまでの複写(複製)は図形を1つずつあるいは1組ずつ増やしましたが、配列複製は多数の複製図形を一気に作るコマンドです。

❶メニューの【ファイル】→【開く】をクリックし、「VW20xx_Data」フォルダの中の「Ch3」フォルダにある「Ch3_Ex16.vwx」を開く
❷メニューの【ビュー】→【他のレイヤを】→【表示+スナップ】をクリックする
❸「Finish」レイヤがアクティブレイヤになっていることを確認する

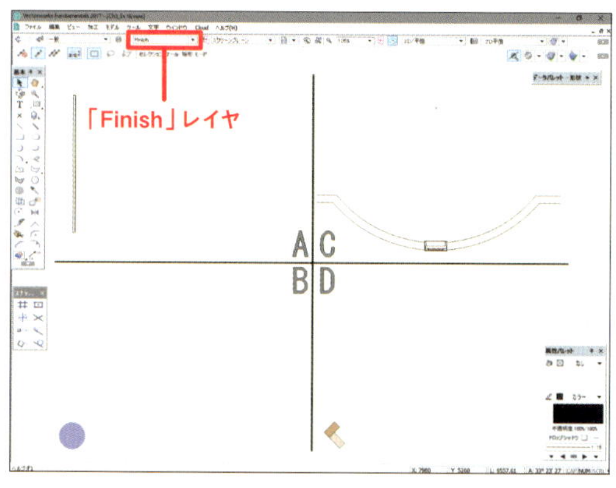

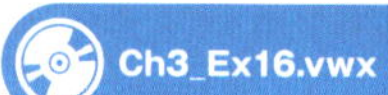

[1] 直線状に配列複製

❶【セレクション】ツールでAのエリアの棒状の長方形を選択する
❷メニューの【編集】→【配列複製】をクリックする
❸「配列複製」ダイアログで「複製の形式」で次のように操作する
◆「直線状に並べる」を選択する
◆複製の数=<30>
◆「X-Y座標を基準に設定」をオンにする
◆X=<200>mm
◆Y=<0>mm
◆「回転しながら複製」がオンならオフにする
◆「元の図形」の「残す」にチェックを入れる
◆[OK]をクリックする
❹【セレクション】ツールで空クリックして選択を解除する

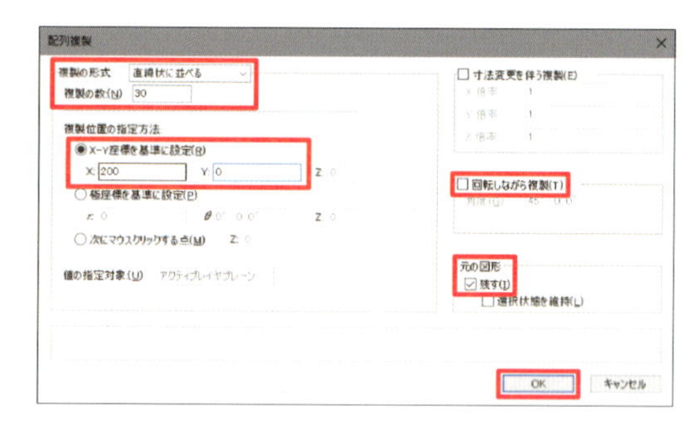

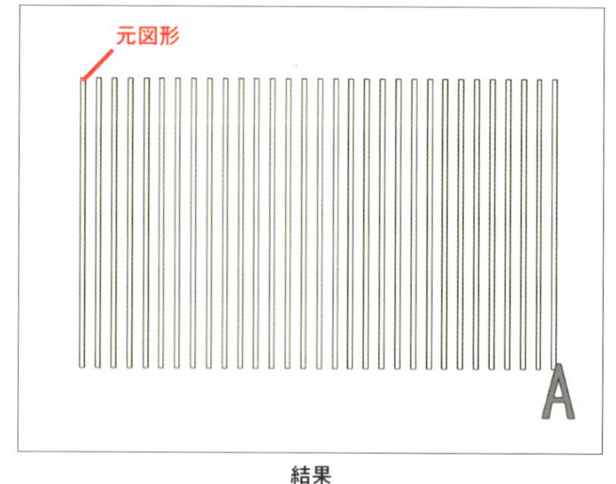

結果
元図形と30 の複製図形で合計31 図形になった

[2] 行列状に配列複製

❶【セレクション】ツールでBエリアにある円を選択する
❷メニューの【編集】→【配列複製】をクリックする

❸「配列複製」ダイアログで次のように操作する

◆「複製の形式」で「行列状に並べる」を選択する

◆列数=<7>個　　◆行数=<5>個

◆列の間隔=<900>mm

◆行の間隔=<900>mm

◆「元の図形」の「残す」にチェックを入れる

◆[OK]をクリックする

❹【セレクション】ツールで空クリックして選択を解除する

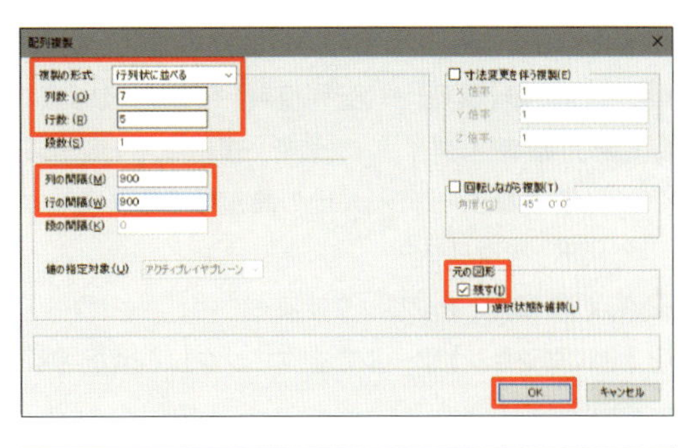

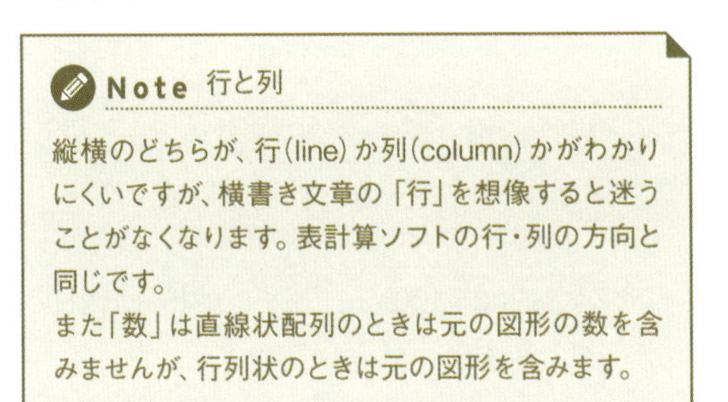

Note 行と列

縦横のどちらが、行(line)か列(column)かがわかりにくいですが、横書き文章の「行」を想像すると迷うことがなくなります。表計算ソフトの行・列の方向と同じです。
また「数」は直線状配列のときは元の図形の数を含みませんが、行列状のときは元の図形を含みます。

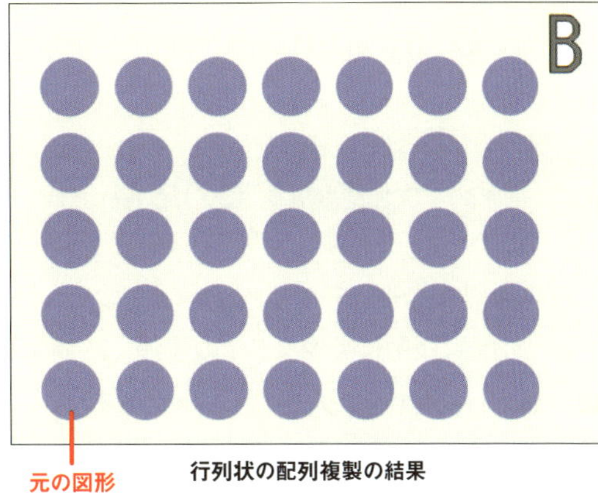

行列状の配列複製の結果

[3] 円弧状に配列複製

建築設計図で円弧状に配列複製するケースは少ないですが、これから練習する「円弧壁へ窓を配置する」という場合は配列複製を使わないと難しい製図です。

❶「Window」レイヤをアクティブレイヤにする

❷スナップパレットで【図形スナップ】だけをオンにする

❸【セレクション】ツールでCのエリアにある窓を選択する

※ 窓はグループ化(267ページ)しているので、窓のどこをクリックしても選択できます。

❹メニューの【編集】→【配列複製】をクリックする

❺「配列複製」ダイアログで次のように操作する

◆「複製の形式」で「円弧状に並べる」を選択する

◆複製の数=<3>個

◆複製の角度=<13>°

◆「円の中心点」の「次にマウスクリックする点」にチェックを入れる

◆「回転しながら複製」にチェックを入れる

◆「複製の角度を使用」にチェックを入れる

◆「元の図形」の「残す」にチェックを入れる

◆[OK]をクリックする

❻窓の上部にあるA点(基準点、円弧壁の中心)をクリックする

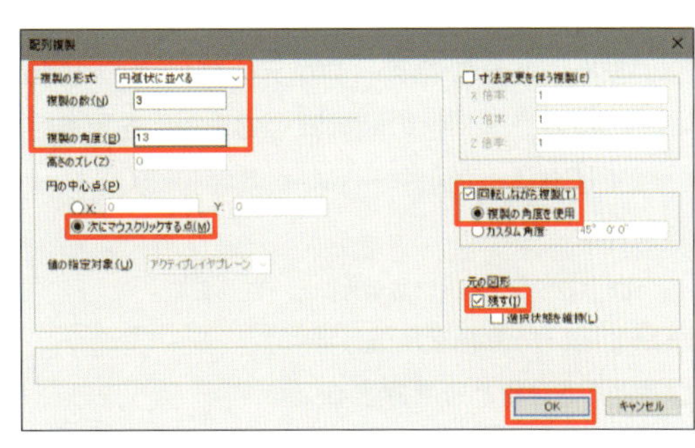

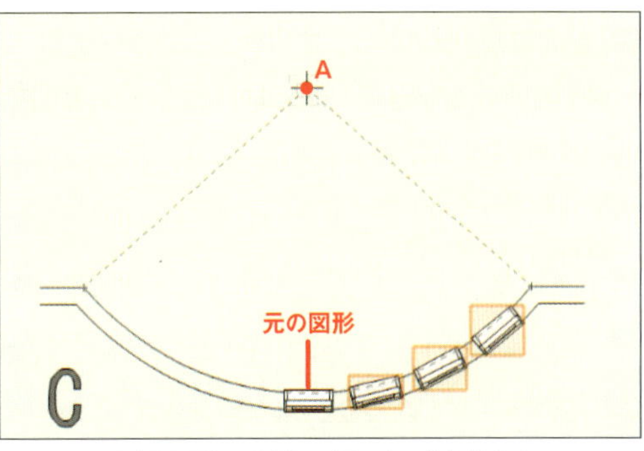

窓(元図形)の右側に3個の窓が複写された

❼ふたたび元の図形の窓のみを選択する
❽メニューの【編集】→【配列複製】をクリックする
❾「配列複製」ダイアログで「複製の角度」に<-13>°をキーインし、他の設定はそのままにして[OK]をクリック
❿A点(基準点)をクリックする
⓫【セレクション】ツールで空クリックして選択を解除する

以上で元の窓の左右に3個ずつの窓が複写されました。

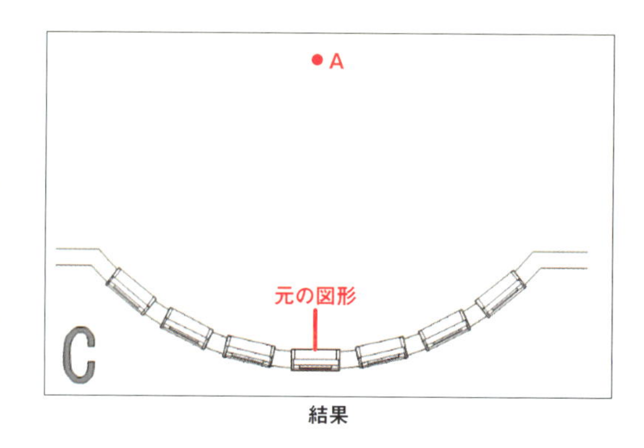

結果

[4] 行列状に配列複製の応用

配列複製の最後はDエリアのタイル貼りです。タイルのサイズは200×400mm。タイルが45°回転しているため配列複製に必要なX,Yの寸法を計測するところからはじめます。

❶「Finish」レイヤをアクティブレイヤにする
❷データパレットが表示されていない場合は、メニューの【ウィンドウ】→【パレット】→【データパレット】をクリックする
❸【図形スナップ】がオンになっているのを確認する
❹タイルを拡大表示して見やすくする
❺【直線】ツールで図のような線を描く
❻いま描いた直線のデータがデータパレットに出ているので「△X」の欄の数(282.84)を反転させて[Ctrl]+[C]キー(Mac:[⌘]+[C]キー)を押す

※これでクリップボードに数値がコピーされます。

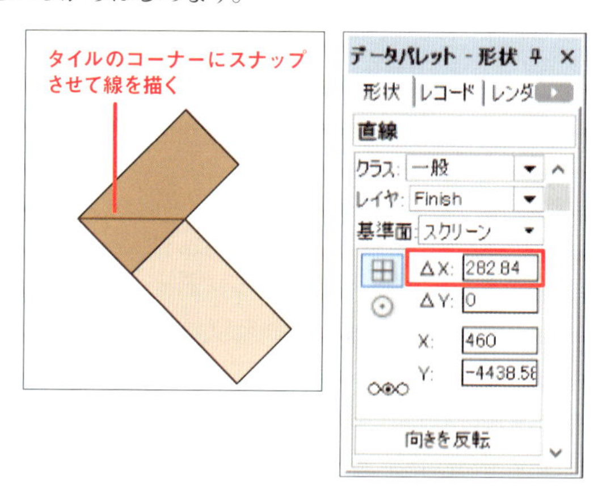

❼❺で描いた直線を消去する
❽タイルを2枚とも選択する
❾メニューの【編集】→【配列複製】をクリックする
❿「配列複製」ダイアログで次のように操作する
◆「複製の形式」で「行列状に並べる」を選択する
◆列数=<21>個
◆行数=<8>個
◆「列の間隔」の数値を反転させてから[Ctrl]+[V]キー(Mac:[⌘]+[V]キー)を押し数値をペーストする(282.84が記入される)
◆「行の間隔」も反転させ[Ctrl]+[V]キー(Mac:[⌘]+[V]キー)を押して数値をペーストする(282.84が記入される)

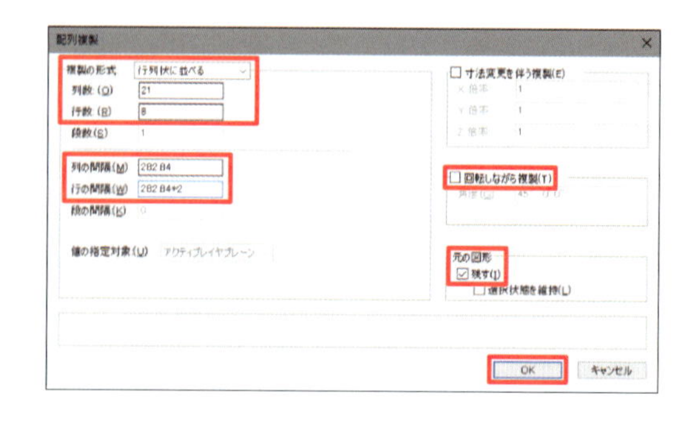

◆「行の間隔」の282.84のうしろに<*2>をキーインする
※これは数値を2倍にするという意味です。
◆「回転しながら複製」のチェックを外す
◆「元の図形」の「残す」にチェックを入れる
◆[OK]をクリックする
⑪【セレクション】ツールで空クリックして選択を解除する

以上で配列複製の説明を終わります。複雑な操作をしているとの印象を持たれたかもしれませんが、一つ一つの操作の意味を考えると当たりまえのことをしていると分かります。

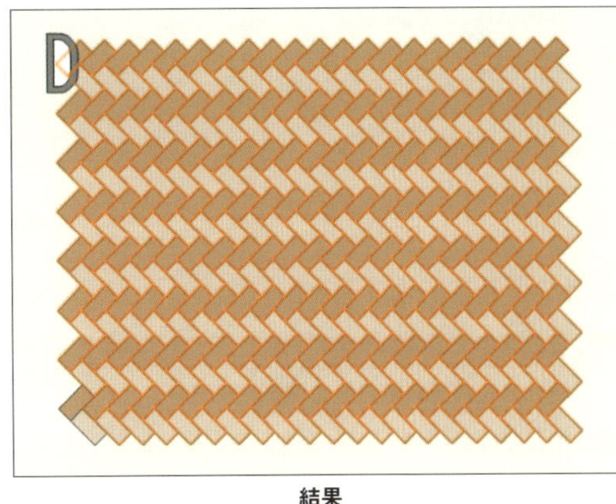

結果

Vectorworksは数値欄で計算式(加減乗除=+−*/)が使えます。これはたいへんに便利なので活用してください。

Note 行の間隔

行の間隔が列の間隔の2倍になるのはタイルのサイズの縦横比がたまたま1：2だったからです。もし別の比だったら行の間隔を計測しメモしておいて、その数値をキーインします。

3.14.6 【オフセット】ツール

【オフセット】ツールは図形の平行図形(オフセット図形)を生成するツールです。ツールバーには4種類のモードと設定用のボタンおよび[距離]のボックスがあります。

❶メニューの【ファイル】→【開く】をクリックし、「VW20xx_Data」フォルダの中の「Ch3」フォルダにある「Ch3_Ex17.vwx」を開く
❷メニューの【ビュー】→【他のレイヤを】→【表示+スナップ】をクリックする
❸「Const」レイヤがアクティブレイヤになっていることを確認する

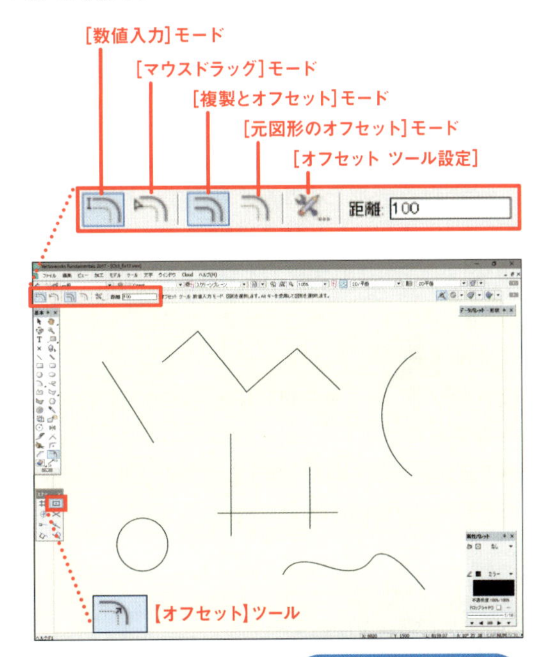

[1] [数値入力]モードで図形を生成する

最初に[数値入力] モードを説明します。建築設計図で【オフセット】ツールを使うときは、たいてい[数値入力] モードで使います。

◆ 1つの図形をオフセット

❶【セレクション】ツールで画面左上にある直線をクリックして選択する

❷【オフセット】ツールをクリックする

❸ツールバーの[数値入力] モードをオンにする

❹ツールバーの[複製とオフセット] モードをオンにする

❺ツールバーの[距離] に<200>mmを入力する

❻❶で選択した直線の左側をクリックする

【オフセット】ツールのツールバー

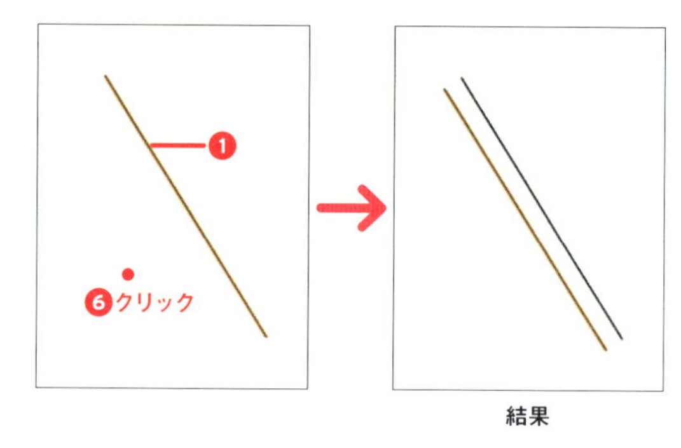

結果

Note 図形をあとで選択

ここでの例は【オフセット】ツールをクリックする前に対象図形を選択しています。しかし対象図形が多数ある場合は【オフセット】ツールを先にクリックしてから対象図形を選択したくなります。そこで先に【オフセット】ツールをクリックする場合の手順を紹介します。

❶【オフセット】ツールをクリックする

❷ [Alt] キー (Mac: [⌘] キー) を押しながら対象の図形をクリックして選択する

❸ 図形を生成する側をクリックする

❹ 他の対象図形で❷と❸を繰り返す

◆ 複数図形をオフセット

次は複数図形をまとめて処理する場合です。【オフセット】ツールの設定は前項での設定が残っているものとします。

❶【セレクション】ツールで空クリックして選択解除する

❷作図ウィンドウ中央付近にある3本の直線を選択する

❸【オフセット】ツールをクリックする

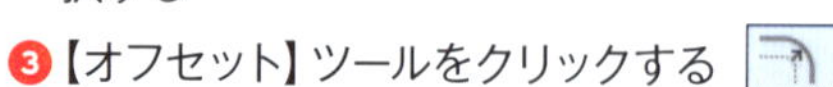

❹3本の線の内側をクリックする

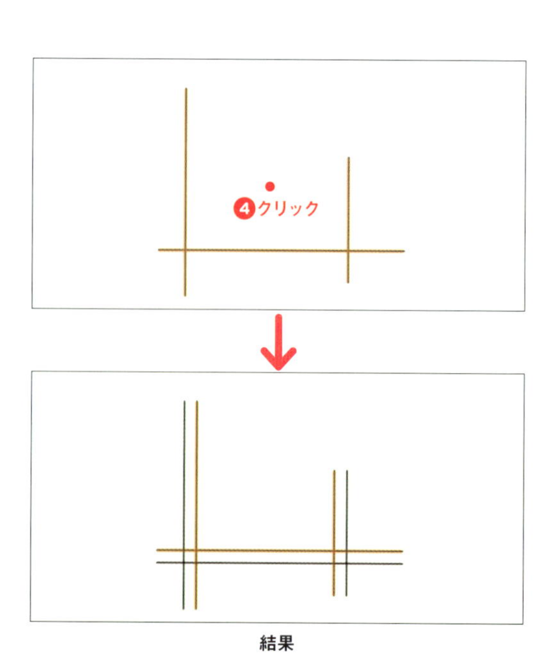

結果

[2] [マウスドラッグ]モード

[マウスドラッグ] モードの操作方法は数値入力モードとさほど変わりませんが、画面で確かめながら間隔を決めるところが違います。

❶ スナップパレットで【図形スナップ】をオフにする
※オンのままでもよいがオフのほうがやりやすい。
❷【セレクション】ツールで空クリックして選択解除する
❸ 作図ウィンドウの上部中央にある多角形(折れ線)を選択する
❹【オフセット】ツールをクリックする
❺ ツールバーで[マウスドラッグ] モードをオンにする
❻ 任意の位置でプレスし、ドラッグし、任意の位置でリリースする

以上の操作で、リリースした位置に図形が生成されます。

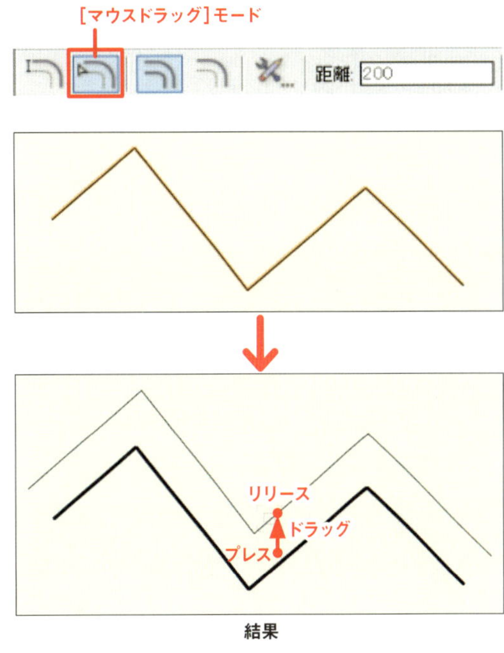

結果

[3] 元図形を残すか消すか

ツールバーにあるモードでまだ使っていないのが[元図形のオフセット] モードです。[元図形のオフセット] モードを選択してオフセット図形を生成すると、元の図形が消えます。

建築製図で【オフセット】ツールを使う場面ではたいてい元図形を残します。このため普段は[複製とオフセット] モードを選択します。

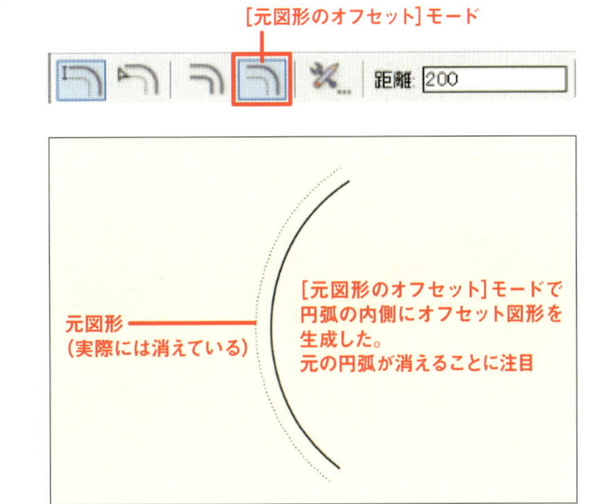

[4] [オフセットツール設定]の内容

【オフセット】ツールのツールバーにある[オフセットツール設定]をクリックすると「オフセットの設定」ダイアログが表示されます。このダイアログの項目について解説します。

「方法」と「複製」、および「距離」はツールバーにあるモードのボタンや[距離]と同じものです。

「壁をオフセット」は3D用の【壁】ツールで作成した壁に関するものなので説明を略します。

オフセットの設定
方法
◉ 数値入力(I)
距離(A) 400
○ マウスドラッグ(P)
複製
◉ 複製とオフセット(D)
○ 元図形をオフセット(O)
壁をオフセット
◉ 中心線からのオフセット(L)
○ 最も近い端部からのオフセット(N)
□ コーナーをスムージング(M)
□ 曲線を閉じる(L)
OK キャンセル

◆「コーナーをスムージング」

「コーナーをスムージング」の意味を図に示します。

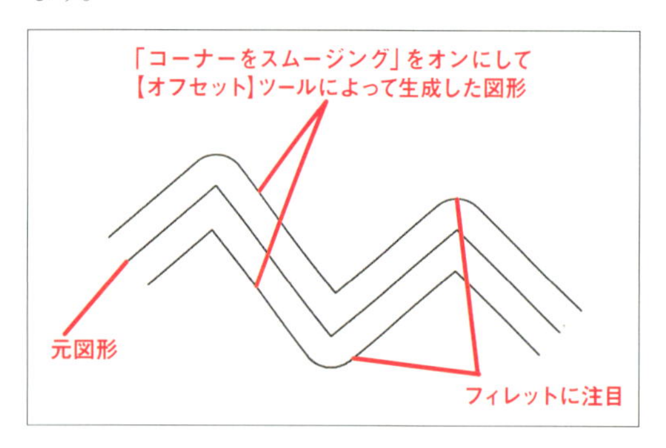

◆「曲線を閉じる」

「曲線を閉じる」の意味を図に示します。

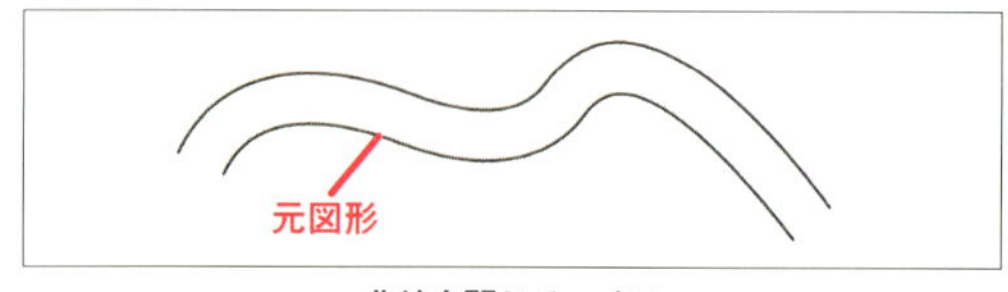

曲線を閉じる＝オフ

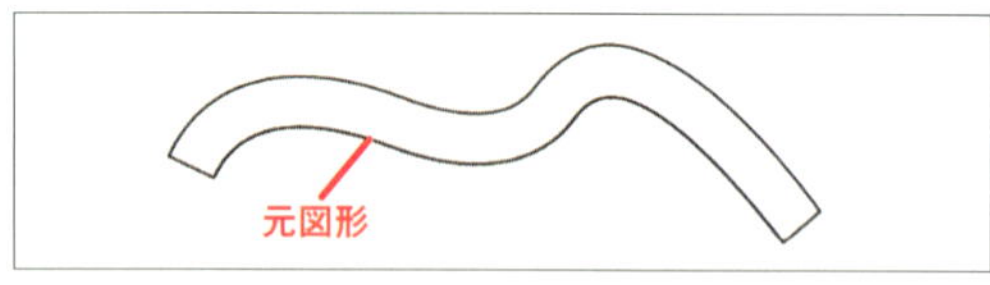

曲線を閉じる＝オン

3.15 線編集の三種の神器

直線が主体の図面で、直線どうしの編集でもっとも役に立つ機能が3種類あります。これを筆者は直線編集の三種の神器（じんぎ）と呼んでいます。三種の神器をマスターすれば直線図形を自由自在に扱えるようになるからです。

三種の神器とは以下の3種類の機能です。

1. 線分を結合する
2. 線分を複製／移動する
3. 線分を切り取る／切断する

それぞれの機能に以下のコマンド／ツールが対応します。

結合　　　　　：【結合】コマンドと【結合/合成】ツール
複製／移動　　：【複製】コマンドと【移動】コマンド
切り取り／切断：【線分を切断】コマンド、【トリミング】ツール、【切断】ツール

3.15.1 線分の結合

三種の神器でもっとも重要な機能が【結合】コマンドと【結合/合成】ツールで、線どうしをきちんと揃えるときに使います。まずは【結合】コマンドから説明します。

[1]【結合】コマンド

【結合】コマンドであるメニューの【加工】→【線分を結合】には3つのサブコマンドがあります。

◆【結合（直）】コマンド

❶ 2本の線を選択する
❷ [Ctrl]＋[J] キー（Mac :[⌘]＋[J] キー）を押す

※メニューの【加工】→【線分を結合】→【結合（直）】と同じ。【結合（直）】コマンドのショートカットキーの「J」は「Joint」の「J」と覚えます。

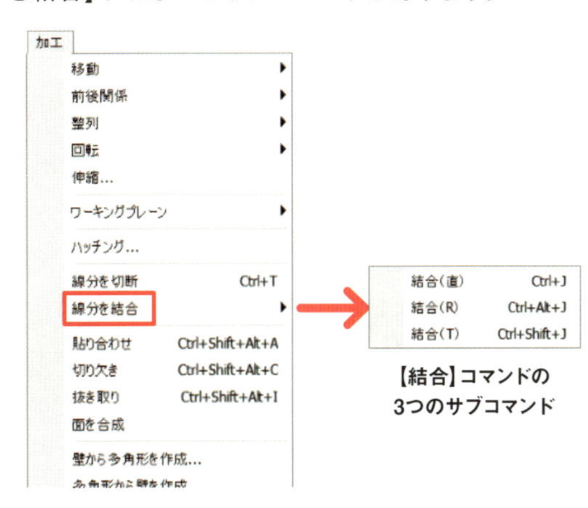

【結合】コマンドの3つのサブコマンド

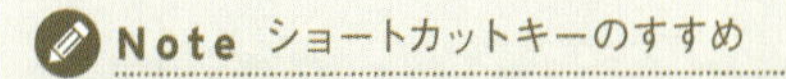
Note ショートカットキーのすすめ

三種の神器は頻繁に使うコマンドなのでぜひショートカットキーを使ってください。いちいちマウスを使って、メニューから選んでいては思考が中断し何のためにVectorworksを使っているか分からなくなります。

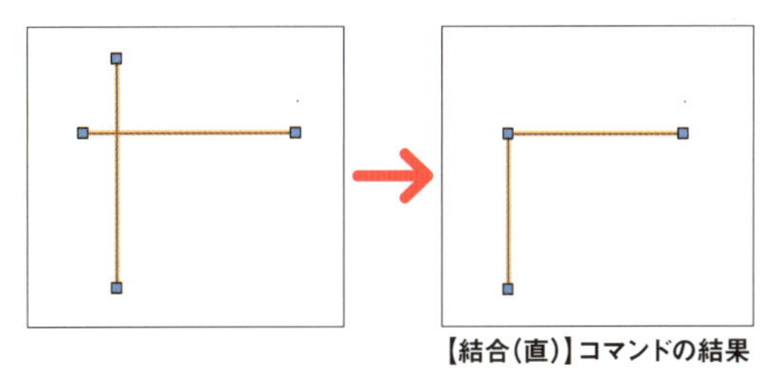
【結合（直）】コマンドの結果

右図に2本の線の位置関係で3つのパターンを示していますが、結果はみな同じです。2本の線の交点あるいは延長上の交点にまで各線が延長／短縮してきちんとしたコーナーになります。これが【結合(直)】コマンドの基本的な機能です。

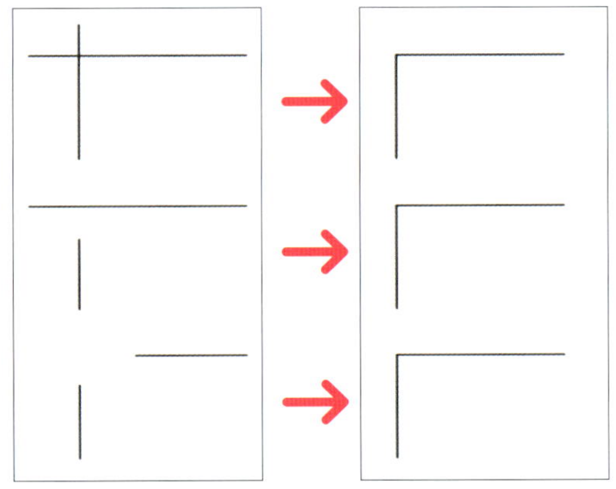

2本の線を結合するパターン

【結合(直)】コマンドで知っておかねばならないのは交差している線の場合、交点から見て短い側が消えることです。

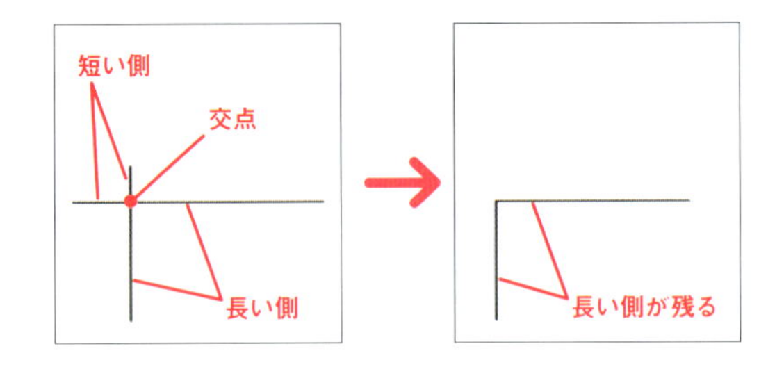

【結合(直)】コマンドはダブルラインどうしにも使えます。

❶ 4本の線を選択する
❷ [Ctrl]＋[J] キー(Mac :[⌘]＋[J] キー) を押す

※メニューの【加工】→【線分を結合】→【結合(直)】と同じ。

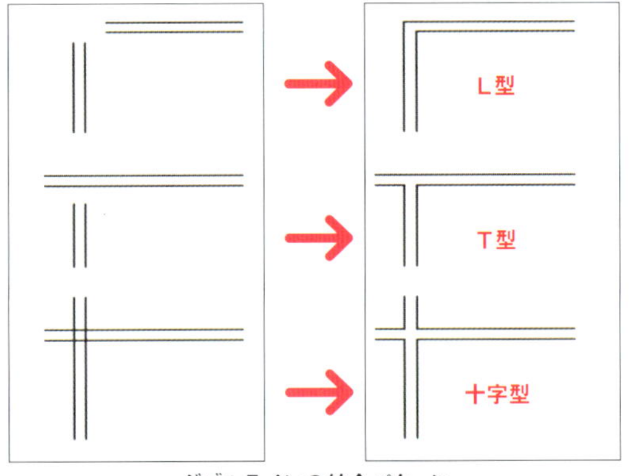

ダブルラインの結合パターン
ダブルラインどうしの位置関係で結果が異なる

◆【結合(R)】コマンド

【結合(R)】コマンドはダブルラインどうしの結合に用います。【結合(R)】コマンドはフィレット(丸面取り)を挿入できるところが【結合(直)】コマンドと異なります。

❶ 4本の線を選択する
❷ メニューの【加工】→【線分を結合】→【結合(R)】をクリックする
❸ フィレット半径が設定されていない場合には「フィレットの設定」ダイアログが開くので適当な「フィレット半径」をキーインしてから[OK] をクリックする

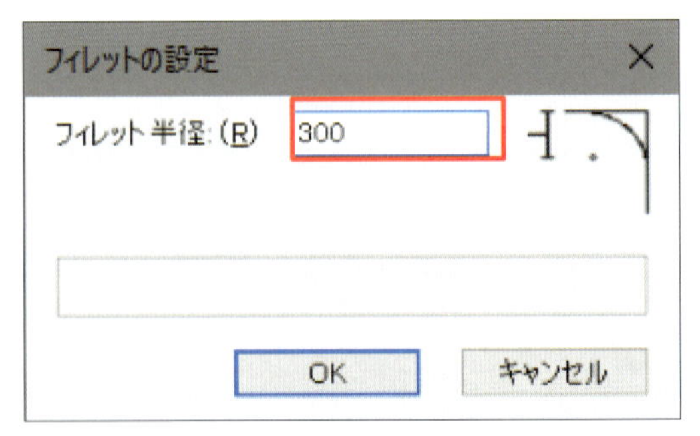

「フィレットの設定」ダイアログ

フィレット半径が設定されている場合は「フィレットの半径」ダイアログが表示されません。このためフィレット半径を変えたいときは【フィレット】ツールをクリックし、ツールバーの［フィレット半径］に数値を入力してください。

【フィレット】ツール

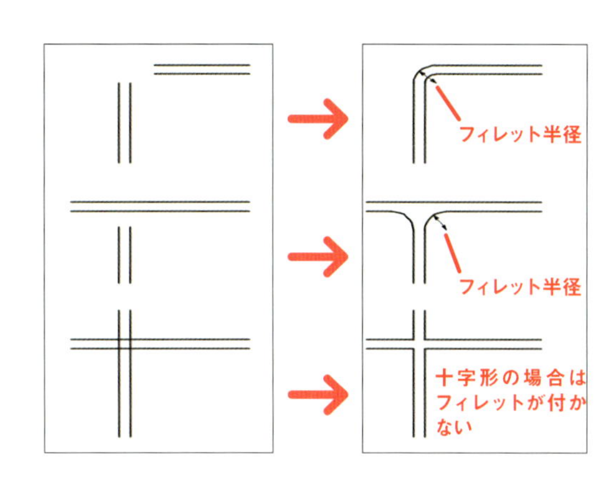

◆【結合（T）】コマンド

【結合（T）】コマンドは直線を別の直線まで延長するコマンドですが、「延長」は後述する【結合/合成】ツールのほうが簡単なので【結合（T）】コマンドの出番は少ないです。しかしこのコマンドを2回連続で使うと線分を切断してくれるので、利用価値があります。

❶ 2本の線を選択する

❷ メニューの【加工】→【線分を結合】→【結合（T）】をクリックする

※ショートカットキーは［Shift］+［Ctrl］+［J］キー（Mac：［Shift］+［⌘］+［J］キー）。

❸ 場合によっては再びメニューの【加工】→【線分を結合】→【結合（T）】をクリックする

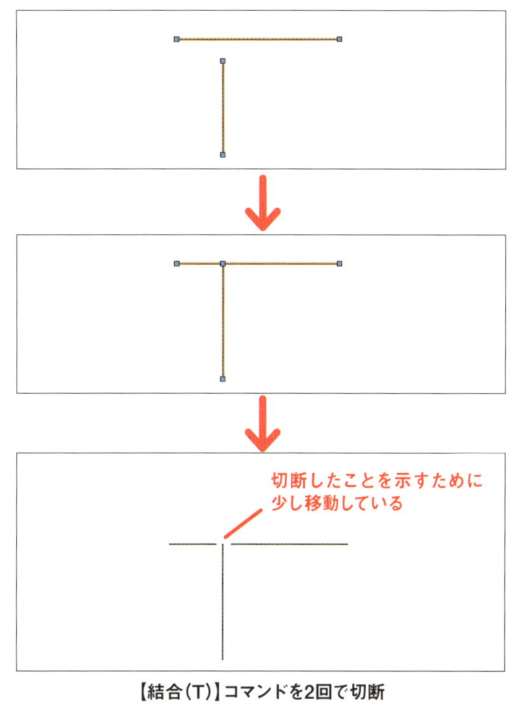

【結合（T）】コマンドを2回で切断

【結合（T）】コマンドを十字型の2線に使うと交点でお互いに切り合い4本の線分になります。この場合は【結合（T）】コマンドを1回だけ使います。

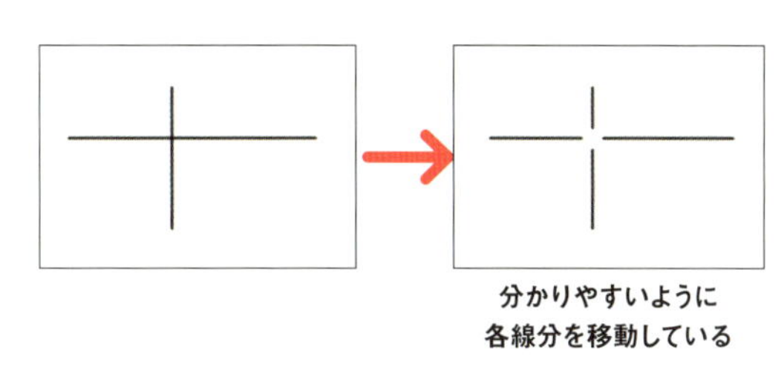

分かりやすいように
各線分を移動している

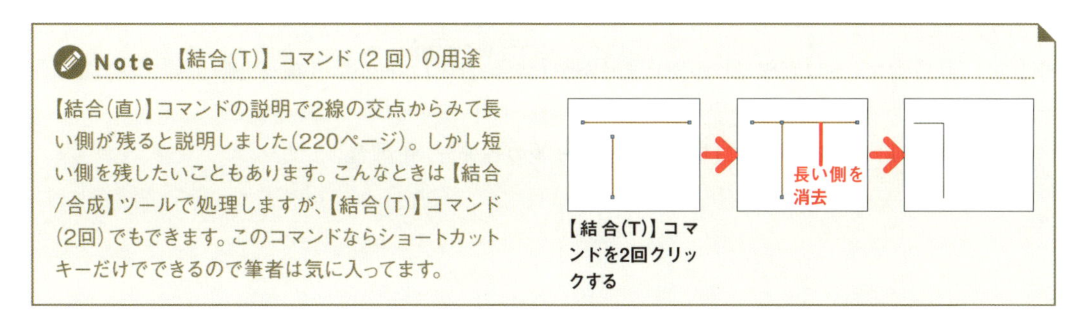

Note 【結合（T）】コマンド（2回）の用途

【結合（直）】コマンドの説明で2線の交点からみて長い側が残ると説明しました（220ページ）。しかし短い側を残したいこともあります。こんなときは【結合/合成】ツールで処理しますが、【結合（T）】コマンド（2回）でもできます。このコマンドならショートカットキーだけでできるので筆者は気に入ってます。

[2] 【結合(直)】コマンドの練習

【結合(直)】コマンドの練習をします。使用するコマンドは【結合(直)】コマンドだけで【結合(R)】コマンドと【結合(T)】コマンドは使いません。実際の建築製図でも3つの結合コマンドのうち【結合(直)】コマンドを最もよく使います。この練習では【結合(直)】コマンドのショートカットキー[Ctrl]+[J]キー(Mac:[⌘]+[J]キー)をなるべく使ってください。

1. メニューの【ファイル】→【開く】をクリックし、「VW20xx_Data」フォルダの中の「Ch3」フォルダにある「Ch3_Ex18.vwx」を開く
2. 【セレクション】ツールと【結合(直)】コマンドだけで完成図を参考にして完成させる

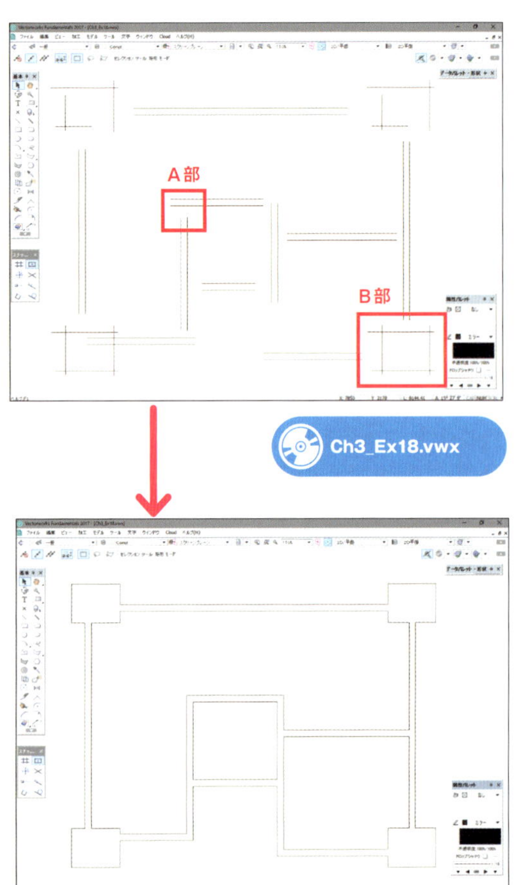

完成図

◆ A部の処理方法

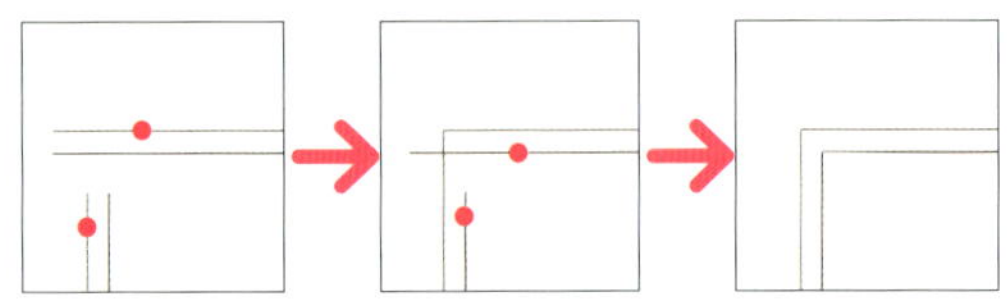

一度に4本の線分を処理するのではなく2本ずつ処理する

◆ B部の処理方法

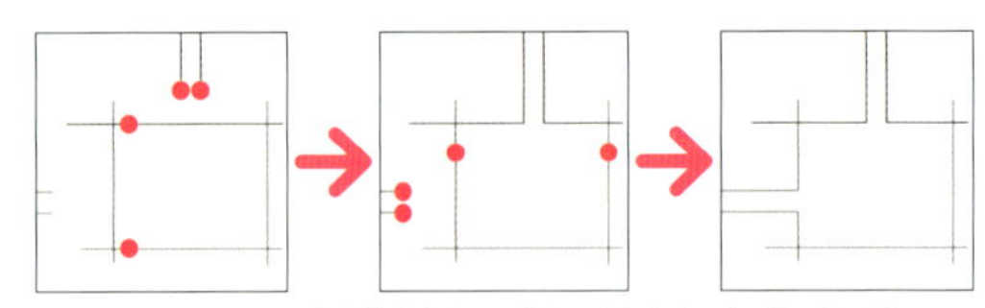

一度に4本の線分(●)を処理(柱の線分を2本ずつ処理)

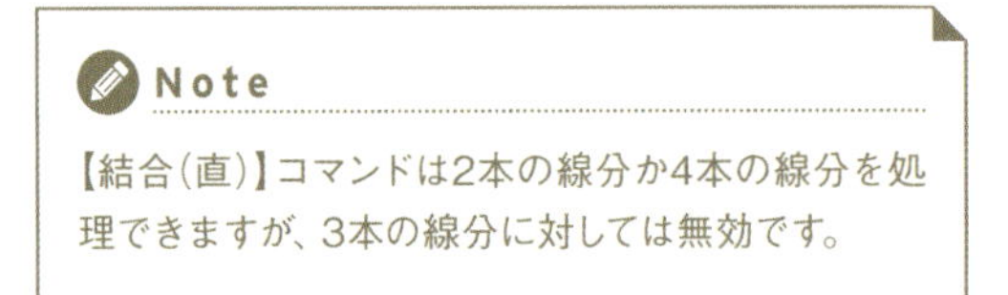

Note
【結合(直)】コマンドは2本の線分か4本の線分を処理できますが、3本の線分に対しては無効です。

[3] 【結合/合成】ツール

【結合/合成】ツールは【結合(直)】コマンドと機能が似ていますが、次の違いがあります。

◆【結合(直)】コマンドは対象図形を先に選択しますが、【結合/合成】ツールは図形を選択する必要がありません。

◆【結合(直)】コマンドは直線にしか使えませんが【結合/合成】ツールは直線・円弧・曲線に使えます。

これから練習用データを用いて【結合/合成】ツールの各モードを練習します。

ただしツールバーの最後にある[基準屋根面の垂直方向の厚さを使用]モードは3D用なので説明を省略します。

❶メニューの【ファイル】→【開く】をクリックし、「VW20xx_Data」フォルダの中の「Ch3」フォルダにある「Ch3_Ex19.vwx」を開く

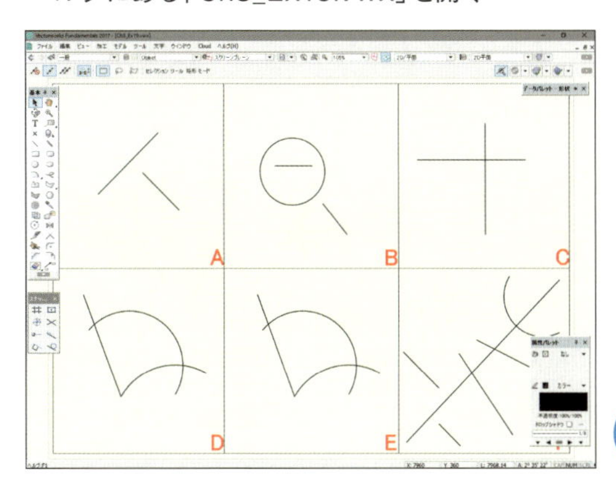

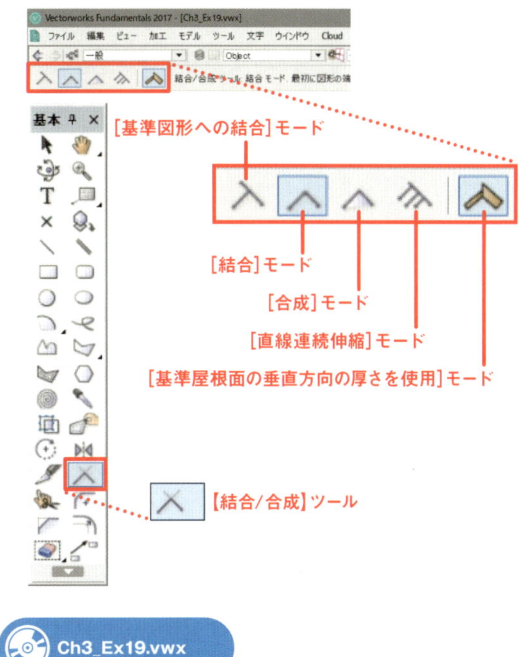

Ch3_Ex19.vwx

◆[基準図形への結合]モード

最初は[基準図形への結合]モードをAエリアとBエリアで試してみます。

❶【結合/合成】ツールをクリックする
❷ツールバーで[基準図形への結合]モードをオンにする
❸Aエリアで点1でプレスし、点2でリリースする
❹Bエリアで点3でプレスし、点4でリリースする
❺点5でプレスし、点6でリリースする

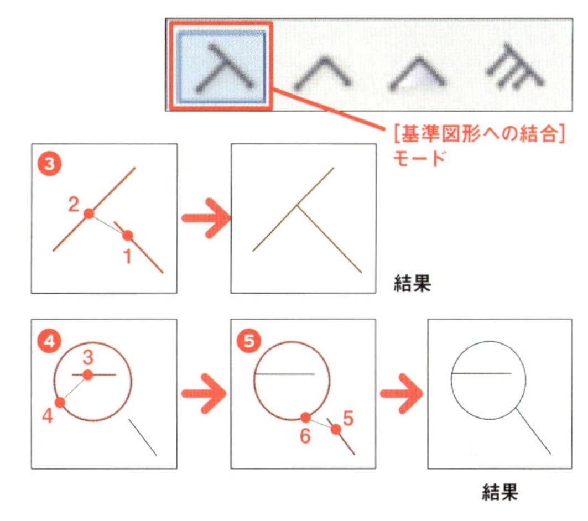

◆[結合]モード

[結合]モードは【結合(直)】コマンドと似た機能を実現するモードです。

❶【結合/合成】ツールをクリックする
❷ツールバーで[結合]モードをオンにする
❸Cエリアの点1でプレスし、点2でリリースする

プレス→リリースする位置は直線の残したい側にします。すなわち長い側しか残せない【結合(直)】コマンドと異なり、短い側を残すことができます。

❹Dエリアの点3でプレスし、点4でリリースする
❺点5でプレスし、点6でリリースする

以上のように【結合/合成】ツールは円弧にも使えます。

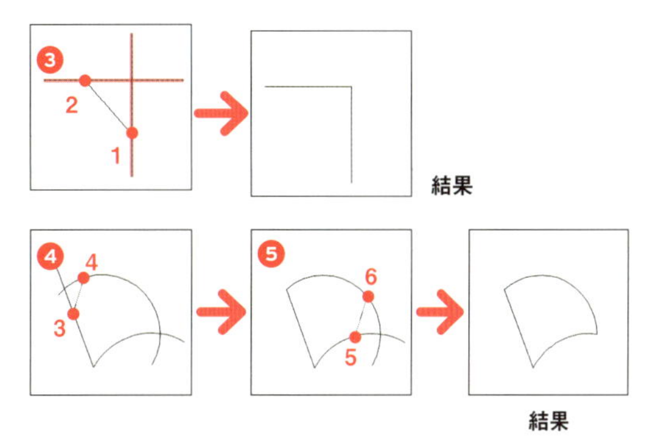

◆ [合成] モード

3番目のモードは[合成] モードです。合成とは図形を結合すると同時に多角形や曲線に変換し、一体の図形にすることを意味します。

合成する用途は閉じた面図形にして塗り潰したり、3D形状を作るときの素材図形、たとえば回転体の元図形にするときなどに用います。

❶【結合/合成】ツールをクリックする

❷ツールバーで[合成] モードをオンにする

❸Eエリアで点1でプレスし、点2でリリースする

❹点3でプレスし、点4でリリースする

※❹の操作をしても期待する結果になりません。

❺[Ctrl] + [Z] キー (Mac :[⌘] + [Z] キー) を押して元に戻す

このケースではA点で直線と円弧の端点が一致しています。このような場合、次に点3→点4と指定しても結合されません。このため閉じた図形にするには[合成] モードではなく[結合] モードで点1→点2、点3→点4と結合し、そのあと[合成] モードで点1→点2、点3→点4と合成します。

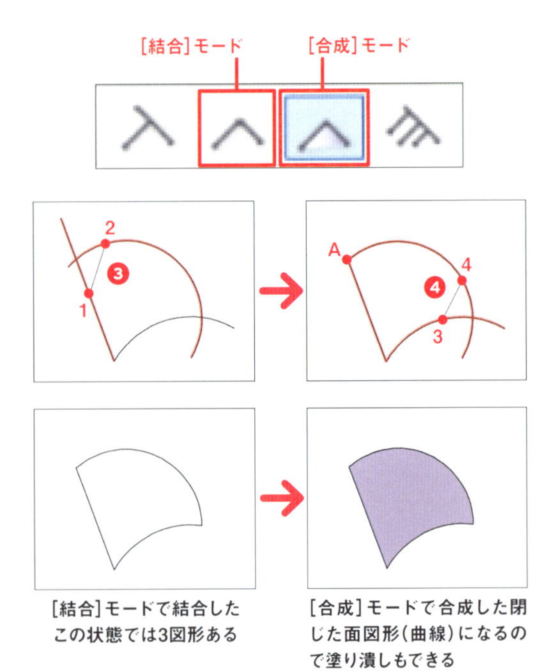

[結合]モードで結合したこの状態では3図形ある

[合成]モードで合成した閉じた面図形(曲線)になるので塗り潰しもできる

◆ [直線連続伸縮] モード

最後にFエリアで[直線連続伸縮] モードを試してみます。

❶【結合/合成】ツールをクリックする

❷ツールバーで[直線連続伸縮]モードをオンにする

❸FエリアでP線をクリックする

※P線をクリックするとエラーを示すサウンドが鳴るが気にしないでください。

❹●を付けたあたりをクリックする(4ヶ所)

❺○を付けたあたりをダブルクリックしてツールを終了させる

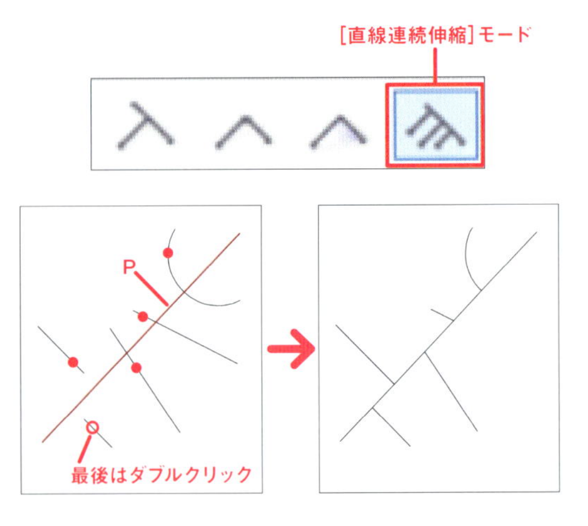

Note 曲線と【結合 / 合成】ツール

【結合/合成】ツールは曲線でも使えますが曲線と曲線の場合は他の操作と異なります。以下の説明は[結合]モードと [合成]モードの両方に共通です。

片方の曲線でプレスし他方でリリースすると「結合/合成の方法」ダイアログが開くので2つの方法から1つを選択します。それぞれの方法の結果を図示します。

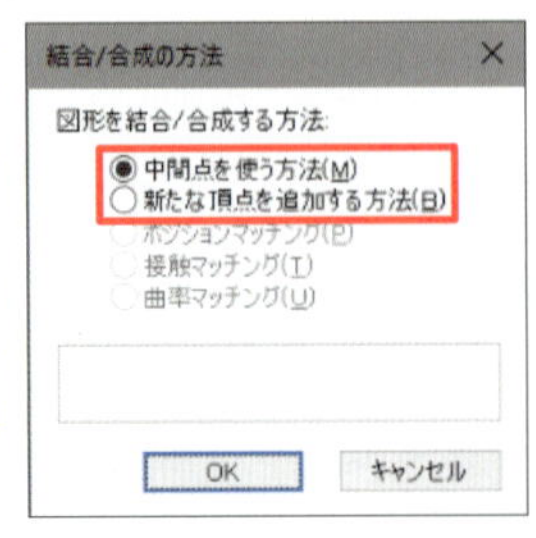

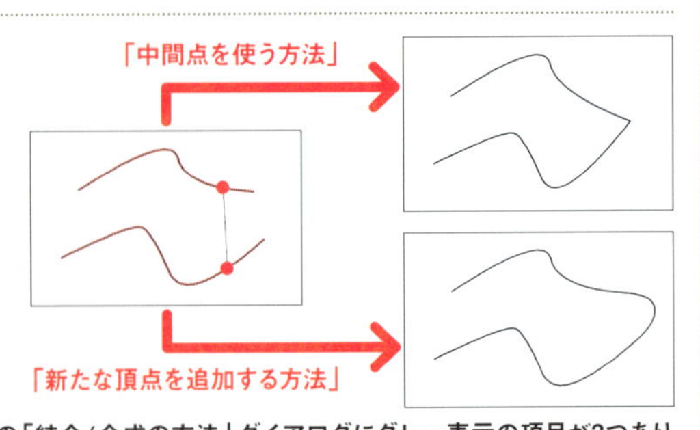

図の「結合/合成の方法」ダイアログにグレー表示の項目が3つあります。これらは【NURBS曲線】ツールで描いた曲線に使います。なお【NURBS曲線】ツールはツールセットパレットにあります。

3.15.2 線分の複製／移動

三種の神器の2番目は「線分の複製／移動」ですが、操作方法はすでに本章の「3.14.3　複写（複製と移動）」（210ページ）で説明しています。ここでは線の編集をするときの使用法を紹介します。

線の編集で複製／移動を使うのは、水平・垂直線の平行線を生成するときです。平行線を作るツールとしては【オフセット】ツール（215ページ）がありますので、ケースによって使い分けてください。

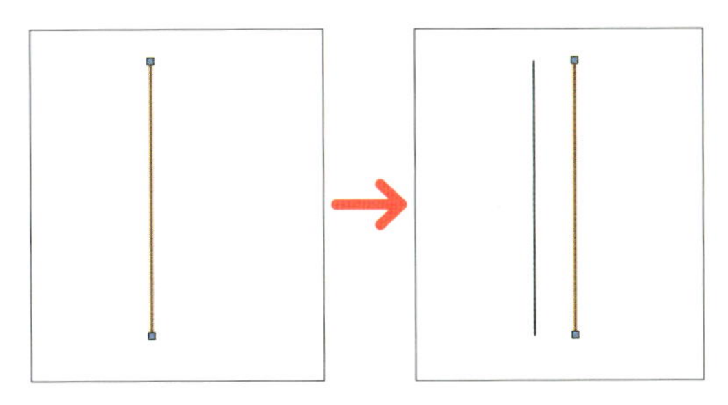

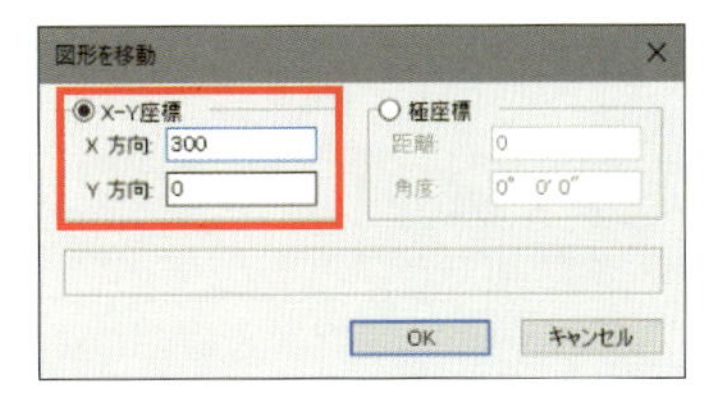

【複製】コマンドと【移動】コマンドを使用して平行線を生成する手順を説明します。

❶直線を選択する

❷ショートカットキー[Ctrl]＋[D]→[M]キー（Mac：[⌘]＋[D]→[M]キー）を押す

❸「図形の移動」ダイアログが表示されるので、平行線の間隔を「X」か「Y」にキーインし、[OK]をクリックする

3.15.3 線分の切り取り／切断

線分の切り取りと切断の方法を説明しますが、最初に「切り取り」と「切断」の言葉の違いを図示します。

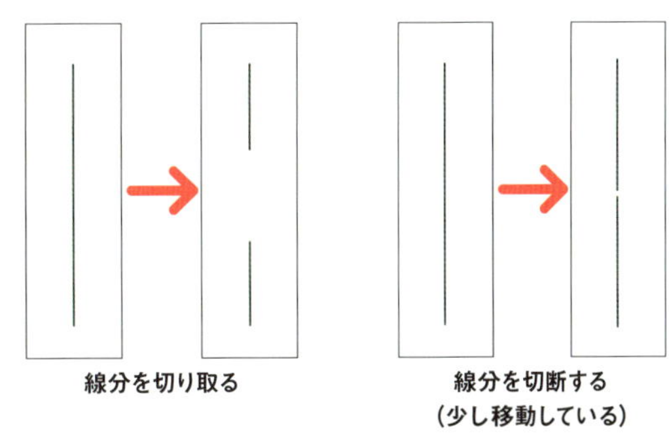

線分を切り取る　　線分を切断する（少し移動している）

切り取りや切断に使用するツール／コマンドには次のものがあります。

◆【線分を切断】コマンド

◆【トリミング】ツール

◆【切断】ツール

◆【消しゴム】ツール

この4つのコマンド／ツールのうち、どれか1つですべてをまかなうということはできません。それぞれの特徴を生かして使い分けます。

［1］【線分を切断】コマンド

【線分を切断】コマンドは線で線を切断するコマンドです。線を切断するときはこのコマンドのショートカットキー［Ctrl］＋［T］キー（Mac:［⌘］＋［T］キー）を押すというのがパワーユーザーの常識となっていたほどでした。しかし【切断】ツールがたいへんに使いやすいため【線分を切断】コマンドの出番は少なくなりました。

◆【線分を切断】コマンドの基本的な使い方

線分を切断したいときは切断する位置に線が必要で、この線がカッターナイフの役目を担うので本書ではカッター線と呼びます。線分は1本でもよいですが、複数の線分を切断してみます。

❶ 切断する位置に直線(カッター線)を描く
❷ カッター線が選択されているのを確認する
❸ [Ctrl]＋[T]キー(Mac :[⌘]＋[T]キー)を押す

※メニューの【加工】→【線分を切断】と同じ。

以上の操作で線分を一気に切断できます。

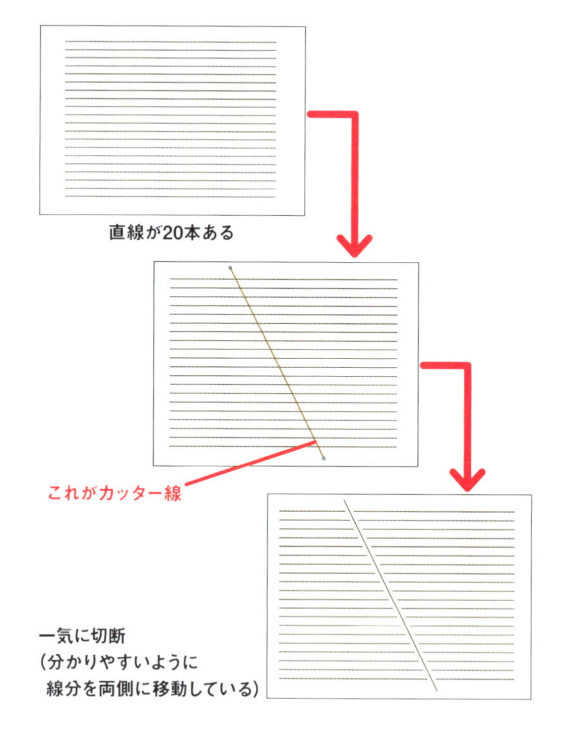

直線が20本ある

一気に切断
(分かりやすいように
線分を両側に移動している)

◆ 一部の線分を切断する

前例ではカッター線と交差している線分はすべて切断されてしまいます。線分の一部だけを切断したいときは次のようにします。

❶ 切断する位置に線(カッター線)を描く
❷ 切断したい線とカッター線を選択する
❸ [Ctrl]＋[T]キー(Mac :[⌘]＋[T]キー)を押す

※メニューの【加工】→【線分を切断】と同じ。

❹ カッター線をクリックする

切断する線とカッター線を選択する

切断の結果

◆ 直線以外のカッター線も使える

以上の2例は直線をカッター線にしましたが、円弧や長円、四角形などの図形もカッター線に使えます。操作法は直線で切断する場合と同じです。

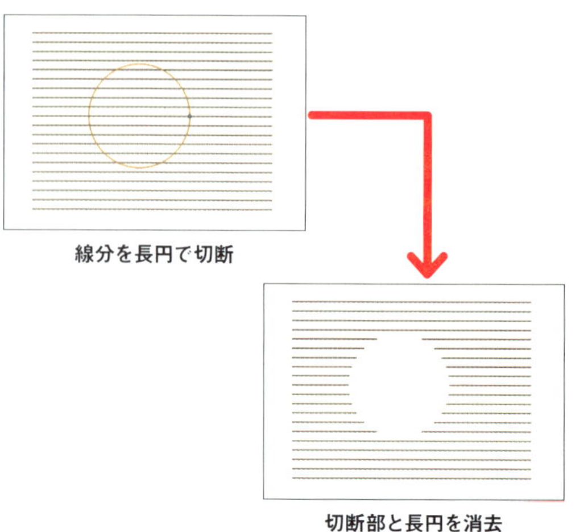

線分を長円で切断

切断部と長円を消去

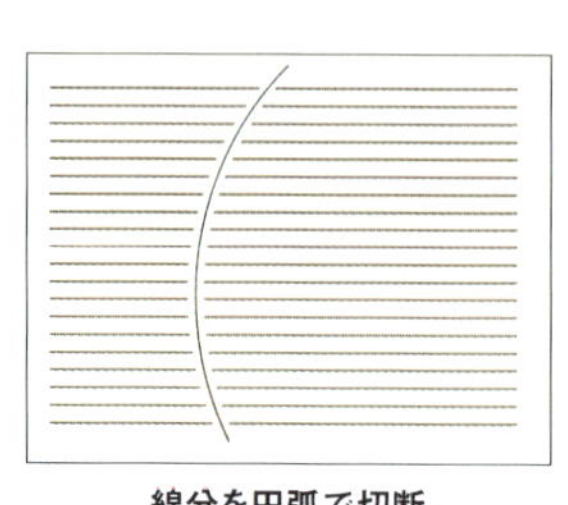

線分を円弧で切断

以上のように【線分を切断】コマンドは、事前に選択しなければならない面倒さがあり、線分しか切断できませんが、部分的に切断したり、直線以外の図形で切断できるという特徴があります。そしてショートカットキーで切断できるところが大きなメリットです。

[2]【トリミング】ツール

【トリミング】ツールのツールバーに2つのモードがあります。2つのモードの違いを最初に説明します。

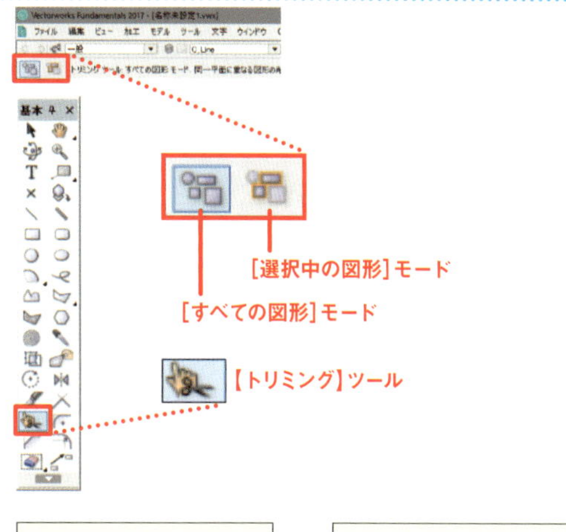

◆[すべての図形]モード

[すべての図形]モードではすべての図形がカッター役(ナイフ役)になります。すなわちクリックした位置の両側(あるいは片側)にある交差する図形までの部分が切り取られます。交差する図形がない場合はクリックした線が削除されます。

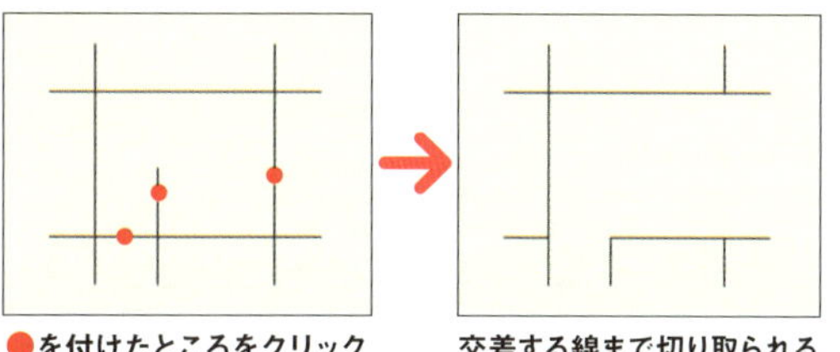

●を付けたところをクリック　交差する線まで切り取られる

◆[選択中の図形]モード

[選択中の図形]モードでは選択した図形(選択線)だけがカッター役になります。

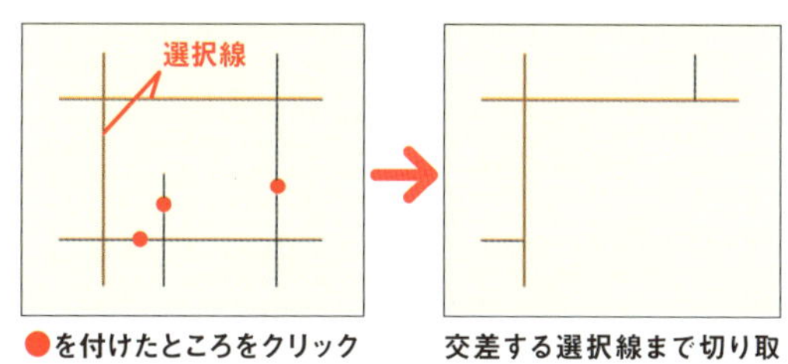

●を付けたところをクリック　交差する選択線まで切り取られる

【トリミング】ツールではほとんどの場合[すべての図形]モードを使います。このモードなら不要な線が残っても削除すれば済むので気が楽だからです。

練習用データを使って【トリミング】ツールを試しますがモードは[すべての図形]モードで練習します。

❶メニューの【ファイル】→【開く】をクリックし、「VW20xx_Data」フォルダの中の「Ch3」フォルダにある「Ch3_Ex20.vwx」を開く

❷スナップパレットですべてのスナップをオフにする

※オンにしてもよいがややりにくくなります。

❸【トリミング】ツールをクリックする

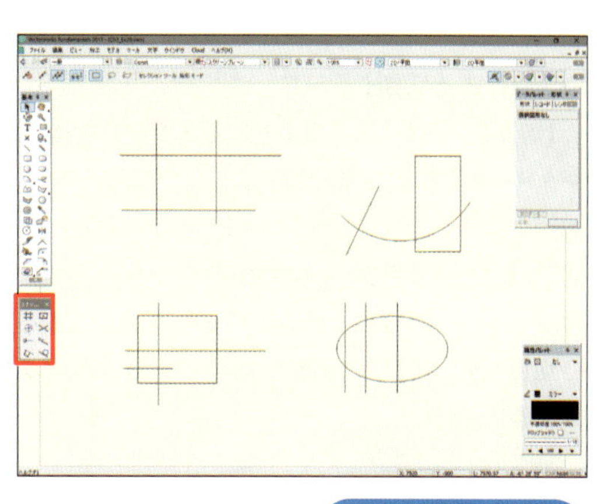

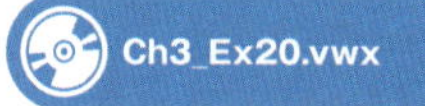

❹ツールバーで[すべての図形]モードを選択する
❺●を付けたあたりをクリックする

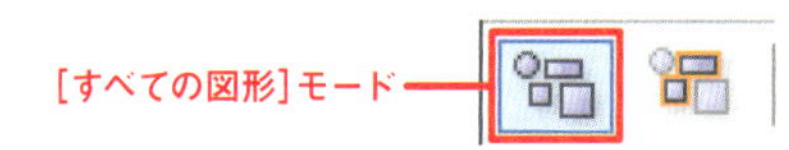

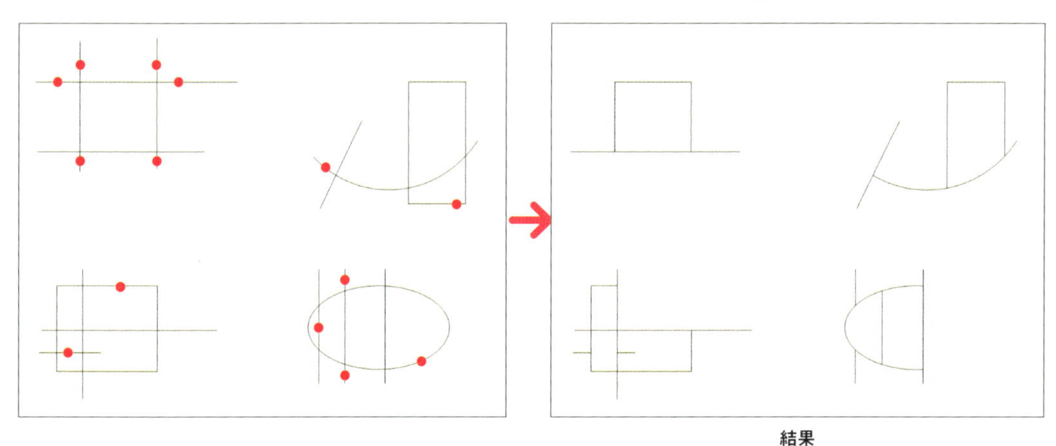

結果

以上のようにさまざまなケースで【トリミング】ツールが使えます。なかには期待通りの結果が出ない場合がありますが、そのときはUNDOすなわち[Ctrl]＋[Z]キー（Mac：[⌘]＋[Z]キー）を押して元に戻し、再度クリックしてください。

[3]【切断】ツール

【切断】ツールは【線分を切断】コマンドと異なりカッター線が不要です。さらに線分以外の図形も切断できるという特徴があります。

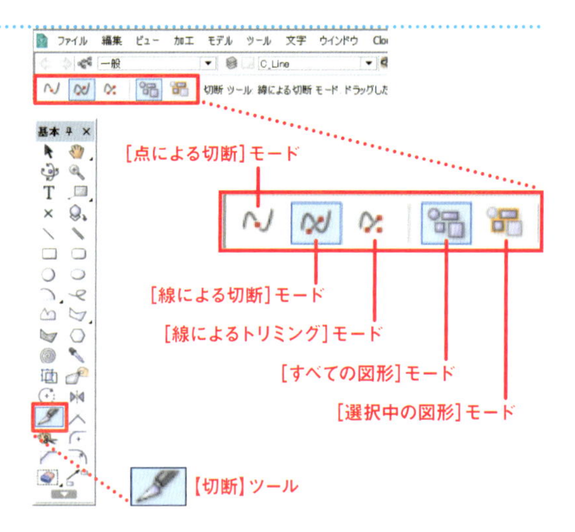

◆[点による切断]モード

【切断】ツールの[点による切断]モードで図形をクリックすると、そのクリックした位置で図形を切断できます。

❶【切断】ツールをクリックする
❷ツールバーで[点による切断]モードをオンにする
❸切断したい図形の切断したい位置をクリックする

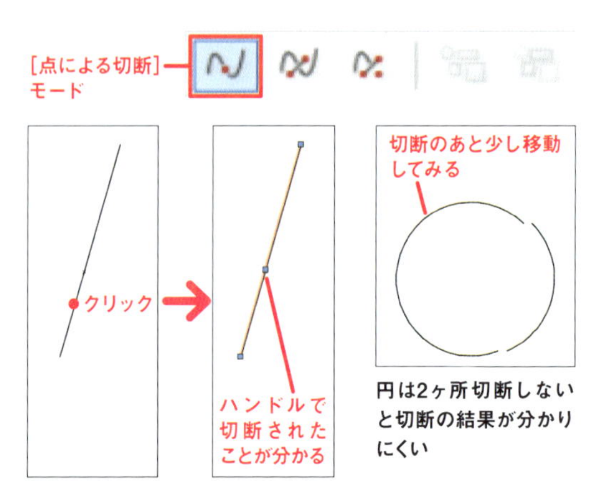

円は2ヶ所切断しないと切断の結果が分かりにくい

◆ [線による切断] モード

【切断】ツールで最もよく使うモードが[線による切断] モードです。

❶【切断】ツールをクリックする

❷ツールバーで[線による切断] モードと[すべての図形] モードをオンにする

※【トリミング】ツール(227ページ)と同じようにたいていの場合[すべての図形] モードをオンにします。

❸カッターナイフで切るようにプレス(A点) →ドラッグ→リリース(B点) すると、A点とB点を結ぶ線(仮線) と交差する図形が切断される

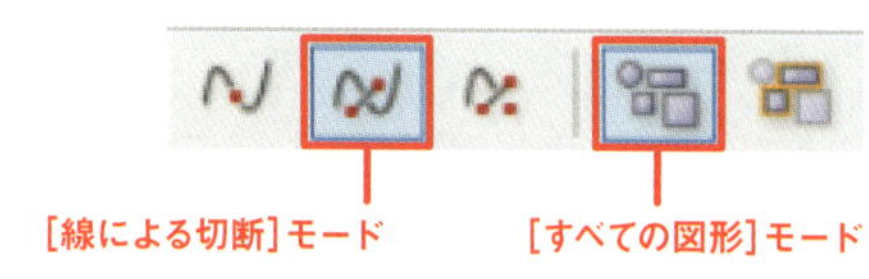
[線による切断]モード
[すべての図形]モード

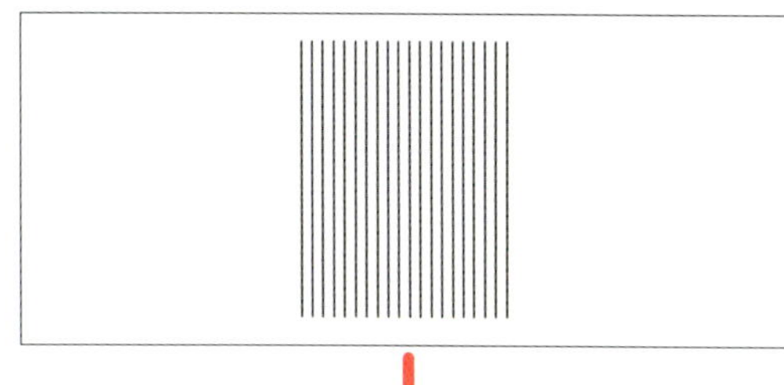

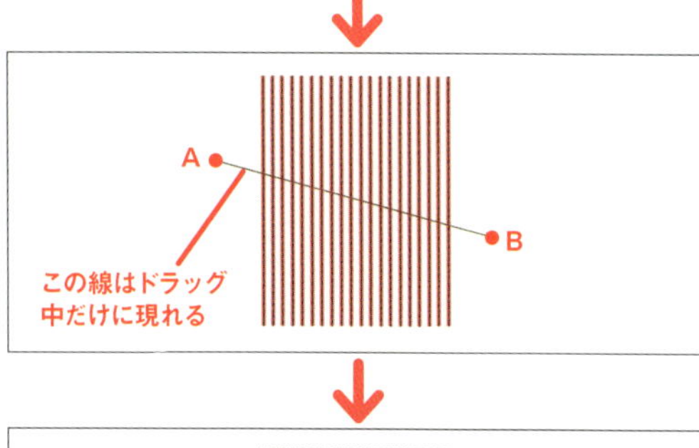
A
B
この線はドラッグ
中だけに現れる

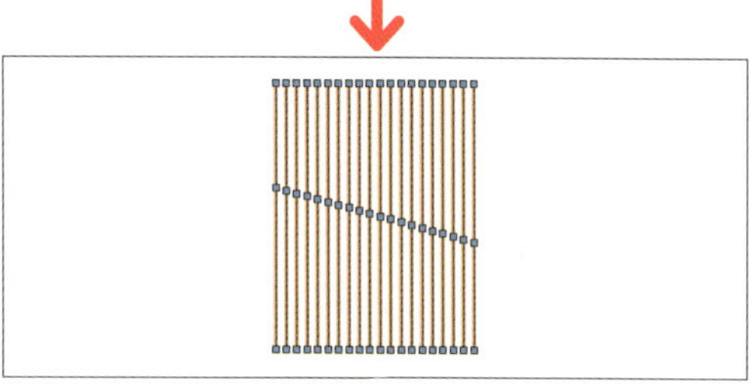

ハンドルで切断されているのが分かる

【切断】ツールは直線以外の図形も切断できます。

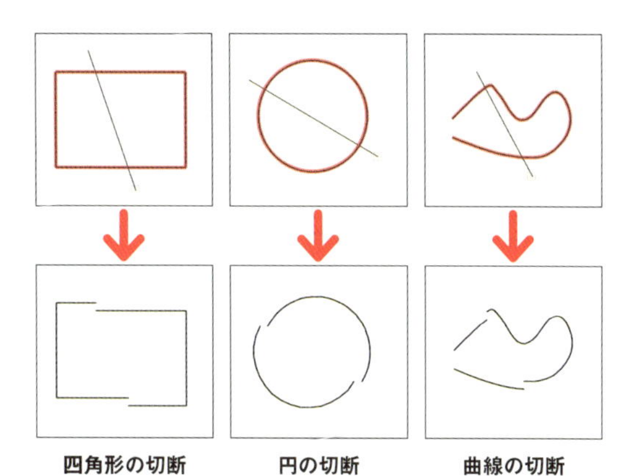

四角形の切断　円の切断　曲線の切断

◆ [線によるトリミング] モード

[線によるトリミング] モードは線による切断をしたあと不要部を削除してくれます。[線による切断] モードと同じ操作をしたあと削除のために1操作加えます。

❶【切断】ツールをクリックする

❷ツールバーで[線によるトリミング] モードをオンにする

❸カッターナイフで切るようにプレス(A点) →ドラッグ→リリース(B点) する

❹残す側(▲マークのある側) をクリックする

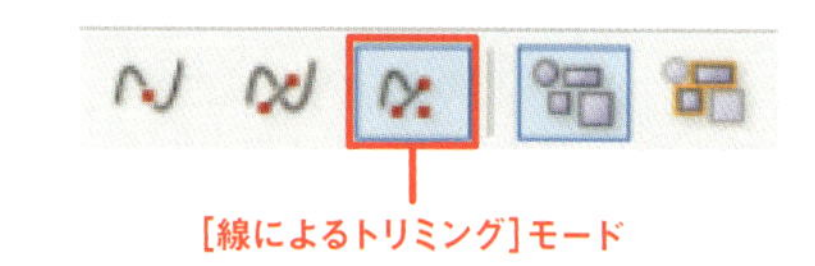
[線によるトリミング]モード

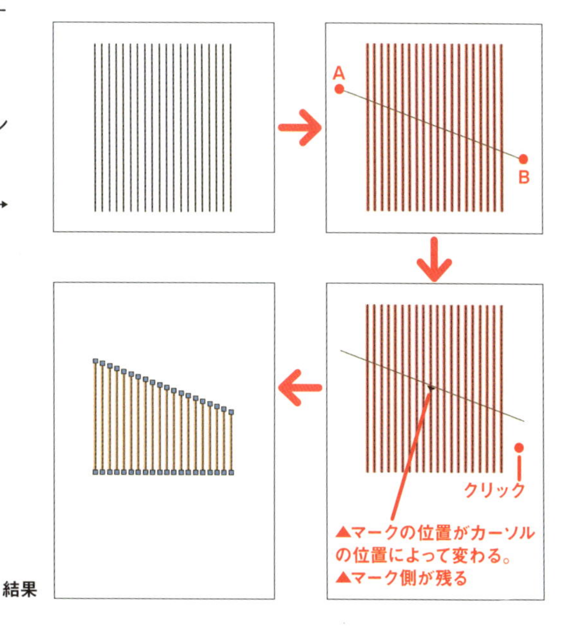
A
B
クリック
▲マークの位置がカーソル
の位置によって変わる。
▲マーク側が残る

結果

[4]【消しゴム】ツール

【消しゴム】ツールは線図形にも面図形にも使えるツールですが、ここでは線の編集についてだけ説明します。

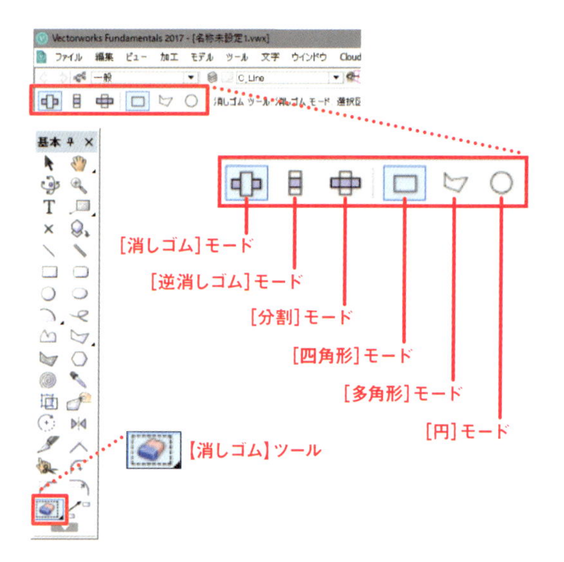

[四角形]モード・[多角形]モード・[円]モードの3つのモードは範囲を指定する方法の違いによるモードです。【消しゴム】ツールは[四角形]モードで使うのが普通なので、ここでは[四角形]モードで使うものとして説明します。

【消しゴム】ツールの基本的な使い方は以下のような手順で操作します。

❶ 対象の図形を選択する

※選択する図形は1つでも複数でもかまいません。

❷【消しゴム】ツールをクリックする

❸ ツールバーで[消しゴム]モード、[逆消しゴム]モード、[分割]モードのいずれかのモードを選択する

❹ 四角形を描くようにプレス(A点)→ドラッグ→リリース(B点)で範囲を指定する

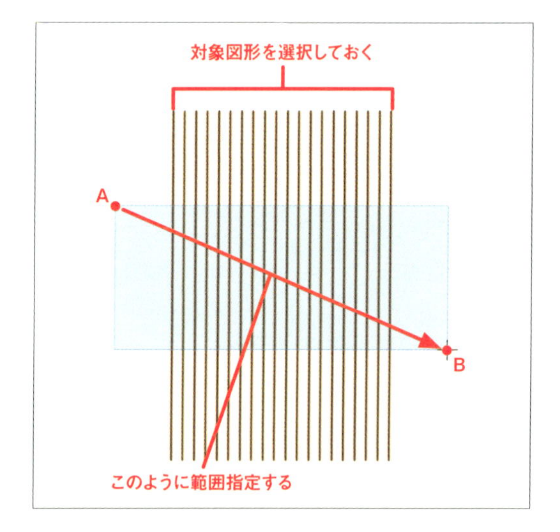

モードごとに結果を示します。

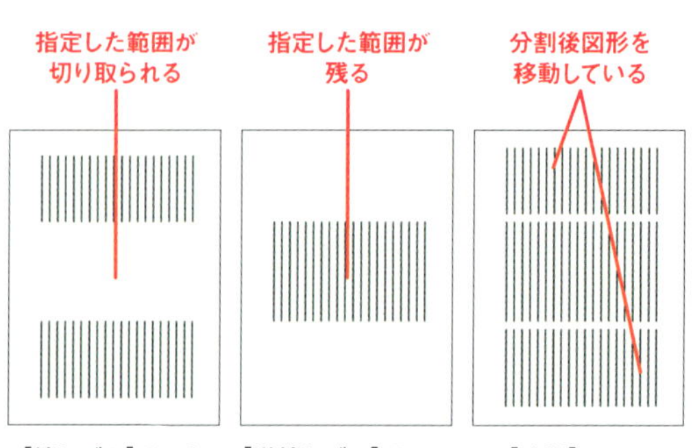

以上のように他のツールを使えばできることですが【消しゴム】ツールなら1操作で実現できます。

次に【消しゴム】ツールの応用操作の一つを紹介します。図は壁の上に窓の図形（グループ図形）を配置したところです。なおこの図のファイルは「Ch3」フォルダにある「Ch3_Ex21.vwx」です。

窓と重なっている壁を【消しゴム】ツールの［消しゴム］モードで消去します。

❶スナップパレットで【図形スナップ】だけをオンにする
❷壁の線だけ選択する（4本）
❸【消しゴム】ツールをクリックする
❹ツールバーで［消しゴム］モードをオンにする
❺A点（端点）でプレスし、B点（端点）でリリースする
❻C点（端点）でプレスし、D点（端点）でリリースする

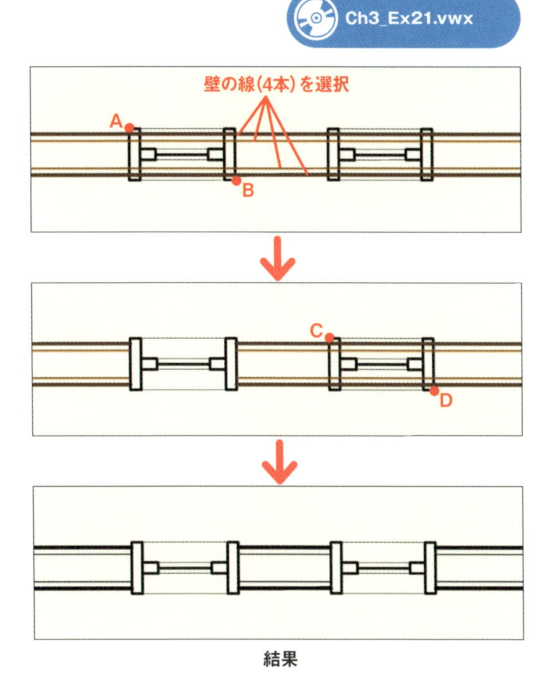

結果

このような処理を「壁の穴あけ」と呼んでいますが、建築平面図を速く描きたいときは「壁の穴あけ」を素早く処理する必要があります。【消しゴム】ツールは少ない操作数で処理できるのでこの処理に適していますし次のメリットもあります。

◆建具（ドアや窓）が他のレイヤにあってもよい
◆グループ図形やシンボルはたとえ選択されていても【消しゴム】ツールの対象にならない。このため上記の例では全図形を選択していても壁しか消えない

Chapter

4

2D製図　Part 2

第3章の「2D製図 Part 1」では2D製図の基本的な機能を説明しました。
本章は「文字」と「寸法」および
2D製図をするときに便利な機能を解説します。

4.1 文字

Vectorworksは文字や文章を自由な位置に記入できます。また欧文と日本語の両方を使えますし混在することもできます。ただし記入した文字が必ずプリンタやプロッタに出力できるかどうかは、それぞれの機器のドライバープログラムに依存しますので、仕事で使用するときはあらかじめ出力できるかどうかを確認しておかねばなりません。
また他のソフト用にデータ変換する場合に最も問題になるのが文字で、位置が微妙にずれるなど、完全に同じ結果を求めても無理です。たとえばVectorworksのMac版とWindows版の間でさえ文字は同じになりません。

4.1.1 文字フォントと文字サイズ

文字を記入するとき、まずフォントとサイズなどを設定します。入力したあとでフォント／サイズなどを変更できますが事前に設定すれば余分な操作が不要になります。

文字のフォントやサイズすなわち文字の属性は【文字】メニューにあるコマンドで設定します。【文字】メニューの先頭にある【フォント】～【文字の行間】でそれぞれの文字属性を個別に設定できますが【文字設定】コマンドなら1つのコマンドで設定できるので、本書は【文字設定】コマンドを使用して説明します。

❶図形などオブジェクトが選択されていないことを確認する

※もし選択オブジェクトがあるなら選択解除してください。

❷メニューの【文字】→【文字設定】をクリックする

❸「文字設定」ダイアログで次のように操作する

◆フォントのリストから使いたいフォント、たとえば「MS P明朝」(Macなら「ヒラギノ明朝 Pro W3」)を選択する

◆サイズで使いたいサイズ、たとえば「10ポイント」に設定する

◆[OK]をクリックする

以上のように設定すれば以後に入力する文字(寸法文字を含む)はこの設定の文字になります。なお「文字設定」ダイアログの各項目の内容は236ページで説明します。

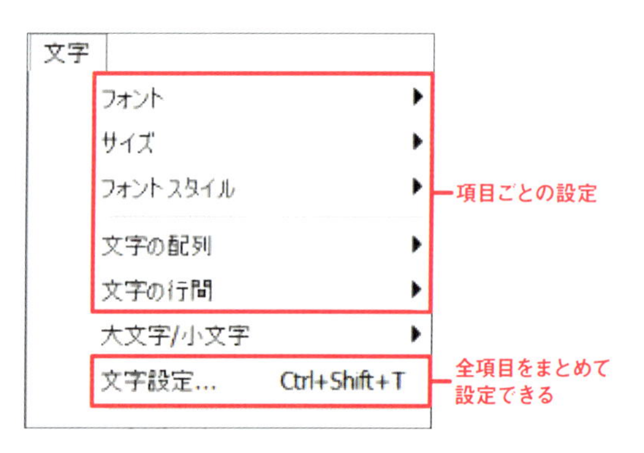

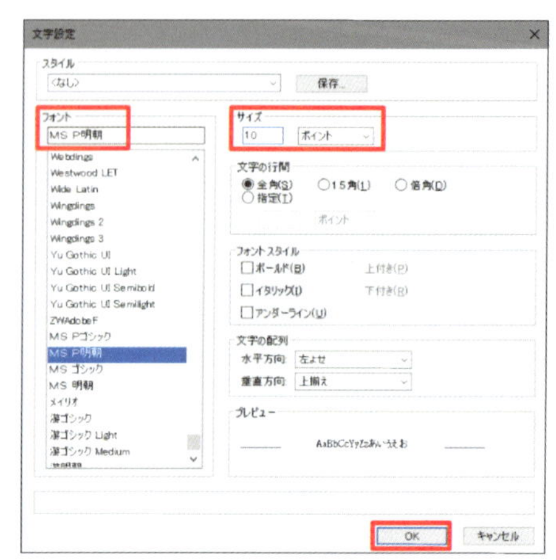

「文字設定」ダイアログ

4.1.2 【文字】ツール

Vectorworks の【文字】ツールには2つの入力方法、「直接挿入法」と「テキストブロック法」があります。しかし文字を記入したあとは同じように扱えるので、そのときに記入しやすい方法を選びます。

[1] 直接挿入法

【文字】ツールをクリックし、作図ウィンドウでクリックすると、そこに文字列入力用のカーソルが現われますので、文字列を記入します。大きいほうの[Enter]キー（あるいは[return]キー）を押すと改行します。そして他のツールをクリックすると終了します。あるいは小さいほうの[Enter]キーを押すと記入が終了します。

※小さいほうの[Enter]キーはキーボードによって無いことがあります。

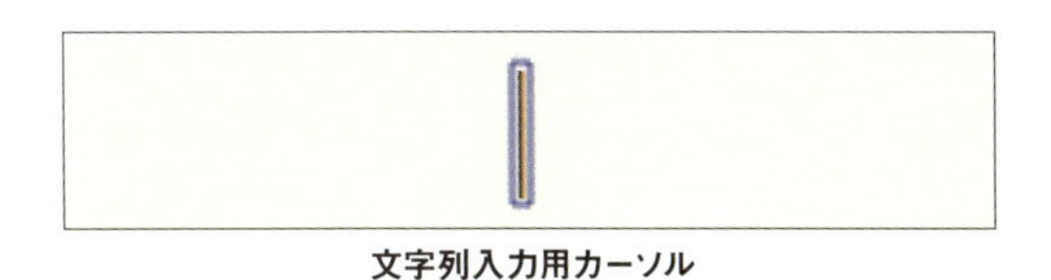

文字列入力用カーソル

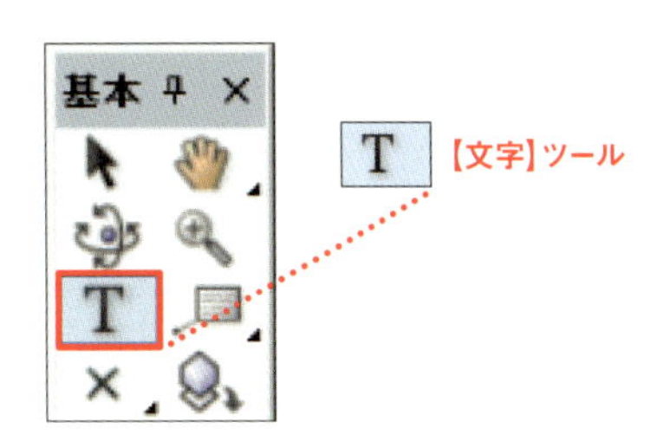

[2] テキストブロック法

【文字】ツールをクリックし、作図ウィンドウで四角形を描くようにプレス→ドラッグ→リリースすると、1行分の範囲（テキストブロック、マーキーともいう）が表示され、先頭に文字列入力用のカーソルが現われます。文字列を入力し、テキストブロックにぶつかるとそこで折り返します。そして他のツールをクリックすると終了します。

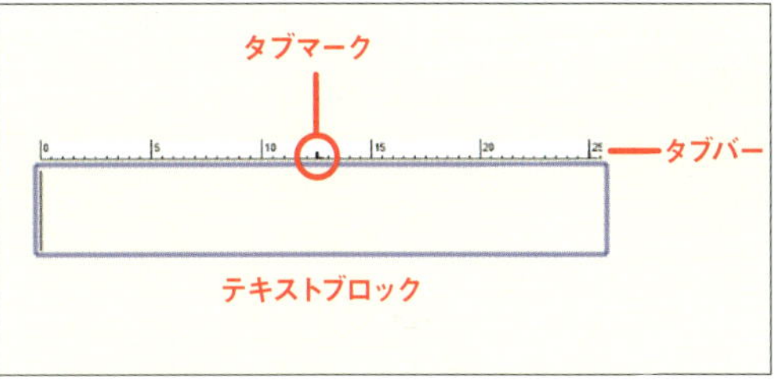

タブマークを追加したり削除できないがタブマークをドラッグするとタブ間隔を変えられる

かな漢字の入力はワープロなどと同じようにOSのインプットメソッド、たとえばIME（Windows）、日本語（Mac）、ATOKなどで行います。

[3] 文字列のハンドル

文字列を【セレクション】ツールでクリックするとハンドルが表示されるので、ハンドルをドラッグして文字列の長さを調節できます。なお文字列をダブルクリックすると文字列の編集ができるようになります。

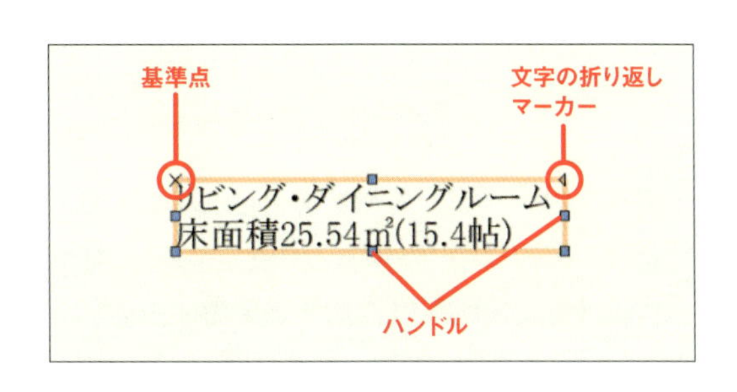

ハンドルとは別に基準点と文字の折り返しマーカー(前ページ図)があります。文字の折り返しマーカーが付いているのが普通の状態で、テキストブロックの端に文字列がぶつかると文字列が折り返します。しかし「文字の折り返し」をオフにすると折り返しが無くなります。文字の折り返しをオフにするには文字列を選択し、データパレットで「文字の折り返し」のチェックを外します。オンにするにはデータパレットでもできますが、文字列のハンドルをドラッグするだけでオンになります。

リビング・ダイニングルーム床面積25.54㎡(15.4帖)

文字の折り返しをオフにしてみた

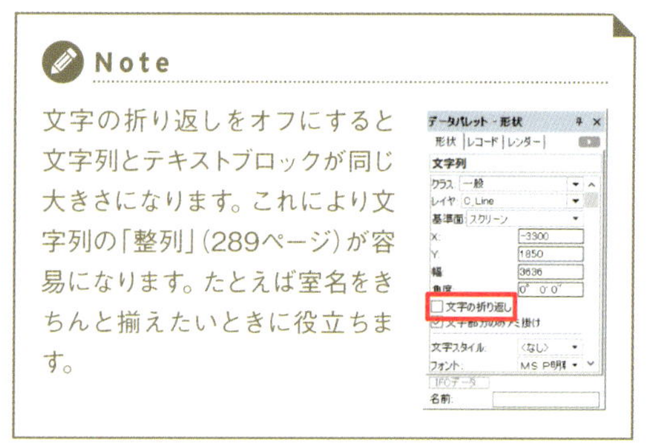

Note

文字の折り返しをオフにすると文字列とテキストブロックが同じ大きさになります。これにより文字列の「整列」(289ページ)が容易になります。たとえば室名をきちんと揃えたいときに役立ちます。

4.1.3 文字と文字列の属性

文字には色や模様の他に「フォント」、「サイズ」、「フォントスタイル」の3属性があります。また文字列には「配列」、「行間」といった属性があります。これは【文字】メニューにある別々のコマンドで設定できますが、前にも書いたように【文字】→【文字設定】コマンドで設定するものとして説明します。

図は【文字設定】コマンドの「文字設定」ダイアログの各項目が【文字】メニューのどのコマンドと対応しているかを示すものです。

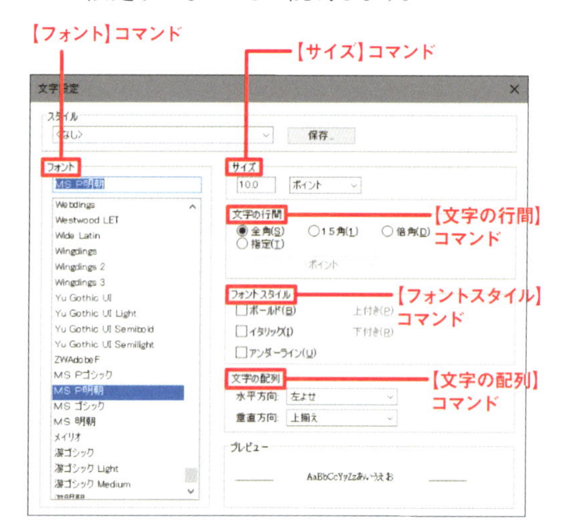

[1] 文字/文字列に属性を設定

【文字設定】コマンドは次の2つの使い方があります。

◆文字を入力する前に設定

図形(文字を含む)を何も選択していない状態で【文字設定】コマンドの「文字設定」ダイアログで各属性を設定すると、このあと入力する文字/文字列にその設定が反映します。

◆入力済みの文字/文字列の属性を変更する

作図ウィンドウにある文字/文字列を【セレクション】ツールで選択し、そのあと【文字設定】コマンドをクリックし、「文字設定」ダイアログで属性を変えると、選択した文字/文字列の属性が変わります。あるいは【文字】ツールで文字列の一部を選択し【文字設定】コマンドで部分的に属性を変更することもできます。なおこれらの使い方はデータパレットでも同じことができます。

[2] フォント

「フォント」とは簡単に言うと文字の形、デザインのことです。システム(OS)にインストールされているフォントの名が「文字設定」ダイアログのフォントリストに並んでいるので使いたいフォントをクリックします。

Windows版の場合フォント名の頭に「@」が付いているものは縦書き用なのでCADで使うことはほとんどありません。「@」付きフォントはリストの先頭にあるため、つい選択してしまうので注意してください。なおMac版には縦書きフォントがありません。

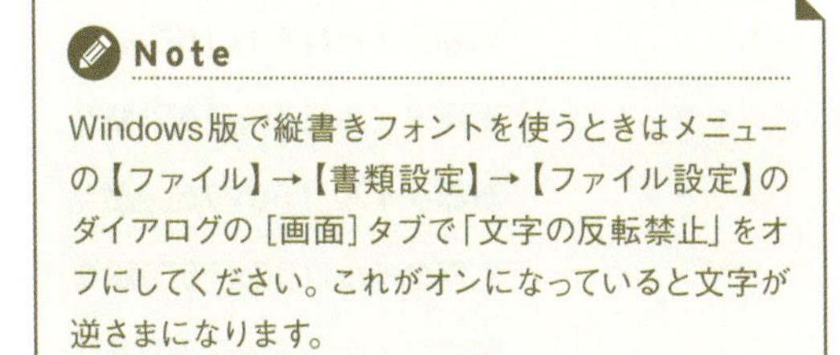
Note

Windows版で縦書きフォントを使うときはメニューの【ファイル】→【書類設定】→【ファイル設定】のダイアログの［画面］タブで「文字の反転禁止」をオフにしてください。これがオンになっていると文字が逆さまになります。

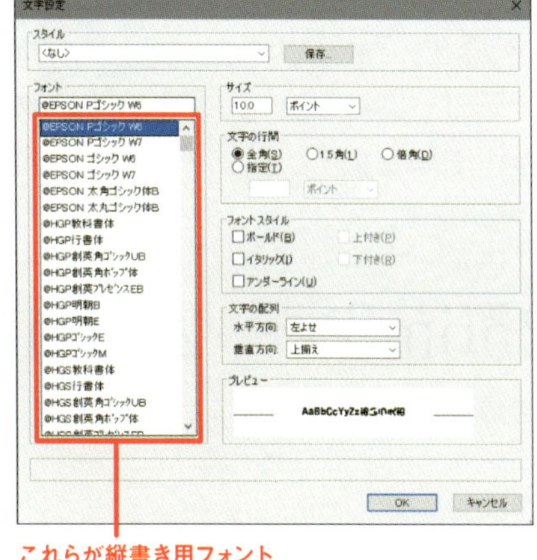

これらが縦書き用フォント
(名の頭に「@」が付いている)

[3] サイズ

「サイズ」は文字の大きさ(高さ)で、単位はポイントを使うのが普通です。1ポイントは1/72インチ(=0.353mm)、10ポイントで3.5mmです。

文字の大きさは図面の縮尺から独立しています、すなわち印刷時の大きさです。以下に建築図面で使用する文字のサイズの目安を示します。

- ●一般の文字　10～11ポイント
- ●大きめの文字　12ポイント前後
- ●小さめの文字　8～9ポイント
- ●タイトル用　14ポイント前後
- ●寸法数値　9～10ポイント

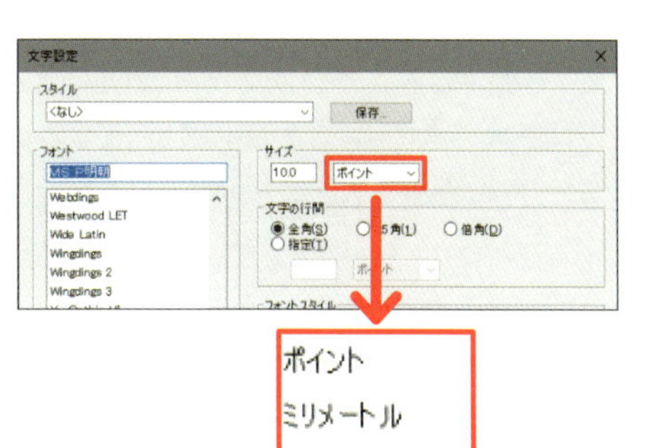

文字のサイズの単位は3種類あるが、普通は「ポイント」を使う

[4] 文字の行間

「文字の行間」とは行の間隔のことでこれを数値で細かく設定できますが、「全角」、「1.5角」、「倍角」で簡単に指定する方法もあります。

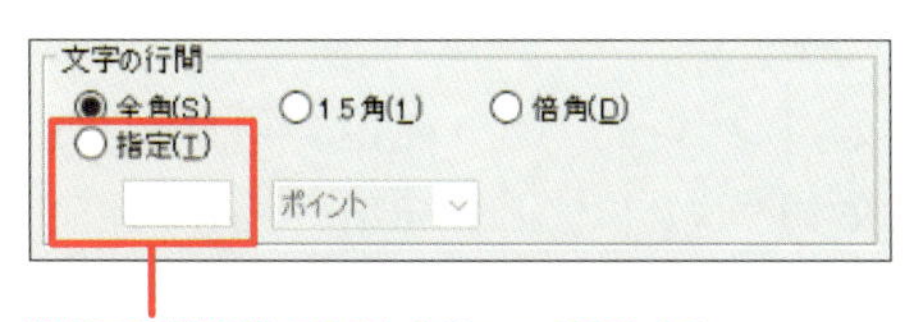

数値で行間を指定するときはここで設定する

文字の行間＝全角	文字の行間＝1.5角	文字の行間＝倍角
12345あいうえお 12345あいうえお 12345あいうえお 12345あいうえお	12345あいうえお 12345あいうえお 12345あいうえお 12345あいうえお	12345あいうえお 12345あいうえお 12345あいうえお 12345あいうえお

[5] スタイル

「スタイル」は文字の装飾で5種類（Macは7種類）あります。建築図面では特別な場合を除いて図のようにどのスタイルにもチェックを入れないまま（これが「標準」）使用します。

フォントスタイルのうち「上付き」と「下付き」の2スタイルはグレー表示になって使えませんが、文字列の一部を選択するとこの2スタイルが使えるようになります。この用途の1例を示します。

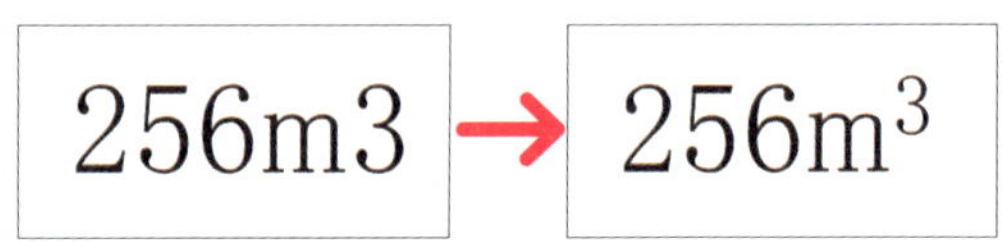

行末の「3」を「上付き」に変えてみた

フォントスタイル
ボールド(B)　上付き(P)
イタリック(I)　下付き(B)
アンダーライン(U)

Windows版

フォントスタイル
ボールド(B)　上付き(P)　アウトライン(O)
イタリック(I)　下付き(R)　シャドウ(W)
アンダーライン(U)

Mac版

標準	磁器タイル(150×150)貼り
ボールド	磁器タイル(150×150)貼り
イタリック	磁器タイル(150×150)貼り
アンダーライン	磁器タイル(150×150)貼り
アウトライン	磁器タイル(150×150)貼り
シャドウ	磁器タイル(150×150)貼り

[6] 配列（位置揃え）

「文字の配列」は水平方向と垂直方向の両方をコントロールできます。この属性を意識するのは文字列の配置を揃えるときと、データ変換により他のCADとやりとりするときで、文字の基準点が異なるときこの機能で調整します。

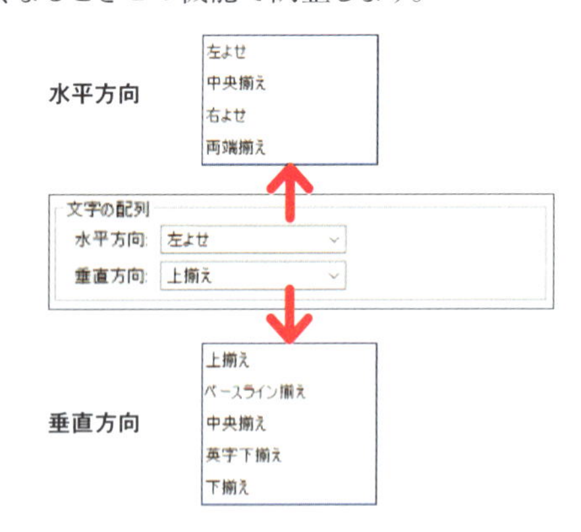

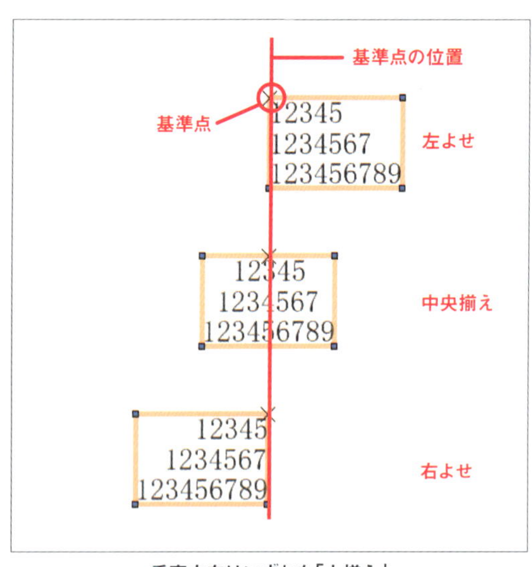

垂直方向はいずれも「上揃え」

[7] 大文字／小文字

「文字設定」ダイアログに無い属性ですが【文字】メニューに【大文字/小文字】のサブコマンドがあります。このコマンドは日本語のときは使いませんが、英語で図面を描くときに役立つコマンドです。

【大文字/小文字】のサブコマンドの働きは下の通りです。

【小文字】コマンド　ABcd efGH　→ abcd efgh
【大文字】コマンド　ABcd efGH　→ ABCD EFGH
【頭文字】コマンド　ABcd efGH　→ Abcd Efgh

4.1.4 文字の便利なコマンド

Vectorworksには【文字】コマンドの他に、文字に関する便利な2つのコマンドがあるので紹介します。

[1]【文字検索/置換】コマンド

図面中にある文字を探したり、別の文字に変えたいときに【文字検索/置換】コマンドを使います。

たとえば図面中にある「石膏ボード」をすべて「せっこうボード」に変えたいときは以下のようにします。

❶ メニューの【文字】→【文字検索/置換】をクリックする

❷「文字検索/置換」ダイアログで図のように設定してから[実行]をクリックする

❸ 該当する文字があると図のようなメッセージが表示されるので[OK]をクリックする

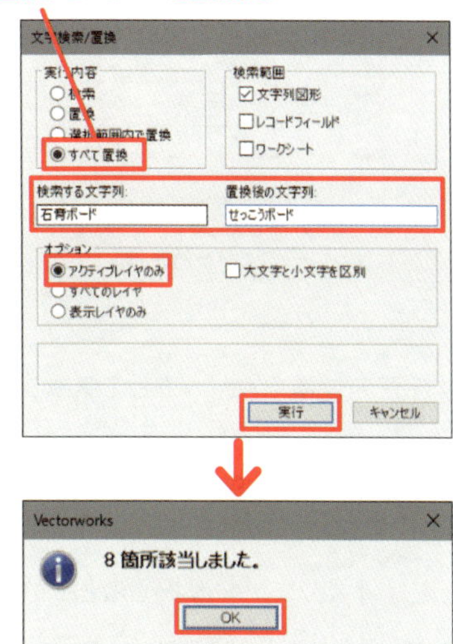

[2]【日付スタンプ】ツール

【日付スタンプ】ツールは図面の管理に役立つツールです。【日付スタンプ】ツールは基本パレットではなくツールセットパレットにあるのでこのパレットを表示させるところからはじめます。

❶ メニューの【ウィンドウ】→【パレット】→【ツールセット】をクリックする

❷ ツールセットパレットが表示されるので《寸法/注釈》タブをクリックする

❸【日付スタンプ】ツールをクリックする

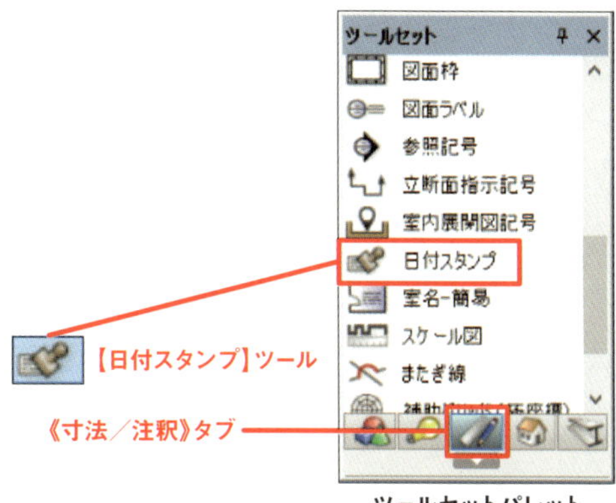

ツールセットパレット

このあと【日付スタンプ】ツールの使い方を説明します。

【日付スタンプ】ツールは図面に日付けや時刻を記録したいときに用います。

最初にスタンプに表示させる項目を設定します。

❹ ツールバーで[標準配置]モードと[オブジェクト挿入点を左側]モードをオンにする

❺ ツールバーの[日付スタンプツール 設定]ボタンをクリックする

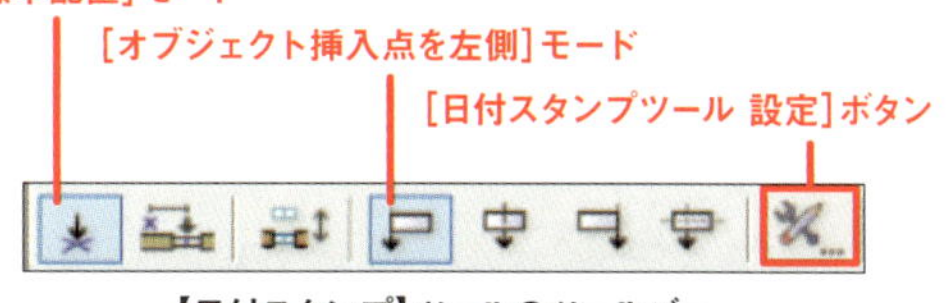

【日付スタンプ】ツールのツールバー

❻「生成」ダイアログで図のように設定してから[OK]をクリックする

※図は設定の例です。内容を変えてかまいません。

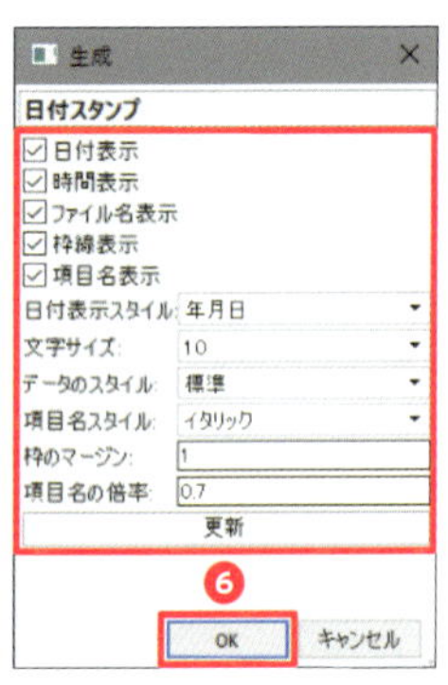

「生成」ダイアログ

日付: 2017年 9月 12日
時刻: 6:00:50
ファイル名: Ch3_Ex01.vwx

拡大図

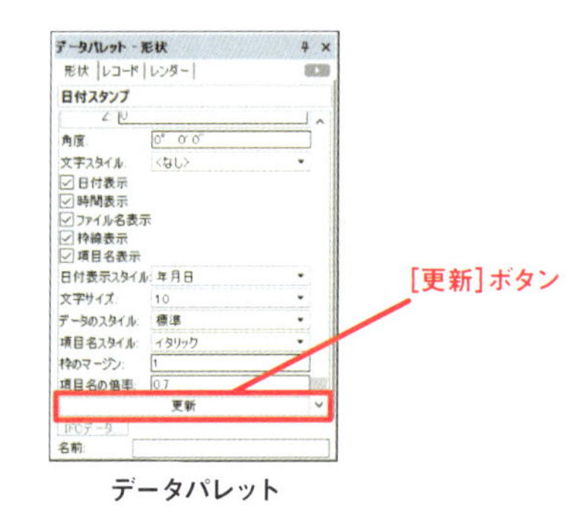

❼図面の任意の位置をクリックしてスタンプを配置する

❽【セレクション】ツールをクリックして終了させる

配置した日付スタンプを選択するとその内容がデータパレットに表示されて修正できます。そして[更新]ボタンをクリックすると日付スタンプの日時がその時の日時に変わります。

もし内容を変えたくない場合は日付スタンプを選択してメニューの【加工】→【ロック】をクリックします。

データパレット - 形状
日付スタンプ
角度
文字スタイル: <なし>
日付表示
時間表示
ファイル名表示
枠線表示
項目名表示
日付表示スタイル: 年月日
文字サイズ: 10
データのスタイル: 標準
項目名スタイル: イタリック
枠のマージン: 1
項目名の倍率: 0.7
更新
名前

[更新]ボタン

データパレット

4.1.5 文字のプレゼンテーション機能

文字をプレゼンテーションに使うための機能を紹介します。

[1] 文字に模様や色をつける

Vectorworksの文字は一種の面図形なので属性パレットで色を変えられるし模様もつけられます。

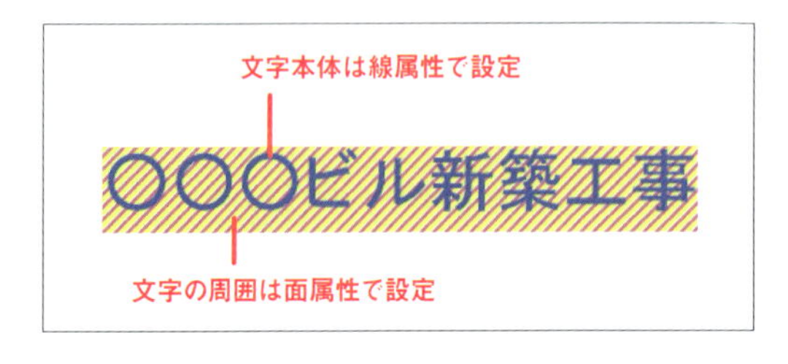

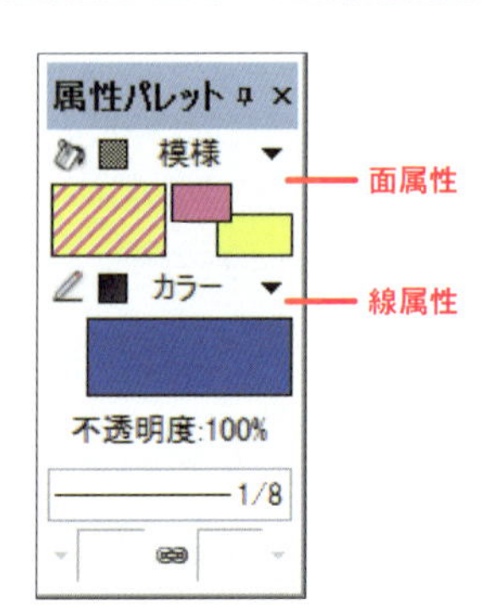

面属性

線属性

[2] 文字を図形(曲線)に変換する

線や円などの図形は変形／加工ができますが、文字は特別なオブジェクトで変形や加工はできません。文字は情報を伝達するために用いるときは変形／加工の必要はありませんが、プレゼンテーションでは加工したくなる場合があります。こんなときは【文字を多角形に変換】コマンドで文字を曲線に変換します。

※コマンド名に多角形とありますが実際は曲線です。

【文字を多角形に変換】コマンドの使い方は簡単で、文字列を選択してからこのコマンドをクリックすれば、直ちに変換されます。

❶ 適当な文字たとえば<Vectorworks>を記入する

❷ ❶で記入した文字を【セレクション】ツールでクリックして選択する

❸ メニューの【文字】→【文字を多角形に変換】をクリックする

❹【セレクション】ツールで空クリックして選択解除する

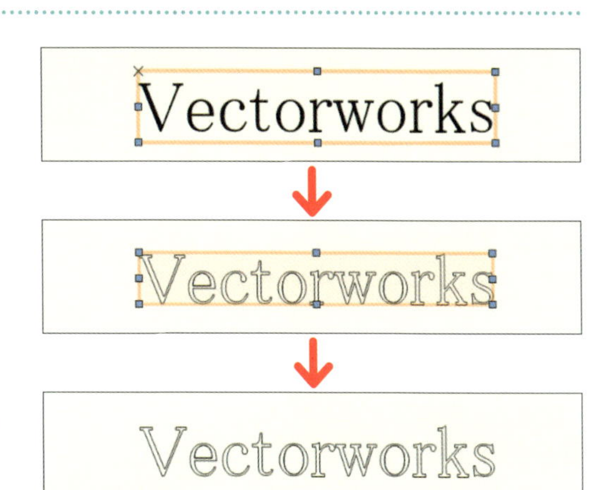

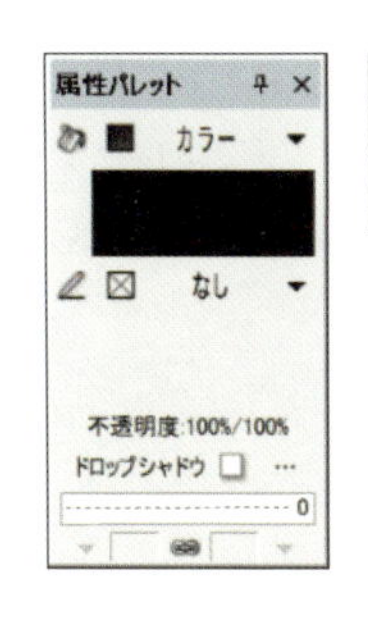

Vectorworks

文字のように見えるが曲線のグループ

図のように【文字を多角形に変換】コマンドで文字を変換するとアウトラインだけの図形(曲線)のグループになります。これを元の文字のように見せたいときは文字を選択し、属性パレットで面属性を「カラー」にし黒色に変え、線属性で「なし」を選択します。

Note

筆者はVectorworksの図面をDWGファイルに変換してAdobe Illustratorに読み込ませるとき、文字(寸法文字も)をアウトライン化し、この方法で元の文字と同じに見えるようにしています。

[3]【セレクション】ツールで変形

文字列を【文字を多角形に変換】コマンドで曲線グループに変換すると【セレクション】ツールで簡単に変形できます。

Note

【セレクション】ツールで図形を変形するときはツールバーで［変形禁止］モード以外のモードにしてください(206ページ参照)。

文字列を曲線グループに変換

このハンドルをドラッグ

[4]【スキュー】ツールで変形

曲線グループに変換した文字列は【スキュー】ツールで3Dのような変形ができます。

❶ 文字列を【文字を多角形に変換】コマンドで曲線グループに変換する

❷ 曲線グループが選択されているのを確認したら【スキュー】ツールをクリックする

※【スキュー】ツールは【消しゴム】ツールと同じグループにあります。右クリックか長押しすると現れます。
※【スキュー】ツールをクリックしたあとで選択する場合は[Alt]キー（Mac：[⌘]キー）を押しながらクリックします。

❸ A点（任意点）をクリックする

※A点は固定点と呼ばれる位置で変形しても移動しない位置です。

❹ B点（任意点）でプレスしC点（任意点）でリリースする

❺【セレクション】ツールで空クリックして選択解除する

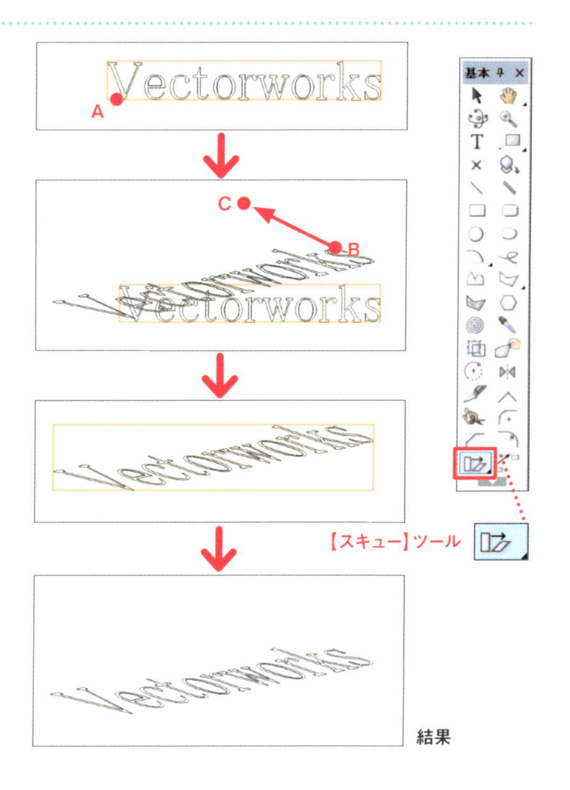

結果

[5]【パステキスト】コマンドで加工

文字と図形を使っておもしろい結果を得られます。

❶ 図形たとえば円弧と文字列を選択する

❷ メニューの【文字】→【パステキスト】をクリックする

❸「パステキスト」ダイアログで図のように設定してから[OK]をクリックする

❹ [Ctrl]＋[L]キー（Mac：[⌘]＋[L]キー）を2回押す

※メニューの【加工】→【回転】→【左90°】を2回クリックするのと同じ。

❺【セレクション】ツールで空クリックして選択解除する

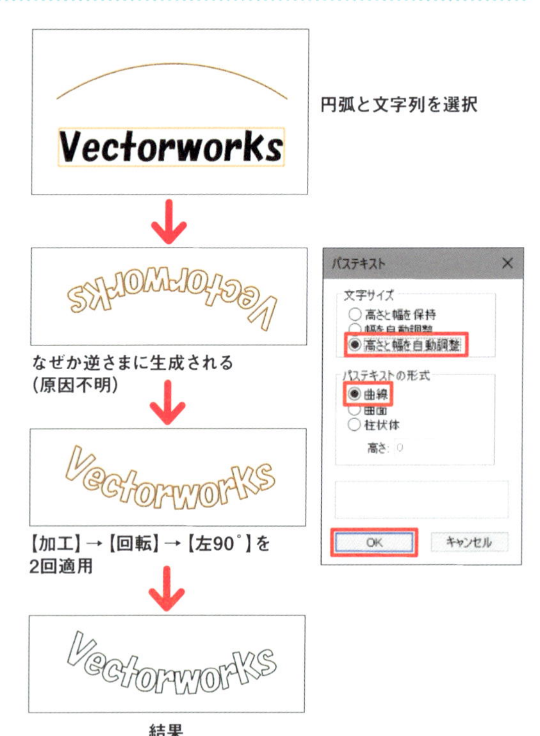

円弧と文字列を選択

なぜか逆さまに生成される（原因不明）

【加工】→【回転】→【左90°】を2回適用

結果

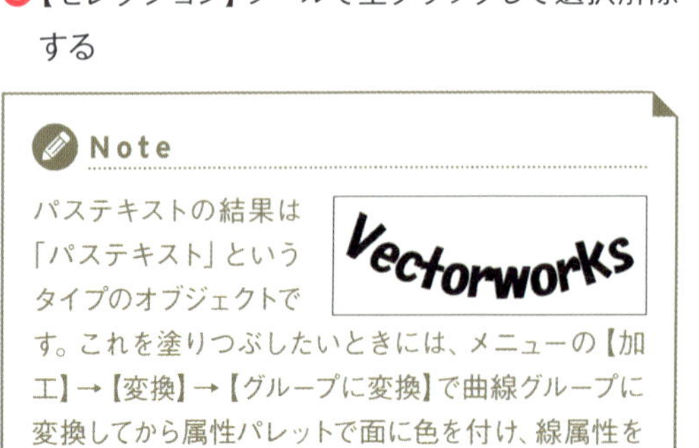
Note

パステキストの結果は「パステキスト」というタイプのオブジェクトです。これを塗りつぶしたいときには、メニューの【加工】→【変換】→【グループに変換】で曲線グループに変換してから属性パレットで面に色を付け、線属性を「なし」にします。

4.2 寸法

建築設計図は図形だけでは設計図に見えませんが、文字と寸法を加えると俄然図面らしくなります。それだけに文字と寸法は建築設計図にとって重要な要素です。
寸法の規格（スタイル）は好みや立場によって異なります。マーカー（寸法線の線端の形）一つとっても丸留めにするか矢印にするかは人それぞれです。そこで寸法の記入操作の前に寸法の規格について説明します。

4.2.1 寸法の規格

これまでの練習に用いたファイルには筆者が作った「My_Dim」という名の寸法規格が含まれています。これから寸法規格を作る練習をします。寸法規格の内容は「My_Dim」と同じにしますが、名前は区別するために「My_Style」とします。

Ch4_Ex01.vwx

❶ メニューの【ファイル】→【開く】をクリックし、「VW20xx_Data」フォルダの中の「Ch4」フォルダにある「Ch4_Ex01.vwx」を開く

❷【ファイル】→【書類設定】→【ファイル設定】をクリックする

❸「ファイル設定」ダイアログで次のように操作する

◆《寸法》タブをクリックする

◆「寸法を図形の大きさと連動させる」のチェックを外す

◆［カスタム］をクリックする

Note

「寸法を図形の大きさと連動させる」は図形を変形させると寸法が追随するという高級な機能ですが、この機能を実現するために他のレイヤを編集可能にして寸法を記入するとか、連動させた図形を削除すると寸法も消えてしまうなど、注意するべきことが増えてしまいます。これは建築デザインでの図面作成にとってデメリットとなります。なお連動機能は使うべきではないということではなく、連動機能を積極的に使う人がいても、それはそれで良いことと思います。

❹「寸法のカスタマイズ」ダイアログの［新規］をクリックする

❺「名前を付ける」ダイアログで次のように操作する

◆「寸法規格の名前」にたとえば「My_Style」とキーインする

◆［OK］をクリックする

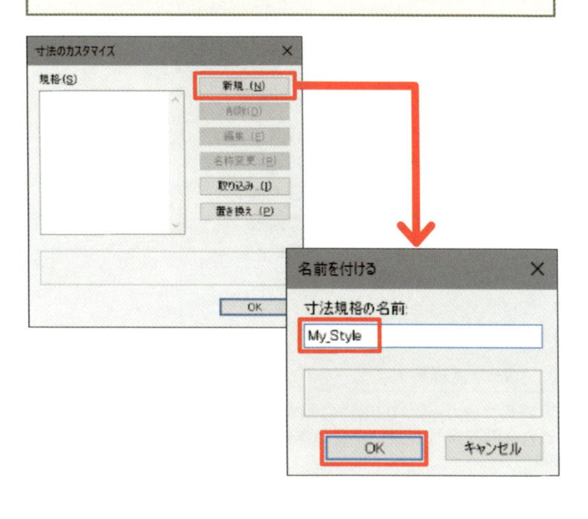

❻「寸法のカスタマイズ」ダイアログで「My_Style」が選択されているのを確認してから[編集]をクリックする

❼「カスタム寸法規格の編集」ダイアログが表示されるので、寸法の規格を設定する

※図は筆者が使用している設定なので参考にしてください。
□で囲った項目は重要です。

❽「カスタム寸法規格の編集」ダイアログの[OK]をクリックする

❾「寸法のカスタマイズ」ダイアログの[OK]をクリックして「ファイル設定」ダイアログに戻る

❿「ファイル設定」ダイアログの「寸法の規格」で「My_Style」を選択してから[OK]をクリックする

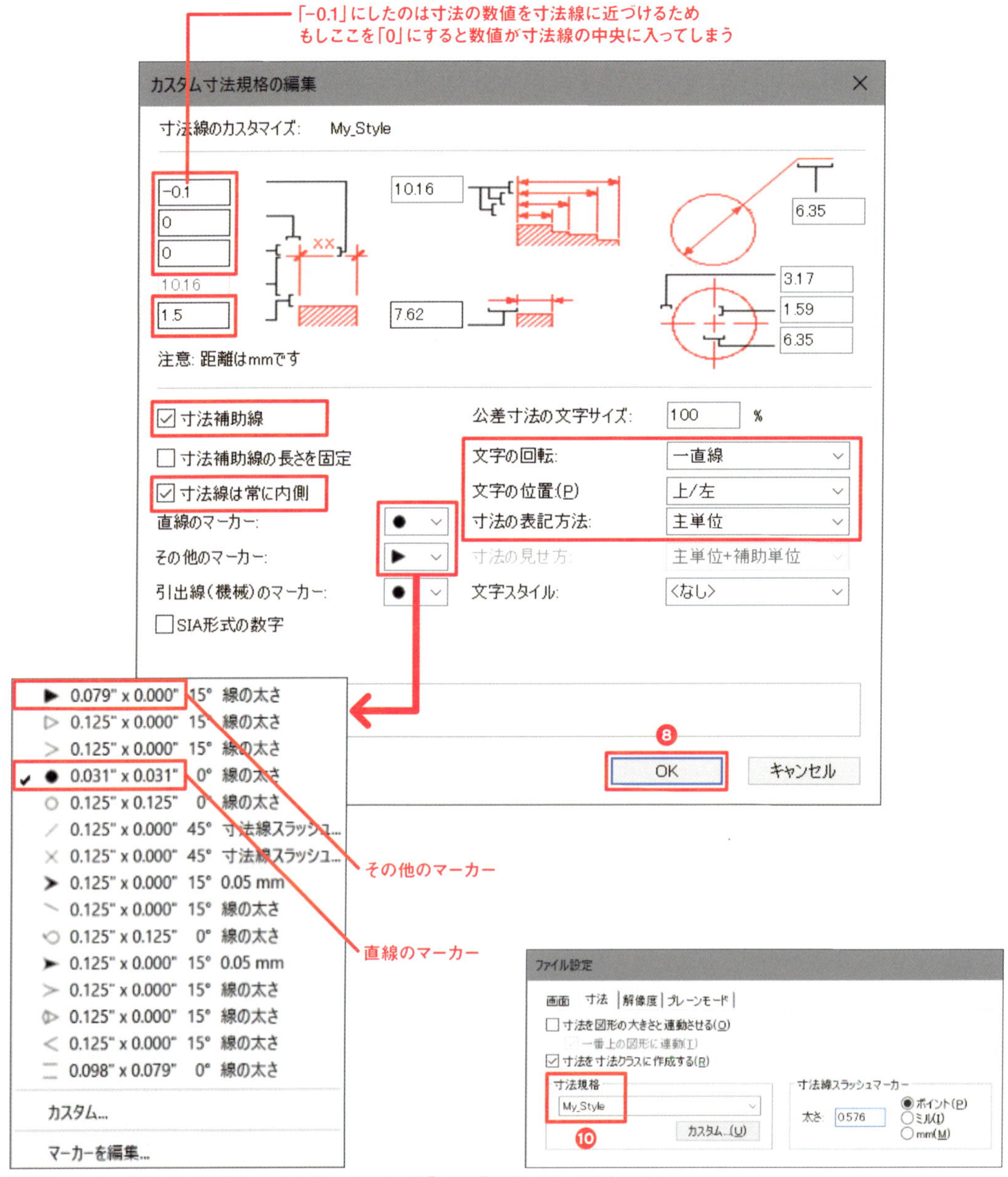

直線のマーカーは「0.031"の黒丸」、その他のマーカーは「0.079"の塗り潰し矢印」を選ぶ。
これらの選択肢が無い場合は031ページを参照。なお0.031"(0.031インチ)=0.8mm、0.079"=2.0mm

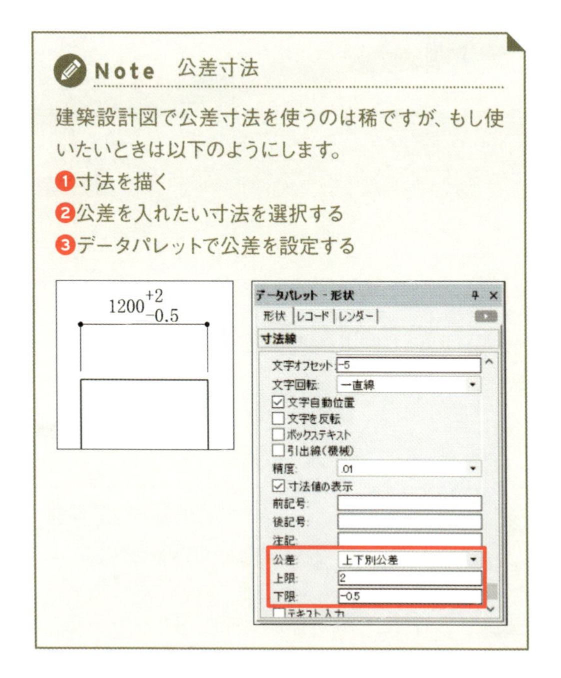

Note 公差寸法

建築設計図で公差寸法を使うのは稀ですが、もし使いたいときは以下のようにします。

❶寸法を描く
❷公差を入れたい寸法を選択する
❸データパレットで公差を設定する

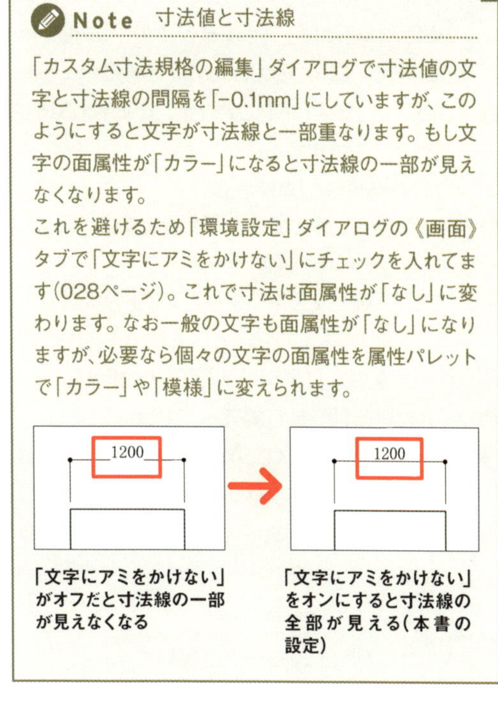

Note 寸法値と寸法線

「カスタム寸法規格の編集」ダイアログで寸法値の文字と寸法線の間隔を「-0.1mm」にしていますが、このようにすると文字が寸法線と一部重なります。もし文字の面属性が「カラー」になると寸法線の一部が見えなくなります。

これを避けるため「環境設定」ダイアログの《画面》タブで「文字にアミをかけない」にチェックを入れてます(028ページ)。これで寸法は面属性が「なし」に変わります。なお一般の文字も面属性が「なし」になりますが、必要なら個々の文字の面属性を属性パレットで「カラー」や「模様」に変えられます。

「文字にアミをかけない」がオフだと寸法線の一部が見えなくなる

「文字にアミをかけない」をオンにすると寸法線の全部が見える(本書の設定)

4.2.2 水平・垂直方向の寸法を描く

水平・垂直方向の寸法はツールセットパレットの《寸法／注釈》タブにある【縦横寸法】ツールで描きます。寸法数値の文字は図形を何も選択していない状態でメニューの【文字】→【文字設定】でフォントとサイズを設定すれば、それ以降に描く寸法値の文字はそのフォントとサイズになります。

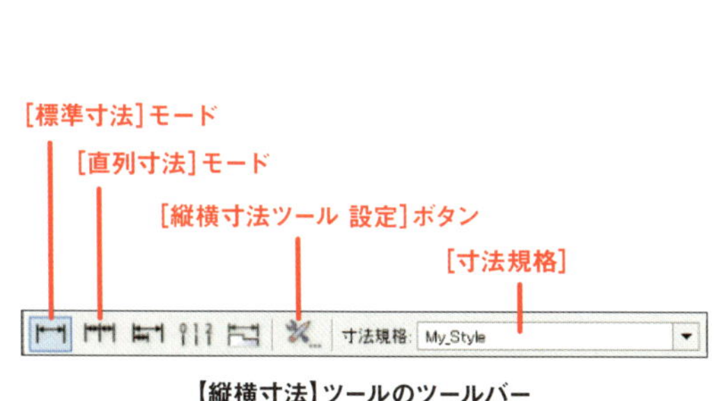

【縦横寸法】ツールのツールバー
名前を記したのは建築設計で主に使用する項目

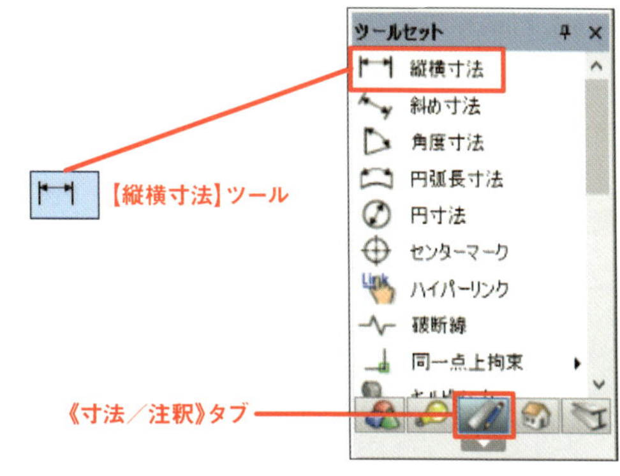

ツールセットパレットが画面に無い場合はメニューの【ウィンドウ】→【パレット】→【ツールセット】をクリックする

[1] [標準寸法]モードと[直列寸法]モード

建築図面の寸法でもっともよく使うのが【縦横寸法】ツールの[標準寸法]モードと[直列寸法]モードです。

❶メニューの【ファイル】→【開く】をクリックし、「VW20xx_Data」フォルダの中の「Ch4」フォルダにある「Ch4_Ex02.vwx」を開く
❷メニューの【文字】→【文字設定】で文字のフォントとサイズを設定する
※たとえば「MS P明朝」の10ポイント
❸属性パレットで線の太さなどを設定する
※たとえば1/8ポイントの実線
❹スナップパレットで【図形スナップ】のみオンにする
❺[N]キーを押す(【縦横寸法】ツールと同じ)
❻ツールバーで[標準寸法]モードをオンにする
❼X1点(端点)でプレスし、X8点(端点)でリリースし、A点(基準点)をクリックする
❽X8点(端点)でプレスし、Y4点(端点)でリリースし、A点(基準点)をクリックする

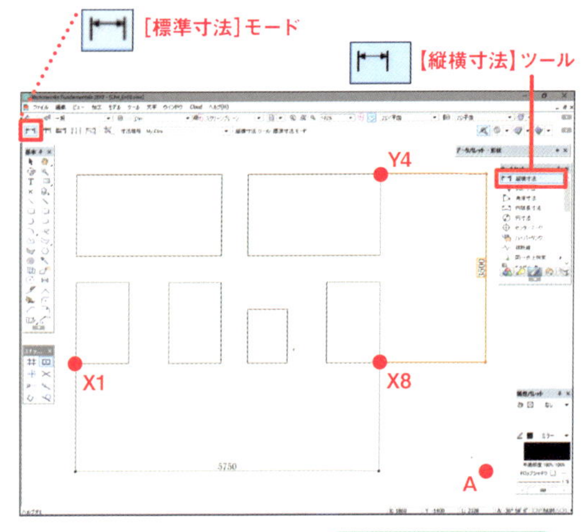

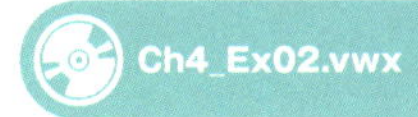

続いて[直列寸法]モードを使います。
❾ツールバーで[直列寸法]モードをオンにする
❿X1点(端点)でプレスし、X2点(端点)でリリースし、B点(基準点)をクリックする
⓫X3点(端点)→X4点(端点)→……→X7点(端点)を順にクリックし、最後にX8点(端点)を2回クリックする

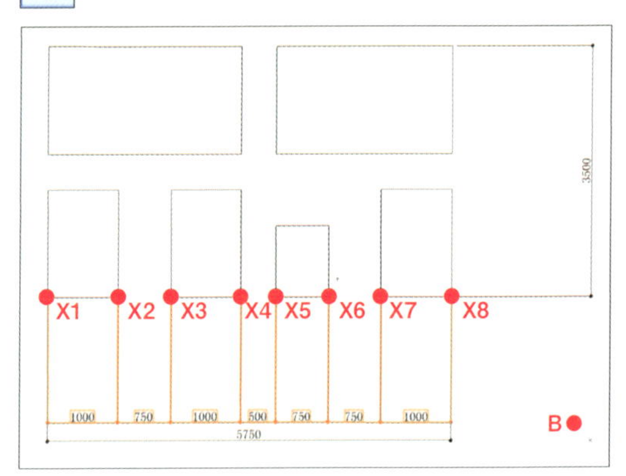

続いてY方向の連続寸法を記入します。
⓬Y1点(端点)でプレスし、Y2点(端点)でリリースし、B点(基準点)をクリックする
⓭Y3点(端点)をクリックし、Y4点(端点)を2回クリックする
⓮[Esc]キーを押して選択解除する

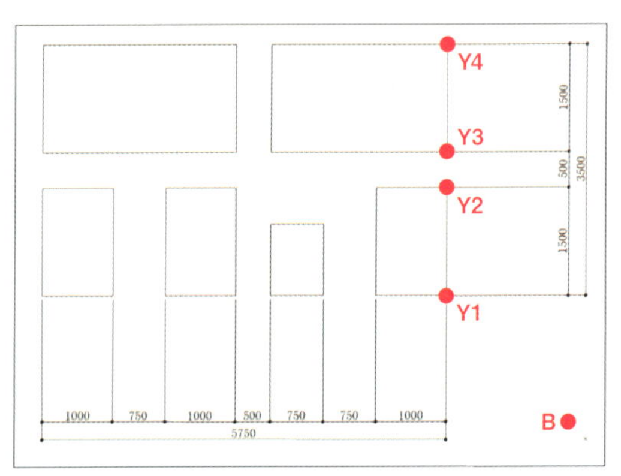

Note 寸法数値が重なって読みづらいとき

直列寸法で狭い場所の寸法があると寸法数値が寸法補助線をはみ出すことがあります。このようなときは【セレクション】ツールで寸法数値をドラッグして位置を調整します。

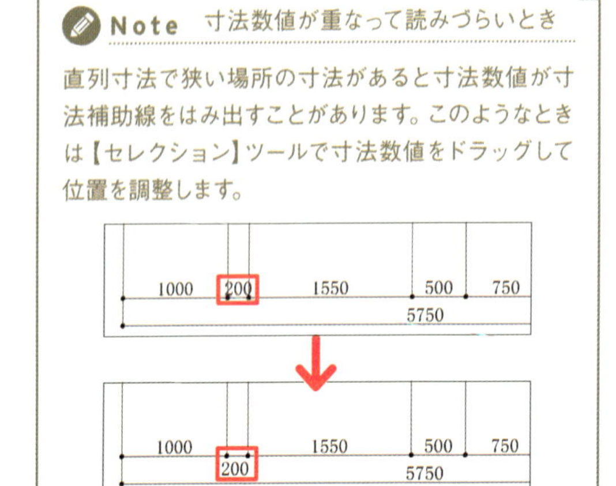

Note 2回クリック

[直列寸法]モードでの寸法記入は「2回クリック」で終了します。2回クリックはダブルクリックと似ていますが、2回クリックはクリックとクリックとの間の時間が長くてもかまわないところがダブルクリックと違います。

Note 直列寸法のオブジェクトタイプ

直列寸法のオブジェクトタイプはデフォルトでは「直列寸法」で一体のオブジェクトです。このままでもよいのですが長い直列寸法を描いているときに途中で間違いに気づいたときなどに最初からやり直しになります（しばしば間違えます）。このため直列寸法よりばらばらの寸法のほうが扱いやすいものです。これを切り替えるのが【縦横寸法】ツールのツールバーにある［縦横寸法ツール設定］ボタンです。このボタンをクリックすると図のようなダイアログが開きます。このダイアログで「寸法線を連続作成」にチェックを入れると直列寸法は単なる寸法の連続（集合）となり扱いやすくなります。
なお直列寸法の設定でどちらを選んでも直列寸法の記入の操作方法はまったく同じです。

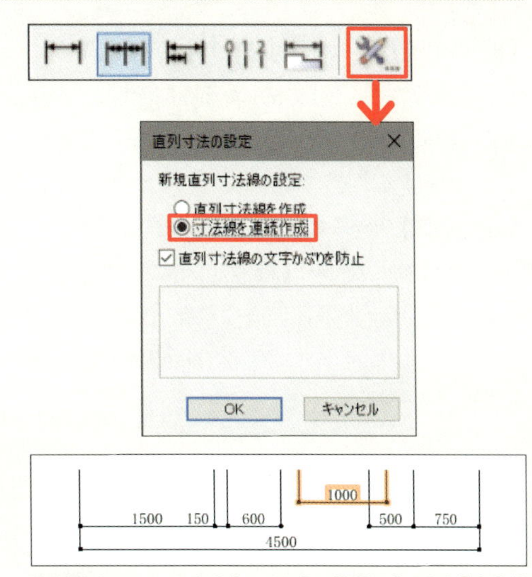

直列寸法の一つの寸法をこのように移動できるなら「寸法線を連続作成」がオンになっている

［2］残りの3モード

【縦横寸法】ツールの残りの3モードすなわち［並列寸法］モード、［累進寸法］モード、［選択図形］モードは建築図面では使う機会が少ないモードですが一通り図で説明します。

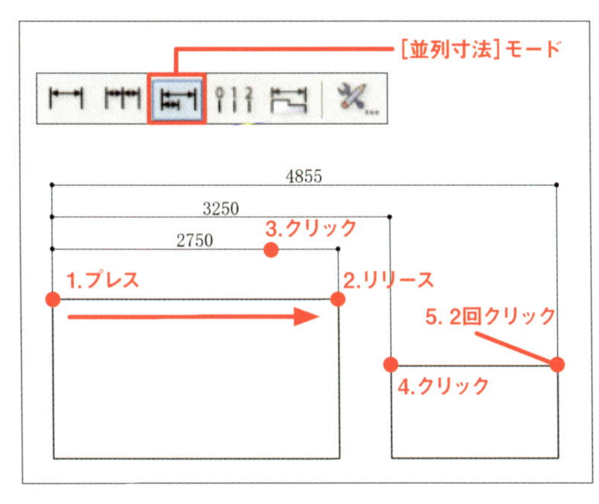

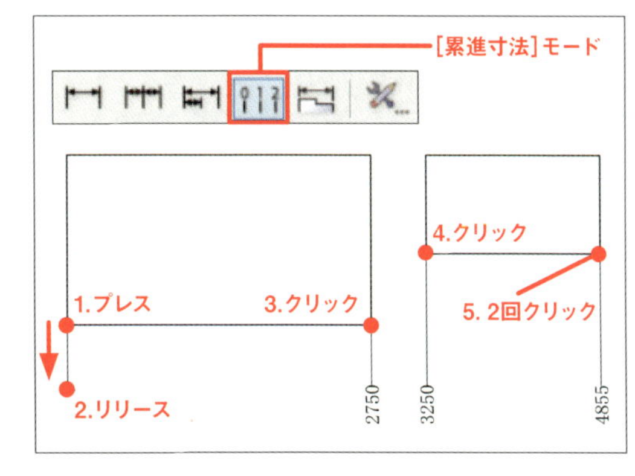

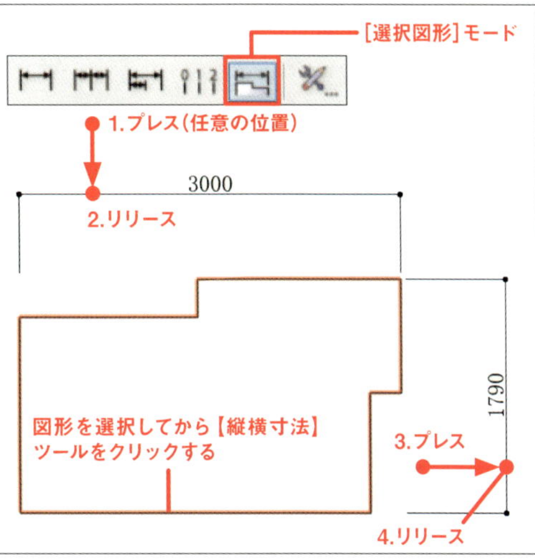

Note 並列寸法線の間隔

［並列寸法］モードの寸法線の間隔は寸法の規格（244ページ）で設定します。

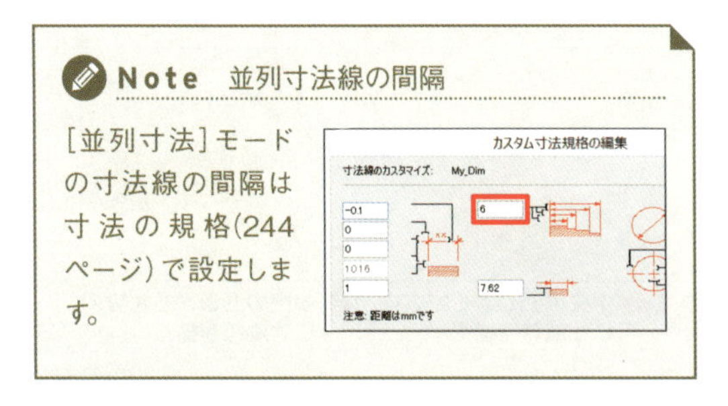

4.2.3 斜め寸法を描く

【縦横寸法】ツールは寸法の対象点が斜めにあっても水平か垂直の寸法しか描けません。これに対し【斜め寸法】ツールは対象点の並びと平行に寸法を描けます。

【斜め寸法】ツールの操作法は【縦横寸法】ツールとまったく同じなので【斜め寸法】ツールの[斜め直列寸法]モードの使い方だけ紹介します。

【斜め寸法】ツール

ツールセット
縦横寸法
斜め寸法
角度寸法
円弧長寸法
円寸法
センターマーク
ハイパーリンク
破断線
同一点上拘束

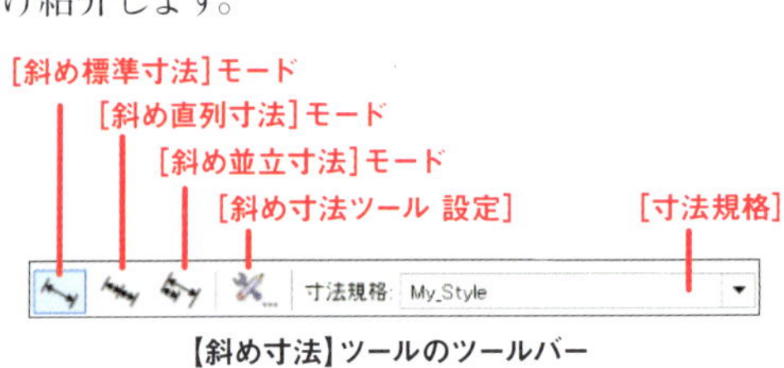

【斜め寸法】ツールのツールバー

Ch4_Ex03.vwx

1. メニューの【ファイル】→【開く】をクリックし、「VW20xx_Data」フォルダの中の「Ch4」フォルダにある「Ch4_Ex03.vwx」を開く
2. スナップパレットで【図形】スナップのみオンにする
3. [M]キーを押す(【斜め寸法】ツールと同じ)
4. ツールバーで[斜め直列寸法]モードをオンにする
5. 左側の2つの図形で図のように斜め寸法を描く
6. 【セレクション】ツールで空クリックして選択解除する

※[Esc]キーを押してもよい。

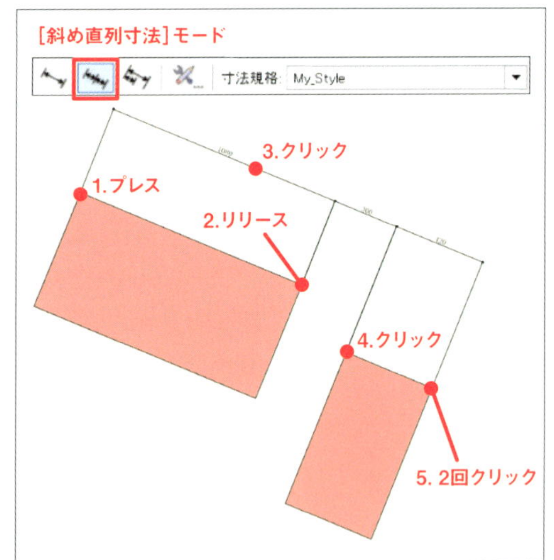

Note 寸法数値の精度

寸法数値の精度、すなわち小数点以下何桁まで表示させるかは寸法規格にありません。メニューの【ファイル】→【書類設定】→【単位】の「単位」ダイアログに精度の項目がありますが、この設定は寸法数値に反映しません。寸法数値の精度は小数点以下1桁に固定されています。これを変えるには寸法を描いたあと、寸法を選択しデータパレットで精度を変えます。なお精度が小数点以下1桁でも小数点以下が「0」のときは寸法に表示されません(デフォルト設定)。たとえば「1000.0」は「1000」と表示されます。

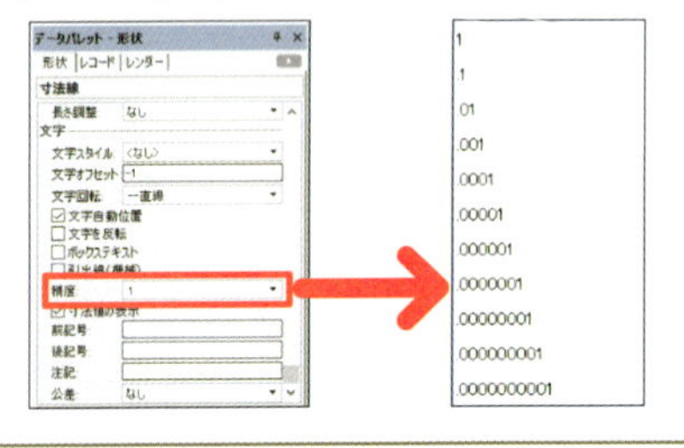

Note 寸法線の方向

斜め寸法は最初のプレス→ドラッグ→リリースで寸法線の方向が決まり、途中で角度を変えられません。また形によっては最初に角度を決められない場合があります。このようなときはあらかじめ補助になる線を引いておくか図のような工夫をします。

この部分の寸法が2重になるので片方を選択し、消去する(2重のままでも支障はないが)

1. 中央の凸部から右方向に寸法線を描く

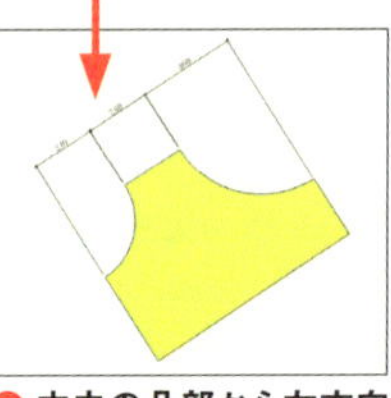
2. 中央の凸部から左方向に寸法線を描く

4.2.4 円寸法を描く

【円寸法】ツールは円と円弧に使えます。このあとの図は円の場合を示しますが、円弧の場合もまったく同じ操作方法で記入できます。

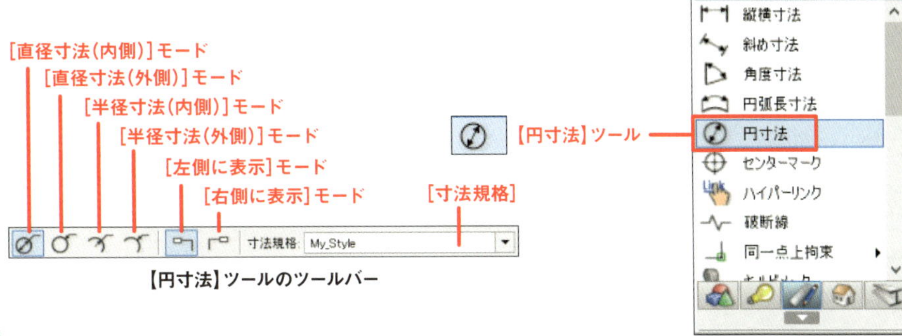

【円寸法】ツールのツールバー

[1] 準備

これから練習用データを用いて【円寸法】ツールの各モードの使い方を説明します。まず準備をします。

❶ メニューの【ファイル】→【開く】をクリックし、「VW20xx_Data」フォルダの中の「Ch4」フォルダにある「Ch4_Ex04.vwx」を開く

※「Ch4_Ex04」にある円はすべて同じですので、このあとの練習では任意の円を使ってください。

❷ メニューの【ビュー】→【他のレイヤを】→【表示】をクリックする

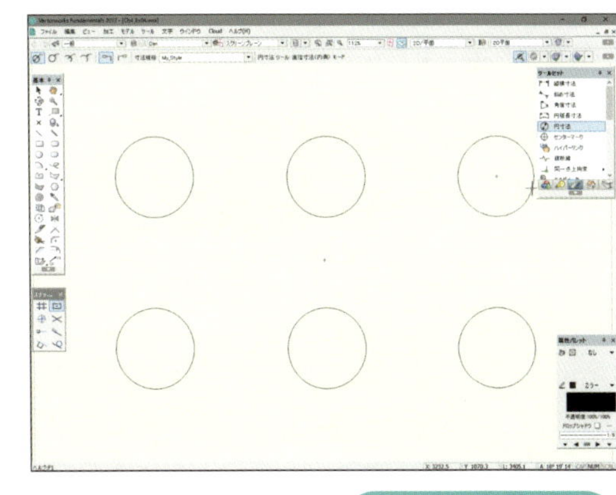

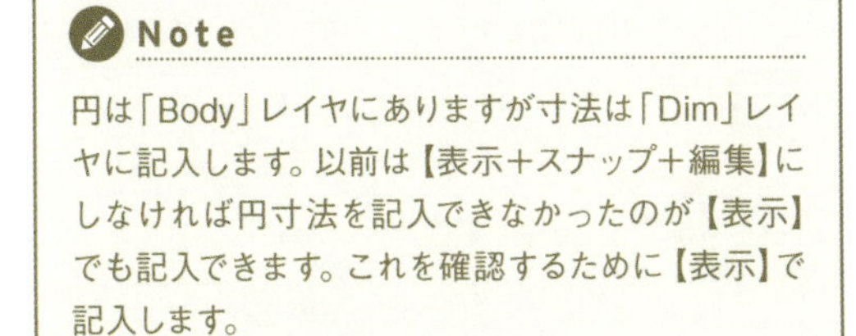

Note

円は「Body」レイヤにありますが寸法は「Dim」レイヤに記入します。以前は【表示+スナップ+編集】にしなければ円寸法を記入できなかったのが【表示】でも記入できます。これを確認するために【表示】で記入します。

[2] [直径寸法(内側)]モード

円寸法を記入してみます。

❶ [,](カンマ)キーを押す(【円寸法】ツールと同じ)

❷ ツールバーで[直径寸法(内側)]モードと[左側に表示]モードをオンにする

❸ 任意の円の円周上の点でプレスし、円の内側にドラッグし、適当な位置でリリースする

❹ 別の円の円周上の点でプレスし、円の外側にドラッグし、適当な位置でリリースする

❺ [Esc]キーを押して選択解除する

※【セレクション】ツールで空クリックしても同じ。

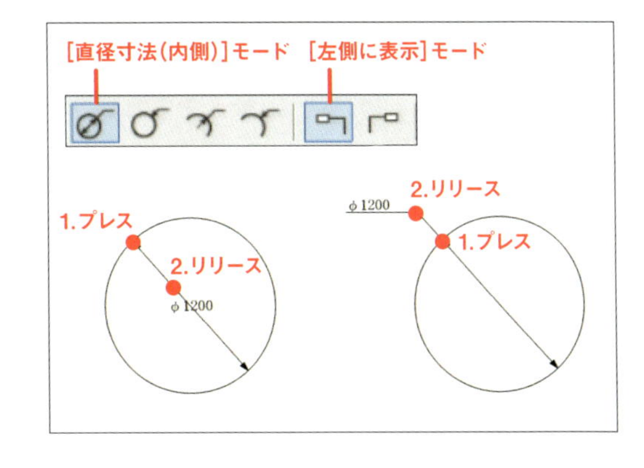

Note 円寸法の数値の方向

円寸法の寸法数値の方向はすべて水平です。これを変えたいときは寸法を選択してからデータパレットの「文字回転」で修正します。

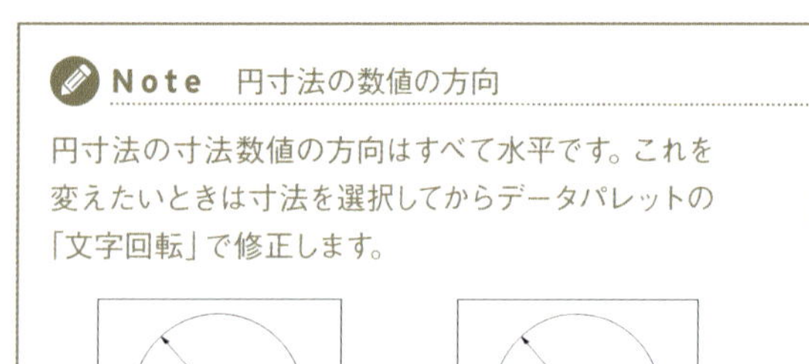

文字回転＝水平　　文字回転＝一直線

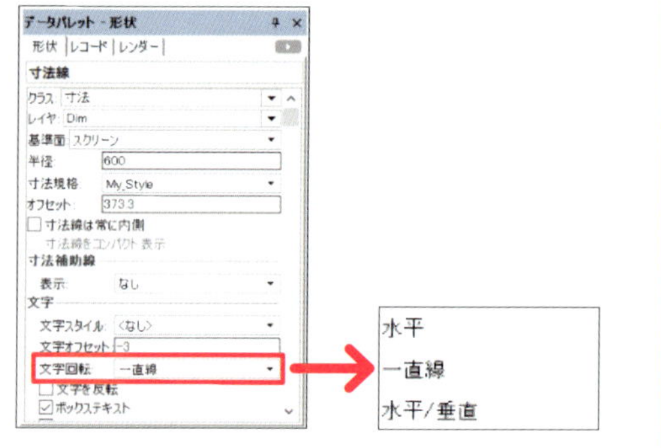

[3] [直径寸法(外側)]モード

[直径寸法(外側)]モードの操作方法は前項の[直径寸法(内側)]モードと同じなので図で示すだけにします。

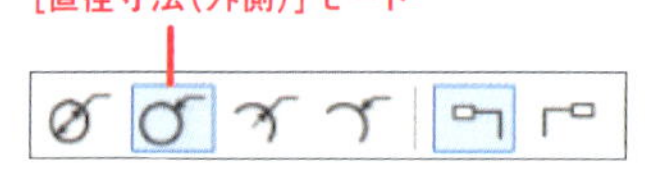

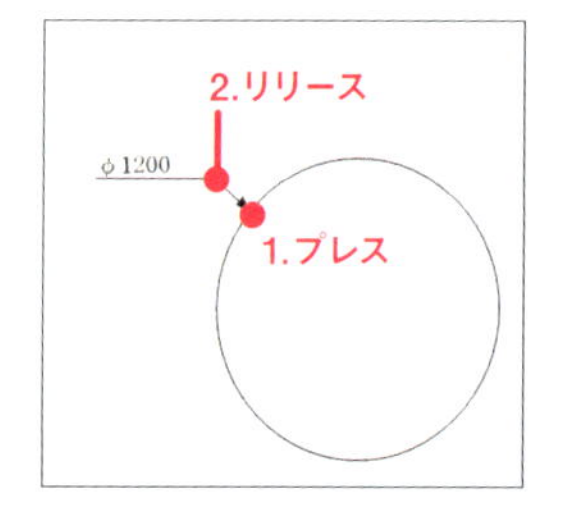

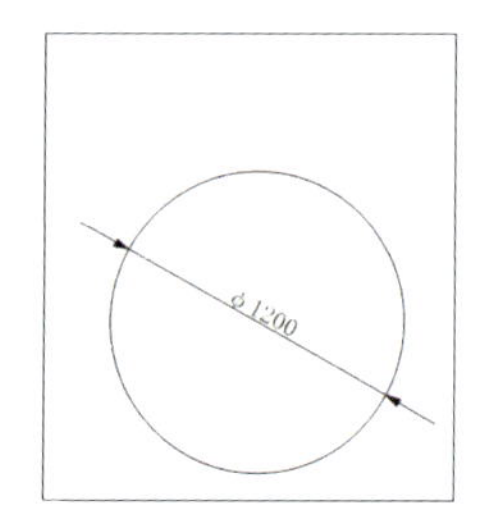

円の内部でリリースすると
こうなる
文字回転＝一直線

[4] [半径寸法(内側)]モード

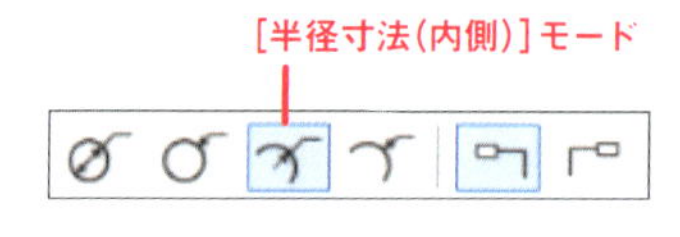

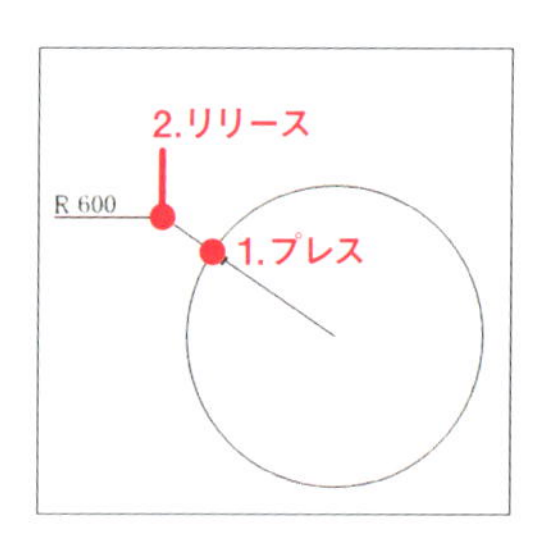

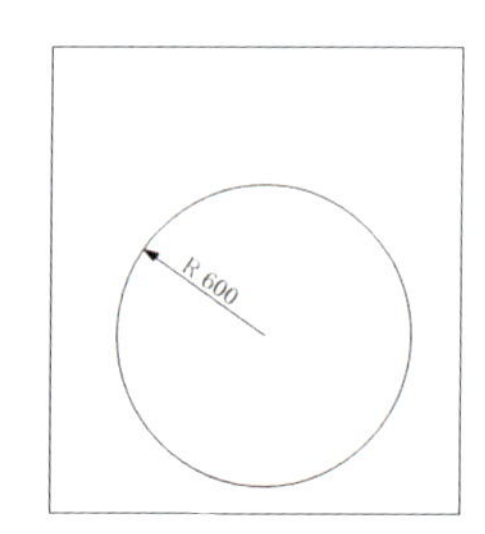

円の内部でリリースすると
こうなる
文字回転＝一直線

[5] [半径寸法(外側)]モード

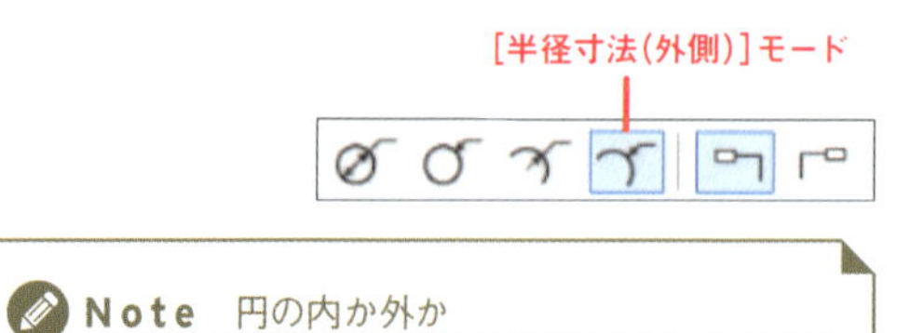

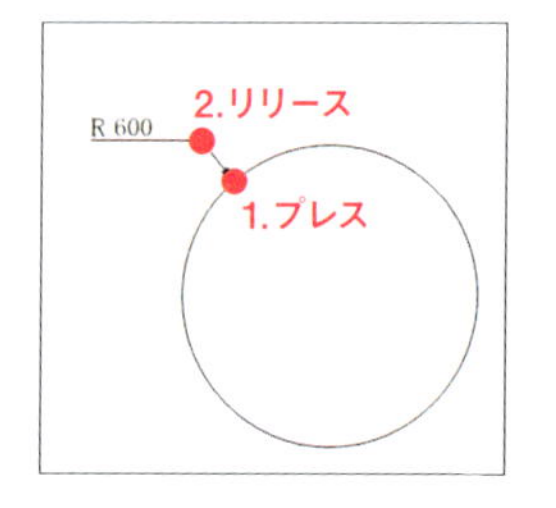

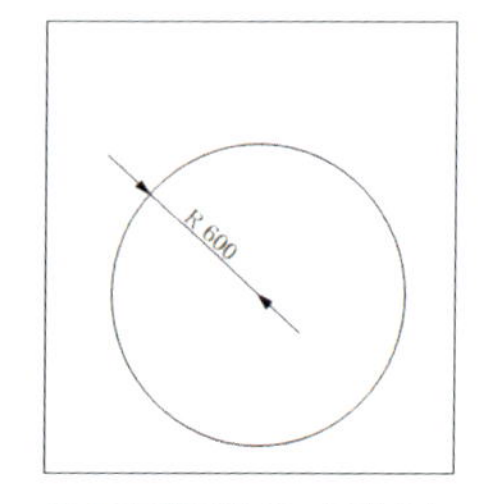

円の内部でリリースすると
こうなる
文字回転＝一直線

Note 円の内か外か

リリースする位置が円の内か外かで結果が異なります。しかし描いたあと【セレクション】ツールで寸法数値をドラッグすると内／外を変えられます。

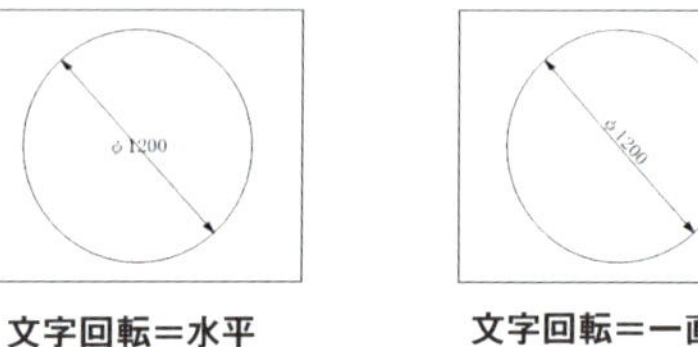

[6] 寸法値は左か右か

円の外に寸法を描いたとき寸法値の位置を右／左のどちらに出すかをツールバーで設定できます。

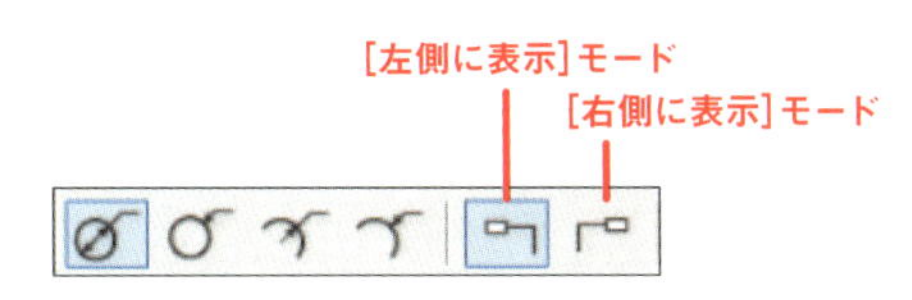

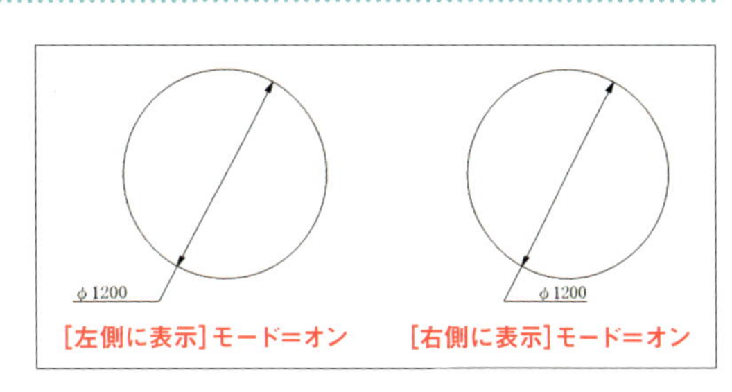

寸法数値の左右のどちらにするかは円寸法を記入する前に設定しますが、記入したあとでも変えられます。それはデータパレットの「寸法値を左に」で行います。

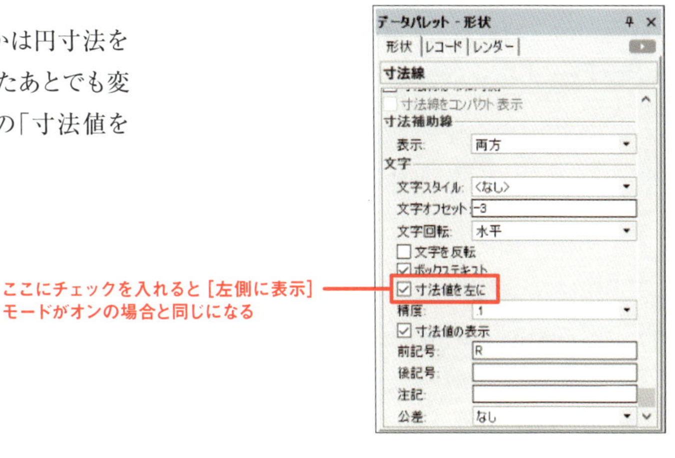

4.2.5 角度寸法を記入する

【角度寸法】ツールには3つのモードがあります。

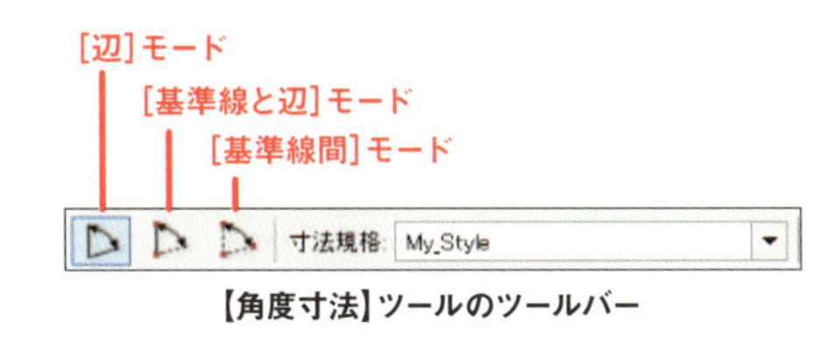

【角度寸法】ツールのツールバー

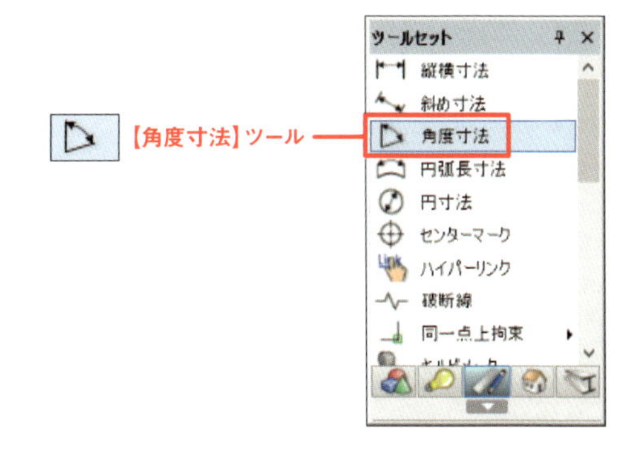

[1] 準備

【角度寸法】ツールを練習する準備をします。

❶ メニューの【ファイル】→【開く】をクリックし、「VW20xx_Data」フォルダの中の「Ch4」フォルダにある「Ch4_Ex05.vwx」を開く

❷ メニューの【ビュー】→【他のレイヤを】→【表示】をクリックする

※249ページのNoteを参照。

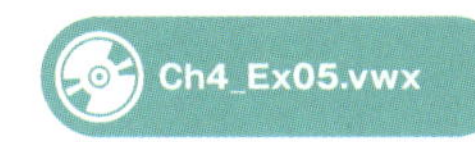

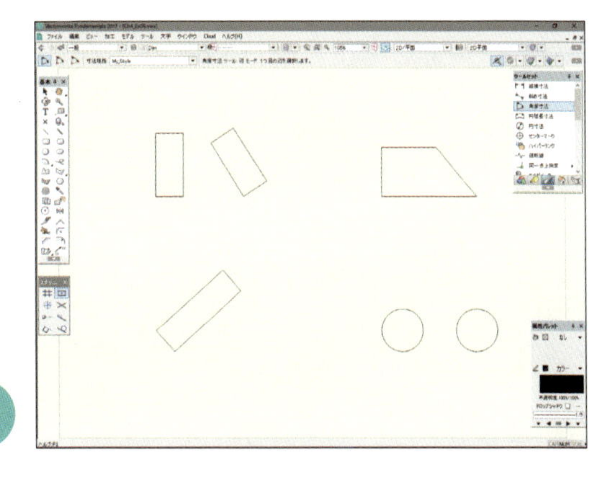

[2] [辺]モード

❶ [.](ピリオド)キーを押す(【角度寸法】ツールと同じ)
❷ ツールバーで[辺]モードをオンにする(前ページ)
❸ 図のように図形の辺でプレスし、ドラッグして他方の辺でリリースする
❹ マウスを動かすと寸法が表示されるのでそれを見ながら適当な位置でクリックする
❺ [Esc]キーを押して選択解除する

※【セレクション】ツールで空クリックしても同じ。

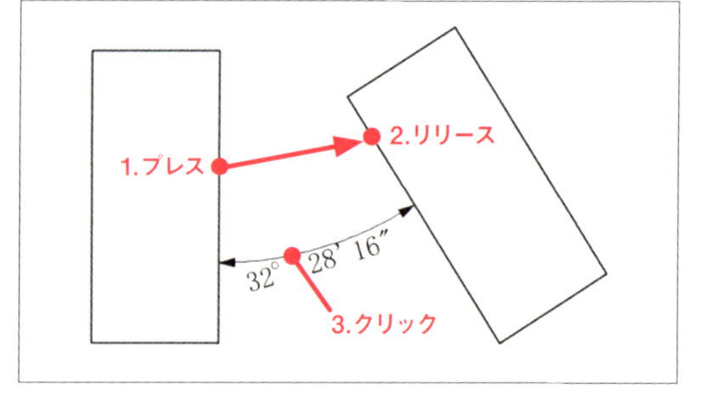

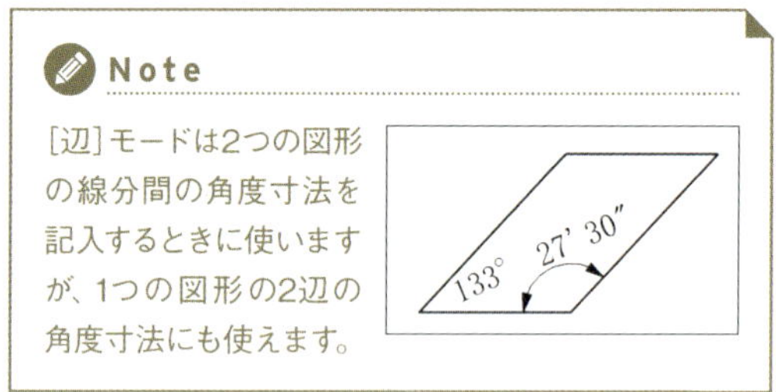

Note
[辺]モードは2つの図形の線分間の角度寸法を記入するときに使いますが、1つの図形の2辺の角度寸法にも使えます。
133° 27' 30"

[3] [基準線と辺]モード

❶ メニューの【ビュー】→【他のレイヤを】→【表示+スナップ】をクリックする
❷ [.](ピリオド)キーを押す(【角度寸法】ツールと同じ)
❸ ツールバーで[基準線と辺]モードをオンにする
❹ スナップパレットで【図形スナップ】のみをオンにする
❺ A点(端点)でプレスし[Shift]キーを押しながら右水平方向にドラッグしB点(任意点)あたりでリリースする

※基準線の方向は自由ですが、ここでは例として右水平方向にしました。

❻ 辺(P)をクリックし、次に寸法を記入する位置をクリックする
❼ [Esc]キーを押して選択解除する

※【セレクション】ツールで空クリックしても同じ。

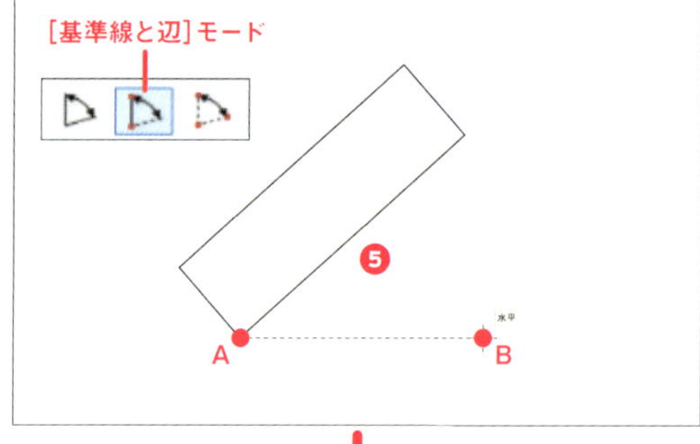

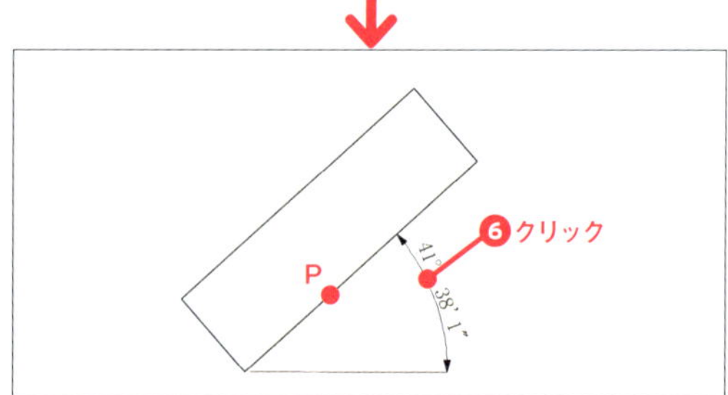

[4] [基準線間]モード

❶ [.](ピリオド) キーを押す(【角度寸法】ツールと同じ)
❷ ツールバーで[基準線間] モードをオンにする
❸ A点(中心) でプレスしB点(任意点) でリリースする
※A点とB点を結ぶ線が最初の基準線になります。
❹ C点(中心点) でクリックしてから寸法を描く位置(任意点) でクリックする
❺ [Esc] キーを押して選択解除する
※【セレクション】ツールで空クリックしても同じ。

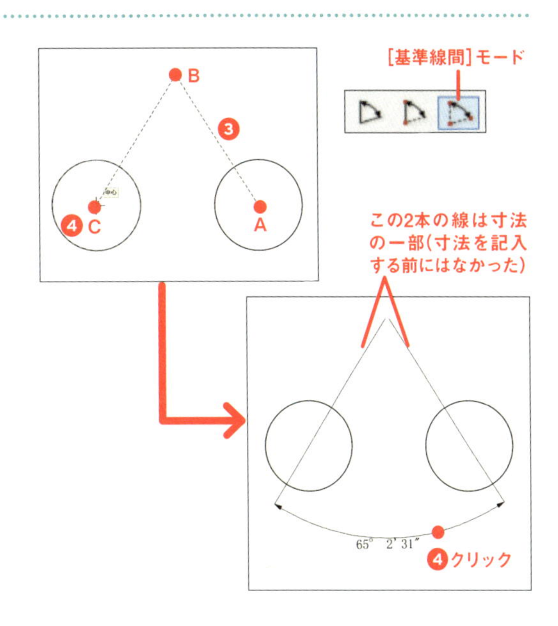

4.2.6 センターマークを描く

中心点の位置を示す図形をセンターマークといい、【センターマーク】ツールで描きます。操作は次のように簡単です。

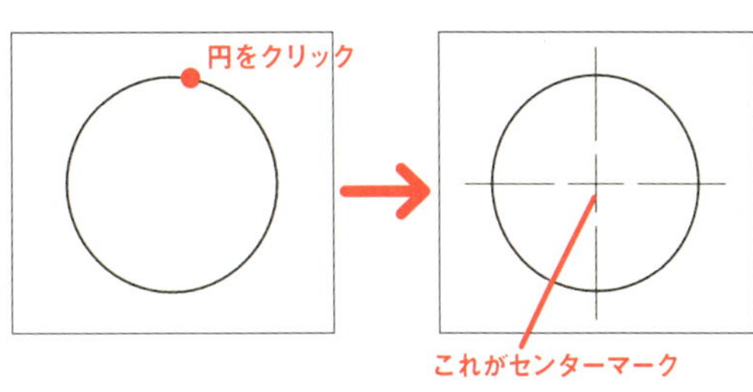

円以外でセンターマークを付けられる図形の例を右図に示します。

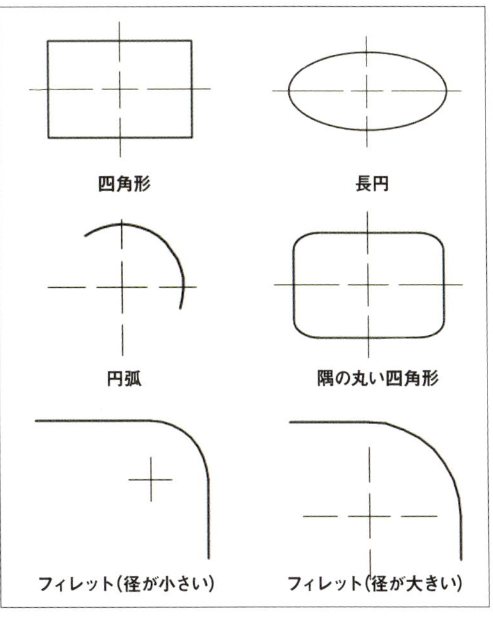

Note センターマークのサイズ

センターマークの各部のサイズは寸法の規格(244ページ)で設定します。

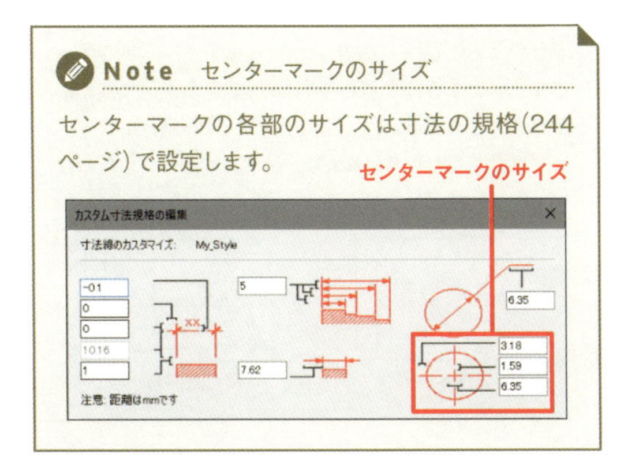

4.3 多角形と正多角形を描く

多角形は他のCADでポリラインとか連続線と呼ばれる図形で、複数の線分によって構成される図形ですが一体のオブジェクトで、面図形です。多角形の特別なケースが正多角形ですが操作法は多角形と異なります。なお【ダブルライン多角形】ツールは「多角形」という言葉が入っていますがこのツールで描いた図形は複数の直線ですので多角形とは異なります。

4.3.1 【多角形】ツール

多角形は【多角形】ツールで描くか生成します。

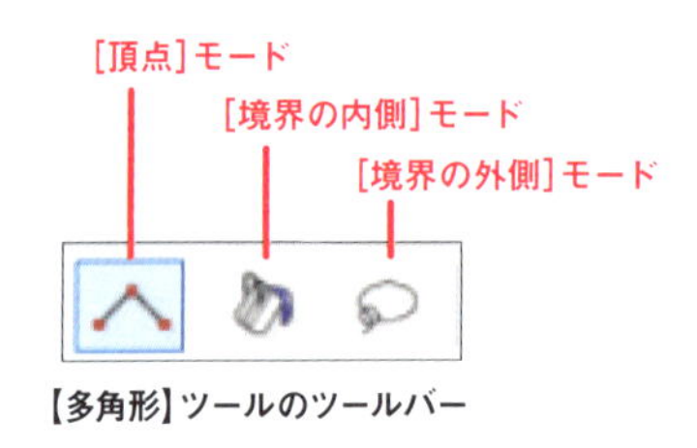

【多角形】ツールのツールバー

[1] 多角形を描く

多角形を【多角形】ツールで描きます。モードはデフォルトの[頂点]モードです。練習用データは任意です。

❶【セレクション】ツールで空クリックする

※選択図形があったときに選択が解除されます。

❷属性パレットの面属性を「なし」にする

※これから描く多角形が透明になります。

❸スナップパレットのスナップをすべてオフにする

❹【多角形】ツールをクリックする

❺ツールバーで[頂点]モードをオンにする

❻図のようにクリック→クリック→……→ダブルクリックして多角形を描く

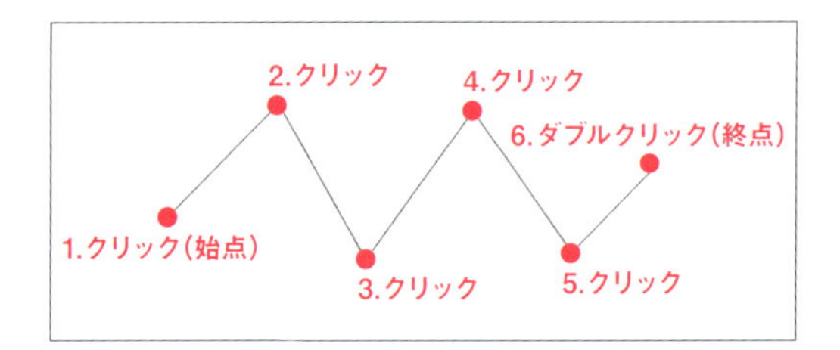

Note

直線はプレス→ドラッグ→リリースで描きますが多角形はクリック→クリックで描きます。

Note

【多角形】ツールで多角形を描くときダブルクリックすると終了し、開いた多角形ができますが、始点に戻ってクリックすると閉じた多角形ができます。始点を正確にクリックするには【図形スナップ】を利用します。なお始点をクリックしなくても終点をクリックしたあと[K]キーを押すと閉じた多角形ができます。

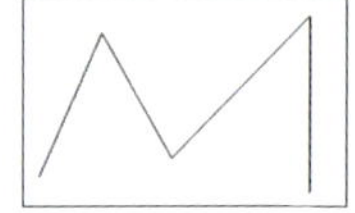
開いた多角形

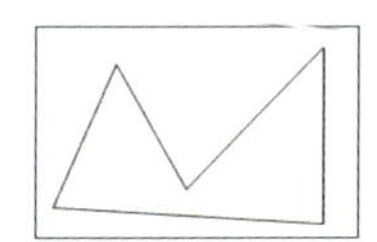
閉じた多角形

[2] [境界の内側]モードで多角形を生成する

Ch4_Ex06.vwx

複雑な形の多角形を描くとき、前項のように直接描く方法は面倒です。そこで【直線】ツールや【円弧】ツールで大まかに描いた図形から多角形を生成する方法があります。

生成する方法は2つ用意されています。最初に図形に囲まれた部分から多角形を生成する方法を練習します。

❶ メニューの【ファイル】→【開く】をクリックし、「VW20xx_Data」フォルダの中の「Ch4」フォルダにある「Ch4_Ex06.vwx」を開く
❷ 属性パレットで面属性を「カラー」に変え、適当なカラーたとえば黄色を選択する
❸【多角形】ツールをクリックする
❹ ツールバーで[境界の内側]モードをオンにする
❺ バケツ型のカーソルで図に示すあたり(A点)をクリックする
❻ [Shift]キーを押しながら図に示すあたり(B点)をクリックする

[境界の内側]モード

結果

一見囲まれた部分を塗り潰したように見えますが、そうではなく多角形(黄色の図形)が生成されました。このことを多角形をドラッグ移動して確かめます。

❼【セレクション】ツールをクリックする
❽ 生成された多角形(黄色の図形)を移動してみる

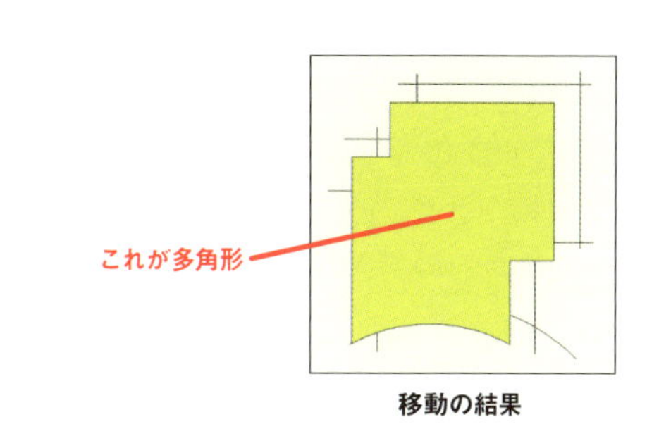

移動の結果

[3] [境界の外側]モードで多角形を生成する

多角形を生成する2番目の方法は、図形の外形から多角形を生成する方法です。前項と同じく「Ch4_Ex06.vwx」で練習します。

❶ 属性パレットで面属性を「なし」にする
❷【円】ツールで図のような円、すなわち6つの正方形と交差する円を描く
❸【セレクション】ツールで空クリックする
❹ 属性パレットで面属性を「カラー」にする
※カラーは前項で設定した色(たとえば黄色)になるはずです。
❺【多角形】ツールをクリックする
❻ ツールバーで[境界の外側]モードをオンにする

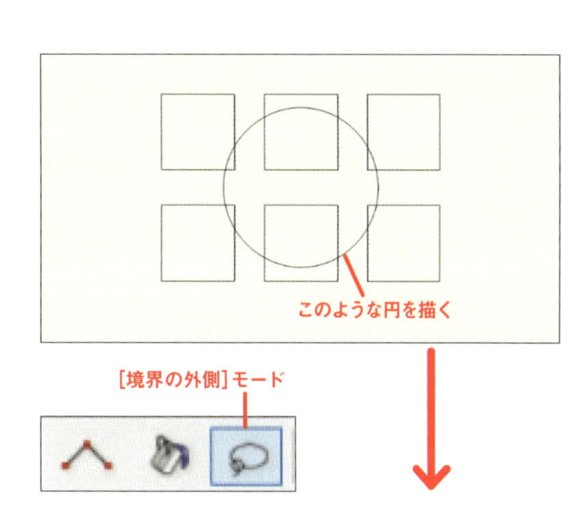

❼ A点（任意点）あたりでプレスし、全図形（7図形）をそっくり包むようにしてドラッグして、B点（任意点）あたりでリリースする

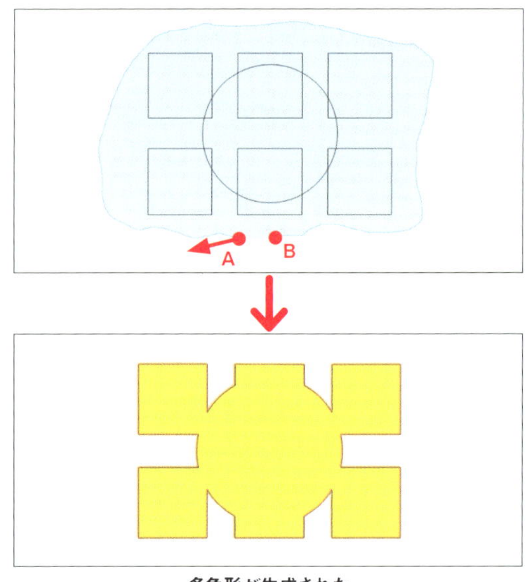

多角形が生成された

4.3.2 正多角形を描く

【正多角形】ツールは正三角形や正六角形などを描くツールです。建築設計図であまり使いませんが、正多角形を描かねばならないときにこのツールがないと苦労します。

正多角形の描き方と辺の数はツールバーで設定します。

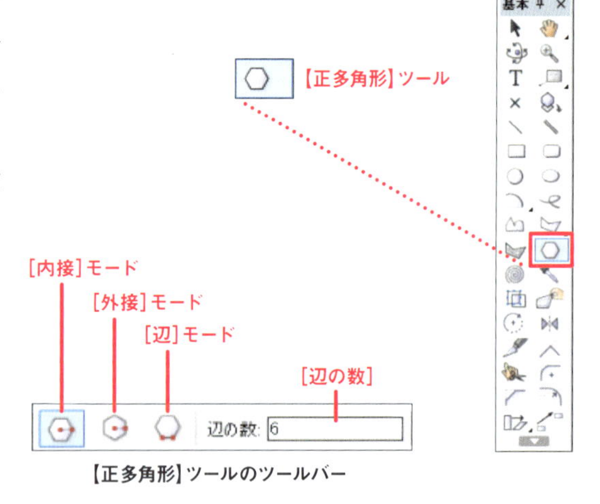

【正多角形】ツールのツールバー

[1] 準備

これから正多角形を描く練習をしますが正多角形は簡単に描けますので練習用データは用意していません。

正多角形は最初に辺の数を設定します。ここでは例として正六角形を描くものとして辺の数を6に設定しています。

❶【正多角形】ツールをクリックする

❷ツールバーの[辺の数]に<6>を入力する

[2] [内接]モード

最初に内接する正六角形を描きます。

❶【正多角形】ツールをクリックする
❷ツールバーで[内接]モードをオンにする
❸任意の位置でプレスし、ドラッグすると正六角形が表示されるので適当なサイズのところでリリースする

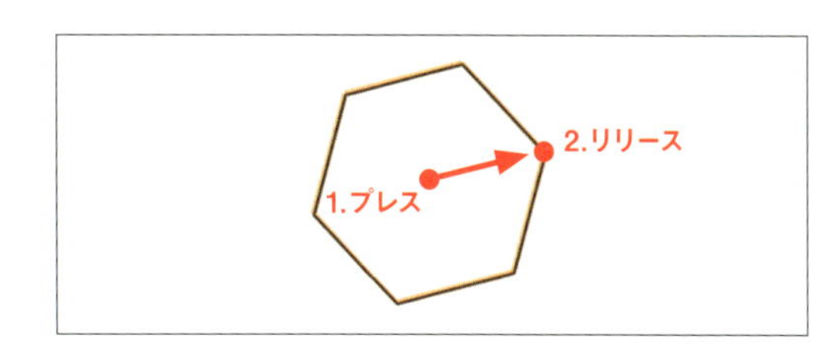

Note 作図中にモード切り替え

正多角形を作図中に[U]キーを押すと描き方のモードを切り替えられます。また[I]キーを押すと作図中でも辺の数を変えられます。

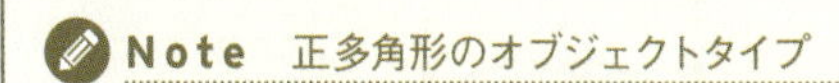
Note 正多角形のオブジェクトタイプ

正多角形のタイプはデータパレットを見ると「多角形」に分類されていることが分かります。

Note

正多角形の作図中に[Ctrl]キーを押すとその間だけ[内接]/[外接]モードを切り替えられます。

[3] [外接]モード

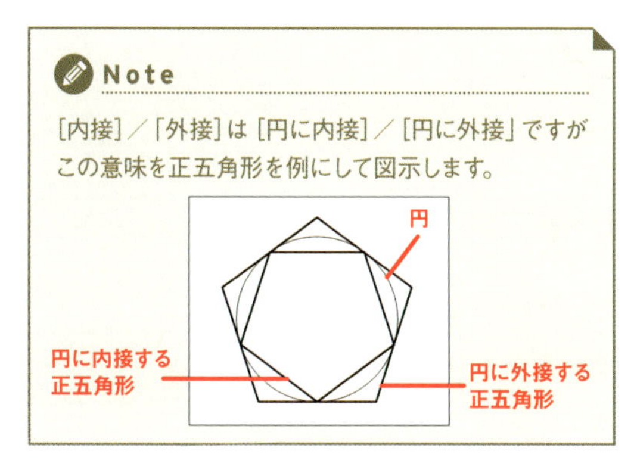
Note

[内接]/[外接]は[円に内接]/[円に外接]ですがこの意味を正五角形を例にして図示します。

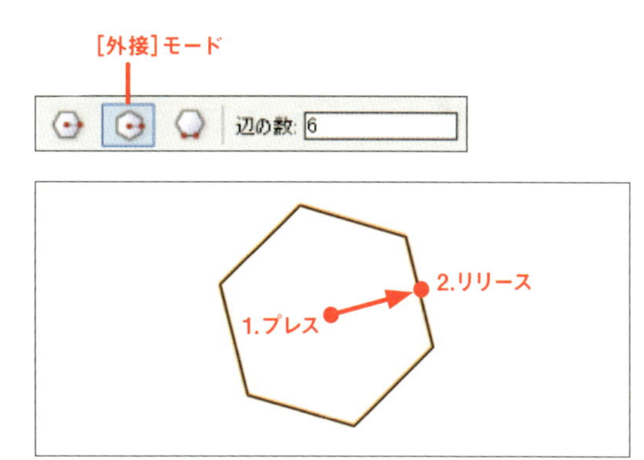

[4] [辺]モード

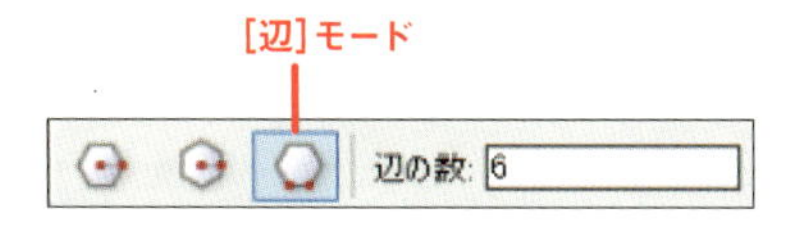

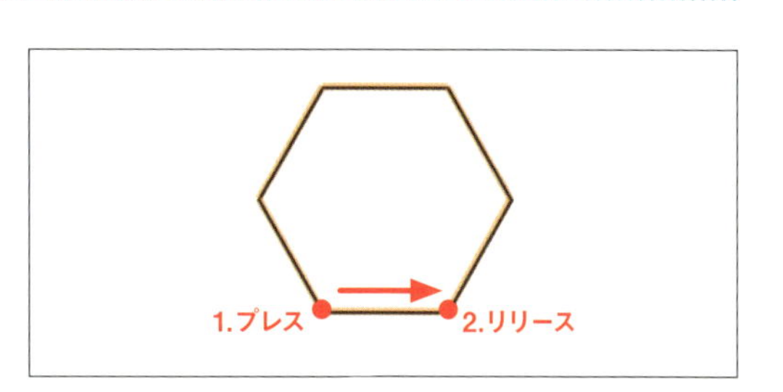

Note

[辺]モードで作図中に[Ctrl]キーを押すとその間は多角形が反転します。

4.4 曲線を描く

CADの曲線はスプラインやNURBSなど多数の種類がありますが、Vectorworksには以下の4種類の曲線が用意されています。それぞれに数学的な違いがありますが、ここでは建築製図をする立場からの違いを説明します。

・ベジェスプライン曲線（ベジェ=人名）　・キュービックスプライン曲線（キュービック=3次）

・円弧曲線　・NURBS曲線

4種類の曲線を重ねてみました。破線の多角形は曲線を描いたときのカーソルの軌跡をあらわしています（実際は頂点をクリックしている）。なお4種類の曲線のうちNURBS曲線を除く3種類は【曲線】ツールのツールバーで選択して描きます。

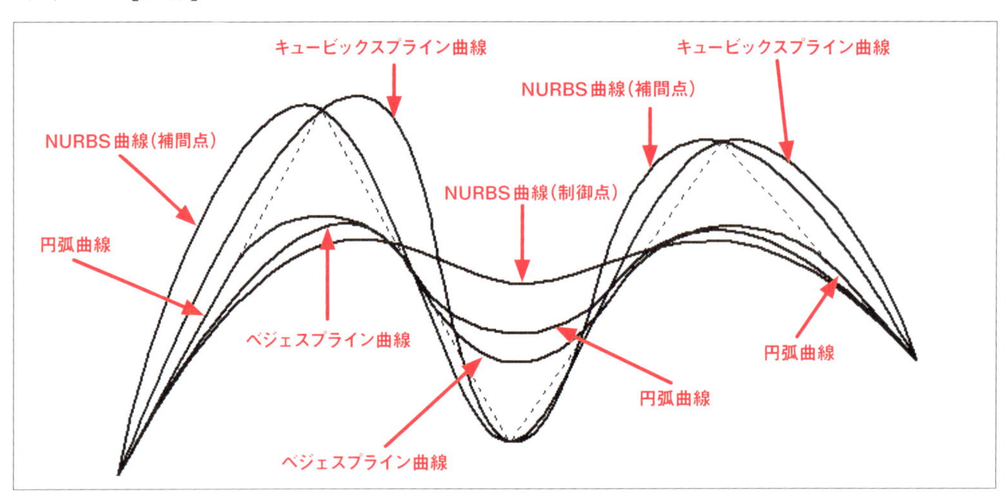

4.4.1 【曲線】ツールについて

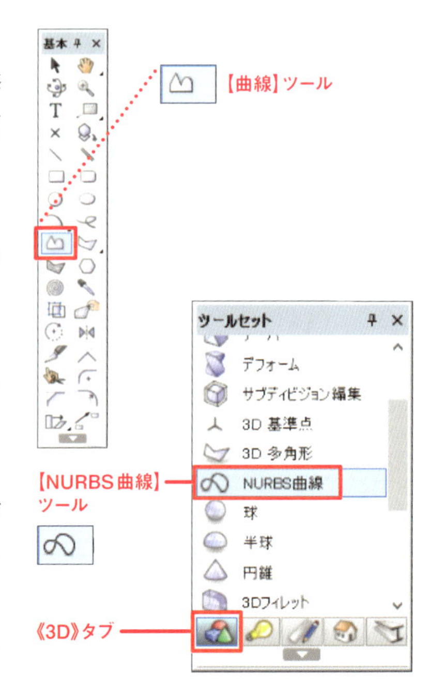

◆ベジェスプライン曲線（【曲線】ツール）

ベジェスプライン曲線は曲線らしい曲線で、描いたあとで修正しやすいという特徴があります。美しい曲線ですが建築図面に用いても寸法で形を特定できないので施工で苦労します。

◆キュービックスプライン曲線（【曲線】ツール）

キュービックスプライン曲線はクリックした点を通過する曲線なので比較的形を予測しやすい曲線です。

◆円弧曲線（【曲線】ツール）

円弧曲線はきれいな曲線とは言えませんが寸法を記入できるという特徴があります。

◆NURBS曲線（【NURBS曲線】ツール）

NURBS（ナーブス）曲線は代表的なCADの曲線ですがVectorworksでは主に3Dで用いる曲線としているのでツールもツールセットパレットの《3D》タブにあります。本書は2D製図をテーマとしているので【NURBS曲線】ツールの説明は省略します。

【曲線】ツールでは3種類の曲線に折れ線を加えて4種類の曲線を描けます。折れ線を曲線の特別なケースとしてとらえると、直線と曲線を混在させたり、折れ線を含む4種曲線の種類の変更が理解しやすくなります。

曲線を描いたあとで種類を変更するときはメニューの【加工】→【スムージング】のサブコマンドで行います。多角形や曲線を選択し、曲線の種類をクリックするとその種類の曲線に変わります。このあと曲線を描く練習をしますので、ついでに種類を変える練習もしてください。

曲線は【曲線】ツールで描く方法と前記したように多角形から曲線に変換する方法がありますが、ここでは【曲線】ツールで直接描く練習をします。

1. メニューの【ファイル】→【開く】をクリックし、「VW20xx_Data」フォルダの中の「Ch4」フォルダにある「Ch4_Ex07.vwx」を開く
2. [Ctrl]＋[4]キー（Mac：[⌘]＋[4]キー）を押して用紙全体を見る
3. 属性パレットで面属性を「なし」にする
4. スナップパレットで【図形スナップ】のみオンにする
5. 【曲線】ツールをクリックする
6. ツールバーでモードを選択する

このあとモード別の操作手順を図で示します。

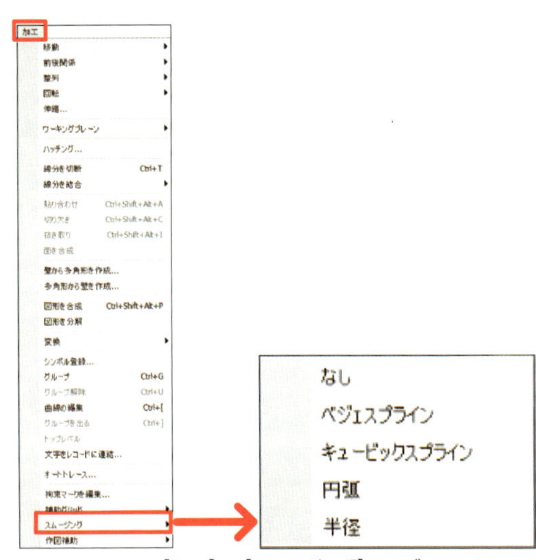

メニューの【加工】→【スムージング】のサブコマンド

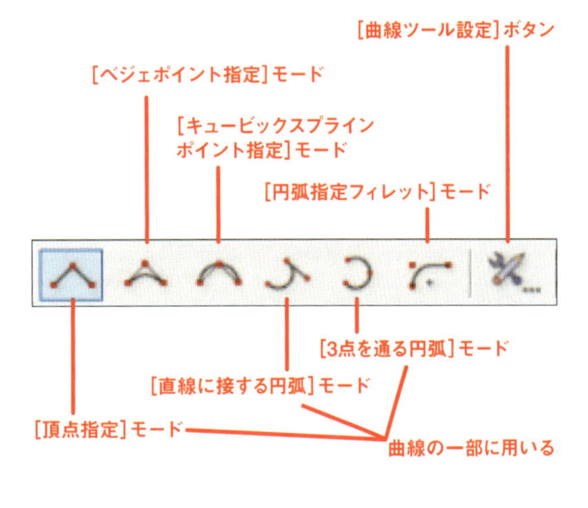

[1] [ベジェポイント指定]モード

Ch4_Ex07.vwx

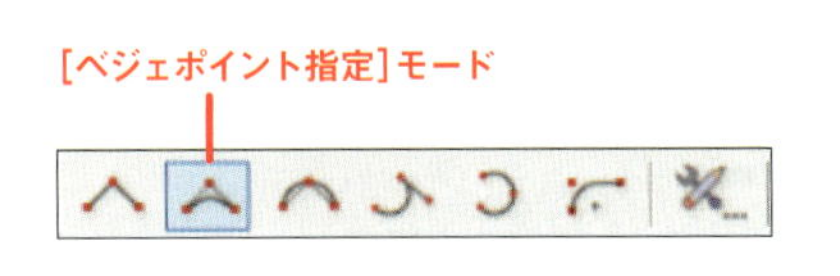

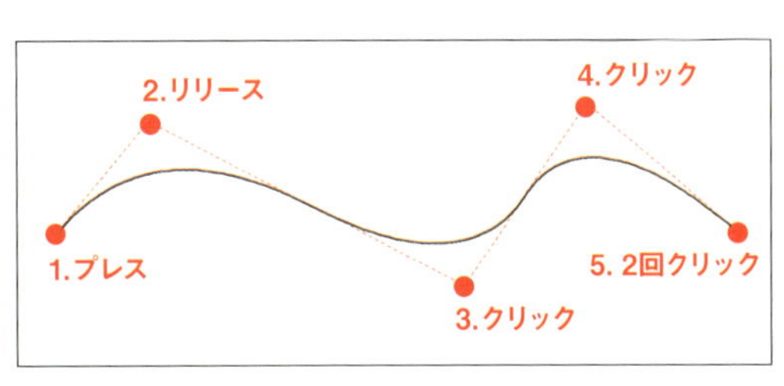

[2] [キュービックスプラインポイント指定]モード

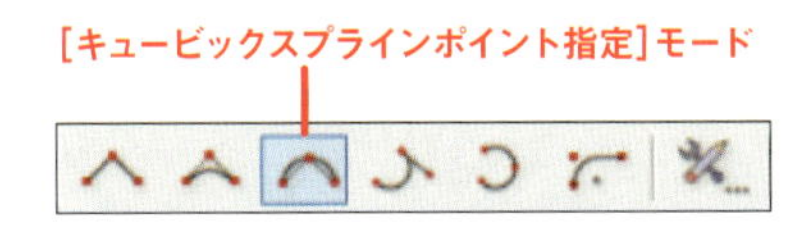

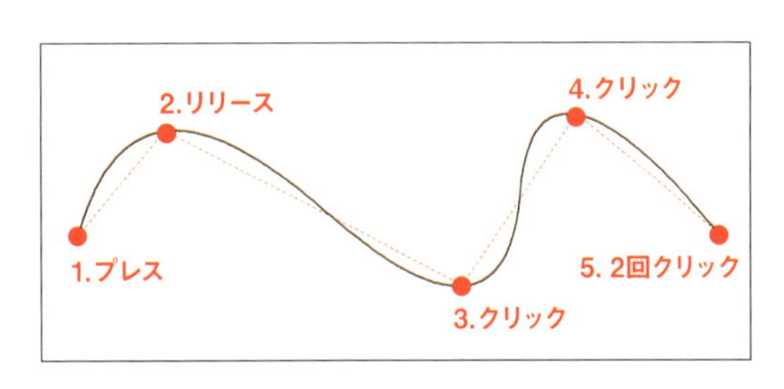

[3] [円弧指定フィレット]モード(1)

［円弧指定フィレット］モードでは先に［曲線ツール設定］ボタンをクリックしてフィレット半径を設定しておきます。ここではフィレット半径を1000mmに設定しています。

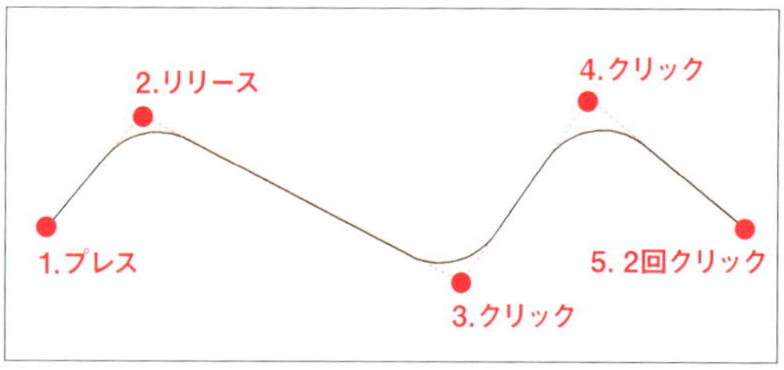

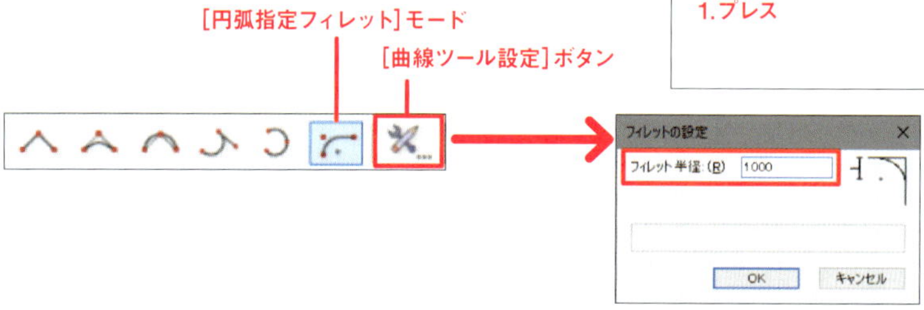

2.リリース
4.クリック
1.プレス
5. 2回クリック
3.クリック

[円弧指定フィレット]モード
[曲線ツール設定]ボタン

フィレットの設定
フィレット半径(R) 1000
OK キャンセル

[4] [円弧指定フィレット]モード(2)

［円弧指定フィレット］モードでフィレット半径を0mmにすると軌跡線に接する円弧による曲線になります。

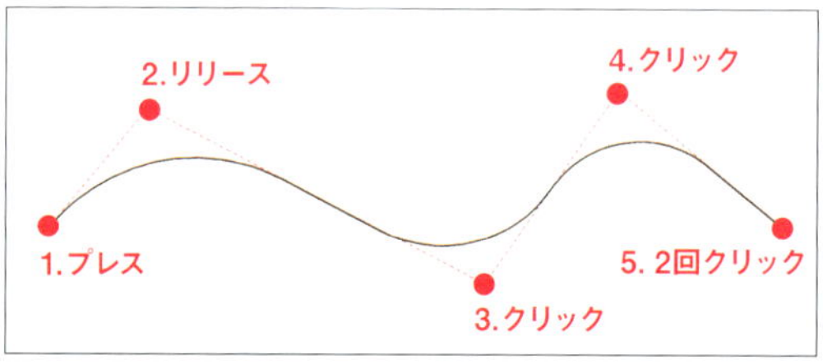

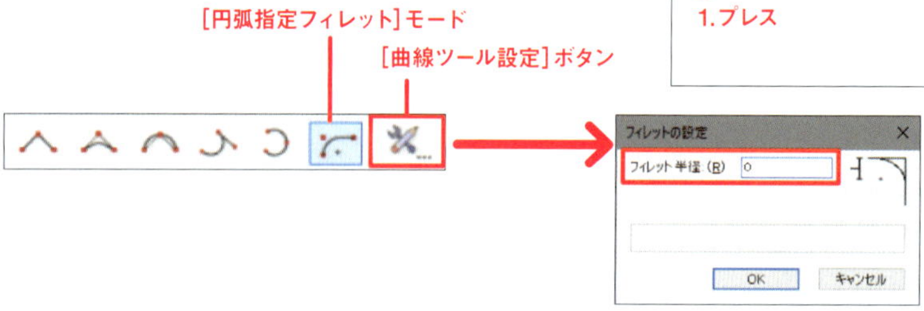

2.リリース
4.クリック
1.プレス
5. 2回クリック
3.クリック

[円弧指定フィレット]モード
[曲線ツール設定]ボタン

フィレットの設定
フィレット半径(R) 0
OK キャンセル

[5] 頂点の形式

【曲線】ツールで作成した図形のオブジェクトタイプはすべて「曲線」になります。そしてモードを変えると「頂点の形式」が違ってきます。たとえば［ベジェポイント指定］モードで描いた曲線の「頂点の形式」は始点と終点は「頂点指定」で、他の点は「ベジェポイント指定」になります。これはデータパレットで調べられます。

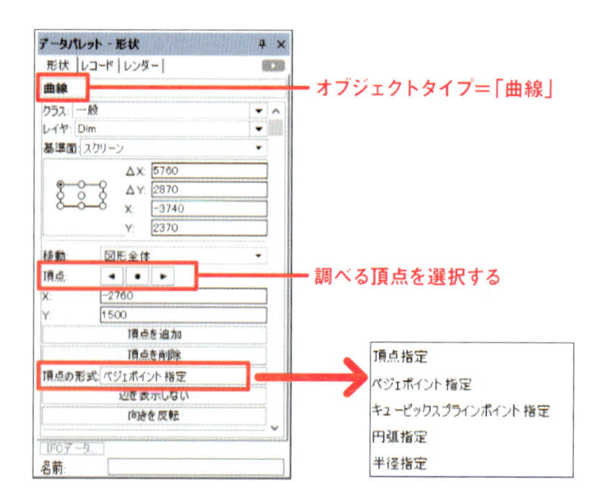

4.4.2 モードを切り替えながら曲線を描く

曲線を描いている途中でモードを切り替えられます。切り替え方はツールバーのモードをクリックして切り替えてもよいですが[U]キーを(数回)押して切り替えるのが簡単です。

❶【曲線】ツールをクリックする

❷ツールバーで[頂点指定]モードをオンにする

❸A点(端点)でプレスしB点(端点)でリリースする

❹[U]キーを4回押して[3点を通る円弧]モードにする

※[3点を通る円弧]モードをクリックしても同じ。

❺C点(端点)→D点(端点)をクリックする

❻[U]キーを5回押して[直線に接する円弧]モードにする

※[直線に接する円弧]モードをクリックしても同じ。

❼E点(端点)を2回クリックする

曲線が選択されているのを確認して、これを別の曲線、たとえばベジェスプラインに変換します。

❽メニューの【加工】→【スムージング】→【ベジェスプライン】をクリックする

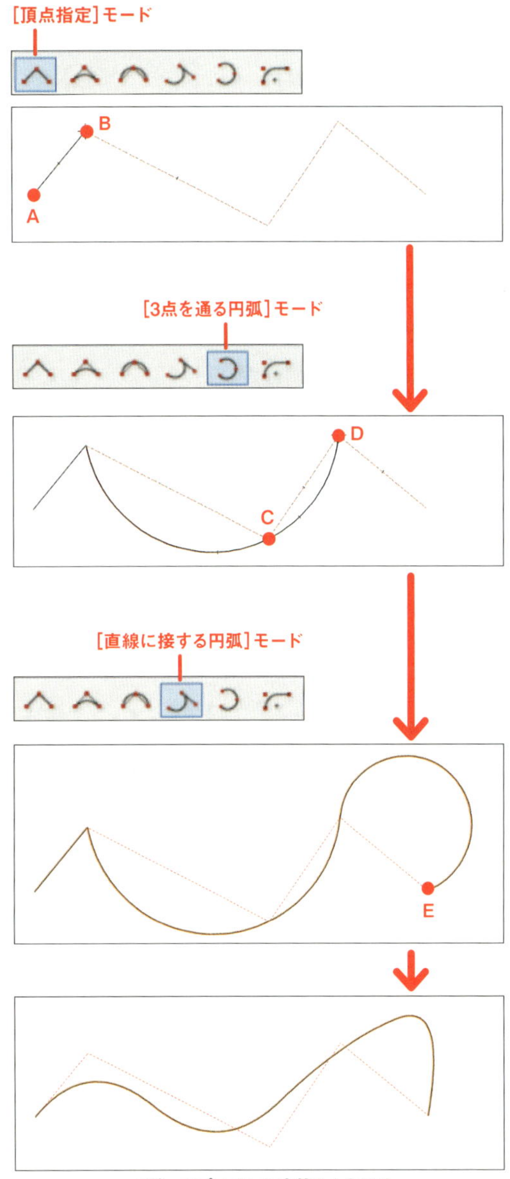

ベジェスプラインに変換したところ

> **Note** [頂点指定] モード
>
> [頂点指定]モードで他と同じように描くと、ただの折れ線になりますが、プレス→ドラッグするとその間は[ベジェポイント指定]モードに変わります。

> **Note** 閉じた曲線
>
> 曲線を描くときの最後の2回クリックをしないで、始点をクリックすると閉じた曲線になります。あるいは終点をクリックしたあと[K]キーを押しても閉じた曲線になります。

4.5 フリーハンド、渦巻きなど

Vectorworksの曲線を描くツールは【曲線】ツールの他に【フリーハンド】ツール、【渦巻き】ツール、【破断線】ツール、【またぎ線】ツール、【雲型作成】ツールがあります。

4.5.1 【フリーハンド】ツールで曲線を描く

【フリーハンド】ツールをクリックしてから、作図ウィンドウでドラッグすると、そのときの軌跡がそのまま曲線になります。

❶属性パレットの面属性が「なし」になっているのを確認する

❷【フリーハンド】ツールをクリックする

❸作図ウィンドウの適当な位置でプレスし、描きたい曲線のコースをドラッグし、リリースで終了する

❹[Esc]キーを押して選択解除する

※【セレクション】ツールで空クリックしても同じ。

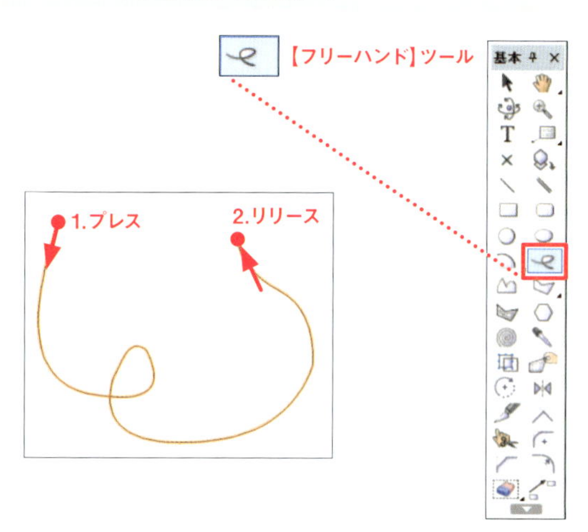

4.5.2 【フリーハンド】ツールで曲線を編集する

【フリーハンド】ツールのツールバーには2つのボタンがあります。[フリーハンドツール設定]ボタンは曲線の滑らかさを設定するものですがこれはデフォルトの「中」で練習します。

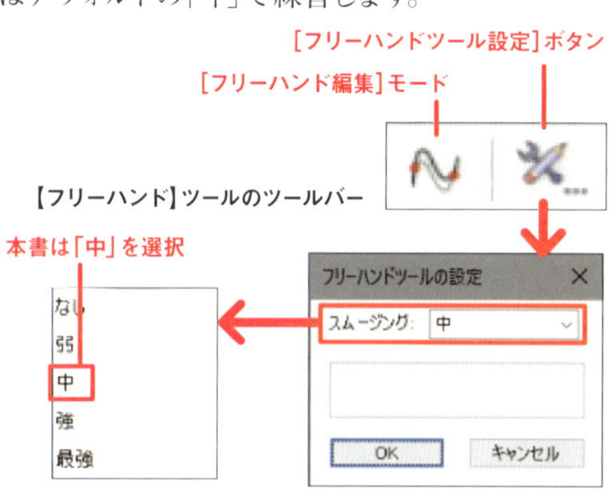

[フリーハンド編集]モードをクリックするとオン/オフを切り替えられます。曲線を描くときはオン/オフのどちらでもかまいませんが、曲線を修正するときはオンにします。それでは前項で描いた曲線を修正する例を示します。

❶【セレクション】ツールをクリックする

❷修正したい曲線をクリックして選択する

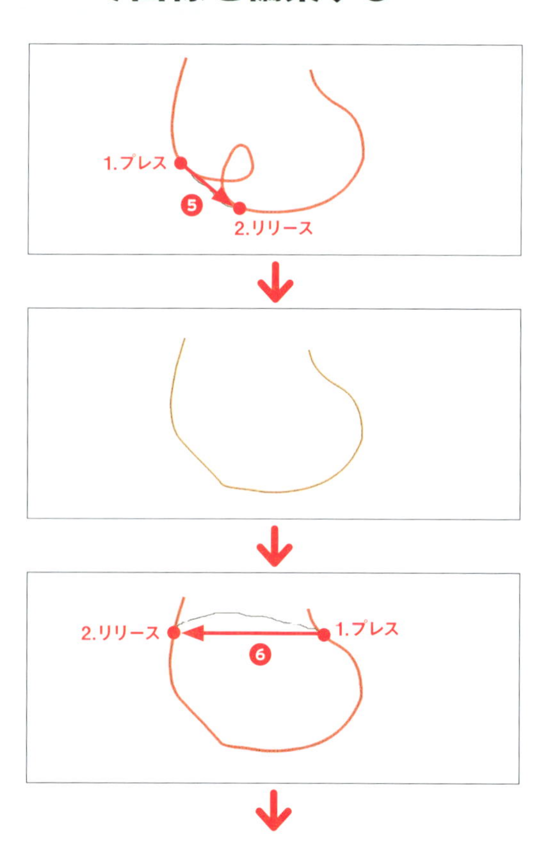

❸【フリーハンド】ツールをクリックする

❹ツールバーで［フリーハンド編集］モードをオンにする

❺曲線の修正したい範囲のスタート位置でプレスし、ドラッグし、リリースする

※最初の曲線を描いた方向、たとえば右回りなら、修正も右回りにするのが原則です。逆にすると期待しない結果になりがちです。

❻図のように希望する形になるまで❺の操作を繰り返す

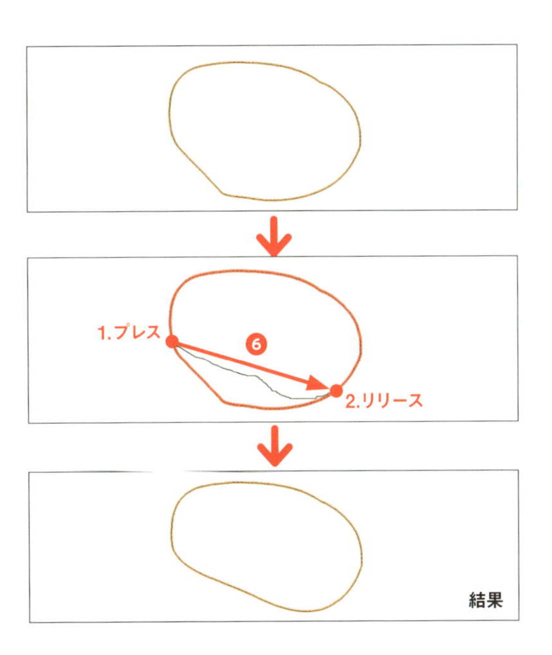

4.5.3 渦巻きを描く

【渦巻き】ツールで蚊取り線香のような渦巻きを描けます。【渦巻き】ツールの操作方法はあらかじめサイズなどをダイアログで設定し、作図ウィンドウでは位置だけを指定します。

❶【渦巻き】ツールをクリックする

❷ツールバーの［渦巻きツール設定］ボタンをクリックし「生成」ダイアログで図のように設定してから［OK］をクリック

※「渦巻きの厚み」を「0」mmにすると幅のない渦巻き線が描けます。

❸作図ウィンドウの適当な位置をクリックする。あるいはプレス→ドラッグ→リリースすると回転方向や開始位置を変えられる

❹［Esc］キーを押して【渦巻き】ツールから抜ける

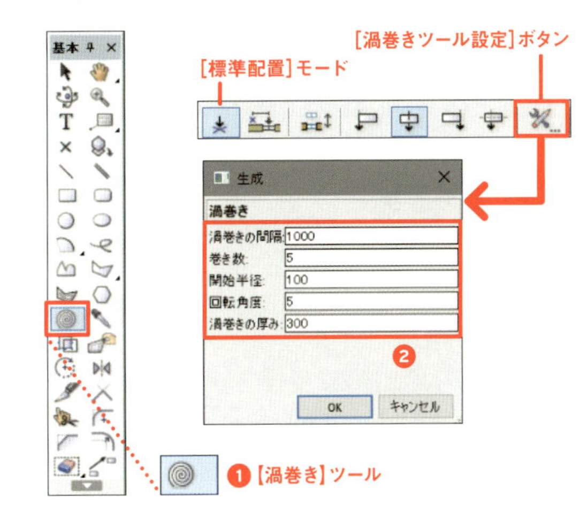

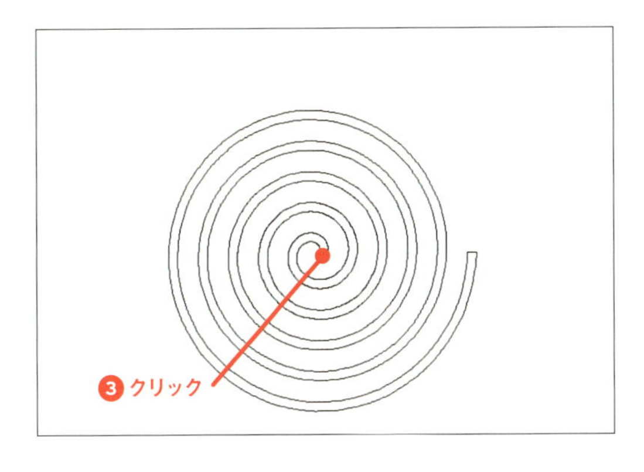

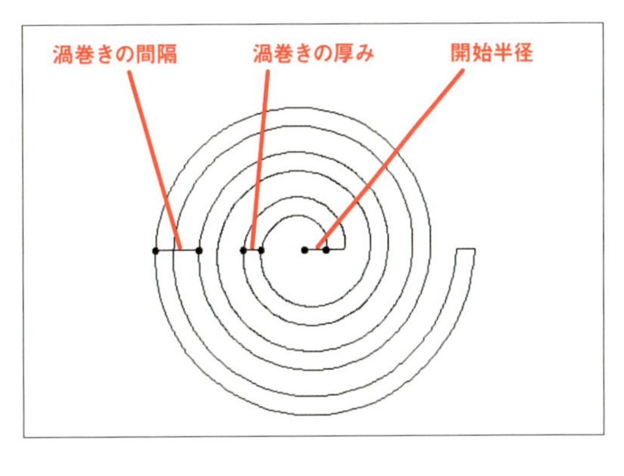

Note

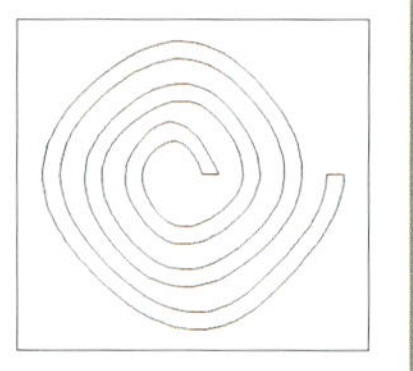

「回転角度」は渦巻きの曲線の制御点の密度(分割数)をあらわします。たとえば回転角度が5°なら1巻きで72分割(＝360÷5)の曲線になります。回転角度は2～90°で90°(1巻きで4分割)なら図のような形になり、回転角度を大きくするほどゆがみが大きくなります。

Note

【渦巻き】ツールで描いた渦巻きのオブジェクトタイプは「渦巻き」です。このままでも普通はよいのですが、一般図形にしたいときは以下のようにします。

❶渦巻きを選択する

❷メニューの【加工】→【変換】→【グループに変換】をクリックする

以上の操作で渦巻きは曲線に変わります。このあと多角形に変換したり線分に変換できます。

4.5.4 破断線を描く

破断線とは階段平面図で使ったり、詳細図で切断部を表現するときなどに使う線です。破断線はツールセットパレットにある【破断線】ツールで描きます。

破断線の描き方は直線を描く方法と同じです。

❶ツールセットパレットの《寸法／注釈》タブにある【破断線】ツールをクリックする

❷任意点(A点)でプレスし、任意点(B点)でリリースする

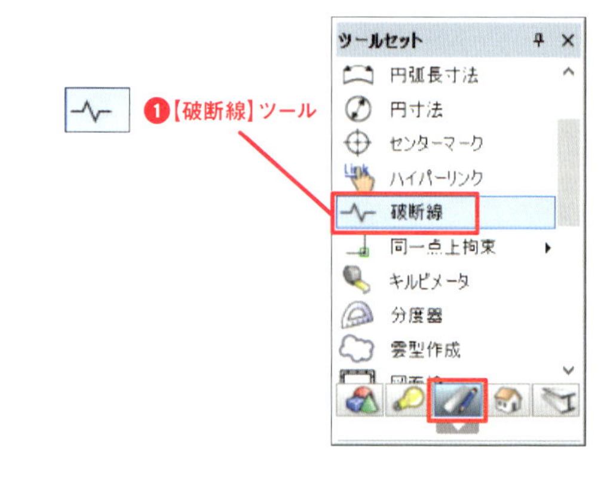

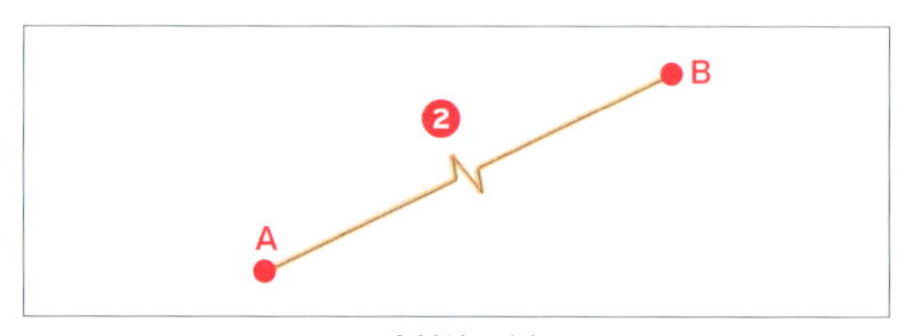

破断線の例

◆破断部の形状

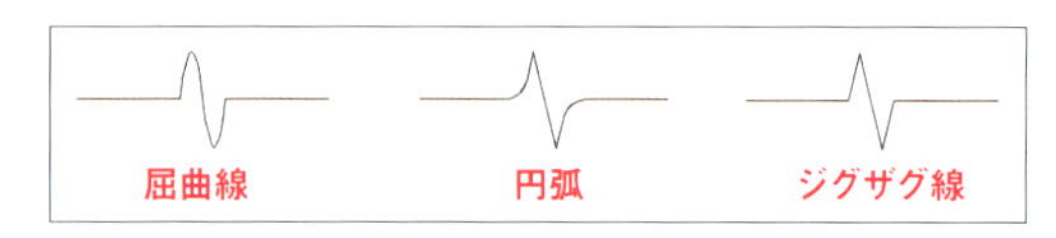

◆破断線の幅と高さ、半径

破断線の高さと幅は印刷時のサイズで指定します。単位はミリメートルです。破断線の半径は円弧の半径で、「プロパティ」ダイアログの「破断部の形状」が「円弧」のときにだけ意味があります。

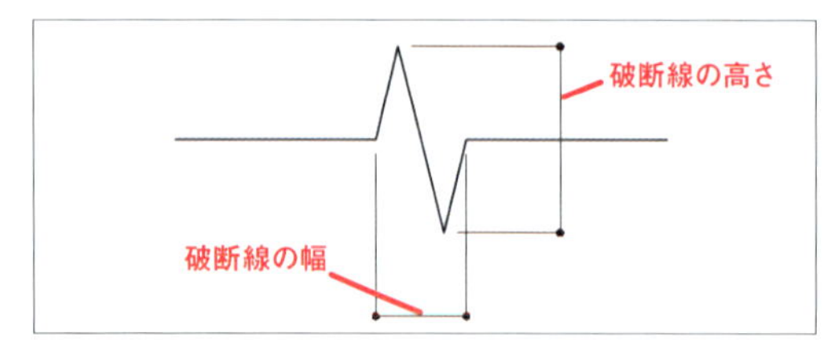

◆破断線の数

「破断線の数」を増やせますが普通は1つだけです。

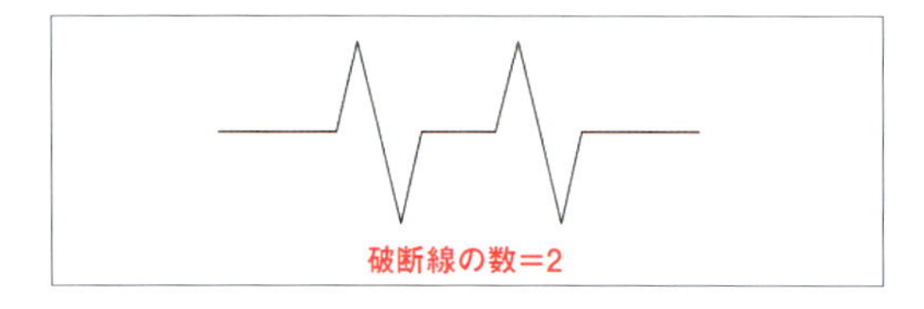

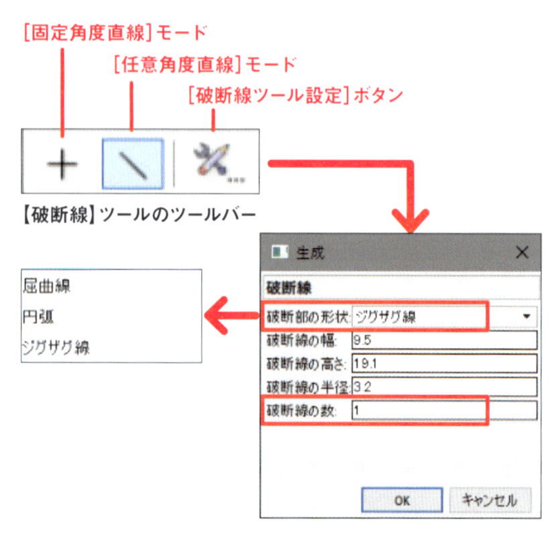

【破断線】ツールのツールバー

4.5.5 雲型を描く

雲型(くもがた)は雲のような形の図形です。雲型は設計図の一部を強調したいとき、あるいは注意を喚起するために使います。図面をチェックしたときに修正すべきところ、あるいはもっと検討しなければいけないところなどを、この雲型で囲みます。

【雲型作成】ツールのツールバーに4つのモードがあります。モードの違いは雲型を描くときの違いですが、モードの名前で描き方を想像できます。

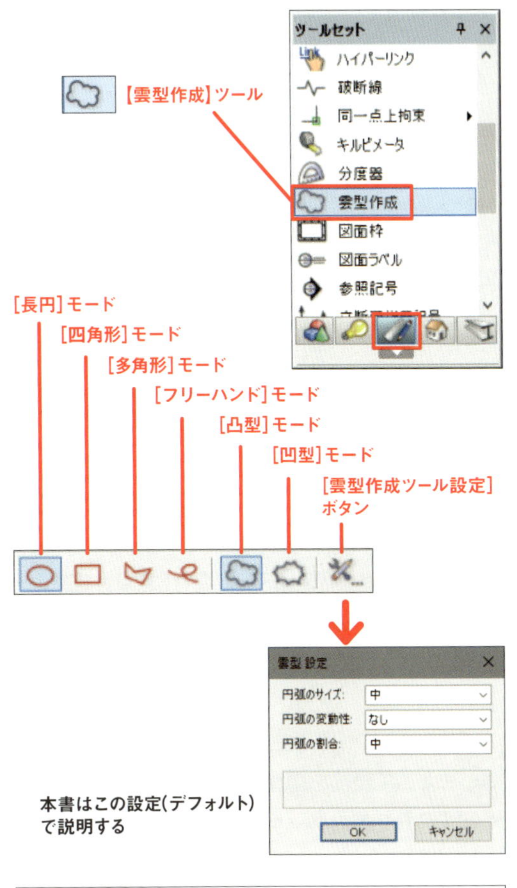

- ◆**[長円] モード**…長円を描くように対角の2点を指定する
- ◆**[四角形] モード**…【四角形】ツールで四角形を描くように対角2点を指定する
- ◆**[多角形] モード**…【多角形】ツールで多角形を描くように範囲を囲む数点をクリックする。始点に戻らなくても自動的に閉じる
- ◆**[フリーハンド] モード**…【フリーハンド】ツールで曲線を描くようにドラッグする。始点に戻らなくても自動的に閉じる

以上4つのモードの中で使いやすいのが[四角形]モードです。[四角形]モードの操作手順を示します。

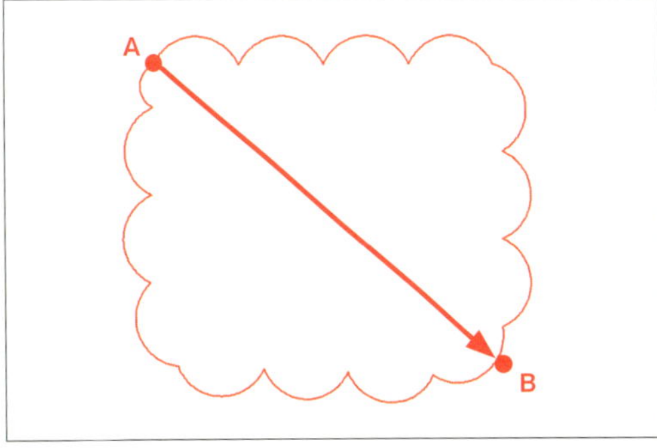

1. 属性パレットで線の色を選択する

※雲型は目立つようにするために描くので色も目立つようにします。なお【雲型作成】ツールで雲型を描くと面属性は自動的に「なし」に変わります。

2. ツールセットパレットの《寸法/注釈》タブにある【雲型作成】ツールをクリックする
3. ツールバーで[四角形]モードをオンにする
4. 対角の2点(A点とB点)をプレス→ドラッグ→リリースで指定する
5. [Esc]キーを押して選択解除する

4.5.6 またぎ線

またぎ線とは線が交差しているように見えるとき、実際には交差していないことを表現するのに用いる製図法です。電気の配線図や設備の配管図などに用います。

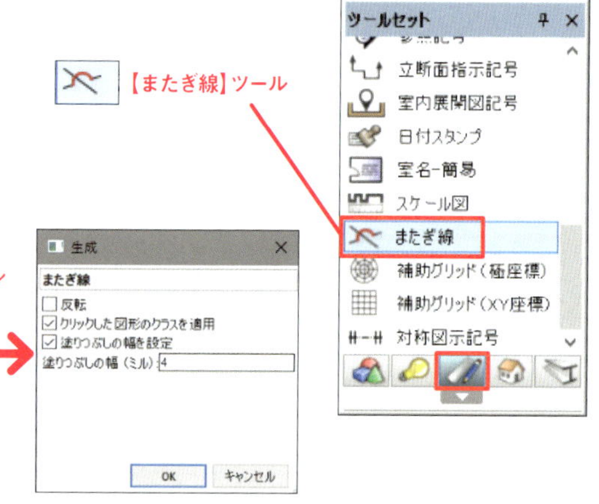

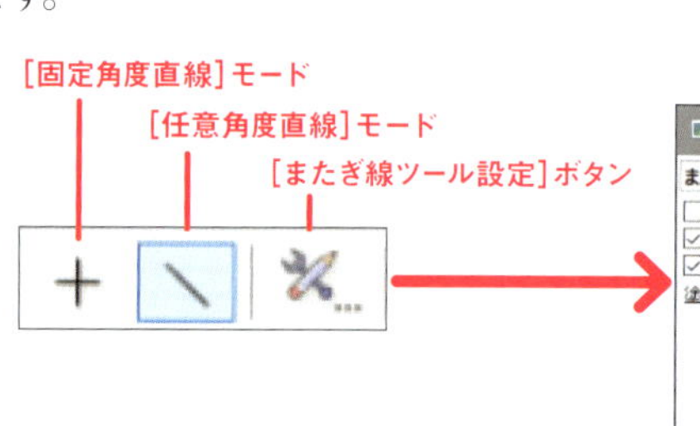

またぎ線を描く手順を紹介します。

❶【直線】ツールで2本の交差する線を描く

❷ツールセットパレットの《寸法/注釈》タブにある【またぎ線】ツールをクリックする

❸A点(任意点)でプレスしB点(任意点)でリリースする

❹[Esc]キーを押して選択解除する

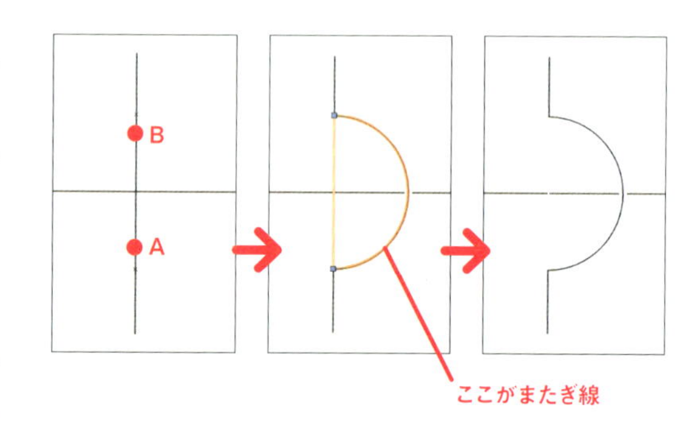

またぎ線は円弧と塗りつぶしの面で構成されています。直線部を隠す(マスクする)塗りつぶしの幅を[またぎ線ツール設定]ボタンで設定できます。しかし単位が「ミル」(=1/1000インチ)なので換算が必要です。そこで本書で使用している線の太さに対応した塗りつぶし幅を記しておきます。

線の太さ(ポイント)=(ミル)	塗りつぶし幅(ミル)
1/8ポイント= 1.7ミル	2ミル
1/4ポイント= 3.4ミル	4ミル
1/2ポイント= 6.9ミル	7ミル
3/4ポイント=10.4ミル	11ミル

またぎ線は円弧と塗りつぶしの面で構成されていますがこれがどういうことかを右図で示します。

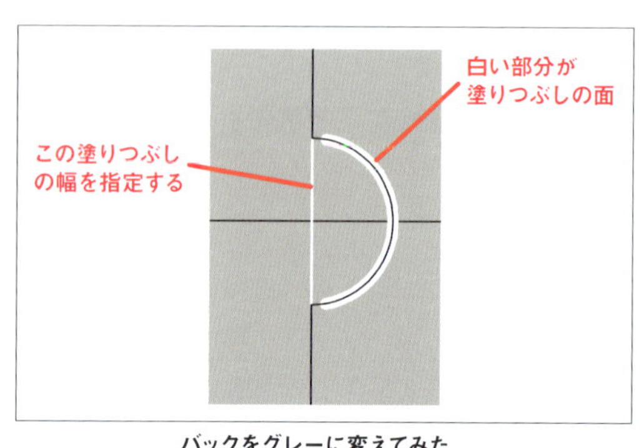

バックをグレーに変えてみた

4.6 グループ

複数の図形をまとめてあたかも一つの図形のようにする機能を「グループ」と呼びます。グループを使わなくても建築図を描けますが、グループのなんたるかを知ったら、グループ無しのCADを使うとストレスを感じるようになります。
大変に有用な「グループ」ですが作り方はあっけないほど簡単です。図形を選択して[Ctrl]＋[G]キー（Mac：[⌘]＋[G]キー）を押すか、メニューの【加工】→【グループ】をクリックするだけです。

4.6.1 グループの作成

グループを作ってみます。

❶ 図形をいくつか描く
❷ 図形を2つ以上選択する
❸ [Ctrl]＋[G]キー（Mac：[⌘]＋[G]キー）を押す

※メニューの【加工】→【グループ】でも同じです。

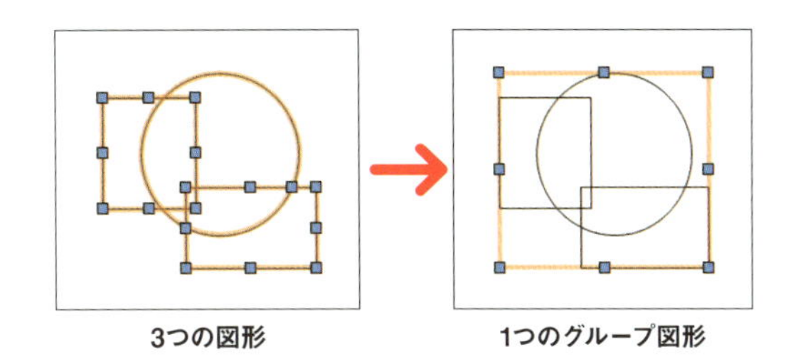
3つの図形　　1つのグループ図形

グループ図形を【セレクション】ツールでドラッグ移動してみると一体の図形になってるのが分かります。グループを解除すれば元とまったく同じ図形に戻ります。それにグループ化したことで図形が変質することはありません。ただしレイヤはグループを作成したときのアクティブレイヤにまとめられます。

※たとえばAレイヤの図形とBレイヤの図形を選択し、Bレイヤでグループ化する。これをグループ解除するとすべての図形がBレイヤの図形になります。なおクラスは元のクラスが保存されます。

Note アクティブポイントの表示

【セレクション】ツールのモードによって図形を選択したときに表示されるアクティブポイントが異なります。

[変形禁止]モード ―― アクティブポイントは表示されない
[シングル変形]モード ― 1つの図形を選択したときだけアクティブポイントが表示される
[変形]モード ―― アクティブポイントが表示される（上図参照）

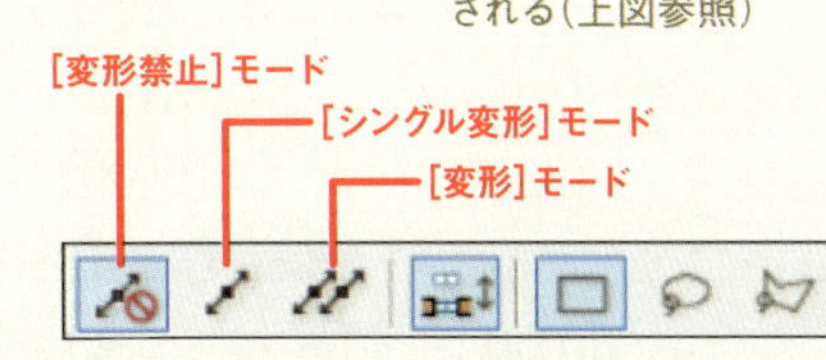

4.6.2 グループの解除

グループを解除するのも簡単です。

❶ グループ図形を選択する
❷ [Ctrl]＋[U]キー（Mac：[⌘]＋[U]キー）を押す

※メニューの【加工】→【グループ解除】をクリックしても同じです。[U]はUngroupの「U」です。

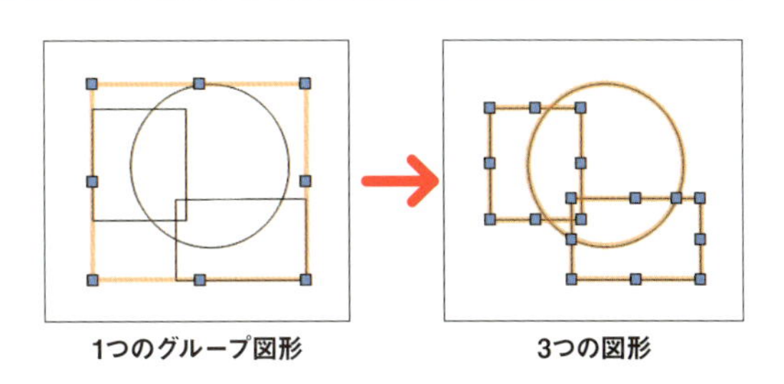
1つのグループ図形　　3つの図形

Note グループ化できるオブジェクト

グループ化できるのはすべての一般図形(基準点、文字、寸法も含む)です。それにグループ図形もグループ化できます。すなわちグループのグループさらにそのグループと、入れ子にできます。これを階層型グループ機能といいます。しかし画面でグループ図形を見ても階層型のグループかそうでないかを判別することは面倒ですが、判別する必要はほとんど無いので、心配することでもありません。

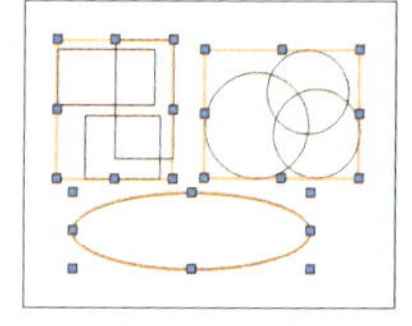

2つのグループ図形と長円

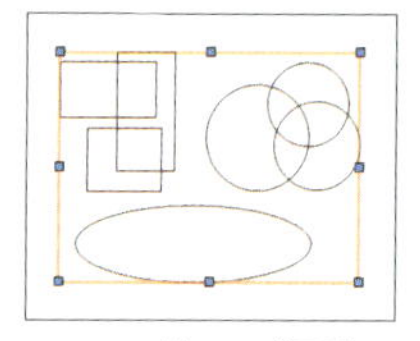

1つのグループ図形
(中身は左図にある3図形)

4.6.3 【グループに入る】と【グループを出る】

グループ図形は移動・複写・回転などの編集ができますが個々の図形の編集はできません。個々の図形を編集したいときはグループ解除して編集が終わってから再びグループ化してもよいですが、他の図形と混ざって混乱するかもしれません。このため【グループに入る】コマンドあります。このコマンドでグループ解除せずに個々の図形の編集ができます。

【グループに入る】コマンドは【加工】メニューにあり、これをクリックしてもよいですが、グループをダブルクリックすることでグループを選択し【グループに入る】コマンドをクリックしたことと同じになります。

❶【セレクション】ツールをクリックする
❷ グループ図形をダブルクリックする
❸ 階層グループの場合はさらに(子)グループ図形をダブルクリックする

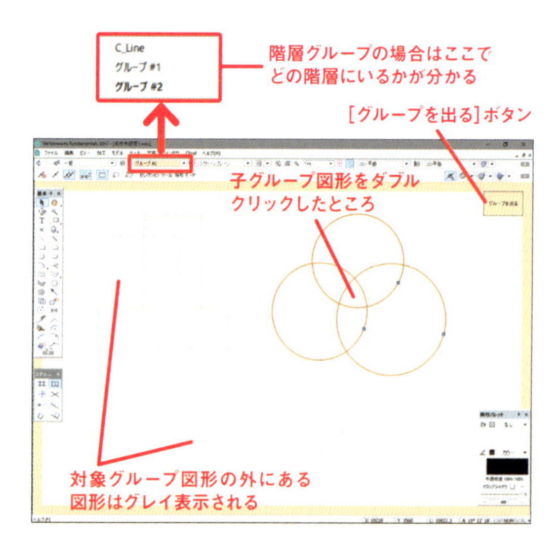

グループの編集画面に入ったことは画面右上に[グループを出る]ボタンが表示されるので分かります。このボタンをクリックすれば元の作図ウィンドウに戻れます。階層深く入ったときは[グループを出る]ボタンを何回かクリックすれば出られます。あるいはメニューの【加工】→【トップレベル】をクリックすれば一気に作図ウィンドウに戻れます。

Note

グループ図形の編集画面に入ると対象グループ図形以外の図形はグレイ表示になります。もしグレイ表示でなく完全に見えないようにしたいならメニューの【ツール】→【オプション】→【環境設定】をクリックし、《画面》タブの「編集モード時に他の図形を表示」のチェックを外します。

4.6.4 グループに変換

メニューの【加工】→【変換】のサブコマンドに【グループに変換】コマンドがあります。このコマンドと【グループ】の違いを説明します。

シンボルなど特殊な図形を一般の図形に変えたいときに【グループに変換】でグループに変えます。そのあと必要ならグループ解除します。

またシンボルも階層化できます。これを【グループに変換】でグループに変換すると階層の構成を残したままグループに変換できます。

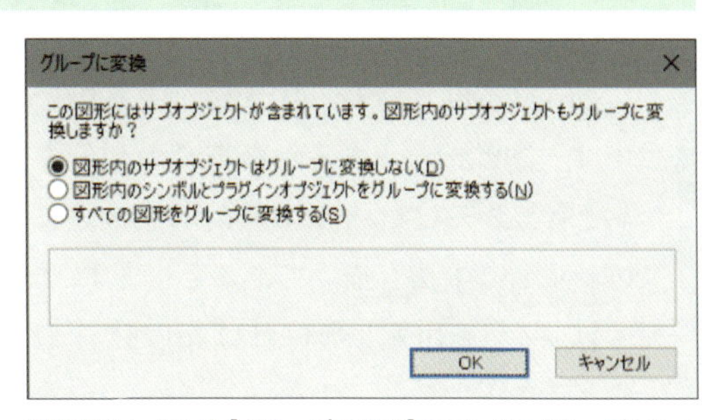

階層化シンボルを【グループに変換】コマンドでグループ化しようとしたときに表示されるダイアログ。下の階層のシンボルもグループ化するかを選択できる

Vectorworksには特殊なグループ図形があります。たとえば寸法がそうです。【グループに変換】コマンドは特殊なグループ図形を普通のグループ図形に変換してくれます。グループ図形にすればグループに入って個々の図形を編集できるようになります。

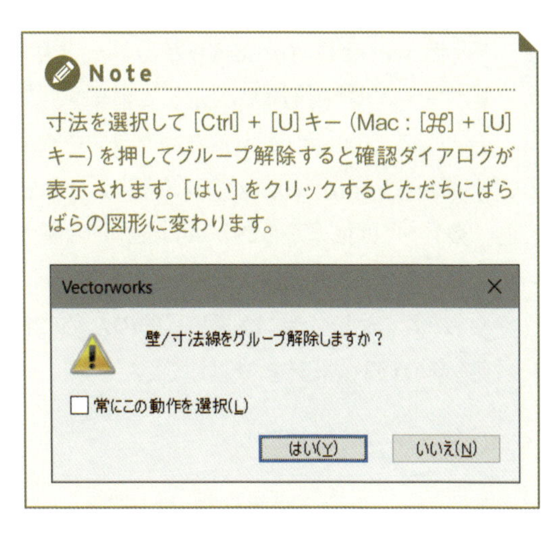

Note
寸法を選択して［Ctrl］+［U］キー（Mac：［⌘］+［U］キー）を押してグループ解除すると確認ダイアログが表示されます。［はい］をクリックするとただちにばらばらの図形に変わります。
Vectorworks
壁/寸法線をグループ解除しますか？
常にこの動作を選択(L)
はい(Y)
いいえ(N)

4.7 クラス

Vectorworksにはレイヤが2セットあります。1つはレイヤ（デザインレイヤ）、もう1つがクラスです。なぜ2セットあるかを筆者の想像をまじえて書いてみます。

もともとクラスはレイヤの補助的な位置にありました。たとえば縮尺が異なるレイヤを用いそのレイヤに寸法も描いてあるとします。なぜ寸法を別レイヤにしないかというと縮尺ごとに寸法レイヤを用意しなければならず、これが面倒なのでつい図形と同じレイヤに寸法を描くことになります。

この図面データから寸法なしの図面を出力したいとき、レイヤ操作では対応できません。しかし寸法を寸法クラスに分類しておけば(デフォルトでは自動的に寸法は寸法クラスになる)、寸法クラスを非表示にするだけで対応できます。

VectorworksはAutoCADとのデータ互換を精力的に進めています。AutoCADは図形の属性をレイヤ（画層）で設定しています。このようなタイプのレイヤにVectorworksのレイヤを合わせるのは無理があるためクラスをAutoCAD型のレイヤとして強化したと想像できます。すなわちVectorworks のレイヤ／クラスを次のように解釈すると納得できます。

◆レイヤは従来からあるVectorworks型のレイヤ

◆クラスはAutoCAD型のレイヤ

なお、レイヤとクラスは同じ目的のために使えますが違いもあります。どんな違いがあるかは第3章の193ページを参照してください。

4.7.1 現在のクラス

クラスの使い方はレイヤとほぼ同じで、アクティブレイヤの左隣にある［アクティブクラス］を用いてコントロールします。

クラスリストを見ると「一般」クラスと「寸法」クラスの2つがデフォルトで用意されています。寸法は自動的に寸法クラスに分類されます。他の図形はアクティブなクラスに、普通は「一般」クラスに分類されます。

クラスリストでクラス名をクリックすると、そのクラスがアクティブクラスになり、それ以降、入力する図形はすべてアクティブクラスに分類されます。ただし寸法図形は「寸法」クラスです。

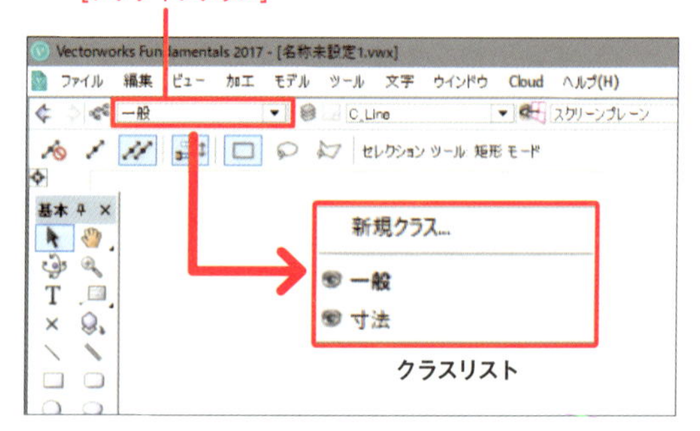

Note

寸法図形が「寸法」クラスに分類されるのは昔からVectorworksのデフォルト設定ですが、この設定は嫌だという場合は解除できます。筆者は解除を勧めませんが手順を記しておきます。

1. メニューの【ファイル】→【書類設定】→【ファイル設定】をクリックする
2. 「ファイル設定」ダイアログの《寸法》タブをクリックする
3. 「寸法を寸法クラスに作成する」のチェックを外す
4. [OK]をクリックする

ここをオフにすると「寸法」クラスへの自動分類がオフになる（オンを勧める）

4.7.2 クラスの新規作成

クラスの新規作成はレイヤの新規作成(197ページ)と同じように表示バーの【クラス】で行います。

1. 表示バーの【クラス】をクリックする
2. 「オーガナイザ」ダイアログの《クラス》タブで[新規]をクリックする
3. 「クラスの作成」ダイアログで「名前」に適当なクラス名、たとえば「Funiture」をキーインしてから[OK]をクリックする
4. 「オーガナイザ」ダイアログに戻るので[OK]をクリックする

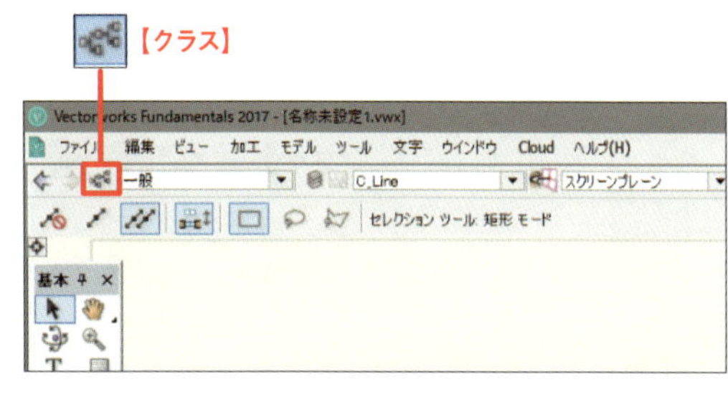

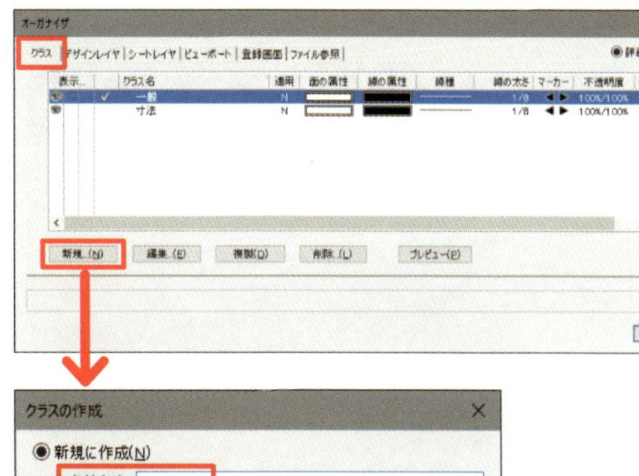

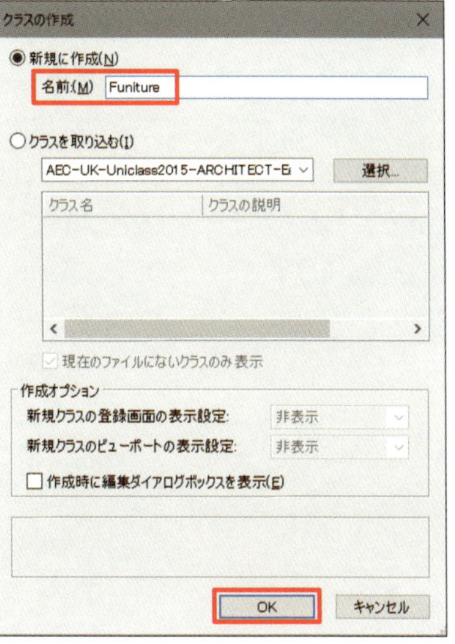

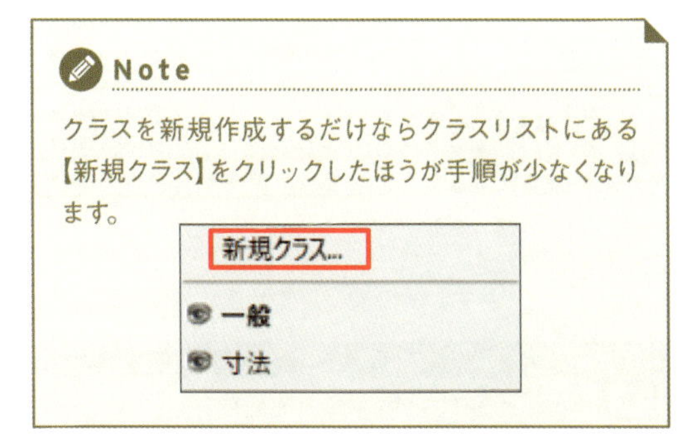

Note

クラスを新規作成するだけならクラスリストにある【新規クラス】をクリックしたほうが手順が少なくなります。

Note クラス名

図形データをクラスで整理／分類し、しかも他のCADのためにデータ変換する場合には、クラス名がレイヤ名になります。このためクラスも半角英数字で名前を付けたほうが安全です(197ページ)。かな漢字でクラスの名前を付けるときはあらかじめ相手のCADで読めるかを確認してください。

4.7.3 クラスの階層化

クラスは階層化できます。クラスを階層化する方法は簡単でクラス名に「-（ハイフン）」を入れるだけです。

たとえば「Body-Wall」、「Body-Column」、「Body-Girder」「Sash-Glass」、「Sash-Frame」という5つのクラスを作ってみます。新しいクラスは［新規］ボタンをクリックすると作れます。

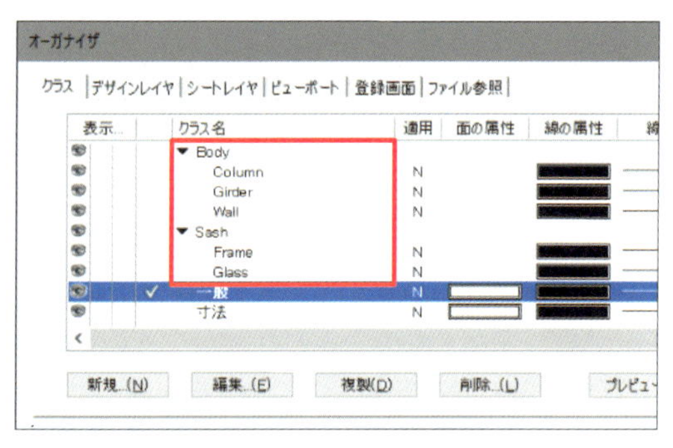

クラスリストを見ると親クラス（Body）の下に子クラス（Columnなど）ができているのが分かります。

4.7.4 クラスの表示／非表示

クラスの表示／非表示はレイヤの場合とそっくりの操作で切り替えます。

［1］【ビュー】→【他のクラスを】メニューによる方法

アクティブクラス以外のクラスを表示させるか否かはレイヤと同じように【ビュー】→【他のクラスを】のサブメニューのコマンドで切り替えます。

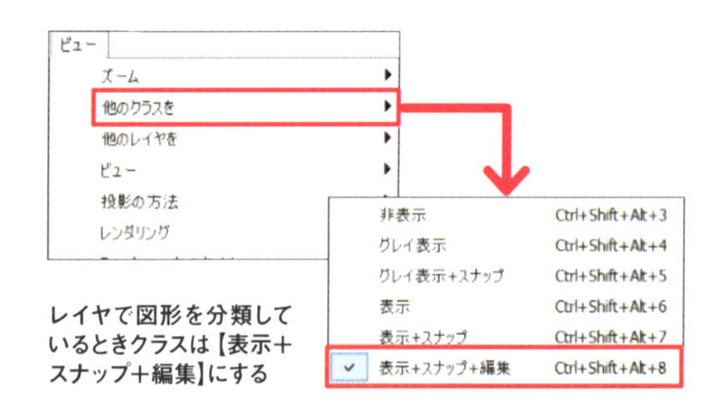

レイヤで図形を分類しているときクラスは【表示＋スナップ＋編集】にする

［2］個々のクラスを表示／非表示

個々のクラスを表示／非表示を切り替えるにはレイヤと同じように「オーガナイザ」ダイアログの《クラス》タブで設定します。

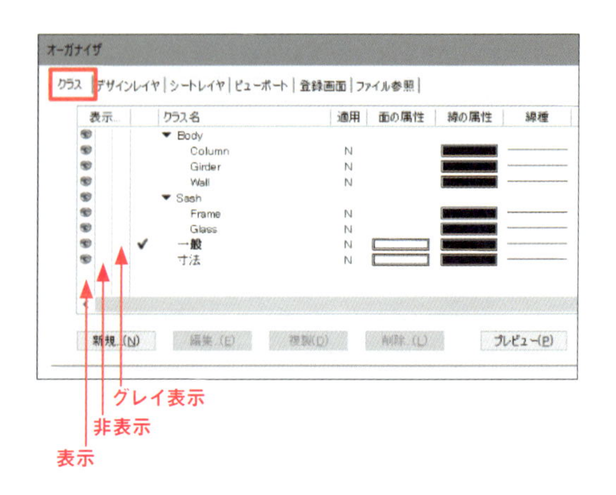

4.7.5 属性の自動割当て

クラスはレイヤと異なり属性（線や面の属性）の自動割当てができます。これを利用すれば線の太さや線種を図形に対し自動的に割り当てられます。たとえば通り芯の線のクラスを「C_Line」とすれば、この「C_Line」クラスに赤の細い一点短鎖線を設定しておくと、「C_Line」クラスを現在のクラスにして線を描いたときに自動的に赤の細い一点短鎖線の線を描けます。

Ch4_Ex08.vwx

❶ メニューの【ファイル】→【開く】をクリックし、「VW20xx_Data」フォルダの中の「Ch4」フォルダにある「Ch4_Ex08.vwx」を開く

❷ 表示バーの【クラス】をクリックする

❸「オーガナイザ」ダイアログの《クラス》タブでクラスで属性を設定したいクラス、ここでは「C_Line」を選択してから［編集］をクリックする

※「C_Line」の名前をダブルクリックしても同じです。

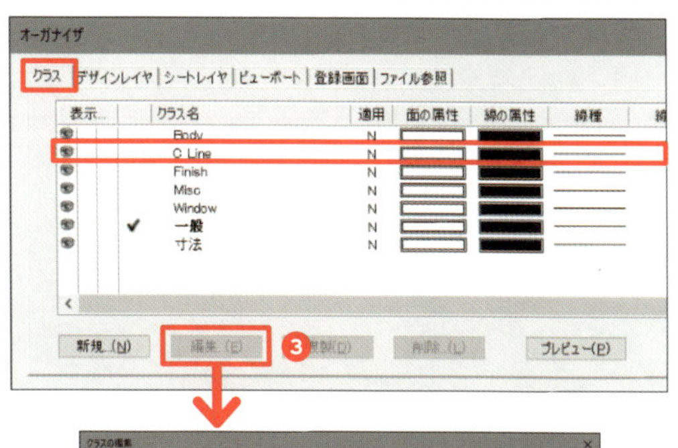

❹「クラスの編集」ダイアログで次のように操作する

※Vectorworks 2018では左の欄で［グラフィック属性］が選択されているのを確認する。

◆「属性を使う」にチェックを入れる

◆面のスタイルで「なし」を選択する

◆線のスタイルで「ラインタイプ」を選択する

◆線の色＝赤を選択する

◆ラインタイプで「ISO-10 一点短鎖線」を選択する

◆線の太さで「1/8」ポイントを選択する

◆［OK］をクリックする

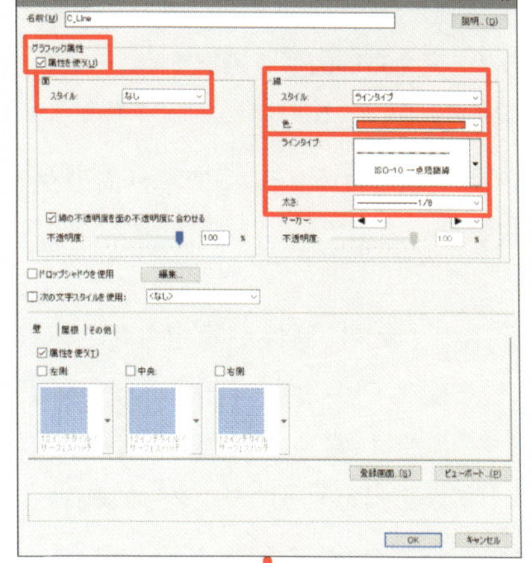

❺「オーガナイザ」ダイアログに戻るので次のように操作する

◆「C_Line」クラスの「クラス属性を使用」欄が「Y」(yes) に変わっているのを確認する

◆「C_Line」クラスの線の色が赤、線種（1点短鎖線）、太さ（1/8ポイント）になっているのを確認する

◆［OK］をクリックする

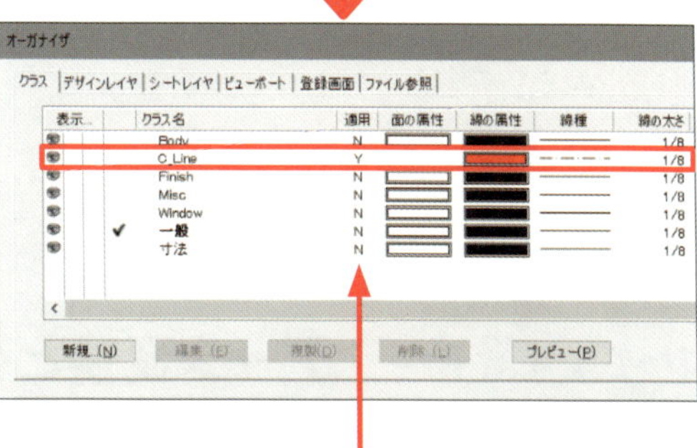

❻ 作図ウィンドウに戻るので次のように操作する

◆現在のクラスを「C_Line」にする

◆任意の図形をいくつか描いてみる

◆このとき属性パレットの内容がクラスに設定したものに変わることを確認する（図参照）

◆現在のクラスを他のクラス、たとえば「Body」に変える

◆任意の図形をいくつか描いてみる

クラス属性を使用

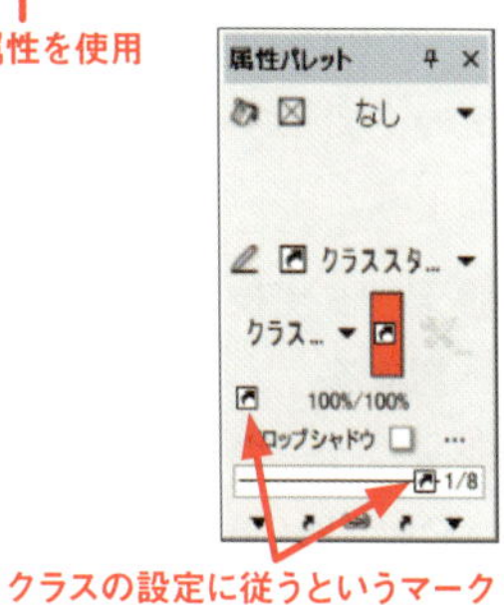

クラスの設定に従うというマーク

自動割当てした属性はクラスの設定を変えれば、その変更が自動的に図形に反映します。なおクラスで属性を自動割当てした図形でも、必要なら個々の図形の属性を属性パレットで変更できます。

Note

属性の自動割当てはAutoCADの「ByLayer」と同じ考え方です。

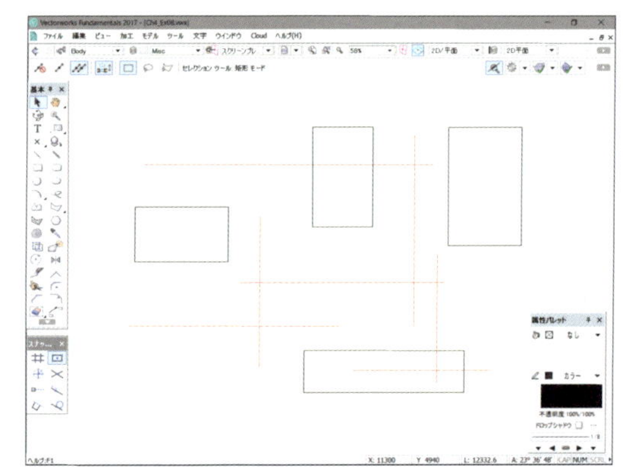

「C_Line」クラスと「Body」クラスに図形を描いてみた

4.7.6 クラスの移動

ある図形を別のクラスに移動させたいときはレイヤと同じようにデータパレットを用います。

❶ クラスを変えたい図形を選択する

※選択図形の数は1つでも複数でもかまいません。

❷ データパレットの「クラス」で移動先のクラスを選択する

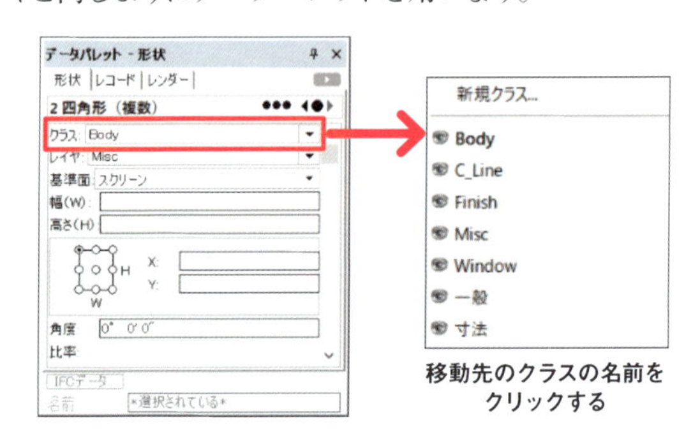

移動先のクラスの名前をクリックする

移動先のクラスに属性が設定されている場合は、属性を変えていいかというメッセージが表示されます。普通は「常にこの動作を選択」にチェックを入れてから［はい］をクリックします。

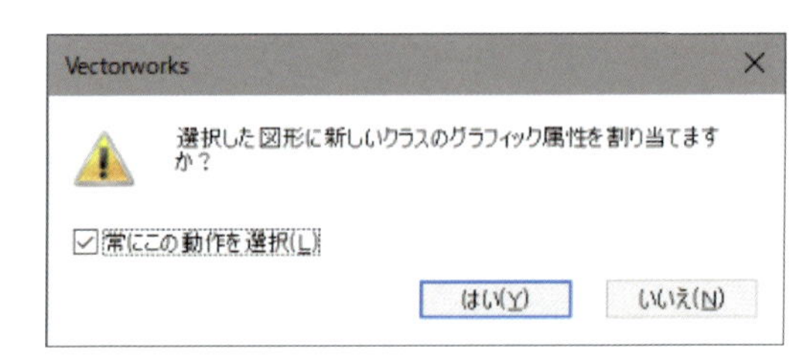

4.7.7 データ変換とクラス／レイヤ

Vectorworksはデータの整理／分類をクラスとレイヤのどちらかで（あるいは両方で）できますが、データ変換するときはレイヤかクラスの片方だけです。以下の手順はDWGファイルに変換するときの手順です。

❶ データ変換するファイルが開いていることを確認する

❷ メニューの【ファイル】→【取り出す】→【DXF/DWG取り出し】をクリックする

❸「DXF/DWGの取り出し」ダイアログで次のように操作する
◆ファイル形式の「形式」で「DWG」を選択する
◆相手のCADに合わせて「バージョン」を選択する。たとえば「2010」を選択する
◆クラス／レイヤ変換でクラスでデータ分類している図面なら「クラスを取り出す」、レイヤなら「レイヤを取り出す」にチェックを入れる
◆他の項目はデフォルトのままとする
◆[OK]をクリック

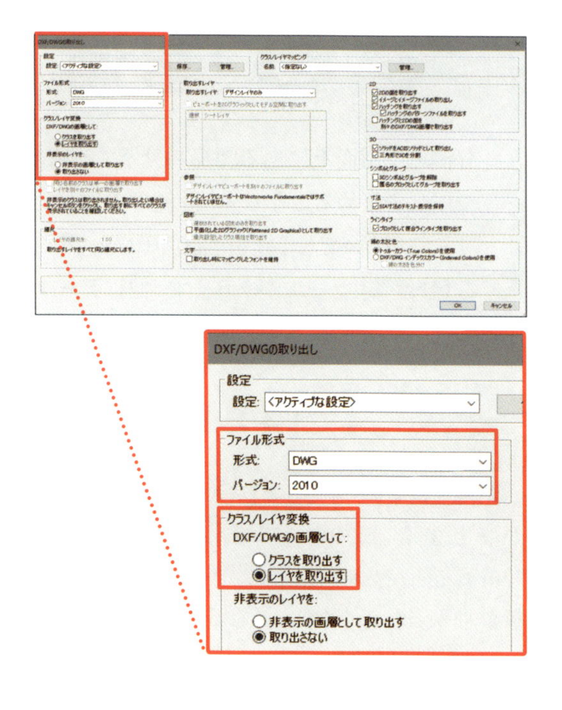

DWG／DXFのバージョンに並んでいる選択項目はAutoCADおよびAutoCAD LTのバージョンで、たとえば「2013/2014/2015/2016/2017」とあればAutoCAD 2013～2017およびAutoCAD LT 2013～2017です。

4.7.8 クラスの前後関係

レイヤには前後関係があります（200ページ）。すなわちレイヤリストの上方のレイヤに描いた図形は下方にあるレイヤの図形より手前になるという機能のことで面図形を用いた製図に利用します。

しかしクラスには前後関係がありません。そこで個々の図形で前後関係を設定します。すなわちメニューの【加工】→【前後関係】のサブコマンドでコントロールします。

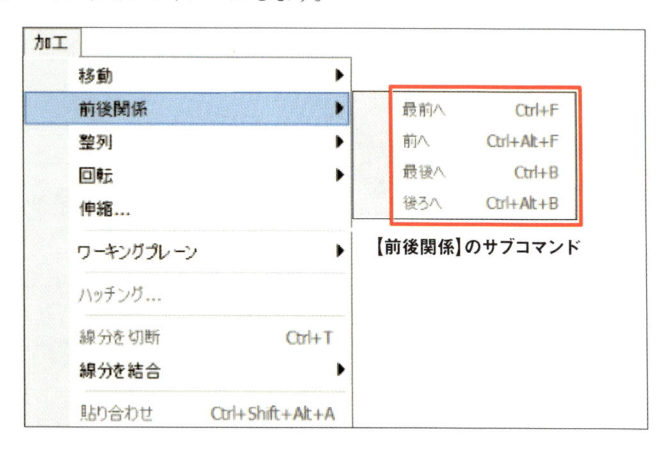

【前後関係】のサブコマンド

4.8 計測

計測とは画面上にある図形のサイズを測ったり、図形どうしの距離を測ったり、あるいは面積や周長を求めることです。計測の方法はいくつか用意されていますので、ケースにより使い分けるのがよいでしょう。計測用のツールは長さを測るための【キルビメータ】ツールと角度を測る【分度器】ツールがあります。他にデータパレットを使用する簡易的な方法もあります。

4.8.1 【キルビメータ】ツールで計測

距離を測るツールとして【キルビメータ】ツールがあります。このツール名「キルビメータ」(curvi metre：地図距離計)から分かるように、折れ曲がった線をトレースして累積距離を測るツールとして用意されています。建築図ではたとえば積算のために設備図の配管の総延長を測るといったときに使えます。

【キルビメータ】ツールはツールセットパレットにあります。

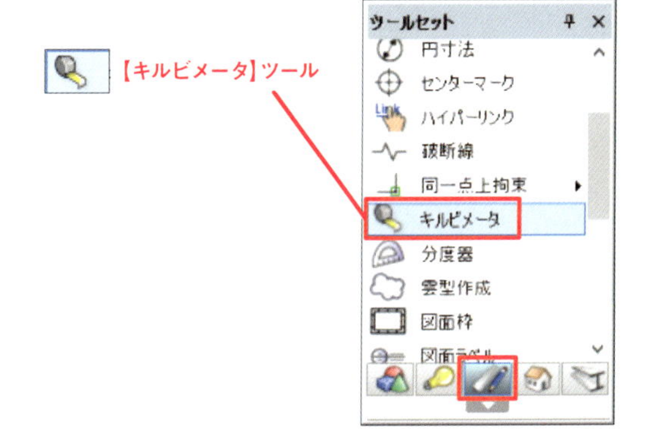

❶スナップパレットの【図形スナップ】をオンにする
❷ツールセットパレットの《寸法／注釈》タブにある【キルビメータ】ツールをクリックする
❸計測したい点を順にクリックする
❹フローティングデータバーに結果が表示されるのでこれをメモする
❺適当な位置をダブルクリックするか[Esc]キーを押してツールから抜ける

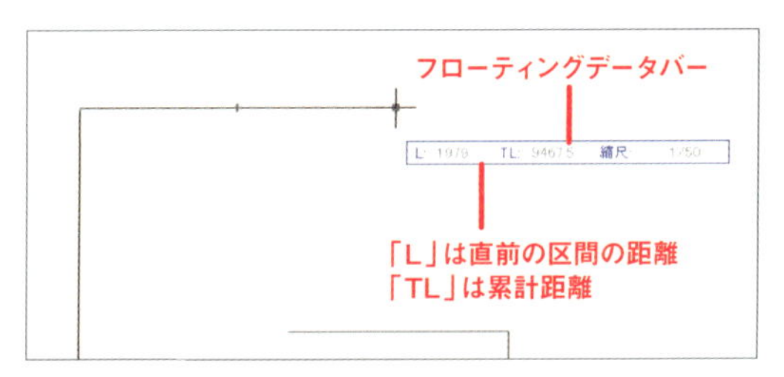

Note 計測の結果

【キルビメータ】ツールでの計測結果は表示されるだけで、この結果を図面上に貼り付ける方法はありません。後述するデータパレットを用いる方法ならコピー&ペーストで結果の値を図面上に貼り付けられます。

4.8.2 【分度器】ツールで角度を計測

角度を測るツールとして【分度器】ツールがあります。水平線に対する角度ならデータバーやデータパレットでも計測できますが、そうでなければ【分度器】ツールを使います。

【分度器】ツールもツールセットパレットにあります。

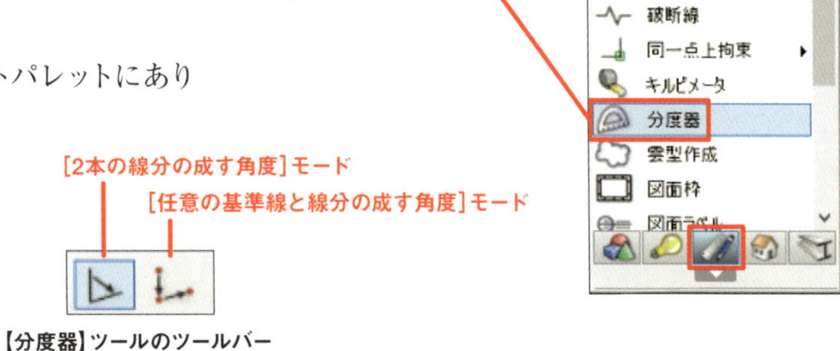

【分度器】ツールのツールバー

[1] [2本の線分の成す角度]モード

❶ツールセットパレットの《寸法／修正》タブにある【分度器】ツールをクリックする
❷ツールバーで[2本の線分の成す角度]モードをオンにする
❸角度を計測する2本の線分の片方でプレスし、他方の線分までドラッグする
❹フローティングデータバーに角度が表示されるのでこれを読む
❺リリースして終了する

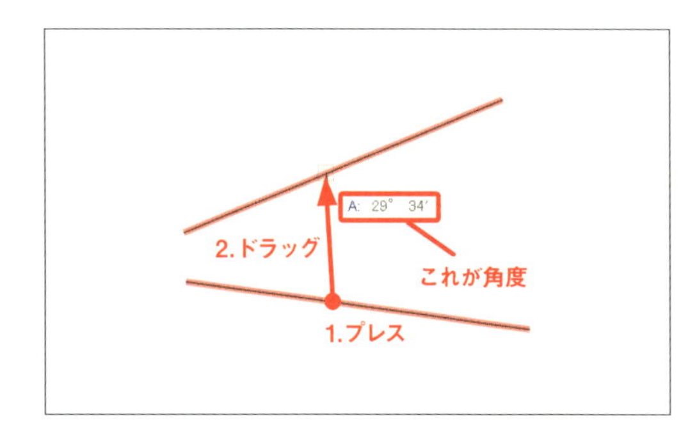

[2] [任意の基準線と線分の成す角度]モード

❶スナップパレットの【図形スナップ】をオンにする
❷ツールセットパレットの《寸法／修正》タブにある【分度器】ツールをクリックする
❸ツールバーで[任意の基準線と線分のなす角度]モードをオンにする
❹計測したい線分の線上点でプレスし、ドラッグして端点でリリースする
❺基準線（たとえば水平）方向にカーソルを合わせる
❻フローティングデータバーに角度が表示されるのでこれを読む
❼クリックして終了する

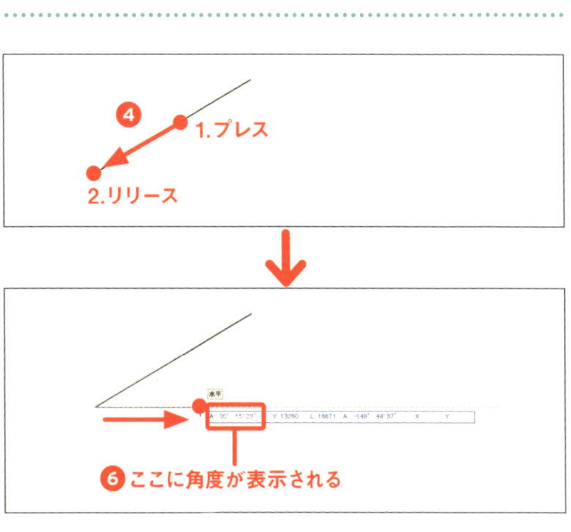

4.8.3 データパレットによる計測

データパレットの用途はたくさんありますが、計測も重要な用途です。位置・長さ・角度・面積・周長が読み取れます。

[1] 直線の計測

❶【セレクション】ツールをクリックする
❷計測したい図形をクリックして選択する
❸データパレットの各数値を読む

以下2種類のケースを図示します。

(1) 直線の計測(XY座標)

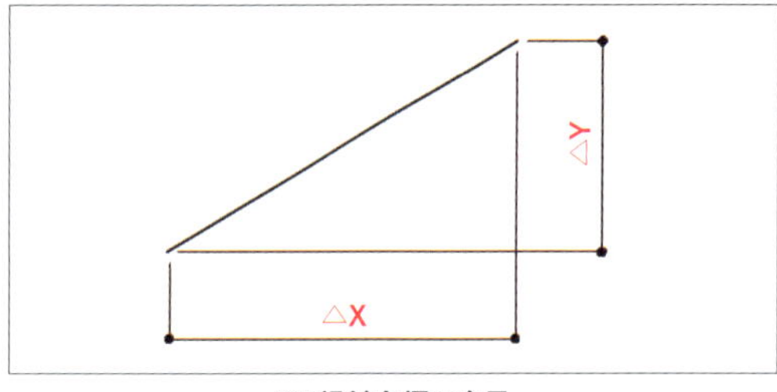

XY相対座標で表示

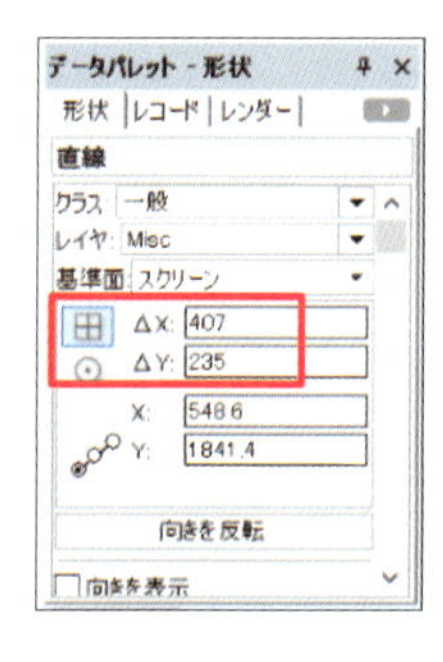

(2) 直線の計測(極座標)

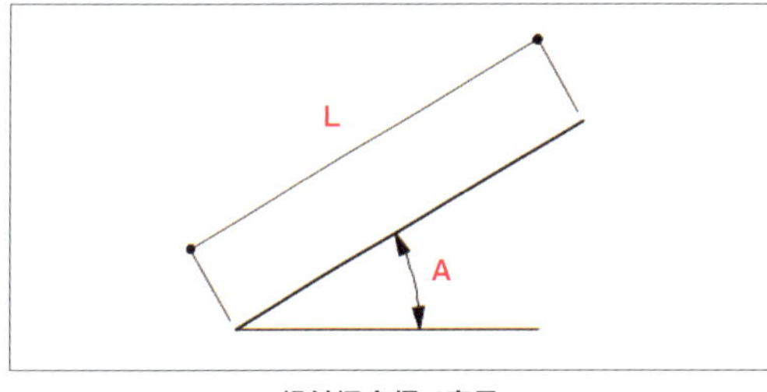

相対極座標で表示

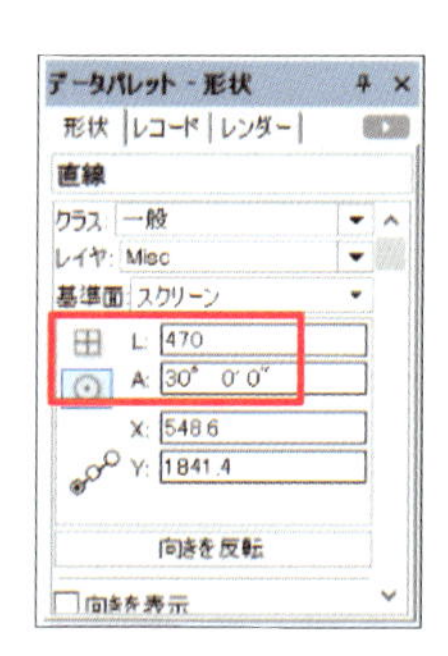

[2] 多角形の計測

❶メニューの【ファイル】→【開く】をクリックし、「VW20xx_Data」フォルダの中の「Ch4」フォルダにある「Ch4_Ex09.vwx」を開く
❷【セレクション】ツールをクリックする

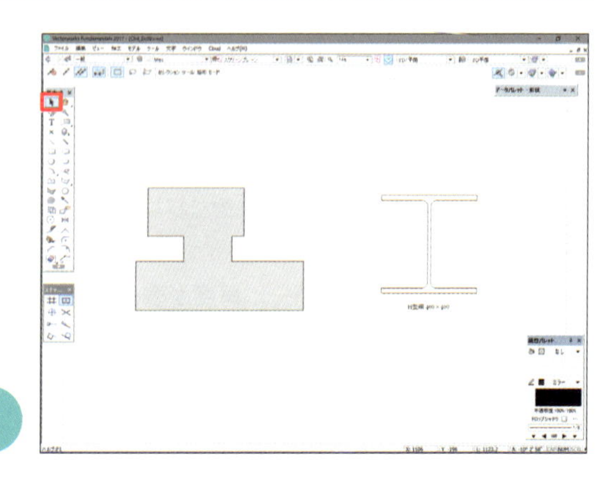

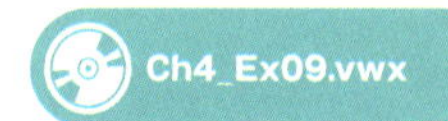

❸ 計測したい図形をクリックして選択する
❹ データパレットの各数値を読む

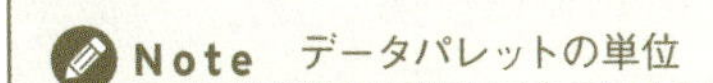

Note　データパレットの単位

データパレットの数値の単位は【ファイル】→【書類設定】→【単位】の「単位の設定」ダイアログの《主単位》で設定した単位になります。
建築設計では図のように長さの単位は「ミリメートル」(単位省略)、面積の単位は「平方センチメートル」(sq cm)か「平方メートル」(sq m)にするのが普通です。

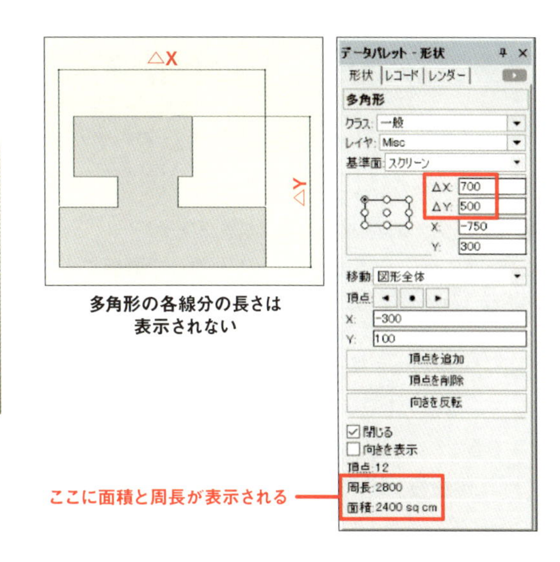

多角形の各線分の長さは表示されない

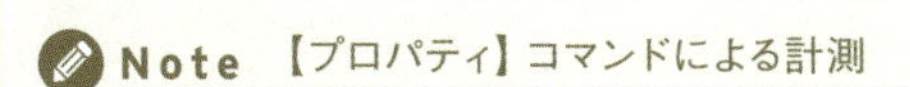

Note　【プロパティ】コマンドによる計測

データパレットを常に画面に表示させている場合はデータパレットで計測値を読むのは簡単ですが、計測のためだけにデータパレットを表示させるのはやや面倒です。こんなときは対象図形を右クリックしてメニューの【プロパティ】コマンドをクリックします。

❶ 多角形の線にカーソルを合わせ右クリックする
❷ メニューの【プロパティ】をクリックする
❸「生成」ダイアログ(Vectorworks 2018では「プロパティ」ダイアログ)を読む
❹ [OK]をクリックしてダイアログを閉じる

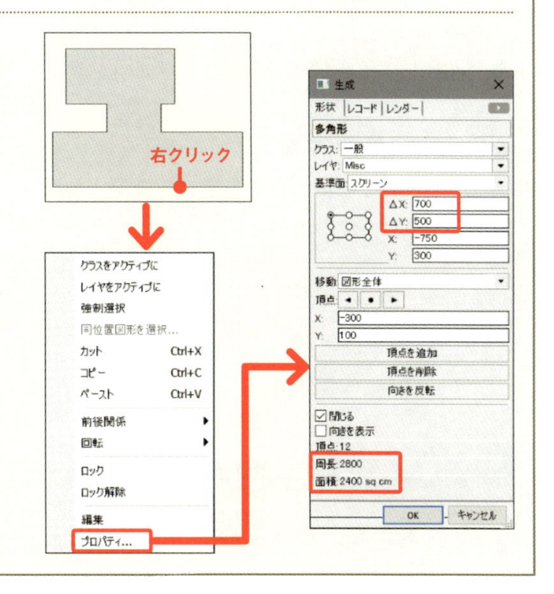

4.8.4 【工学情報】コマンドによる計測

図形の諸数値のうち面積と周長はデータパレットで分かりますがその他の数値、たとえば断面2次モーメントなどは【工学情報】コマンドを使います。引き続き「Ch4_Ex09.vwx」を用います。

1. 【セレクション】ツールをクリックする
2. 画面右側にあるH型鋼をクリックして選択する

※ このH型鋼はツールセットパレットにある【H型鋼】ツールで描いたあと、メニューの【加工】→【変換】→【グループに変換】で曲線に変換しています。

3. メニューの【モデル】→【工学情報】をクリックする
4. 「工学情報」ダイアログの「オプション」で次のように操作する
   ◆単位で「センチメートル」を選択する
   ◆「基準点を質量の中心に配置」にチェックを入れる
   ◆「図面上に工学情報を配置」にチェックを入れる
   ◆[OK]をクリックする
5. 作図ウィンドウに戻るので工学情報を記入したい位置をクリックする

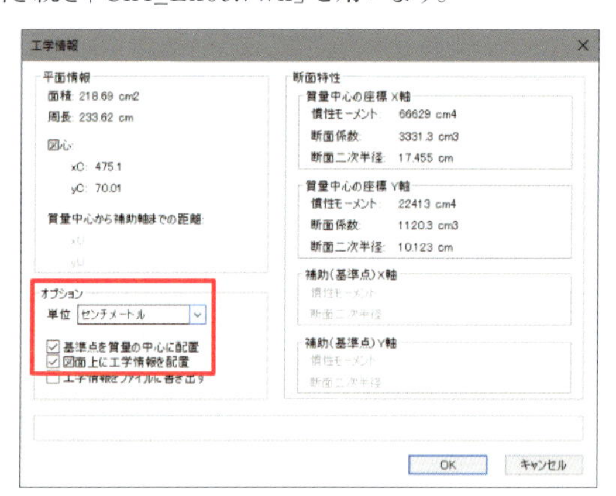

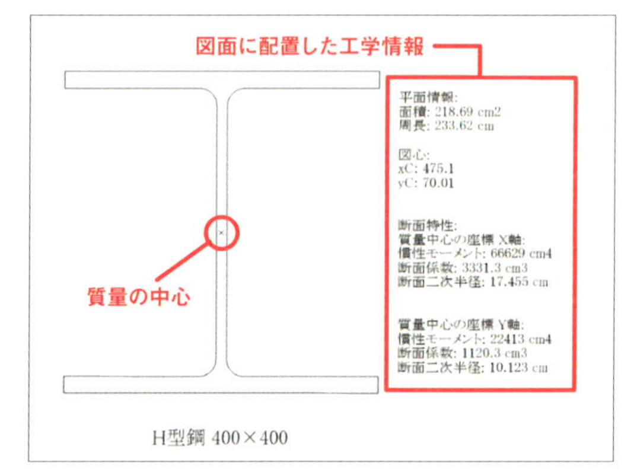

4.8.5 メッセージバーで計測

画面の下部にあるメッセージバーにはカーソルの情報が表示されます。これを利用するとカーソル操作だけで距離を測れます。例として図のA点とB点間の距離を計測します。

1. スナップパレットで【図形スナップ】をオンにする
2. 【直線】ツールをクリックする
3. A点でプレスし、ドラッグしてB点の直近にカーソルを近づける
4. メッセージバーの数値を読む
5. [Esc]キーを押してキャンセルする

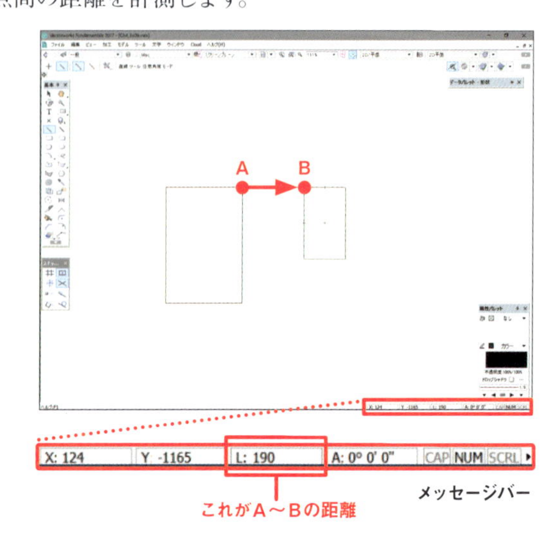

4.9 回転と反転

図形を回転／反転させる機能としてメニューの【加工】→【回転】のサブコマンドと基本パレットの【回転】ツールが用意されています。
【加工】→【回転】のサブコマンドは数値入力で回転させたいときに使います。これに対し【回転】ツールは他の図形を参照して回転するとき、あるいは画面で確認しながら回転させたいときに使います。

4.9.1 【回転】のサブコマンド

回転と反転の練習をするので練習用データを開きます。

❶ メニューの【ファイル】→【開く】をクリックし、「VW20xx_Data」フォルダの中の「Ch4」フォルダにある「Ch4_Ex10.vwx」を開く

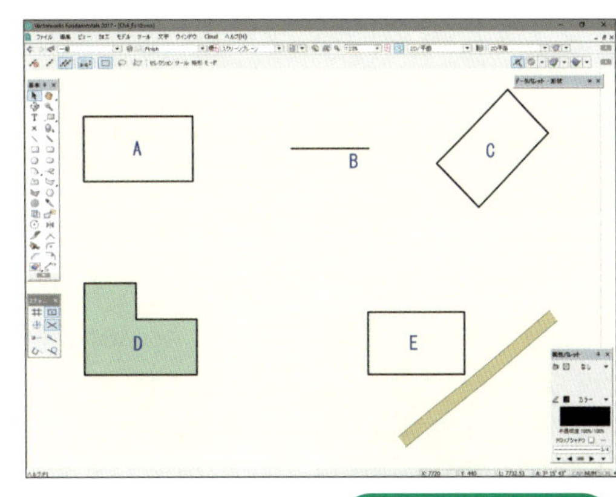

回転に関するコマンドはメニューの【加工】→【回転】のサブコマンドにあります。

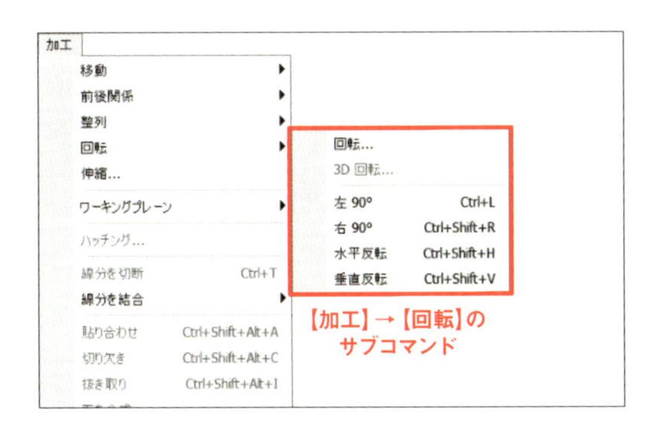

【加工】→【回転】のサブコマンド

[1] 【回転】コマンド

メニューの【加工】→【回転】→【回転】はもっともよく使う回転機能です。回転の角度が分かっているなら迷うことなくこのコマンドを使います。

❶ 回転させたい図形、ここでは四角形Aを選択する
❷ メニューの【加工】→【回転】→【回転】をクリックする
❸「図形を回転」ダイアログの「回転角」に<20>°をキーインしてから[OK]をクリックする

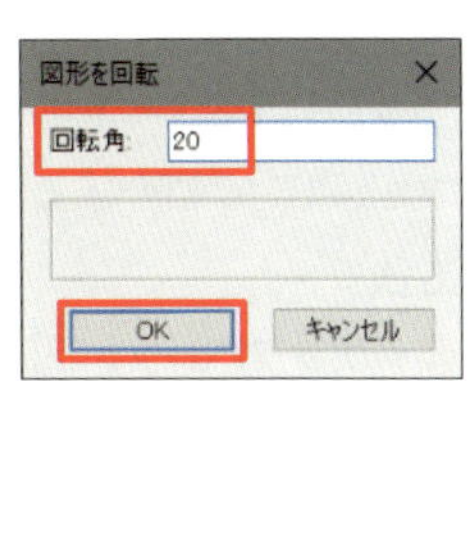

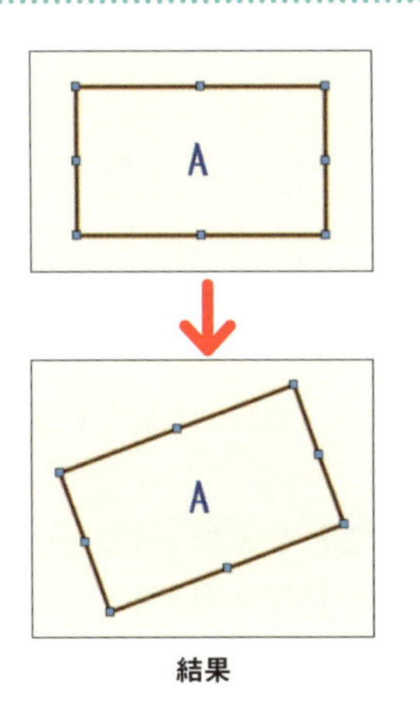

結果

Note 回転の方向

Vectorworksばかりでなく CADの世界では、角度の方向は左回り（反時計回り）が＋（プラス）、右回り（時計回り）が－（マイナス）です。

Note 角度の表記

角度の入力は単位を付けなければ「度」になります。たとえば<15.5>は15度30分と解釈されます。度·分·秒で入力するときは単位を付けます。たとえば<15°20"15'>と入力しますが間違えやすいので、Vectorworksでは<15d20m15s>と入力できます。このdmsは大文字(DMS)でも同じです(d＝degree：度，m＝minute：分，s＝second：秒)。

Note 回転の中心点

【回転】コマンドの回転の中心点は選択した図形の図心ですが、もし選択した図形の中に基準点が入っていると、その基準点が回転の中心になります。

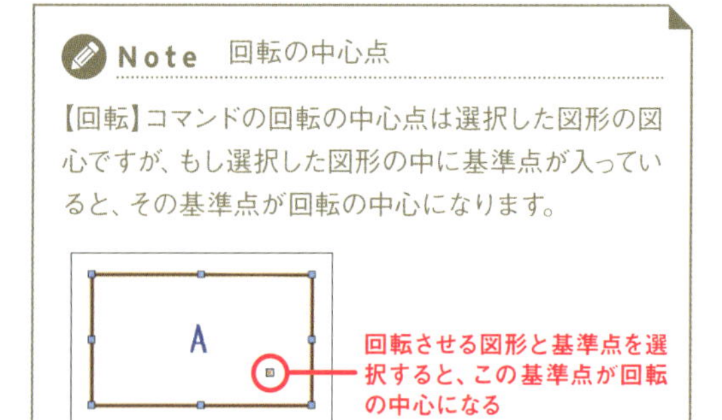
A
回転させる図形と基準点を選択すると、この基準点が回転の中心になる

[2] 【左90°】コマンド

【加工】→【回転】→【左90°】コマンドは使用頻度の高いコマンドです。このためショートカットキー［Ctrl］＋［L］キー（Mac：［⌘］＋［L］キー）が割り振られています（LはLeftのL）。そこでショートカットキーを使って十字を描く方法を紹介します。

❶「Ch4_Ex10.vwx」のBの直線を選択する

❷［Ctrl］＋［D］キー（Mac：［⌘］＋［D］キー）を押す

※これで同位置に直線の複製ができます。

❸［Ctrl］＋［L］キー（Mac：［⌘］＋［L］キー）を押す

以上で十字形を描けます。

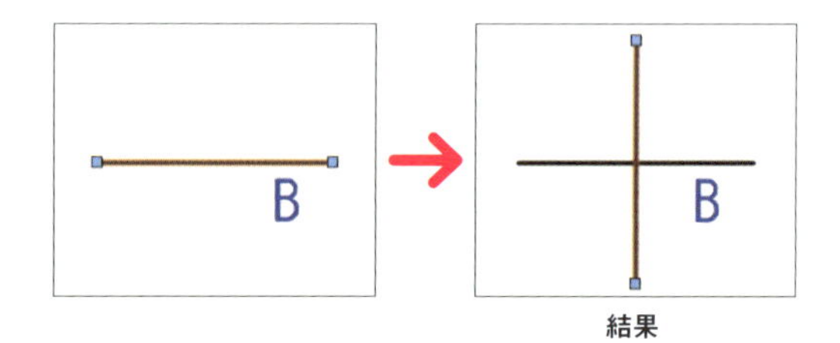
B
B

結果

[3] 【左90°】コマンドで垂直線

【加工】→【回転】→【左90°】コマンドの応用で斜め線に対して垂直線を引く方法を紹介します。垂直線は【スマートポイント】スナップでも描けますが、ここで紹介する方法は手軽でしかも確実な方法です。

❶スナップパレットで【図形スナップ】をオンにする

❷【直線】ツールをクリックする

❸Cの斜め四角形の長辺（A点～B点）に重ねて直線を描く

❹直線が選択されていることを確認してから、［Ctrl］＋［L］キー（Mac：［⌘］＋［L］キー）を押す

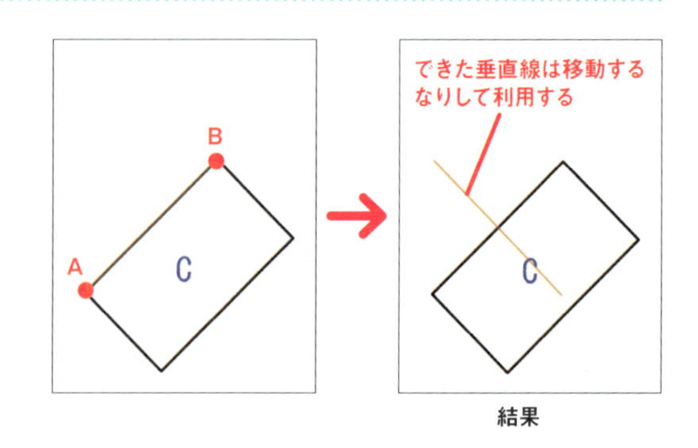
A
B
C
できた垂直線は移動するなりして利用する
C

結果

[4] 【水平反転】コマンドと【垂直反転】コマンド

図形を裏返しにすることを「反転」といいます。使い方は簡単で図形を選択してコマンドをクリックするだけです。

❶ Dの図形を選択する
❷ メニューの【加工】→【回転】→【水平反転】をクリックする
❸ メニューの【加工】→【回転】→【垂直反転】をクリックする
❹ 結果を確認したら[Ctrl]＋[Z]キー（Mac：[⌘]＋[Z]キー）を2回押して元に戻す

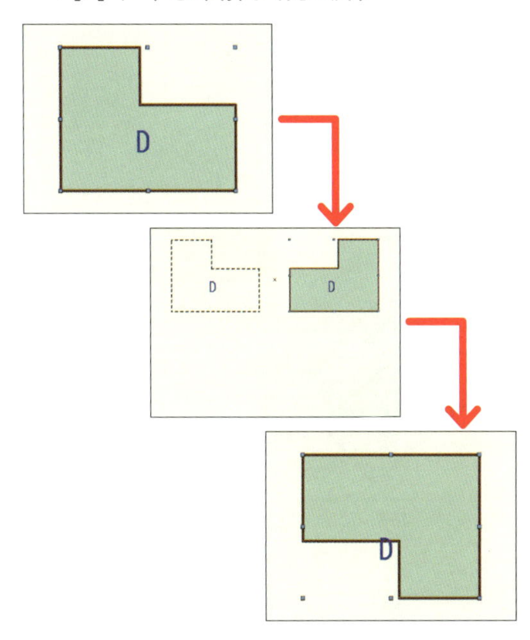

Note 反転の軸

図形反転の軸は選択した図形の図心を通りますが、もし図形とともに基準点が選択されていると、この基準点を通る線が軸になります。これを利用して【ミラー反転】ツール（285ページ）と同じような使い方ができます。

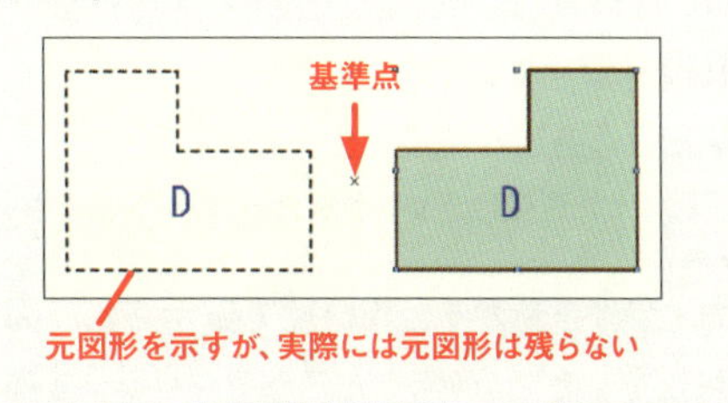

Note 文字の反転

文字も一般の図形のように回転や反転できますが、文字を反転させるのはよほど特殊な用途のときで、ふつうは反転させません。図形と文字を一緒に反転させてしまうミスを防ぐため【ファイル】→【書類設定】→【ファイル設定】をクリックし、「ファイル設定」ダイアログの《画面》タブの「文字の反転禁止」にチェックを入れます。

なお「Ch4_Ex10.vwx」にあるA～Eは文字ではなく曲線なので反転できます。

4.9.2 【回転】ツール

【回転】ツールはインタラクティブに（画面を見ながら）図形を回転させるツールです。練習用データは引き続き「Ch4_Ex10.vwx」でフリーな回転から練習します。

[1] フリーな回転

❶ Dの図形（反転で使用した図形）を選択する
❷【回転】ツールをクリックする
❸ 図形Dの適当な位置をクリックする
※クリックした位置に分度器が現れ、ここが回転の中心になります。
❹ カーソルを動かすと細い線で表示される図形が回転するので、適当なところでクリックすると確定する
❺ [Esc] キーを押して選択を解除する

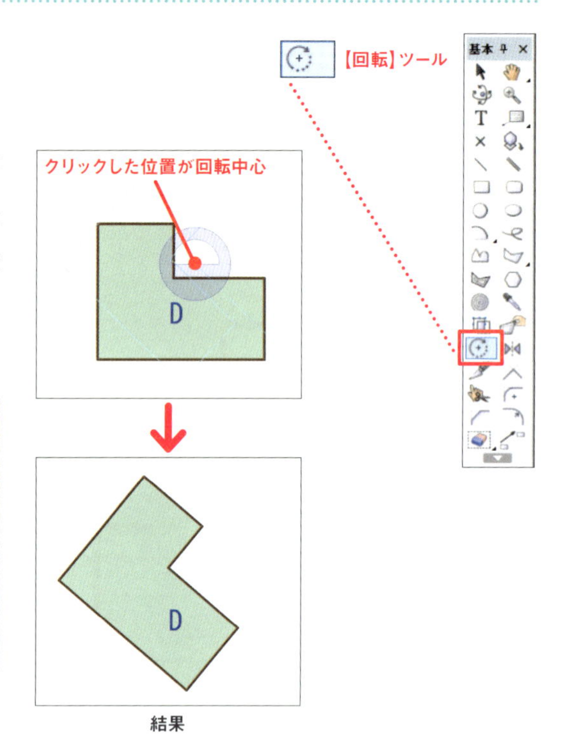

結果

Note フリー回転で角度指定

フリーな回転でも [Tab] キーを押すとフローティングデータバーが現れ、回転角度がリアルタイムに表示されます。これを [Tab] キーを押して反転させ、数値を入力すれば回転角度を数値指定できます。
しかし前もって回転角度が分かっているなら【加工】→【回転】→【回転】コマンドを使うほうが楽です。

[2] 図形を参照して回転

既存図形を参照して回転させる方法を練習します。Eの四角形を隣にある壁と平行にするのがここでの課題です。

❶ スナップパレットで【図形スナップ】がオンになっているのを確認する
❷【セレクション】ツールでEの四角形を選択する
❸【回転】ツールをクリックする
❹ A点（端点）でプレスし [Shift] キーを押しながらドラッグしB点あたりでリリースする
※[Shift] キーを使うのは基準線を水平にするためです。
❺ C点（線上点）をクリックする
❻ [Esc] キーを押して選択解除する

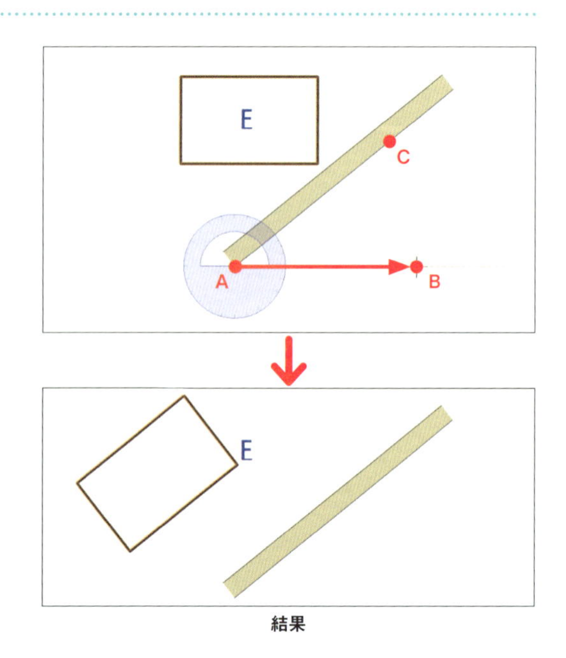

結果

4.10 ミラー反転

【ミラー反転】ツールは図形を鏡(ミラー)に映したように裏返しにするツールです。反転のコマンド(【水平反転】と【垂直反転】)と似ていますが反転のコマンドは図形をその場でひっくり返すのに対し、【ミラー反転】ツールはミラーの位置を指定出来るところが違います。それに反転コマンドの軸は水平・垂直ですが、【ミラー反転】ツールでは軸の角度は自由です。

【ミラー反転】ツールの[標準]モードは元図形が残らないモードで一般には「ミラー移動」と呼ばれ、[複製]モードは元図形が残るモードで、一般に「ミラー複写」と呼ばれています。

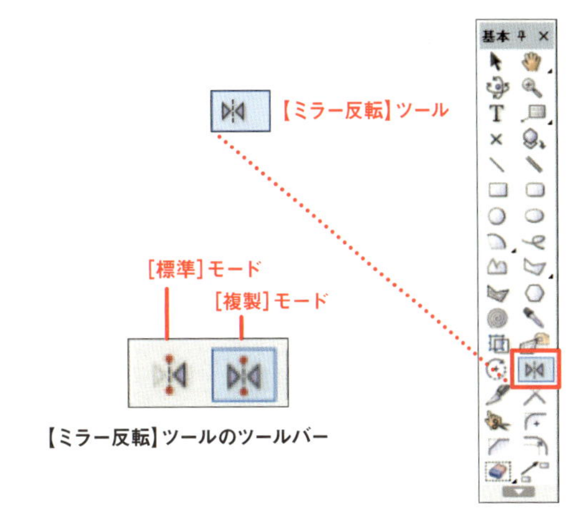

【ミラー反転】ツールのツールバー

4.10.1 【ミラー反転】ツールの基本的な使い方

Ch4_Ex11.vwx

1. メニューの【ファイル】→【開く】をクリックし、「VW20xx_Data」フォルダの中の「Ch4」フォルダにある「Ch4_Ex11.vwx」を開く
2. スナップパレットで【図形スナップ】をオンにする
3. 左側の図形(黄色の図形)を選択する
4. 【ミラー反転】ツールをクリックする
5. ツールバーで[標準]モードをオンにする
6. A点でプレスし、ドラッグしてB点でリリースする
7. ツールバーで[複製]モードをオンにする
8. 6と同じ操作をする

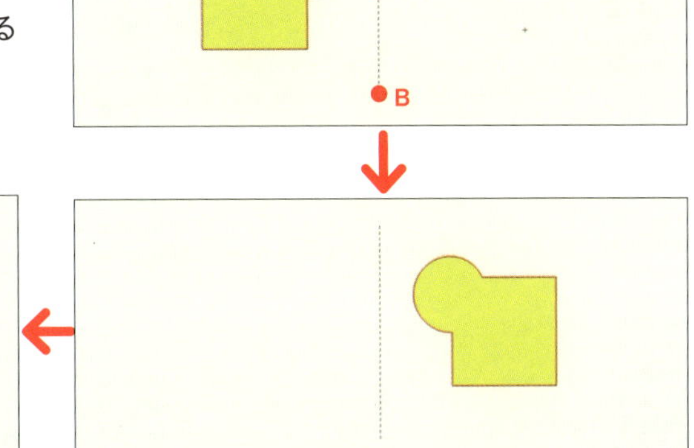

結果

4.10.2 【ミラー反転】ツールの応用操作

建築分野の【ミラー反転】ツールの用途ですぐ思いつくのはアパート・マンションの反転プラン（リバースプラン）です。反転プランはCAD的でダイナミックな使い方ですが、ここではちょっとした応用操作を紹介します。

❶ スナップパレットで【図形スナップ】がオンになっていることを確認する
❷「Ch4_Ex11.vwx」の右側の図で窓を2つとも選択する
❸【ミラー反転】ツールをクリックする
❹ ツールバーで［複製］モードをオンにする
❺ A点（図参照）でプレスし、[Shift] キーを押しながら右斜め下45°方向にドラッグし適当な位置でリリースする

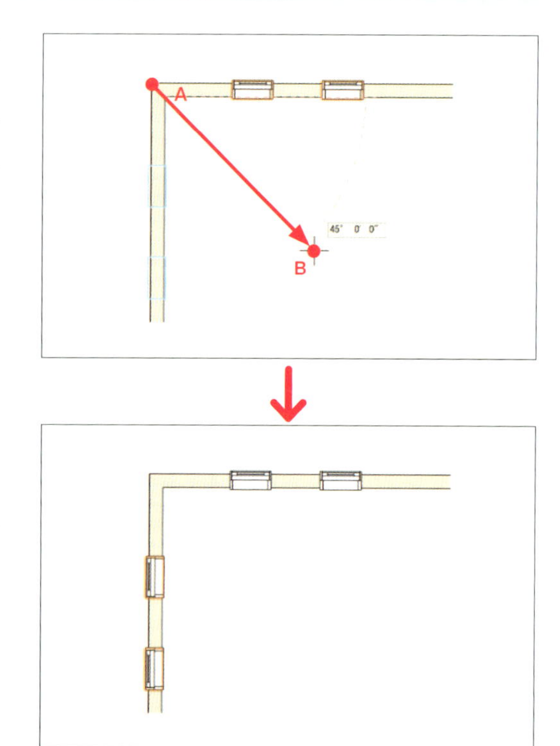

結果

4.11 クリップボード

クリップボードはあらゆるソフトについている機能といってよいほどに普及しているので、ここで説明する必要はないかもしれませんが、Vectorworks独特の性質もあるので一通り説明します。

クリップボードとはデータの一時保管の仕組みのことで、このクリップボードを介してデータのやりとりができます。どことやりとりするかの例を次に示します。

◆Vectorworksの他の図面の一部を入力中の図面に複写する

◆レイヤ(193ページ)から他のレイヤにデータを複写あるいは移動する

◆他のソフトから文字列や画像を取り込む

以上のようにクリップボードはVectorworksでも大きい役割があります。

4.11.1 Vectorworksのクリップボード

Vectorworksのクリップボードの性質をまとめると次のようになります。

◆クリップボードに保存できるデータは一組だけ

◆クリップボードにデータを入れると、前に入っていたデータは警告無しに消える

◆Vectorworksで扱えるデータ、すなわち図形、文字、画像などはクリップボードでやりとりできる

◆Vectorworksから他のソフトに切り替えたり、Vectorworksを終了させてもクリップボードの内容は残るが図形が画像に変わるなど、質が変わるかもしれない

◆パソコンのスイッチを切るとクリップボードの内容は消える

クリップボードはデータの一時的な保管所ということを意識して使うことが大事です。すなわち後回しにするのではなく、思いついたらすぐに処理してください。

4.11.2 クリップボード関連のコマンド

Vectorworksのクリップボード関連のコマンドは【編集】メニューにあります。

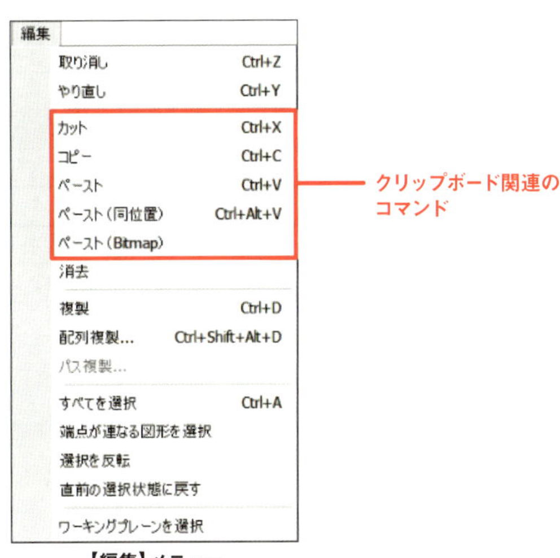

【編集】メニュー

(1) カット

メニューの【編集】→【カット】コマンドは選択した図形などをクリップボードに移動するコマンドです。移動とは元の場所には残らないことで、すなわち作図ウィンドウから消えてしまいます。このため【消去】コマンドと混同しがちですが次のような違いがあります。

◆【消去】コマンド=文字どおり消去する。クリップボードにはいっさい関係ない

◆【カット】コマンド=作図ウィンドウから消えるが、データはクリップボードに入る。次のデータがクリップボードに入ってくるまでこのデータは残る

(2) コピー

メニューの【編集】→【コピー】コマンドは選択した図形などをクリップボードに複写するコマンドです。複写は元の場所にデータが残るので作図ウィンドウに変化がありません。

(3) ペーストとペースト(同位置)

メニューの【編集】→【ペースト】コマンドはクリップボードの内容を作図ウィンドウに配置(複写)します。作図ウィンドウのどこに配置するかというと直前にクリックした場所ですが、この仕様はCADの用途からすると不都合です。たとえばレイヤから別のレイヤに図形を移動したとき位置がずれてしまい、あとで直さなければならないからです。このためVectorworksには【ペースト(同位置)】コマンドが用意されています。

Note データの重複

コピーしてすぐに同位置ペーストすると作図ウィンドウではほとんど変化がありません。このためビギナーは繰り返しペーストすることがあります。これをするとデータが何重にも重なり、そのあとの処理が面倒になります。

(4) ペースト(Bitmap)

【ペースト(Bitmap)】コマンドは図形を画像に変換してペーストするコマンドです。説明用に他の図面を脇にたとえばキープランとして置いておくといったときに使用します。画像にすると精度がかなり落ちますが扱いが簡単になるメリットがあります。

(5) ショートカットキー

クリップボード関連のショートカットキーは頻繁に使うのでぜひ覚えてください。

内容	ショートカットキー	
	Windows版	Mac版
カット	[Ctrl]+[X]キー	[⌘]+[X]キー
コピー	[Ctrl]+[C]キー	[⌘]+[C]キー
ペースト	[Ctrl]+[V]キー	[⌘]+[V]キー
ペースト(同位置)	[Ctrl]+[Alt]+[V]キー	[option]+[⌘]+[V]キー

4.12 図形の整列

図形の位置を揃えたり、等間隔に並び替えたりするときメニューの【加工】→【整列】→【整列】コマンドを使います。このコマンドはたいへんに用途が広く、使い慣れると、図形の移動に【整列】コマンドしか使わない人が現れるほどです。そういう使い方はやや異常ですが、【整列】コマンドはそれほどに魅力的なコマンドです。
まず、基本的な使い方から説明します。

4.12.1 【整列】コマンドの基本的な使い方

[1] 下端を揃える

Ch4_Ex12.vwx

図形を揃えるとき下端を揃えるとか右端を揃えるなどいろいろなケースがあります。ここでは例として下端に揃えてみます。

1. メニューの【ファイル】→【開く】をクリックし、「VW20xx_Data」フォルダの中の「Ch4」フォルダにある「Ch4_Ex12.vwx」を開く
2. 画面左側の3つの図形を選択する
3. メニューの【加工】→【整列】→【整列】をクリックする
4. 「整列」ダイアログで次のように操作する
   ◆右側の「整列」にチェックを入れる
   ◆「下」にチェックを入れる
   ◆[OK] をクリックする
5. 結果を確認したら[Ctrl]+[Z]キー(Mac:[⌘]+[Z]キー)を押して元に戻す

「下」で整列させると一番下方にある図形(ここでは四角形)の下端に他の図形の下端が合うように他の図形が移動します。

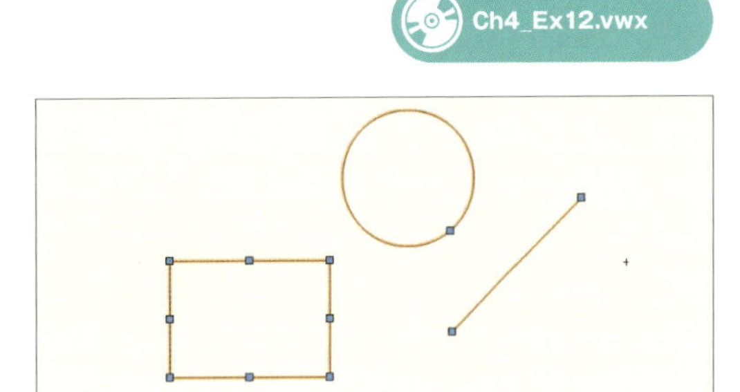

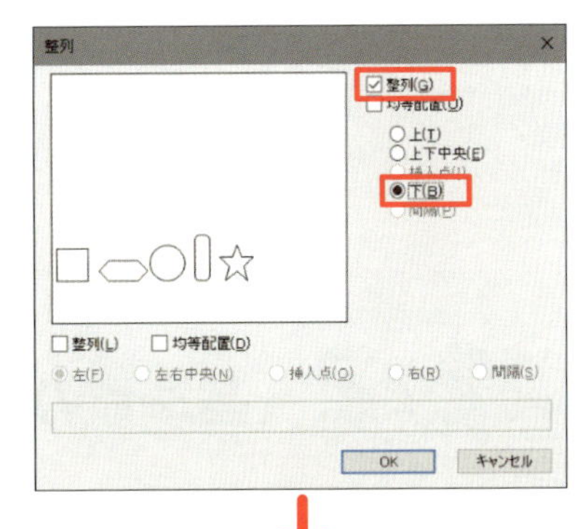

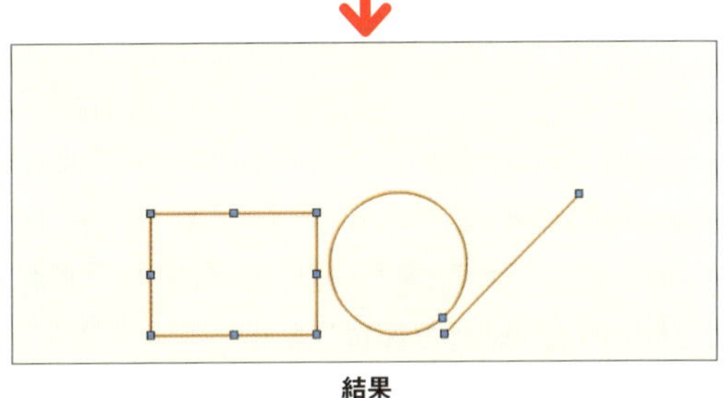
結果

[2] 中央に揃える

図形を1ケ所に集めてみます。

❶「Ch4_Ex12.vwx」の左側の3つの図形(前ページと同じ図形)を選択する

❷メニューの【加工】→【整列】→【整列】をクリックする

❸「整列」ダイアログで次のように操作する

◆右側の「整列」にチェックを入れる

◆「上下中央」にチェックを入れる

◆下側の「整列」にチェックを入れる

◆「左右中央」にチェックを入れる

◆[OK]をクリックする

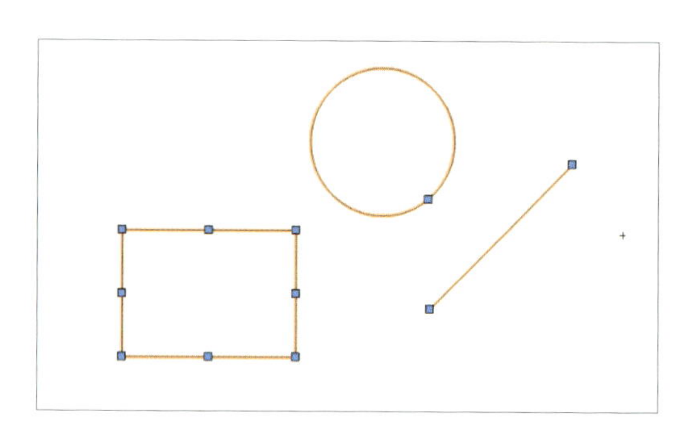

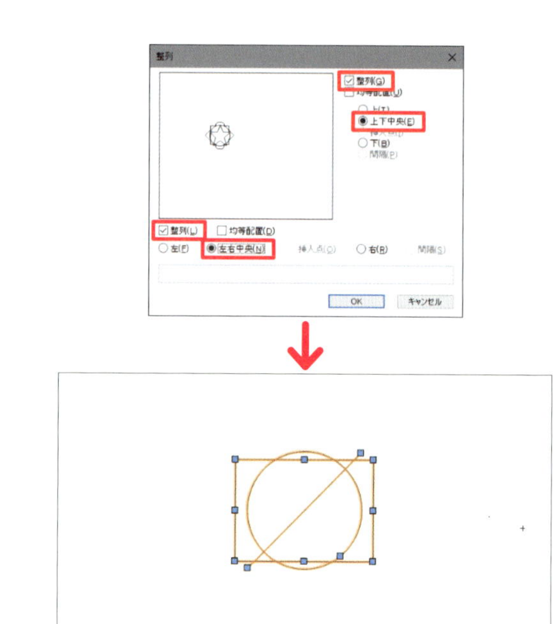

結果

4.12.2 基準点の利用

【整列】コマンドが図形を整列させるだけなら利用する場面は限られます。しかし基準点を併用することで用途がひろがります。【整列】コマンドで整列の基準になる点は図形の位置で決まります。たとえば「左」なら図形の中で一番左にある図形の左端の点が基準になります。

しかしVectorworksの【整列】コマンドには選択した図形の中に基準点が入っている場合は、その基準点が整列時の基準になります。これを利用すると基準点の位置で整列位置をコントロールできます。

例として、一点鎖線の交点に四角形の中心が合うように四角形を移動させたいとします。引き続き「Ch4_Ex12.vwx」で練習します。

❶スナップパレットで【交点】スナップをオンにする
❷【2D基準点】ツールをクリックする
❸画面右側の一点鎖線の交点に基準点を描く
❹【セレクション】ツールで基準点と、そばにある四角形を選択する
❺メニューの【加工】→【整列】→【整列】をクリックする
❻「整列」ダイアログで次のように操作する
◆右側の「整列」にチェックを入れる
◆「上下中央」にチェックを入れる
◆下側の「整列」にチェックを入れる
◆「左右中央」にチェックを入れる
◆[OK]をクリックする
❼[Esc]キーを押して選択解除する

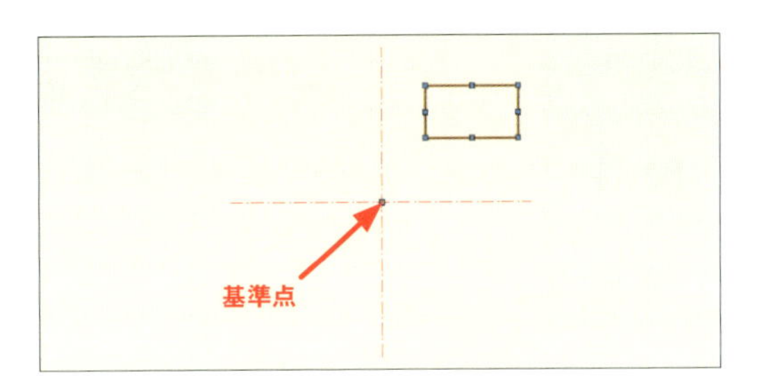

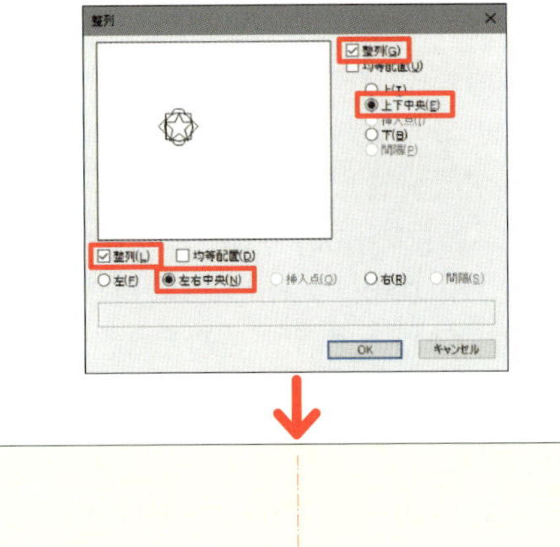

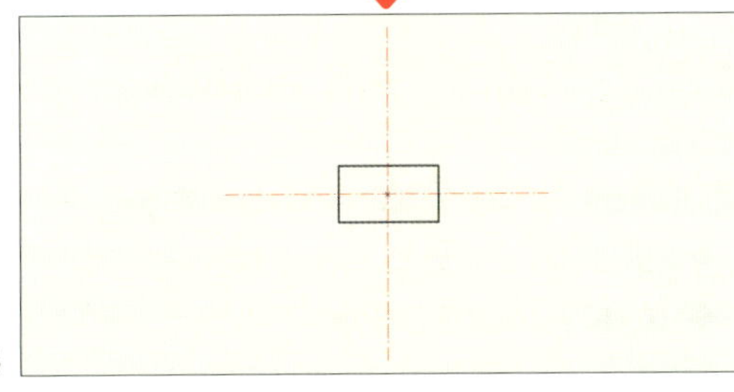
結果

以上のように【整列】コマンドを基準点を併用して使うと、図形をかなり自由に移動というか飛ばせます。

4.12.3 ロック図形の利用

整列させたい図形のうち一つの図形を基準にして整列させたい場合があります。たとえば文字を円の中央に配置したいが円は動かしたくない。このような場合は円が動かないようにロックしておき、そのうえで【整列】コマンドで整列させます。引き続き「Ch4_Ex12.vwx」で練習します。

❶画面下側の円だけを選択する
❷円にカーソルを合わせてから右クリックしメニューの【ロック】をクリックする
❸円と文字を選択し、【整列】コマンドで中央に整列させる
❹忘れないうちに円のロックを解除する

※解除は円を選択し右クリックメニューの【ロック解除】をクリックする。

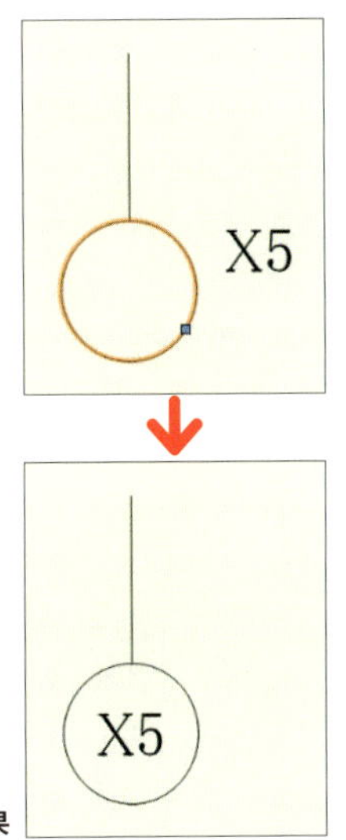

結果

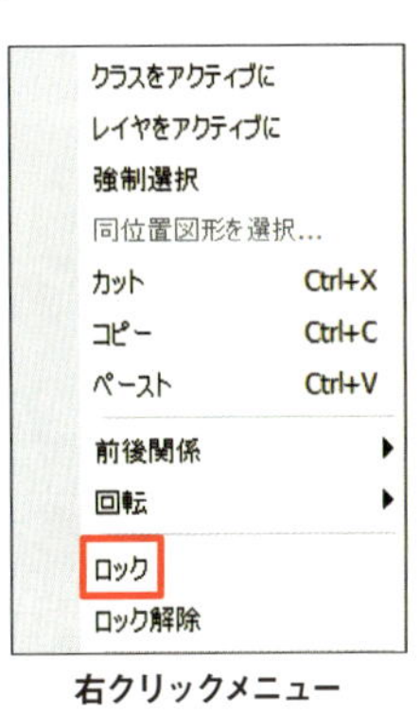

右クリックメニュー

4.12.4 図形を均等配置

【整列】コマンドには整列機能の他に均等配置機能もあります。この均等配置の機能を他のツール／コマンドで実行しようとすると大変な手間がかかることになりますので、いざというときのためにこのような機能があると覚えてください。

[1] 「均等配置」の基本的な操作法

例としてばらばらに配置された四角形をきちんと整列させ、かつ等間隔に並べ替える方法を用意したファイルで練習します。

❶メニューの【ファイル】→【開く】をクリックし、「VW20xx_Data」フォルダの中の「Ch4」フォルダにある「Ch4_Ex13.vwx」を開く

❷【セレクション】ツールで上部にある6つの四角形を選択する

❸メニューの【加工】→【整列】→【整列】をクリックする

❹「整列」ダイアログで次のように操作する

◆右側の「整列」にチェックを入れる

◆「上」にチェックを入れる

◆下側の「均等配置」にチェックを入れる

◆「左右中央」にチェックを入れる

◆［OK］をクリックする

均等配置の間隔は両端にある図形が基準になります。上例なら両端の図形は横方向に動かず、中間にある図形が移動して等間隔になります。

Ch4_Ex13.vwx

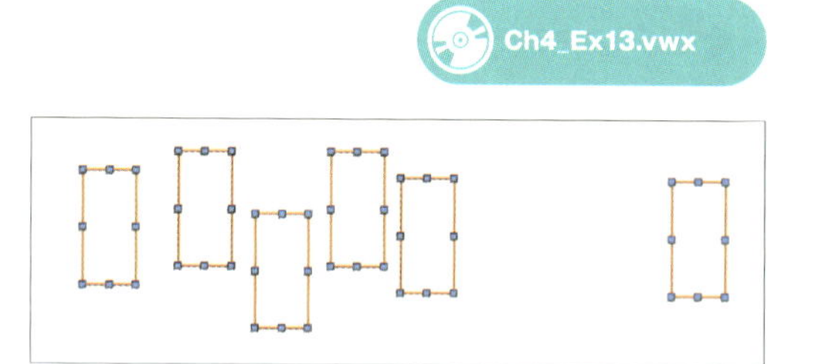

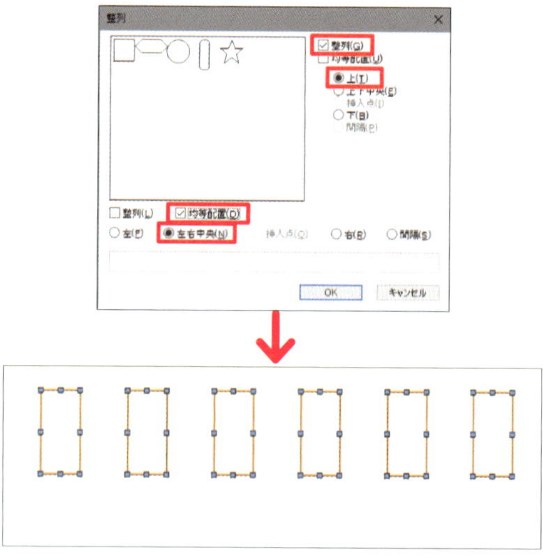

結果

Note

図形のサイズが同じなら「均等配置」で「左右中央」でも「左」など他の基準にしても結果は同じですが、図形のサイズがばらばらのときには結果が異なります。たとえば図形どうしの隙間(離間距離)を同じにしたいなら「間隔」にチェックを入れます。

[2]「均等配置」の応用例

「均等配置」の応用として「配列複製」と組み合わせて竪格子を描く方法を紹介します。「Ch4_Ex13.vwx」の下にある図を用います。

❶ 左側の竪材を選択する

❷ メニューの【編集】→【配列複製】をクリックする

❸「配列複製」ダイアログで次のように操作する

◆「複製の形式」で「直線状に並べる」を選択する

◆複製の数=<30>個

◆「X-Y座標を基準に設定」にチェックを入れる

◆X=<30>mm

◆Y=<0>mm

◆[OK]をクリックする

❹ 竪材をすべて選択する

❺ メニューの【加工】→【整列】→【整列】をクリックする

❻「整列」ダイアログで次のように操作する

◆下側の「均等配置」にチェックを入れる

◆「左右中央」にチェックを入れる

◆[OK]をクリックする

❼ [Esc]キーを押して選択解除する

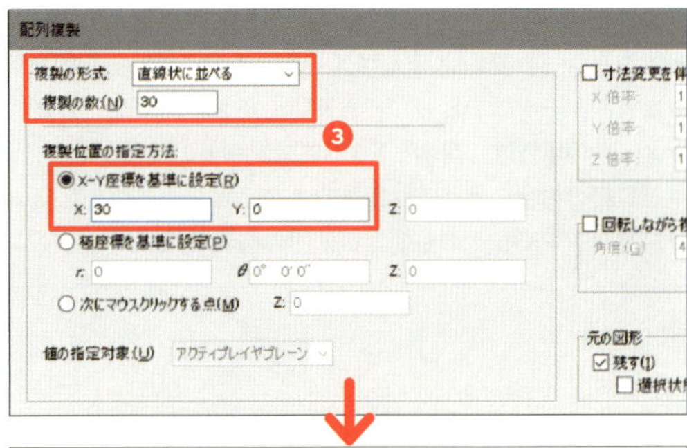

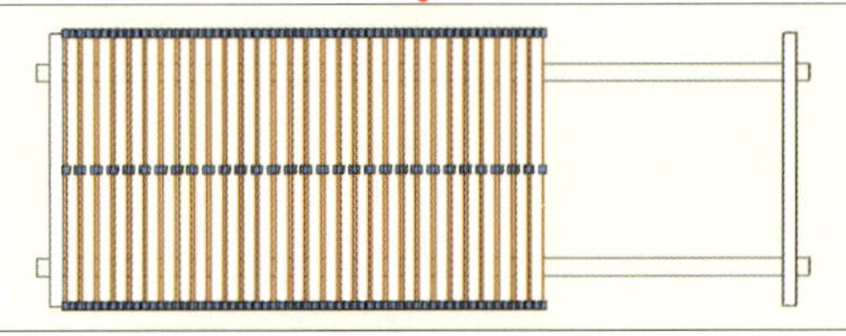

竪格子の正確な間隔が分からないので
とりあえずX=30mmとした配列複製の結果

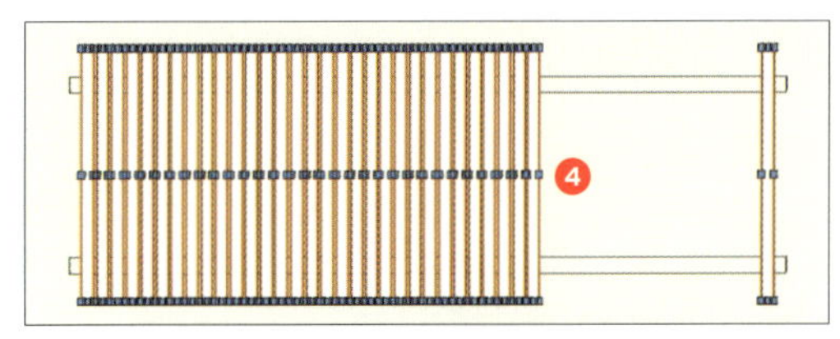

すべての竪材を選択

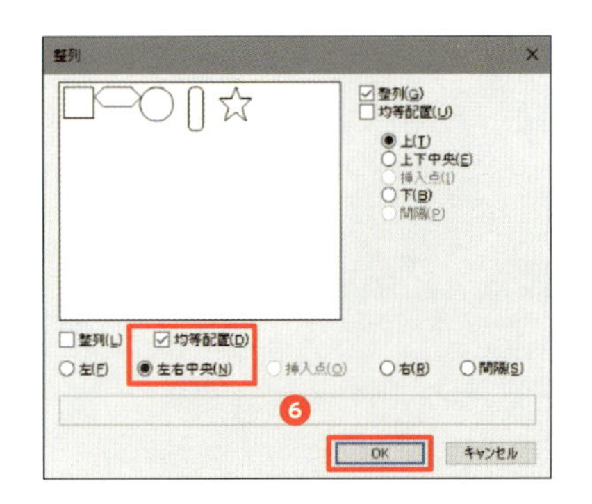

格子がひとまず完成しました。結果を見て竪格子の間隔を調整したくなったら、たとえば竪格子を何本か削除し【整列】コマンドで並べ直すという作業を繰り返して完成させます。

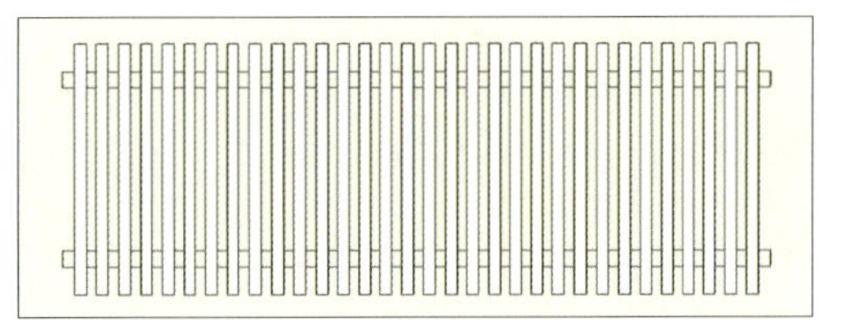

ひとまず完成

送付先 FAX番号：03－3403－0582　　メールアドレス：info@xknowledge.co.jp

FAX質問シート

徹底解説 VECTORWORKS 2017-2018 基本編

以下を必ずお読みになり、ご了承いただいた場合のみご質問をお送りください。

- 「本書の手順通り操作したが記載されているような結果にならない」といった本書記事に直接関係のある質問のみ回答いたします。「このようなことがしたい」「このようなときはどうすればよいか」など特定のユーザー向けの操作方法や問題解決方法、体験版のインストールについての質問にはお答えできません。
- 本質問シートでFAXまたはメールにてお送りいただいた質問のみ受け付けております。お電話による質問はお受けできません。
- 本質問シートはコピーしてお使いください。また、必要事項に記入漏れがある場合は回答できない場合がございます。
- メールの場合は、書名とFAX質問シートの項目を必ずご入力のうえ、送信してください。
- ご質問の内容によっては回答できない場合や日数を要する場合がございます。
- パソコンやOSそのもの、ご使用の機器や環境についての操作方法・トラブルなどの質問は受け付けておりません。

ふりがな

氏　名　　　　年齢　　　歳　　　性別　男・女

回答送付先（FAXまたはメールのいずれかに○印を付け、FAX番号またはメールアドレスをご記入ください）

FAX・メール

※送付先ははっきりとわかりやすくご記入ください。判読できない場合はご回答いたしかねます。電話による回答はいたしておりません。

ご質問の内容　※ 例）189ページの手順3までは操作できるが、手順5の結果が別紙画面のようになって解決しない。

【本書　　　ページ　～　　　ページ】

ご使用のパソコンの環境　（パソコンのメーカー名・機種名、OSの種類とVectorworksのバージョンなど。質問内容によっては必要ありませんが、環境に影響される質問内容で記入されていない場合はご回答できません）

Chapter

5

2D製図　Part 3

本章は建築製図では比較的に使用頻度が低い機能を取り上げます。
使用頻度が低いといってもめったに使わないという意味ではなく、
たいていはどこかで使う機能です。
またこれまでの章の内容を理解していないと分かりにくい機能も
本章に含めました。

5.1 フィレットと面取り

図形の編集はその図形を加工するものが多いですが、これから説明する【フィレット】ツールと【面取り】ツールは元の線に新たに円弧や線分を加えるという他と異なる特徴があります。

5.1.1 【フィレット】ツール

「フィレット」とは隅丸·丸面取りのことで機械設計図では必須の機能です。建築設計図でも機械設計図ほどではありませんがいろいろな場所で使われます。

【フィレット】ツールのモードは処理の違いで3種類ありますが普通は[トリミング]モードを使います。フィレット半径はツールバーの[フィレット半径]に入力します。

【フィレット】ツールは直線·四角形·多角形·円·円弧に使えます。そこで各図形に対する使い方を説明します。

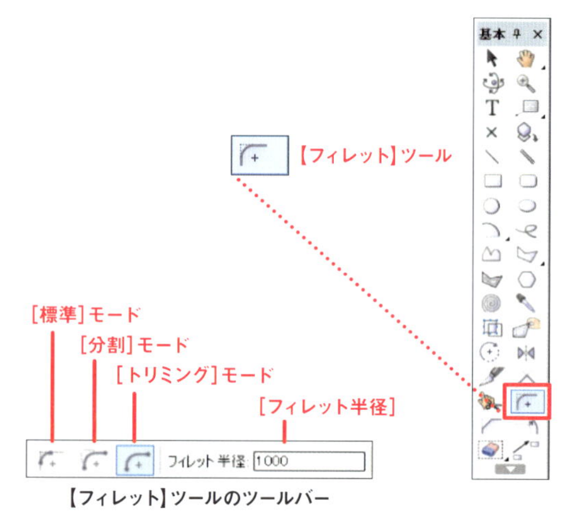

【フィレット】ツールのツールバー

[1] 直線に対するフィレット

これから【フィレット】ツールの各モードの違いを説明します。次の操作手順は一般的な手順です。

❶【フィレット】ツールをクリックする
❷ツールバーの[フィレット半径]に適当な半径を入力する
❸ツールバーでいずれかのモードを選択する
❹片方の線分にカーソルを合わせてプレスし、他方の線までドラッグしてからリリースする

Note

フィレット(fillet)の原意は「ヒレ肉」、建築用語としては「隅肉熔接」の意味があります。

◆[分割]モード

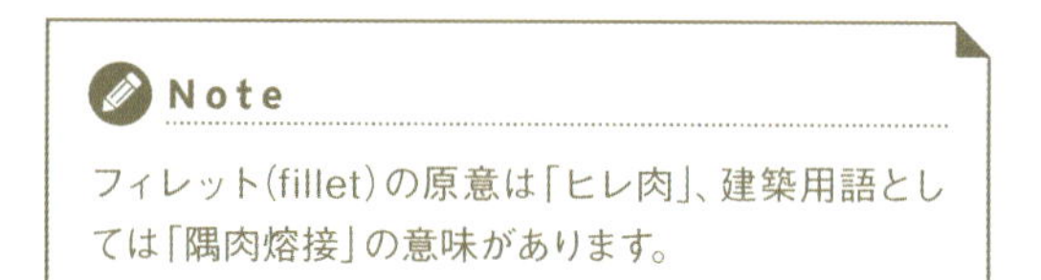

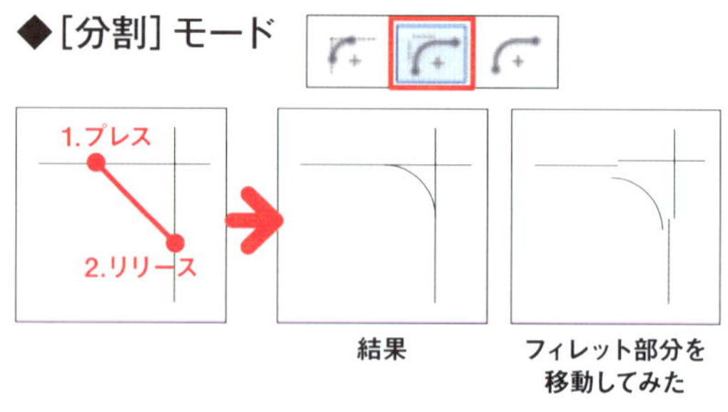

◆[標準]モード

◆[トリミング]モード

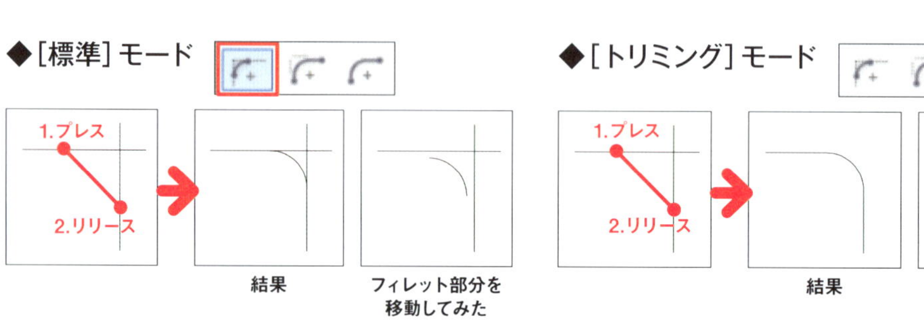

［2］四角形に対するフィレット

直線に対するフィレットと同じように2辺をプレス→ドラッグ→リリースするとその2辺の頂点にフィレットができます。そして四角形の1辺をクリックすると4頂点の全部にフィレットができます。

ここでは［トリミング］モードのみ示しますが他のモードも直線のときと同様の結果になります。

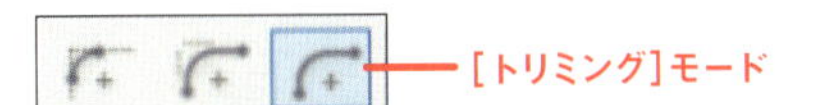

◆ 2辺をプレス→リリース

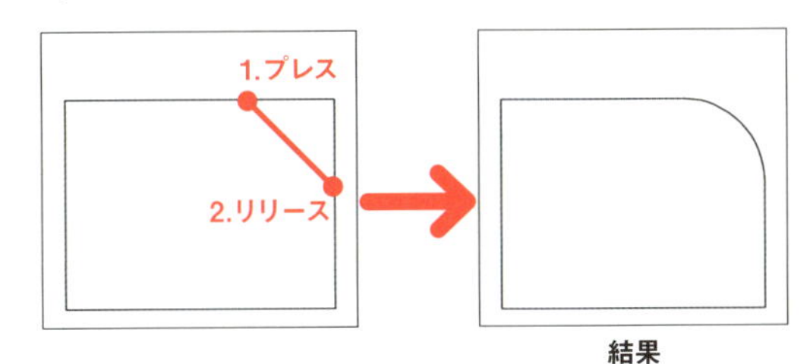

◆ 1辺をクリック

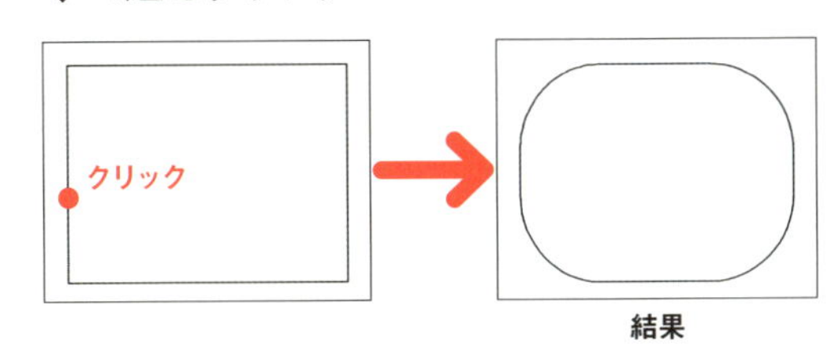

［3］円に対するフィレット

円と円、あるいは線と円にもフィレットを描けます。これを利用すると2つの円に対する接円も描けます。

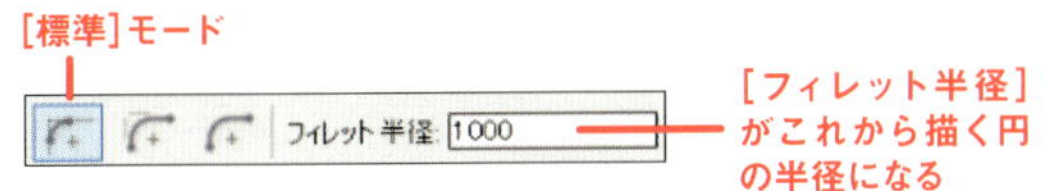

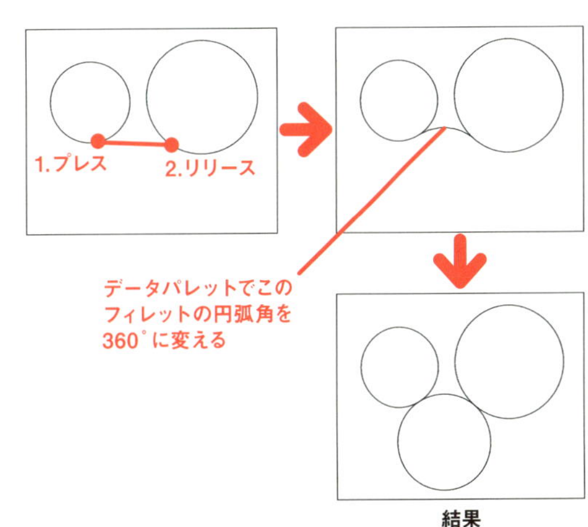

5.1.2 【面取り】ツール

【面取り】ツールは角面取りあるいはベベルと呼ばれている処理をするツールです。モードは【フィレット】ツールと同じ意味なので［トリミング］モードのみ紹介します。

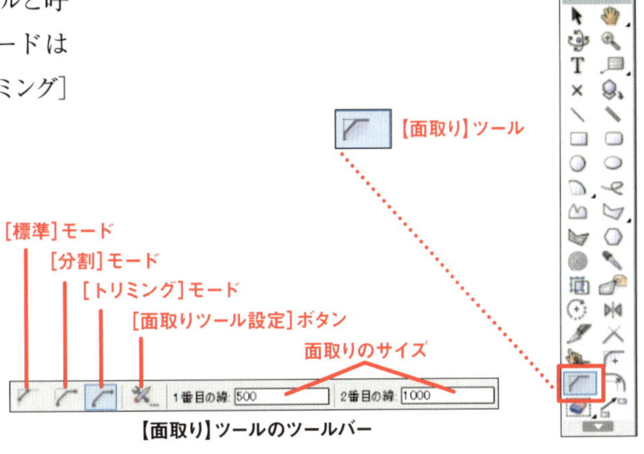

【面取り】ツールのツールバー

[1] 指定方式が「1番目と2番目の線」

❶【面取り】ツールをクリックする

❷[面取りツール設定]ボタンをクリックする

❸「面取りの設定」ダイアログで次のように設定する

◆「指定方法」で「1番目と2番目の線」にチェックを入れる

◆[1番目の線]に<500>を入力し、[2番目の線]に<1000>を入力する

◆[OK]をクリックする

❹図のようにプレス→リリースする

※プレスした線が1番目の線になります。

❺[Esc]キーを押して選択解除する

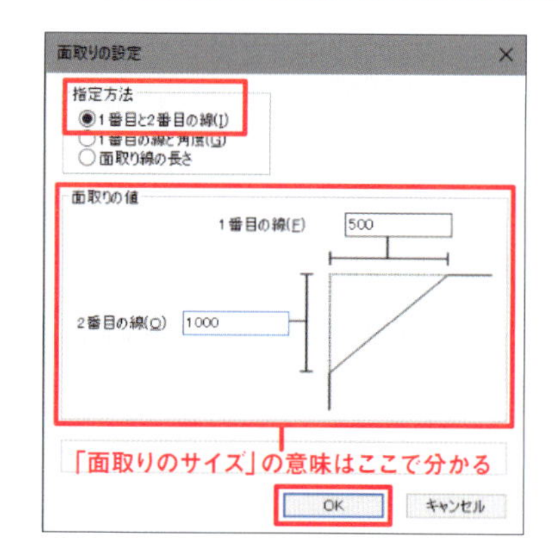

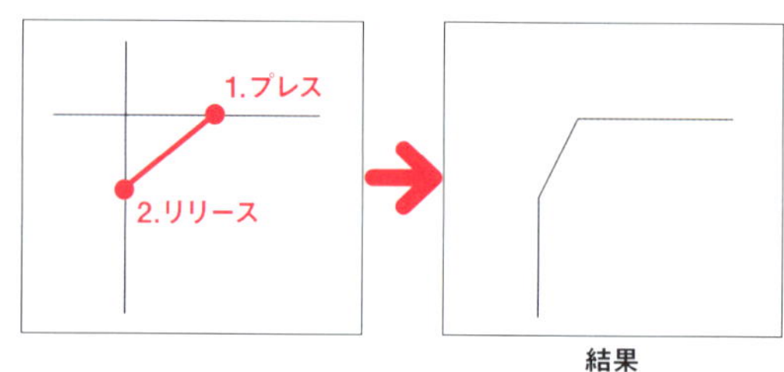

結果

[2] 他の指定方式

【面取り】ツールの指定方式は他に「1番目の線と角度」と「面取り線の長さ」があります。これら2つの方式の意味は「面取りの設定」ダイアログの「面取りの値」を見ると分かります。

◆ 1番目の線と角度

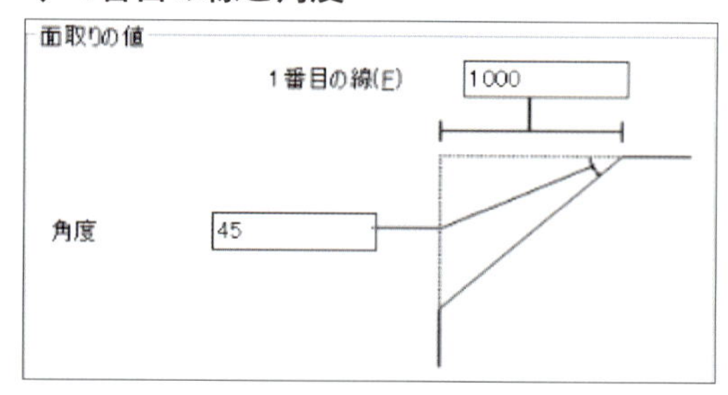

◆ 面取り線の長さ

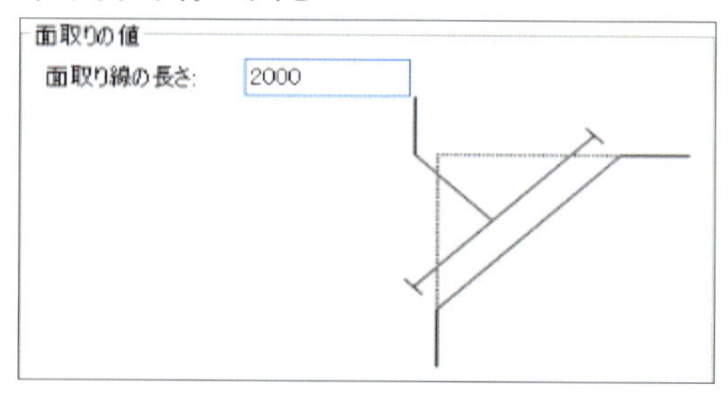

5.2 パス複製

パス複製は図形（パス）に沿って図形の複製を多数生成する機能です。

5.2.1 等分割でパス複製する

パス複製はメニューの【編集】→【パス複製】コマンドです。最初に練習用データを開き、等分割でパス複製します。

Ch5_Ex01.vwx

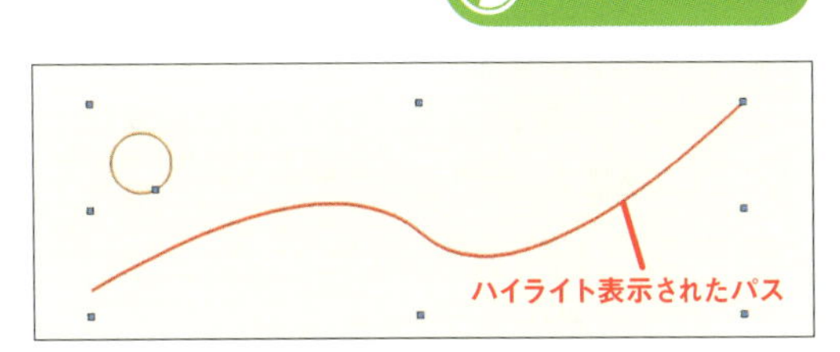

❶メニューの【ファイル】→【開く】をクリックし、「VW20xx_Data」フォルダの中の「Ch5」フォルダにある「Ch5_Ex01.vwx」を開く
❷【セレクション】ツールをクリックする
❸画面の上部にある円と曲線を選択する
※曲線がパスです。
❹メニューの【編集】→【パス複製】をクリックする
❺「パス複製」ダイアログで次のように操作する
◆「パス図形を選択」の[<<]と[>>]の2つのボタンのどちらかをクリックしてパス（曲線）がハイライト表示されるようにする
◆「等間隔」にチェックを入れる
◆複製数=<10>
◆複製の開始位置=<0>
◆[プレビュー]をクリックして結果を確認する
◆[OK]をクリックする
❻[Esc]キーを押して選択解除する

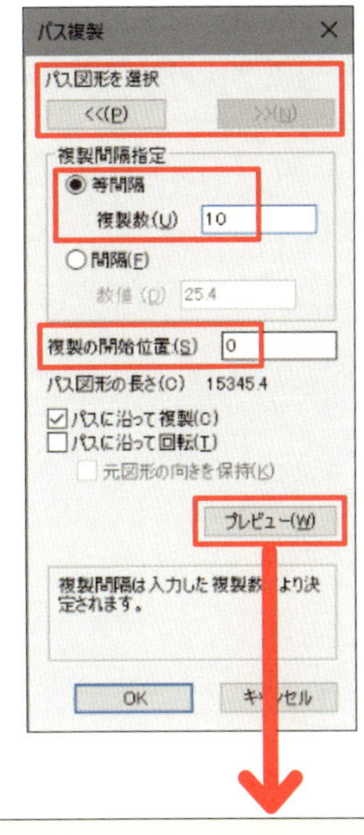

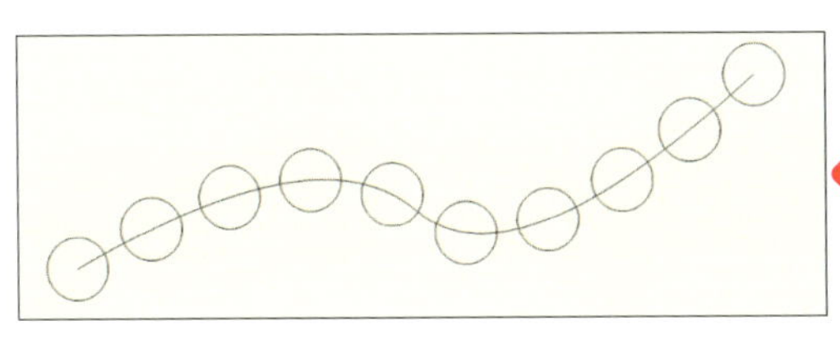
結果

プレビューの結果

5.2.2 等間隔でパス複製する

次に「間隔」の「数値」を指定して等間隔でパス複製します。練習用データは引き続き「Ch5_Ex01.vwx」です。

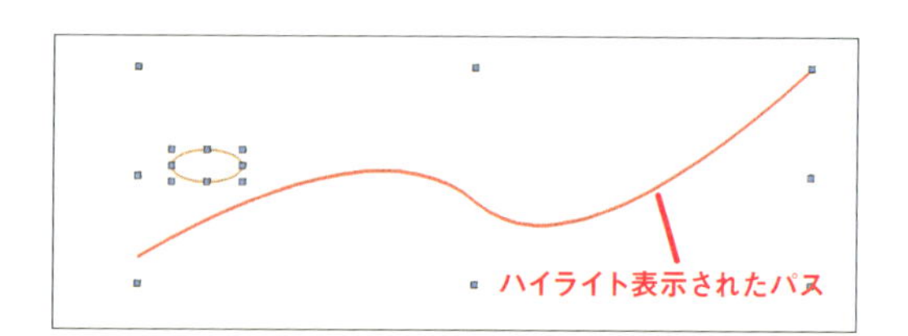

❶ 画面の下部にある長円と曲線を選択する

※曲線がパスです。

❷ メニューの【編集】→【パス複製】をクリックする

❸「パス複製」ダイアログで次のように設定する

- ◆「パス図形を選択」の[<<]と[>>]の2つのボタンのどちらかをクリックしてパス（曲線）がハイライト表示されるようにする
- ◆「間隔」にチェックを入れる
- ◆数値=<2300>mm
- ◆複製の開始位置=<0>
- ◆「パスに沿って回転」にチェックを入れる
- ◆[プレビュー]をクリックして結果を確認する
- ◆[OK]をクリックする

❹ [Esc]キーを押して選択解除する

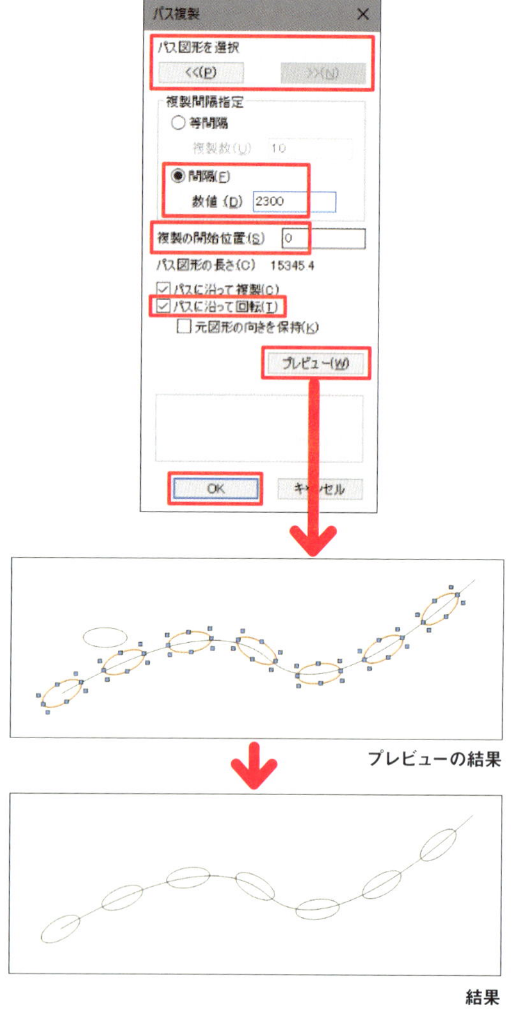

プレビューの結果

結果

5.3 ポイント間複製

【ポイント間複製】ツールは始点／終点の位置を指定して複写するツールです。ツール名に「複製」が含まれていますが移動にも使えます。

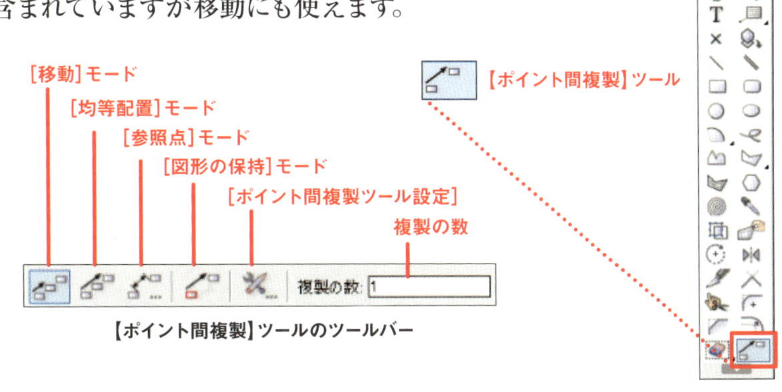

【ポイント間複製】ツールのツールバー

5.3.1 【ポイント間複製】ツールで移動する

【ポイント間複製】ツールで図形を移動します。

Ch5_Ex02.vwx

1. メニューの【ファイル】→【開く】をクリックし、「VW20xx_Data」フォルダの中の「Ch5」フォルダにある「Ch5_Ex02.vwx」を開く
2. スナップパレットで【図形スナップ】をオンにする
3. 【セレクション】ツールで画面左上にあるPの円を選択する
4. 【ポイント間複製】ツールをクリックする
5. ツールバーで[移動]モードをオンにする
6. ツールバーの[複製の数]に<1>を入力する
7. A点（端点）でプレスしB点（端点）でリリースする
8. [Esc]キーを押して選択解除する

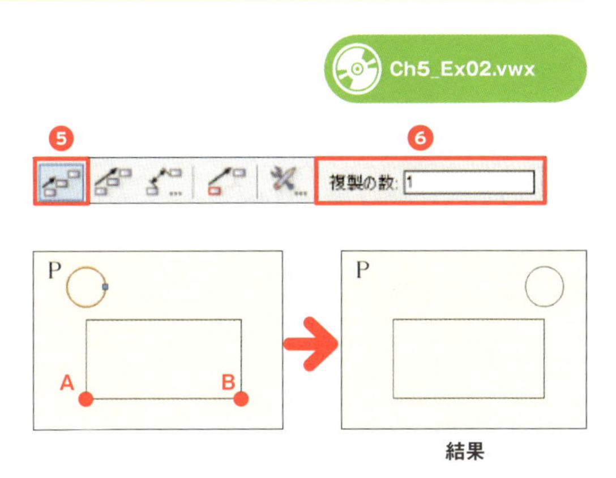

結果

5.3.2 【ポイント間複製】ツールで複写する

【ポイント間複製】ツールで図形を複写します。

1. 【セレクション】ツールで画面右上にあるQの円を選択する
2. 【ポイント間複製】ツールをクリックする
3. ツールバーで[移動]モードがオンになっているのを確認する
4. ツールバーの[図形の保持]モードをオンにする
5. A点（端点）でプレスしB点（端点）でリリースする
6. [Esc]キーを押して選択解除する

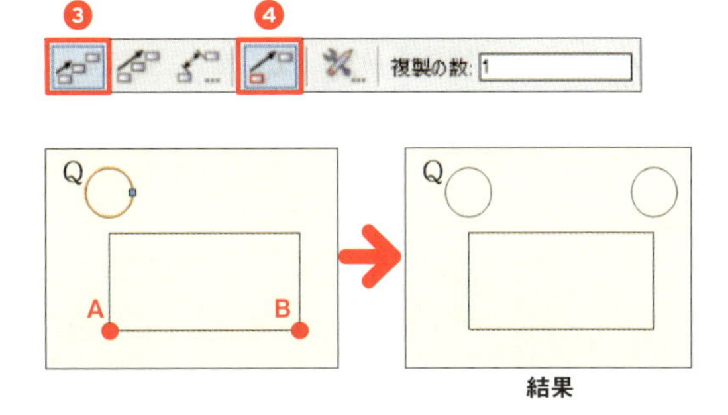

結果

続けて複写の練習をします。

❼ 画面中段にあるRの四角形を選択する
❽【ポイント間複製】ツールをクリックする
❾ C点（中心）でプレスし、D点（交点）でリリースする
❿ D点（交点）でプレスし、E点（交点）でリリースする
⓫ E点（交点）でプレスし、F点（交点）でリリースする
⓬ [Esc] キーを押して選択解除する

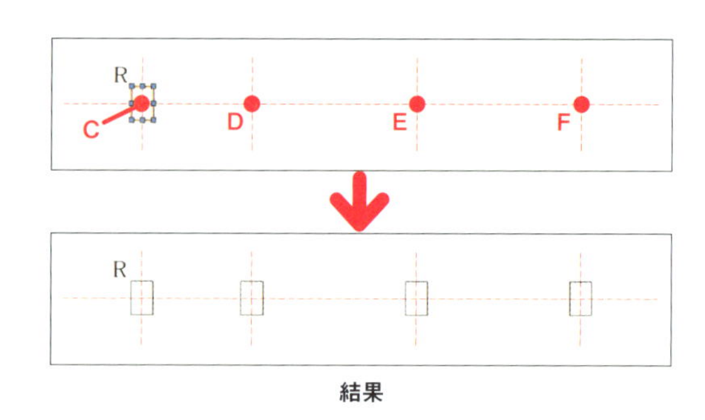

結果

5.3.3 複数個を複写する

図形を2つ以上複写することもできます。

❶ 下から2段目にあるSの四角形を選択する
❷【ポイント間複製】ツールをクリックする
❸ ツールバーで［移動］モードと［図形の保持］モードがオンになっているのを確認する
❹ ツールバーの［複製の数］に<3>を入力する
❺ A点（中心）でプレスしB点（交点）でリリースする
❻ [Esc] キーを押して選択解除する

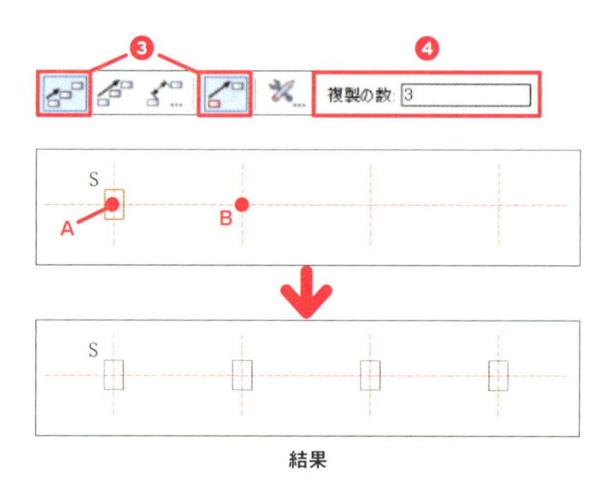

結果

5.3.4 均等配置する

図形を2点間に等間隔で複写できます。

❶ 一番下にあるTの四角形を選択する
❷【ポイント間複製】ツールをクリックする
❸ ツールバーで［均等配置］モードを選択する
❹ ツールバーで「図形の保持」モードがオンになっているのを確認する
❺ ツールバーの［複製の数］に<4>を入力する
❻ A点（中心）でプレスしB点（交点）でリリースする
❼ [Esc] キーを押して選択解除する

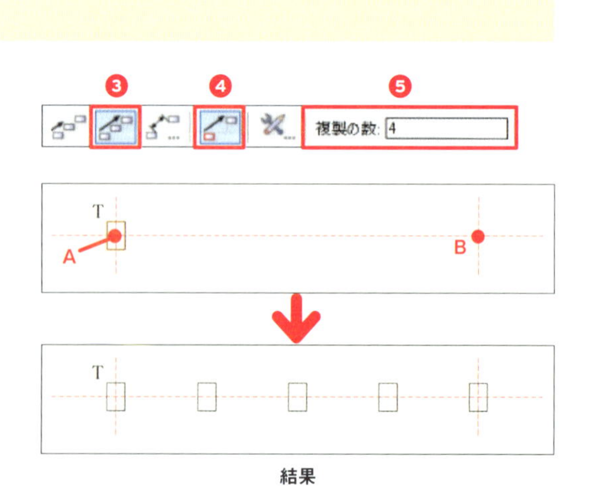

結果

【ポイント間複製】ツール の［参照点］モードが残っていますが、このモードは本書の範囲内で使うことはないと思うので説明を省略します。

5.4 変形

【変形】ツールは多角形や曲線を編集するツールですが、ここでは多角形／曲線の編集についての説明は省略し、建築製図で有用な使い方を説明します。【変形】ツールのツールバーには多数のモードがありますが本書は［矩形］モードだけを使います。それでも大変に役立つツールです。

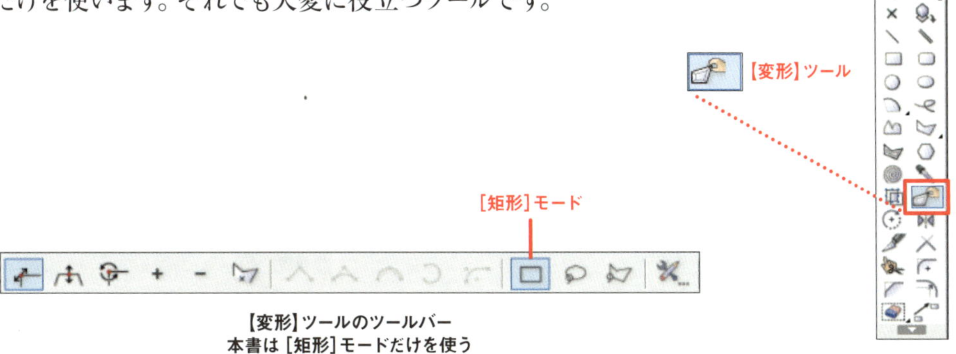

【変形】ツールのツールバー
本書は［矩形］モードだけを使う

5.4.1 【変形】ツールの基本

【変形】ツールの基本を説明します。

❶ メニューの【ファイル】→【開く】をクリックし、「VW20xx_Data」フォルダの中の「Ch5」フォルダにある「Ch5_Ex03.vwx」を開く

❷「Ch5_Ex03.vwx」の上段にある3つの四角形を選択する

❸【変形】ツールをクリックする

❹ ツールバーで［矩形］モードをオンにする

❺ 四角形を描くように移動部分を囲む

❻［Ctrl］＋［M］キー（Mac ：［⌘］＋［M］キー）を押す

※メニューの【加工】→【移動】→【移動】と同じ。

❼「図形を移動」ダイアログで次のように操作する

◆ X方向=<200>mm

◆ Y方向=<0>mm

◆［OK］をクリックする

❽【セレクション】ツールで空クリックして選択解除する

指定した移動部分に含まれている頂点が移動します。見方を変えると移動部分に一部が含まれている図形は変形し、全部が含まれている図形は移動します。

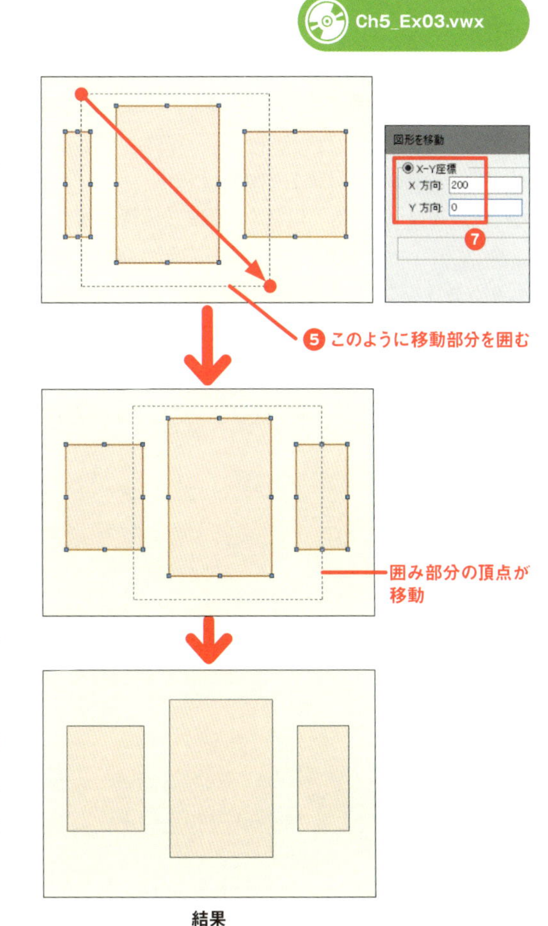

結果

5.4.2 幅違いのサッシュを作る

サッシュを描いたあと別サイズのサッシュを作ることはよくあることですが、【変形】ツールを使うと簡単にサイズ違いのサッシュを作れます。

「Ch5_Ex03.vwx」の下段に2つのサッシュ平面図があります。幅は1,600mmですが下側のサッシュを2,400mm幅に変えます。

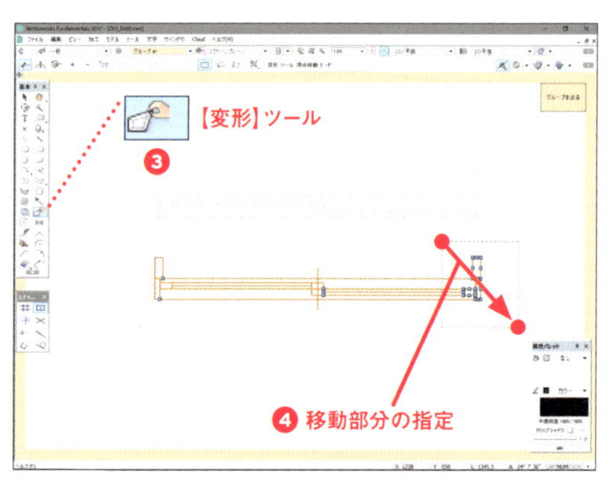

❶ 下側のサッシュをダブルクリックする。これによりグループに入る（268ページ）

❷ [Ctrl]＋[A]キー（Mac ：[⌘]＋[A]キー）を押して、サッシュ全体を選択する

❸【変形】ツールをクリックする

❹ 四角形を描くように移動部分を囲む

❺ [Ctrl]＋[M]キー（Mac ：[⌘]＋[M]キー）を押す

※メニューの【加工】→【移動】→【移動】と同じ。

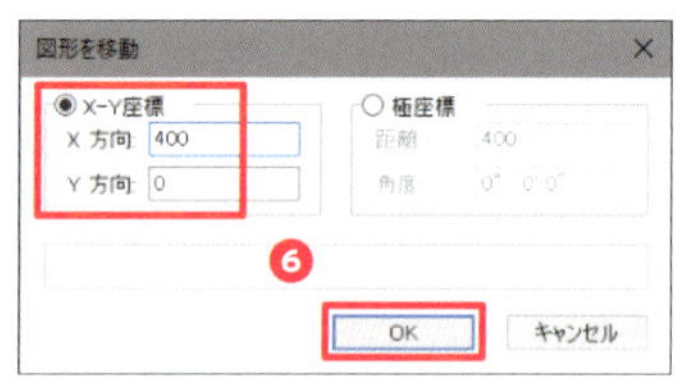

❻「図形を移動」ダイアログで次のように操作する

◆ X方向=<400>mm ◆Y方向=<0>mm

◆[OK]をクリックする

❼ サッシュの反対側を囲む

❽ [Ctrl]＋[M]キー（Mac ：[⌘]＋[M]キー）を押す

※メニューの【加工】→【移動】→【移動】と同じ。

❾「図形を移動」ダイアログで次のように操作する

◆ X方向=<-400>mm ◆Y方向=<0>mm

◆[OK]をクリックする

❿ 画面右上の[グループを出る]ボタンをクリックする

⓫【セレクション】ツールで空クリックして選択解除する

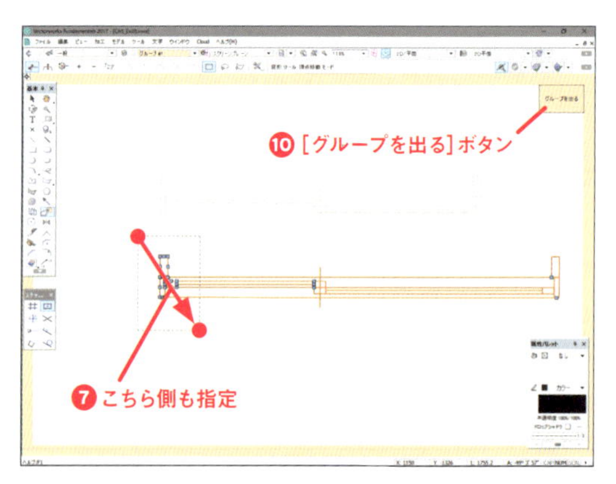

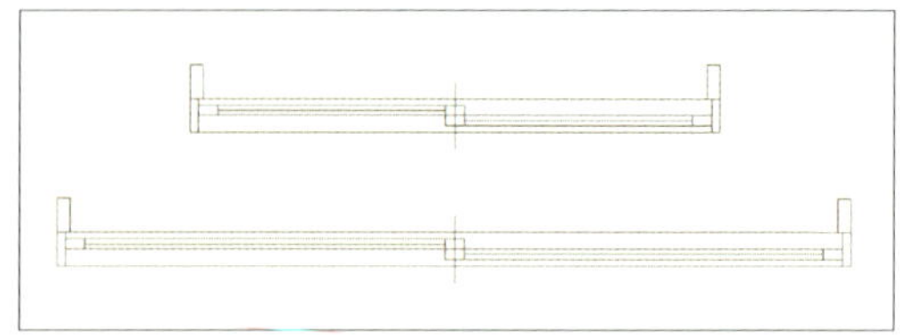

結果

5.4.3 平面図の変更

建築設計でスパンの変更を含む大変更をしなければならないとき、これを一気に変更するのに【変形】ツールを用います。

❶メニューの【ファイル】→【開く】をクリックし、「VW20xx_Data」フォルダの中の「Ch5」フォルダにある「Ch5_Ex04.vwx」を開く

❷メニューの【ビュー】→【他のレイヤを】→【表示+スナップ+編集】をクリックする

❸[Ctrl]+[A]キー(Mac :[⌘]+[A]キー)を押して、全図形を選択する

このスパンを2mひろげる

Ch5_Ex04.vwx

❹【変形】ツールをクリックする

❺四角形を描くように移動部分を囲む

❻[Ctrl]+[M]キー(Mac :[⌘]+[M]キー)を押す

※メニューの【加工】→【移動】→【移動】と同じ。

❼「図形を移動」ダイアログで次のように操作する

◆X方向=<2000>mm ◆Y方向=<0>mm

◆[OK]をクリックする

❽【セレクション】ツールで空クリックして選択解除する

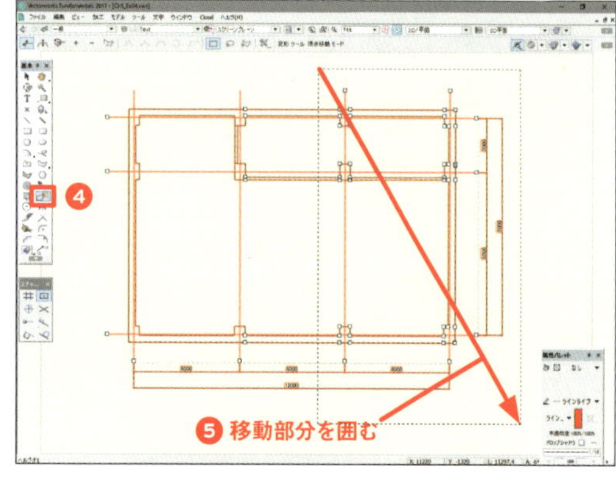

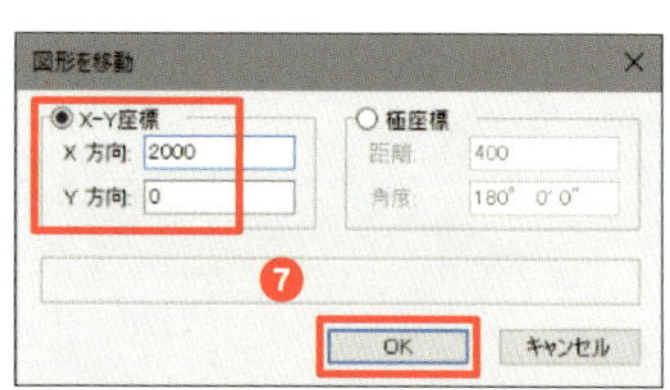

結果を見ると寸法を含めて変形しています。このように【変形】ツールは建築設計図で大変に役立ちます。

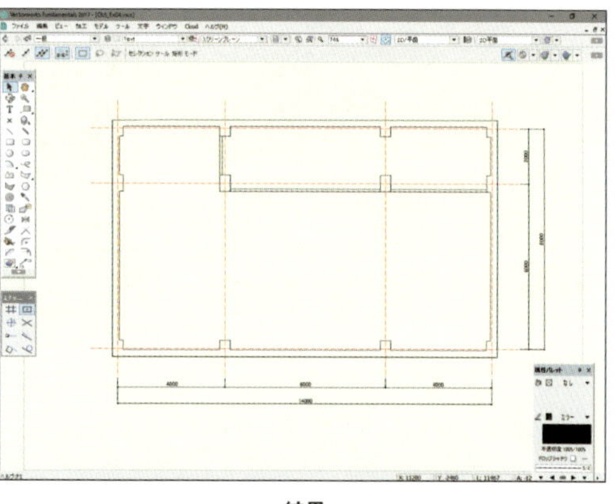

結果

5.5 図形の拡大と縮小

図形を拡大したり縮小したりすることを一般にはスケーリングといいます。Vectorworksのスケーリングはメニューの【加工】→【伸縮】で行います。

❶拡大／縮小したい図形を選択する
❷メニューの【加工】→【伸縮】をクリックする
❸「伸縮」ダイアログで倍率を設定してから［OK］をクリックする

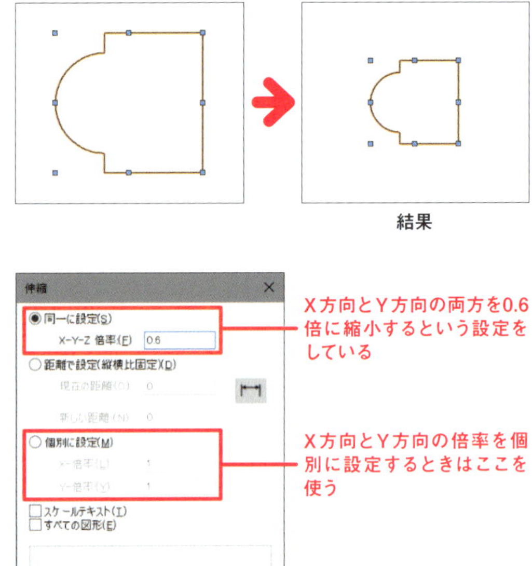

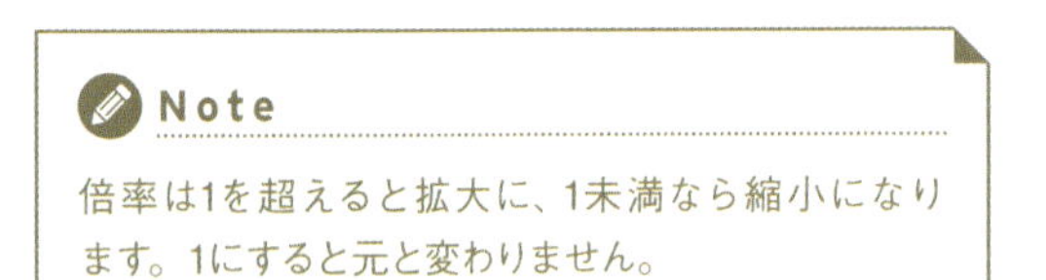

Note

倍率は1を超えると拡大に、1未満なら縮小になります。1にすると元と変わりません。

Note 「すべての図形」は注意

「伸縮」ダイアログの「すべての図形」にチェックを入れるとありとあらゆる図形が伸縮しますので注意してください。選択／非選択にかかわらず、ロックした図形、非表示レイヤにある図形、縮尺が異なるレイヤにある図形もすべて伸縮します。

5.6 面図形について

Vectorworksは面図形を扱えるCADとして知られています。これが最大の特徴といってもよいほどで、面の性質を使った独特の製図法もあります。
まず面図形の意味ですが、面属性を持つ図形を面図形と呼び、Vectorworksは直線以外の図形はほとんど面図形といってよいほどで、多角形、円、弧、曲線、四角形、文字などが面図形です。これまでにも何箇所かで面図形について触れているので重複するところもありますが、ここでまとめて説明します。

面図形の性質を箇条書きしてみます。

(1) 面図形は境界線である「線」と内側の「面」を持っている
(2) 面図形は面をカラーやパターンで塗りつぶせる
(3) 面図形どうしに前後関係がある
(4) 面図形を透明あるいは不透明にできる
(5) 面図形どうしで演算ができる

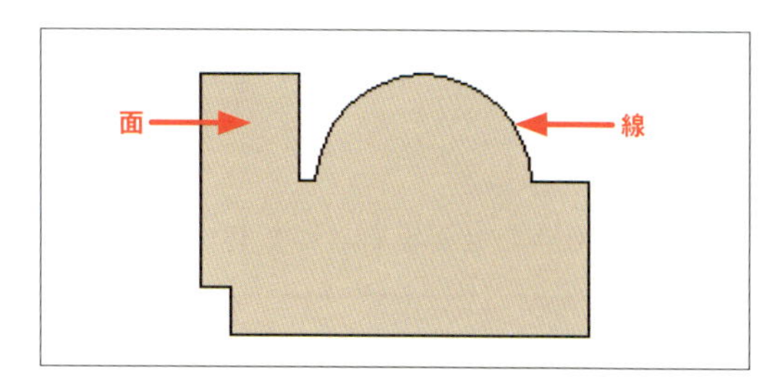

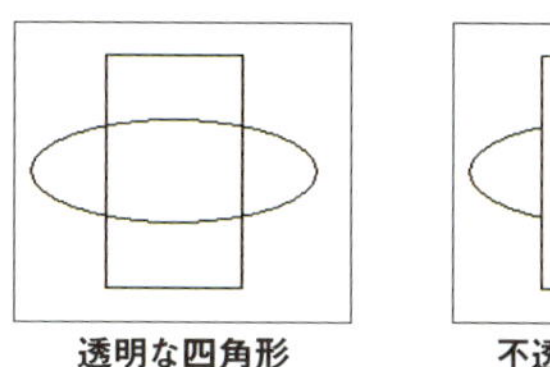
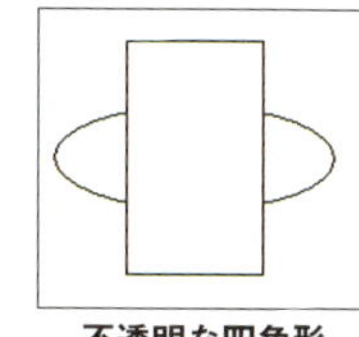

透明な四角形　不透明な四角形

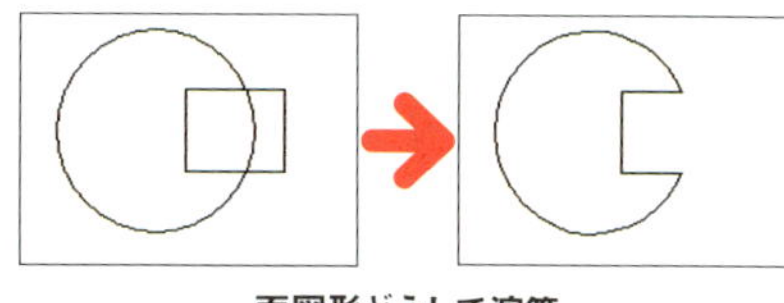
面図形どうしで演算
円から四角形を引き算している

以上のように面図形は線図形とかなり異なる性質を持っています。線図形しか使えない手描き製図では面図形という概念が無いため面図形の意味や取り扱い方がわかりにくいですが、Vectorworksに慣れるにつれ、面図形を製図に使えることの有り難みが分かってくるはずです。

5.6.1 ブーリアン加工

面図形でまず忘れてならないのが図形演算すなわちブーリアン加工です。ブーリアンとは記号論理学の基礎を築いたイギリスの数学者ブール(George Boole、1815–1864)の名前に由来しています。

CADでブーリアンというと主に3Dソリッドモデラーで使う用語ですが、面図形を扱えるCADなら2Dでも用います。Vectorworksは2Dと3Dの両方にブーリアンの機能がありますが、ここでは2Dのブーリアン加工についてだけ説明します。

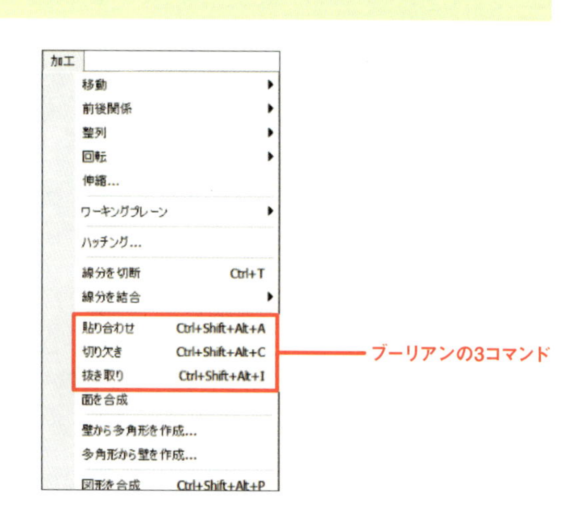

Vectorworksの2Dブーリアンは「足し算」「引き算」「かけ算」の3種類でそれぞれ【貼り合わせ】コマンド、【切り欠き】コマンド、【抜き取り】コマンドという名が付いています。この他に2Dツールパレットの【消しゴム】ツール（230ページ）は線図形にも使えますが面図形に対しては「引き算」になります。

［1］【貼り合わせ】コマンド

【貼り合わせ】コマンドは2つの面図形を足し合わせて1つの面図形にするコマンドです。

◆【貼り合わせ】コマンドの基本

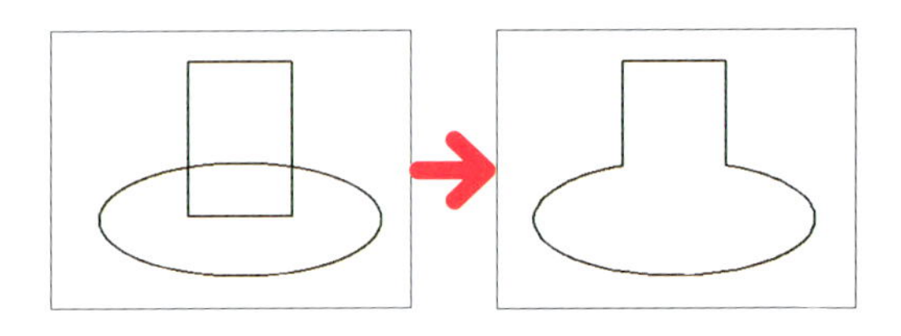

❶2つの図形を選択する

※この2つの図形は一部が重なっていなければなりません。

❷メニューの【加工】→【貼り合わせ】をクリックする

これで貼り合わせが実行されます。

> **Note** 3つ以上の図形
>
> 3つ以上の図形を選択しても貼り合わせられます。1回で終わらなければ、すべての貼り合わせが終わるまで【加工】→【貼り合わせ】コマンドを繰り返します。

◆【貼り合わせ】コマンドの練習

Ch5_Ex05.vwx

建築設計図での【貼り合わせ】コマンドの用途は数え切れないほどあります。これから練習するのはその一例にすぎません。

❶メニューの【ファイル】→【開く】をクリックし、「VW20xx_Data」フォルダの中の「Ch5」フォルダにある「Ch5_Ex05.vwx」を開く

この図面は躯体平面図で柱は四角形、壁は多角形でかいているのですべて面図形です。

❷アクティブレイヤが「Frame」になっていることを確認する

❸[Ctrl]＋[A]キー（Mac ：[⌘]＋[A]キー）を押す

※【編集】→【すべてを選択】と同じ。

❹メニューの【加工】→【貼り合わせ】をクリックする

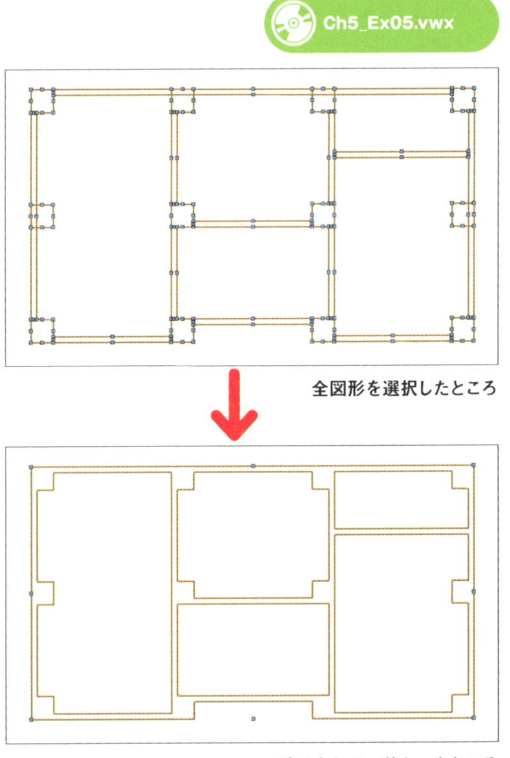

全図形を選択したところ

貼り合わせが終わったところ

❺一体になった図形が選択されているのを確認してから属性パレットで適当なカラーを割り当ててみる

これですべてが貼り合わされますが、もし残るようなら❸～❹を繰り返してください。

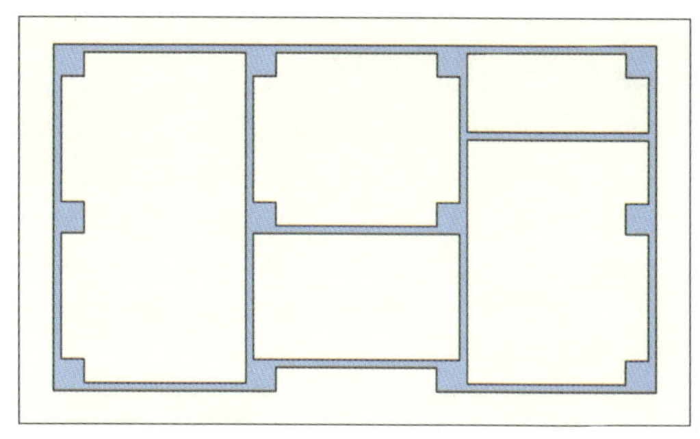

薄い青色で塗りつぶしてみた

Note Vectorworksで躯体図を描くとき

貼り合わせの練習をするため躯体図を例にしました。しかしこのことからVectorworksで躯体図を描くときは面で描かねばならないと思ったとしたらそれは間違いです。面だけで躯体図が描ける建物は現実には少ないものです。実際の仕事では面と線とを臨機応変に使い分けます。

[2]【切り欠き】コマンド

【切り欠き】コマンドは図形から図形を引く、引き算のようなコマンドです。簡単な例で図形の引き算がどのようなものか説明します。

❶2つの面図形を重ねて、両方とも選択する
❷メニューの【加工】→【切り欠き】をクリックする
❸図形を離してみる

2つの図形を重ね、選択してからメニューの【加工】→【切り欠き】をクリックする

2つの図形を離してみる

【切り欠き】コマンドでは図形の前後関係（上下関係）が意味を持ちます。「A図形－B図形」ならB図形を手前（上）に置きます。Vectorworksは同一レイヤ上では、以前にかいた図形ほど下（奥）になり、新しい図形ほど上（手前）になりますが、【前後関係】コマンドのサブコマンドでこの順序を変えられます。

❶前後関係を変えたい図形を選択（図では円）
❷メニューの【加工】→【前後関係】→【最前へ】をクリックする

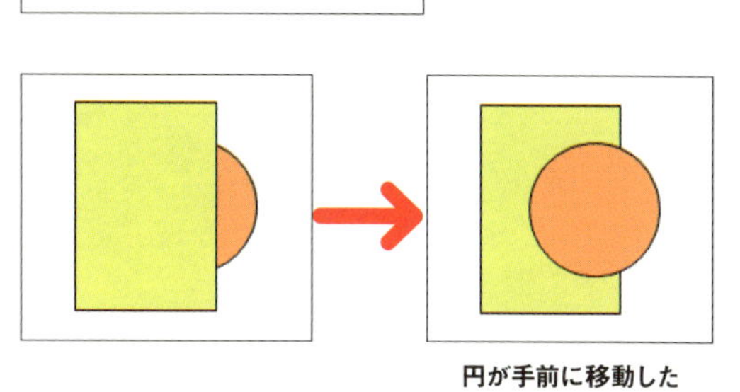

円が手前に移動した

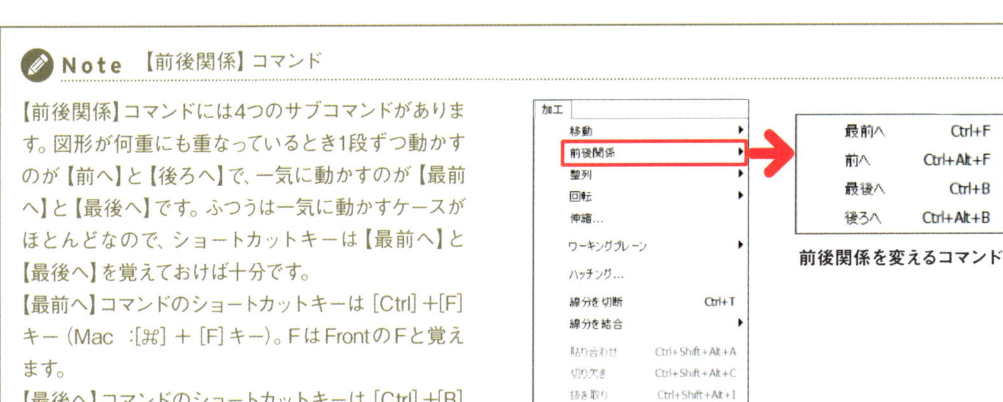

Note 【前後関係】コマンド
【前後関係】コマンドには4つのサブコマンドがあります。図形が何重にも重なっているとき1段ずつ動かすのが【前へ】と【後ろへ】で、一気に動かすのが【最前へ】と【最後へ】です。ふつうは一気に動かすケースがほとんどなので、ショートカットキーは【最前へ】と【最後へ】を覚えておけば十分です。
【最前へ】コマンドのショートカットキーは［Ctrl］+［F］キー（Mac ：［⌘］＋［F］キー）。F は Front の F と覚えます。
【最後へ】コマンドのショートカットキーは［Ctrl］+［B］キー（Mac ：［⌘］＋［B］キー）。B は Back の B と覚えます。
加工
移動
前後関係
整列
回転
伸縮...
ワーキングプレーン
ハッチング...
線分を切断 Ctrl+T
線分を結合
貼り合わせ Ctrl+Shift+Alt+A
切り欠き Ctrl+Shift+Alt+C
抜き取り Ctrl+Shift+Alt+I
面を合成
壁から多角形を作成...
最前へ Ctrl+F
前へ Ctrl+Alt+F
最後へ Ctrl+B
後ろへ Ctrl+Alt+B
前後関係を変えるコマンド

◆【切り欠き】コマンドで切断

【切り欠き】コマンドは面図形どうしで使うのがふつうですが、直線と面図形と組み合わせると面を切断できます。右図の場合なら、直線を手前にしてから、円と直線を選択しメニューの【加工】→【切り欠き】をクリックすると円を切断できます。

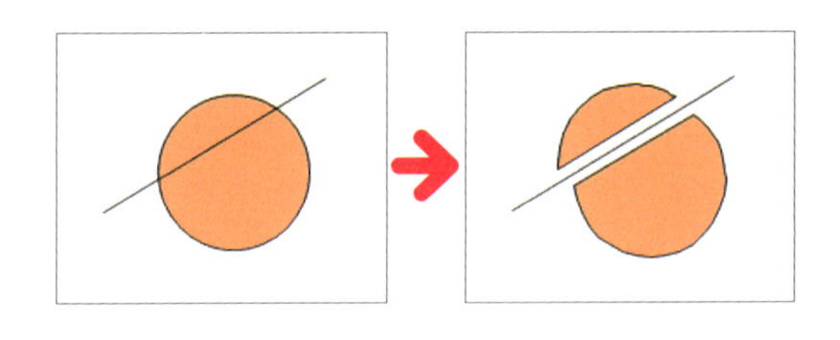

線で切断の応用例として小屋伏図で垂木を隅木に合わせて切断する方法を紹介します。詳細な手順は書きませんが元データは用意してあります（「Ch5_Ex06.vwx」）。

垂木（四角形）を切断したい位置にカット線（直線）を引き、垂木とカット線を全部選択しメニューの【加工】→【切り欠き】をクリックします。

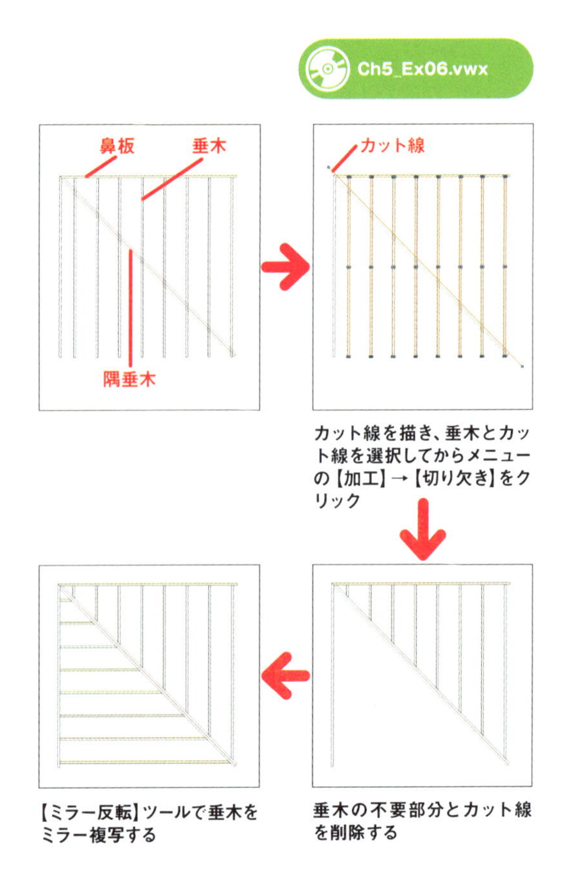

カット線を描き、垂木とカット線を選択してからメニューの【加工】→【切り欠き】をクリック

垂木の不要部分とカット線を削除する

【ミラー反転】ツールで垂木をミラー複写する

[3] 【抜き取り】コマンド

【抜き取り】コマンドは2つの図形の重なり部分を図形として新しく生成するコマンドです。元図形に対してなんら変更を加えないところが、他の2つのブーリアンコマンドと違います。【抜き取り】コマンドも図で説明します。

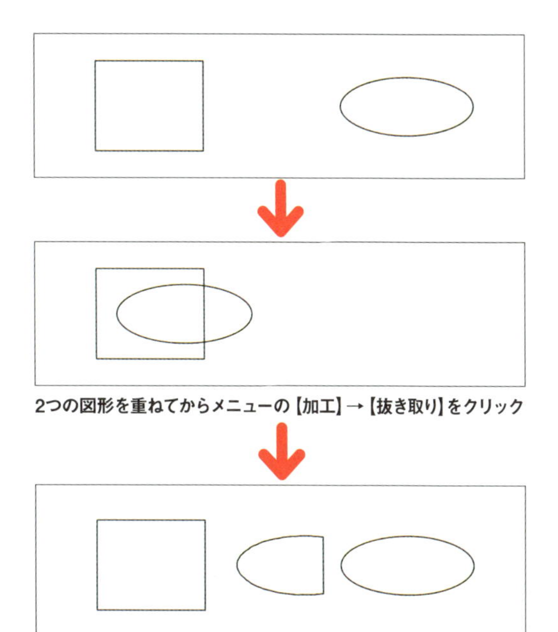
2つの図形を重ねてからメニューの【加工】→【抜き取り】をクリック

3つの図形を離してみる

❶ 2つの面図形を重ね、両方とも選択
❷ メニューの【加工】→【抜き取り】をクリックする

以上がブーリアン3コマンドです。【貼り合わせ】コマンドは躯体図の例のように表舞台で使いますが、他の2コマンドの【切り欠き】コマンドと【抜き取り】コマンドは裏方の役目が多く、直接描くのが難しい図形のとき使います。たとえば複雑な面取りとかモールディングの断面のように削り出して作る形状の作図に適しています。

5.6.2 【面を合成】コマンド

メニューの【加工】→【面を合成】は図形で囲まれた部分の内側を面図形にするというユニークなコマンドです。

❶ 図形を生成しようとしている範囲を、囲んでいる図形を全部選択
❷ メニューの【加工】→【面を合成】をクリックする
❸ カーソルがバケツ型のカーソルに変わるので、図形に囲まれている中でクリックする

以上の操作で囲まれた部分に面図形が生成されます。

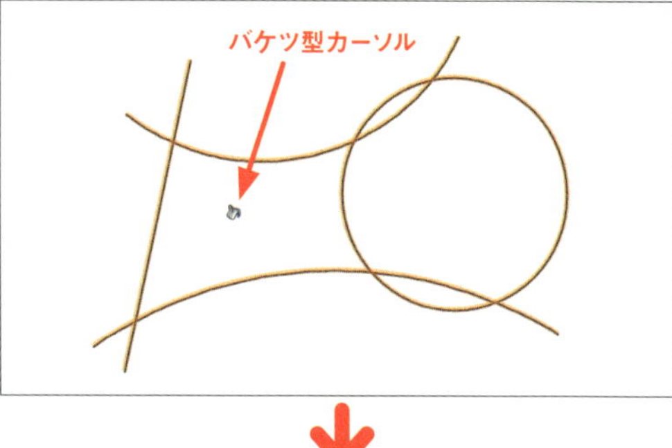

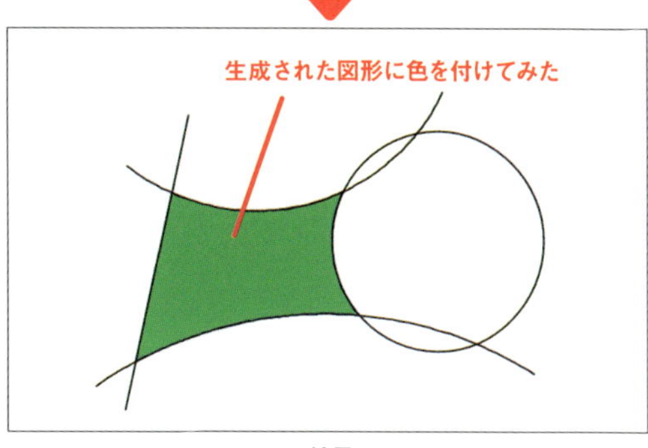

結果

5.6.3 【図形を合成】コマンド

複数の線分（直線、円弧、曲線）で閉じた形を作り、これを1つの面図形に変換するコマンドが【図形を合成】コマンドです。

❶面図形に変えたい図形をすべて選択する

❷メニューの【加工】→【図形を合成】をクリックする

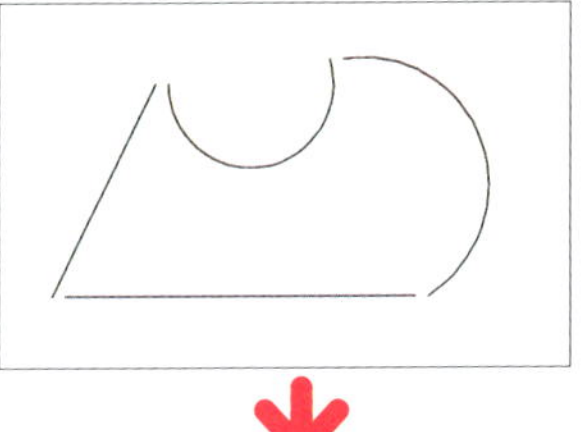

複数の図形で閉じた図形を描く（図は分かりやすいように各図形を少し離している）

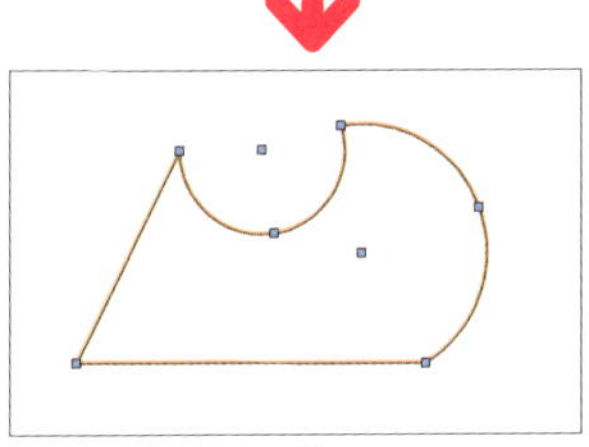

すべての図形を選択する

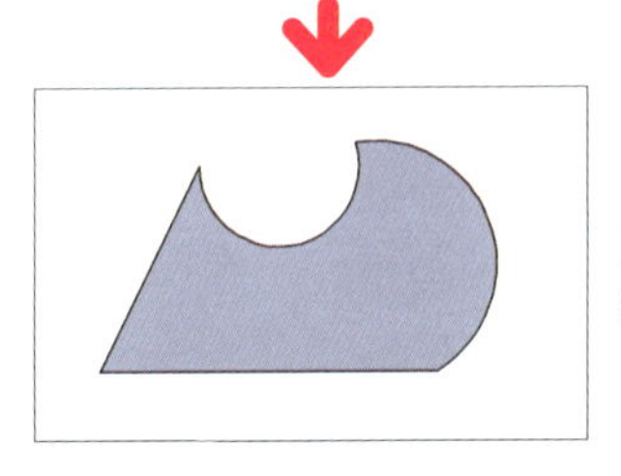

【加工】→【図形を合成】をクリックして面図形に変換したあとで着色した

【加工】メニューでは【図形を合成】コマンドの次に【図形に分解】コマンドがあります。これは【図形を合成】コマンドとは逆の働きをするコマンドで、面図形を線分に分解します。

【図形に分解】コマンドの対象になる図形は四角形や多角形（開いていてもよい）、【図形を合成】コマンドで作った面図形などですが、単体の円弧や【曲線】ツールで描いた曲線は分解できません。これらの図形を線分に分解したいときはメニューの【加工】→【変換】→【線分に変換】コマンドを用います。

5.6.4 面図形を使った作図法

面図形の特徴を利用した作図法として、面図形をマスク（覆い隠す）図形として使うテクニックがあります。とても有用なテクニックですので活用してください。

DXF／DWGファイルに変換して他のCADで読み込んだときたいていの場合マスク図形が透明になります。しかしマスク図形がそのまま有効なCADもあります。たとえばAutoCAD 2004以降／AutoCAD LT 2004以降ならOKです。これは「ワイプアウト」というマスク機能が搭載されたからです。

Note マスク図形とプリンタ／プロッタ

マスク図形を用いた図面をWindowsのペンプロッタで出力するとマスクが透明になってしまいます。しかしMac版でプリンタ／プロッタ（ペンプロッタを含む）に出力するとき、およびWindows版でプリンタ／ラスタープロッタで出力するときはマスク図形に隠された図形は出力されません。

[1] マスク図形とは

最初にマスク図形の意味を説明します。

先に長円を描き、そのあと四角形を重なるように描きます。そして手前（上）の四角形のカラーを背景と同じカラー（普通は白）にし、線を属性パレットで「なし」にします。すると手前の四角形は見えなくなり奥の長円の一部が隠され、その隠された部分が切り取られたように見えます。この四角形を「マスク図形」と呼びます。実際には図形を切り取っていないが切り取ったと同じことになります。マスク図形を動かすだけで切り取る場所が変わる、すなわち簡単に変更できます。

なおマスク図形と筆者が勝手に呼んでいますがマスク図形というオブジェクトタイプがあるわけではなく、ごく普通の図形です。

この四角形をマスク図形にする
面＝白色、線＝なし

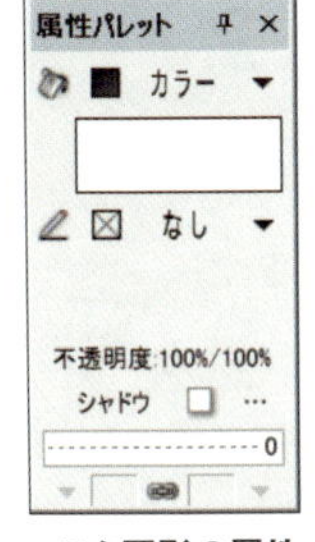

マスク図形の属性

Note Vectorworks の背景色

マスク図形の面の色を白色にしていますが、Vectorworks 2017/2018のデフォルトの背景色は極薄の黄色です（R=249、G=249、B=240）。このため画面ではマスク図形が見えてしまいます。印刷すればマスク図形は見えなくなるので、実用上は問題ないのですが画面との不一致は避けたいものです。そこで背景色を白色にする方法を紹介します。もし面による製図法を本格的に使いたいなら背景色を白色にしてください。

❶メニューの【ツール】→【オプション】→【環境設定】をクリックする
❷「環境設定」ダイアログで次のように操作する
- ◆《インタラクティブ》タブをクリックする
- ◆［インタラクティブ表示設定］をクリックする

❸「インタラクティブ表示設定」ダイアログで次のように操作する
- ◆「一般ー背景色ー2D/平面」を選択する
- ◆右上にある「色」のボックスをクリックし色の選択画面で「白色」をクリックする

❹各ダイアログの［OK］をクリックして作図ウィンドウに戻る

なおデフォルトの配色に戻したいときは「インタラクティブ表示設定」ダイアログで［リセット］をクリックしてください。

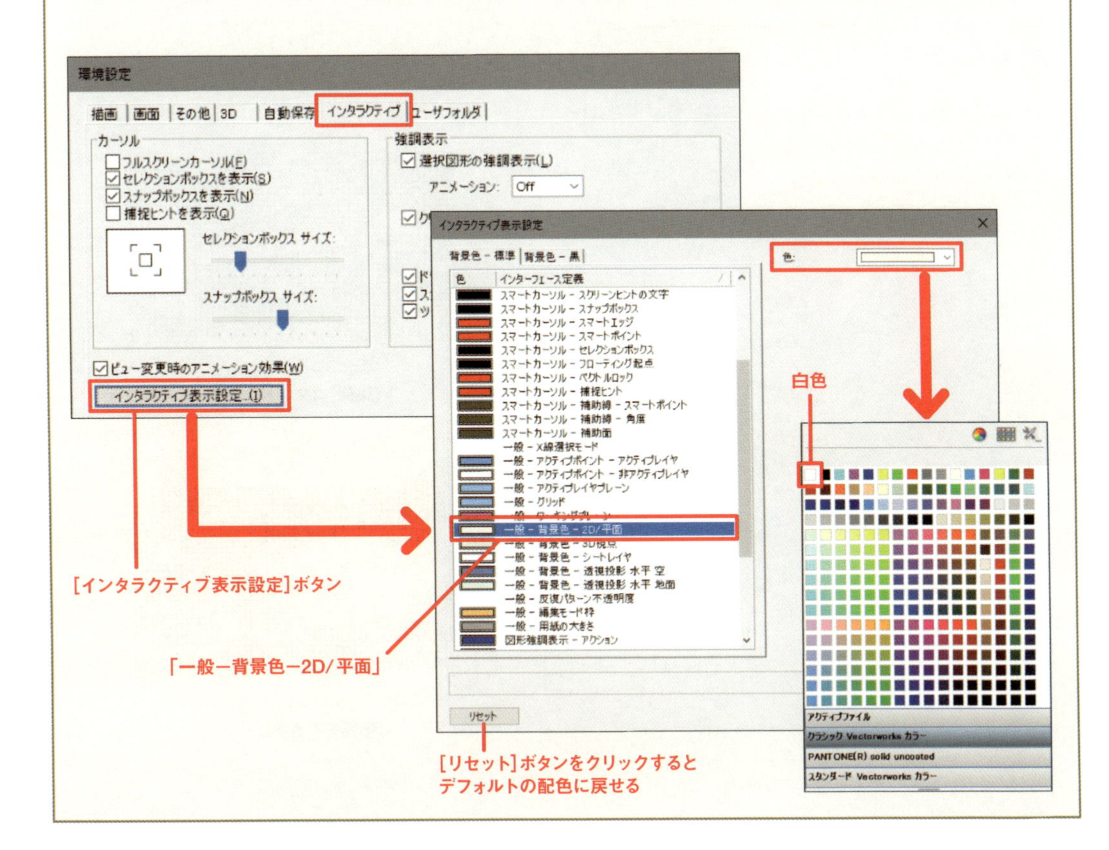

［2］マスク図形を建築製図で利用する(1)

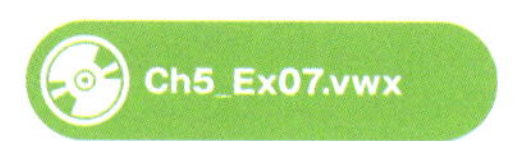

建築図面でのマスク図形の応用例を紹介します。

最初に面図形で描いた洋便器を不透明にして床のタイルを隠すことを試してみます。すなわち図形そのものがマスク図形である例です。

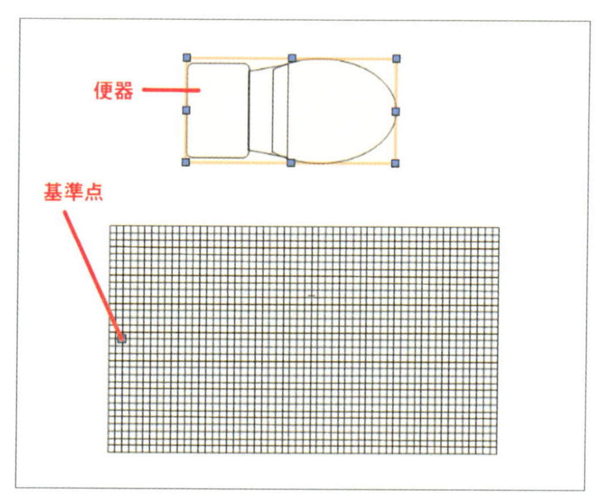

❶メニューの【ファイル】→【開く】をクリックし、「VW20xx_Data」フォルダの中の「Ch5」フォルダにある「Ch5_Ex07.vwx」を開く

❷便器と基準点を選択する

❸メニューの【加工】→【整列】→【整列】をクリックする

❹「整列」ダイアログで次のように操作する

◆右側の「整列」にチェックを入れる

◆「上下中央」にチェックを入れる

◆下側の「整列」にチェックを入れる

◆「左」にチェックを入れる

◆[OK]をクリックする

❺便器(と基準点)が選択されているのを確認する

❻属性パレットで面属性を「カラー」にする

❼[Esc]キーを押して選択解除する

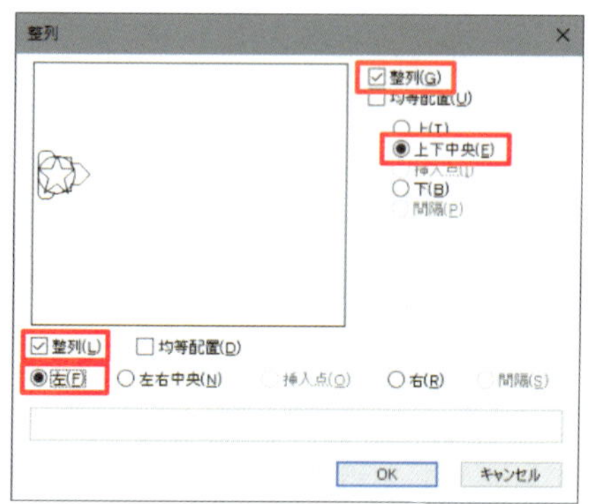

Note

本例は便器を面図形のみで描いています。面図形を描くとき【面を合成】コマンド(311ページ)や【図形を合成】コマンド(312ページ)が役立ちます。

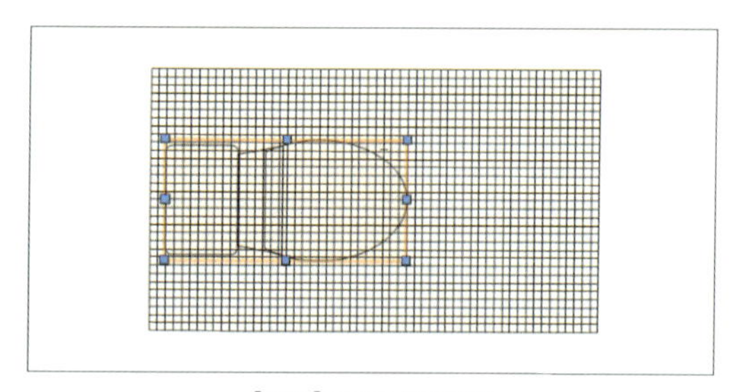

【整列】コマンドの結果

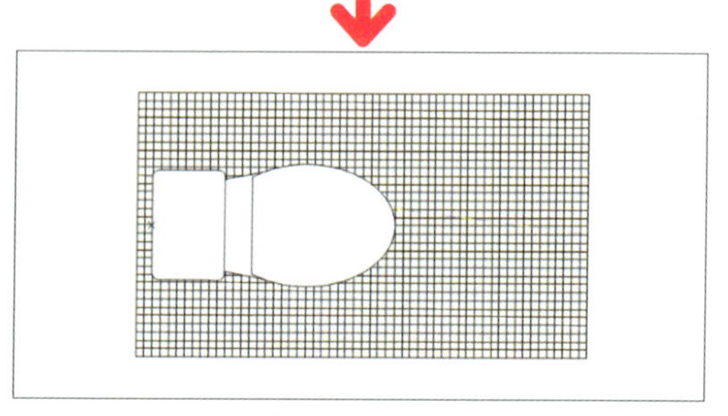

便器を不透明にした

[3] マスク図形を建築製図で利用する(2)

壁と建具の取り合いにマスク図形を応用した例を紹介します。一般のCADは基本設計の段階で建具の変更をすると壁の処理をしなければなりません。Vectorworksでは、マスク図形を仕込んだ建具を使用して、壁をまったく触らずに建具の移動・消去ができます。まだデザインが固まっていない段階での修正が簡単なので基本設計で役立ちます。

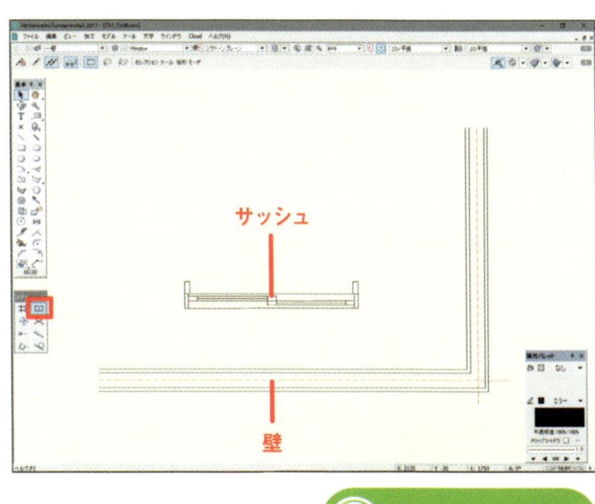

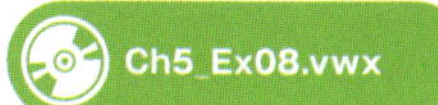

❶メニューの【ファイル】→【開く】をクリックし、「VW20xx_Data」フォルダの中の「Ch5」フォルダにある「Ch5_Ex08.vwx」を開く

❷スナップパレットで【図形スナップ】のみオンにする

❸サッシュ(グループ図形)をダブルクリックしてグループに入る

❹【四角形】ツールでサッシュの外形に合わせて(A→B)四角形を描く

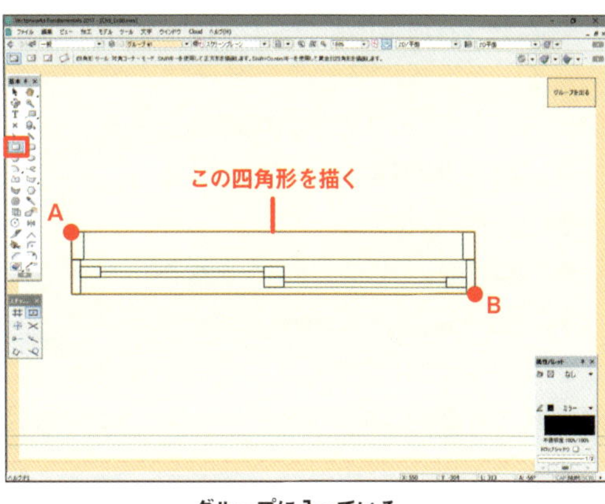

グループに入っている
見やすいようにサッシュを拡大表示している

❺いま描いた四角形が選択されているのを確認してから属性パレットで次のように操作する

◆面属性で「カラー」を選択する(色は白色)

◆線属性で「なし」を選択する

❻メニューの【加工】→【前後関係】→【最後へ】をクリックする

※[Ctrl]+[B]キー(Mac:[⌘]+[B]キー)を押しても同じ。

❼画面右上にある[グループを出る]ボタンをクリックする

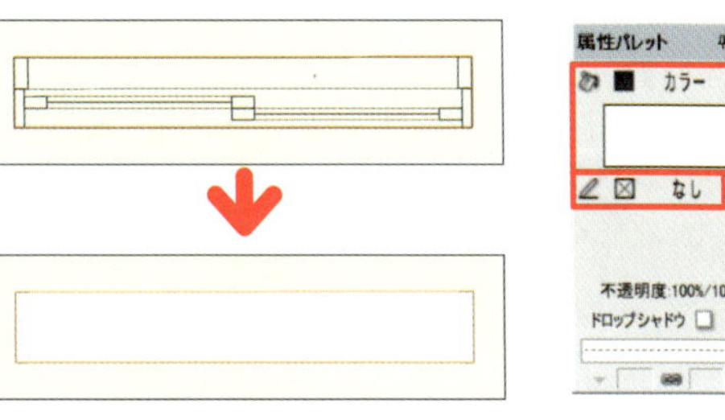

四角形が不透明になり
サッシュが見えなくなる

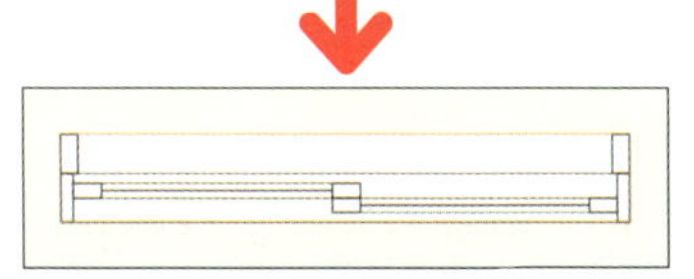

四角形を奥に移動

❽【2D基準点】ツールをクリックする

❾図に示すあたりに基準点を描く（2ケ所）

※【図形】スナップを利かせて通り芯線上に描きます。

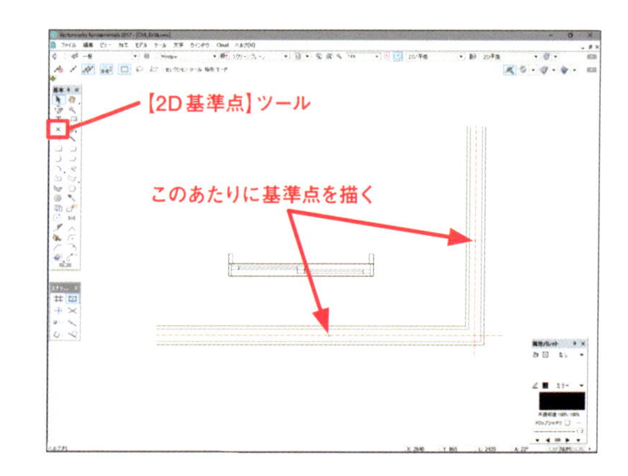

❿【セレクション】ツールでサッシュを選択する

⓫[Ctrl]＋[D]キー（Mac：[⌘]＋[D]キー）を押す

※メニューの【編集】→【複製】と同じ。サッシュが同位置に複写されます。

⓬水平方向の壁の基準点とサッシュを1つ選択する

⓭メニューの【加工】→【整列】→【整列】をクリックする

⓮「整列」ダイアログで次のように操作する

◆右側の「整列」にチェックを入れる

◆「上下中央」にチェックを入れる

◆下側の「整列」にチェックを入れる

◆「左右中央」にチェックを入れる

◆[OK]をクリックする

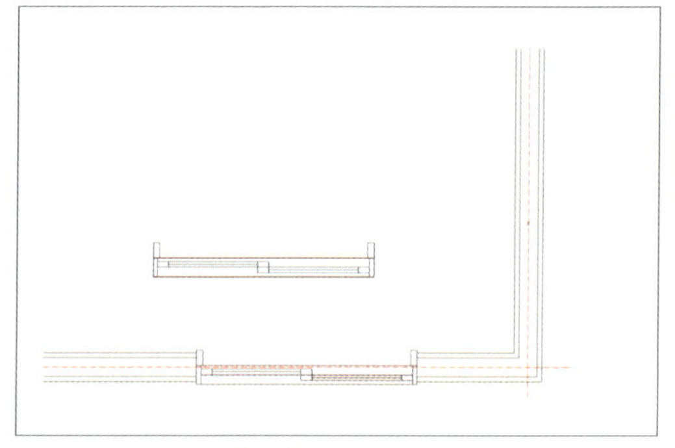

⓬〜⓮の操作の結果

⓯垂直方向の壁の基準点と残りのサッシュを選択する

⓰⓭〜⓮と同じ操作をする

⓱右側のサッシュが選択されているのを確認してから[Ctrl]＋[L]キー（Mac：[⌘]＋[L]キー）を押す

※メニューの【加工】→【回転】→【左90°】と同じ。基準点が選択されていてもかまいません。

⓲【セレクション】ツールで空クリックして選択解除する

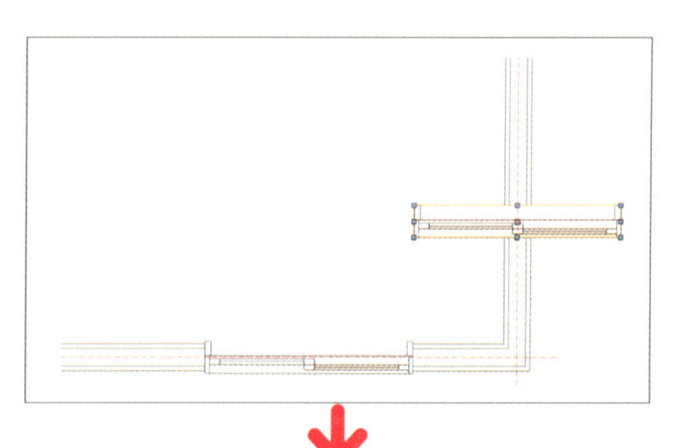

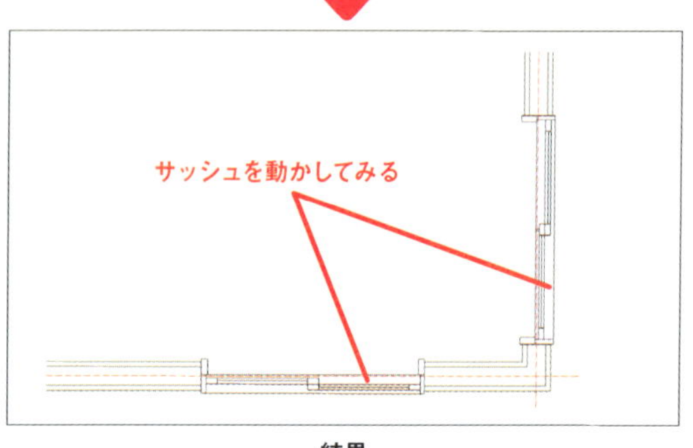

結果

以上のように壁の処理をしないでサッシュを配置できました。このあとサッシュを動かしてみるとマスクの効果がよく分かります。

右図ではマスク図形が見えています。印刷すれば見えなくなりますが、画面でも見えなくするには313ページのNoteを参照してください。

5.7 ハッチング

Vectorworksに添付されているハッチングについては属性の項で説明しましたが（161ページ）、ここでは【ハッチング】コマンドの使い方、パターンの作り方の基本、および既存パターンの編集方法を解説します。

Vectorworksに添付されているハッチングのパターンを取り込む方法を属性の項で説明をしました。【ハッチング】コマンド使うハッチングデータは属性のハッチングデータと共通です。必要なハッチングパターンを165ページに説明した手順で取り込んでください。

なおこのあとの説明はデフォルトのハッチングデータを使用するものとして説明します。

5.7.1 【ハッチング】コマンド

面図形にハッチングを施すには属性パレット（160ページ）でもできますが【ハッチング】コマンドを使う方があとの処理が簡単です。

1. ハッチングを施したい面図形たとえば四角形を選択する
2. メニューの【加工】→【ハッチング】をクリックする
3. 「ハッチング」ダイアログが開くので使う「ハッチング名」をクリックして選択してから、[OK]をクリックする
4. カーソルがバケツ型カーソルに変わるので、このカーソルで任意の位置をクリックする

※クリックした位置がハッチング（のパターン）の原点になります。

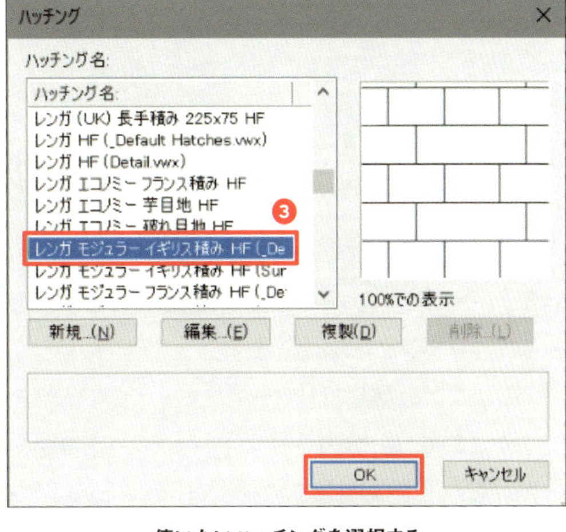

使いたいハッチングを選択する

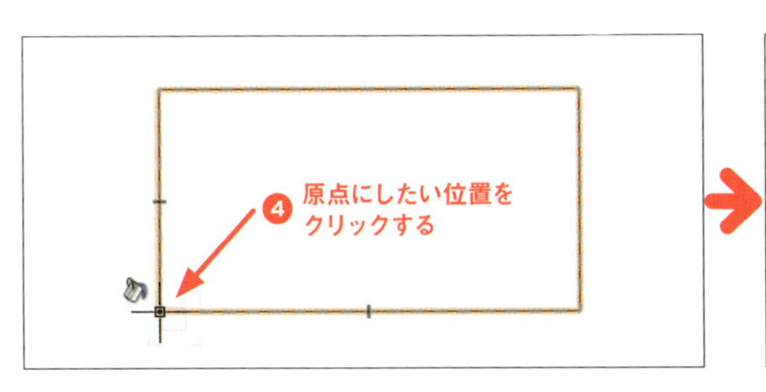

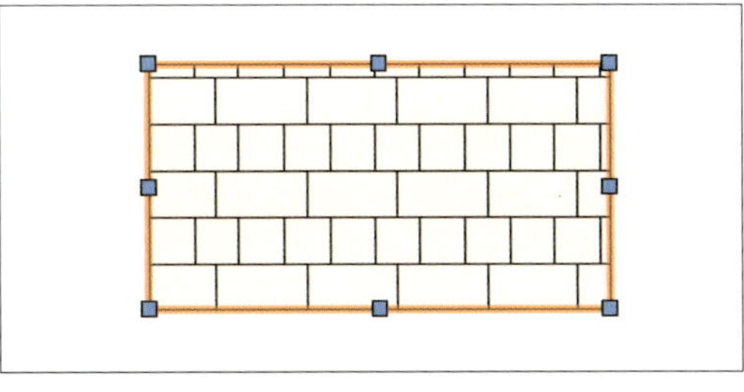
結果

結果を見ると属性パレットのハッチングと外観は同じですが、いくつか違いがあります。

◆【ハッチング】コマンドによるハッチングはグループ図形で元図形とは別オブジェクトになる(「非結合ハッチング」という)
◆【ハッチング】コマンドによるハッチングをグループ解除するとばらばらの線分になり、これにより細かな編集ができる
◆属性によるハッチングは文字通り属性なので図形から分離できない(「結合ハッチング」という)
◆属性パレットによるハッチングは元図形を変形すればパターンが追従するが、【ハッチング】コマンドによるハッチングは追従しない

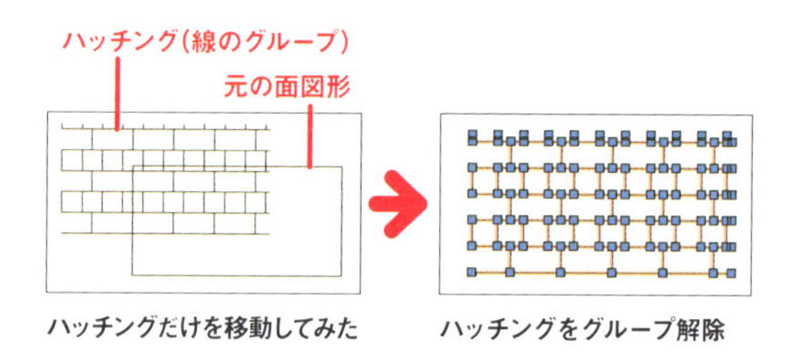

ハッチングだけを移動してみた　　ハッチングをグループ解除

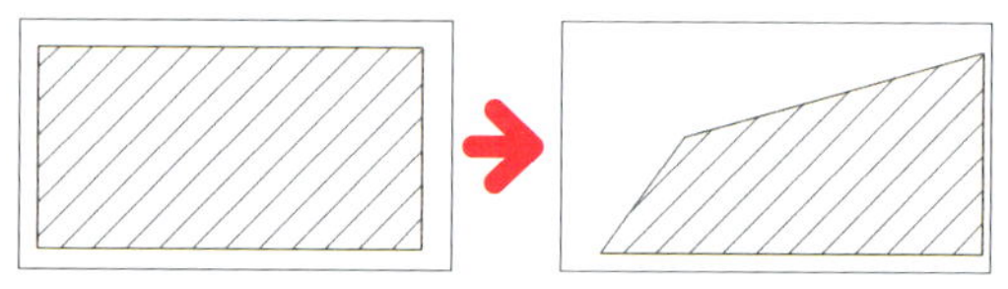
属性パレットによるハッチングは図形の変形に追従する

以上のような違いを知った上で使い分けてください。

5.7.2 ハッチングの編集

既存のハッチングが細かすぎるので拡大したいとか、ハッチングの線の太さを変えたいといったときにハッチングを編集します。

ハッチングの編集はリソースマネージャでもできますがここでは分かりやすい【ハッチング】コマンドによる方法を説明します。例としてハッチングのサイズの縮小をしてみます。

❶なんらかの面図形を選択する
❷メニューの【加工】→【ハッチング】をクリックする
❸「ハッチング」ダイアログが開くので編集したい「ハッチング名」をクリックして選択してから、[編集]をクリックする
❹もしそのハッチングを取り込んでいない場合は図のような確認メッセージが現れるので[はい]をクリックする

※ライブラリにある元ファイルは編集できないので取り込んだハッチングパターンを編集します。

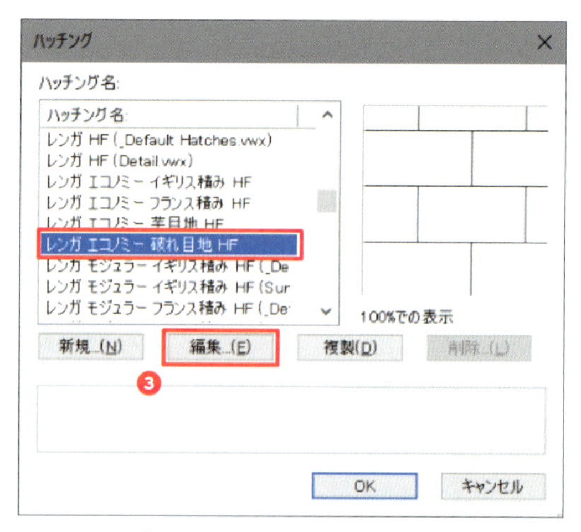

例として「レンガエコノミー破れ目地 HF」を編集する

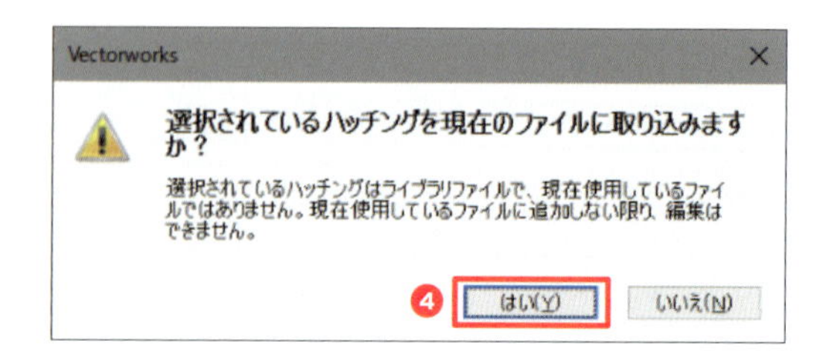

❺「ハッチング編集」ダイアログが開いたら最下段にある[倍率]をクリック

❻「ハッチングの倍率」ダイアログで「倍率」をキーインする

❼各ダイアログの[OK]をクリックして作図ウィンドウに戻る

❽任意の位置（ハッチングの原点）をクリックする

パターンの編集は倍率と線の太さだけ説明しました。パターンそのものも編集できますが本書の範囲を超えるので省略します。しかし次に解説するハッチングの作成で簡単なパターンを作るので、少しは編集の参考になるかもしれません。

ハッチング線の太さはここで変える

ハッチングの倍率

倍率(S) 0.4

すべてのレベルに設定(P)

OK　キャンセル

倍率が1を超えると拡大、1未満は縮小

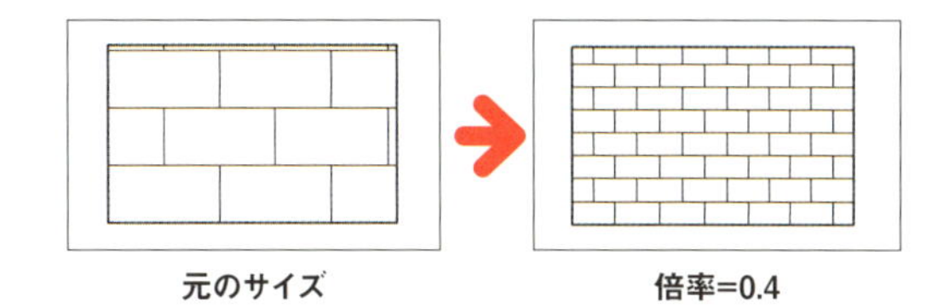

元のサイズ　　倍率=0.4

5.7.3 ハッチングの作成

使いたいハッチングが見つからないときは自分で作ります。以下、コンクリート断面用ハッチングの作りかたを説明します。

❶なんらかの面図形を選択する

❷メニューの【加工】→【ハッチング】をクリックする

❸「ハッチング」ダイアログが開くので[新規]をクリックする

❹「ハッチング編集」ダイアログが開くので1本目の線（レベルという）を以下のように設定する（図は次ページ）

◆「名前」＝たとえば<RC断面>

◆「単位」の「縮尺無視」にチェックを入れる

◆「第1基準点」　L=<0>mm、A=<0>°

◆「第2基準点」　L=何ミリでもよい、A=<45>°

※Lは破線間隔が1なら意味の無い数。

◆「間隔」　L=<12>mm、A=<-45>°

※ハッチングの方向を45°にしたので間隔の方向は-45°になります。

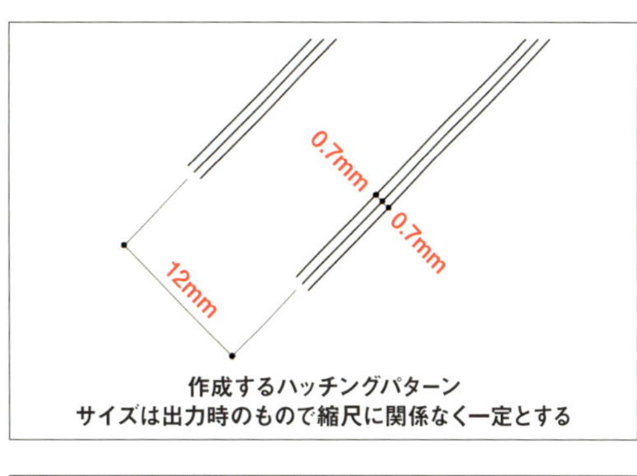

作成するハッチングパターン
サイズは出力時のもので縮尺に関係なく一定とする

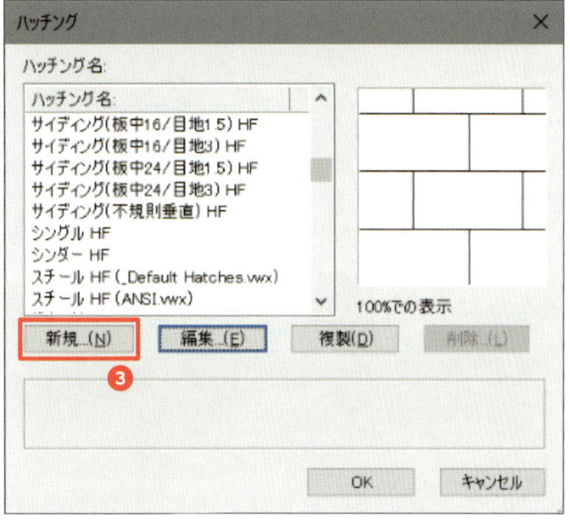

❺2本目の線を設定するため［レベルを追加］をクリックする

❻「ハッチング編集」ダイアログで2本目の線を以下のように設定する

◆「第1基準点」

L=<**0.7**>mm、A=<**-45**>°

◆他の設定は1本目の線と同じ

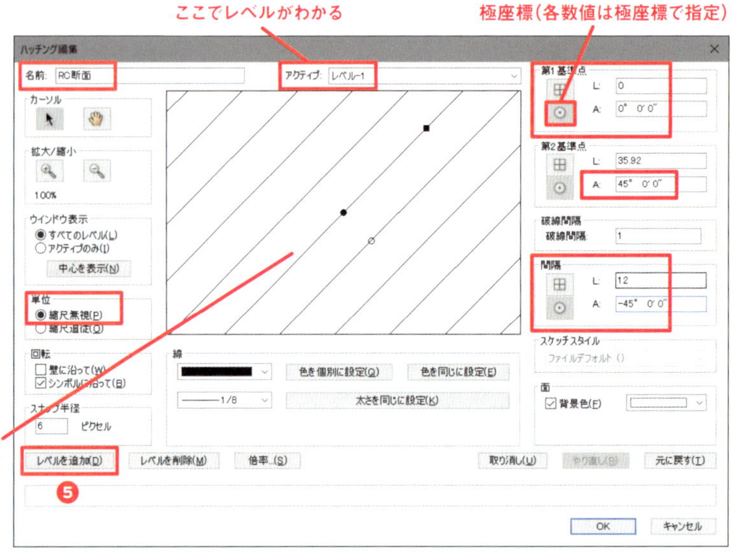

作図ウィンドウの表示倍率と連動しているのでこの図と違っていても気にしない

❼3本目の線を設定するため［レベルを追加］をクリックする

❽「ハッチング編集」ダイアログで3本目の線を以下のように設定する

◆「第1基準点」

L=<**1.4**>mm、A=<**-45**>°

◆他の設定は1本目の線と同じ

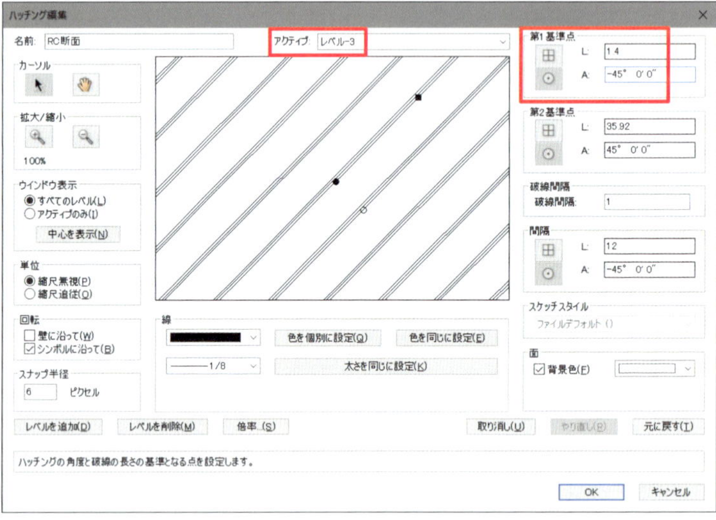

「レベル－3」の設定

❾各ダイアログの［OK］をクリックして作図ウィンドウに戻る

❿任意の位置（ハッチングの原点）をクリックする

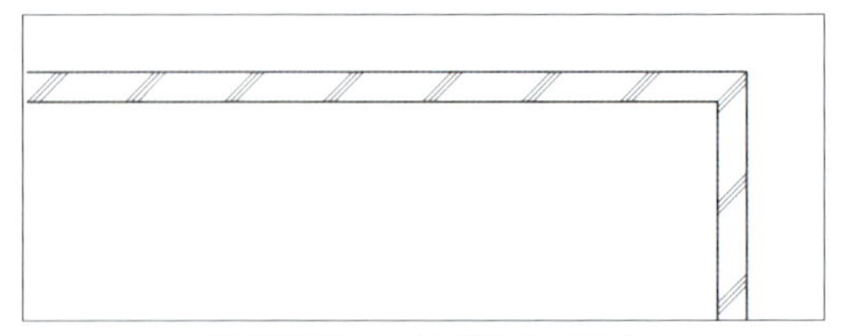

「RC断面」ハッチングを使ってみた

> **Note** 作ったハッチングはどこに保存されるか
>
> 作ったハッチングはそれを作った図面に保存されます。他の図面でこのハッチングを利用したいときはリソースマネージャを使って取り込みます。

5.8 【アイドロッパ】ツール

図形にはハッチングやカラー、あるいは線の太さとさまざまな属性が付きます。これらの属性を他の図形と同じにしたい場合、かなり面倒なことになりますが、【アイドロッパ】ツールを使うと実に簡単にできます。なおアイドロッパ(eye dropper)の原意は「目薬の容器あるいはスポイト」です。

【アイドロッパ】ツールには「属性のペースト」と「属性のコピー」の2モードがあり、ツールバーで切り替えられます。しかし実際には連続して両方のモードを使うのでツールバーで切り替えるのは面倒です。そのため普通は[Ctrl]キー(Mac：[option]キー)を押してモードを切り替えます。

1. 【アイドロッパ】ツールをクリックする
2. ツールバーの[アイドロッパツール設定]ボタンをクリックする
3. 「属性の選択」ダイアログが表示されるのでコピー/ペーストしたい項目を設定して[OK]ボタンを押す
4. ツールバーで[属性のコピー]モードをオンにする
5. 属性をコピーしたい図形に近づけるとアイドロッパが白に変わるので、そこでクリックする
6. [Ctrl]キー(Mac：[option]キー)を押すとカーソルがバケツ型に変わる。このカーソルで属性をペーストしたい図形をクリックすると属性がペーストされる

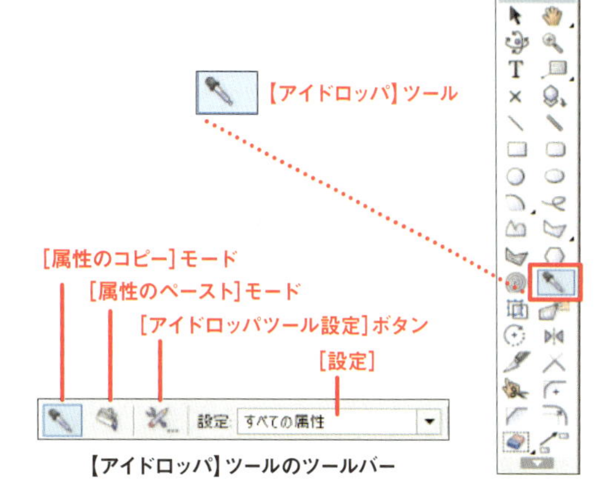

【アイドロッパ】ツールのツールバー

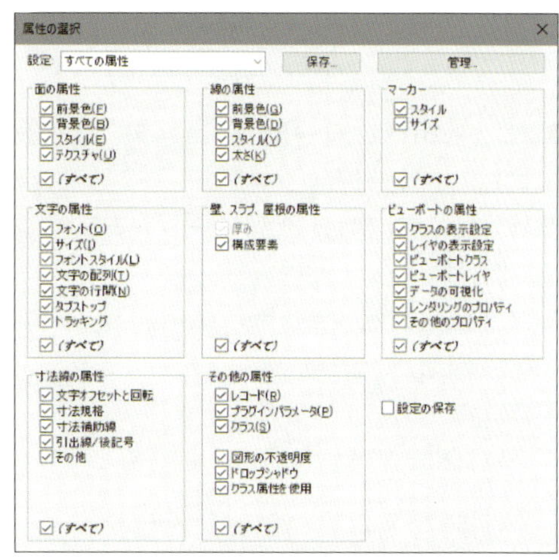

チェックが入っている項目がコピー/ペーストの対象になる。しかし、この内容を変えることはまれなので2〜3を省略してよい

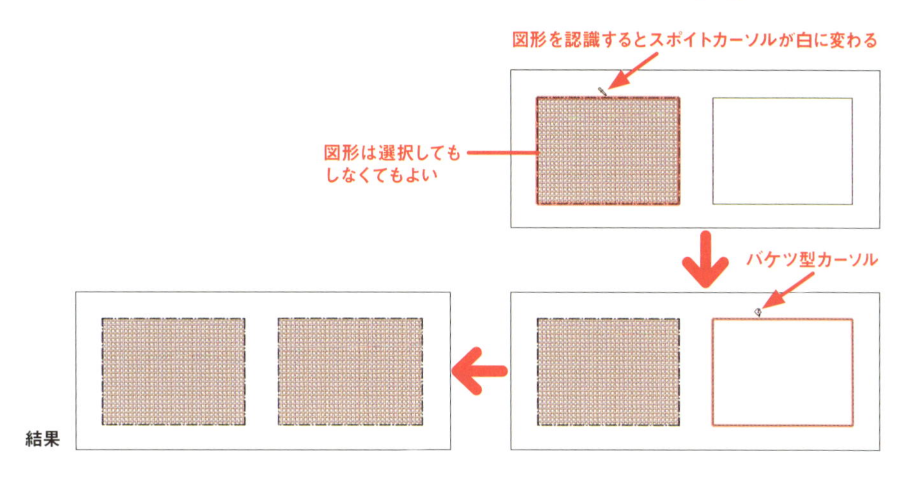

5.9 シンボル

シンボルとはよく使う図形を保存しておき、呼び出して図面に配置するだけで図形がかけるという便利な機能です。便利なだけにシンボルに頼りすぎる傾向が一般にありますが、シンボルが無いと図面がかけないという人が出てくると問題です。Vectorworksは汎用CADで、汎用CADはどんな図形でもばりばりかけるものです。シンボルが無ければその場で作るというのが本来のVectorworksの使い方です。しかし他人がデザインした製品、たとえば便器や自動車をその場で作るのは非現実的で、このようなものはシンボルを利用したほうがよいです。

5.9.1 リソースマネージャとシンボル

シンボルはリソースマネージャで管理します。

[1] シンボルの追加インストール

Vectorworksにはすぐに使えるシンボルがありますがVectorworksをインストールしただけでは数が限られています。Vectorworksにはさらにシンボルを追加（無償）できるので説明します。

❶ メニューの【ヘルプ】→【オプションライブラリ（ダウンロード）】をクリックする
❷ Windows版では確認メッセージが表示されるので［はい］をクリックする
❸「Vectorworks Package Manager」が開くので追加したい項目の［インストール］をクリックする

※［一括インストール］をクリックしてもよいです。

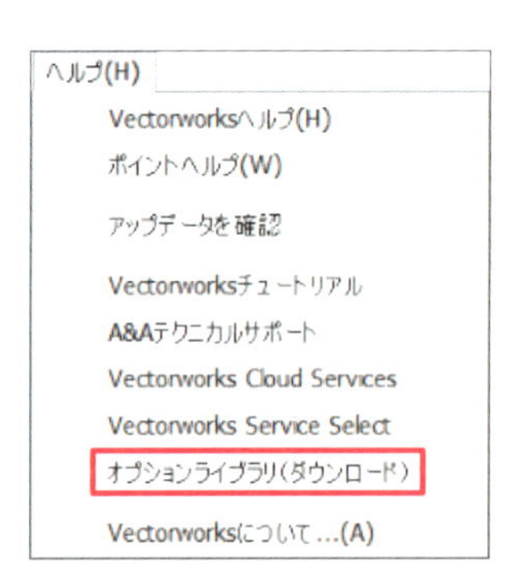

ダウンロードしたシンボルはリソースマネージャに登録され、図面に配置できるようになります。

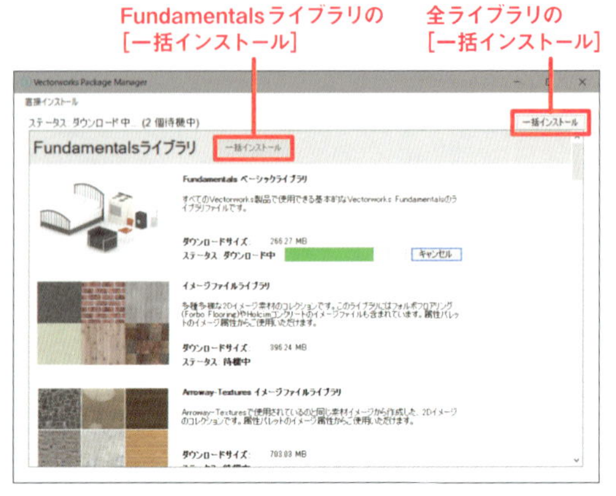

Vectorworks Pacage Maneger（ダウンロード中）

すべてのライブラリの記載容量を合計すると約14GBになります。ハードディスクに余裕がないなら一括インストールではなくダウンロードする項目を選択してインストールしてください。

[2] シンボル集のファイルを追加する

自作のシンボル集などをいつでも使えるようにリソースマネージャに登録する方法を説明します。練習用のシンボル集は Chapter 2で使った「Parts.vwx」です(104ページ)。

❶ Vectorworksで何らかのファイルが開いているものとする

❷ メニューの【ファイル】→【開く】をクリックして「VW20xx_Data」フォルダの中の「Ch2」フォルダにある「Parts.vwx」を開く

❸ メニューの【ウィンドウ】→【パレット】→【リソースマネージャ】をクリックする

❹ リソースマネージャで次のように操作する

◆リソースタイプで「シンボル/プラグインオブジェクト」を選ぶ

◆左側の欄(ファイルブラウザ)で[開いているファイル]に表示されている「Parts.vwx」をクリックして選択する

◆[アクション]をクリックして【選択したファイルをお気に入りとして登録】をクリックする

※Vectorworks 2018で[アクション]が表示されていない場合は下図右端にある[>>]をクリックするとメニューに[アクション]があります。

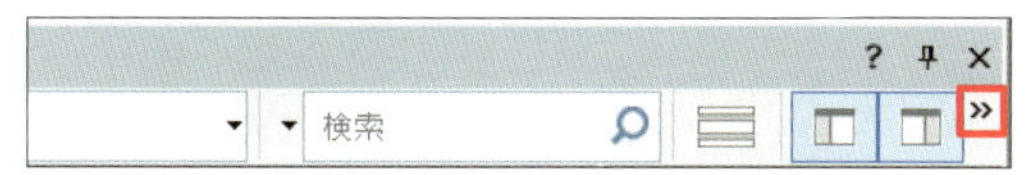

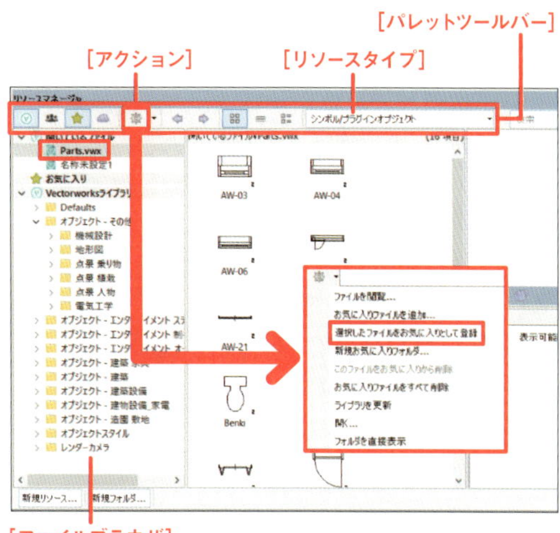

パレットツールバー(上図参照)の幅が短いと[アクション]などのボタンが表示されません。図のように表示されていない場合はリソースマネージャの左(または右)のエッジをドラッグして幅を広げてください。

以上で「Parts.vwx」がリソースマネージャに登録されました。今後は「Parts.vwx」を開かなくても「Parts.vwx」にあるシンボルを使えるようになります。これを試してみます。

❶ Vectorworksを終了してから、再起動する

❷ リソースマネージャのファイルグループで[Vectorworksライブラリ]と[お気に入り]をオンにする

※Vectorworks 2018でファイルグループが表示されていない場合は[>>]をクリックします。

❸ [お気に入り]に「Parts.vwx」があるのを確認する

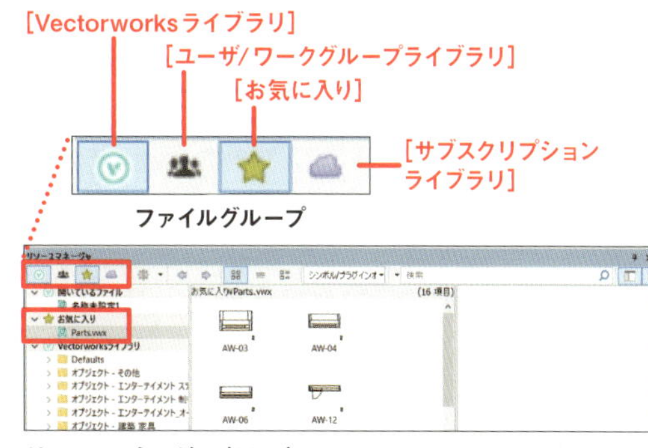

リソースマネージャ(2017)

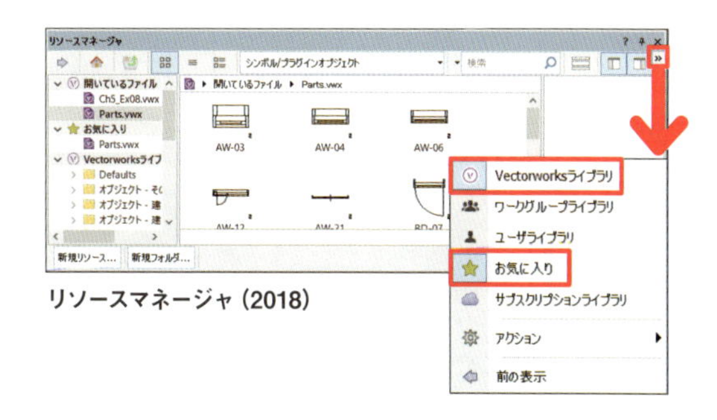

リソースマネージャ(2018)

ファイルグループの[ユーザ/ワークグループライブラリ]はチームで作図するときに使います。[サブスクリプションライブラリ]は VSS(Vectorworksの年間契約型サービス)契約者が使えるライブラリです。

[3] ライブラリからシンボルを取り込む

ライブラリからシンボルを取り込んでみます。例としてトイレの便器です。

❶ リソースマネージャで以下のように操作する

◆ファイルブラウザで「Vectorworksライブラリ」→「オブジェクト-建築設備」→「衛生器具」→「_汎用」→「衛生器具 備品.vwx」を選択する

※Vectorworks 2018は「Vectorworksライブラリ」→「オブジェクト-建築設備」→「衛生器具」→「_衛生器具 備品.vwx」を選択してください。

◆ リソースビューで使いたい便器をクリックする

◆ プレビューで確認する

◆ 使いたい便器をリソースビューから作図ウィンドウにドラッグ＆ドロップする

❷「リソースの取り込み」ダイアログが開くがそのまま[OK]をクリックする

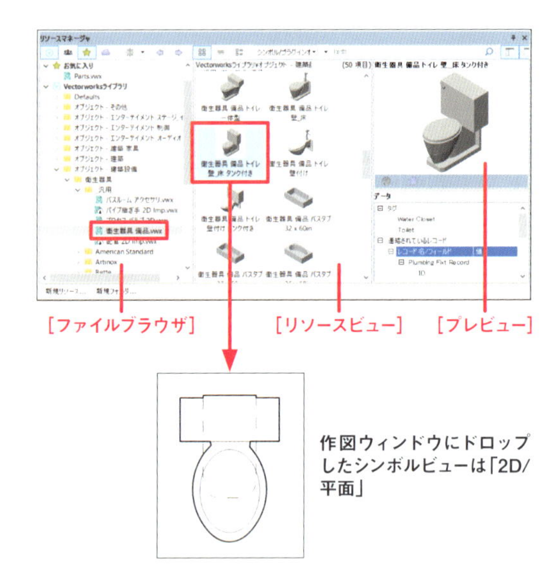

作図ウィンドウにドロップしたシンボルビューは「2D/平面」

ビューはここで切り替える

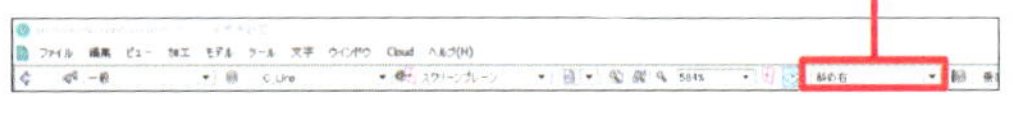

Vectorworksライブラリにある多くのシンボルは2Dと3Dの2つのシンボルを含むハイブリッドシンボルです。ハイブリッドシンボルとは2Dのビューなら2Dのシンボルが表示され、3Dのビューでは3Dシンボルが表示されます。

作図ウィンドウに配置するときここではドラッグ&ドロップしましたが、Chapter 2で使った方法、リソースマネージャのシンボルをダブルクリックする方法もあります。ダブルクリックすると【シンボル】ツールが起動し、このツールによる配置になります。【シンボル】ツールならシンボルを回転させて配置できます。

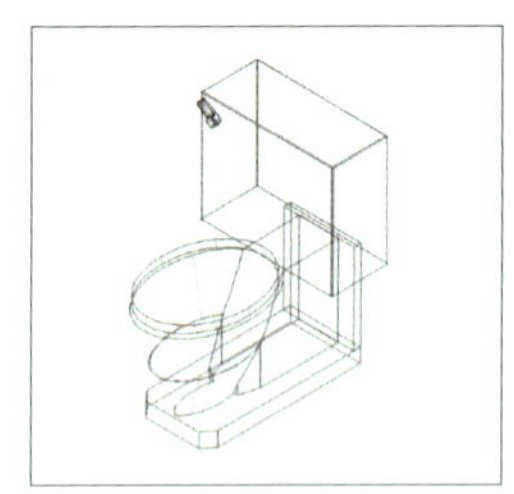

ビューを「斜め右」にしてみた

メニューの【ビュー】→【レンダリング】→【RW.仕上げレンダリング】でレンダリングしてみた

Note

ハイブリッドシンボルかどうかはリソースマネージャでシンボルにカーソルを合わせたときに表示されるヒントで分かります。ハイブリッドシンボルなら「2D/3Dシンボル」と表示されます。

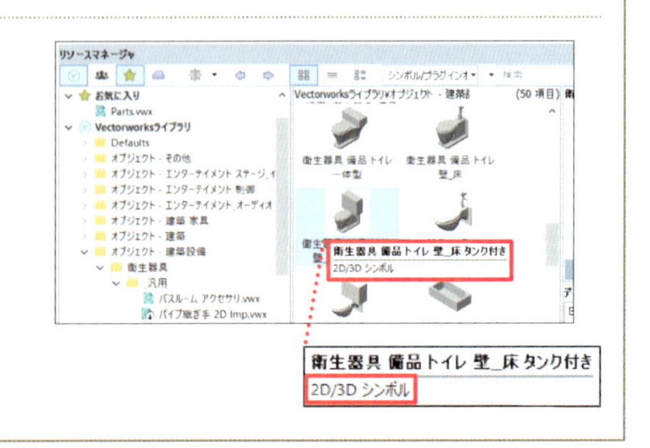

［4］シンボルを回転配置

シンボルをリソースマネージャからドラッグ& ドロップしたとき方向が違うなら配置したあとで【回転】ツールや【回転】コマンドを使って直しますが、シンボルのダブルクリックで【シンボル】ツールを起動させるなら回転させながら配置できます。フェラーリのシンボルを例にして説明します。

❶ リソースマネージャで次のように操作する

◆ ファイルブラウザで「Vectorworks ライブラリ」→「オブジェクト- その他」→「点景 乗り物」→「乗用車」→「Ferrari.vwx」を選択する

※Vectorworks 2018では「Vectorworksライブラリ」→「オブジェクト-その他」→「点景 乗り物」→「Ferrari.vwx」を選択してください。

◆ リソースビューでフェラーリをダブルクリックする

❷ 作図ウィンドウの任意の位置でプレスし、ドラッグしながら方向を定めてリリースする

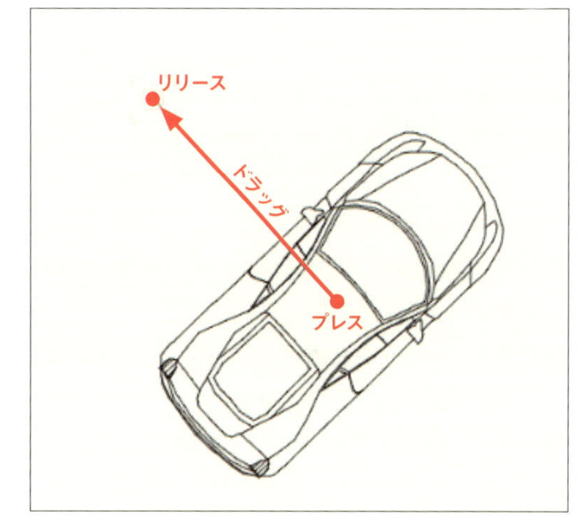

5.9.2 シンボルをグループ化する

2D製図でたくさんのハイブリッドシンボルを配置するとデータ量が気になります。2Dだけでよいのに3Dデータも含んでいるためです。3Dデータを消して2Dデータだけにするにはグループに変換します。

❶ ビューが「2D/ 平面」になっているのを確認する

❷ 作図ウィンドウでハイブリッドシンボルを選択する

❸メニューの【加工】→【変換】→【グループに変換】をクリックする
❹「グループに変換」ダイアログが開くがそのまま[OK]をクリックする

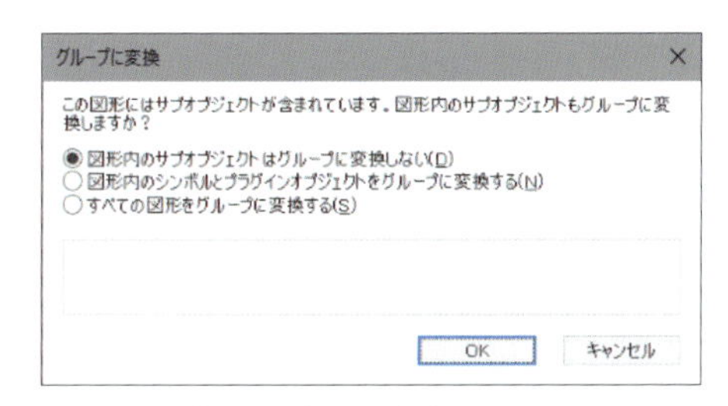

「グループに変換」ダイアログ

以上で2Dのグループに変換され3Dシンボルのデータは消えます。

もし3Dのビューでグループに変換すると2Dシンボルのデータが消えます。

5.9.3 シンボルを編集する

シンボルの編集はできないのが普通ですが一部のシンボルは編集できます。植栽用のシンボルを例にして説明します。

❶リソースマネージャで次のように操作する
◆ファイルブラウザで「Vectorworks ライブラリ」→「オブジェクト- その他」→「点景 植栽」→「点景 樹木.vwx」を選択する
◆リソースビューでたとえば「樹木　針葉樹B中」をダブルクリックする
❷図面ウィンドウで任意の位置を何点かクリックして樹木シンボルを配置する
❸【セレクション】ツールで空クリックする
❹樹木シンボルの1つをダブルクリックする

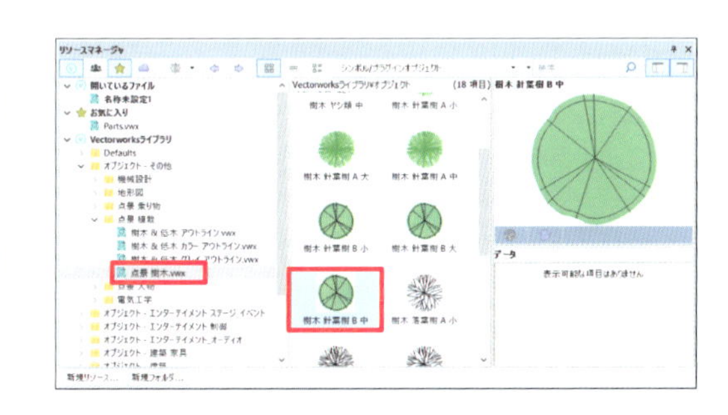

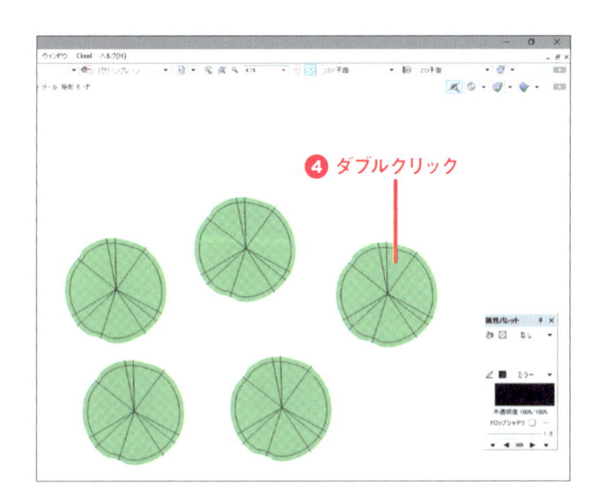

❺「シンボル編集」ダイアログで「2D」にチェックを入れて［編集］をクリックする
❻シンボルに入ったら属性パレットで樹木の色を変えてみる
❼［シンボルを出る］をクリックする
❽他の同じ樹木シンボルの色が一斉に変わったことを確認する

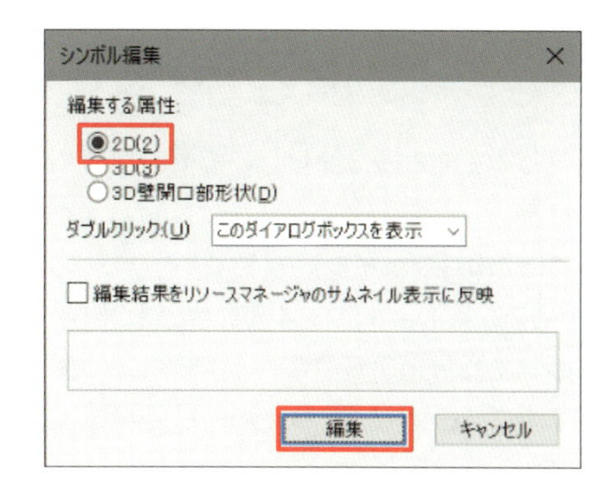

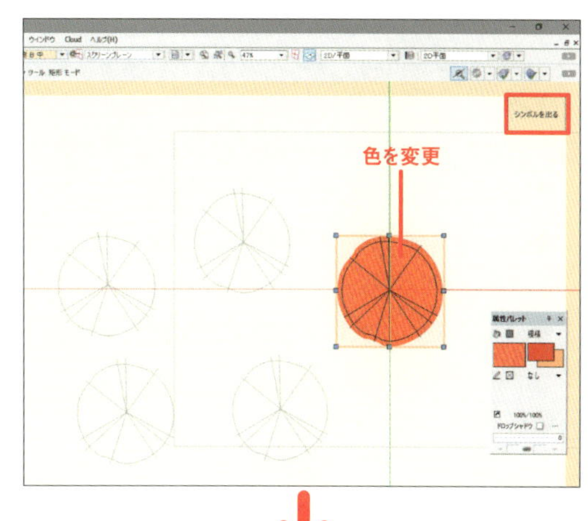

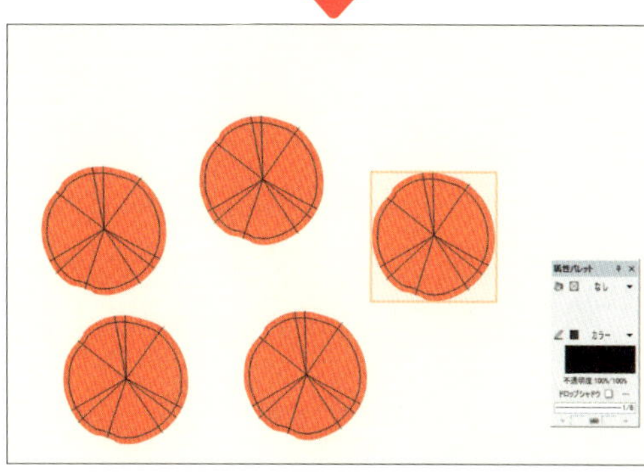
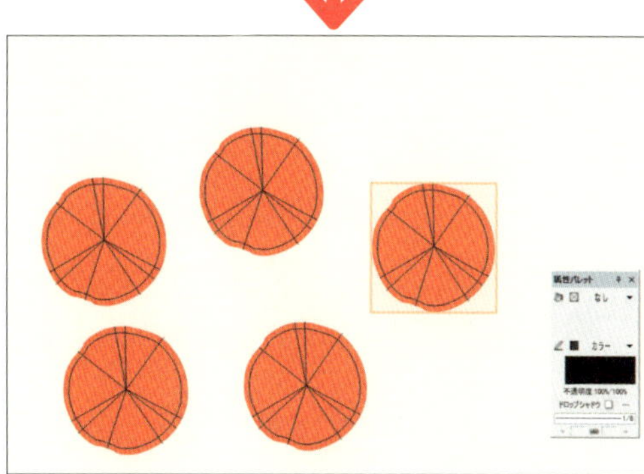

結果

Note

シンボルにはプラグインオブジェクトという種類のものがあります。主に3D用ですが以前のバージョンでは形状やサイズを変えられる便利な2D用にも使えるシンボルがありました。しかしプラグインオブジェクトの仕様が変わり、その結果2Dで使えるようなシンボルが見当たらなくなりました。このためプラグインオブジェクトの説明は略します。

5.9.4 シンボルを作る

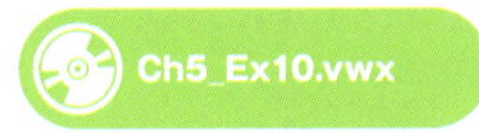

シンボルを作るのは簡単なのでぜひマスターしてください。

❶メニューの【ファイル】→【開く】をクリックし、「VW20xx_Data」フォルダの中の「Ch5」フォルダにある「Ch5_Ex10.vwx」を開く

❷スナップパレットで【図形スナップ】だけをオンにする

❸2つの面図形（黄と青）を選択する

❹メニューの【加工】→【シンボル登録】をクリックする

❺「シンボル登録」ダイアログで次のように操作する

◆「名前」に適当なシンボル名たとえば「Test」をキーインする

◆「挿入点」の「次にマウスクリックする点」にチェックを入れる

◆［OK］をクリックする

❻A点（端点）をクリックする

❼「シンボル登録」ダイアログが開くがそのまま［OK］をクリックする

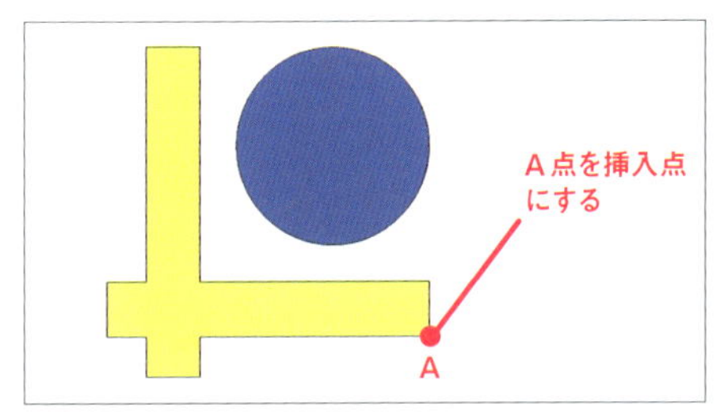

2つの面図形で1つのシンボルを作る

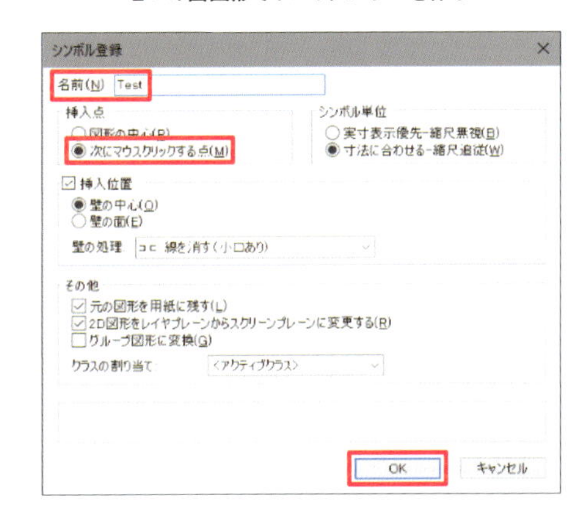

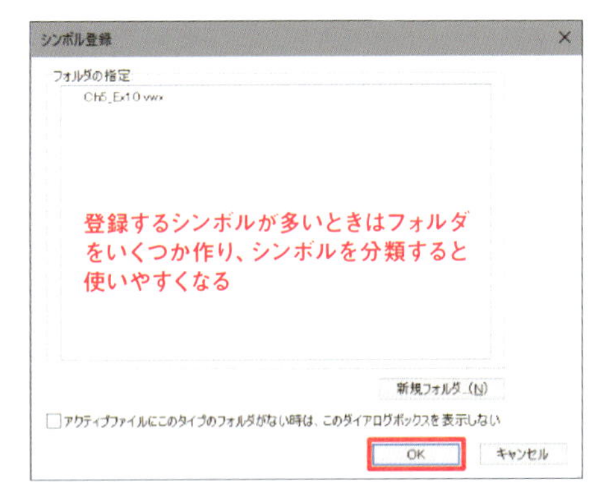

以上でシンボル登録が完了したので、リソースマネージャで確認します。

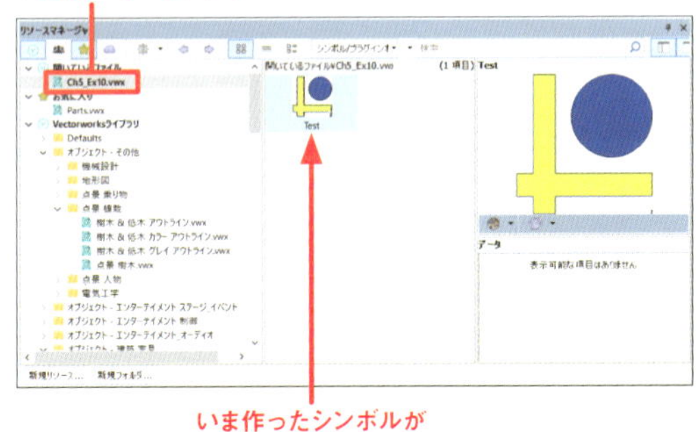

以上のようにシンボルは簡単に登録できます。自分用のシンボルを多数登録した図面ファイルを作り、適当なフォルダに保存しておき、お気に入りに登録しておけば、いつでも使えるシンボル集になります。

なおハイブリッドシンボルの登録もたいして難しくないですが3Dを含むので説明を略します。

5.10 シートレイヤ

「シートレイヤ」はAutoCAD／AutoCAD LTのレイアウト（ペーパー空間）とほぼ同じ目的と機能を実現するものです。シートレイヤがどんなものか、そしてどう使うかを用意したファイルを用いて説明します。

5.10.1 シートレイヤを作る

最初に練習用ファイル「Ch5_Ex11.vwx」を開きます。

❶メニューの【ファイル】→【開く】をクリックし、「VW20xx_Data」フォルダの中の「Ch5」フォルダにある「Ch5_Ex11.vwx」を開く

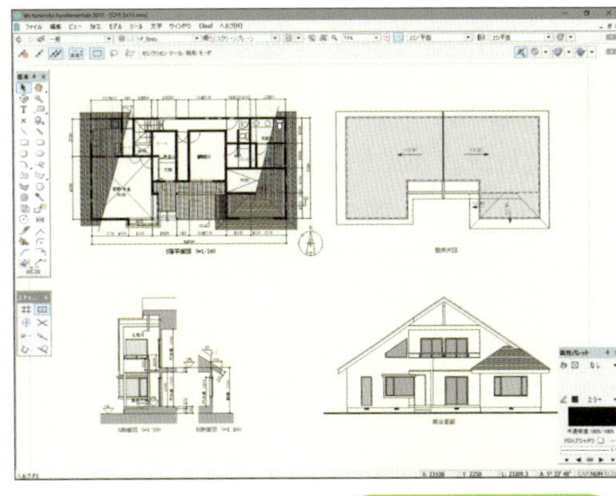

「Ch5_Ex11.vwx」はA3判用紙に印刷のことを考えずに描いた図面で、1階平面図と2階平面図が同じ位置にあり、その他の図もやや乱雑に描いています。これをシートレイヤを用いて印刷用に整理することにします。

❷メニューの【ツール】→【オーガナイザ】をクリックする

❸「オーガナイザ」ダイアログで《シートレイヤ》タブをクリックしてから［新規］をクリックする

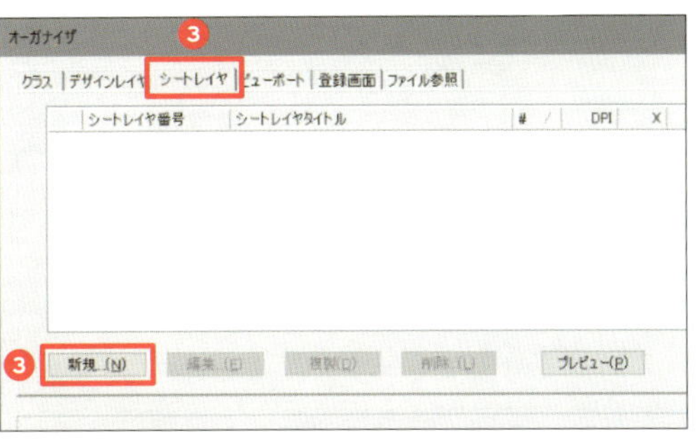

❹「シートレイヤの作成」ダイアログで次のように操作する

◆「シートレイヤタイトル」に適当な名前、たとえば「Print_1」をキーインする

◆「作成時に編集ダイアログを表示」のチェックを外す

◆［OK］をクリックする

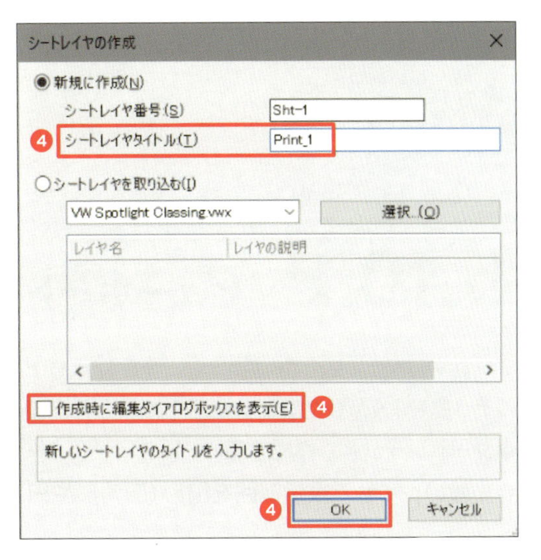

❺「オーガナイザ」ダイアログに戻り、リストに「Print_1」ができているのを確認したら[OK]をクリックする

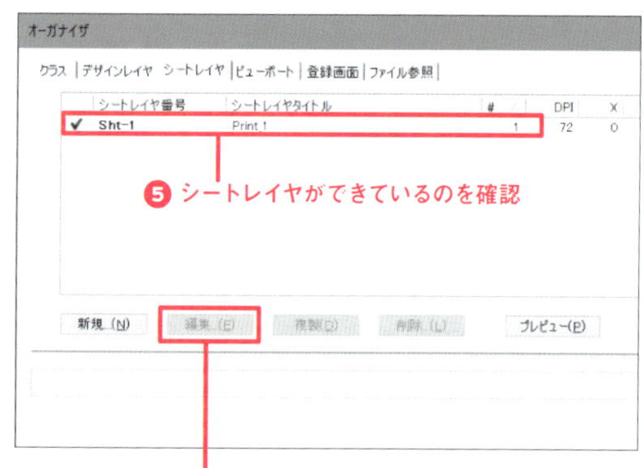

シートレイヤの用紙サイズは入力中の図面の用紙サイズと同じになるが、変えたいときはこの[編集]で変える

作図ウィンドウに戻ると白紙のシートレイヤ「Print_1」が表示されています。レイヤリストを見るとシートレイヤの欄が新たに加わり、いま作った「Print_1」がアクティブレイヤになっています。

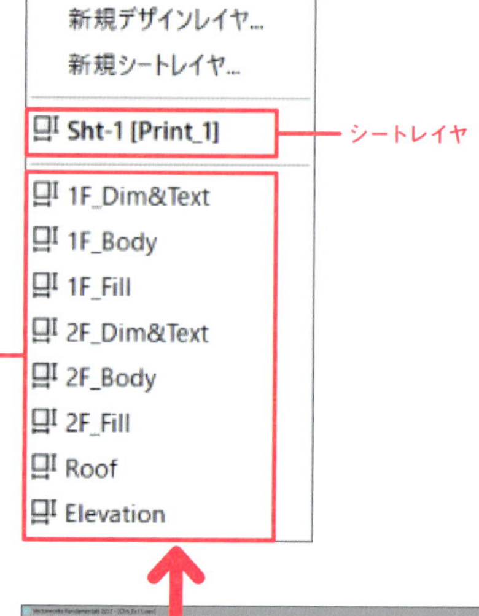

一般のレイヤをアクティブレイヤにすればこれまでと同じように表示され、入力や編集ができる

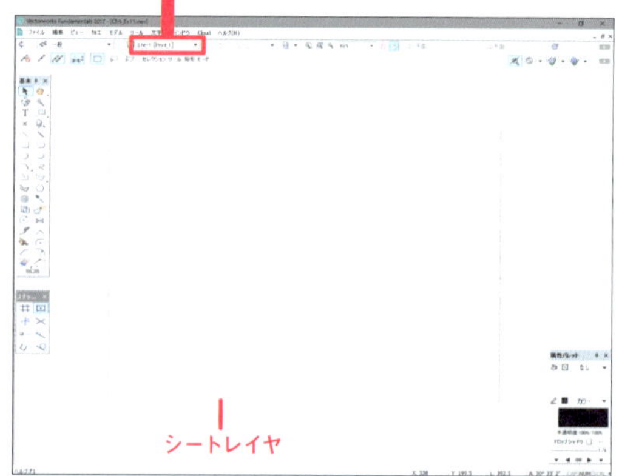

> **Note**
>
> シートレイヤには文字や図形を描けます。これらのオブジェクトはシートレイヤにだけ表示され、一般のレイヤには影響を与えません。

5.10.2 ビューポートを作る

これからシートレイヤにビューポートを作成し配置します。ビューポートとは図面の一部だけを表示するのぞき窓のようなもので表示範囲や縮尺を設定できます。ビューポートには次の2つの作り方があります。

◆シートレイヤ上で作成する

◆一般のレイヤで表示範囲を図形(四角形や円)で指定する

［1］シートレイヤ上でビューポートを作成

まずシートレイヤ上でビューポートを作成します。

❶「Sht-1［Print_1］」レイヤがアクティブレイヤになっているのを確認する

❷［Ctrl］＋［4］キー（Mac：［⌘］＋［4］キー）を押して用紙全体を見る

❸メニューの【ビュー】→【ビューポートを作成】をクリックする

❹「ビューポートを作成」ダイアログで次のように操作する

◆上位版は［ビューポート名に「図番/シートレイヤ番号」を転記］と［図面ラベルを作成］をオフにする（下図参照）

◆「ビューポート名」に適当なビューポートの名前、たとえば「Plan_1F」といった名前をキーインする

◆［レイヤ］をクリックし「ビューポートレイヤを表示/非表示」ダイアログで図のように設定してから［OK］をクリックする

◆「縮尺」で「1:100」を選択する

◆その他はデフォルトのままにする

◆［OK］をクリックする

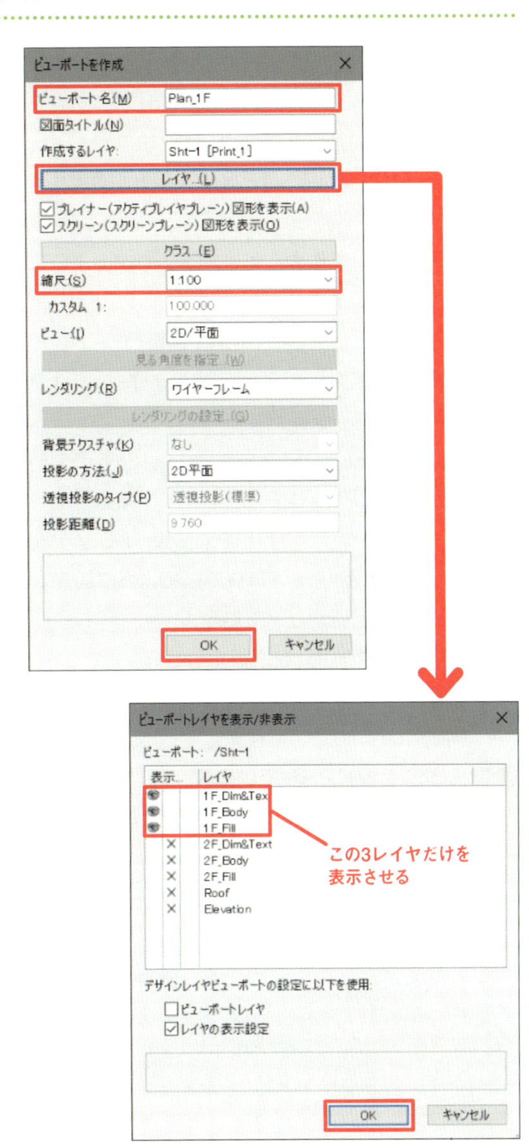

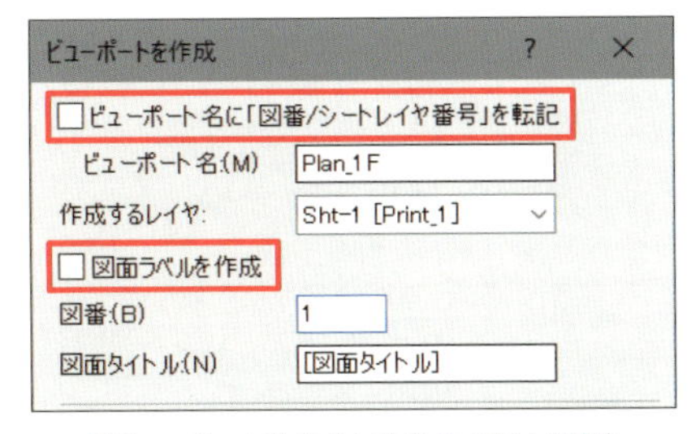

「ビューポートを作成」ダイアログ（上位版）

❺作図ウィンドウに1F平面図が表示されるのを確認する

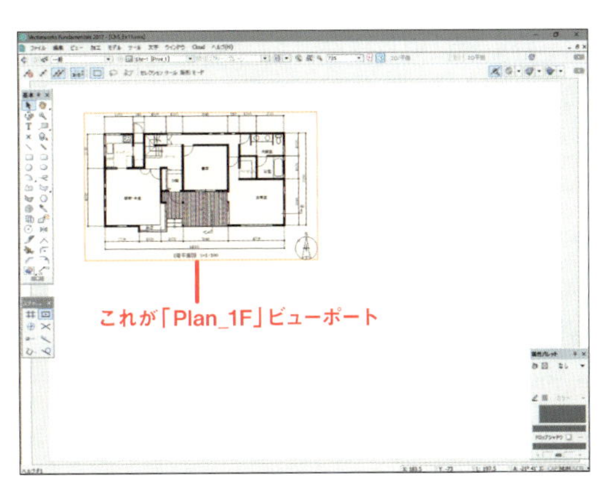

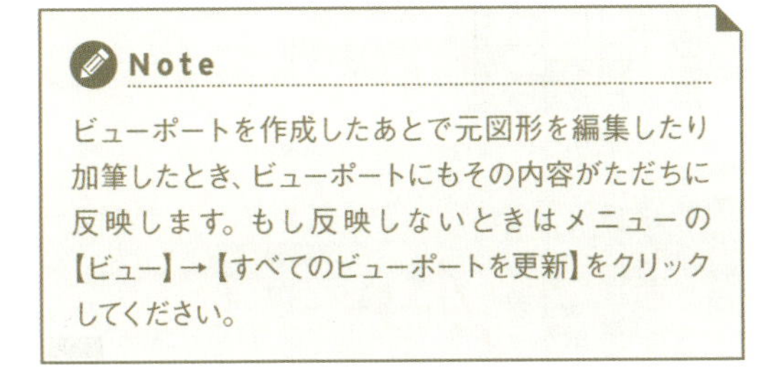
Note

ビューポートを作成したあとで元図形を編集したり加筆したとき、ビューポートにもその内容がただちに反映します。もし反映しないときはメニューの【ビュー】→【すべてのビューポートを更新】をクリックしてください。

[2]「Plan_2F」ビューポートを作成

次に、「Plan_2F」ビューポートを作成します。

❶「Plan_1F」ビューポートが選択されているなら【セレクション】ツールで空クリックする

❷メニューの【ビュー】→【ビューポートを作成】をクリックする

❸「ビューポートを作成」ダイアログで次のように操作して[OK]をクリックする

◆上位版は[ビューポート名に「図番/シートレイヤ番号」を転記]と[図面ラベルを作成]をオフにする（前ページ参照）

◆「ビューポート名」に適当なビューポートの名前（たとえば「Plan_2F」）をキーインする

◆[レイヤ]をクリックし「ビューポートレイヤを表示/非表示」ダイアログで図のように設定してから[OK]をクリックする

◆「縮尺」で「1:100」を選択する

◆その他はデフォルトのままにする（前ページ参照）

❹【セレクション】ツールでいま作った「Plan_2F」ビューポートを[Shift]キーを押しながら図に示すあたりにドラッグ移動する

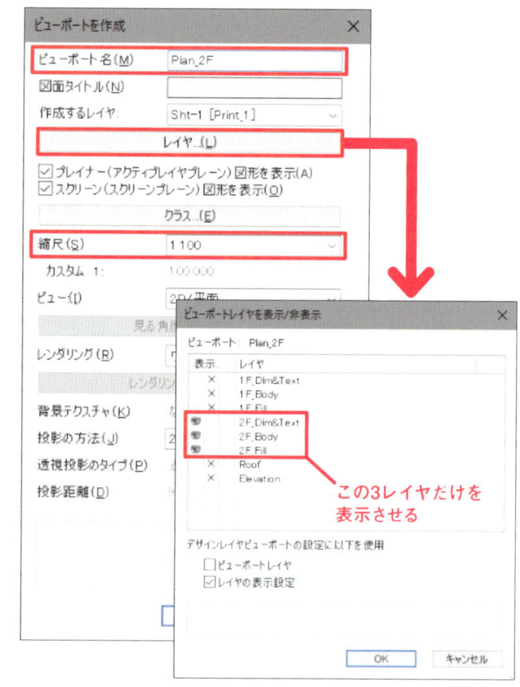

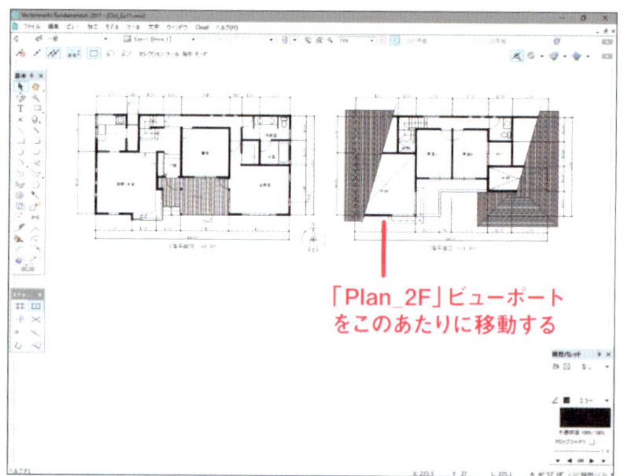

Note

❹で[Shift]キーを押しながらドラッグしましたので水平方向に移動できますが、もし上下方向の位置が心配なら2つのビューポートを選択してから、メニューの【加工】→【整列】→【整列】で整列させます。

[3] トリミングをしてビューポートを作る

次に立面図をシートレイヤに配置しますが立面図と断面図は同じレイヤにあるので、これまで説明した方法は使えません。そこでトリミングを使った方法でビューポートを作ります。この方法は図面の一部分だけを取り出すもので、不要部を切り落とす写真のトリミングと似ているので「トリミング」と呼んでいます。なお切り落とすと言ってもデータが無くなるわけではなく見えなくするだけです。

❶「Elevation」レイヤをアクティブレイヤにする

❷【四角形】ツールで立面図を囲む四角形を描く

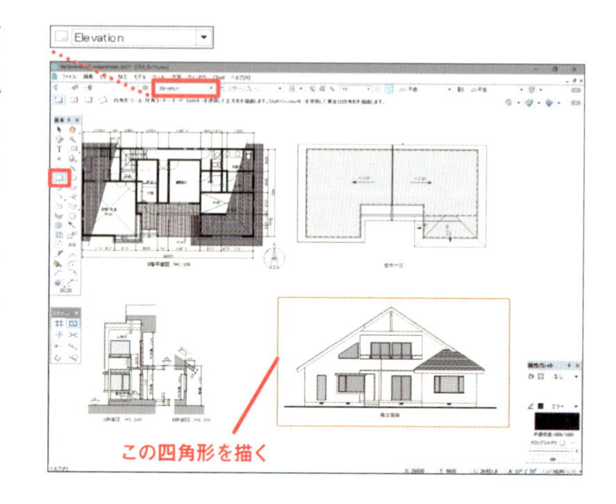

❸属性パレットで四角形の線属性を「なし」にする

❹四角形が選択されているのを確認してからメニューの【ビュー】→【ビューポートを作成】をクリックする

❺ダイアログが開き図形を枠にするかを聞いてくるので［はい］をクリックする

❻「ビューポートを作成」ダイアログが開くが名前を「Elevation」に変えて［OK］をクリックする

❼作図ウィンドウにシートレイヤが表示されるのでいま作ったビューポートを図のあたりに移動する

❽❶～❼と同じ手順でシートレイヤに断面図を配置する

※ビューポート名=「Section」

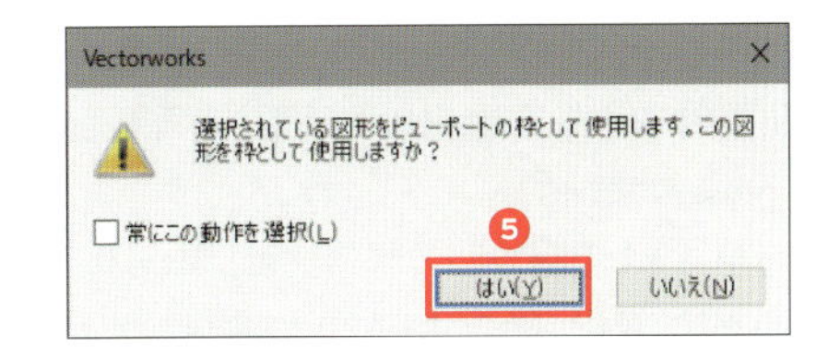

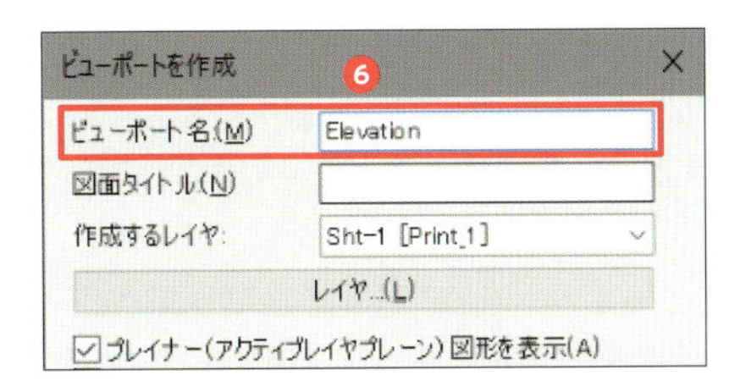

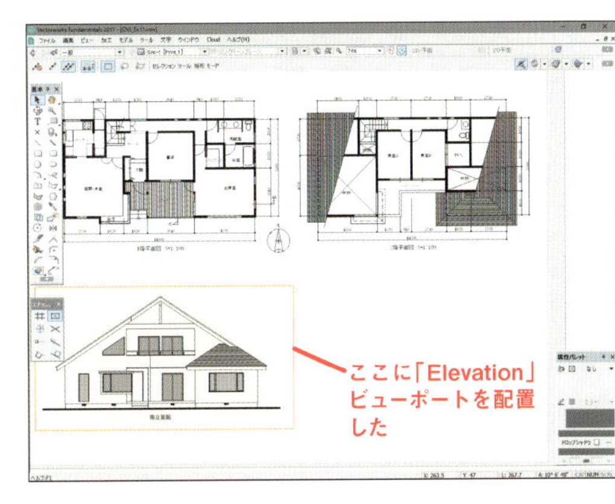

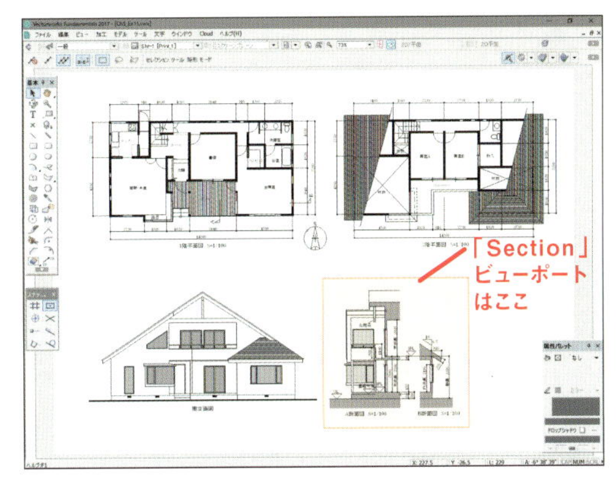

ビューポートの中に図形を描いたり一部だけ表示させたいときは次のように操作します。

❶シートレイヤ表示にしてからビューポートをダブルクリックする

❷「ビューポートの編集」ダイアログが開くので編集方法を選択する

◆「注釈」

「注釈」を選択して［OK］をクリックするとビューポートの編集画面に入ります。図形や文字、寸法などを描き加えることができます。しかし元図面は変更できません。この「注釈」で加えたオブジェクトは元の図面に影響しません。すなわちこのビューポートにだけ表示されます。編集画面を終了するには画面右上の［ビューポート注釈の編集を出る］ボタンをクリックします。

◆「クロップ枠」

「クロップ枠」を選択して［OK］をクリックすると「注釈」と同じように編集画面に入ります。作図用ツールで四角形や円を描くとその図形の内側だけが見えます。

◆「デザインレイヤ」

「デザインレイヤ」を選択して［OK］をクリックすると一般レイヤが現在のレイヤになり、元図形を編集や加筆できる状態になります。すなわちレイヤリストで一般のレイヤをアクティブレイヤにするのと同じことです。

［4］縮尺を変えトリミングしてビューポートを作る

最後に屋根伏図を配置しますが、スペースが足りないので縮尺を1/200に変えます。

❶「Roof」レイヤをアクティブレイヤにする

❷【四角形】ツールで屋根伏図を囲む四角形を描く

※タイトル文字は囲まない。

❸属性パレットで四角形の線属性を「なし」にする

❹四角形が選択されているのを確認してからメニューの【ビュー】→【ビューポートを作成】をクリックする

❺ダイアログが開き図形を枠にするかを聞いてくるので［はい］をクリックする

❻「ビューポートを作成」ダイアログで次のように操作する

◆「ビューポート名」に適当な名前、たとえば<Roof>をキーインする

◆「縮尺」で「1:200」を選択する

◆他はデフォルトのままにする

◆［OK］をクリックする

❼作図ウィンドウにシートレイヤが表示されるのでいま作ったビューポートを右下の適当な位置に移動する

❽【文字】ツールで「屋根伏図 S=1/200」を記入する（文字サイズ=12ポイント）

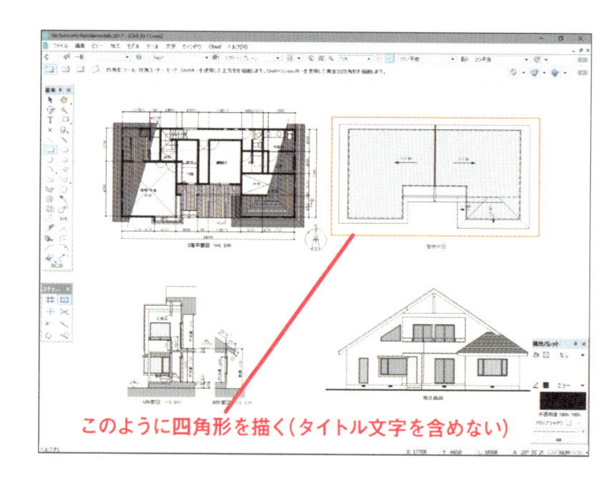

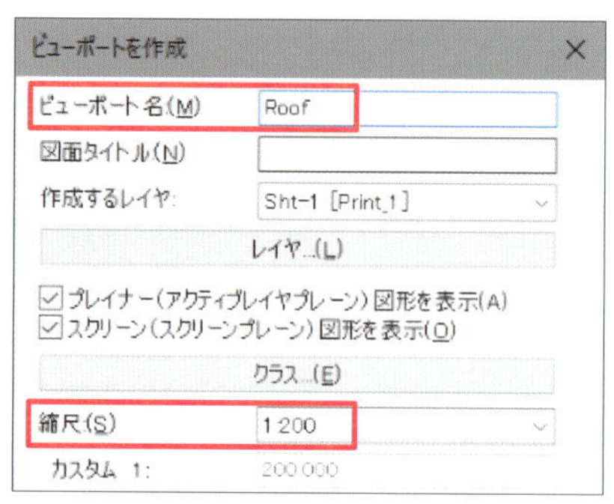

ビューポートは一種のオブジェクトなので各種の編集機能の対象になります。そしてデータパレットや【プロパティ】コマンドで設定を変更できます。たとえば屋根伏図の縮尺を1/200に変えましたが、これを縮尺=1/100でビューポートを作成し【加工】→【伸縮】コマンドで縮小したり、あるいはデータパレットで縮尺を1/200に変えても結果は同じです。

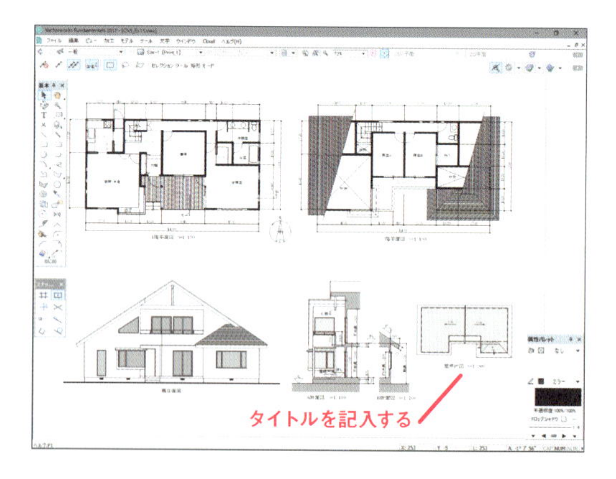

以上でシートレイヤが完成しました。

※完成したデータの「Ch5_Ex12.vwx」が「Ch5」フォルダにあります。

シートレイヤを利用すれば、図面を作成するときレイアウトのことを気にせずに描けるなど汎用CADの特徴である自由度の高さをより生かせることになります。またVectorworksのシートレイヤはAutoCAD／AutoCAD LTの「レイアウト」（ペーパー空間）と互換があります。図はここまでの操作を終えた「Ch5_Ex12.vwx」をDWGファイルで取り出し、AutoCAD 2017で読み込んだところです。

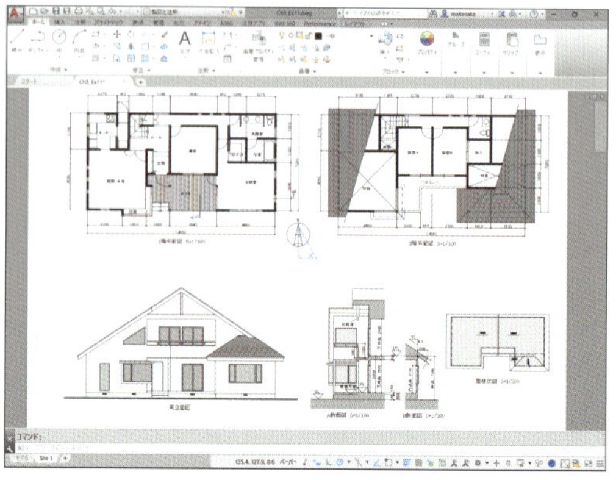

AutoCAD 2017で読み込んだ

Chapter

6

Supplement

2D製図で知っておいたほうが良い機能のうち、
これまでの章で取り上げなかったこと、
簡単にしか解説しなかったことをここで補足(supplement)します。

6.1 作業画面

Vectorworksは多機能なCADですが、画面に出ているツール／コマンドは全機能のうちの一部で、画面に出すツール／コマンドのセットを「作業画面」といいます。

Vectorworksに用意されている作業画面はメニューの【ツール】→【作業画面】で分かりますし、作業画面の編集もここでできます。

本書は標準機能だけを用いて建築設計図を描く方法を紹介してきました。そのほうが本当の実力が身に付くからです。このためショートカットキーの変更以外、作業画面を編集する必要はほとんどありませんが、なかには追加したい機能があります。そこで既存の作業画面にコマンド／ツールを追加する方法を紹介します。

VectorworksのFundamentals版に用意されている作業画面は1つだけです

6.1.1 ツールを追加する

ツールをパレットに追加する手順を解説します。ここではツールを例にしますが、メニューのコマンドの追加もほとんど同じ手順で行えます。

❶ メニューの【ツール】→【作業画面】→【現在の作業画面を編集】をクリックする

❷「作業画面の編集」ダイアログで「作業画面の名前」を、たとえば「my作業画面」に変更する

❸「作業画面の編集」ダイアログの《ツール》タブの内容を観察する

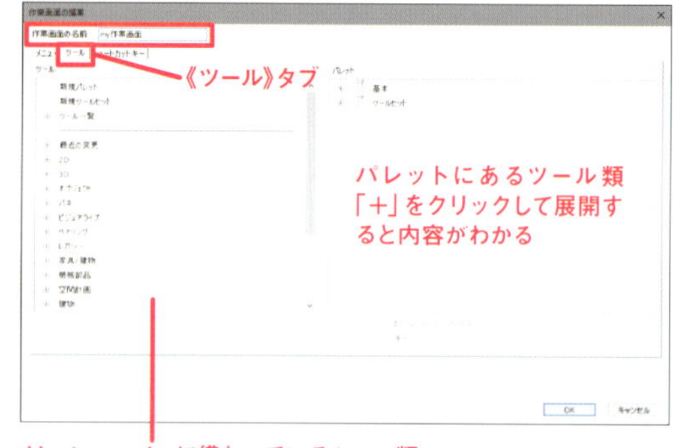

これから【断熱材】ツールを基本パレットに配置してみます。【断熱材】ツールはツールセットパレットにありますが、基本パレットにも配置します。

❹ ツール（左側）の「詳細」の「＋」をクリックして展開し【断熱材】ツールを見つける

❺ パレット（右側）の「基本」の「＋」をクリックして展開し、続けて「表示/作図」を展開する

❻【断熱材】ツールをドラッグしてパレットの【2D基準点】ツールの下（右寄り）にドロップする

※ 右寄りにドロップすると上のツールと同じグループになります。

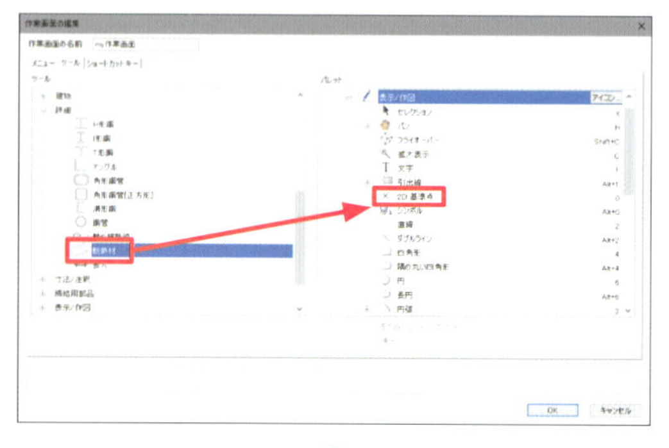

❼ [OK] をクリックする

❽ 保存したというメッセージが表示されるので[OK]をクリックする

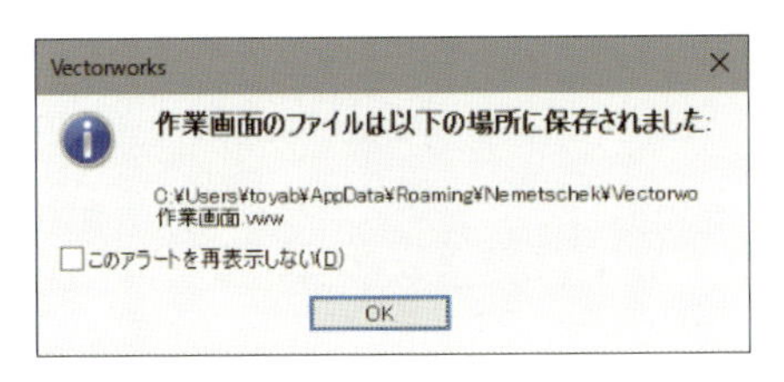

以上で「my作業画面」という作業画面ができました。基本パレットに【断熱材】ツールがあるかを確認します。

❾ 基本パレットに【断熱材】ツールがあるのを確認する

※【2D基準点】ツールを右クリックするか長押しするとグループ内のツールが表示されます。

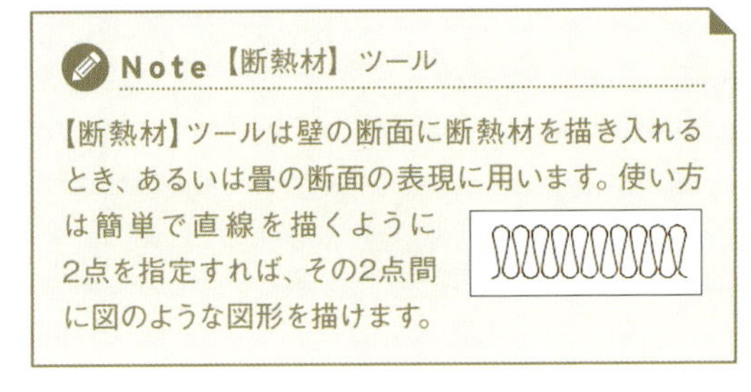

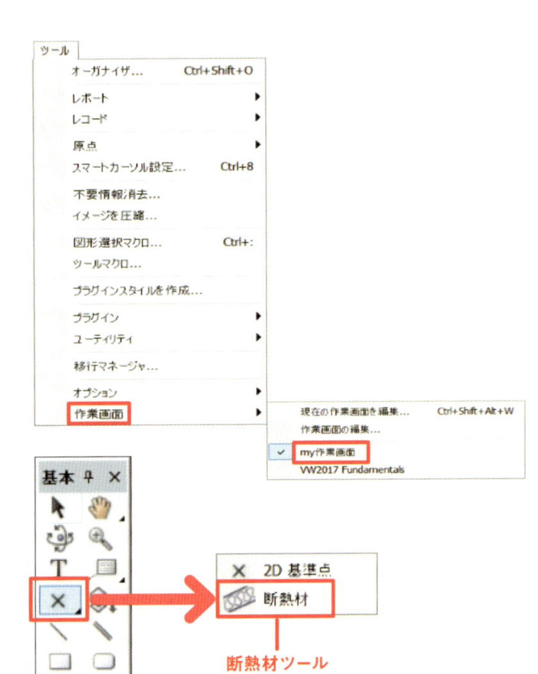

6.1.2 ショートカットキー

本書のいたるところでショートカットキーの使用を勧めてきました。これはVectorworksに限らずCADはツール/コマンドの切り替えを頻繁に行うため、ツール/コマンドの指示に手間取ると、無駄な時間の量が無視できないほど大きくなるし、CAD入力そのものが苦痛になるからです。ショートカットキーはCADを快適に、楽しく使うためにあります。

ショートカットキーの定義は作業平面に含まれていますので追加や変更ができます。

[1] ショートカットキーを追加する

ショートカットキーの追加方法を解説します。例として【図形選択マクロ】コマンドにショートカットキーを定義してみます。【図形選択マクロ】コマンド(346ページ)はVectorworksに慣れるにつれて使用頻度が高まるという重要なコマンドです。

作業画面の「my作業画面」がアクティブになっているものとして説明します。

❶ メニューの【ツール】→【作業画面】→【現在の作業画面を編集】をクリックする

❷「作業画面の編集」ダイアログで次のように操作する

◆《メニュー》タブをクリックする

◆右側のメニューの【ツール】を展開し、【図形選択マクロ】を選択する

◆図に示すボックスをクリックしてから[Ctrl]＋[：]キー（Mac：[⌘]+[：]キー）を押す

❸ すると[Ctrl]＋[：]キーはすでに【マウスクリックでワーキングプレーンを設定】に設定しているが、これを【図形選択マクロ】に割り当て直すかと聞いてくるので[はい]をクリックする

❹ [OK]をクリックする

❺ 保存したというメッセージが表示されるので[OK]をクリックする

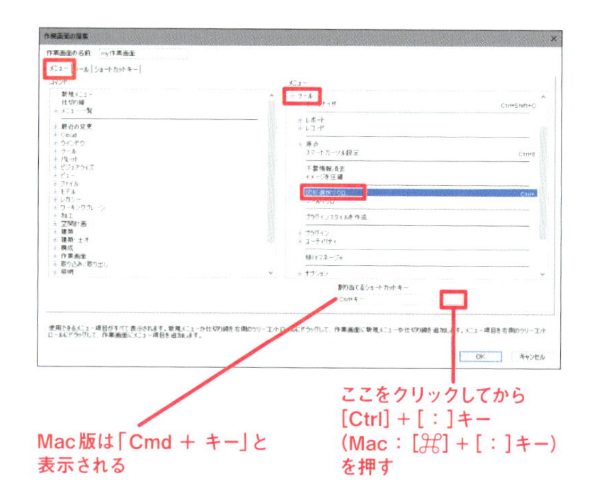

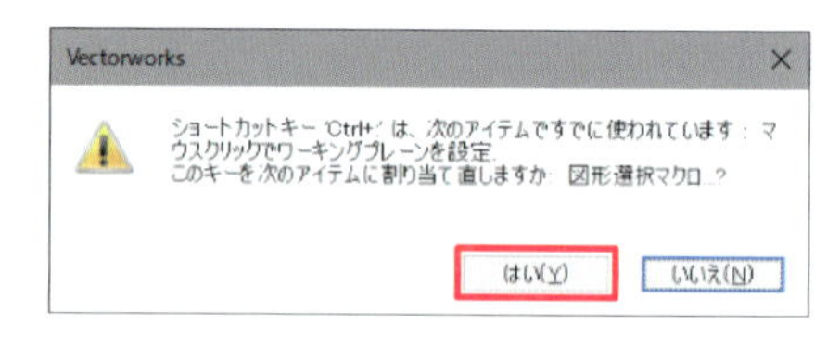

以上で【図形選択マクロ】コマンドのショートカットキーが[Ctrl]＋[：]キー（Mac：[⌘]＋[：]キー）になりました。

[2] デフォルトのショートカットキー一覧

Vectorworksのデフォルトのショートカットキー一覧を示します。この一覧表にすべてのショートカットキーを並べているわけではなく、ぜひ覚えてほしいもの、できれば覚えてほしいものを並べ、あまり使う機会が無いと思われるものは外してあります。

なおすべてのショートカットキーを知りたいときは、メニューの【ツール】→【作業画面】→【作業画面の編集】をクリックし、作業画面を選択してから[取り出し]をクリックしてテキストファイルを保存します。このテキストファイルはショートカットキーだけでなく他の情報も入っていますが、すべてのショートカットキーが含まれています。

◆「備考」はショートカットキーの英字部分の出所と思われる言葉です

◆Mac版の[Cmd]は[⌘]キーのことです

◆重要度の凡例　◎＊ぜひ覚えてほしい（他のソフトと共通）

◎　ぜひ覚えてほしい

○　できれば覚えてほしい

分類	コマンド／ツール	Windows版	Mac版	重要度	備考
【ファイル】→	【新規】コマンド	Ctrl+N	Cmd+N	◎	New
【ファイル】→	【開く】コマンド	Ctrl+O	Cmd+O	◎	Open
【ファイル】→	【閉じる】コマンド	Ctrl+W	Cmd+W		
【ファイル】→	【保存】コマンド	Ctrl+S	Cmd+S	◎*	Save
【ファイル】→	【プリント】コマンド	Ctrl+P	Cmd+P	◎*	Print
【ファイル】→	【終了】コマンド	Ctrl+Q	Cmd+Q		Quit
【編集】→	【取り消し】コマンド	Ctrl+Z	Cmd+Z	◎*	
【編集】→	【やり直し】コマンド	Ctrl+Y	Cmd+Y	◎*	
【編集】→	【カット】コマンド	Ctrl+X	Cmd+X	◎*	
【編集】→	【コピー】コマンド	Ctrl+C	Cmd+C	◎*	Copy
【編集】→	【ペースト】コマンド	Ctrl+V	Cmd+V	◎*	
【編集】→	【ペースト(同位置)】コマンド	Ctrl+Alt+V	Cmd+Option+V	○	
【編集】→	【複製】コマンド	Ctrl+D	Cmd+D	◎	Duplicate
【編集】→	【すべてを選択】コマンド	Ctrl+A	Cmd+A	◎	All
【ビュー】→【ズーム】→	【原寸で見る】コマンド	Ctrl+3	Cmd+3	◎	
【ビュー】→【ズーム】→	【用紙全体を見る】コマンド	Ctrl+4	Cmd+4	◎	
【ビュー】→【ズーム】→	【図形全体を見る】コマンド	Ctrl+6	Cmd+6	◎	
【ビュー】→【ビュー】→	【2D／平面】コマンド	Ctrl+5	Cmd+5	◎	
【加工】→【移動】→	【移動】コマンド	Ctrl+M	Cmd+M	◎	Move
【加工】→【前後関係】→	【最前へ】コマンド	Ctrl+F	Cmd+F	◎	Front
【加工】→【前後関係】→	【前へ】コマンド	Ctrl+Alt+F	Cmd+Option+F		
【加工】→【前後関係】→	【最後へ】コマンド	Ctrl+B	Cmd+B	◎	Back
【加工】→【前後関係】→	【後ろへ】コマンド	Ctrl+Alt +B	Cmd+Option +B		
【加工】→【整列】→	【グリッドに揃える】コマンド	Ctrl+－ (ハイフン)	Cmd+－ (ハイフン)		
【加工】→【整列】→	【整列】コマンド	Ctrl+@	Cmd+@	◎	
【加工】→【回転】→	【左 90°】コマンド	Ctrl+L	Cmd+L	◎	Left
【加工】→【回転】→	【右 90°】コマンド	Ctrl+Shift+R	Cmd+Shift+R		Right
【加工】→【回転】→	【水平反転】コマンド	Ctrl+Shift+H	Cmd+Shift+H		
【加工】→【回転】→	【垂直反転】コマンド	Ctrl+Shift+V	Cmd+Shift+V		
【加工】→	【線分を切断】コマンド	Ctrl+T	Cmd+T	◎	Trim
【加工】→【線分を結合】→	【結合(直)】コマンド	Ctrl+J	Cmd+J	◎	Joint
【加工】→【線分を結合】→	【結合 (R)】コマンド	Ctrl+Alt +J	Cmd+Option +J		
【加工】→【線分を結合】→	【結合 (T)】コマンド	Ctrl+Shift+J	Cmd+Shift+J		
【加工】→【変換】→	【グループに変換】コマンド	Ctrl+K	Cmd+K		
【加工】→	【グループ】コマンド	Ctrl+G	Cmd+G	◎	Group
【加工】→	【グループ解除】コマンド	Ctrl+U	Cmd+U	◎	Ungroup
【ツール】→	【オーガナイザ】コマンド	Ctrl+Shift +O	Cmd+Shift +O		
【ツール】→【原点】→	【ユーザ原点指示】コマンド	Ctrl+9	Cmd+9		
【ツール】→	【スマートカーソル設定】コマンド	Ctrl+8	Cmd+8	○	
【ツール】→【プラグイン】→	【プラグインマネージャ】コマンド	Ctrl+Shift+Z	Cmd+Shift+Z		
【文字】→	【文字設定】コマンド	Ctrl+Shift+T	Cmd+Shift+T		Text
【ウィンドウ】→【パレット】→	【データパレット】コマンド	Ctrl+I	Cmd+I	◎	Information
【ウィンドウ】→【パレット】→	【リソースマネージャ】コマンド	Ctrl+R	Cmd+R	◎	Resource

分類	コマンド/ツール	Windows版	Mac版	重要度	備考
基本パレット	【セレクション】ツール	X	X	◎	
基本パレット	【パン】ツール	H	H		
基本パレット	【用紙移動】ツール	Alt+Z	Option+Z		
基本パレット	【拡大表示】ツール	C	C	◎	
基本パレット	【文字】ツール	1	1	○	
基本パレット	【引出線】ツール	Alt+1	Option+1	○	
基本パレット	【2D基準点】ツール	0(ゼロ)	0(ゼロ)	○	
基本パレット	【シンボル】ツール	Alt+0(ゼロ)	Option+0(ゼロ)	○	
基本パレット	【直線】ツール	2	2	○	
基本パレット	【ダブルライン】ツール	Alt+2	Option+2	○	
基本パレット	【四角形】ツール	4	4	○	
基本パレット	【隅の丸い四角形】ツール	Alt+4	Option+4	○	
基本パレット	【円】ツール	6	6	○	
基本パレット	【長円】ツール	Alt+6	Option+6	○	
基本パレット	【円弧】ツール	3	3	○	
基本パレット	【四分円】ツール	Alt+3	Option+3	○	
基本パレット	【フリーハンド】ツール	Alt+5	Option+5	○	
基本パレット	【曲線】ツール	5	5	○	
基本パレット	【多角形】ツール	8	8	○	
基本パレット	【変形】ツール	-(ハイフン)	-(ハイフン)	○	
基本パレット	【回転】ツール	Alt+;(セミコロン)	Option+^(ハット)	○	
基本パレット	【ミラー反転】ツール	;(セミコロン)	^(ハット)	○	
基本パレット	【切断】ツール	L	L	◎	
基本パレット	【結合/合成】ツール	Alt+L	Option+L	◎	
基本パレット	【トリミング】ツール	Alt+Shift+L	Option+Shift+L		
基本パレット	【フィレット】ツール	7	7	○	
基本パレット	【面取り】ツール	Alt+7	Option+7		
基本パレット	【オフセット】ツール	Shift+-(ハイフン)	Shift+-(ハイフン)	○	
基本パレット	【消しゴム】ツール	Shift+N	Shift+N		
ツールセットパレット	【縦横寸法】ツール	N	N	◎	
ツールセットパレット	【斜め寸法】ツール	M	M	◎	
ツールセットパレット	【角度寸法】ツール	.(ピリオド)	.(ピリオド)	○	
ツールセットパレット	【円寸法】ツール	,(カンマ)	,(カンマ)	○	
ツールバー	モードボタン 1	U	U	◎	
ツールバー	モードボタン 2	I(アイ)	I(アイ)	◎	
ツールバー	モードボタン 3	O	O	◎	
スナップパレット	【グリッドスナップ】	A	A	◎	
スナップパレット	【図形スナップ】	Q	Q	◎	
スナップパレット	【角度スナップ】	S	S		
スナップパレット	【交点スナップ】	W	W	◎	
その他	拡大表示:2倍	Ctrl+1	Cmd+1		
その他	縮小表示:1/2	Ctrl+2	Cmd+2		
その他	スクリーンヒント表示/非表示	Y	Y	○	
その他	フローティング起点	G	G	○	
その他	レイヤ/クラスの切り替え	Ctrl+方向キー	Cmd+方向キー	○	
その他	ナッジ(ピクセル毎)	Shift+方向キー	Shift+方向キー	○	
その他	ナッジ(距離を設定)	方向キー	方向キー	○	P139参照
作図中の割り込み	【パンカーソル】ツール	スペース	スペース	◎	
作図中の割り込み	【拡大表示】ツール	スペース+C	スペース+C	◎	

6.2 ツール／コマンドの補足説明

第2章から第5章で多数のツール／コマンドの解説をしましたが、取り上げていないものもあります。それらのツール／コマンドのうち知っておいたほうがよいものについて簡単に説明します。

6.2.1 【用紙移動】ツール

Vectorworksの用紙は用紙中心が原点と一致するように設定されます。普段はこれで問題はないですが、たとえば図形を描いたがレイアウトに偏りがあり、片側の寸法を記入するスペースが無くなったといったときに用紙を移動して対応します。【用紙移動】ツールの操作法は簡単です。

1. 用紙が移動する範囲を見渡せるように縮小表示にする
2. スナップをすべてオフにする
3. 【用紙移動】ツールをクリックする
4. 作図ウィンドウをドラッグすると用紙が移動するので、希望する位置でドロップする

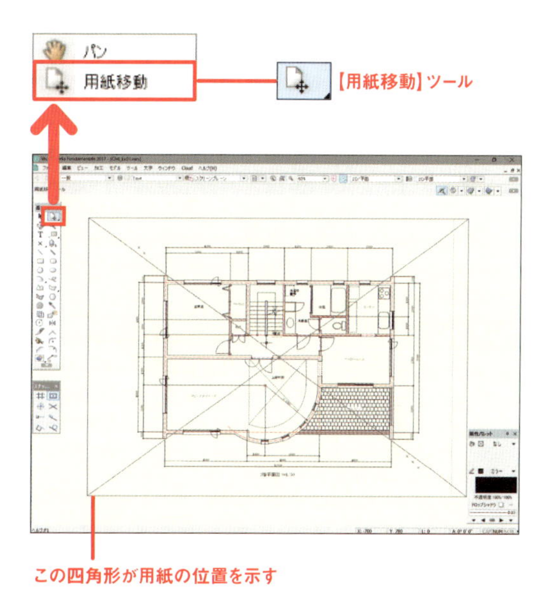

用紙を元の位置に戻したいときは【用紙移動】ツールをダブルクリックします。【用紙移動】ツールをダブルクリックすると用紙中心が原点と一致するように移動します。このため次項の【原点指示】コマンドで原点を移動しているときは【用紙移動】ツールをダブルクリックすると元の位置に戻らずに、現在の原点位置に用紙が移動します。

6.2.2 【ユーザ原点指定】コマンド

原点のデフォルト位置は用紙の中心にありますが、次にあげるような理由で原点位置を動かしたいときがあります。

◆グリッドの原点（＝Vectorworksの原点）を移動したい

◆データ変換して他のCADにデータを渡したとき原点の違いで不都合がある

◆その他

原点を動かしたいときに使うのが【ユーザ原点指定】コマンドです。

❶ メニューの【ツール】→【原点】→【ユーザ原点指定】をクリックする

❷「ユーザ原点」ダイアログで次のように操作する

◆「次にマウスクリックする点」にチェックを入れる

◆[OK]をクリックする

❸ 作図ウィンドウの任意の位置でクリックする

画面に変化はありませんが、クリックした位置が新しい原点になります。スナップを利かせれば正確な位置に原点を設定できます。

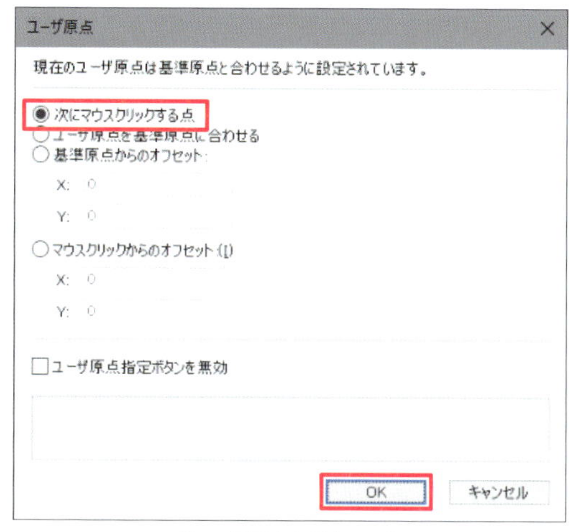

「ユーザ原点」ダイアログ
基準原点とはデフォルトの原点

6.2.3 【引出線】ツール

【引出線】ツールは図面中に注記や特記を記入するのに使います。Vectorworks 2018でツール名が【引き出し線付き注釈】ツールに変わっていますが、ここでは従来の【引出線】ツールというツール名を使用します。

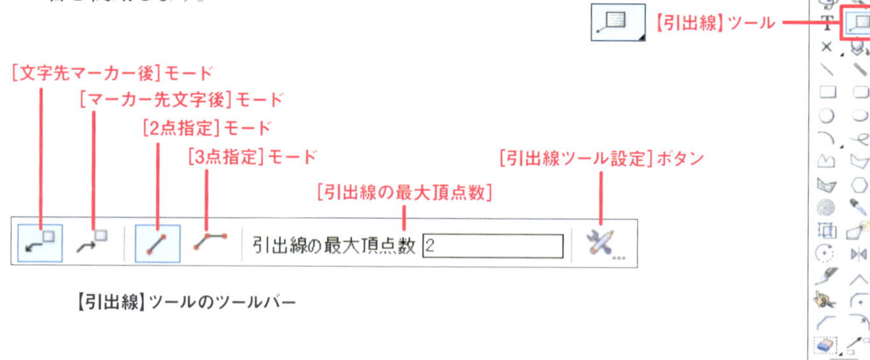

【引出線】ツールのツールバー

【引出線】ツールの例として円柱に「丸柱800φ」という説明を記入してみます。

❶【引出線】ツールをクリックする

❷ ツールバーで[文字先マーカー後]モードと[2点指定]モードがオンになっているのを確認する(デフォルト設定)

❸ A点(任意点)あたりでプレスし、B点(任意点)でリリースする

❹「ノートマネージャ」ダイアログで＜**丸柱800φ**＞とキーインしてから[OK]をクリックする

❺ [Esc]キーを押して選択解除する

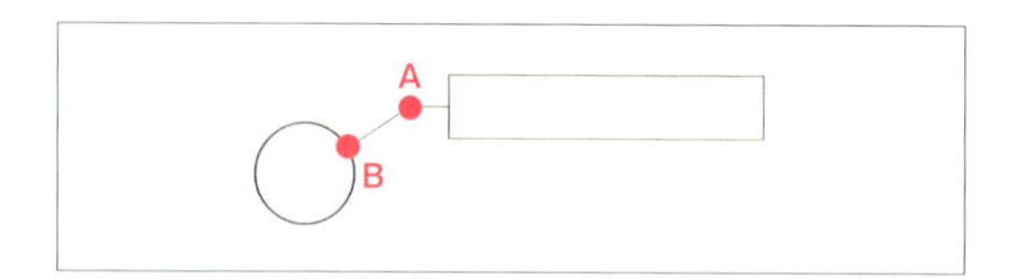

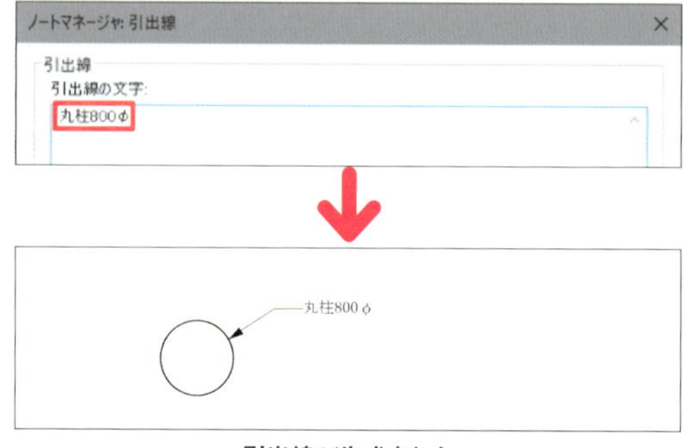

引出線が生成された

ツールバーの[引出線ツール　設定]ボタンをクリックすると「引出線の設定」ダイアログが開きます。このダイアログで引出線の各部を設定します。

枠の形式
なし
四角
隅の丸い四角形
雲型
大括弧
ISO
強調線
六角形
円
円－分割

引出線の種類
直線
円弧
ベジェ
なし

「引出線の設定」ダイアログ
引出線のスタイルを変えられる

6.2.4 【リサイズ】ツールと【スキュー】ツール

【リサイズ】ツールと【スキュー】ツールは同じ操作方法で使うツールで、使用目的も似ています。

[1]【リサイズ】ツール

先に【リサイズ】ツールを説明します。図形を拡大縮小(スケーリング)するときはメニューの【加工】→【伸縮】を使うか【セレクション】ツールでハンドルをドラッグします。このため【リサイズ】ツールの出番はあまりありませんが、他の方法と異なり固定点を指定できるので使うことがあります。

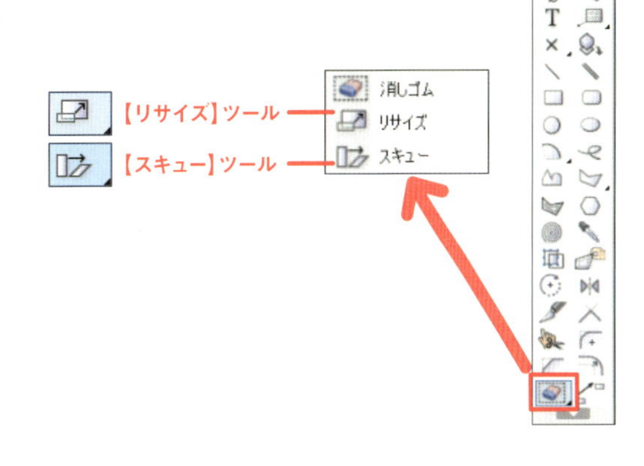

1. 拡大縮小したい図形を選択する
2. 【リサイズ】ツールをクリックする
3. A点(任意点、固定点)をクリックする
4. 任意の位置でプレスし、ドラッグする
5. ドラッグにつれて図形が変形するので、希望する形になったらリリースする

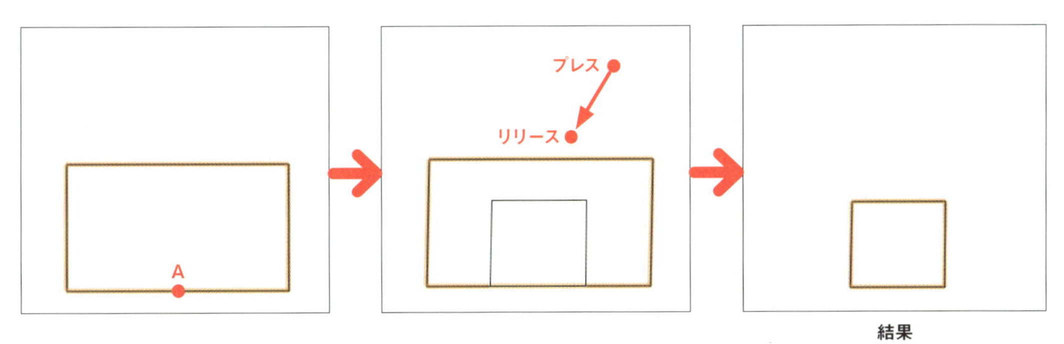

結果

[2] 【スキュー】ツール

【スキュー】ツールは文字の変形でも紹介しましたが図形を斜めに変形させるときに用います。使い方は前項の【リサイズ】ツールと同じですが、ドラッグする方向で思わぬ形になることがあります。

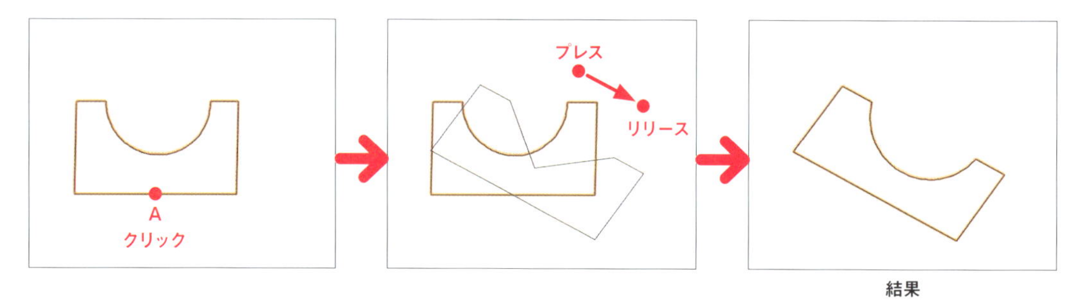

結果

6.2.5 ツールセットの《詳細》タブ

ツールセットパレットの《詳細》タブには鉄骨材の断面を描くツールなどがあります。

❶ メニューの【ウインドウ】→【パレット】→【ツールセット】をクリックする
❷ ツールセットパレットの《詳細》タブをクリックする

《詳細》タブには【断熱材】ツール（337ページ）、形鋼のツール類、および【長穴】ツールと【軸の破断線】ツールがあります。

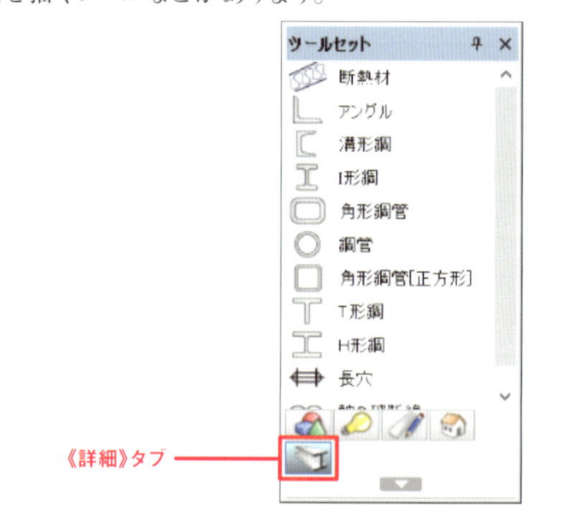

[1] 【H形鋼】ツール

形鋼のツールの例として【H形鋼】ツールを説明します。

❶【H形鋼】ツールをクリックする
❷ 作図ウィンドウの任意の位置でクリックする
❸「プロパティ」ダイアログが開くので図のように設定してから[OK]をクリックする

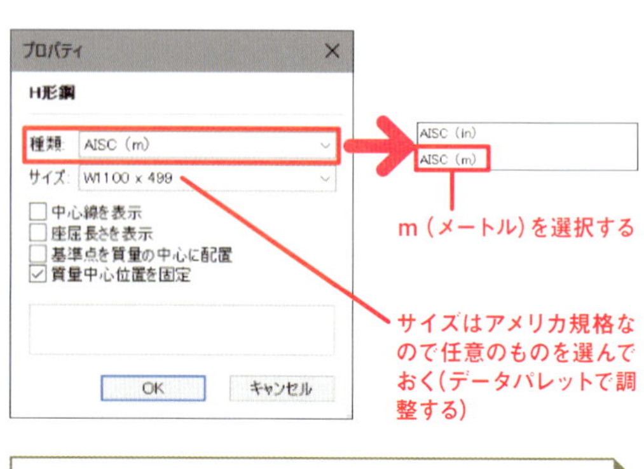

Note

AISCとはAmerican Institute of Steel Construction：米国の鉄骨構造物学会。

❹データパレットでサイズを調整する

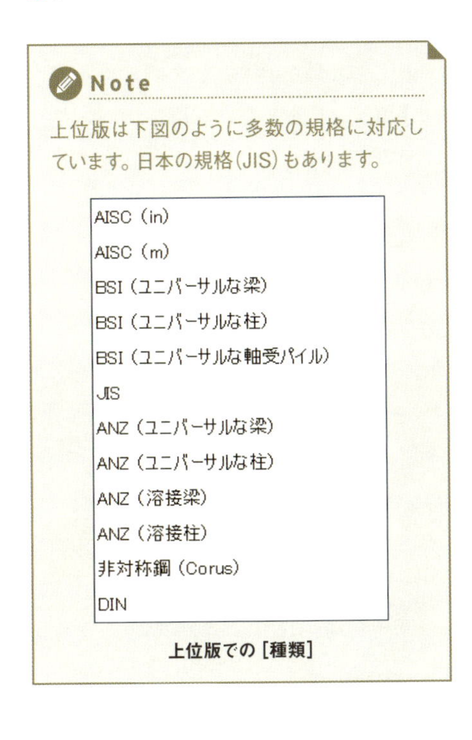

Note

上位版は下図のように多数の規格に対応しています。日本の規格（JIS）もあります。

AISC（in）
AISC（m）
BSI（ユニバーサルな梁）
BSI（ユニバーサルな柱）
BSI（ユニバーサルな軸受パイル）
JIS
ANZ（ユニバーサルな梁）
ANZ（ユニバーサルな柱）
ANZ（溶接梁）
ANZ（溶接柱）
非対称鋼（Corus）
DIN

上位版での［種類］

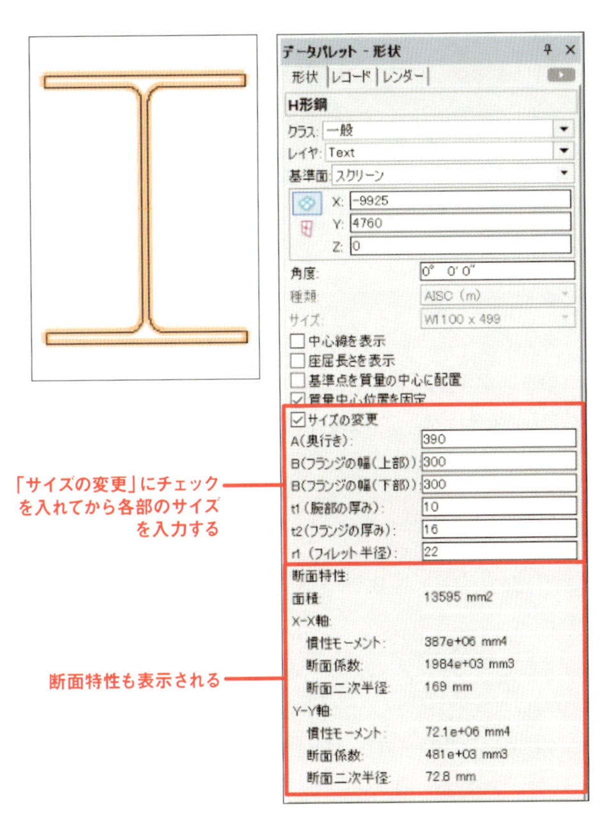

［2］【長穴】ツール

【長穴】ツールは建築設計ではあまり使う機会はありませんが、図のような図形を描くのに用います。

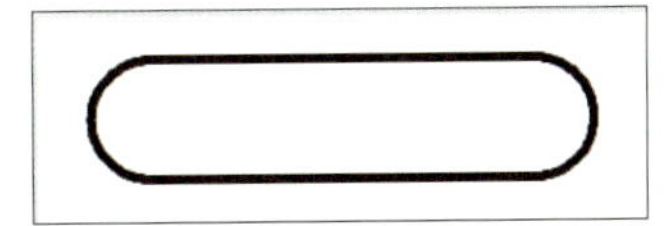

【長穴】ツールで描いた図形

［3］【軸の破断線】ツール 

【軸の破断線】ツールは鉄筋や丸パイプの端部に図のような破断線を描くときに用います。パイプを表すダブルラインはあらかじめ描いておきます。

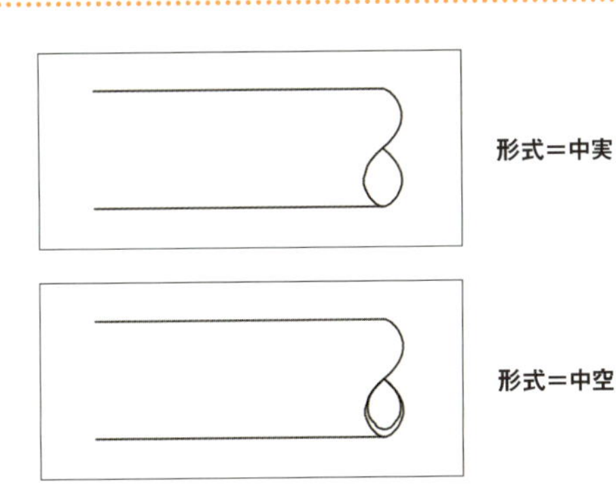

6.2.6 【図形選択マクロ】コマンド

CADのデータは一種のデータベースのようなもので、これを利用して各種条件を用いて図形を検索し選択するのが【図形選択マクロ】コマンドです。【図形選択マクロ】コマンドは大変に有用なコマンドで、Vectorworksに慣れれば慣れるほど使うことが多くなるコマンドです。

【図形選択マクロ】コマンドは次のような場面で使います。

◆作図中に使った2D基準点をすべて消去したい

◆太さ3/4ポイントの線をすべて1/2ポイントの太さに変えたい

◆シンボルを別レイヤに移したい

などなどです。これらはほんの一例です。

[1] 【図形選択マクロ】コマンドの基本

図面の中にある基準点をすべて選択してみます。

❶ メニューの【ファイル】→【開く】をクリックし、「VW20xx_Data」フォルダの中の「Ch6」フォルダにある「Ch6_Ex01.vwx」を開く

※「Ch6_Ex01.vxw」には基準点がいくつかあります。

❷ 画面にデータパレットが無い場合は表示させる

※【ウインドウ】→【パレット】→【データパレット】。

❸ メニューの【ビュー】→【他のレイヤを】→【表示+スナップ+編集】をクリックする

❹ メニューの【ツール】→【図形選択マクロ】をクリックする

❺「図形選択マクロ」ダイアログで「解除してから選択」にチェックを入れてから[検索条件]をクリックする

❻「検索条件」ダイアログで次のように操作する

◆左のボックスをクリックして「タイプが」を選択する

◆右のボックスをクリックして「2D基準点」を選択する

◆[OK]をクリックする

❼ 作図ウィンドウに戻るので基準点が選択されているのを確認する

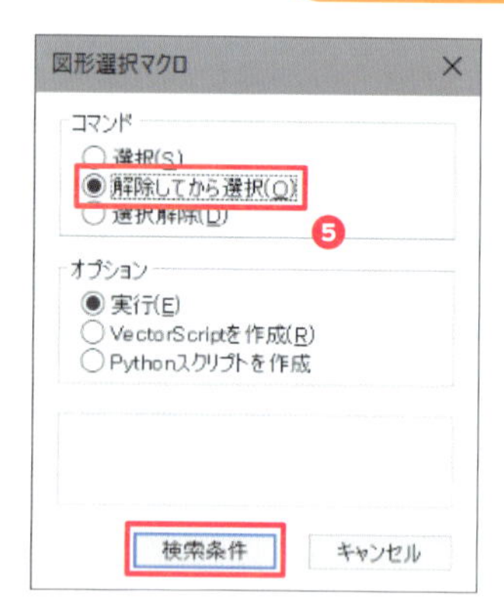

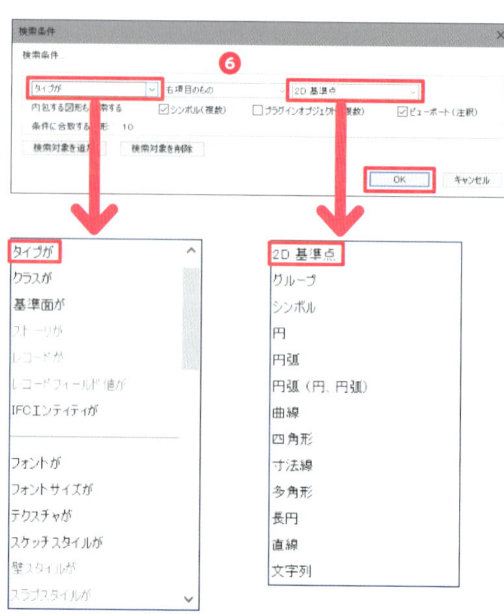

データパレットを見ると基準点が10個選択されたのが分かります。この10個の基準点を削除するなり、データパレットで他のレイヤに移動させるなどします。

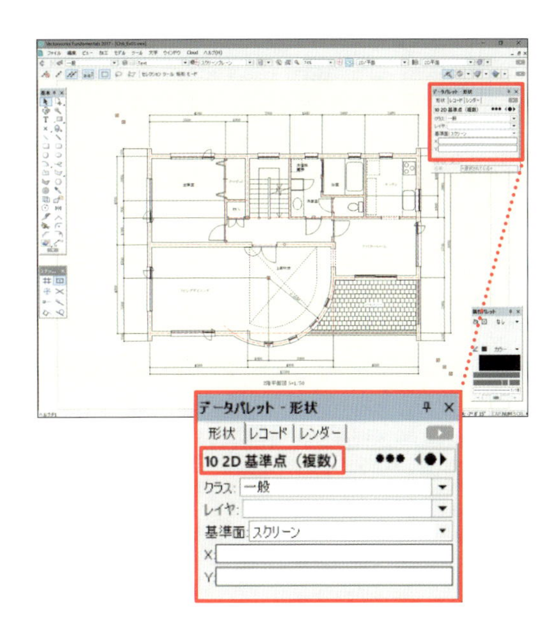

[2] 複数の条件で選択する

検索条件は1つだけでなく2つ以上設定できます。例として線の太さが3/4ポイントの図形、ただしシンボルは除くという条件で選択してみます。

❶ メニューの【ツール】→【図形選択マクロ】をクリックする

❷「図形選択マクロ」ダイアログで「解除してから選択」にチェックを入れてから[検索条件]をクリックする

❸「検索条件」ダイアログで次のように操作する

◆左のボックスをクリックして「線の太さが」を選択する

◆右のボックスをクリックして「3/4」ポイントを選択する

◆[検索対象を追加]をクリックする

❹ 引き続き「検索条件」ダイアログで次のように操作する

◆左のボックスをクリックして「タイプが」を選択する

◆真ん中のボックスをクリックして「右項目ではないもの」を選択する

◆右のボックスをクリックして「シンボル」を選択する

◆[OK]をクリックする

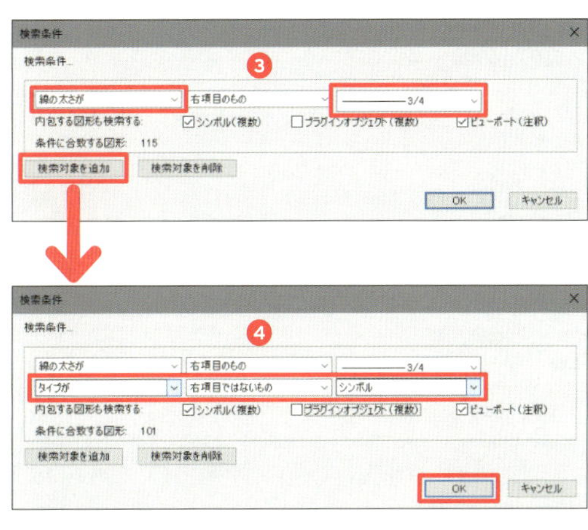

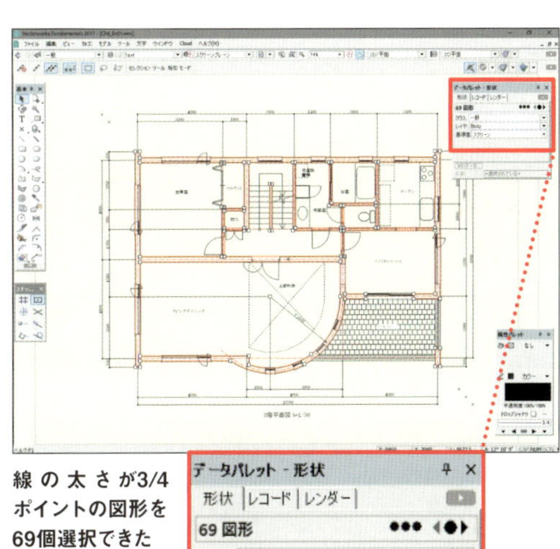

線の太さが3/4ポイントの図形を69個選択できた

Chapter 1
Chapter 2
Chapter 3
Chapter 4
Chapter 5
Chapter 6
Supplement

Index

さ行

た行

な行

は行

ま行

や行

ら行

わ行

◆ 著者略歴

鳥谷部　真（Toyabe Makoto）

1946年生まれ。東京工業大学建築学科卒業。
神奈川大学建築学科非常勤講師。一級建築士。
ホームページ http://www.mtoyabe.com
著書：『AutoCAD LTで学ぶ建築製図の基本』
『7日でおぼえるAutoCAD LT』
『建築CAD検定試験公式ガイドブック』
『form・Z＋bonzai3dオフィシャルトレーニングブック』
『AutoCADで3D攻略読本』
（以上、エクスナレッジ刊）など多数

徹底解説 VECTORWORKS 2017-2018 基本編（2次元作図）

2018年3月2日　初版第1刷発行

著　者　　鳥谷部 真

発行者　　澤井 聖一
発行所　　株式会社エクスナレッジ
〒106-0032　東京都港区六本木7-2-26
http://www.xknowledge.co.jp/

編　集　　Tel 03-3403-5898／Fax 03-3403-0582／info@xknowledge.co.jp
販　売　　Tel 03-3403-1321／Fax 03-3403-1829

[本書記事内容に関する質問について]
本書記事内容についてのご質問は電話では受付／回答できません。FAX質問シート（294ページ）をご利用ください。